以敕

经济体制研究文选

SELECTED WORKS ON COMPARATIVE ECONOMIC SYSTEMS

江春泽 著

中国社会科学出版社

图书在版编目(CIP)数据

比较经济体制研究文选/江春泽著.—北京：中国社会科学出版社，
2020.5

ISBN 978 – 7 – 5203 – 6196 – 5

Ⅰ.①比… Ⅱ.①江… Ⅲ.①比较经济学—经济体制改革—
研究—中国 Ⅳ.①F121

中国版本图书馆 CIP 数据核字（2020）第 056244 号

出 版 人 赵剑英
责任编辑 黄 晗
责任校对 周 昊
责任印制 王 超

出 版 中国社会科学出版社
社 址 北京鼓楼西大街甲 158 号
邮 编 100720
网 址 http://www.csspw.cn
发 行 部 010 – 84083685
门 市 部 010 – 84029450
经 销 新华书店及其他书店

印 刷 北京君升印刷有限公司
装 订 廊坊市广阳区广增装订厂
版 次 2020 年 5 月第 1 版
印 次 2020 年 5 月第 1 次印刷

开 本 787 × 1092 1/16
印 张 37.75
字 数 547 千字
定 价 199.00 元

江春泽青年（在复旦大学
任教）时期照

江春泽中年时期照

江春泽退休前照

江春泽在其新著首发式作主题报告（2014 年）

江春泽和丈夫谢明干在新著首发式上合影

2009年12月5—6日中国世界经济学会在武汉举行年会，江春泽与会长张宇燕在休息室留影

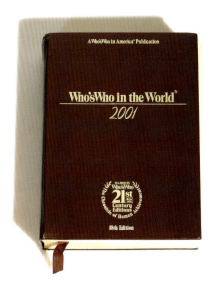

Who's Who in the World 2001—
美国出版的《世界名人录》封面

收录江春泽的部分名人录

Province, 1995—; Guangzhou Found. Sci. and Tech. Progression; mem. Huaqiao Univ. Coun., 1992-2001; mem. Nuclear Safety Consultative Com. for Guangdong Daya Bay Nuclear Power Sta., 1999-2001; others. Recipient U.K. Commonwealth scholarship, 1964-67, U.S. Fulbright scholarship, 1967-68, named one of Ten Outstanding Young Persons in Hong Kong, 1979; recipient visitorship U.K. Coun. for Internat. Cooperation in Higher Edn., 1984, invitation to nominate candidates for award of Nobel Prize for Chemistry, Swedish Royal Acad. of Scis., 1985, 91; others; fellow Univ. Coll./Univ. London, 1996. Mem. Internat. Fedn. Assns. for the Advancement Sci. and Tech. (founding mem. exec. com.), World Assn. for Cooperative Edn. Coun. (v.p. 1998-2000), The Hong Kong Post-Secondary Colls. Athletic Assn. (pres. 1999-2000, hon. chmn.), Fedn. of Hong Kong Machinery and Metal Industries, Hong Kong Tourist Assn. (Hong Kong Conv. Amb.), Hong Kong Assn. for the Advancement of Real Estate and Constrn. Technology, Ltd. (hon. advisor), Hong Kong Assn. for Advancement of Sci. and Technology (past pres. 1986-87), others. E-mail: pckpoon@polyu.edu.hk. Office: The Hong Kong Polytechnic U, Hunghom, Kowloon Hong Kong

CHUNG TEH, LEE, lawyer: b. Taipei, Taiwan, China, Aug. 11; s. Chou Zan Lee and Ru Sin Yao; m. Jaclyn Tsai, July 18, 1982; children: James, Joseph. LLB. Nat. Taiwan U., Taipei, 1977; LLM. U. Calif., Berkeley, 1981; JSD. 1986. Judge Dist. Ct., Yunlin and Changhwa, Taiwan, 1982-85; ptnr. Tsar and Tsai Law Firm, Taipei, 1986-98; mng. ptnr. Lee, Tsai Ptnrs. Attys. at Law, Taipei, 1998—. Office: Lee Tsai & Ptnrs, 5A 218 Tun Hwa S Rd Sec 2, Taipei 106, China

CHUNZE, JIANG, economist, educator; b. Jinde County, Anhui, China, Mar. 30, 1935; d. Jiang QiangShi and Liu lianZhen H.; m. Xie Mingqan, Oct. 30, 1933; 1 child, Jiang Xie. Crwin Econs., Shanghai Fudan U., 1956; MA in Econs., Chinese People's U., 1965; postgrad., Ga. U. Tech. Prof. comparative econ. stud. Chinese Acad. Social Scis., 1978-88, sr. rsch. fellow Inst. World Economy and Politics, 1978-88; dir. dept. dept. econ. sys. State Commn. for Restructuring Econ. Sys., 1983-93; dir. coordinate dept. Acad. Macro-Econ. Studies State Planning Commn., 1994—; prof. Tsinghua U., Beijing, 1994—; dir. Asian Inst., 1999—; rschr. in comparative econs. and transition econs.; vis. prof. U. Calif., Berkeley, U. Ill., Smithsonian Instn., 1984-86; vis. rschr. OECD, Paris, EEC, Belgium, Bank of Tokyo, others; project guest fellow Ctr. for Econ. Rsch., Peking U., 1998-99. Author: Comparative Economic Systems-The Theory and Method for Choosing Optimal Economic System, 1992, International Economic Comparative Studies: Reform and Development and Tendency, 1992, On the Target Model of Chinese Reform: Market Economy with Government Coordination, 1992, Inevitability of Transition to Market Economy with Necessary Government Functions, 1992, China is Going to Socialist Market Economy, 1992, On Target Model of China's Economic Reform and Comparative Economic Systems, 1992, Research on Factors of Inflation and Policies for Anti-inflation During 1996-2000 in China, 1996, On Setting Up the Group of Industries Connected with Development of Agriculture in China, 1996, The Russian Economy During Transition, 1996, A Comparison of Tranformation of Russian & Chinese Economic Systems, 1996, Comparative Transition Economy, 1997, Striding Toward 2020. 2 vols., 1997, 98, Analysis and Research on Current Pension System in China. contbr. 400

51; social worker Hamilton County Sch. for Under Privileged Children, Scranton, Pa., 1953; cert. coord. Carlson Learning Inst.. various cities, 1978-98; founder, exec. dir. One Earth One People, Cin., 1990—; lectr. in field. Contbr. articles to profl. jours. Founder Christmas Gift project for under-privileged children, 1968; mem. devel. com. Cin./Kharkov Sister City project, 1989-91; pres. internat. study group Am. Women's Club, Brussels; drug chair Hamilton County PTA, Cin., 1974-76. Recipient Cert. of Appreciation, Cin. Pub. Schs., 1994, Excellence in Ecology award Movimiento Ecologista Mexicano, Mexico City, 1995, recognition Pres. Clinton for outstanding achievement in environment protection svcs., 1997, 98, J.C. Penney Golden Rule award, 1999, 2000. Mem. Delta Delta Delta. E-mail: jchurch@goodnews.org. Office: One Earth One People PO Box 43144 Cincinnati OH 45243-0144

CHURCH, RICHARD DWIGHT, electrical engineer, scientist; b. Ogdensburg, N.Y., June 27, 1936; s. Dwight Perry and Carmeta Elizabeth (Walters) C.; m. Vernice Naomi Ives, Aug. 26, 1961; children: Joel, Benjamin. B of Elec. Engring., Clarkson Coll. Tech. 1963. Elec. design engr. IBM, Owego, N.Y., 1963-69; prin. engr., pres. ASL Systems, Inc., Afton, N.Y., 1969-94, chmn. bd. dirs.; sr elec. design engr. Magnetic Labs., Inc., Apalachin, N.Y., 1980-82, power supply engring. cons., 1982—; sci. Two Forty-Eight Co., Afton, 1994—; guest lectr. Afton Sch., Clarkson U. Co-author: Career Oriented Problems for Secondary Mathematics; 1974; contbr. articles to profl. jours.; patentee in field. Treas., trustee Candor Congregational Ch., 1972-84; vice chmn. Town Planning Bd. Candor, 1975-82; rep., mem. Candor Fire Co., 1972-87; bd. dirs., treas. Candor Cmty. Club, 1970-72. With USAF, 1955-59. Recipient Dr. Carl Michel award Clarkson Coll. Tech., 1960. Mem. IEEE (sr. mem.), Am. Water Works Assn., Assn. Energy Engrs. (sr.), Afton Bd. Fire Commrs., Candor Coin Club (pres. 1978-81), Union of Concerned Scientists, The Cousteau Soc., N.Y. Forest Owners Assn. (dir. 2000—), Am. Soc. Dowsers, Nat. Warplane Mus. Avocations: maple syrup production, maple tree farm development, pyramid geometry, bicycling. Home: 1249 County Road 30 Afton NY 13730-2181 Office: PO Box 235 Afton NY 13730-0235

CHURCHILL, JAMES GARTON, retired international finance consultant; b. Bklyn., July 16, 1930; s. S. Garton and Mary Ellen (Peck) C.; m. Nancy Barrett Wickers, July 31, 1954 (dec. Jan. 1997); children: Glenn Garton, Bruce Barrett, Ellen Wickers. BA., Dartmouth Coll., 1952; MBA, Harvard U., 1954. Fin. analyst Mobil Oil Corp., N.Y.C., 1958-62; treas. Mobil Inner Europe, Geneva, 1962-65, Mobil Europe, London, 1965-68, fin. dir. Mobil Sekiyu, Tokyo, 1968-70; treas. internat. ops. Kaiser Aluminum & Chem. Corp., Oakland, Calif., 1970-81, treas., 1981-87; pvt. practice fin. cons. San Francisco, 1987-90. Served to lt. USNR, 1954-57. Avocations: history and French language study, reading. Home and Office: 2001 Grassy Ln Woodstock VT 05091-8053

CHURCHILL, STUART WINSTON, chemical engineering educator; b. Imlay City, Mich., June 13, 1920; s. Howard Heenan and Faye Erma (Shurte) C.; m. Donna Belle Lewis, Feb. 22, 1946 (div.); children: Stuart Lewis, Diana Gail, Cathy Marie, Emily Elizabeth; m. Renate Ursula Treibmann, Aug. 3, 1974. BS in Math, U. Mich., 1942, BSChemE, 1942, MS, 1948, PhD, 1952; MA (hon.), U. Pa., 1972. Technologist Shell Oil Co..

美国出版的《世界名人录》内页—刊载江春泽简介

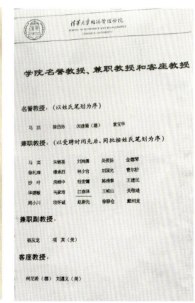

江春泽受聘为清华大学
经济管理学院兼职教授

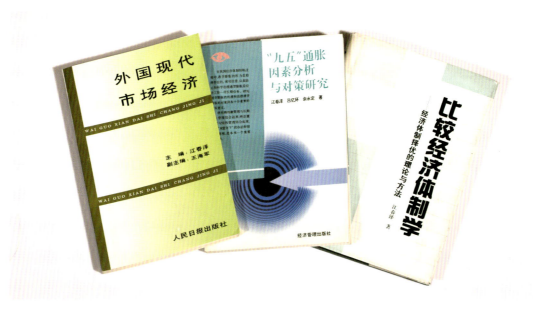

江春泽的部分著作

践行为中国经济体制改革服务的
初心的研究成果

——江春泽《比较经济体制研究文选》的特色

江春泽教授与我曾经同学，20世纪60年代初同在中国人民大学经济系读研，系由中国经济学老前辈、曾经参加过"一二·九学生运动"的老教授黄松龄先生担任导师、著名经济学家宋涛系主任为副导师的中国人民大学第一届导师制正规研究生。黄老时任高教部副部长兼中共中央党校副校长，此时，可能是为了从理论上总结新中国成立以来经济工作的经验教训，除招研究生外，他还在中国人民大学设立了一个"社会主义经济研究中心"，研究成员除人民大学有若干位教师外，还从南开大学、复旦大学、厦门大学各借调一位教师来参与研讨。由于当时还没有成熟的社会主义经济实践，当然也不可能有成熟的社会主义经济理论成果。

我们这几位研究生，是由中国人民大学单独招考和录取的，专业就是"社会主义政治经济学"。在众多报考者中，仅从北大、南开、复旦和吉大四所大学中录取了6位。这6人中，有5位都是大学本科应届毕业生，只有江春泽女士已在复旦大学经济系任教了6年，并已具备讲师资格，她年长于我们，我们都称她为"江姐"。我们的学制为三年，学习方法以自学为主，强调读原著（包括哲学和经济学说史），专业课主要读《资本论》（1—3卷）和《剩余价值学术史》，以及其他有关经济学的马恩列斯经典原著。最后，完成毕业论文，并曾许诺授予学位。但以后随着国家形势变化，上级有关主管部门又强调，研究生的培养目标是"普通劳动者"，学位制将造成"精神贵族"。所以，我们毕业时并没有被授予学位。这是当时国家的制度决定的。江春泽、罗肇鸿和我分别被分配在不同的大学和研究机构从事教学与研究工作。幸运的是，改革开放以后，江春泽和罗肇鸿分别作为访问学者被派往美国和英国访学两年，我被派往南斯拉夫攻读博士学位三年。我们都经过国家严格的评审程序，担任了博士研究生的导师。而且，由于时代和工作的需要，我们又不约而同地耕耘在比较经济学的研究领域。

江春泽曾经在中国人民大学、北京大学和中国社会科学院世界经济与政治研究所工作，后来又长期在国家经济体制改革委员会国外司、国家计委宏观经济研究院担任司局级行政职务，但职责仍然是领导与管理研究工作，她本人也一直坚持继续在研究领域耕耘。她在数十年的政府工作和学术研究工作中都有过突出的贡献和重要影响。作为学者，江春泽教授勤于学习和思考，勇于探索和创新；作为政府官员，她思想敏锐，善于把握政治大势，从而，能够将所学所思恰当地运用于实践。她把比较经济学与我国经济改革实践密切结合起来，正是她进行比较经济研究的长处所在。这是难能可贵的，也是我们难以企及的。

她从 1979 年就已经萌发"通过国际比较来寻求中国自己发展道路"的想法。于是，她拼命学习塞尔维亚语（南斯拉夫的塞尔维亚与克罗地亚语）和英语（其第一外语是俄语），一边学习外语，一边研究南斯拉夫的自治经济制度和美欧的发达市场经济制度。1980 年她受中国社会科学院副院长于光远委托组建"南斯拉夫经济研究会"，并成功组织过在昆明举行的全国性的南斯拉夫经济研讨年会，组织研究会骨干翻译和撰写了相当数量的研究南斯拉夫的著述。她还积极参加南共联盟中央委员科拉奇、科学院院士马克西莫维奇以及一些西方学者来华的讲座与讨论，组织翻译南共领导人兼理论家爱德华·卡德尔的名著《公有制在当代社会主义实践中的矛盾》，并应邀为理论刊物写了该著作的简介。当年在中国经济学界形成的"南斯拉夫热"，至今我还记忆犹新。在她的启发和带动下，针对当时国内经济工作中积累率过高、人民生活欠账太多的情况，我们曾合作撰写过《南斯拉夫积累和消费关系的现状与问题》，受到中央领导机关的重视，刊载于中共中央书记处研究室内刊（1980 年第 5 期）上。

20 世纪 80 年代，她还曾经被公派美国访问研究两年。期间先后对伊利诺大学、伯克利加州大学、华盛顿特区的威尔逊国际问题研究中心进行学术访问，阅读了大量有关文献资料，出席了全美相关机构举办的苏联东欧学科第三次世界大会以及学术机构的各种研讨活动。并利用各种机会，对美国市场经济实践的方方面面进行了考察和体验，并且还利用应邀讲学的机会，飞往英国和欧洲，对东西德国、匈牙利、波兰、南斯拉夫以及荷兰、比利时、卢森堡等欧洲国家和地区的市场经济进行考察，特别是对北欧尤其是瑞典进行学术访问，拜访了诺贝尔经济学奖得主林德贝克，听取并与之探讨了"瑞典模式"的特殊性和利弊得失。1996 年，她还率领一个小组，赴俄罗斯考察其向市场经济转轨情况和问题。通过与各派代表人物进行访谈，并实地走访若干工厂、企业、市场，深刻感受到俄罗斯采用西方自由派开出的"休克疗法"药方进行激进改革所带来的严重负面后果。

1988 年 6 月，江春泽教授走上政府工作岗位，直至 2000 年退休，她先后在国家经济体制改革委员会和国家发改委宏观经济研究院担任司局级职务，其主要精力和时间还是运用其在经济学与比较经济学领域积累的知识与经验，研究如何为中国经济改革实践服务，其研究成果有学术著作（例如《比较经济学与中国经济体制改革目标模式的选择》等），也有工作报告，有公开发表的，也有许多是呈送中央、没有发表的内部文件（例如曾主编 100 期《国外经济体制研究》内部期刊）。无论前者还是后者，对于学术研究，尤其是对国家政策的形成，都很有价值。

她关于比较经济研究的成果，除不宜公开发表的内部材料和已经出版的书籍外，经作者选择整理而编纂成现在这一集子，名为《比较经济体制研究文选》。这本书的鲜明特点和优点，即密切联系实际，特别是根据中国经济体制改革的需要，注重调查研究，尽可能占有第一手资料，有些是亲赴国外参加会议或考察访谈取得的材料，得出研究性结论，再形成政策性建议。她的研究的另一特点是研究目的很集中和明确，即通过历史和现实经济体制的比较研究，来求证在中国建立"社会主义市场经经济目标模式"的必然性与合理性。作者以自己的研究材料和思想，充分说明传统社会主义模式排斥市场经济的消极后果，而许多苏联东欧国家在确立走市场经济道路之时，又抛弃了社会主义旗帜，只有改革后的中国做到了"社会主义与市场经济的兼容"。所谓当代"中国特色社会主义经济"，"特色"就在于其是"社会主义"与"市场"兼容的"社会主义市场经济"。这一思想体现在她这本《文选》的字里行间，也体现于她《文选》之外的各种会议发言及她撰写的各种内部报告中，尤其体现在她 2014 年出版的《猜想与求证——社会主义资源配置方式的世纪探索》一书中。

江春泽教授在耄耋之年仍孜孜不倦地研究、探索与求证，整理和出版自己的《文选》，读者对其中各篇论文一定会感到浓厚兴趣，特别是那些曾经亲历 40 年改革开放的学者和各界人士，会产生甘苦共尝的同感，同时会引发温故而知新的思考。即使对于没有上述那些经历的年轻读者，了解一些改革的历史和理论，对现在和未来也许会有所启示。

当前，中国改革开放已经走过 40 年的历程，并且取得世人瞩目的光辉成就。在中国特色社会主义建设的新时代，全国上下正在以习近平为核心的党中央领导下，针对目前中国经济体制改革和经济发展中存在的新问题，进行新一轮的全面深化改革，中国新的比较经济学的研究与学科发展也将任重道远，希望寄托在青年学子们的身上，衷心祝愿中国新一代经济学人创造出更多、更杰出的创新性成果。

张仁德

南开大学经济学院教授

中国经济发展研究会名誉会长

2019 年 8 月 18 日于南开园

一部服务于中国改革实践的力作

——祝江春泽著《比较经济体制研究文选》出版

江春泽教授数十年从事经济学特别是经济体制改革的理论与政策研究，在比较经济体制研究领域更做出了在中国具有开创性的突出贡献。和不少杰出的学者一样，江春泽教授的研究成果，为中国经济体制改革理论与实践的探索和推进，提供了有力支持，发挥了重要作用，其中就一些重大问题所提出的理论观点和政策建议也直接体现在了相关的决策中。这本文选，选录了作者自 20 世纪 80 年代初开始的几十年中关于比较经济体制研究和经济体制转轨研究的主要成果，是这个领域的重要文献，富有理论价值、历史价值和现实意义。

从这本文选中我们可以看到，作者的研究始终着眼于、服务于中国改革，其中所涉及的都是中国改革、中国经济体制转轨的基本问题、重大问题。除了在学科建设的意义上对比较经济体制的理论和方法的研究外，作者对经济体制的比较研究，既包含对苏联计划经济体制形成历史过程的研究，也包含对东欧国家经济体制改革进程中问题的研究，当然还包括对成熟的市场经济体制中新现象、新问题的研究。而所有这些研究的基本指向，都在于中国经济体制如何从高度集中的计划经济体制向竞争性的市场经济体制转变，这个问题正是中国改革的基本问题、核心问题。

一

中国以及所有曾经实行苏联模式计划经济体制的国家为什么都必须完成从计划经济向市场经济的根本转变？有计划地组织社会经济活动难道不好吗？理解这个问题，首先需要认识计划经济的实质。长时期中人们普遍把"计划"当成计划经济的本质特征，进而把计划经济看作是社会主义制度的根本特征，实际上这是一个极大的错觉和误解。所谓计划经济，其实质并不在于有计划，而在于它是一种命令经济、统制经济，是类似于战时动员体制、"戒严体制"的那样一种经济组织方式。即便是社会性质不同的国家，在某种特殊情况、紧急状态下，也都可能采用这种方式。例如在战争状态下，政府对经济活动可能实行部分的或全面的管制。而政府的全面管制即使在战争一类的非常状态下也是一种极端情况，可见，以一切资源由政府集中控制、一切经济活动严格服从政府指令为特征的计划经济体制，实际上是一种最极端的传统战时体制，是经济体制的一种最极端的非常态。

因此，这种非常态体制只可能在一定的社会历史条件下被用于某些特殊时期、特殊环境中有限的特定目标，如在一些待工业化社会，它被用于由一种特殊的工业化战略所决定的军事工业及作为其基础的重工业等个别部门的急速突进，而不可能适用于长期、整体的经济发展目标。计划经济体制的优势的确在于能够"集中力量办大事"，但是，这通常总意味着是要以不计成本乃至"不惜一切代价"的方式来办成某件大事，达成某个特定的目标。就是说，它是不考虑经济核算问题的，甚至明确地反对经济核算，反对算账。当年兰格与米塞斯等人争论计划经济是否也能进行经济核算，其实问题首先在于计划经济按其特性就是天然排斥经济核算的。正像我们看到的那样，在计划经济体制下，一个流行的说法是"要算政治账，不要算经济账"，算经济账的主张在政治和意识形态上受到经常的压制和打击。然而对于长期、整体的经济发展来说，一切经济活动都是要计成本、惜代价的，不仅要追求企业、行业的生产效率，更要追求全社会的经济效率，即整体的资源配置效率，但计划经济与这一要求是根本矛盾的。

计划经济的特性也决定了如果把它作为一种常态的经济组织方式，那么只有在经济结构简单、单一和长期不变的封闭状态中，它才可能被维持，而在社会的生产结构、需求结构日趋复杂多变的条件下，计划经济将无可避免地在实践中窒碍难行。这里最直接的一个原因是计划当局有限的信息收集和处理能力不能与繁复多样、变动不居的经济活动相适应。这一点曾是人们论证计划经济不可行的主要理由，但是，计算机的出现似乎为解决这个问题提供了有效的工具，所以曾使计划经济主张深受鼓舞，不过那种"计算机社会主义"（实际是计算机计划经济）在现实中仍然被证明只是一种幻想。尽管如此，这种幻想并没有或许也不太可能消失，所以当大数据、云计算等技术出现以后，人们又以为制约计划经济的信息难题终于可以解决了，其实这仍然只是幻想。应当看到，大数据技术及作为其处理对象的巨量信息都是市场经济的产物，市场经济中的自主活动、分散决策及其广泛联系形成了几乎无穷多样和无尽变化的经济活动，大数据技术本身也是由市场促成的创新成果，而计划经济"大一统""一刀切"的集中决策必须以生产和需求的简单、同一且基本不变为前提，所以它必然排斥经济活动、经济结构的多样化和变动性，在这个意义上，计划经济本身就是"反大数据"的。作为市场经济中的创新成果，大数据技术固然空前提高了收集和处理信息的能力，但是，要把握市场活动中由人们的利益博弈、对策反应、预期选择等自主行为所产生的复杂关系以及由各种因素所造成的不确定性，仍然是大数据技术的信息能力所难以胜任的。这不仅是由于要掌握的信息数量巨大和瞬息万变，更是因为由人们的行为及其相互关系所形成的经济现象的复杂性和不确定性。在这里，比信息问题更重要的是知识问题、行为主体的特质问题（哈耶克对此作过深入的说明）。在市场分散决策的条件下，人们在其自主活动中不仅会利用有关信息，更会运用他们所拥有的知识。在这些知识中，除了属于公共知识的部分外，还有一部分是为个体所独有的并与个体的特质有关，如不同个人各有不相同的洞察力、想象力、风险偏好和决断力等。这些特质的个体差异及其在人与其外部环境（包括他人）的关系中形成的各自不同的、分散于各个个体中并为个人所独有的潜在知识，对人的行为具有深刻的影响。但只有在自主活动、分散决策、自由竞争的市场环境中，个体所独有的特质和知识才能充分发挥作用，所谓企业家的创新活动也才能充分展开。这正是市场经济的一个基本功能和独特优势。在市场经济中，创新之所以能够不断出现，关键的原因就在于市场的分散决策使人们能够各自作为决策主体，从而能够以其独有的特质，运用其独有的信息和知识来展开自主创造财富的活动，并以充分的竞争来择优汰劣。也因此，以创新为基本职能的企业家只能是市场经济的范畴。由此可见，即便假定大数据之类的技术真能帮助计划经济解决信息问题，也还是无济于事，因为计划当局不可能凭借大数据技术把分散于个体之中、属于个体所独有的潜在知识、直觉、灵感等集中收集起来并集中使用于统一的计划目标。实际上，计划经济不仅不可能掌握并运用无数的分散知识，而且恰恰相反，它必须以压制分散知识的运用和竞争为前提，否则具有特殊目标偏好的集中计划便不能贯彻下去。这就是为什么计划经济中不存在企业家甚至不存在真正的企业并严重缺乏创新能力的一个原因。人们看到，在计划经济下，很难有经济结构的变动升级，产品、技术往往"几十年一贯制"，以不计成本、不惜代价的"集中力量"办成的大事，一般只是对已有产品和技术的模仿式赶超，而不是有经济意义并能在市场竞争中胜出的创新。

今天，经济全球化已成天下大势，置身于国际市场竞争的环境中，要争取以创新驱动、结构变革为基本特征的现代经济发展，尤其需要彻底抛弃那种以为靠技术手段的进步就能重行计划经济的幻想。从认识根源上说，人们之所以容易受这种幻想的诱惑，是由于简单、机械地套用工程技术思维来对待经济与社会问题，即以处理物的方式来对待人。这一点，正是计划经济思维方式的要害。计划经济的集中统制排斥个人以及个人之间的经济组织即企业作为独立利益主体的地位，实际是对现实的、具体的人的漠视，是把有情感理智、有利益需求、有对任何安排作出反应的、有博弈能力的人当作工程项目的施工对象如泥土石块那样来对待的一种企图。但是，否定了个人及企业作为独立利益主体的自主性，也就在事实上遏止了人的活力和创造力，阻断了经济发展之内在动力的深厚源泉。这是计划经济的根本缺陷所在，是任何工程技术手段都无法弥补的。

计划经济的思想和主张一直被看成是来自马克思主义。为什么苏联、中国等国家会实行计划经济？流行观点认为，这是由于照搬了马克思关于"未来社会"的设想。这种认识同样是不正确的。无论在苏联还是在中国，计划经济的建立都有其现实原因，都是由现实环境中的特殊目标引起的并与其历史传统相联系。如前所述，高度集中的计划经济体制实际是一种特殊的战时体制。苏联以及后来包括中国在内的"东方阵营"当时处在与西方世界冲突对抗的非和平国际环境中，工业化、现代化的首要目标因此被定位于迅速求强，即在军事、国防工业上争取迅速赶超，尽快建立能与西方抗衡的军事力量，而军事工业的基础又在重工业，于是形成了一种特殊的工业化目标，即国防工业和重工业优先增长、急速突进的目标。这是"不惜任何代价"也要达成的一个政治目标、政治任务，所谓"举国体制""集中力量办大事"即由此而来，粮食等农副产品的统购、城市消费品的配售，乃至放弃以一段较长时间实行"向社会主义过渡"的原定设想而急速推行农村集体化和城市工商业的国有化等，也由此而来，其现实目的都在于最大限度地集中资源以用于特殊的工业化目标，整个计划经济体制便是围绕这个中心建立起来的。

同时，实行这样的体制也完全具有历史与文化传统的支持。苏联模式高度集中的计划经济体制，与俄国长期的沙皇专制传统是有联系的。人们通常说中国因其独特性，不能照搬任何外国模式，但为什么能够全盘照搬苏联模式呢？就是因为这种模式与中国漫长的皇朝国家、官僚政治、小农经济的历史文化传统相当契合，实际也是"自家故事"。所以，尽管计划经济体制产生的直接原因是在特殊环境中的特殊工业化目标，但当环境、条件和目标都变化以后，要转变这种体制却十分困难。改革、体制转轨，不只是针对实行了几十年的计划经济体制，而且是涉及两千年历史与文化传统的变革。在这个意义上，从计划经济转向市场经济，是中国历史上一场空前深刻的社会变革。

计划经济体制直接的、现实的、历史的原因表明，它并不是简单地从书本上照抄马克思的理论和设想的结果，把它归因于马克思，并没有抓住问题的实质。在这里，马克思的一些词句只是被用来作为一种意识形态的支持，对这些词句的利用没有也不可能真正贯彻马克思的理论逻辑，而是"对马克思主义的教条式理解和附加在马克思主义名下的错误观点"，这是一个应当从理论上澄清的问题。

虽然马克思本人从未提出过商品经济、市场经济、计划经济这类概念（这都是后人提出的），但他的确说过这样的观点，即到社会主义（共产主义）时期，商品货币关系会消亡，从而商品生产和商品交换将不复存在，整个生产将能够由社会直接来进行有计划的调节。然而必须弄清楚的是，马克思的这个观点并不是一个独断式的论断，而是他的经济分析的一个有逻辑的结果，是有其明确的前提和条件的。按照马克思的分析逻辑，在这个问题上需要把握以下四个要点。

第一，商品货币关系不是被人为消灭的，也不可能被人为消灭，它只可能是自然消亡的。马克思十分明确地说过，一个社会即使探索到了本身运动的自然规律，它还是既不能跳过也不能用法令取消自然的发展阶段。

第二，既然是自然消亡的，那么就一定是有前提、有条件的。在马克思那里，这个前提就是生产力高度发达、生产的社会化高度发展，但这只是最一般的前提。

第三，至关重要的是，在这个一般前提下，马克思假定，当社会生产力和生产的社会化高度发展以后，将形成这样的条件：社会能够以劳动时间为唯一尺度，直接计算出社会的总劳动量及其在各种产品的生产上所需投入的量（注意这只是马克思假定的条件）。在这个假定条件下，任何产品生产上投入的劳动量都是按总劳动的分配比例所应投入的那一部分劳动量,所以生产每一种产品的个别劳动都从一开始就直接表现为社会劳动的一部分,是事先就确定的为这种产品的生产所必要的社会劳动量。这样一来,商品生产和商品交换中的基本矛盾即个别劳动(私人劳动)与社会劳动的矛盾就不复存在,因而用来解决这一矛盾的间接的、迂回的市场方式就成为多余的了,这时"已不需要著名的价值插手其间",于是商品货币关系、市场方式就消亡了。

第四,在马克思那里,当上述条件具备以后,对整个社会生产进行计划调节的是社会而不是国家,因为在同样的逻辑中,国家也已消亡。

由此可见,对社会生产直接进行计划调节的充分必要条件是社会可以直接计算出总劳动和总劳动在所有产品上的分配比例,而这种计算必须以劳动时间为唯一尺度。这个条件是马克思为展开其逻辑分析而在理论上假定的条件,那么马克思关于"未来社会"不存在商品货币关系的结论对不对呢?它是对的,是在理论逻辑上完全成立的结论。不仅如此,他从中得出这个结论的理论分析还是很重要、很有用的,因为马克思的这个分析回答了关于市场经济的一个基本问题,即市场经济为什么会存在?按照马克思的逻辑,只要社会不能以劳动时间为唯一尺度来直接计算出社会总劳动及其分配比例,那么个别劳动与社会劳动的矛盾就必定存在,因而商品货币关系就必定存在,市场经济就必定是社会有效率地配置资源的基本方式。就是说,在社会不能直接计算总劳动及其分配的情况下,任何生产者在其生产上所投入的个别劳动会不会被承认是社会劳动的一部分或会被承认是多少社会劳动,他是无法知道的。要解决个别劳动与社会劳动之间的这种矛盾,他必须将其生产物投向市场,如果能够卖出,就说明他的产品(现在已成为商品)符合社会需要,于是他在生产上投入的个别劳动就被承认是社会劳动的一部分。至于是社会劳动的多大的一部分,则是由这个商品的市场价格来表达的。市场经济就是这样来解决个别劳动与社会劳动的矛盾的,它为这个矛盾提供了一种有效的运动形式。因此,马克思对这个问题的理论说明实际上是关于市场经济的存在原因和作用的一个基础性的理论。

问题于是就很清楚了，脱离马克思的理论逻辑，脱离他说明问题的前提和条件，以为马克思简单地断言社会主义不存在市场经济、不应实行市场经济，进而把苏联模式的计划经济当成是贯彻马克思理论的结果，这是十分肤浅和错误的。从理论上说，苏联模式计划经济的致命错误是在根本不可能具备马克思的假定条件的情况下，人为地强行排斥市场经济，把由国家强制推行的统制经济混同于马克思意义上的有明确前提和条件的社会对生产的按计划调节。由于完全没有马克思所假定的那种条件，因而苏联模式计划经济处处陷于原则与实践的矛盾。例如，在理论原则上，计划经济要把全社会组织成一个大工厂（苏联理论对生产社会化的这种理解也是不正确的），但在实践中却是把每一个工厂都变成了小社会。再如，从理论上说起来，计划经济的基本分配方式是按劳分配，但同样是由于没有马克思假定的那个条件，所以按劳分配原则就因缺乏有效的实现方式和工具而无法贯彻，以致在实践中普遍造成平均主义"大锅饭"和按身份、等级分配。又如，按原则，计划经济的优越性是能以自觉的、事先的计划指导来克服盲目的、事后的市场调节的弊端，实现有计划、按比例、高速度的持续发展，但在实践中却屡屡带来经济关系、经济结构的全面扭曲紧张和严重失调失衡。最根本的矛盾是，按原则，计划经济会充分调动和发挥人的积极性，但由于否定了个人、企业作为独立利益主体的地位和作用，结果在实践中却是严重压抑了社会的活力和创造力，使经济活动缺乏内在动力。

综上所述，可以看出，把计划经济当成遵循贯彻马克思理论的结果这一流行观点是不正确的。计划经济表面上似乎与马克思关于未来社会经济组织方式的设想相一致，但由于它在不具备马克思的分析前提和条件的情况下，人为地排斥市场，所以恰恰背离了马克思的理论逻辑。与此相反，中国改革明确主张从计划经济转向市场经济，看起来好像与马克思的结论不符，但恰恰是与其理论逻辑相统一、相贯通的，是从这个逻辑中应该得出的结论，这是因为，按照马克思的分析逻辑，既然不存在只以劳动时间为尺度直接计算出社会总劳动及其分配比例这一假定条件，个别劳动与社会劳动的矛盾就必然存在，社会就只能以市场方式来为这一矛盾提供有效的运动形式，从而市场经济就一定存在，一定是资源配置的基本方式。因此，既不应把苏联模式的计划经济混同于马克思的理论，也不应以为推行计划经济的问题是什么超前、超越阶段，似乎转向市场经济只是某种暂时退却的权宜之计，以后还要重新实行计划经济。

二

不同于计划经济的集中统制，市场经济的基本特征首先在于它是民众的自主经济，是拥有不同要素的个人或他们之间的契约组织即企业作为独立的利益主体，为自身利益目标而展开自主活动的经济关系和经济组织方式。市场经济的这种自主性质形成由市场主体的经济利益驱动的内在动力机制、激励机制，从而不断激发（同时也是迫使）市场主体充分、有效地利用其要素、资源为社会创造价值，以实现自身利益的最大化。用前述马克思的分析工具来说，在由市场方式来解决个别劳动与社会劳动这一基本矛盾的经济关系中，市场经济的这种动力机制将有效激励市场主体争取其个别劳动作为社会劳动的价值最大化。所以，无须计划当局的任何命令、动员、号召和组织，作为市场主体的个人和企业都有强烈的动机主动去发现社会需要并为之提供满足，整个社会经济的活力、创造力、竞争力即由此而来，社会财富的源泉亦因此打开。

由于中国缺乏市场经济的历史和文化传统，所以人们往往对市场的作用充满疑虑和不信任，总觉得把事情交给市场，让人们出于自身利益动机来做事会出乱子，以致以为越是重要的事情就越不能交给市场。与此同时，人们又往往习惯于迷信行政权力的作用，总以为由权力来控制才靠得住。这种观念是不正确的。市场经济的根本性质在于它是民众的自主经济，因此，对市场作用的疑虑和不信任，实质是对人民群众的自主活动、自主权利的疑虑和不信任。

其次，不同于计划经济的人为干预，市场经济由其自主性质所决定，通过在统一、贯通的商品市场和要素市场上反映供求关系的市场价格形成良好的自动调节机制，从而实现有效率的资源配置，这是市场经济的又一基本特征。当市场价格决定于供求关系并反映供求关系的变动时，受市场价格的引导，各种要素、资源通常总是流向出价最高的地方，物质资源是这样，人力资源也是这样。这件事具有两重意义：第一，它意味着那些地方对资源的需求强度更大，所以愿意出比别人更高的价格来竞争这些资源；第二，它说明那些地方对资源的使用效率（包括预期的使用效率）比别人更高，能够以这些资源创造出更大的价值，所以也出得起（及预期出得起）比别人更高的价格来获得资源。由此可见，市场价格机制引导资源流向出价最高的地方，实际就是让资源流向需求强度更大、使用效率更高的地方，而这样的调节、配置过程是市场机制自动实现的。为什么说市场经济是有效率的资源配置方式？其基本原因和逻辑便是如此。

一种长期流行的看法认为，市场的自动调节是盲目的，不断造成波动甚至危机，导致严重的资源浪费。这种看法也是不正确的。市场固然有波动，但这种波动正是市场不断调节、优化资源配置的过程，或者说，是市场不断纠错的过程。只要市场价格信号和要素流动没有受到有组织、系统性的人为干扰，市场调节通常总倾向于通过波动来达成更有效率的资源配置。波动即是调整，在这个过程中，一些低效或无效的配置不断被淘汰，而不至于积累成大规模的资源错配。同样用马克思的术语来说，市场调节是受"价值规律"支配的，而市场的波动正是价值规律发挥作用的方式和表现。当然，如果市场调节的作用条件不健全或市场调节过程受到压制，有效率的资源配置就不能实现，不断积累的资源错配就会最终导致危机，但这并不是市场调节本身的问题。实际上，在可能干扰、破坏市场调节的诸多因素中，最强大的一种因素莫过于政府的力量。如果以这类非市场的力量来代替或压制市场调节，或许能够在短期中"熨平"市场波动（其实更多的时候正相反），但往往只是压制了矛盾的运动和释放，使资源的错配不断积累、加剧，直至最终恶化为危机

（历史上一些大的经济金融危机实际便是这样发生的，但人们总会说那是市场作用的结果，这不过是为各种人为干预卸责的最方便的托词）。危机是市场规律（或曰价值规律）最终突破长期压制，为自身的运动开辟道路而强制恢复市场平衡的方式。但危机发生后，如果非市场力量进一步以不恰当的干预来"反危机"，结果同样会适得其反地加剧市场的扭曲而难以恢复平衡。

最后，不同于计划经济的等级命令方式，市场经济的另一基本特征在于，它是市场主体作为不同要素的所有者地位平等基础上的契约经济。由于各种要素的所有者地位平等、权利平等、自主选择，所以市场主体间的交易、竞争、合作都不能诉诸强制，更不能诉诸暴力，而是诉诸契约，诉诸订立、执行、仲裁契约的公正的规则和程序。所谓公正的规则和程序，就是平等的契约双方一致同意并为社会所公认的规则和程序。在此基础上，市场经济亦即契约经济就表现为法治经济。什么是法？在现代文明的意义上，法的本质就是契约，是对人们之间相互关系的各种契约的抽象化和一般化，所以法治是市场经济的内在要求。同样，由于自主、契约是市场经济之社会关系的基本性质，因此自主性和契约精神是市场经济基本的道德精神。为什么都以自身利益最大化为目标的市场主体的活动并不会因相互间的利益矛盾而陷于混乱和冲突？原因既在于有市场机制这只"看不见的手"在自动调节和引导，又在于以自主、契约为基础而展开的法治与道德为市场机制有效发挥其自动调节作用提供了良好的制度条件，进而把人们之间的利益矛盾导向公平交易、有序竞争和平等合作。由此，市场自发组织起社会经济活动的作用几乎是不可思议的，千百万陌生人能够因市场而联系起来，而展开大规模乃至全球性的分工与合作。

市场经济是契约经济因而是法治经济，这一特征也同时表明，良好的政府作用是十分重要的。所谓良好的政府作用，绝不是由政府去压制或代替市场，而是要以维护法治即维护使市场有效发挥作用的制度条件为政府的基本职能和责任，是政府按此职能善尽其责。作为一个关于现代文明的概念，法治的基本精神是保障人民（人民在法的意义上表现为公民）的基本权利。就这里讨论的问题来说，政府维护法治，首要的和最具基础性的，是认真对待、充分保护民众的财产权。在这个基础上，政府的基本责任和作用又在于依法维护公正的市场规则和良好的市场秩序。离开这样的制度条件，市场经济便不可能有效运转。所以，在资源配置方式上强调市场不可替代的作用，不等于笼统否定市场经济中的政府作用，政府按其正确定位维护市场活动所共同需要的制度条件，维护市场决定资源配置的法治环境，这样的政府作用同样是不可替代的。

三

从计划经济转向市场经济是经济体制的根本转变，意味着一场深刻的社会变迁。在中国，这一转变历经数十年犹未完成，改革仍处在任重道远的半途。若干年来，基本的状况仍然是，在一般的商品市场、服务市场上，市场关系已有了相当显著的发展，市场机制已能够比较有效地发挥作用，但在要素市场上，情况还远不是这样。要素市场的形式和架构虽早已初步建立，但市场关系一直未得到足够的发展，市场机制尚未真正有效地运转起来，在要素市场上支配市场、控制资源配置的主要还是政府的力量。而要素充分市场化，市场机制在要素市场上充分发挥作用，是市场配置资源的前提和基本方式。所谓市场经济，实质就是要素市场经济。所以，要素不能实现充分市场化的配置，就不会有市场经济的有效运行。长期以来，中国经济与社会诸多矛盾的一个症结就在这里。

例如，为什么在几十年中总是作为一项重大任务反复强调的经济结构调整一直进展缓慢？为什么众多行业出现严重的产能过剩并长期难以解决以致迄今仍需要付出痛苦的代价来"去产能"？这是因为，结构调整的实质、基础、过程都在于更有效率地配置资源，从而结构的优化和升级只有靠市场机制在要素市场上充分起作用才能实现，所以在缺乏健全的要素市场及其作用的情况下，试图以其他办法来调整结构便是一项不可能的任务。而众多行业产能过剩的问题无非是在旧的结构下只有数量、规模的扩张而没有结构变革的结果，它突出地反映了大量资源被错误配置的问题。而大量资源之所以长期错配，原因也无非是在要素市场上配置资源的主要力量并不是市场。

例如，为什么会出现严重的腐败？流行看法也认为原因在市场，是搞市场经济的结果，这种看法完全不合逻辑。腐败是什么问题？是官场侵犯市场的问题，是本来应当由市场配置的资源被过多控制在权力手里而造成的。它与市场经济的基本精神格格不入，对市场的规则、秩序、作用都造成严重的破坏，怎么反过来把它归咎于市场呢？实际上，腐败是与权力控制市场、支配资源的强度成正比的。或许有人会反驳说，计划经济下就没有多少腐败，市场化改革以后才出现了严重的腐败。这种说法既与事实不符，也与逻辑不合。权力导致腐败，绝对的权力绝对导致腐败。人们只要多少了解一点苏联崩溃前官僚集团特权腐败的种种情状，就会知道，以为计划经济那样一种完全由权力控制资源的体制不会产生腐败，实无异于天方夜谭。在中国，恰恰是由于市场化改革在要素市场上长期未取得足够的进展，旧体制下权力支配资源的方式仍在很大程度上继续存在，并侵入和控制着初步形成的市场，所以腐败转而更多地以"市场化""货币化"的形式即"权钱交易"的形式表现出来。就现实的状况来说，严重的腐败主要是新体制尚未完备时期的旧体制贻害。因此，认真推进要素市场的市场化改革，把由权力过多控制的资源交还给市场，真正由市场来决定资源配置，对于腐败问题来说，也正是一项釜底抽薪的治本之策。

综上可知，深化改革以发展完备的要素市场，以充分实现要素的市场化配置，不仅对完成经济体制的根本转变具有基础性的意义，而且对社会与政治领域的发展进步也具有非常深刻的意义。如果不能完成这个任务，甚至在改革的方向和目标上发生动摇，进而把本属于改革对象的一些东西重新当成是应该肯定的某种体制优势，那么，中国的经济体制就可能在改革的半途异化为一种"由权力控制市场"的体制，果如此，则中国经济、社会、政治等各领域的现代化发展就将受到致命的危害。这是不能不予以严重警惕的。

四

历经几十年至今，对上述这些问题及与之相关但这里未能论及的其他很多问题，人们都一直在思考和研究，对不少问题的认识也在不断深化，同时在一些问题上也难以避免地出现认识上的反复和争议。

江春泽教授的这部著作，包含了她在这几十年中研究经济体制及其改革问题的一部分重要成果，从中可见，她的研究因改革的起步而开始，随改革的进展而深化，适时地思考并回答了改革历程中的重大理论和政策问题，方向明确，逻辑一贯，又与时俱进，对我们今天继续思考并澄清或重新澄清关于中国改革的若干重要问题，都是具有思想和学术上的指导意义的。

周为民

中共中央党校马克思主义理论教研部原主任、教授

2019 年 8 月于中共中央党校

自　序

——为中国经济体制改革服务的研究历程

　　选入这本集子的文章是笔者自 20 世纪 80 年代以来为中国经济体制改革服务所做的国际经济体制比较研究的成果。尤其是 20 世纪 90 年代以后，原来采用中央计划经济体制的国家纷纷向市场经济体制转轨，这一历史现象受到国际广泛的关注，也大大促进了我在这方面的研究工作。

　　如果查一下自 20 世纪 90 年代初以来世界各地召开的学术研讨会的议程，就可以发现研讨这一历史现象的主题占有相当大的比重，称得上是那个时期世界关注的最大热点。不少国际组织也加强了对这一方面的研究或增加了对这一领域研究项目的资助。记得 1992 年，笔者曾赴法国 OECD（经济合作发展组织）总部和比利时 EEC（欧洲经济共同体，欧盟的前身）总部作短期研究时，发现那里从事这一方面研究的人员十分紧张繁忙，有人甚至在一个月内要乘坐 6 次飞机亲赴转轨国家实地考察或咨询。我在美国和英国学术界的一些同行们也利用寒暑假奔赴苏联和东欧地区，观察转轨的实践，他们陆续寄来自己或西方学术界的研究成果。研究的结论"仁者见仁，智者见智"，有时也"英雄所见略同"。包括苏联和东欧国家的学者在内，关于向市场经济转轨的认识，一般经历了从简单到深入、从冲动到冷静、从浪漫到现实、从突如其来到冷静思考的过程。

　　对中国经济体制转轨成果与经验，轻率否定者有之，刮目相看者也不少。有些西方经济学者虽然不得不承认中国改革与发展的成就，但却认为中国经验纳入不了"规范"的经济学，甚至声称谁要能用"规范"的经济学解释中国经济转轨,谁就可以获诺贝尔经济学奖。中国经济学界可能也有立大志者正在朝这个方向努力和尝试。但依笔者愚见,这里所谓"规范的"经济学,当然指的是西方经济学,它本来就解释不了中国的经验,因为它是历史上以私有制为基础的自由市场经济自然演变过程的经验总结。而中国走的是一条非常规的新路,它尝试要把从苏联模仿来的传统社会主义制度下的中央计划经济体制改革成与现代市场经济兼容的社会主义市场经济体制。如果改革成功,其结果将既是新型的市场经济,又是新型的社会主义制度。这是传统的马克思主义经济理论和所谓"规范"的西方经济学都不可能包容的。这是一种新的探索与实践,其经验将总结上升为新的理论,不能教条主义地或经验主义地加以分析,更不能照搬原有的概念和信条。

实践是理论的唯一源泉。理论必然随实践的发展而发展。中国特色社会主义市场经济理论的开创者是邓小平,实践的推动者是中国共产党与中国政府。当然,包括笔者在内的众多国内和国际的经济学者,在中国经济转轨的过程中都努力做了有益的探索和奉献。实践在继续发展,理论也在不断地深化和提高。尤其是中共十八届三中全会通过的《中共中央关于全面深化改革若干重大问题的决定》(以下简称《决定》),同中共十二大以来的历届三中全会的决定一样,都是推动各阶段中国经济体制改革的行动纲领和路线图。中共十八届三中全会的《决定》,在新的历史起点上,对全面改革作了重要战略部署。中共十九大承前启后,继续高举改革开放大旗,作出新的部署,带领全国人民踏上新的历史征程,去夺取建设中国特色社会主义的新胜利。

笔者在世纪之交已经退休。退休前,笔者已经出版了《比较经济体制学》《中国改革目标模式与比较经济学》《国际比较中的中国经济体制转轨》等专著,并主编了《外国现代市场经济》《国际经济比较:改革、发展、趋势》等专业成果。退休后,2003 年家乡县委宣传部一位文学爱好者施国斌为我撰写了一本传略《江村的女儿》(经济科学出版社 2003 年版),在该书下册选登了笔者写的部分文章，而且列出了自 1956 年至 2002 年我的主要成果目录与出处；2005 年出版了陈锦华倡议和指导由我组织班子撰写的《论社会主义与市场经济兼容》（人民出版社 2005 年版）；2014 年出版了我个人的学术专著《猜想与求证——社会主义社会资源配置方式的世纪探索》（复旦大学出版社 2014 年版）。这些，都是从国际比较的角度对中国改革的经验进行理论上的总结。中心是探讨社会主义究竟要不要和能不能与市场经济兼容？社会主义社会的资源配置方式如何优化？

本书选入了笔者自 20 世纪 70 年代末起步，在探索为中国经济体制改革服务的比较经济体制学中、在围绕中国市场化改革进程进行调查研究中所取得的若干阶段性成果，目的是使后来者更具体、更丰富地了解中国特色社会主义是怎样在观念剧烈碰撞的曲折进程中，经过了突破—局限—再突破、在实际工作中前进—产生新问题—再争论—再前进—再实践—再总结提高—继续前进的循环往复的艰难历程。现在，这个过程并没有终结，还在继续，不断有新的问题产生。某些传统的旧观念也不断以新出现的问题为依据，采取新的形式死灰复燃。因此，对这个问题的研究和讨论尚未终结。

习近平总书记说："历史是最好的教科书，也是最好的清醒剂和最好的营养剂。"从本文选可以看出，笔者本人思想解放的心路历程与实践发展的路径基本上是一致的。广大后来人了解那段历史和思想演变的过程，也许有助于更好地理解今天。即使对于熟悉那段历史的读者，本书也可能起着"温故而知新""拾遗补阙"的作用。

那么，笔者起初为什么有志于探索比较经济体制研究呢？在探索比较经济体制研究的历程中，受大环境和具体工作环境的局限，我不打算搞纯学术的研究。我的目标是有限的，也是明确的，那就是为中国经济体制改革实践服务。在改革的不同阶段、不同时间点上，实践需要解决的是不同的问题，必须针对着问题来进行研究，研究的成果才是"有的放矢"、有效用的，也是有意义的。

一 20世纪70年代末萌发朦胧的 "比较研究" 的意念

　　要对外国经济体制的不同模式进行比较研究，最初是在经历了"文革"之后，我对国内问题沉痛的反思中产生的朦胧意念。当时，正面临着"中国向何处去"的道路问题。1979年年初，在中共中央召集的理论务虚会的一次沙龙上，我曾作过一个即兴发言，主题是《要用比较研究的方法寻求中国自己的发展道路》。

　　由于我在1974年参加过新华社牵头的《世界经济危机》课题（内容除西方7个发达国家外，还包括苏联）和人民出版社组织的全国性的苏联经济统计资料（内容是1953年以后的苏联经济情况）编写组工作，工作基地是在新华社的国际部和参编部，又有机会去中央各有关的涉外部委查阅资料和访谈，再加上我自己此前从各种渠道阅读到的资料，我积累的国外研究资料不少，从中我逐渐萌生了一个想法，即：社会主义发展道路绝不是单一的苏联模式，而可以是多种多样的。世界上自称为社会主义的模式就十多个，由共产党执政的就有苏联模式、南斯拉夫模式；东欧各国又在奥斯卡·兰格"市场社会主义"思想的影响下，产生了计划与市场相结合的种种改革模式；西欧和北欧一些社会民主党执政的国家，也被国际学术界视为社会主义模式（他们称共产党执政国家的模式为共产主义模式）；还有不少发展中国家也自称"社会主义国家"。如果对世界各国经济体制模式在理论与实践的结合上开展比较研究，进行借鉴和择优，可能寻找一条新的适合我们中国自己情况的发展道路。于是，我建议，在学术界创立一门新学科——比较经济体制学。

　　这就是我在经历了十年"文革"动乱以后的反思，又经历了自1977年以来在中共中央宣传口工作期间参与拨乱反正的调研，特别是经历了"实践是检验真理的唯一标准"大讨论之后的思考，所悟出来的一点心得。

两年后，胡乔木①在起草给南共联盟中央的贺电中明确提出："社会主义发展的模式不是单一的，而是多样的。"这是同我的想法一致的。从此，我就更加关注对国外经济体制的比较研究了。

二　"社会主义初级阶段"是我们研究中国改革与发展道路的出发点和根本依据

1979 年 10 月，针对当时关于社会主义社会发展阶段问题不同意见的争论，我写了一篇题为《用科学态度对待科学社会主义》的4000 多字短文，在当期的《经济研究》杂志发表了。

在这篇短文里，我简明地表达了自己的想法：迄今，关于社会主义的理论是不成熟的，这种状况与不充分的实践状况是相适应的，应当允许不同意见的讨论。我认为，准确估计当前社会所处的发展阶段是重要的。中国当前的社会性质是社会主义，但却是"处于不发达的、不完善的、前期的或初级阶段"的社会主义。这是我第一次自发地提出"社会主义初级阶段"的概念。

1979 年以后的实践证明，提出"发展阶段"问题的讨论是有重大意义的。因为准确判断我们所处的社会发展阶段，是实事求是地确定社会经济发展战略方针和探索经济、政治体制改革的根本依据。直到 2012 年召开的中共十八大，仍然强调中国仍处于并将长期处于社会主义初级阶段的基本国情没有变，中国是世界最大发展中国家的国际地位没有变。"在任何情况下都要牢牢把握社会主义初级阶段这个最大国情，推进任何方面的改革发展都要牢牢立足社会主义初级阶段这个最大实际"，"既不妄自菲薄，也不妄自尊大"。我认为，这是非常正确的。

在十多年后，我体会到，苏联大厦倾倒的众多深层浅层、外因内因之中，长期把发展战略、方针政策建立在"超现实社会发展阶

---

① 胡乔木（1912.06—1992），曾任毛泽东秘书，中共中央秘书长、中共中央书记处书记、政治局委员、中顾委常委等职。长期担任思想理论、文化宣传方面的领导职务。

段"上，也是原因之一。他们 1936 年就宣称已经建成社会主义社会了，1939 年、1952 年、1955 年苏共都宣称苏联"正在向共产主义过渡"；1959 年苏共 21 大宣称苏联已经"进入全面展开共产主义社会建设的时期"；1967 年勃列日涅夫首次宣布苏联已建成"发达的社会主义社会"，此后，苏共 24 大、25 大、26 大都反复阐述"发达社会主义"这一概念；安德罗波夫执政以后，批判了发达社会主义"建成论"，提出了发达社会主义"起点论"，他的后任契尔年科则宣称他们正处于完善发达社会主义社会纲领的"初期"；戈尔巴乔夫执政以后，提出了"发展中的社会主义"概念。尽管他们的提法逐步后退，向实际靠拢，但为时已晚，长期执行超越社会发展阶段的脱离实际的"穷过渡"政策所造成的恶果已无可挽回。

在我们中国，1979 年中共十一届三中全会恢复了实事求是的思想路线以后，经过理论界风风雨雨的热烈讨论，党中央重新思考我们所处的社会发展阶段问题。尤其是邓小平同志明确指出"贫穷不是社会主义"，才逐步统一了对这个问题的认识。1981 年 6 月中共中央《关于建国以来党的若干历史问题决议》第一次提出："我们的社会主义制度还是处于初级阶段。"1982 年中共十二大报告再一次指出："我国的社会主义社会现在处在初级发展阶段，物质文明还不发达。"1986 年 9 月中共十二届六中全会通过的决议也说"我国还处于社会主义初级阶段"。1987 年中共十三大报告中更明确地指出：正确认识我国社会现在所处的历史阶段，是我们制定和执行正确的路线和政策的根本依据，"对这个问题，我们党已经有了明确的回答：我国正处在社会主义的初级阶段"。

那么，从"社会主义初级阶段"出发，究竟怎样才能建设一个现代化的、发达的社会主义社会呢？当时已经有相当多的人形成了共识，那就是：实行改革开放。

在没有向西方资本主义国家开放之前，我们许多人的目光聚集到东欧国家有一定程度的市场取向改革和独特的南斯拉夫社会主义自治经济体制模式上。

当时，由于十年"文革"的破坏，我国各项工作都被中断了，人们普遍对外部世界的情况基本不了解。不仅社会上广大民众信息闭塞，即使是政府机关，除新华社、外交部、中共中央联络部等涉外部门外，国务院各经济工作部门都还没有建立起自己的信息调研机构，凡是需要了解外国的信息，事无巨细，都求助于中国社会科学院世界经济研究所（后改名为"世界经济与政治研究所"），因为这里聚集了一批曾经留学苏联东欧各国或在国内学习有关外语专业的大学毕业生。因此，上级对世界经济与政治研究所的要求，很强调提供信息"为中央决策服务"，该所编印的《世经调研》内刊就服务于此目的。科研人员的成果也首先要满足"为中央决策服务"这一要求。

三　20 世纪 70 年代末，中国的对外开放从这里开始——"南斯拉夫热"追忆

中央提出改革开放国策之初，还没有条件大规模向西方开放，而首先是想着重了解一些东欧国家的改革情况，尤其是曾经被我们批判过而后来关系正常化了的南斯拉夫的情况。

在 20 世纪 70 年代末以后的几年期间，我承担的最紧急的交办任务是为宦乡副院长准备一份向中共中央政治局汇报波兰大罢工情况的资料。因为第五届人大召开在即，国务院想在人大上讨论如何启动我国经济改革问题。但忽然传来波兰全国大罢工的信息。中央想了解内情和原因，要求老外交家、党内著名国际问题专家宦乡向政治局汇报。宦乡把搜集资料和初步研究的任务交到了世界经济研究所，所领导又具体落实到我身上，并要求 5 天交稿。我带病（正患急性肠炎）白天骑自行车跑新华社、外交部、中联部等有关涉外部门收集最新动态和信息，包括外交部当天收到的手抄电报稿，晚上彻夜分析研究，一稿又一稿，终于撰写出《波兰社会动荡的经济背景》一文，按期交稿。

而让我耗费三五年时间、几乎全力以赴的，是于光远副院长交给我研究南斯拉夫经济理论与实践和组建南斯拉夫经济研究会的

任务。

南斯拉夫在 20 世纪 40 年代末到 50 年代初被共产国际批判为"修正主义"开除出共产主义阵营。1956 年，赫鲁晓夫执掌苏共领导权以后，缓和了紧张的苏南关系，承认南斯拉夫是社会主义国家。60 年代，中苏关系恶化，中共曾发表过 9 篇批判苏共纲领的评论文章，其中"三评"的题目就是《南斯拉夫是社会主义国家吗?》

1978 年，随着中国与南斯拉夫关系正常化，当时的中共中央主席华国锋曾率团正式访问南斯拉夫，恢复了中南两党两国关系。接着，由中共中央联络部部长李一氓和中国社会科学院副院长于光远率领的中国共产党代表团再次访问了南斯拉夫，更进一步了解南斯拉夫的社会主义自治制度。他们归来后，决定在国内开展对南斯拉夫的重新研究。

当时，我还被借调在全国第一次宣传工作会议筹备组工作。大约是 1978 年夏季，于光远给我打电话，说要交给我一项任务：参与组织一个研究南斯拉夫经济的学术团体，即南斯拉夫经济研究会，运用集体力量，实事求是地重新研究南斯拉夫社会主义自治的经济体制模式。为此，于光远还通知我第二天就去中国社会科学院开个会并建议我去外国语学院东欧系旁听塞尔维亚语，争取尽快能阅读原文著作并能与南斯拉夫学者进行交流。

次日是礼拜天，我按时去中国社会科学院出席会议。会上，于光远讲了研究南斯拉夫经济的意义、组织一个研究会的必要性、如何开展研究工作等，并宣布"研究会由罗元铮①召集，担任总干事；江春泽担任研究会的副总干事，主持实际工作"。

南斯拉夫经济研究会是改革开放以后社会科学领域内组建的第一个社会学术团体。此后，我在参加全国宣传工作会议筹备组工作的同时，又挤出时间从事南斯拉夫经济研究会的组建和研究工作。

---

① 罗元铮（1924.02—2003.08），1946 年毕业于华西大学，1947 年留美，曾任冯玉祥英文秘书。1950 年留学苏联，1954 年，新中国第一个获得苏联经济学副博士学位回国。时任中国社会科学院世界经济与政治研究所副所长。

1978 年秋，我去北京第一外国语学院东欧系开始旁听塞尔维亚语课。当时，全国宣传会议筹备组办公地点在友谊宾馆，离第一外国语学院很近。每天上午 8—10 点我骑自行车去听课，其余时间继续作全国宣传工作会议的筹备工作，晚上则阅读研究各种有关南斯拉夫的中外文资料，直至深夜。为应社会之急需，我还同北京大学经济系教师张德修合作，在一个月内，综合各种现有资料，赶写并出版了一本粗浅的小册子《南斯拉夫经济》。

在这一背景下，我研究的注意力，从比较熟悉的苏联传统中央计划经济体制，转到与之大相径庭、曾经受各国共产党集体批判的南斯拉夫的社会主义自治模式。我要求自己，一定要从实际出发，实事求是，首先搞清楚南斯拉夫自己是怎么说的、怎么做的，而不能根据过去的一些批判文章断章取义。在没有把握客观事物的全貌和本质之前，绝不可凭先入为主的主观意向去加以评论。

所以，我认为研究会的首要任务是，翻译一些在南斯拉夫有影响的、权威性的原著，从理论与实际两方面作一些系统的情况介绍。在这方面，外交部的张立淦、李永祥，中联部的杨元恪，新华社的徐坤明、杨达洲，中国社会科学院懂塞尔维亚语的陈长源、熊家文、朱行巧、汪丽敏等都做了不少贡献。

此后的几年里，我组织了有关的理论研究队伍、会塞尔维亚语的队伍以及与南斯拉夫有相关业务往来的外交和外经贸工作的队伍，让他们在研究会积极发挥作用。会员队伍不断壮大，在北京自愿报名的个人会员近 300 人。在云南、上海、四川等地还发展了团体会员。从 1980 年到 1983 年，每年召集一次年会；从 1984 年起，每两年一次，直到与其他研究会合并。

第一次年会是 1980 年冬在云南省昆明市举行的，与会者 100 多人。我们没有花什么钱，当时上级也没有拨给我们经费。那么，会是怎么开的呢？

首先，云南省计委经济研究所是我们的团体会员，他们借了下属一个中等专科学校寒假期间的空闲学生宿舍给与会者免费住宿。会场也免费使用该校的礼堂。有工作单位的与会者差旅费回工作单位报销。但还有几位对南斯拉夫经济研究感兴趣的大学生竟然自费乘火车硬座，历经数个日夜，从北京奔去昆明参会，他们的热情令与会者感动。

我把自己编的一本《经济研究参考资料》（内容全部是介绍南斯拉夫经济，供与会者讨论参考）的稿费 1000 元，捐出来供特邀领导和专家的旅馆住宿费（记得应邀到会的有钱俊瑞、李慎之、吴纪先等领导和老专家；于光远当时正在匈牙利考察，途经南斯拉夫时他又作了进一步深入考察，不能与会，但他专门为年会做了一个讲话录音寄来，向研究会提出研究的任务，年会上播放了他的录音讲话）。

从与会者的热情与态度，可以看出当时大家对研究南斯拉夫的关注和兴趣之浓烈。

在第一次年会上，不仅正式选举了第一届理事会，还选举了一位办事十分认真细致且有秘书工作经验的秘书长孙家恒，使后来研究会的工作更走上正轨。南斯拉夫驻华使馆曾向研究会赠书 160 册，价值 4.5 万第纳尔（约合 2000 多美元）。研究会也组织会员集体出版了不少读物。有的会员还出版了一些个人译著和专著。

1980 年，我在借调中共中央办公厅研究室一年期间，中央宣传部部长王任重访问南斯拉夫归来时，带回了南共领导人爱德华·卡德尔的著作《公有制在当代社会主义实践中的矛盾》。中共中央办公厅研究室理论组组长林子力要求我找人把这本书重新准确翻译，并指定我写一篇内容简介以供领导干部阅读原著时参考。我于是邀请了新华社塞尔维亚语最好的记者徐坤明重新翻译了该书，我本人写了该书的通俗简介《卡德尔著〈公有制在当代社会主义实践中的矛盾〉一书主要内容》刊载在中共中央办公厅研究室编的《调查与研究》1979 年第 35 期，《红旗》杂志曾摘要转载。

当时，中国经济发展中的一个比较突出的问题是积累率过高，1978 年高达 36.5%，1979 年还占 34.6%。中央正在想借鉴和研究外国积累与消费比重的情况来作决策参考。为此，我邀请了南开大学教师张仁德来中办研究室合作研究，撰写了《南斯拉夫的积累与消费情况》，刊载在中共中央办公厅研究室编《经济问题研究资料》1979 年第 37 期。此后，我国积累率逐年下降，1980 年为 31.6%，1981 年下降到 28.3%。

此外，为面向社会需求，我还组织研究会集体撰写了《南斯拉夫手册》《南斯拉夫经济与政治》《南斯拉夫政治经济辞典》等书，系统地介绍了南斯拉夫的理论与实践。一些曾在南斯拉夫留学或工作过的学者，还翻译了不少南斯拉夫经济学家的代表作，供广大读者更直接地了解南斯拉夫社会主义自治体制的理论与实践。

当我接触到南斯拉夫的第一手资料时，最大的感受是在对苏联传统型中央计划经济体制的再认识方面。南斯拉夫的观点在社会主义国家中是领先的、具有开创性的，对中央计划经济体制的弊端的揭示是勇敢的、深刻的。这使我茅塞顿开，有"切中时弊，莫过于此"的感觉。这是我开展比较研究的起点。

但即使在当时，我又感到，我们不能把南斯拉夫的自治理论当作新的教条，认为这可能是一种潜在的危险倾向，认为我们只能把它当作比较的对象之一来研究，从中寻求可供借鉴或取得启迪之点，而不能奉为"圣典"照搬照抄，陷入从"一切皆坏"又跳到"一切皆好"的形而上学。我的兴趣和领域不是国别研究，我是把它作为实践中已经出现的经济体制模式之一来进行比较，研究其利弊，并从理论上进行深层思考。除有关南斯拉夫的图书资料外，我还曾经花了相当大的精力，搜集国内外主要图书馆的有关书目索引，广泛阅读中外文献和国际上的前沿书刊。

现在，南斯拉夫已经解体了，南斯拉夫作为一个国家已经不存在了，社会主义自治制度也随之消失。为了保留历史的痕迹，也为了供后人了解和研究这段历史和理论内容，借鉴经验教训，我在本书里，仍然选了几篇我当时写的全面介绍南斯拉夫自治模式的文章，供研究与反思之用。

南斯拉夫曾经是社会主义国家中改革的先行者。早在 20 世纪 50 年代初，它就与高度集中的中央计划体制决裂了，独创了以社会所有制为基础的社会主义自治经济体制模式。这种模式曾经唤起过工人群众的主人翁精神，在经济、政治、社会生活的各领域中唤起了一定的生机与活力，在当时该国处在东西方夹攻的不利国际环境下起了支撑南斯拉夫社会主义建设的历史性作用。但到20世纪80年代以后，持续的经济滞胀和危机表明那种体制的潜力已经消耗殆尽。

国际理论界对自治经济体制的弊端逐渐有了新的认识，最根本的问题是：它既缺乏强有力的国家宏观调节的"有形之手"（理论上教条主义地宣扬超越社会发展阶段的所谓"国家经济职能消亡"），又没有产权明晰的国内统一市场的"无形之手"，他们倡导的"既是人人的，又不是任何人"的"社会所有制"被讥讽为"更没有明确主人"的"流浪儿资产"。20世纪五六十年代共产国际集体批判它右倾，包括我国在1963年发表过《三评：南斯拉夫是社会主义国家吗?》也是批判它右倾。其实，自20世纪80年代中期以后，特别是在我去美欧现代市场经济实地考察和访问以后，我越来越感觉到，南斯拉夫的问题不是右倾修正主义，问题还是出在"左"倾教条主义，是"超越了社会发展阶段"的某种程度的当代"乌托邦"。比如，它提倡"国家经济职能消亡"、收入分配由每个企业的全体工人按马克思《哥达纲领批判》中的理论原则集体讨论，做各项扣除，作为"活劳动"与"物化劳动"的交换，目的是使每一个工人都知道每一个第纳尔（南斯拉夫货币）到哪里去了。而在实际生活中，多数企业长期无积累，扩大再生产甚至连简单再生产都靠借贷。又比如，南斯拉夫只允许借外债，而对国外直接投资不开放，认为允许外国直接投资就是"进口资本家"，他们只借外债，没有引进国外的先进技术和先进管理经验，从而没有生产出先进的产品，其后果是债台高筑还不起。连南斯拉夫工人出国打工挣得的外汇，也不敢使用，更不准带回国来投资，只能存在西德的银行。这不明显地表明是由于教条主义的理论观点给实践带来的不利后果吗?

四　探索为中国经济体制改革实践服务的《比较经济体制学》与《转轨经济学》

1981 年，我向研究所所长钱俊瑞递交了一份报告，表达了致力于建设一门新的学科——《比较经济体制学》的愿望。钱老鼓励和支持我的想法。于是，我放弃了招收国别经济的研究生，于 1983 年招收了比较经济学领域的第一个硕士研究生张宇燕。1984 年，我为中国社会科学院研究生院开设了《比较经济体制学》课程并写出了该课程的第一本讲义。这是处于起步阶段的收获，当然是很粗浅的。1984 年，按中国社会科学院与美国福特基金会的访问学者交流计划，所长浦山派我去美国访问研究两年，这对于我解放思想、扩大视野、获得外部世界实感，与国际学术界建立广泛的联系与交流等，有很大帮助。

自 1984 年以后，我的注意力就转而研究美欧各国的现代市场经济体制了。我发现西方发达国家自罗斯福新政以来，普遍增添了政府宏观调节的因素，从而改变了自由市场经济的生产无政府状态；而且加入了社会保障体系的安全阀，从而基本消除了"绝对贫困化"的状态；有的国家通过"反托拉斯法"管制资本的过度集中；发达国家也普遍运用宪法和各种法律规范政府、社会组织、公司和公民的行为，社会基本上是有序的。这样的现代市场经济体制，社会主义社会为什么要视之如虎狼呢？在后来的研究中，我更逐步地认识到，无论是采用苏联型的中央计划经济体制的国家的执政领导人，或是曾经揭竿而起、运用自己的智慧、创造性地发展了一整套社会主义自治模式的南共联盟领导人，他们都是教条主义地对待商品、货币与市场经济，都把社会主义制度与市场经济体制视若水火不相容，没有认识到市场经济体制是任何社会经济通往繁荣发达的必经之途，都没有从本国的经济实际出发，而超越本国实际的社会发展阶段，教条主义地用意识形态的抽象概念去处理本国现实的经济问题，都指望在闭关锁国的情况下，搞自己的"乌托邦"现代化，最终都走进了死胡同。

幸运的是，中国领导人邓小平，深刻地总结了数十年共产国际特别是中国"文革"的历史教训，为中国开辟了一条"中国特色社会主义"的康庄大道。中国人民的历史使命就是做好"中国特色社会主义"这篇大文章，把辽阔的中华大地的资源配置得更加协调，更加有活力、有效率。

五　本书各篇章的主要内容与逻辑顺序

第一篇是开篇，反映在学科建设探索过程中学习、思考和联系实际由浅入深的认识过程：其中，第一章是讲比较表浅地"初识"经济学园地中这块生荒地。第二章是就进一步对学科主要内容、流派、各流派领军人物及主要著述等作了概览。第三章是梳理出这一学科研究的主要问题（前三章都是我和我当时招收的研究生张宇燕合作撰写的）。第四章，提出了建设为中国经济体制改革服务的《比较经济体制学》的任务。在去美国访学两年回国后，我被调到国家经济体制改革委员会（简称"国家体改委"）国外司专门负责国外经济体制的研究工作，从而，研究工作与我国经济体制改革实践更加密切结合。第五章，进一步逼近实际，提出中国改革目标模式的选择与这一学科的关系，提出了若干政策建言。第六章，结合中国改革的实际，运用本学科中论述的理论与方法分析检验改革成果的标准问题。第七章，摘选了我写的一本英译著剑桥丛书《社会主义计划工作》的前言。第八章是我在美国访学期间发表在美国《比较经济研究》杂志上用英语写的一篇文章《社会主义经济体制模式在实践中的发展》，文中我运用西方比较经济学的 DI MC 方法，抽象出各种经济体制可比的共同因素，包括决策机制、信息机制、动力机制、协调机制等，按照社会主义经济体制模式在实践中出现的时间顺序，运用模式与案例结合的方法，勾画出几种模式的基本特征。

（1）前模式，或称预模式，或称先导模式。

之一：苏联 1918—1921 年的"战时共产主义"；中国 1927—

1949年在红色根据地；南斯拉夫在战时根据地；等等。

之二：苏联1924—1928年的新经济政策；中国1949—1953年的新民主主义时期经济纲领和政策。

（2）中央计划经济体制原型，苏联从20世纪30—60年代；社会主义阵营各国照抄照搬。

（3）从"左"的方面对中央计划经济体制的变动，如：南斯拉夫独创的社会主义自治制度；中国从1958年到1978年"以阶级斗争为纲"。

（4）"以行政性分权"为指导思想的改革，苏联1960年后、民主德国1970年后的以行政性分权为指导思想的改革。

（5）"市场社会主义"指导思想下的改革，即在计划经济总框架下尽可能运用市场机制。如，匈牙利1968年以后在"市场社会主义"指导思想下的改革；中国1979年以后在"有计划商品经济"指导思想下的改革；除阿尔巴尼亚以外的其他东欧社会主义国家的改革。这些改革都是在中央计划经济的框架下尽可能引入市场因素。

这篇文章反映笔者在那个阶段的认识。在模式划分方面有独立的见解，在西方学术界同行中有一定的反响。是伊利诺大学的克莱顿教授主动把它推荐给美国《比较经济研究》杂志发表的，她说，在西方学术界没有见过这些有趣的见解。普林斯顿大学的罗斯曼教授更为此写了长篇的评论，他说我的观点是他所看到的中国作者论文中"独一无二"的，并约我去该校与他当面讨论，他提交给在日本召开的"比较经济国际研讨会"的论文中，总共有24个小注，其中有19个是引自我这篇论文。所以，我把它选入这本集子中，以保留历史的痕迹。

第二篇，主要是外国经济调研案例。

第三篇，是随改革进程而进行的理论探索。

第四篇，是在原中央计划经济国家纷纷向市场经济转轨之后，提出了"转轨经济学"并对转轨的战略、方法、速度、途径及其效果继续进行了国际比较研究，尤其是对俄罗斯的转轨曾亲临实地考察，写了比较研究报告。

第五篇，是针对中国转轨实践进程中提出的问题或有争论的问题发表的简论。有些是亲临实地调研的成果，一般都包含有国际理论或国际经验的比较研究。

六 向祖国生日献礼！向中国社会科学院 世界经济与政治研究所汇报

我16岁（1951年）入大学攻读马克思主义政治经济学。时间过得真快，在新中国生日即将来临之际，我恍然觉察到，竟然快70年过去了，我已经是一个年过八旬的耄耋老人了。我要感谢我的祖国，是新中国的人民助学金把我培养成一名有专业知识的高级知识分子。前30年，我经历了"十年寒窗苦读"，还经历了下乡、下厂和普通劳动者画等号，也经历了激情燃烧的"大跃进"年代和"文革"动乱。从1977年春天起，近40年，我投入了理论界的"拨乱反正"，经历了一轮又一轮思想战线的争论和经济工作实践中反反复复的探索。是改革开放的大好时代，又让我的专业知识有了新的飞跃，在自我思想不断解放的过程中，我逐步认识到：市场经济体制是任何社会经济通往繁荣发达的必由之路；任何国家要想在封闭的环境中绕开市场经济来实现现代化，只能是"乌托邦"。我国改革开放的大方向是永远不能动摇的。

我得出这样的认识，也得益于中国社会科学院世界经济与政治研究所公派我赴美访学两年，使我能经过实地考察，有亲身体验得来的更逼近客观实际的认识，这既有益于我后来在为中国经济体制改革确定目标模式的决策中发挥一定的积极作用，也有益于我在《比较经济体制学》的学科建设中取得一定的成果。

我不会忘记已故钱俊瑞所长与浦山所长对我的关怀和培养。遗憾的是，他们已于1985年和2003年先后离世了。他们的人格、学识、对事业的忠诚敬业，尤其是对后辈成长的关怀，仍然活在我的心中。

谨以此文集作为向我热爱的祖国七旬华诞的献礼，作为我对我所处的改革开放伟大时代的回报，同时还表达我对钱俊瑞、浦山两位长者、尊敬的所长的纪念！

江春泽

2019 年 4 月于北京

　　1. 钱俊瑞（1908.9—1985.5）　1979 年 8 月—1982 年 5 月担任中国社会科学院世界经济与政治研究所所长，1982 年 5 月任中国社会科学院顾问。钱老是江苏无锡人，1931 年参加革命工作，1935 年入党。新中国成立后，任中央人民政府教育部部长、党组书记，政务院文化教育委员会秘书长、劳动就业委员会副主任。自 1950 年起任中苏友好协会总会秘书长，中央国际活动指导委员会委员（至 1958 年 3 月）。1959 年 4 月当选政协第三届全国委员会常委。1982 年 9 月增选政协第五届全国委员会常委，自 1981 年起兼国家计委顾问，1983 年 6 月当选全国政协第六届常委，系中共第八届候补中委。1985 年 5 月25 日在京逝世。

　　2. 浦山（1923—2003）　生于北京，祖籍江苏无锡。1943 年毕业于美国密歇根州立大学经济系。1945 年加入美国共产党，后转入中国共产党。1949年毕业于哈佛大学，获经济学博士学位，师从著名经济学家熊彼特。他的博士论文《论技术进步对就业的影响》创建的宏观经济模型，得到学术界的高度评价。1949 年回国，在外交部工作。1950 年作为中国政府代表团成员出席联合国安理会会议，1951—1954 年参加中国人民志愿军朝鲜停战谈判代表团，在停战协议的谈判和签署过程中发挥过重要作用。曾担任周恩来总理的英文秘书，跟随周总理参加过日内瓦会议、万隆会议以及访问亚非十一国。改革开放以后，担任过中国财政部赴世界银行代表团团长，领导了中国恢复在世界银行和国际货币基金组织成员国席位的谈判。1982 年任中国社会科学院世界经济与政治研究所所长。2003 年在北京逝世。

目　录

第三篇　探索中国特色社会主义道路

第四篇
转轨经济学与中国经济体制转轨的国际比较

第五篇
中国经济体制转轨进程中若干问题简论

第 一 篇

学科建设探索

在经济学园地里拓荒

——初识西方《比较经济学》

一　简要的历史回顾

比较经济体制学发展至今，走过了漫长的道路。自 19 世纪末起到 20 世纪 30 年代的福利经济学中关于"社会主义"的辩论，可以被看成是此学科的先声之一。这一场争论的焦点集中在：以生产资料公有制为基础的"社会主义制度"的社会，能否使资源配置达到最优状态，进而使福利水平达到最大。持否定观点的著名代表是奥地利学派的经济学家米塞斯和哈耶克。持肯定态度的主要是波兰经济学家兰格。他们所酿成的这场大论战涉及了许多问题，其中心是围绕着计划和市场、集权和分权及其结果——资源是否最优配置问题。可以说，这一切构成了今天比较经济体制学的基本框架。

众所周知，产生于 19 世纪中期的德国历史学派及其在美国的变种制度学派的经济理论，是以将政治、法律、文明史、精神、道德、社会习惯和自然环境等因素兼收并蓄于其经济理论之中而著称于世的。当我们翻开现代比较经济体制学的著作时，会强烈地感受到历史学派和制度学派的影响之深。因此，当追根溯源时，我们应把时间的日历再向前翻 100 多年。

顺便提一下，严格地说"比较经济体制"（Comparative Economic Systems）与"比较经济学"（Comparative Economics）是有些差异的。西方学者认为，前者是以整个经济体制为研究对象，强调经济体制各要素之间的相互联系。后者则是以某个部门或专题为研究对象，对某一专门领域的经济现象作比较，如对不同国别的劳动力市场、企业管理、经济增长等进行专项的比较研究。鉴于"比较经济体制"和"比较经济学"的共性和互补性，一些西方经济学家主张将两者统一在"比较经济研究"名下进行研究。

美国 W. N. 洛克和 J. W. 霍特早在 20 世纪 30 年代末发表的《比较经济体制》可视为本学科的奠基著作之一。不过本文的评述重点是放在自 20 世纪 70 年代以来的"现代"研究之上的。这一点在"研究方法"一节中将作稍为详细的叙述。

二 什么是"经济体制"

多数比较经济体制学专著都是以对"经济体制"定义的讨论为开端的。由于每位著作者又大多以自己的理解为起点，因此形形色色的定义的出现就不足为怪了。在此，笔者只打算谈谈具有一般意义的定义。

美国经济学家 V. 霍尔绍夫斯基认为，"经济体制"是由构成组织经济行为的原则和机构的最一般的四要素所组成，即：资源，参与者，程序要素，机构（institution）。

"资源"包括自然禀赋、人体能力（包括企业家才能）和加工后形成的物品。

"参与者"的含义是指在经济生活中，每人都在扮演着不同的角色。"参与者"可分为居民户、公司（或企业）、政府，三者都各有自己的偏好和目标函数。其间存在着等级差别，它导因于决策权限在各"参与者"中的分配差异。

"程序要素"是从动态角度研究经济体制诸要素及其相互关系。需要特别指出，这一过程还包括对价格变化、收入分配、积累和专业水平、新的发明和发现、社会福利和环境变动的计算。

"机构"是指维系一个各"参与者"间互相联系的稳定模型。它是动态的"程序要素"的特殊形式。"机构"并非指通常意义上的机关，而是作为经济体制的一个要素发挥职能作用的。市场就是某种经济"机构",因为它是稳定的买卖形式。此外,税收、借贷、所有权形式、各种获取信息的方式以及在资源配置中的信息协调等都在"机构"之列。

值得一提的是西方有些经济学家以下面的方式给"经济体制"下定义:

$$ES = f\ (A_1,\ A_2,\ A_3,\ \cdots,\ A_n)$$

这里,"ES"为 Economic System(经济体制)的英文缩写,"A"为 Attribute(属性)的缩写。这一函数式旨在表明"经济体制"是多种经济的或非经济的属性的函数,换言之,"经济体制"是受多种因素影响的。美国的埃·纽伯格和威·达菲教授把众多的属性集中概括为三个:决策结构、信息结构和动力结构。这就是著名的"DIM"结构。

三 影响经济体制结构和功能的因素

西方学者普遍认为,对经济体制施加影响的因素很多,极为复杂。美国的阿兰·格鲁奇教授将这些因素归结为两类:第一类是影响经济体制结构和职能的所谓"内生因素"——经济体制内固有的、同生产技术水平、市场类型、企业规模等密切相关的因素。第二类则为"外生因素"——新技术进步、思想和政治的发展以及自然环境等。

西方比较经济学者认为,传统经济学家关心的是"内生因素",而把对"外生因素"的研究推给经济学家以外的社会学家去完成。然而,比较经济体制学扩大了经济学的范围。这一新学科中包括了对某些特定经济体制发挥其职能作用的自然和文化背景的分析。

在此有必要强调一点,对影响经济体制结构和职能的因素分析是相当困难的。这困难集中表现在如何把众多的施加影响的因素分离出来,因为只有将其分离、独立,才有可能对经济体制进行综合的、精确的和科学的比较,才能度量各因素对经济体制的影响程度。

四 研究方法

比较经济体制，顾名思义，其基本研究方法是类比法。经济学作为社会科学之一，与自然科学研究方法大相径庭。一般说来，科学实验在自然科学的发展中起主导作用。不断地、科学地、反复地实验，能够最终使其接近真理。然而在经济学中进行实验的可能性是微乎其微的。更有甚者，由于自然环境和文化背景的差距，个别经济实验结果的一般性是值得怀疑的。此外，当今世界各类经济体制如此复杂，以至只有将其按一定原则进行分门别类的比较和对照，才能从理论上加以理解。正因为如此，类比法在经济研究中的地位突出了。

西方学者把20世纪70年代以前所使用的具体的方法称为"传统法"，70年代后所使用的方法为"现代法"。"传统法"又被称为"主义法"，它以建立几类诸如"封建主义""资本主义""社会主义""共产主义""法西斯主义"模型为比较框架。"现代法"使用者认为，各种"主义"原型的内部结构今天都已发生了深刻变化，其结果是使人们难以再根据几个"主义"原型进行简单的分类、比较，而应代之以对经济机能和组织安排的比较研究。

"现代法"具体表现形式在美国M.博恩斯坦教授的《比较经济体制——模式与案例》一书中得到了充分体现，即所谓的"模式法"和"案例法"。在考虑"内生因素"与"外生因素"的前提下，通过建立纯粹的经济体制模式而对经济体制现实过程进行抽象研究，分析在一定模式下的经济行为规律，并由抽象模式演绎出较为现实的经济体制。这构成了"模式法"的基本内容。"案例法"是对不同社会制度或国别的现实经济体制进行比较研究。一般而言，每一案例都具有纯理论模式的各种性质。它是经济发展、社会文化力量和环境因素影响的结果，是社会偏好函数、体制和政策工具、资源配置和收入分配方式的统一。就发展来看，"模式法"与"案例法"的结合似乎是大势所趋。

五 经济体制模式的划分原则或标准

从方法论意义上讲，无论是"传统法"还是"现代法"，都是以建立理论模式（型）进行比较为特征的。在此，我们首先遇到的是经济体制模式的划分原则问题。M. 博恩斯坦在来华讲学时曾概括指出，西方学者对世界各经济体制的分类一般以下列五项原则为基准。

1. 生产资料的所有制形式。是私人占有、全民占有，还是混合并存？他认为这是马克思的经典研究方法，且极有意义。因为它直接影响到计划的制定（资源配置）、决策权限的划分和收入分配等问题。与此同时他又补充到，仅以生产资料所有制形式作为分析的焦点是有局限性的。由于财产所有权和经营权在各国的普遍分离，因此，生产资料所有制形式只能构成众多划分经济体制模式的标准之一。

2. 经济活动的协调机制，即经济活动的协调是通过所谓"传统机制"（由社会习俗决定的生产、分配、消费），或是"市场机制"（通过买卖的交换获得商品和劳务并在交换过程中实现各自的物质利益），或是"计划机制"（其特征是有一个综合计划、一个执行决策的机构和对计划执行情况进行检查）还是通过三者的综合作用。

3. 决策权限的划分，即由谁来作出决策、决策者可能拥有什么样的信息以及根据何种信息作出决策（这里涉及信息结构、包括信息的来源、收集、传递、整理、反馈等）、如何实施决策（是通过下达指令还是通过指数控制）。

4. 经济政策的实施手段如何，是以财政、货币、汇率、直接控制或是以其他政策手段作为实现经济目标的工具。

5. 以一些经济活动成果指标作为区分经济体制类型的标准，如按人均国民收入量、效率（投入与产出之比）高低、国民总产值多少来分类。

除了从博恩斯坦所归纳的上述五项外，西方学者谈论较多的是动力问题，即用物质手段还是精神手段达到经济的和谐发展。我们姑且将其视为第六项标准。

以上各项原则（或标准）实际上同时也回答了在经济体制分析中的关键问题之一，即"比什么？"

六 经济体制模式的比较

西方学者一般认为，构成经济体制原型模式的是"完全竞争市场"模式和"纯粹的中央计划"模式。前者的基本特征如下：资源配置受消费者主权引导；信息（仅限于价格和数量）的传递是水平型（在生产者和消费者间传递）的且一切决策都以此信息为依据；决策的协调是事后发生的；当事人决策行为的动力来自物质刺激；交换是自愿的；决策权散于众多的生产者手中，同时伴有信息的分散；消费者和生产者在谋取各自最大效用或利益的过程中彼此进行竞争。

该模式的基本功能表现在如下两个方面：首先，它能有效地分配资源；其次，每个当事人在经济领域内有高度的选择自由。因此，它能使经济最终达到"帕累托最佳状态"，即生产商品的要素组合和产品在消费单位间的分配采取以下方式：它已不可能在不使任何人的处境变坏的情况下使任何人的处境变得更好。

"纯粹中央计划"模式的基本特征是存在一个全能的计划者或集团，他或他们能作出一切必要的和最优的计划来分配资源并能事先协调决策；信息是纵向传递的，但名目繁多，可能是价格，也可能是价格指令；决策权集中于中央且动力源泉也在中央（如个人的主要目标之一是晋级，而提升权力掌握在上层）；竞争可以存在，但绝非必须存在；交易可以是自愿的，同时也可以是非自愿的。

该模式的有效运转可以达到计划者本人所期望的消费最佳状态和避免同竞争有关的浪费，从而实现资源的最优配置。

然而，首先，全能的计划者是不存在的，由于他（们）不可能掌握所有信息，因此以最优计划分配资源仅是幻想；其次，"纯粹计划"模式中的动力问题很难解决，因为现实中的人们的利益和目标并非完全一致。此外，较接近纯粹模式的经济体制的运行本身也有问题。由此可见，有必要在这两种极端模式间寻找某种接近现实的指导和协调经济活动的机制。

纽伯格和达菲教授对经济体制模式的"色谱"进行了详细的描述：

1. "传统体制"模式，它是一种较原始的特例；

2. 市场体制，分为"完全竞争市场"模式（色谱的一端）和"不完全竞争体制"模式（今天的美国较接近这种模式）；

3. "计划市场体制"模式（其特征是把市场的职能和计划的职能结合起来），它又细分为"看得见的手"（与亚当·斯密的"看不见的手"相对应）的体制模式（南斯拉夫较为接近）和"指示性计划"模式（法国与之较接近）；

4. "计划体制"模式，它又可分为"中央团结型""行政分权计划型"和"控制分权计划型"三类；

5. "中央命令型"，即纯粹计划模式（又被称为"电子计算机乌托邦"），它是体制模式色谱的另一端。

七 经济体制模式的评价标准——困难和意义

一旦人们企图回答哪种体制模式谁优谁劣并打算作出选择时，他们就已经进入了比较经济体制学中最易引起争论的领域了——对评价标准的讨论。西方学者对此较为普遍的看法是存在着八项评价经济体制优劣的指标。它们是：1. 经济发展水平；2. 经济增长速度；3. 经济是否具有稳定性；4. 经济安全性（失业率和通货膨胀率的高低）；5. 经济效率、静态效率和动态效率；6. 收入和财富分配是否公平；7. 是否存在经济自由（包括家庭消费选择自由、个人职业选择自由和企业活动自由）；8. 消费者主权还是计划者主权（或者生产者主权）。

西方学者认为，仅仅经济衡量标准是不够的，同时还必须考虑诸如道德、哲学和政治方面的标准。

在对经济体制进行比较研究时，人们所面临的困难主要来自以下三个方面。

首先，是统计资料的收集整理上的困难。因此，该学科所进行的研究只能是一般意义的分析，其推出的结论可能会有偏差。

其次，经济活动是动态的、非静止的，因此，经济体制的内在的组织及职能等也总是处在不断形成和修正、发展之中。不仅如此，各国的现实经济体制多是几种体制模式的混合体，因此，明确的分界线是不存在的。

最后，在对各种体制模式进行评价时，一些无法度量的因素和所使用语言的欠精确，都在一定程度上对其逻辑过程和一般性施加不良影响。这一切使得对经济体制的比较困难重重（但一些乐观的经济学家指出，也许正是这些困难才使其具有如此魅力）。

尽管如此，上述困难并不妨碍人们对经济体制进行比较研究。我们认为，这种研究的意义主要在于：

1. 它提供了一个探讨当今世界经济结构的基本框架，扩大了人们的视野，并使人们加深了对自己所处的经济体制的理解；

2. 各国所面临的基本经济问题类似，但各自解决这些问题的途径大相径庭，因此它带给人们的选择机会和借鉴意义是不可低估的；

3. 联系到当前的中国经济体制改革，对各类经济体制模式进行深入的比较分析，总结其成功的经验和失败的教训以及其常常成功或失败的自然和社会背景，为我所用是极其有意义的。

我们希望并相信，在对西方比较经济体制学进行科学的分析和研究之后，它将会有益于、服务于我国今天的经济体制改革实践。

（本文系与张宇燕合写的，原载《社会科学评论》1986 年）

注：原文发表时的标题是《比较经济体制学概述》，因为与下面一篇文章《比较经济体制学概览》有些类似，但内容并不重复，是由浅入深的研究过程，故将此篇标题作了改动。

比较经济体制学概览

比较经济体制学是一门与社会主义国家经济体制改革关系极为密切的崭新学科。它把经济体制置于分析的中心，并且把它看作是不断发展变化的事物，进行纵向与横向的比较和评价，从而达到对经济体制择优的目的。评价经济体制的优劣，主要是考察经济体制的参与者（政府、企业、个人）的行为对经济效果的影响。政府的行为主要表现为经济政策。经济效果是经济体制、经济政策与环境因素的函数。任何一种经济体制的内在结构都是信息、决策、动力与协调机制的统一。它的形成和运行都与其所处的环境因素有着犬牙交错的关系。所谓经济改革，就是要研究经济体制内在结构的合理化以及如何改善其运行的环境因素。为此，笔者研究了与这一领域有关的一些重要著述，评述了这一学科的过去、现在和未来。

一 比较经济体制学：一门独立的经济学分支

笔者认为，比较经济体制学是处于发展过程中的一个独立的经济学分支，也可以形象地把它喻为经济学帝国中的一块新殖民地。

作为独立的分支学科，其最重要的特征就是把经济体制置于分析的中心，并且把它看作是不断发展变化着的事物来进行纵向与横向的比较研究。而经济学的大多数其他领域则是在特定的体制框架内进行研究，它们并不把经济体制作为中心问题来研究。

比较经济体制学作为一门独立的经济学分支，是近 20 多年来在西方成熟的。在拓殖的过程中，一些先驱者们注意到，尽管当今世界中不同的民族国家或地区都在以独特的方式解决自身的经济问题，但是人类还是面临着一些共同的或类似的经济问题，而且解决的途径也不一定是单一的，那么，哪一种途径以及它在何种环境下是更可行、更有效的呢？这就需要抽象出一些概念、术语来对各类经济体制及与其相关的环境因素，以及它们与经济效果之间的关系进行比较研究，并通过比较和评价来达到对经济体制进行择优的目的。当他们试图这样做的时候，就已经把这一领域推进到经济学前沿而形成了一门崭新的学科——比较经济体制学了。

二　对经济体制的早期分析

比较经济体制学在其拓殖阶段，研究者们对经济体制进行了现代分析。其思想渊源，西方学者认为最早可以上溯到柏拉图、托马斯·摩尔以及重商主义者的理论。他们共同的特点之一，在于强调管束经济事务的规则和机构，并且热衷于研究政府在这一过程中的地位。[①] 而步其后尘者一般被认为是乌托邦社会主义者和经济自由倡导者。在 18 世纪晚期和 19 世纪初期，他们对重商主义者赋予政府以至高无上的地位进行了猛烈的抨击，并由此发展了几种将政府置于辅助地位的经济体制模式——自由竞争的资本主义及类似乌托邦式的社会主义。

西方比较经济学者认为，最早对经济体制进行现代分析的是 V. 帕累托和 E. 巴罗内。在 20 世纪初，V. 帕累托于 1902—1903 年，发表了两卷本的《社会主义制度》一书，为现代资产阶级的"社会主义"经济学说奠定了基础。"帕累托相信，一个社会主义的生产部在理论上可以达到恰好和一种理想的放任自由的资本主义经济的均衡力量所导致的完全一样的经济'计划'，这一点是会得到证明的。"[②] 除

---

① ［美］E. 纽伯格：《比较经济休制综述》，载 ［美］《经济学百科全书》，1982 年版，第 163 页。

② ［英］罗尔：《经济思想史》，陆元诚译，商务印书馆 1981 年版，第 398 页。

此之外，帕累托被称之为所谓"资产阶级的卡尔·马克思"① 的另一重要原因是，他的学生巴罗内正是基于他的思想才得以作出自己的贡献。② 巴罗内于 1908 年发表了著名论文《集体主义国家中的生产部》，发展了帕累托的观点，他第一次系统地说明了"社会主义"经济达到最优资源配置的必要条件，并提出了一个全部经济资源归集体所有、整个经济由国家的生产部集中管理的"社会主义"经济模式。③ 从经济学说史的角度来看，美籍奥地利经济学家熊彼特认为，完成"社会主义"经济是否可行答案的第一个，便是巴罗内。④ 他所得到的肯定答案及其达到的理论水平，使他成为"最早对经济体制进行现代分析"的人物之一，而另一位则是他的老师帕累托。⑤ 直到 20 世纪 20 年代以前，资产阶级经济学家在"社会主义"经济学领域中讨论很少超出巴罗内论文的内容。

三　经济体制的核心问题——寻求资源有效配置的途径

自 1917 年十月革命以后，在现实世界中出现了以生产资料公有制为基础的苏联社会主义经济制度。社会主义思想亦随之更广泛地传播开来。同时，帕累托和巴罗内谈论"社会主义"声音所形成的记忆亦由此在西方世界而得到巩固和加强。在这一背景下，奥地利

---

① ［法］G. H. 布斯克：《维·帕累托的生平和著作》，巴黎，1981 年；转引自［美］熊彼特《从马克思到凯恩斯十大经济学家》，宁嘉风译，商务印书馆 1985 年版，第 112 页。

② ［美］熊彼特：《从马克思到凯恩斯十大经济学家》，宁嘉风译，商务印书馆 1985 年版，第 126—127 页。熊彼特认为，巴罗内的观点（载于《集体主义国家中的生产部》）在帕累托的《洛桑大学政治经济学讲义》（第二卷）和《政治经济教程》里已有清楚的描述。

③ 有关资产阶级"社会主义"经济学方面的文献，可参阅厉以宁、吴易风、李懿的《西方福利经济学述评》一书的第四章。商务印书馆 1984 年版。

④ ［美］熊彼特：《资本主义、社会主义和民主主义》，绛枫译，商务印书馆 1979 年版，第 215 页。

⑤ ［美］道格拉斯·格林瓦德主编：《经济学百科全书》，1982 年版，第 164 页；参见《经济学动态》1983 年第 3 期。

经济学家 L. V. 米塞斯于 1920 年发表了《社会主义制度下的经济计算》一文。在米塞斯眼中，社会主义经济体制的本质特征是生产资料公有制（可以存在消费品市场）和中央计划。他指出："没有计算，就不可能有合乎经济的活动"，换言之，"在缺乏合理性的标准的情况下，生产不可能自觉地合乎经济"。① 而在社会主义制度内，中央计划无法最终确定某种产品是否需要，更有甚者，它也不能确定在生产特定产品的过程中所耗费的劳动和原材料，因而经济管理在这里"没有真正的方向"。② 即使有货币，但由于生产要素中的劳动和生产资料不能以货币表现，因此，企业仍无法按照经济原则行事。出于寻找"合理性的标准"的目的，计划指令中是有计算的，但这种计算常常过于粗劣且只是对自我复制的社会才有效。至于那种通过人为的市场来解决劳动和生产资料等要素的计算问题的设想，在米塞斯看来是行不通的：因为"要把市场和它的价格形成的功能同以生产资料私有制为基础的社会分离开来是不可能的"。③ 米塞斯将资本主义同社会主义两种制度的比较贯穿于全文，尤其是比较分析了两种制度下的经理行为。现在看来，其中某些分析确是揭露了传统中央计划体制的弊病（而并非真正是社会主义制度的问题）。这些分析对我们今天深化改革的思维也有一定的启发。但在当时，他的论文的实质是反对生产资料公有制。他认定在生产资料公有制条件下实行经济核算是不可能的，而为了合理配置资源，生产资料私有制是必要的前提。

米塞斯的反社会主义观点在资产阶级的研究"社会主义"的经济学家中引起了强烈的反应，客观上推动了关于"社会主义"经济学的研究。1928 年，美国经济学会会长 F. M. 泰勒（F. M. Taylor）在演说词中对米塞斯的观点作了批判并于 1929 年发表了《社会主义

---

① ［奥地利］L. V. 米塞斯：《社会主义制度下的经济计算》，参见《现代国外经济学论文选》（第九辑），商务印书馆 1986 年版，第 60 页。

② 外国经济学说研究会编：《现代国外经济学论文选》（第九辑），商务印书馆 1986 年版，第 61、63 页。

③ 同上。

国家中生产的指导》一文，该文继承并发展了巴罗内的思想，认为在社会主义制度下资源配置是可以得到合理解决的，并详细说明了如何用"试错法"解决资源配置的问题。泰勒的论文被认为"是第一个真正超过巴罗内的论文内容的贡献"。①

到了 20 世纪 30 年代，当西方发生震撼资本主义世界的严重经济危机时，与西方生产力急剧下降、工人大规模失业等特种萧条景象相衬映的是苏联社会主义建设已经取得了显著的成就。新的事实再一次迫使西方经济学者中有些人对苏联的社会主义经济制度做进一步研究，主要是研究苏联的计划经济并把它与资本主义的市场经济作对比，从而，"比较经济制度"这一学科就在酝酿之中。在这一时期对比较经济学的研究领域和分析方法有重大影响的是奥斯卡·兰格同米塞斯——哈耶克的论战。

继米塞斯上述反社会主义的经济论文之后，新奥地利学派的另一个领袖人物哈耶克和伦敦学派的领袖人物罗宾斯把米塞斯的观点"以更精细的形式吸收过去。他们不否认在社会主义经济中合理分配资源在理论上的可能性；他们只怀疑这个问题的满意实际的解决的可能性"。②

哈耶克放弃米塞斯极端立场而撤退到第二道防线时写道："必须承认这并不是不可能的，意思是在逻辑上它不是自相矛盾的。"③ 哈耶克所否定的是所谓"集体主义的经济计划"，他注意到当时苏联经济体制的基本特征是高度集权且否定市场竞争。对此，罗宾斯的论据要明确些。他指出："在纸面上，我们能设想这个问题用一系列数据学来求解，……但实际上这种解法是行不通的。它需要在几百万个数据的基础上列出几百万个方程，而统计数据又根据更多百万个个别计算，到解出方程的时候，它们所根据的信息已过时，需要重

---

① ［波兰］奥斯卡·兰格：《社会主义经济理论》，王宏昌译，中国社会科学出版社 1981 年版，第 5、4、5、183 页。

② ［奥地利］哈耶克：《集体主义经济计划》，第 207 页，转引自［波兰］奥斯卡·兰格《社会主义经济理论》，王宏昌译，中国社会科学出版社 1981 年版，第 4 页。

③ 同上。

新计算它们。根据帕累托方程可能实际解决计划问题的提法只说明提出这种主张的人不了解这些方程意味着什么。"①

针对哈耶克和罗宾斯的论点，波兰经济学家（当时在美国密执安大学任教）奥斯卡·兰格于 1936 年 10 月和 1937 年 2 月在美国《经济研究评论》第 4 卷第 1、第 2 期上发表了两篇关于"社会主义"经济学的论文，后来经过修改以《社会主义经济理论》为题出版。兰格自称："本文的目的是阐明在竞争市场上靠试错法来实现源配置的方式，并且寻求在社会主义经济中相似的试错法有无可能。"② 他反驳了哈耶克和罗宾斯的论点，发展了巴罗内和泰勒的思想，③ 提出了更为系统的"社会主义"经济学。兰格着重论证了社会主义经济完全可以用类似竞争市场的"试错法"来实现资源的合理配置。兰格的见解在当时影响颇大，被称为"兰格"模式，同时也是最早提出所谓"市场社会主义"模式。

起源于 20 世纪初的帕累托和巴罗内对"社会主义"经济的讨论，由于米塞斯和哈耶克等人对其可行性的攻讦再加上兰格以社会主义的捍卫者身份进行的辩论，终于在 20 世纪 30 年代酿成了经济学史上的一次大论战，并且达到了高潮。在以后的岁月中，论战双方的主帅仍然坚持自己的观点，并根据经济现实的变化而提出了进一步的论证。兰格在发表那篇著名的论文之后的 30 年写道："如果今天我重写我的论文，我的任务可能简单得多。"④ 因为随着电子计算机的出现，哈耶克和罗宾斯当年所指出的困难在很大程度上已成为虚幻。兰格认为运用市场和计算机来控制经济核算，是今天社会主义经济管理人员的两个工具。它们可以互相补充。在此基础上，兰格对集中分散决策模型之间的相互关系作

① ［英］罗宾斯汀：《大衰退》，伦敦，1934 年，第 151 页，转引自 ［波兰］奥斯卡·兰格《社会主义经济理论》，王宏昌译，中国社会科学出版社 1981 年版，第 4 页。

② 同上。

③ ［美］泰勒《社会主义国家中生产的指导》一文填补了巴罗内缺少具体实施、内容和手段的实验法空白。

④ ［英］罗宾斯汀：《大衰退》，伦敦，1934 年，第 151 页，转引自 ［波兰］奥斯卡·兰格《社会主义经济理论》，王宏昌译，中国社会科学出版社 1981 年版，第 4 页。

了新的阐述。

哈耶克在 1944 年出版了他一生中的重要著作之一《通向奴役的道路》。其中心思想是批判高度集中的、否定竞争市场机制的计划经济。他指出，个人的自由选择被计划控制所替代，其结果必然是限制了个人追求经济利益的动力。此外，对大量分散信息的掌握，是任何决策所必需的，但这对集中决策来说只是幻想。因此，从充分灵活地满足丰富和多变的社会需求这一点看，集中决策也必然是低效率的。[1] 同米塞斯一样，哈耶克的研究工作除了致力于集中计划经济问题以外，还着重地、深入地比较了不同经济制度的运转效率。他的原理简单明了，即研究分散在各个个人和企业的所有知识和信息的利用效率如何。[2] 依据这一指导原理，并通过对各种形式的分散的"市场社会主义"达到有效配置可能性的研究，哈耶克的结论是："只有通过深入地分散于竞争和自由定价的市场体系中，才可能充分利用知识和信息。"[3]

这场关于不同经济制度可行与否及其效率如何的大辩论，在比较经济体制这一学科的形成发展过程中是重要的里程碑。"它提高了论文的理论和技术水准，用对经济模式的分析取代了对现实经济体制的描述；它也引出了众多在比较经济体制学中迄今仍然是关注的中心的重要议题：决策和信息中的集权与分权，不同刺激方案与决策和信息结构的一致性，不同体制模式的相对效率的比较，价格和

---

① ［奥地利］哈耶克：《通向奴役的道路》，滕维藻、朱宗风译，商务印书馆 1962 年版。值得一提的是，哈耶克在同法国《快报》记者谈话时，概括了自己一生对经济学及政治哲学的贡献，即"一个发现和两项发明"。他"发现的是价格在调节市场中的指导职能。至于两项发明，一个是货币的非国家化，另一个是对民主形式的建议"。引自《哈耶克论通往自由的道路》一文，转引自《国外社会科学动态》1981 年第 4 期，第 5 页。他的发现，正是他否定计划经济的价值，从而坚信自由企业制度的经济理由。

② ［瑞典］1974 年《瑞典皇家科学院公告》，载《诺贝尔经济奖金获得者讲演集》，王宏昌、林少宫编译，中国社会科学出版社 1983 年版，第 191 页。

③ 《诺贝尔经济奖金获得者讲演集》，王宏昌、林少宫编译，中国社会科学出版社 1983 年版，第 191 页。在此指出米塞斯和哈耶克的区别可能更有助于我们理解他们的思想，尽管在许多问题上他们观点极为相似。关于两者的区别，哈耶克曾明确表白过，他说他对米塞斯的论证不敢苟同（即确认社会主义不可能实现或不能兑现它的诺言），并举例说："我觉得构成经济学和哲学偏见思想的各种方法论错误之中有个相互作用问题。"

市场体制的真正本质，以及计划和市场的潜在结合。"①

四 从传统研究方法到现代研究方法的过渡

如果说 20 世纪的帕累托与巴罗内的论文是比较经济体制学这块新殖民地的拓殖阶段，30 年代兰格与米塞斯及哈耶克的大辩论促进了研究的深入和理论水平的提高，标志着这一学科进入了发展的阶段，那么，自 60 年代后期以来，比较经济体制学的研究对象更加明确化以及研究方法从"isms"（主义）② 方法向所谓"现代"方法的转移，则是这一学科渐趋成熟的标志。

西方比较经济学界认为，自 20 世纪 60 年代以前，他们在这一学科中运用的是传统的"主义"比较法。例如，洛克斯与霍特合著的《比较经济体制》一书，作为这一学科早期的代表作，作者同康芒斯的研究方法类似，将世界各类经济体制贴上"主义"的标签，以此为基础进行比较分析。同时代进行的那场影响久远的大论战，也没有脱离"主义"的轨道。对于西方学者来说，"主义"方法的运用是基于这样一种愿望，即"企图理解新形成的苏联共产主义制度、意大利的法西斯主义和德国国家社会主义制度"。③

随着经济实践的变化发展以及诸如博弈论、计量经济学、组织理论、信息论、系统论、控制论等新的科学成果的应用，西方有关学者于 1967 年、1968 年聚会，专门讨论比较经济体制的研究对象和方法。会上，有人大声疾呼要打破以"主义"来划分经济体制的传

---

① ［美］E. 纽伯格：《比较经济体制学概览》，载［美］《经济学百科全书》，1982 年版，第 164 页。上述观点亦可以从瑞典皇家科学院在决定极与哈耶克诺贝尔经济学奖所发布的公告中得到证实。该公告指出，哈耶克"关于经济制度效率的思想和他的分析在四十年代和五十年代中发表在一些著作中，并且无疑对广泛和正在发展的比较经济制度的研究领域提供了显著的激励"。

② "ism"作为英语名词的尾级，有很多词义，据《韦伯斯特新国际词典》第三版，共有八解。这里作"主义"解。"isms"是复数形式。

③ ［美］E. 纽伯格：《比较经济体制学概览》，载［美］《经济学百科全书》，1982 年版，第 164、166 页。

统。其理由是：传统方法是从资本主义、社会主义和共产主义三种
制度的原型出发的，而现在这三种原型体制内部已经发生了一定的
变化，各种原型之间相互借用了若干策略和形式，再加上发展中国
家的各种体制问题也引起了与日俱增的注意，体制与组织形式方面
丰富多彩的变化使人们难于再简单地根据几个原型来分类，而应当
代之以一整套描述和比较经济体制的新的术语和概念体系，用以阐
明经济体制的功能并对其结构与效果进行比较。这种呼声得到了比
较经济学界的普遍响应，这就是从所谓"ism"方法向"现代"方法
的转移。自 20 世纪六七十年代以来，沿袭"现代"方法的比较经济
学者队伍不断壮大，下面将要提到在这方面的专业文献中贡献比较
突出的一些知名学者及其著述。

五 运用现代方法在这一领域内耕耘的奠基者们

最早和系统地用"现代"方法取代"主义"方法的是 J. E. 库普
曼和 J. M. 蒙台斯，他们合作的著名论文《论经济体制的描述与比
较：理论与方法的研究》① 为新的研究方法奠定了理论基础，受到西
方比较经济学界的普遍重视。随后，J. M. 蒙台斯又出版了《经济体
制的结构》② 一书，更加系统严密地发展了他与库普曼最初合作的思
想成果，对"现代"方法作了最精深的阐明。③ 他们基于"新的环
境要求新的方法"这一信念，力求避免先验地按"主义"原则分类，
"而代之以对具有特殊的经济功能的组织安排的比较为开端"。④ 他们
提出了经济效果与经济体制间的函数关系公式，即：

---

① ［美］J. E. 库普曼、J. M. 蒙台斯：《论经济体制的描述与比较：理论与方法的研
究》，美国伯克利加州大学出版社 1971 年版。

② ［美］J. E. 库普曼、J. M. 蒙台斯：《经济体制的结构》，耶鲁大学出版社 1976
年版。

③ ［美］P. 格雷哥莱、R. 斯图亚特：《比较经济体制》，1980 年，英文版，第 11 页。

④ ［美］J. E. 库普曼、J. M. 蒙台斯：《论经济体制的描述与比较：理论与方法的研
究》（英文版），美国伯克利加州大学出版社 1971 年版，第 27—28 页。

O = f（ES，ENV，POL）①

这个公式还可具体图解如下：

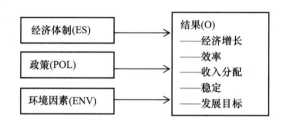

1976 年蒙台斯著作问世之时，组伯格和达菲合著的教科书《比较经济体制：决策与方法》也出版了，该书提出了一个与 1971 年库普曼－蒙台斯论文观点类似而相关的分析体系。所谓决策方法，就是把经济体制看成是由三项基本结构组成：决策、信息和刺激（或动力）结构。经济体制是作用于经济环境，其产生的经济效果是能够依一定标准或权数函数加以评价的。这一方法在比较经济学领域里已广为人知。

L. 赫咸茨与 D. 科恩为比较经济学专业文献撰写了完整的评述。早在 1960 年，赫威茨作为数理经济学家发表了他的"副产品"——题为《资源配置机制中的最优化和信息效率》的著名论文。② 他研究的重点是经济过程中的信息结构，即认为经济活动由信息转换而来，进而这种结构又隐暗地决定了权力结构。这种研究思路实际上与纽伯格后来发展而成的决策、信息、动力（DIM）③ 结构是吻合的。其差异在于：纽伯格等比较学者主要关心的是发展一种适合于多种经济体制进行实证研究的一般理论，而赫威茨则强调设计体制的可能性，尤其是设计一种能满足某些福利标准的体制的可能性；在分析

① ［美］J. E. 库普曼、J. M. 蒙台斯：《论经济体制的描述与比较：理论与方法的研究》（英文版），美国伯克利加州大学出版社 1971 年版，第 35 页。其中 O 为经济结果，ENV 为环境，ES 为经济体制，POL 代表政策。

② 载［美］K. 阿曼等人主编的《社会科学中的数学方法》一书，美国斯坦福大学出版社 1960 年版。

③ "DIM"分别为英文 deeision-meking、Information、Motivation 的头一个字母。

特定经济体制三项构成的结构时，侧重点的差异也显示出来，赫威茨强调的是信息结构，最近又强调刺激结构，而比较学者则强调决策结构，即决策权在经济当事人中间的分配以及上述三结构之间的内在联系。赫威茨在 70 年代以后还贡献了《经济过程中集权与分权》①《论信息分权化的体制》②《资源配置的机制设计》③ 等重要论文，在这些著作中，赫威茨还对决策结构特别是资源配置的刺激结构进行了深入的研究。D. 科恩所提供的文献同赫威茨一样，大多是以数学语言表达的，但他用标准的经济学语言提出了著名的"最优经济体制存在定理"，④ 研究了受制约条件下的经济体制如何达到最优化。另外，他还撰写了《最优中央计划经济体制的设计》和《不确定环境下的最优刺激结构的特征分析》⑤ 等重要著述。所以，蒙台斯、纽伯格、赫威茨、科恩的著述是进入比较经济体制领域的有益指南，同时也有效地概述了该领域的进步历程。

上面，我们提到了在这一领域内耕耘的两组学者在研究角度和侧重点上的某些差异，但他们对经济体制性质上的一致看法以及他们之间的互相影响，对于这一学科的发展是更重要的。至少有三个会议——1967 年的伯克利会议、1968 年的恩阿伯会议和 1978 年的威恩斯蒂特会议——把主要的经济理论家和比较经济学家聚到了一起，对经济体制和比较研究的方法逐渐形成了统一的看法。

"现代"方法尽管提供了一套不带"主义"色彩的术语，但并不意味着对经济体制的比较研究可以同意识形态、政治与社会体制等一刀两断，而是把它们视为影响经济体制不同特征及实现其功能的外在变量，即环境因素，这已经体现在 O = f（ES, ENV, POL）这一公式中，况且，生产资料所有制仍然被视为经济体制最重要的特

---

① 载［美］K. 阿曼等人主编的《社会科学中的数学方法》一书，美国斯坦福大学出版社 1960 年版。

② 载 C. B. 麦克格尼奥和 R. 兰德主编的《决策和组织》一书，荷兰阿姆斯特丹。

③ 载［美］K. 阿曼等人主编的《美国经济评论》1973 年 5 月号。

④ ［美］D. 科恩：《关于最优经济体制的理论》，《比较经济》杂志 1977 年第 4 期。

⑤ 均为未出版的研究报告印刷本。

征，因为一般地说，所有制为其所有者提供决策权，包括从其所占有的对象中获取收入的权力的机制。如果抽掉它的意识形态的内容，西方学者把它看成是用于体制分析的决策方法的一部分。

总之，"现代"方法标志着这一学科的对象明确化，而且作为独立的经济学分支渐趋成熟。"现代"方法在很大程度上代表了比较经济体制理论在西方的未来发展趋势。

比较经济体学除了探索本学科的基本理论与方法论外，也围绕着重要的个别经济进行研究。

比较经济体制学的一个重要的分支领域讨论的是不同类型的中央计划。这包括已提到的兰格和勒内的著作，还有里昂惕夫的投入产出分析和 B. 坎托罗维奇、J. V. 纽曼、G. 丹茨格等人的线性规划的应用，法国指导性计划的研究以及有关苏联型计划的理论与实践的众多文献。

对经济体制本身而不是对国民经济进行系统分析的重要工作，J. 科尔奈被西方学术界公认是一个对比较经济体制学做出了突出贡献的匈牙利学者，他 1971 年出版的著作①中为体制的比较提供了真正不带"主义"色彩的术语，他从经济组织的二重性出发，分析经济组织之间的二重联系来比较经济体制，实际上是运用了马克思分析商品两重性的方法来对经济体制进行抽象研究的。② 蒙台斯给予很高的评价。③

对国际组织，如共同市场和经互会的分析研究也属于这一领域的工作，但已有的成果过于偏重经济部门和经济单位的分析，较少侧重体制的总体分析。

此外，这一领域还包含了一些交叉学科，有些研究成果虽然不能归入这一领域，但却对这一领域的发展有着重要的影响。如：J. 熊彼特对产生创新及参与者为了适应环境的变化而对自身进行组织和

---

① ［匈牙利］J. 科尔奈：《反均衡：关于经济体制理论和研究的任务》，荷兰阿姆斯特丹 1971 年版。

② 关于科尔奈分析经济体制的理论与方法，将另撰文专述。

③ ［美］蒙台斯：《经济体制的结构》，耶鲁大学出版社 1976 年版，第 4 页。

再组织的框架；H. 西蒙和 O. 威廉姆森对组织的论述以及其他学者对建筑在运畴研究方法之上的最优经济政策的论述；等等。这里就不一一列举。

顺带说一句，在西方的比较经济学界并不存在什么不同的流派，因为相互之间并没有很大的歧见而争论不休，但在研究方法上主要有两大流派：一派是搞抽象的模型研究，即对各种经济体制作理论分析，制定各种各样的模型，这些模型往往是建立在"纯粹"的经济体制的假设之上，而现实的经济体制则丰富、复杂得多。另一派是搞现实情况的研究，被称为案例研究，这类著作往往局限于对某种经济体制的描述，而未能透过千差万别的现象进行抽象和升华。研究工作的趋势是把模式研究与案例研究结合起来，模式研究为案例研究提供框架，而按模式分类的案例比较又可导致模式的修正与改进。

六　这一学科在研究地区方面的侧重点及发展方向

在过去的将近 50 年中，西方比较经济学界的研究工作一直倾向于有一个相当明确的地区中心，首先是苏联，其次是东欧和中国。通过查阅《比较经济学》杂志前 12 期，印象大致是：

（1）讨论个别国家或地区的大约 1/3 的文章集中于苏联一国，而关于苏联、东欧和中国三个地区的文章总共占 60%；

（2）36% 的文章具有明确的比较性质，其他的则是有关特定国家或地区的案例研究，它们的比较性是隐含的；

（3）半数多一点的文章是微观研究，30% 的文章是宏观研究，其余的则是宏观与微观的结合；

（4）约 40% 的文章是针对体制模型的，60% 是模式与案例相结合；

（5）大约 60% 的文章是讨论方法论的，25% 是计量经济学的。余下的是具体研究体制。

苏联、东欧和中国作为比较经济体制学研究的侧重点，还可以从美国的《比较经济体制学课程设置》一书①中得到证实。该书汇集了美国 68 所大学共有 16 位教授讲授比较经济体制学课程设置的材料。在所有开设的 26 门课程中，以"苏联经济"为题的就有 4 门，占 15%；与中央计划体制密切相关的课程，如"计划与市场""社会主义经济理论"等共有 7 门，占 27%；以《比较经济体制学》为题的有 10 门，占 38.5%，其中绝大部分与苏联、东欧或中国有关。

在这一学科中，研究地区集中性的现象是不难解释的。首先，这一学科的形成在很大程度上是西方经济学者为填补西方经济学理论中关于社会主义经济研究的空白的结果。众所周知，在西方经济学说史中，正统的、经典的经济理论分析曾一直是以资本主义经济为研究对象的。马克思主义经济理论第一次科学地戳穿了那一时代的资本主义制度永恒性的神话，并勾画出未来社会的蓝图。但是，西方主流经济学大厦仍然构筑在描述和分析资本主义经济的基础之上，两次世界大战后分别出现的苏联、东欧及中国等一系列社会主义国家，它们当时实行的中央计划经济体制的优劣利弊、成就和问题，使得一些西方学者也可以进行实证研究并把它们与已经存在久远的资本主义市场体制进行比较，这样，一方面使西方经济学对资本主义市场体制研究的单一性在相当程度上得到弥补，同时，也使比较经济体制学这个独立的分支在经济学这个大帝国中逐渐站稳了脚跟，取得了与其地位相称的一席。

其次，从这块新殖民地的开拓者的专业构成上，也不难看到这种地区侧重点的必然性。他们当中，绝大多数都是"社会主义"经济问题的专家，或者就是研究苏联、中国、南斯拉夫或整个东欧的国别与地区问题的专家。除前面提到的几位对学科建设有贡献的专家外，还可以提供一个长长的名单及其相关的著述。比如：A. 伯格森 1961年所从事的对苏联实际国民收入计算的开创性工作，以及伯格森、A. 诺夫、E. 艾姆斯、G. 格鲁斯曼、H. 列文和其他学者对苏联中央计划经济的研究工作；还有 A. 埃克斯坦、D. 珀金斯等人有关中国经

---

① ［美］E. 托尔编辑，1981 年英文版。

济的研究工作；A. 格申克隆和 R. 穆尔斯坦对理论经济计量学的分析，尤其是他对有关指标数字分析的著述；D. 怀尔斯对共产主义国际体系所作的分析；E. 弗鲁伯顿、F. 普赖尔等人对经济体制的财产权研究法所作的分析；D. 格林等人的关于苏联的计量经济学模型；R. 波茨和 D. 温特于 1980 年对非均衡宏观经济框架中所作的跨国比较计量经济分析；B. 沃尔德、J. 范尼克、L. 森等对南斯拉夫问题的研究；D. 马尔、D. 赫埃尔等对匈牙利问题的研究；E. D. 休一特对苏联东欧能源经济的研究；米萨—兰戈对古巴问题的研究等。

迄今为止，在比较经济体制学这一领域里，西方比较学界和少数东欧学者的大部分研究成果，在对社会主义制度做考察研究时，几乎都是以苏联型的传统的中央计划体制的经验为基础的。在那些著述里对"社会主义制度"的矛盾的揭示，实际上，有许多并不是社会主义制度本身的问题，而是当时在社会主义各国流行的教条主义理论的产物和僵化的传统体制的弊病。当时，在社会主义各国的理论界和经济界，基本上不开展比较研究，随着中国、东欧、苏联经济体制改革的深入展开，对这些国家经济体制发展变化的比较研究仍将会成为这一学科研究的侧重点。社会主义国家的改革与开放，无论对传统的社会主义实践经验或是对传统的社会主义经济理论观点，都发生了一系列重大的突破。对传统经验和理论的再认识和新思维，必将革新、丰富和发展比较经济体制学这一学科。而且比较经济学学者们的视野还会扩展，研究对象在地理上也会呈现出多样化的趋势。我们期望并相信，这一领域的成果无论是在宏观方面，还是在微观方面，都将朝着更具有明确的比较性质的方向发展。

在本文结束之前，我们认为对"比较经济体制学"的名称以及它与"比较经济学"的异同做些说明是有必要的。"体制"一词译自英文"Systems"，有"制度""体系""系统"等含义。一般地，"Comparative Economic Systems"可被译为"比较经济体制"或"比较经济制度"。通过前面的介绍我们已经了解到，比较经济体制学的发展经历了两个不同的阶段，即强调意识形态区别的，按"主义"对经济制度进行分类比较的传统阶段和着重从社会化大生产所具有的技术特征的角度（如 DIM）去进行比较分析的"现代"阶段。如果说 20 世纪 60 年代是两阶段时间坐标上的界线，那么，"比较经济制度"和"比较经济体制"则是两个阶段研究内容和方法上的区别标志。另外，将"Systems"一词译为"体制"还有如下好处：它暗含了经济运行机制的意思；它和"制度"的区别避免了把我们的兴趣吸引到对不同社会制度进行比较研究的狭窄范围里；再有，美国亦有一个称之为"制度经济学"（institutional economics）的流派，故使用"体制"译名就基本上排除了概念混淆的可能。

比较经济体制学和比较经济学，按照西方说法，其差异在于前者的研究包括整个经济体制本身的结构和功能，并着重研究经济体制各部分之间的联系；与此对照的是，比较经济学则是仅从一个局部或部门的观点来比较各种经济的某一组成部分，如劳动市场、大企业的性质和运转，农业组织和对外贸易等。这样看来，两者的差异仅体现在研究的侧重面上；而在研究方法上和基本思路上两者则毫无二致。也恰恰在这一意义上，部门或专题经济的比较研究与整个经济体制的比较研究是两种相互补充而非相互排斥的方法。一方面，部门或专题经济的比较研究需要从整个经济体制的角度来考察，因为某个国家特定经济部门的特征是由它作为其部分的整个经济体制来决定的；另一方面，对部门的比较分析可以加强我们对各个经济总体上的了解。比较经济体制学和比较经济学之间的这种互补的、相辅相成的关系，表明将两者综合称为"比较经济研究"是很贴切的。①

最后再补充一点，"比较经济体制学"是否是经济学的一个分支在西方也是有争议的。有的经济学家坚持认为，"比较经济体制"不过是经济学研究的一种方法而已。② 笔者是赞成把比较经济体制学当作经济学的一个重要分支来对待的。

（本文系与张宇燕合写，原载《学术季刊》1988 年第 2 期）

---

① 参见［美］M. 博恩斯坦《比较经济体制：模式与案例》，1979 年英文第四版，第 16—17 页。载《现代国外经济学论文选》（第九辑），商务印书馆 1986 年版，第 29—48 页。

② ［美］J. 艾里奥特持此观点。见其《比较经济体制》第二章，1973 年英文版。

关于比较经济体制学的若干问题

一 比较经济体制学的特征

比较经济体制学（以下简称 CES[①]）是在西方兴起的、目前仍处于发展过程中的一个独立的经济学分支。其最重要的特征就是把经济体制置于研讨的中心，并把它看作不断变化发展着的事物从纵向与横向上进行比较研究，评价经济体制与经济效果的关系，从而达到对经济体制进行择优的目的。经济学的大多数其他领域则是在特定的体制框架内进行研究，而并不把经济体制本身作为纵向与横向比较研究的对象。

马克思主义的政治经济学不能取代 CES。毫无疑义，马克思主义的经济学著作是贯穿了横向与纵向比较分析的方法的，其内容与方法论不仅是我们马克思主义学者研究的指南，而且连西方学者也不能完全回避马克思主义理论在比较经济体制研究中的意义，特别是马克思关于五种社会形态的划分对后来在西方（主要是在美国）逐渐发展起来的 CES 这一学科有着深远的影响[②]。然而，以揭示生产方式发展的规律性及其历史趋势为研究对象的马克思主义政治经济学并没有也不可能包罗近 20 多年在西方形成的 CES 这一独立的经济学分支的内容。

---

① CES 是 Comparative Economic Systems（比较经济体制学）的缩写。
② ［美］E. 纽伯格：《比较经济体制概览》，载［美］《经济学百科全书》，1982 年版，第 162 页；［美］E. 托尔编：《比较经济体制学课程设置》，1981 年英文版。

CES 作为西方经济学中的一个新的分支，有着制度学派的影子，但却不可把二者混为一谈。① 尽管在致力于 CES 研究的学者中间，有制度经济学派的成员，他们自己的成果之间有着某种继承关系②。而且，某些制度经济学的作品，也曾被认为是 CES 的早期代表作，如美国 J. 康芒斯著的《制度经济学》、W. 洛克斯与 J. 霍特合著的《比较经济制度》等，都是把世界经济制度分为资本主义、法西斯主义、社会主义和共产主义等几个原型，并对这些原型的现实承载体进行分析比较。这里姑且不去评论当时这些作者的立场和观点，即便是按西方学术界的评价标准，这些按"主义"分类方法进行比较研究的作品与近 20 多年来问世的一些更加严肃的作品相比，已相形见绌了。CES 与制度经济学之间在研究领域方面的差异是一目了然的。后者的侧重点在"经济理论"、"社会哲学"和"世界历史"，③ 而前者所垂青的乃是经济体制对经济效果的影响力。拓殖 CES 的先驱们注意到，尽管当今世界各民族国家或地区都在以独特的方式解决自身的经济问题，而且解决的途径也不一定是单一的，那么，哪一种途径以及它在何种环境下是更可行和更有效的呢？这就需要抽象出一些概念、术语来对各类经济体制及与其相关的环境因素，以及它们与经济效果之间的关系进行比较研究和评价，从而达到对经济体制进行择优的目的。当他们试图这样做的时候，就已经把这一领域推进到经济学前沿而形成了一门崭新的学科——比较经济体制学了。

西方比较经济学界的研究工作一直倾向于有一个相当明确的地区中心，首先是苏联，其次是东欧和中国。

研究地区侧重点的这一特征，一方面，说明这一学科的形成在很大程度上是西方经济学者为填补西方经济学理论中关于社会主义

---

① ［美］D. 科恩：《经济理论和比较经济体制学：部分文献述评》，载［美］《比较经济学》杂志 1978 年第 4 期，第 355 页。

② 如美国马里兰大学的 A. 格鲁奇著《比较经济体制》，就是用制度主义的方法对世界经济体制进行比较分析的。

③ ［美］J. 康芒斯：《制度经济学》（下卷），中译本，商务印书馆 1983 年版，第 559 页。

经济研究空白的结果，从比较经济学界的专业构成上看，他们当中绝大多数是西方的"社会主义"经济问题专家，或者是研究苏联、中国及东欧的国别与地区问题的专家；另一方面，说明这一学科与社会主义国家当前正在进行的经济体制改革关系最为紧密，随着这些国家改革的深化，对这些国家经济体制发展变化的比较研究仍将继续是这一学科研究的侧重点。但是，比较经济学者们的视野还会扩展，研究对象在地理上已经呈现多样化的趋势，而且这一领域的成果正在朝着更具有明确的比较性质的方向发展。

二　关于社会主义条件下资源
配置方式争论的现实意义

早在十月革命以前，对社会主义制度还不能进行实证研究的情况下，一位被称之为所谓"资产阶级的卡尔·马克思"[①] 的意大利经济学家 V. 帕累托发表过两卷本的《社会主义制度》一书（1902—1903 年），作者相信，"一个社会主义的生产部在理论上"可以实行一种理想的经济计划，"这一点会得到证明的"[②]。他的学生巴罗内的著名论文《集体主义国家中的生产部》（1908 年）发展了他的观点，第一次系统地说明了"社会主义"经济达到最优资源配置的必要条件，并提出了一个全部经济资源归集体所有、整个经济由国家的生产部集中管理的"社会主义"经济模式[③]。从经济学说史的角度看，美籍奥地利经济学家熊彼特认为，最早完成"社会主义"经济是否可行答案的，便是巴罗内[④]。他所得到的肯定答案及其达到的理论水

---

① ［法］G. H. 布斯克：《维·帕累托的生平和著作》，巴黎，1928 年版，转引自［美］J. A. 熊彼特《从马克思到凯恩斯十大经济学家》，商务印书馆 1965 年版，中译本，第 112 页。

② ［英］罗尔：《经济思想史》，陆元诚译，商务印书馆 1981 年版，第 398 页。

③ ［美］J. A. 熊彼特：《从马克思到凯恩斯十大经济学家》，宁嘉风译，商务印书馆 1985 年版，第 126—127 页。

④ ［美］J. A. 熊彼特：《资本主义、社会主义和民主主义》，绛枫译，商务印书馆 1979 年版，第 215 页。

平，使他成为"最早对经济体制进行现代分析"的人物之一，而另一位则是他的老师帕累托①。直到 20 世纪 20 年代以前，资产阶级经济学家在"社会主义"经济学领域中的讨论很少超出巴罗内论文的内容。

在现实世界出现了以生产资料公有制为基础的苏联社会主义经济制度以后，帕累托和巴罗内谈论"社会主义"的声音在西方世界仍然记忆犹新，从而掀起了反对的回音。奥地利经济学家 L. V. 米塞斯于 1920 年发表了《社会主义制度下的经济计算》一文，认为社会主义经济体制的本质特征是生产资料公有制（可以存在消费品市场）和中央计划。他指出，"没有计算，就不可能有合乎经济的活动"，"在缺乏合理标准的情况下，生产不可能自觉地合乎经济"。② 而他认为，在社会主义制度下，中央计划无法最终确定某种产品是否需要，更有甚者，它也不能确定在生产特定产品的过程中所耗费的劳动和原材料，因而经济管理在这里"没有真正的方向"③。他还认为，即使有货币，但由于生产要素中的劳动和生产资料不能以货币表现，因此，企业仍无法按照经济原则行事。出于寻找"合理的标准"的目的，计划指令中是有计算的，但这种计算常常过于粗略，而且只是对自我复制的社会才有效。至于那种通过人为的市场来解决劳动和生产资料等要素的计算问题的设想，在米塞斯看来是行不通的，因为"要把市场和它的价格形成的功能同以生产资料私有制为基础的社会分离开来是不可能的"④。米塞斯将资本主义同社会主义两种制度的比较贯穿于全文，尤其是比较分析了两种制度下的经理行为。毫无疑问，米塞斯论文的实质是反对生产资料公有制，他认定在生产资料公有制条件下实行经济核算是不可能的，而为了合理配置资

---

① ［美］《经济学百科全书》，第 164 页。

② ［奥地利］L. V. 米塞斯：《社会主义制度下的经济计算》，载《现代国外经济学论文选》（第九辑），商务印书馆 1986 年版，第 60 页。

③ 外国经济学说研究会编：《现代国外经济学论文选》，商务印书馆 1986 年版，第 61、63 页。

④ ［奥地利］L. V. 米塞斯：《社会主义制度下的经济计算》，载《现代国外经济学论文选》（第九辑），商务印书馆 1986 年版，第 60 页。

源，生产资料私有制是必要的前提。但是，米塞斯没有想到，他所揭示的矛盾只是传统中央计划体制的弊病，半个多世纪的实践已经证明，社会主义经济运行的模式并不是单一的、定型化的，而是多样的、处于不断探索与完善过程中的，不能用设想的统一目标去代替各国的具体实践过程。今天，社会主义国家的改革者们对于生产资料公有制和计划经济都已有了新的认识，并非像米塞斯所指责的那样。不过，如果抛开米塞斯的立场，作为经济学家的米塞斯，早在 60 多年前就一针见血地提出，为了合理配置资源必须进行经济核算这个重要的问题，即便对于我们今天正在深化的改革，也是具有现实意义的。

米塞斯当时的反社会主义观点在资产阶级的研究"社会主义"的经济学家中引起了强烈的反应。1928 年，美国经济学会会长 F. M. 泰勒作了批判米塞斯观点的演说，并于 1929 年发表了《社会主义国家中生产的指导》一文，认为在社会主义制度下资源配置是可以得到合理解决的，并详细说明了如何用"试错法"解决资源配置的问题。泰勒的论文被认为："是第一个真正超过巴罗内的论文内容的贡献。"① 这就酝酿着随后 30 年代围绕社会主义条件下合理配置资源问题的大论战。

继米塞斯之后，新奥地利学派的另一个领袖人物 F. A. 哈耶克和伦敦学派的领袖人物 L. C. 罗宾斯把米塞斯的观点"以更精细的形式吸收过去。他们不否认在社会主义经济中合理分配资源在理论上的可能性；他们只怀疑这个问题的满意解决的可能性"②。哈耶克放弃米塞斯的极端立场而撤退到第二道防线时写道："必须承认这并不是不可能的，意思是在逻辑上它不是自相矛盾的。"③ 他所否定的只是所谓"集体主义经济计划"。对此，罗宾斯的论据要明确些，他指出：

---

① ［波兰］奥斯卡·兰格：《社会主义经济理论》，王宏昌译，中国社会科学出版社 1981 年版，第 5 页。

② 同上书，第 4 页。

③ ［奥地利］F. A. 哈耶克：《集体主义经济计划》，第 207 页，转引自［波兰］奥斯卡·兰格《社会主义经济理论》，王宏昌译，中国社会科学出版社 1981 年版，第 4 页。

"在纸面上，我们能设想这个问题用一系列数学方法来求解，……但实际上这种解法是行不通的。它需要在几百万个数据的基础上列出几百万个方程，而统计数据又来自更多百万个个别计算。到解出方程的时候，它们所根据的信息会已过时，需要重新计算。"① 罗宾斯认为这种见解只说明提出这种主张的人不了解这些方程意味着什么。

针对哈耶克和罗宾斯的论点，当时在美国任教的波兰经济学家O. 兰格于 1936 年 10 月和 1937 年 2 月在美国《经济研究评论》第 4 卷第 1、第 2 期上发表了两篇关于"社会主义"经济学的论文，后来经过修改以《社会主义经济理论》为题出版。兰格自称："本文的目的是阐明在竞争市场上靠实验法来实现资源配置的方式，并且寻求在社会主义经济中相似的试验法有无可能。"② 他反驳了哈耶克和罗宾斯的论点，发展了巴罗内和泰勒的思想，着重论证了社会主义经济完全可以用类似竞争市场的"试错法"来实现资源的合理配置。兰格的见解在当时影响颇大，被称为"兰格"模式，也就是最早提出的所谓"市场社会主义"模式。

起源于 20 世纪初的帕累托和巴罗内对"社会主义"经济的讨论，由于米塞斯和哈耶克等人对其可行性的攻讦，再加上兰格以社会主义的捍卫者身份进行的辩论，使这场关于社会主义条件下的资源配置问题的大论战达到了高潮。在以后的岁月中，论战双方的主师仍然坚持自己的观点，并根据经济现实的变化而提出进一步的论证。兰格认为，模拟市场和计算机是社会主义经济管理人员控制经济核算的两个工具，形象地说，在兰格模式中，存在一个中央计划委员会，其职能在于取代市场在价格决定上的作用，即由"计委"来扮演市场的角色。限于篇幅，我们不可能在本文详细讨论兰格模式的基本内容并进行评价，我们只想指出，尽管兰格模式在理论上被公认为有独创性，但却从来没有实践过，甚至兰格本人对其实践

---

① ［英］L. C. 罗宾斯：《大衰退》，伦敦，1934 年版，第 151 页，转引自［波兰］奥斯卡·兰格《社会主义经济理论》，王宏昌译，中国社会科学出版社 1981 年版，第 4 页。

② ［波兰］奥斯卡·兰格：《社会主义经济理论》，王宏昌译，中国社会科学出版社 1981 年版，第 5、183 页。

意义也是持怀疑态度的。

1944 年哈耶克出版的著作《通向奴役的道路》，其中心思想是批判高度集中的、否定市场竞争机制的计划经济。他指出，个人的自由选择被计划控制所替代，其结果必然是限制了个人追求经济利益的动力。此外，对大量分散信息的掌握，是任何决策所必需的，但这对集中决策来说只是幻想。从充分灵活地满足丰富和多变的社会需求这一点看，集中决策也必然是低效率的。[①] 哈耶克比较了不同经济体制的运转效率，他的结论是，"只有通过深远地分散于竞争和自由定价的市场体系中，才可能充分利用" 分散在各个人和企业的所有 "知识和信息"。[②] 显然，哈耶克在这里对自由竞争的市场机制是偏爱的，正如同我们曾经把高度集中的计划体制理想化一样，哈耶克也把市场机制理想化了。

综上所述，这场关于社会主义条件下资源合理配置问题的大论战，实际上涉及了不同经济体制可行与否及其效率如何的比较研究，所以，它是比较经济体制这一学科发展过程中的重大事件。"它提高了论文的理论水平，用对经济模式的分析取代了对现实经济体制的描述；它也引出了众多在比较经济体制学中迄今仍然是关注的中心的重要议题：决策与信息中的集权与分权；不同刺激方案与决策和信息结构的一致性，不同体制模式的相对效率的比较，价格和市场体制的真正本质，以及计划和市场的潜在结合。"[③] 这些也是社会主义国家经济体制改革中的一些重要议题。

三　评价经济体制与经济结果关系的"现代"方法

西方比较经济学界认为，自 20 世纪 60 年代以前，他们在这一学

① 参见 [奥地利] 哈耶克《通向奴役的道路》，滕维藻、朱宗风译，商务印书馆 1962 年版。

② 1974 年《瑞典皇家科学院公告》，载《诺贝尔经济奖金获得者讲演集》，1986 年版，中译本，第 191 页。

③ [美] E. 纽伯格：《比较经济体制概览》，载 [美]《经济学百科全书》，1982 年版，第 164 页。

科中运用的是传统的"主义"比较法。例如，前述洛克斯与霍特合著的《比较经济体制》一书，作为这一学科早期的代表作，作者同康芒斯的研究方法类似，将世界各类经济体制贴上"主义"标签，以此为基础进行比较分析。30 年代进行的上述大论战，也没有脱离"主义"的轨道。

随着经济实践的变化发展以及诸如博弈论、计量经济学、组织理论、信息论、系统论、控制论等新的科学成果的应用，西方有关学者于1967 年和1968 年聚会，专门讨论比较经济体制的研究对象和方法。会上，有人大声疾呼要打破以"主义"来划分经济体制的传统，其理由是：传统方法是从资本主义、社会主义和共产主义三种制度的原型出发的，而现在这三种原型体制内部已经发生了一定的变化，各种原型之间相互借用了若干策略和形式，再加上发展中国家的各种体制问题也引起了与日俱增的注意，体制与组织形式方面丰富多彩的变化使人们难以再简单地根据几个原型来分类，而应当代之以一整套描述和比较经济体制的新的术语和概念体系，用以阐明经济体制的功能，并对其结构与效果进行比较。这种呼声得到了比较经济学界的普遍响应，这就是从所谓"主义"方法向"现代"方法的转移。

最早和系统地运用"现代"方法取代"主义"方法的是 J. 库普曼和 J. M. 蒙台斯合作的著名论文《论经济体制的描述与比较：理论与方法的研究》[①]，它为新的研究方法奠定了理论基础，受到西方比较经济学界普遍的重视。随后，J. M. 蒙台斯又发表了《经济体制的结构》[②] 一书，更加系统、严密地发展了他与库普曼最初合作的思想成果，对"现代"方法作了深刻的阐明。他们提出了经济效果与经济体制间的函数关系公式，即：

$$O = f \ (ES, \ ENV, \ POL)$$

---

① ［美］J. 库普曼、J. M. 蒙台斯著，A. 埃克斯坦主编的《论经济体制的描述与比较：理论与方法的研究》一书，美国伯克利加州大学出版社 1971 年版。

② 耶鲁大学出版社 1976 年版。

这个公式还可具体图解如下：

经济效果与经济体制间的函数关系

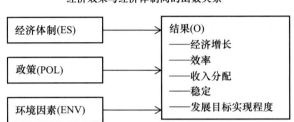

这个简明的图示可以为我们比较分析经济体制与经济结果的关系时借鉴参考。

我们知道，经济结果是可以用一系列具体指标来计算和描述的。比如：经济增长可以计算社会总产值、国民经济主要产品的产量及产值、国民收入等项，其综合标志是总产出与总消费（人均收入）的增长；效率包括劳动生产率、资金利润率等项，简单地说就是投入与产出水平的高低；收入分配既指人均收入的增长，也包括各阶层之间收入分配的均等或差别的状况；稳定可用通货膨胀率、失业率等表示；发展目标是对经济结果的一种预期，通常也可用以上一些经济指标来表达。经济结果与经济目标之间的关系是实绩与预期的关系。实现经济目标的重要手段之一就是经济体制本身。

那么，怎样来评价不同的经济体制在经济结果方面表现出的差异呢？这就需要研究经济体制的内在结构和外在变量。关于经济体制，在西方比较经济学著作里定义繁多，广为人知而又有重要参考价值的是 E. 纽伯格和 W. 达菲的所谓"DIM 结构"①。在 1976 年蒙台斯著作问世之时，纽伯格和达菲合著的教科书《比较经济体制：决策与方法》也出版了，该书提出了一个与 1971 年库普曼——蒙台斯论文观点类似而相关的分析体系。所谓决策方法，就是把经济体制看作是一种机制，以解决生产、消费和分配三个主要领域中的经

---

① DIM 结构即决策结构（Decision-making，缩写为 D）、信息结构（Information，缩写为 I）和动力结构（Motivation，缩写为 M）。

济决策问题，即决定生产什么、生产多少、如何生产、在哪里生产、何时生产以及为谁生产①。经济体制是一个可变量，总是处于动态过程中，它作用于一定的经济环境，所产生的经济效果是能够依一定标准或权数函数加以评价的。

按照他们的说法，决策结构就是社会地确立起来的一种安排，凭借它在社会成员中分配经济决策的权限，决策结构揭示谁有哪方面的决策权以及这种权限的基础。

信息结构是为收集、传送、加工、储存、纠正和分析经济资料而确立的机制与渠道，在组成该体制的各单位之间及单位内部全面地交流信号。这个结构要使个别决策者获得有关一般环境和其他进行相关决策的单位的行为选择和意向的信息。传送和加工信息是协调决策过程的关键部分。

动力结构（也可译为"激励结构"或"刺激结构"），即在决策结构给各决策单位分配了决策权限之后，动力结构就要处理各种决策单位执行其决策权限的形式，即一个单位促使其他单位按照自己的愿望去行动以实现某些目标。

笔者认为，这三方面结构必须同时选择和设计，因为只有顾及它们的相互关系，总体制的机能才是高效的。比如不发达国家想搞中央计划，但其共同的教训是：在既没有确保信息结构能够向决策者提供足够的信息以作为选择的基础，也没有能促使人们执行计划的有效的动力结构的情况下，进行集中的决策，其效果必然很坏。

我们认为，纽伯格—达菲概括出的"DIM 结构"，确实如作者在序言中指出的，"把比较经济体制的研究提高到一个新的更高的分析水平。"从此，比较经济体制的研究对象才更接近于成为现代经济学的一个分支。

经济体制依照决策的方法运行的过程，可借用下面的图解来理解。

---

① ［美］E. 纽伯格与 W. 达菲合著：《比较经济体制，决策与方法》，1976 年英文版，第 6 页。

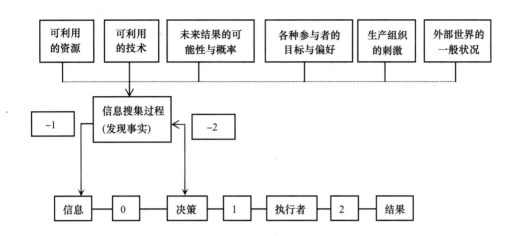

上图六种因素的收集，综合成为信息而作为决策的基础，决策经过执行而产生结果，这些结果又分解为形成下一过程开始的各种信息。[①]

当然，信息的内容不一定就是以上六种因素，它可以是若干个，即 1，2，…，直至 n 个。这种关于决策程序的描述可供我们分析纷繁的经济行为时参考。

上面讲过，经济体制是一个可变量，西方学者也以这样的公式表示：$ES = f(A_1, A_2, \cdots, A_n)$，公式说明经济体制与 N 个属性之间的相依关系与变化规律，即经济体制随着各种属性之变化一起变化，而且依赖于这些属性，这些属性是自变量，经济体制是因变量[②]。至于有多少个属性和哪些属性，说法不一。比较共同的看法是，包括生产资料所有制（决策权限的源泉和物质基础）以及决策、信息、动力及协调机制。

现在，我们再回过来讨论究竟如何考察经济体制与经济结果之间的联系。

经济结果的直接创造者是体制参与者即个人、企业和政府的经济活动。经济体制对经济结果的影响是通过"媒介物"即体制参与

① ［美］V. 霍尔绍夫斯基：《经济体制的分析与比较》，1977 年英文版，第 17、22、23 页。

② ［美］P. 格雷哥莱、R. 斯图亚特：《比较经济体制》，1980 年英文版，第 12、13 页。

者的目标和行为而实现的，也就是说，这种影响是间接发生的。下图可具体示之：

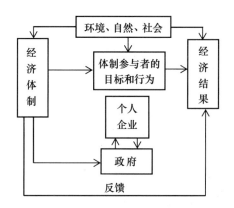

这里，经济体制首先影响的是企业的目标和行为。政府是一个独特的体制参与者，它本身并不创造经济结果。它的功能是以其行为，作出经济政策，再对其他体制参与者（特别是企业）的行为施加影响，进而影响经济结果。个人和企业的目标在此假定为物质利益最大化，其行为由此而被决定。"环境"指一切影响经济体制形成和运行的因素，这些因素也对体制参与者的目标和行为以及经济结果发挥作用。"反馈"的含义是，结果的好坏，或结果与目标即实绩与目标之间的差距在很大程度上暗示着该体制运行的状况。如果运行不良就该调整。当然，经济结果不只是涉及经济领域，它是整个社会发展战略目标体系中的一个带根本性的子目标，是实现总目标的物质手段。

经济政策是作为体制参与者之一的政府的行为，它可以被视为政府为追求一定的经济目标而对经济活动进行的干预，即影响企业和个人有关生产什么和如何生产等经济行为。政府追求的目标基本上是宏观的和综合的，一般地说，与其所处的经济体制要实现的目标基本上是一致的。但是政策的性质、内容及其被使用的深度和广度，在相当程度上受到经济体制的影响和制约。所以，经济政策对经济结果的影响也可以被视为是经济体制对经济结果的影响的派生表现。这样，在考察经济结果时，就不必对经济体制和经济政策的作用进行区分了。

理论和经验还可以证明，某种经济体制的形成、变动和运行，都要受到有关环境因素的作用，是促进或是制约。这些环境因素大体上分为自然的（如地理环境、自然资源拥有状况）和社会的（如历史遗产、传统文化、生产力水平、科学技术基础、社会组织程度与对外开放程度、政治体制状况、意识形态等）。这在考察经济体制对经济结果的作用时要尽可能予以剔除。

通过以上相互关系的分析，基本上可以从理论和经验两方面求出经济体制与经济结果之间有着某种对应关系。这从某种意义上讲就构成了这一学科对经济体制进行比较研究的基石。在 O = f（ES，ENV，POL）这一公式中，我们可以看到，尽管"现代"方法提供了一套不带"主义"色彩的术语，但并不意味着对经济体制的比较研究可以同意识形态、政治与社会体制等一刀两断，而是把它视为影响经济体制不同特征及实现其功能的外在变量，即环境因素。况且，生产资料所有制仍然被视为经济体制最重要的特征，因为一般地说，所有制为其所有者提供决策权，包括从其所占有的对象中获取收入的权力的机制。如果抽象掉它的意识形态内容，西方学者则把它看作是用于体制分析的决策方法的一部分。

西方学术界还公认 J. 科尔内是一个对比较经济体制学做出了突出贡献的匈牙利学者，他在 1971 年出版的著作[①]中为体制的比较提供了真正不带"主义"色彩的术语，他从经济组织的二重性出发，分析经济组织之间的二重联系来比较经济体制，实际是运用了马克思分析商品两重性的方法来对经济体制进行系统的、抽象的研究[②]。蒙台斯对此给予很高的评价[③]。

总之，"现代"方法标志着这一学科的对象明确化，而且作为独立的经济学分支渐趋成熟。"现代"方法在很大程度上代表了比较经

---

① ［匈牙利］J. 科尔内：《反均衡：关于经济体制理论和研究的任务》，阿姆斯特丹 1971 年版。

② 关于科尔内分析经济体制的理论与方法，将另撰文专述。

③ 参见［美］蒙台斯《经济体制的结构》，耶鲁大学出版社 1976 年版，第 4 页。

济体制理论在西方的未来发展趋势。

四 比较经济研究在中国的开展及
对这一学科未来的影响

迄今为止，在比较经济体制学这一领域里，西方比较学界和少数东欧学者的大部分研究成果，在对社会主义制度做考察研究时，几乎都是以苏联型的传统的中央计划体制的经验为基础的。在那些著述里对"社会主义制度"的矛盾的揭示，实际上，有许多并不是社会主义制度本身的问题，而是当时在社会主义各国流行的教条主义理论的产物和僵化的传统体制的弊病。当时，在社会主义各国的理论界和经济界，基本上不开展比较研究，"其表现，一是忽视横向的比较，即不注意研究当代社会主义和资本主义的不同的新模式；二是忽视纵向的比较，即不注意研究社会主义经济体制演变的趋势；三是忽视经济事实同思想材料的比较，即不注意研究经济发展的事实对传统理论提出的新问题，也不注意批判地借鉴吸收各种新的理论。其根源是把苏联 30 年代形成的经济体制看成是社会主义经济的唯一模式，并且似乎世界上一切国家都会向这种模式转化。这自然排斥了任何比较研究，既造成了体制的僵化，又造成了理论的僵化"①。在中国，由于六七十年代的政治动乱，理论研究工作随之中断，并处于更加封闭的状态，所以，直到 70 年代末中国理论界对于在西方已经相当热门的比较经济体制学还是很陌生的。

1978 年党的十一届三中全会提出改革开放方针以后，一方面为学术工作的开展，其中也包括为比较经济的研究提供了良好的环境；另一方面，日益深化与扩展的改革开放的实践不断地要求理论上予以指导，尤其要求创立、发展与充实新的经济学科。在这种形势下，比较经济体制的研究在中国也日益引起广泛的注意，并已初步结出

---

① 刘国光：《1986 年 11 月在中国比较经济学研究会成立大会上的讲话稿》，《经济社会体制比较》1987 年第 1 期。

一些果实。

9 年来，日益增多的学者和经济工作者获得机会去国外亲自作实地考察，与 9 年前的闭塞状况相比，现在人们对外部世界的了解是多得多了，有大量的资料介绍欧美日等发达资本主义国家、亚太发展中国家和地区以及苏联东欧等社会主义国家的经济体制及其演变，这就扩大了人们的视野，开阔了思路，为在国别经济考察研究基础上开展一些综合的比较研究创造了条件；外文书刊的订购数量也空前增加了，而且越来越多的与比较经济研究有关的重要文献，包括教科书、理论专著及史料等被翻译介绍给中国读者，供研究借鉴与参考；在中国社会科学院研究生院和一些高等学校为研究生和大学生开设了比较经济学的课程或专题讲座，已经有一些研究生在博览群书或对某些重要文献进行深入钻研的基础上，写出了有一定质量的论文；这一领域的专业性期刊已经出现；比较经济学者研究会酝酿成立。如果说，在 20 世纪 70 代末和 80 年代初，开始对这一领域发生兴趣的中国学者还寥若晨星的话，那么，现在已经是群星灿烂。可以预料，中国从事这一领域研究的学者人数还将会有较大的增长，这必将同时使国际上比较经济学界的队伍壮大与加强。

问题还不仅仅在于研究者数量的增长，更重要的是，中国的改革与开放，无论对传统的社会主义实践经验或是对传统的社会主义经济理论观点，都产生了一系列重大的突破。对传统经验和理论的再认识和新思维，必将革新、丰富和发展比较经济体制学这一学科。

（本文系与张宇燕合作，原载《世界经济》1987 年第 12 期）

迈克尔·埃尔曼著《社会主义计划工作》中译本前言

【江春泽按：为了了解西方学者究竟怎么看待社会主义国家的计划工作，也为了更好地提高英语的专业文献阅读能力，我翻译并出版了英国经济学家迈克尔·埃尔曼著《社会主义计划工作》一书。

该书出版后，我曾经收到中共中央组织部青年干部局一封公函（1989 年 4 月 20 日），说他们"准备与中国青年出版社合作，向广大中青年干部推荐一批精选书目，并予以浓缩，编辑出版《当代中青年干部必读集粹》"，说他们"已在全国范围内进行了初选、精选、专家评选和编委会讨论审定等项工作，现推荐书目已基本确定，进入浓缩阶段"。说："经评选，您翻译的 M. 埃尔曼著《社会主义计划工作》一书已被确定列入经济卷精选书目。""特约请您为该书的浓缩撰稿人。"后因"八九"政治风波，许多工作停顿，此项工作也随之搁浅。

埃尔曼教授是英国人，曾获伦敦学院经济学硕士和剑桥大学经济学博士学位，当时，他担任荷兰阿姆斯特丹大学经济系教授，是西方学术界享有盛名的中年经济学家之一。他的这本书是《现代剑桥经济学丛书》之一，英文版已多次再版，而且当时已有五种语言（荷兰语、意大利语、葡萄牙语、西班牙语、日语）译本，我的中译本是第六种文字版本。

1985 年 11 月 3 日，在美国首都华盛顿举行的苏联东欧学科第三次世界大会上，我遇到了迈克尔·埃尔曼教授。译者与作者在第三国意外相会，双方都很高兴。当他知道自己著作的中译本即将问世时，表示要给中国读者补充一个"前言"。11 月 18 日，我在美国伯克莱加州大学收到了他从阿姆斯特丹大学寄来的"前言"，当天即译成中文寄回国内，以便赶在该书付印之前。

江春泽　译于美国伯克利加州大学，1985 年 11 月 18 日】

致中国读者的前言

迈克尔·埃尔曼于阿姆斯特丹大学，1985 年 11 月 11 日

我的《社会主义计划工作》一书现在能致用于中国读者，我感到非常荣幸。这本书的英文初版是作为"现代剑桥经济学"丛书之一而由英国剑桥大学出版社出版的。丛书目标是发达资本主义国家和发展中国家的大学生和有志趣的大众读者。丛书的作者是由展开经济分析方面具有共同的剑桥观点而组合起来的。

《社会主义计划工作》一书在以下两个方面有其独创性。

第一，理论结合实际。计划理论的专著和描述计划经济的书籍数量都不少，然而，这本书的特点在于它是理论问题讨论和实际发展描述的综合。例如，该书第三章就把计划工作中若干问题的描述和对造成问题原因的分析结合起来。

第二，在方法上，它既不同于资本主义国家也有别于社会主义国家所流行的正统。在资本主义国家，一般均衡论是占统治地位的正统理论，比较经济体制的教科书大量地运用了这种正统理论，其结果是，作者们往往不能弄懂受马克思主义意识形态影响的决策的意义，而我的著作则是严肃地采用了马克思列宁主义及其经典作家的说法。另外，在社会主义国家，马克思列宁主义是理论上的指导思想，现实则必须用马列主义观点去解释，而我的著作却兼顾了马克思列宁主义理论和实际的经验这两个方面，并且运用后者去适当地修改和舍弃前者。

本书所采用的方法受到了广泛的好评，它已经成为一本国际性的教科书。英文版在说英语的国家被采用，并于 1980 年、1982 年和

1983 年继续印刷。在欧洲，1980 年被译成荷兰文出版，1981 年被译成意大利文出版。在拉丁美洲，葡萄牙文译本于 1980 年在巴西出版，西班牙文译本于 1983 年出版。在亚洲，日语译本于 1982 年问世。

关于本人的情况读者可能关心，简要介绍几句。我是英国人，剑桥大学经济系毕业，获伦敦学院经济学硕士学位。接着，在苏联国立莫斯科大学经济系进修两年，研究数学方法在经济计划工作中的应用。随后，在格拉斯哥大学任教两年，担任经济学讲师，即助理教授。后来又转到剑桥大学经济研究所和应用经济学系做了六年研究工作，研究领域是苏联经济。在剑桥大学，我获得了博士学位，写了不少文章。1975 年，我来到荷兰阿姆斯特丹，在阿姆斯特丹大学经济系工作，先是副教授，从 1978 年起是正教授。我的研究领域是中央计划经济和比较经济体制。

除这本书外，我的主要著作有：《苏联计划工作的问题和数学方法对解决这些问题的贡献》（英国剑桥大学出版社 1973 年版），《在另一个世界中的集体化、集中和资本主义政治经济学》（伦敦学术出版社 1984 年版）。第一本书是关于数学方法在苏联经济计划工作中应用的专题论文，集中研究由于使用数学的计划工作方法使经济运行所能达到的实际改善程度。第二本书汇集了我撰写的各种题目的论文。我为人所知是由于我的"论苏联经济改革""苏联计划工作中的数学方法""苏联的农业集体化""西欧的经济政策"等方面的著作。

我是美国《数理经济》杂志编辑咨询委员会的成员，该杂志把苏联的数理经济文献译为英语。我也是《剑桥经济学杂志》的副编审。我还为联合国、荷兰和加拿大政府、高级研究机构国际联合会等团体做过咨询工作。在比较经济体制和社会主义计划工作的领域里，我被普遍认为是世界领先的权威之一。

显而易见，我对苏联比对中国更了解。我在书中关于中国的某些观察可能使你们感到是片面的、不适当的。当然，很多中国读者都比我对中国的实际更熟悉，但是，我希望和料想，置中国经验于国际视界里作比较的尺度是有用的。我关心地注视着中国的情况，书出版后即访问了中国（1979年），那次是作为阿姆斯特丹大学经济系师生访问团的团长去的。访华期间，我有机会在上海和北京讲学。我希望将来还有机会再访问中国、讲学和会见同行们。

1979年出版的这本书写作于1974—1978年。在那以后，发生了许多事情，中国的事态变化更大。如果我今天来写这本书，将在许多方面，特别是涉及中国的方面将大不相同了。然而，需要重写的只是描述的部分，使之更新。理论的核心则仍然相同，它已经经住了时间的考验并保持其有效性。

（《社会主义计划工作》中译本前言，中国社会科学出版社，1987年版）

中国经济体制改革目标模式的选择与比较经济体制学

人类的经济发展史，特别是进入工业化以后的近代经济史表明，经济发展的结果与经济体制之间有紧密的依存关系。[①] 这不仅从理论上，而且从世界不同类型国家的发展经验上，都可以作出说明。正是这种依存关系促使人们要把经济体制本身作为实现生产力发展目标的重要手段之一来加以选择。通过对各种类型经济体制的比较研究进行体制择优以及与体制择优相关的理论与方法论，正是我在 20 世纪 80 年代以来艰辛开拓的一片生荒地——比较经济体制学这一新兴学科的主要内容。这些内容与中国经济体制改革目标模式的选择密切相关。

一　一门以经济体制为研究对象的新兴经济学科

比较经济体制学是处于发展过程中的一个独立的经济学分支。它的最重要的特征就是把经济体制置于分析的中心。具体地说，比较经济体制学突破了传统的"主义"分类方法的框架，运用所谓"现代"方法把经济体制从基本经济制度中抽象出来，把它看作是不断发展变化着的中性事物，并进行纵向与横向的比较研究，通过评价经济体制与经济效果的关系，从而达到对经济体制进行择优的目的。

拓殖比较经济体制学的先驱者们注意到，当今世界各民族国家或地区都在以具有本民族特色的方式解决自身的经济问题，而且解决的

---

① ［英］罗尔：《经济思想史》，陆元诚译，商务印书馆 1981 年版，第 398 页。

途径也不一定是单一的。那么，哪一种途径以及它在何种环境下是更可行的和更有效的呢？这就需要抽象出一些概念、术语来对各类经济体制及与其相关的环境因素以及它们与经济效果之间的关系，进行比较研究和评价，评价和比较的目的是为了使某种特定环境下的经济体制优化。当他们试图在这样做的时候，就已经把这一领域推进到经济学的前沿而形成一门崭新的学科——比较经济体制学了。

比较经济体制学与地区、国别经济的研究，既不能截然分开，又不能完全等同。二者既有联系，又有区别。二者的区别首先在于，地区、国别经济通常是在特定的地区、国别范围内进行研究，而比较经济体制学则一般要明确地或至少是隐含地进行跨地区、跨国别的研究。其次，地区、国别经济通常是在特定的体制框架内可以对该国别、该地区的任何经济现象进行研究，它们并不总是把经济体制作为中心问题来研究，而比较经济体制学则要求把经济体制置于分析的中心，并把其他经济现象以及经济体制所产生和在其中运行的社会现象、历史条件、民族文化传统、人口因素、政治和意识形态的反作用等，都视为与经济体制密切相关的环境因素和外在变量来进行综合研究。总之，不能把比较经济体制学等同于地区、国别经济的研究，它有自己明确的研究对象和独特的研究方法，它是一门综合性的、跨学科的边缘学科。

西方比较经济学者都承认最早对经济体制进行现代分析的是 V. 帕累托和 E. 巴罗内。

在 20 世纪初，V. 帕累托于 1902 年至 1903 年发表了两卷本的《社会主义制度》一书，为现代资产阶级"社会主义"经济学说奠定了基础。"帕累托相信，一个社会主义的生产部在理论上可以达到恰好和一种理想的放任自由的资本主义经济的均衡力量导致的完全一样的经济计划，这一点是会得到证明的。"[①] 除此之外，帕累托被称

---

① ［法］G. H. 布斯克：《维·帕累托的生平和著作》，巴黎，1928 年版，转引自［美］熊彼特《从马克思到凯恩斯十大经济学家》，宁嘉风译，商务印书馆 1985 年版，第112 页。

之为所谓"资产阶级的卡尔·马克思"的另一重要原因是，他的学生巴罗内正是基于他的思想才得以做出自己的贡献。① 巴罗内于 1908年发表了著名论文《集体主义国家中的生产部》，发展了帕累托的观点。他第一次系统地说明了"社会主义"经济达到最优资源配置的必要条件，并提出了一个全部经济资源归集体所有、整个经济由国家的生产部集中管理的"社会主义"经济模式。② 从经济学说史的角度来看，熊彼特认为，完成"社会主义"经济是否可行答案的第一个，便是巴罗内。③ 他所得到的肯定答案及其达到的理论水平，使他成为"最早对经济体制进行现代分析"的人物之一，而另一位则是他的老师帕累托。④ 直到 20 世纪 20 年代以前，资产阶级经济学家在"社会主义"经济学领域中的讨论很少能超出巴罗内。这一时期的成果也可视为比较经济体制学的拓殖阶段。

1917 年"十月革命"以后，在现实世界中出现了以生产资料公有制为基础的苏联社会主义经济制度。社会主义思想亦随之更广泛地传播开来。同时，帕累托和巴罗内谈论"社会主义"声音所形成的记忆亦由此在西方世界而得到巩固和加强。在这一背景下，奥地利经济学家 L. V. 米塞斯于 1920 年发表了《社会主义制度下的经济计算》一文。在米塞斯眼中，社会主义经济体制的本质特征是生产资料公有制（可以存在消费品市场）和中央计划。他指出："没有计算，就不可能有合乎经济的活动"，换言之，"在缺乏合理性的标准的情况下，生产不可能自觉地合乎经济"。⑤ 而在社会主义制度内，中央计划无法最终确定某种产品是否需要。更有甚者，它也不能确

---

① ［美］熊彼特：《从马克思到凯恩斯十大经济学家》，宁嘉风译，商务印书馆 1985 年版，第 126—127 页，熊彼特认为，巴罗内的观点（载于《集体主义国家中的生产部》）在帕累托的《洛桑大学政治经济学讲义》（第 2 卷）和《政治经济学教程》里已有清楚的描述。

② 有关资产阶级"社会主义"经济学方面的文献，可参阅厉以宁、吴易风、李懿的《西方福利经济学述评》一书的第 4 章，商务印书馆 1984 年版。

③ ［美］熊彼特：《资本主义、社会主义和民主主义》，绛枫译，商务印书馆 1979 年版，第 215 页。

④ ［美］《经济学百科全书》，1982 年版，第 164 页。

⑤ ［奥地利］L. V. 米塞斯：《社会主义制度下的经济计算》，载《现代国外经济学论文选》（第九辑），商务印书馆 1986 年版，第 60 页。

定在生产特定产品的过程中所耗费的劳动和原材料，因而经济管理在这里"没有真正的方向"。① 即使有货币，但由于生产要素中的劳动和生产资料不能以货币表现，因此，企业仍无法按照经济原则行事。虽然出于寻找"合理性的标准"的目的，计划指令中是有计算的，但这种计算常常过于粗劣，而且只是对自我复制的社会才有效。至于那种通过人为的市场来解决劳动和生产资料等要素的计算问题的设想，在米塞斯看来是行不通的，因为"要把市场和它的价格形成的功能同以生产资料私有制为基础的社会分离开来是不可能的"。② 米塞斯将资本主义同社会主义两种制度的比较贯穿于全文，尤其是比较分析了两种制度下的经理行为。现在看来，其中某些分析确是揭露了传统中央计划体制的弊病，这些分析对我们今天深化改革的思维也有一定的启发；但在当时，他的论文的实质是反对生产资料公有制的。他认定在生产资料公有制条件下实行经济核算是不可能的，而为了合理配置资源，生产资料私有制是必要的前提。

米塞斯的反社会主义观点在资产阶级的研究"社会主义"的经济学家中引起了强烈的反应，客观上推动了关于"社会主义"经济学的研究。1928 年，美国经济学会会长 F. M. 泰勒在演说中对米塞斯的观点作了批判，并于 1929 年发表了《社会主义国家中生产的指导》一文，该文继承并发展了巴罗内的思想，认为在社会主义制度下资源配置是可以得到合理解决的，并详细说明了如何用"试错法"解决这个问题。泰勒的论文被认为"是第一个真正超过巴罗内的论文内容的贡献"。③ 到了 20 世纪 30 年代，当西方发生震撼资本主义世界的严重经济危机时，与西方生产力急剧下降、工人大规模失业等特种萧条景象相衬映的是苏联社会主义建设已经取得了显著的成就，新的事实再一次迫使西方经济学者中有些人对苏联的社会主义

---

① 外国经济学说研究会编：《现代国外经济学论文选》（第九辑），商务印书馆 1986 年版，第 61 页。

② 同上书，第 63 页。

③ ［波兰］奥斯卡·兰格：《社会主义经济理论》，王宏昌译，中国社会科学出版社 1981 年版，第 5 页。

经济制度做进一步研究，主要是研究苏联的计划经济，并把它与资本主义的市场经济作对比。从而，比较经济体制这一学科就在酝酿之中。在这一时期对比较经济学的研究领域和分析方法有重大影响的是奥斯卡·兰格同米塞斯—哈耶克的论战。

继米塞斯上述反社会主义的经济论文之后，新奥地利学派的另一个领袖人物哈耶克和伦敦学派的领袖人物罗宾斯把米塞斯的观点以更精细的形式吸收过去。他们不否认在社会主义经济中的合理分配资源在理论上的可能性；他们只怀疑这个问题的满意实际解决的可能性。①

哈耶克放弃米塞斯的极端立场而退到第二道防线时写道："必须承认这并不是不可能的，意思是在逻辑上它不是自相矛盾的。"② 哈耶克所否定的是所谓"集体主义的经济计划"，他注意到当时苏联经济体制的基本特征是高度集权且否定市场竞争。对此，罗宾斯的论据更明确些，他指出："在纸面上：我们能设想这个问题用一系列数据学来求解，……但实际上这种解法是行不通的。它会需要在几百万个数据的基础上列出几百万个方程，而统计数据又根据更多百万个个别计算，到解出方程的时候，它们所根据的信息会已过时，需要重新计算它们。根据帕累托方程可能实际解决计划问题的提法只说明提出这种主张的人不了解这些方程意味着什么。"③

针对哈耶克和罗宾斯的论点，波兰经济学家奥斯卡·兰格（当时在美国密执安大学任教）于 1936 年 10 月和 1937 年 2 月在美国《经济研究评论》第 4 卷第 1、第 2 期上发表了两篇关于"社会主义"经济学的论文，后来经过修改以《社会主义经济理论》为题出版。兰格自称："本文的目的是阐明在竞争市场上靠试错法来实现资源配置

---

① ［波兰］奥斯卡·兰格：《社会主义经济理论》，王宏昌译，中国社会科学出版社1981 年版，第 4 页。

② ［奥地利］哈耶克：《集体主义经济计划》，第 207 页，转引自奥斯卡·兰格《社会主义经济理论》，王宏昌译，中国社会科学出版社 1981 年版，第 4 页。

③ ［英］罗宾斯：《大衰退》，第 151 页，伦敦，1934 年版，转引自奥斯卡·兰格《社会主义经济理论》，王宏昌译，中国社会科学出版社 1981 年版，第 4 页。

的方式，并且寻求在社会主义经济中相似的试错法有无可能。"① 他反驳了哈耶克和罗宾斯的论点，发展了巴罗内、泰勒的思想②，提出了更为系统的"社会主义"经济学。兰格着重论证了社会主义经济完全可以用类似竞争市场的"试错法"来实现资源的合理配置。兰格的见解在当时影响颇大，被称之为"兰格模式"，也是最早提出的所谓"市场社会主义模式"。形象地说，在"兰格模式"中，存在着一个中央计划委员会，其职能在于取代市场在价格决定上的作用，即由"计委"来扮演市场的角色。关于"兰格模式"的基本内容，本书以后的章节还要进行评介，这里只想指出，尽管兰格模式在理论上被公认为有独创性，但其实践意义却是连他本人也持怀疑态度的。

起源于 20 世纪初的帕累托和巴罗内对"社会主义"经济的讨论，由于米塞斯和哈耶克等人对其可行性的攻讦，再加上兰格以社会主义的捍卫者身份进行的辩论，终于在 20 世纪 30 年代酿成了经济学史上的一次大论战，并且达到了高潮。在以后的岁月中，论战双方的主帅仍然坚持自己的观点，并根据经济现实的变化而提出了进一步的论证。兰格在发表那篇著名的论文 30 年之后写道："如果今天我重写我的论文，我的任务可能简单得多。"③ 因为随着电子计算机的出现，哈耶克和罗宾斯当年所指出的困难在很大程度上已成为虚幻。兰格认为运用市场和计算机来控制经济核算，是今天社会主义经济管理人员的两个工具。它们可以互相补充。在此基础上，兰格对集中与分散决策模型之间的相互关系作了新的阐述。

哈耶克在 1944 年出版了他一生中的重要著作之一《通向奴役的道路》。其中心思想是批判高度集中的、否定竞争市场机制的计划经济。他指出，个人的自由选择被计划控制所替代，其结果必然是限

---

① ［波兰］奥斯卡·兰格：《社会主义经济理论》，王宏昌译，中国社会科学出版社 1981 年版，第 5 页。

② 泰勒的《社会主义国家中生产的指导》一文填补了巴罗内缺少具体实施、内容和手段的实验法的空白。

③ ［波兰］奥斯卡·兰格：《社会主义经济理论》，王宏昌译，中国社会科学出版社 1981 年版，第 183 页。

制了个人追求经济利益的动力。此外，对大量分散信息的掌握，是任何决策所必需的，但这对集中决策来说只是幻想。因此，从充分灵活地满足丰富和多变的社会需求这一点看，集中决策也必然是低效率的。① 同米塞斯一样，哈耶克的研究工作除了致力于集中计划经济问题以外，还着重地、深入地比较了不同经济制度的运转效率。他的原理很简明，即研究分散在各个人和企业的所有知识和信息的利用效率如何。② 依据这一指导思想，并通过对各种形式的分散的"市场社会主义"达到有效配置可行的研究，哈耶克的结论是："只有通过深远地分散于竞争和自由定价的市场体系之中，才可能充分利用知识和信息。"③

综上所述，这场关于不同经济制度可行与否及其效率如何的大辩论。在比较经济体制这一学科的形成发展过程中是重要的里程碑。"它提高了论文的理论和技术水准，用对经济模式的分析取代了对现实经济体制的描述；它也引出了众多在比较经济体制学中迄今仍然是关注的中心的重要议题：决策和信息中的集权与分权，不同刺激方案与决策和信息结构的一致性，不同体制模式的相对效率的比较，价格和市场体制的真正本质，以及计划和市场的潜在结合。"④ 这些讨论，至今仍然是社会主义国家经济体制改革中的一些重要议题。

自20世纪60年代后期以来，比较经济体制学的研究对象更加明确化，尤其是研究方法的演变，这标志着这一新的学科渐趋形成。

西方比较经济学界认为，直到20世纪60年代以前，他们在这一学科中运用的是传统的研究方法，即所谓"主义"（ism）方法，⑤

---

① 参见［奥地利］哈耶克的《通向奴役的道路》一书，商务印书馆1962年版。

② ［瑞典］1974年《瑞典皇家科学院公告》，载《诺贝尔经济奖金获得者讲演集》，中国社会科学出版社1986年版，第191页。

③ 《诺贝尔经济奖金获得者讲演集》，中国社会科学出版社1986年版，第191页，在此指出米塞斯和哈耶克的区别。

④ ［美］E. 纽伯格：《比较经济体制学概览》，载［美］《经济学百科全书》，1982年版，第164页。参见《经济学动态》1983年第3期。

⑤ "ism"作为英语名词的尾缀，有很多词义，据《韦伯斯特新国际词典》第三版，共有8解，这里作"主义"解。

例如，洛克斯与霍特合著的《比较经济体制》① 一书，是将世界各类经济体制贴上"主义"标签，以此为基础进行比较分析。同时代进行的上述影响久远的关于资源配置方式的大论战，也没有脱离"主义"的轨道。据西方学者分析，"主义"方法的运用是基于这样一种愿望，即"企图了解新形成的苏联共产主义制度、意大利的法西斯主义和德国国家社会主义制度"。②

随着经济实践的变化发展以及诸如博弈论、计量经济学、组织理论、信息论、系统论、控制论等新的科学成果的应用，西方有关学者于1967年、1968年聚会，专门讨论比较经济体制的研究对象和方法。会上，有人大声疾呼要打破以"主义"来划分经济体制的传统。其理由是：传统方法是从资本主义、社会主义和共产主义三种制度的原型出发的，而现在这三种原型体制内部已经发生了一定的变化，各种原型之间相互借用了若干策略和形式，再加上发展中国家的各种体制问题也引起了与日俱增的注意，体制与组织形式方面丰富多彩的变化使人们难以再简单地根据几个原型来分类，而应代之以一整套描述和比较经济体制的新的术语和概念体系，用以阐明经济体制的功能，并对其结构与效果进行比较。这种呼声得到了比较经济学界的普遍响应，这就是从所谓"ism"方法向"现代"方法的演变。自20世纪60—70年代以来，沿袭"现代"方法的比较经济学者队伍不断壮大。

最早和系统地用"现代"方法取代"主义"方法的是J. E. 库普曼和J. E. 蒙台斯合作的著名论文《论经济体制的描述与比较：理论与方法的研究》，③ 它为新的研究方法奠定了理论基础，受到西方比较经济学界普遍的重视。随后，J. M. 蒙台斯又发表了《经济体制的

---

① 本书于1938年出版，书中把世界经济制度分为资本主义、法西斯主义、社会主义和共产主义4个类型进行比较。

② ［美］E. 纽伯格：《比较经济体制学：概览》，载［美］《经济学百科全书》，1982年版，第164页。参见《经济学动态》1983年第3期。

③ 此论文载于［美］A. 埃克斯坦主编的《论经济体制的描述与比较：理论与方法的研究》一书，美国伯克利加州大学出版社1971年版。

结构》一书，更加系统严密地发展了他与库普曼最初合作的思想成果，对"现代"方法作了最精深的阐明。他们基于"新的环境要求新的方法"这一信念，力求避免先验地按"主义"原则分类，"而代之以对具有特殊的经济功能的组织安排的比较为开端"。[①] 他们提出了经济效果与经济体制间的函数关系公式，即：O = f（ES，ENV，POL）。

到 1976 年蒙台斯著作问世之时，纽伯格和达菲合著的教科书《比较经济体制：决策与方法》也出版了。该书提出了一个与 1971 年库普曼－蒙台斯论文观点类似而相关的分析体系，即所谓决策方法，就是把经济体制看成由三项基本结构组成，即：决策结构、信息结构和刺激（或动力）结构。经济体制作用于经济环境，其产生的经济效果是能够依一定标准或权数函数加以评价的。这一方法在比较经济学领域里已广为人知。

L. 赫威茨与 D. 科恩为比较经济学专业文献撰写了完整的述评。早在 1960 年，赫威茨作为数理经济学家发表了他的"副产品"，一篇题为《资源配置机制中的最优化和信息效率》的著名论文。[②] 他研究的重点是经济过程中的信息结构，即认为经济活动由信息转换而来，进而这种结构又隐含地决定了权力结构。这种研究思路实际上与纽伯格后来发展而成的决策、信息、动力（DIM）[③] 结构是吻合的。其差异在于：纽伯格等比较学者主要关心的是发展一种适合于多种经济体制进行实证研究的一般理论，而赫威茨等则强调设计体制的可能性，尤其是设计一种能满足某些福利标准的体制的可能性；在分析特定经济体制三项构成的结构时，侧重点的差异也显示出来了，赫威茨强调的是信息结构，最近又强调刺激结构，而比较学者则强调决策结构，即决策权在经济当事人中间的分配以及上述三结

---

① ［美］J. E. 库普曼、J. M. 蒙台斯：《论经济体制的描述与比较：理论与方法的研究》，美国伯克利加州大学出版社 1971 年版，英文版，第 27—28 页。

② ［美］赫威茨：《资源配置机制中的最优化和信息效率》，载 K. 阿曼等人主编《社会科学中的数学方法》，斯坦福大学出版社 1960 年版。

③ "DIM"分别为英文"Decision—Making、Information、Motivation"的头一个字母。

构之间的内在联系。赫威茨在 70 年代以后还贡献了《经济过程中的集权与分权》①《论信息分权化的体制》②《资源配置的机制设计》③等重要论文。在上述著作中，赫威茨同时还对决策结构，特别是资源配置的刺激结构进行了深入的研究。D. 科恩所提供的文献同赫威茨一样，大多是以数学语言表达的，但他用标准的经济学语言提出了著名的"最优经济体制存在定理"，④ 研究了受制约条件下的经济体制如何达到最优化。另外，他还撰写了《最优中央计划经济体制的设计》和《不确定环境下的最优刺激结构的特征分析》⑤ 等重要著述。所以，蒙台斯、纽伯格、赫威茨、科恩的著述是进入比较经济体制领域的有益入门，同时也有效地概述了该领域的进步历程。

上面，我们提到了在这一领域内耕耘的两组学者在研究角度和侧重点上的某些差异，但他们对经济体制性质上的一致看法以及他们之间的相互影响，对于这一学科的发展是更为重要的。至少有三个会议——1967 年的伯克利、1968 年的恩阿伯和 1978 年的威恩斯蒂特会议——把主要的经济理论家和比较学家聚到了一起，对经济体制和比较研究的方法逐渐形成了统一的看法。

"现代"方法尽管提供了一套不带"主义"色彩的术语，但并不意味着对经济体制的比较研究可以同意识形态、政治及社会体制等一刀两断，而是把它们视为影响经济体制不同特征及实现其功能的外在变量，即环境因素，这已经体现在 $O = f$（ES，ENV，POL）这一公式之中。况且，生产资料所有制仍然被视为经济体制最重要的特征，因为一般地说，所有制为其所有者提供决策权，包括从其所占有的对象中获取收入的权力的机制。如果抽掉它的意识形态内容，西方学者则把它看成是用于体制分析的决策方法的一部分。

---

① 载［美］A. 埃克斯坦主编：《经济体制的比较》一书，美国伯克利加州大学出版社 1971 年版。

② ［美］赫威茨：《论信息分权化的体制》，载 C. B. 麦克格尼奥和 R. 兰德主编《决策和组织》一书，荷兰阿姆斯特丹出版。

③ 载［美］K. 阿曼等人主编的《美国经济评论》1973 年 5 月号。

④ D. 科恩：《关于最优经济体制的理论》，《比较经济杂志》1977 年第 4 期。

⑤ 均为未出版的研究报告印刷本。

总之，"现代"方法标志着这一学科的对象明确化，而且作为独立的经济学分支渐趋成熟。"现代"方法在很大程度上代表了比较经济体制理论未来的发展趋势。

比较经济体制学除了探索本学科的基本理论与方法论外，也围绕着重要的国别经济进行研究，还讨论不同类型的计划，包括线性规划的应用，法国指导性计划的研究以及有关苏联型计划的理论与实践的众多文献。

J. 科尔内曾被西方学术界公认为是一个对比较经济体制学做出了突出贡献的匈牙利学者。他在 1971 年出版的著作①中为体制的比较提供了真正不带"主义"色彩的术语。他从经济组织的二重性出发，分析经济组织之间的二重联系来比较经济体制，实际上是运用了马克思分析商品两重性的方法来对经济体制进行抽象研究的。蒙台斯对此给予很高的评价。②

在西方的比较经济学界并不存在什么不同的流派，因为相互之间并没有很大的歧见争论不休，但在研究方法上主要有两大流派：一派是搞抽象的模型研究，即对各种经济体制作理论分析，制定各种各样的模型，这些模型往往是建立在"纯粹"的经济体制的假设之上，而现实的经济体制则丰富、复杂得多。另一派是搞现实情况的研究，称之为"案例研究"，这类著作往往局限于对某种经济体制的描述，而未能透过千差万别的现象进行抽象和升华。研究工作的趋势是把模式研究与案例研究结合起来，模式研究为案例研究提供框架，而按模式分类的案例比较又可导致模式的修正与改进。

截至20世纪80年代，在比较经济体制学这一领域里，西方比较学界和少数东欧学者的大部分研究成果，在对社会主义制度做考察研究时，几乎都是以苏联型的传统的中央计划体制的经验为基础的。在那些著述里对"社会主义制度"的矛盾的揭示，实际上，有许多

---

① ［匈牙利］J. 科尔内：《反均衡：关于经济体制理论和研究的任务》，阿姆斯特丹1971 年版。

② ［美］蒙台斯：《经济体制的结构》，耶鲁大学出版社 1976 年版，第 4 页。

并不是社会主义制度的问题，而是当时在社会主义各国流行的教条主义理论的产物和僵化的传统体制的弊病。当时，在社会主义各国的理论界和经济界，基本上不开展比较研究，"其表现是，（1）忽视横向的比较，不注意研究当代社会主义和资本主义的不同的新模式。（2）忽视纵向的比较，即不注意研究社会主义经济体制演变的趋势。（3）忽视经济事实同思想材料的比较，即不注意研究经济发展的事实对传统理论提出的新问题，也不注意批判地借鉴吸收各种新的理论。其根源是把苏联 30 年代形成的经济体制看成是社会主义经济的唯一模式，并且似乎世界上一切国家都会向这种模式转化。这自然排斥了任何比较研究，既造成了体制的僵化，又造成了理论的僵化"。① 在中国，更由于 20 世纪 60—70 年代的政治动乱，理论研究工作随之中断，并处于更加封闭的状态，所以，直到 20 世纪 70 年代末中国理论界对于在西方已经相当热门的比较经济体制学还是很陌生的。

1978 年党的十一届三中全会提出改革开放方针以后，一方面为学术工作的开展，其中也包括为比较经济的研究提供了良好的环境；另一方面，日益深化和扩展的改革开放的实践不断地要求理论上予以指导，尤其要求创立、发展与充实新的经济学科。在这种形势下，比较经济体制的研究在中国也日益引起广泛的注意，并已初步结出一些果实。

十多年来，日益增多的学者和经济工作者获得机会去国外亲自做实地考察，与十多年前的闭塞状况相比，现在人们对外部世界的了解是多得多了，有大量的资料介绍欧美日等发达资本主义国家、亚太发展中国家和地区以及苏联、东欧等国家的经济体制及其演变，这就扩大了人们的视野，开阔了思路，为在国别经济考察研究基础上开展一些综合的比较研究创造了条件；外文书刊的订购数量也空前增加了，而且越来越多地与比较经济研究有关的重要文献，包括

---

① 刘国光：《1986 年 11 月在中国比较经济学研究会成立大会上的讲话》，载《经济社会体制比较》1987 年第 1 期。

教科书、理论专著及史料被翻译介绍给中国读者，供研究借鉴与参考；在社会科学院研究生院和一些高等学校为研究生和大学生开设了比较经济学的课程或专题讲座，已经有一些研究生在博览群书或对某些重要文献进行深入钻研的基础上，写出了有一定质量的论文；这一领域的专业性期刊已经出现；比较经济学者研究会开始成立；……如果说，在20世纪70年代末80年代初，开始对这一领域发生兴趣的中国学者还寥若晨星的话，那么，现在已经是群星灿烂了。可以预料，中国从事这一领域研究的学者人数还将会有较大的增加，这必将同时使国际上比较经济学界的队伍壮大和加强起来。

问题还不仅仅在于研究者数量的增加，更重要的是中国的改革开放的深入，使传统的社会主义实践经验或是传统的社会主义经济理论，都发生了一系列重大的突破。这必将革新、丰富和发展比较经济体制学这一学科。

二 经济体制的界定以及对其
进行比较和评价的标准

（一）经济体制的界定

我们在探讨对经济体制进行比较、择优之始，不能不对经济体制本身作一界定。

关于"经济体制"的界定，国内外学术界众说纷纭。从1938年美国经济学家 W. 洛克斯和 J. 霍特的合著正式以《比较经济体制》为名的著作出版以来，至今已半个多世纪，仍然没有一个统一的被公认的定义。

笔者对"经济体制"的界定是：人们为了实现一定的社会经济目标，在生产、流通、分配和消费等项活动中选择的一整套经济机制与组织结构的总和。与之密切相关的有三项基本要素，即产权关系、经济决策结构和资源配置方式。经济体制的现实承载体是经济活动在其中形成的国家或地区。它是动态的，在一定条件下是可以由人们加以选择的。

上述定义的第一句话是经济体制概念的内涵，说明它是为实现一定的社会经济目标的手段。

第二句话是经济体制的外延。其中，第一项要素是产权关系，指的是法律意义上的占有权（或称处置权）、经营管理权（或使用权）以及因占有关系而在经济上带来的对产品或收入的获取权。产权关系的实质在于排他性，私有制的排他性最强，集体所有制次之，全社会的公有制则清除了排他性。三者在某一经济体制中所占的份额或比重，即为该社会的"所有制结构"。

第二项要素是经济决策权的来源、结构和类型。决策权最早来源于传统和习惯，占有最重要的生产资源是经济决策权的终极来源之一，只不过在前工业社会主要生产资源是土地，在工业社会是机器，而在后工业社会，知识、技术、信息都已成为重要的生产资源，占有知识和信息也是决策权的来源之一。决策权的各种来源经常交叉并存。决策权的结构表明的是决策权在社会成员中的分配，即由谁来做决策、决策者是集中的还是分散的。至于决策权的类型则种类繁多，划分标准也各异。比如，按决策层次可分为宏观决策与微观决策；按决策内容可分为生产性决策、经营性决策和管理性决策；按性质又可分为"程序化决策"和"非程序化决策"，前者是指那些呈现出重复和例行状态的决策，一般应当由下层决策者做出，后者则指那些随机出现的决策，无固定现成程序，一般需由等级结构中的上层决策者处理。当然，也许在每一层次上，又都有两种决策并行不悖。

资源配置方式是与经济体制密切相关的第三项要素。经济学要解决的任务正是资源的有效配置问题。配置的方式无非是市场、计划，以及其派生形式：市场与计划的某种组合。市场，是使商品和劳务买卖关系得以发生的媒介，它不只是一个物质实体。通过市场作用而达到配置资源目标的做法即市场机制。它大体上包含：竞争机制、价格体系、消费者主权、商品劳务销售系统和货币金融体系等。在市场机制中，信息的主要内容是价格，而非指令；信息的特点是"匿名"的，而非"指名"的，因而每一个潜在的信息接受者是平等的，接受者对信息的反应仅根据其内容而不是考虑其来源于何处或来自何人。信息流动或传播的渠道主要是水平（横向）的而非垂直（纵向）的。市场机制在自由资本主义条件下和在现代发达资本主义条件下发育的程度是不同的，在后者条件下，不仅市场机制本身更发达了，而且加进了决策者的制约与协调作用，这也就是广义的"计划"。至于社会主义国家改革前的"计划经济"则是指在其中绝大部分生产活动服从于带有强制性的投入—产出指标，这些指标是由等级结构中的上级用"指名"的、"指令"的、数量为主要内容的信号通过垂直系统下达到生产经营单位，这种资源配置方式的历史作用和弊端已经讨论得很多了，现在需要明确的只是它并非社会主义根本制度的特征，过去把二者捆在一起是在特定历史条件下的理论误解。

在讨论资源配置方式时必须承认的一个事实是，纯粹的市场或绝对的计划都不过是幻觉。尽管两者之间存在着某种此消彼长的关系，但决非水火不相容。而是可以结合并用的。因此，在经济体制改革中涉及资源配置方式时，我们要做的工作便是考察两者结合并存的结构与功能。在这里要注意的只是明确市场与计划是物质与意识、第一性与第二性的关系。

上述定义的最后两句话是补充说明。即经济体制的动态性，就是说，它总是处于动态的过程中，现行体制是以往体制演进或调整、变革的结果，同时它又是未来体制的原型。体制变动意味着三项基本要素的调整或重新组合，变动的幅度依选择者所处的环境而定。

明确经济体制界定的意义在于确定经济体制改革的目标、任务和内容，在于对不同类型的经济体制进行比较、鉴别以达到择优的目的。

（二）关于经济体制比较标准的讨论

比较经济体制学的最基本的分析思路在于不同的经济体制在某种程度上对应着各自的经济结果。也只有在此基础之上，我们才能对具有良好经济结果的体制加以选择。当然，这同时等于说，我们与其在选择经济体制，不如说在选择我们追求的经济结果，因为两者之间存在着内在的相关性。显而易见的事实是，经济结果在此扮演了选择、评价经济体制的标准的角色。

从另一个角度看，如果我们依照某一体制所对应的结果来对体制进行优选，并且确定地做出了选择，那么我们所做的选择，不过是我们所热望的目标而已。在此，经济目标和经济结果之间的关系也就明确了：前者为预期的结果，后者为现实的结果。至此，我们可以对经济结果、经济体制评价标准和经济目标之间的联系就一目了然了。

比较经济体制学所要选择的合乎理想的优体制，原因不外乎是为生产力的发展提供最适宜的空间和土壤，从而使生产力在现实的环境中获得最大限度的发展。毋庸置疑，生产力的发展状况也就是经济结果，就是检验经济体制运行是否有效的最根本的标准。然而，生产力的发展这一概念还相当抽象。为此，我们必须寻找一个较为具体的标准体系来充实它。

我们知道，生产力的最大发展就是整个经济"合乎目的地分配它的时间"，进而"达到一种符合其全部需要的生产"。① 所以，我们对生产力发展的进一步理解，即它与有效地、合乎目的地分配劳动有关。在这里，劳动时间的真正含义在于它是最基本的生产资源的最抽象、最一般化的表述，因为它是价值的物质承担者，生产资源所蕴含的东西不过是劳动时间或者潜在的劳动时间。因此，从这个意义上讲，生产力的极大发展这一标准，就可以更为清晰地表述为稀缺资源的有效配置，以最大限度地满足人类的需要。

对资源进行配置的方式或途径，正是经济体制的重要方面之一。我们对经济体制的评价基点就在于看它是否有效地配置了劳动时间。但是，坦率地讲，仅就此点加以评价，尚显一般和泛泛。怎样才算有效地配置了资源呢？如果止步不前，我们是难以对此做出回答的。

---

① 《马克思政治经济学批判大纲》单行本第一分册，人民出版社 1971 年版，第 112—113 页。

为此，我们还试图找到一组在相当程度上恰好是反映资源配置效果的指标，比如说，经济增长速度、效率等。其中最关键的指标便是效率，"经济"一词的最基本的也是最原始的含义亦在于此。事实上，国内外几乎所有的经济学家也都是运用这些标准对不同的经济体制加以评价比较的。

说到具体标准，打个比方，就汽车而言，人们可以通过考察它的每公里耗油量、时速、舒适程度、外观、噪音及污染等指标对其进行评价。出于比较研究的目的，比较经济学界围绕经济体制选择问题给出了门类繁多的评价标准。其中，最被广为接受的有如下几项①：增长速度或增长率、经济效率、均等、经济稳定。下面我们分别进行具体的讨论。

（1）经济增长速度。它不表示某体制承载体——国家或地区——在一段时间内的产品数量或某一时点的产出流量，而是从历史的角度考察某年比上一年的产品数量增加的百分比。一般而言，在合理的经济结构和积累率的前提下，比较高的增长速度无疑是经济体制健康有效的重要表现之一。在增长速度的总项目之下，经济学家对其进行了细分，如人均国民收入或 GDP 的增长率、人均消费的增长速度等。这些子项目蕴含着人类福利的增长，这也是经济体制优选的最关键的依据之一。

（2）经济效率。相对于经济增长速度而言，经济效率要复杂一些，同时也更为重要一些。几乎所有经济学者都把不同体制之间的经济效率比较置于分析的中心。效率也被细分为若干种，一般有所谓静态效率和动态效率之分。在此要特别指出的是，对它的理解，在经济学家中也未完全统一。部分人把静态效率看成是在一定时间内的投入产出之比，这是通常的理解。还有人不满足于这种简单的说明，而进一步指出，静态效率是指在特定时期内，在分配稀缺资

---

① 库普曼和蒙台斯的《经济结构的描述和比较》；霍尔绍夫斯基的《经济体制：分析与比较》；格雷戈里和斯图亚特的《比较经济体制》和阿尔弗里德的《比较经济体制》等提出的标准体制的"公分母"就是这四项。

源时是否最有效地使用了资源。换句话说就是，当没有另外可能的资源被再分配时，已无法在不减少一种或多种最终产出的同时，是否可以增加另一种或多种产品的产量。有的人干脆就搬用帕累托最优配置作为衡量静态效率的标准。

至于动态效率，有人定义为每单位投入与产出的变化率。有人说，如果在一段时期内考虑静态效率的变化时不是从一个时点上来考虑，那么所观察到的便是动态效率。[①]

有人还提出了所谓技术效率，意即生产一特定产品时最有效地使用资源的状态。实际上，技术效率同以投入产出比表示的静态效率并无本质区别。它们两者同以帕累托最优所描述的静态效率之间的区别，也仅仅在于所包含的范围以及对人的偏好及福利的考虑。

总之，经济效率同稀缺性相关。它表明的是投入与产出的关系。经济学界普遍承认这一种观点的正确性：效率除了部分地取决于所使用的生产要素（资源）的质量——如高技术和熟练劳动——和规模经济效应外，它直接决定于价格机制、竞争程度和宏观调控等条件，也就是说，它与经济体制状态密切相关。

（3）均等。这一标准实际上也包容了不少子项目，其中最流行的是所谓生存条件分配的均等和机会的均等。所谓生存条件，包括消费水平、健康保护等。它们又都同收入分配密切相关，因此不少经济学家就用收入分配指标来替代均等指标。对收入分配均等指标的描述，有现成的理论和方法。其中最常见的有洛伦兹曲线和与之相关的基尼系数。但是，由于收入分配指标疏漏了均等的另一重要方面即机会均等，所以，我们还是选用了"均等"作为这项指标的名称。机会均等至少要求在同代人之间的机会分配要均等，如就业机会、晋升机会的均等。

均等问题涉及社会的公正原则，而且对两种均等人们常持有不同的看法，因而，它更多的是一个价值判断的问题，甚至有人还把

---

① 格雷戈里和斯图亚特还曾形象地用生产可能性曲线及其变动来说明动态与静态效率及其关系，见其《比较经济体制》第30页。

均等同效率对立起来，颇有些此消彼长的意味。①

（4）经济稳定。这一标准所要衡量的，一般是指考察经济体制是否具有避免两种不利现象出现的能力。即一方面避免经济萧条，如高失业率、生产和生活水平大幅度下降；另一方面避免价格上涨或通货膨胀的能力。显然，稳定标准在这里实质上已经触及所谓经济的安全性问题，即经济体制能否保证或在多大程度上保证其参与者不必承担他的无法控制的、消极的社会经济影响，其中主要的影响便来自通货膨胀和失业。从经验上看，经济体制上的差异在这一标准上体现得相当明显。一般讲，这个指标可以由通货膨胀率和失业率来表示。

上面谈的四项基本标准是最流行的，其中举足轻重的是效率标准。除此之外，不同的经济学家又分别提出了带有自己偏好或价值判断的各种指标。如果说上述四项标准的共同特点是它们可以用数量来表示的话，那么，下面要谈的一些标准则大多不具备这一特点，如经济自由、经济主权和生活质量，等等。这里，我们就对经济自由这个指标作些具体分析。

（5）经济自由。是指体制参与者作为消费者、生产者、储蓄者和投资者所享有的自由。在这些方面，体制参与者选择的余地越大，他所享有的自由程度就越高。② 显然，经济自由是一个难以数量化的标准，而更为有意义的是，对它的好恶直接同人们的价值判断相关。但尽管如此，这个标准还是同经济体制密切相连，在某种意义上讲又互为因果。典型的事例便在于职业选择自由同劳动力资源的合理流动之间关系密切。而这种自由又严格地受到经济体制的影响。

极为有必要补充的一点是，各评价标准绝非互不相干，而是一个有机的整体。增长速度显然同效率有关。经济自由与均等也密切相关。稳定则更是牵动着其他标准，因为经济波动就会带来资源的

---

① 美国著名经济学家阿瑟·阿肯就此问题写了一本专著《均等与效率》。他写道："……平等和经济效率之间的冲突是无法避免的。"华夏出版社 1987 年版，第 105 页。

② 有关的论述，可参见印度经济学家 S. S. M. 德塞的《经济体制》一书的第 5 章：《经济体制和基本自由》。

浪费。

在评价不同经济体制时，我们目前已经谈到了 4 个或 5 个标准。但现实的体制是复杂多变的，完全可能出现这样的情况：在用 4 个标准进行评价时，两个体制各自在两个不同的标准上显示出优势。比如说，体制甲在增长速度和效率两项标准上优于体制乙，但在均等和稳定标准上却相反。这时我们该如何作出对这两种体制的判断呢？一般说，有两种途径或方法可以被采纳：一是根据比较者的偏好进行评判，如果你更看重效率标准，那么，体制甲无疑要优于体制乙；另一处理方法是将各项评判标准通过某种程序折算为一个综合指标，这样便可对两体制或多种体制进行综合全面的比较评价，并最终为优选体制提供了决策基础。至于如何折算，我们可以采用"加权"方法加以解决。

我们以产出增长率和人均收入增长率为例来说明。经济目标期望它们分别达到一定的增长百分比，如分别为 10% 和 9%。在体制参与者眼中，对后者的青睐可能要远远胜过前者。因此它们就会对后者给予更大的"权数"，如 100，而前者仅为 50。这样一来，其各自与权数的乘积之和（10% × 50 + 9% × 100）就是我们要得到的经济目标的综合指标——14。在一定时期内，经济结果也可以由此程度折算并求得一个综合指标，比如，其两指标为 12% 和 8%，这时，按前面确定的权数，最终综合指数为14。这表明虽然经济结果与经济目标有差距，但由于人均收入增长上的损失在产出增长上得到了补偿，因此，综合指数还是相等的。这样我们仍可以说经济结果与经济目标相吻合了。如果人均收入率降到 6%，尽管产出增长率高达15%，但此时的综合指数仅为13.5%，离经济目标尚有0.5 个百分点的差距。这表明虽然产出增长率有了更大幅度的增长，但因权数的作用，人均收入增长率下降所带来的结果损失更大。如果两项结果的指标均低于目标，则结果更糟。针对着目标未能实现的情况，从经济体制角度看，就要考虑是否进行体制变动以使经济目标得到实现。

关于其他经济指标，也可依此方法进行折算。效率可用投入——产出比的变动率（如由现在的 3.5：1 提高到 3：1，变动率为 14%）、稳定用通货膨胀率（如不得超过 5%）和失业率，收入分配用基尼系数①（如不得超过 0.3%）等表示。指标超过的部分以负数表示。比如，实际经济结果是基尼系数为 0.4，如果其权数为 50，则这一项的值就是 $[50 \times (0.3 - 0.4)] = -5$。尽管这样做要复杂烦琐得多，但我们总能得到一个综合指数，从而对经济结果本身做出评价，最终从经济体制上加以解释。

当我们沿袭这样的思路来评价经济体制的优劣时，也会遇到一些困难。

首先，效率和增长速度的提高，虽然在很大程度上取决于经济体制的状态和变革，但它们同时也取决于其他许多非经济体制的因素，诸如自然资源禀赋、原有的经济与技术发达程度和人力资本的水平、高低与数量多少，等等。这样，我们在用这些标准对经济体制进行评判时，就不太容易从中剔除或分解出这些实际标准中有多少要归咎于经济体制本身。也就是说，尽管我们能够证明经济体制与经济结果之间有着内在的联系，但我们很难把经济体制对经济结果的具体影响程度从中分离出来，其中的困难还包括经济体制本身和其他非经济体制因素之间有相互的作用。

其次，各种标准本身有其测量方面的困难。它一方面表现为各国统计方法上的差异，世界上曾经存在着两大核算体系；另一方面，有些统计数字本身可能就是不可信的或掺了水的。此外，有些指标本身的测量就困难重重，如效率和均等的测量，说起来容易做起来就难了。然而，不管怎么说，这类测量困难仅是技术方面的，似无关宏旨。

对经济体制进行评价，是比较经济体制学领域中的重要内容，只有科学地解决了评价标准问题，我们才能实现体制择优的目标。

---

① "基尼系数"是意大利经济学家基尼为刻画出收入分配均等状况而提出的一种测量数值。当它等于零时，表示收入分配完全平等（但这决不意味着收入分配最合理）；当它等于 1 时，则完全不平等；一般是介于两者之间，如美国和英国 1976 年的基尼系数分别为 0.38 和 0.37（参见［印度］K. K. 森《比较经济体制》第 89 页，1981 年英文版）。

（三）制约或影响经济体制发挥功能的环境因素分析

在现实社会里，经济体制仅仅是整个社会大系统中的一个子系统，它必然要与庞大而复杂的社会网络结构的其他方面发生联系。比较学者们把经济体制视为同社会体制的其他部分持续不断地发生作用的行为方式。从马克思主义的观点来看，经济体制不过是生产关系的具体表现形式，它的形成、变动，无疑要受到生产力发展水平的制约和上层建筑的影响。在比较经济学界，学者们往往把制约与影响经济体制的力量归结为环境因素。在评价经济体制的结果和对经济体制进行择优时，需要对环绕某种经济体制的环境因素进行分析。

环境因素一般可区分为自然环境与社会环境两大方面。它们对经济体制状态、体制参与者的目标和行为以及经济结果都可能施加某种影响。

自然环境包括某一民族国家的地理位置、国土面积、人口数量、自然资源禀赋、地形、气候等。这些自然环境的差异都可能直接或间接地制约和影响着经济体制的选择，因为这些因素会不同程度地影响生产力发展的水平和特点，还影响意识形态和文化。比如，疆域辽阔、资源丰富、人口众多的国家有高度封闭的愿望与可行性，对因经济体制运转不良所引致的生产效率低下具有较强的承受力。相反，领土狭小、资源贫乏，或与经济较发达的国家毗连，对外贸依赖性较大，则可能由于同外部其他经济体制的接触而获得关于另一种安排和结果的思想与信息的来源，从而修改自身所处的经济体制或体制的某些方面，以适应同一个具有不同经济体制的国家之间的国际经济往来。现实生活中还有这样的事情：一个国家由于地理位置和地形等因素，被迫接受一个强大邻邦的干预而改变了自身经济体制的一些重要方面，甚至改变了体制本身；相反，也有着另外的情况，由于地形和位处缓冲地带，而有可能选择独具一格的体制模式。

社会环境包括形成某种体制状态时初始的生产力发展水平、本社会的历史文化传统、政治体制与意识形态、国际环境与开放程度，以及作用于上述各项因素的随机事件的影响，等等。

某种体制形成时初始的生产力发展水平，包括初始的、可配置的资源和初始技术。前者指比较期开始时可获得的生产手段及产品清单、生产过程中的产品清单以及初始人口期的劳动者的年龄分布、体力素质、经验、技术与教育水平。后者指产品特征与生产过程中的行为。"行为"可通过其投入的种类与数量、技艺状态和行动的连续及其效果来鉴定。可配置的资源随着时间的推移通过勘探、投资、保护或损害、人口的再生产及医疗服务、教育培训等发生变化；技术是通过开发新产品、研究与发展、技术改造与革新以及引进外部新技术来演进与进步的。生产力发展水平的变化一般可用国民生产总值、主要产品产量、人均收入水平及其增长率、劳动者素质的变化、经济结构（如一、二、三产业所占的比重）以及科学技术水平等项指标来表示。它们对经济体制的深远影响的例子俯拾皆是。无论是中央计划体制还是有宏观调控的现代市场体制的有效运转，从控制论角度看，首先都要求计划或调控当局掌握充分、及时而可靠的信息。而信息的搜集、加工处理、传输和使用都需要有优良的现代化手段——计算机网络。过去，由于缺乏或忽视现代化手段，使得中央计划当局的信息来源不完整、不及时、不可靠，从而也影响了决策的科学化。这可以算作生产力发展水平影响经济体制运行的一例。反过来说，任何超越生产力发展水平所允许的范围而形成的经济体制，注定都是要以失败而告终的。

与此同时，我们还应当注意到这样一个事实，即一定的生产力水平与自然环境，并非唯一地与某特定经济体制相适应，而可能与多种体制相适应。而且，生产力发展水平上的差异并不排除不同国家采取类似的经济体制作为实现其各自的社会经济目标的手段的可能性。因为一方面，任何不同的国家，其生产力发展水平和自然环境不可能是完全相同的；另一方面，经济体制的选择和确立还会受到体制参与者意识形态的巨大影响。因此，在现实生活中，在生产力水平大体接近的条件下，经济体制却常常呈现出多样性和独特性；

或者，在生产力水平相去甚远的情况下，经济体制却又颇多相似。当然，经济体制的状态归根结底还要受到生产力发展水平的制约。

影响经济体制的社会环境中，另一类重要因素是上层建筑。它对经济体制的形成和变动的影响是多重的，主要体现在意识形态、政治体制和社会文化背景等方面。国际环境和随机事件有时在一定程度上也可能对经济体制的确立和变动方向施加影响。显而易见的实例是，尽管原来实行中央计划体制的国家或迟或早要进行经济体制改革，但是，南斯拉夫之所以率先进行，而且选择了"自治"作为新体制的方向，这与20世纪40年代末发生的苏南冲突两国从意识形态上的彻底决裂到全面地断绝党和国家关系这一随机事件不是没有关系的。

总之，环绕着经济体制的诸多因素都对经济体制发生影响，而这些环境诸因素之间又有着犬牙交错的相互影响关系。以美国为例，它的经济体制中的"自由竞争"色彩比其他市场经济体制的国家更浓厚些，这与美国发展过程中的各种环境因素有关。从自然环境看，美国幅员广阔而土壤肥沃，气候宜于发展农牧业，基本工业所需之煤、石油、铁及其他金属等地下矿藏也丰富，50%的面积是森林，东濒大西洋，西临太平洋，南靠墨西哥湾，海岸线长，渔产多，全境有8条大河，分向东西南北流去，不仅便利内地和沿海地带的交通运输，而且供给了无限的电力。这种自然环境吸引了大量的移民，他们被在辽阔的、尚未开发的土地上定居的可能性吸引到北美。曾经有大批的拓荒者们在艰难条件下勤奋劳动，逐步把边界推向西部，出现了所谓"边疆精神"。这种早期开发处女地的开拓者精神，以后在实业家身上仍然得到体现。

从社会环境看，美洲不像欧洲和亚洲，没有封建制度的根基。正如恩格斯所说，美国是一个丰富、广大、在开拓中的国家，有着纯粹的"布尔乔亚"制度，不受封建残余或君主传统的束缚，没有任何中世纪废墟的阻挡。早期移民中有不少是不堪英国和欧洲各国暴君压迫的人，他们充满民主、自由、平等、自立和创造精神，把欧洲产业革命的新技术成就，带到这块原始新大陆上来。在当时那样的自由开发中，人们只需对付两种威胁：外国攻击和森林野兽。美国的种族来源复杂，是一个"人种大熔炉"。无论从何方来，都可平等地开发土地，都有生路和机会，只要你有胆量，到处都可以去，成家立业，不受限制。在一个相当长的时期里，无论谁都可以成为资本家，至少是一个独立的人，用他自己的手段为他自己而生产，只要勤劳而善经营，就可以扩大生产事业（恩格斯语）。这些从专制政权下解放出来的几百万移民，在短短的 100 年后就建立起一个充满朝气的新兴资本主义国家，有了自己的共和国国会和政府。美国的独立宣言强调政府的决策应该获得人民的同意。美国的宪法到目前为止只修正了 26 条，使得这个国家能有比较健全的法制作为人们的行为规范与准则。政府曾经鼓励人们开发处女地，荒地任凭占用，不取分文。随着人口的增加和工商业的发展，移民们没有停留在大西洋沿岸一条狭窄的平原上，一队队的冒险家翻山越岭、披荆斩棘地西进，到 1850 年，美国的版图实际上伸张到了太平洋。这时，美国北方几个州的工商业正在迅猛地发展，这种发展需要保卫关税和全国统一的、广大的、自由的劳动市场，但南方几个州却是大地主的世界，他们靠几百万黑奴经营棉田、农场和牧场。南北方经济和社会矛盾尖锐化的结果，发生了 1861—1865 年的解放黑奴的南北战争。战争一开始，马克思领导的第一共产国际便在欧洲声援北方联邦的立场，马克思和恩格斯在 1861 年写的《美国的内战》一文中分析，它不外是两种社会制度的斗争，即奴隶制度和自由劳动制度。这两种制度不可能在北美洲同时并存，它只能以一个制度战胜另一个制度而告终。战争以南方投降、奴隶制废除、全国统一而告终。从此，黑人可以自由流动、自由就业，工业化条件进一步成熟。

综上所述，美国在 19 世纪中期的自由竞争体制是在这样的自然与社会环境下形成的：北美洲大陆幅员辽阔，具有丰富而多样的资源，有大片大片的处女地可任凭人们自由开发；开拓边疆的精神促进了交通运输的发展，从而更有利于工商业的发展和大城市、大港口的出现；一开国便没有封建制度的束缚，独立的政府又实施保护关税，使民族资本家不受外国工业输入的威胁；在欧洲未能充分施展的科技发明到了美洲新大陆便发挥了推动工业的伟力，技术人才大量移居美国。1860—1900 年，美国共计有 67.6 万种新发明，包括电车、火车、轮船、电话、电报、电灯等，使得各地的距离缩短，物价大跌，使许多梦想变成了人们的日常生活；有广大的、统一的国内自由市场，即使不靠输出，当时的工业制成品也有销路，尽管竞争非常激烈，但不至于形成把竞争对手排斥到市场之外从而窒息竞争的程度。

但是，到 19 世纪末，美国完成了向垄断的过渡。银行的新作用是一面加强资本的集中与垄断，另一方面，也为政府干预经济活动提供了方便的工具，为对付 20 世纪 30 年代大危机而实施的罗斯福新政，是美国在市场体制基础上的宏观调节机制的始端。

再以苏联为例，它是高度集中化经济体制的发源地，除了因为它是第一个社会主义国家，对于这个新体制应当是什么样子的以及应当如何建立没有可依据的经验外，也同历史环境有关。在革命前的俄国经济历史上，市场经济的有效性和增长能力几乎没有得到过证实。19 世纪 90 年代以后的俄国远没有达到像英国和德国在第一次世界大战时期的发展水平，所以，与美国不同，俄国分散的市场经济被视为是留下了停滞的历史遗迹。在革命化的最初年代里，又因为受到了资本主义制度的包围和 14 国武装干涉，实行了"战时共产主义"，即在大多数经济部门中进行了决策过程迅速集中化的尝试。但是，不久以后，列宁就认识到集中的指令不可能完全替代市场机制，于是导致了向新经济政策时期的分散的分配资源的体制过渡。到 1928 年，新经济政策中断了。这除了决策者的主观因素外，当时的客观环境因素也对决策者所采取的抉择有影响。

正是因为当时的新生苏维埃政权是处于资本主义包围和武装干涉的威胁之下，为了生存，必须加强军事力量，从而采取了优先发展重工业的战略方针，重工业投资的迅速增长，在没有国际援助的环境下，其资金的积累主要依靠从农村征集，于是，又通过强迫集体化，使农业处于中央控制之下。在这种背景下，一个集中分配资源的体制实际上作为"战时"或"备战"的最佳体制而被选择了。

因为它能够按照高度集中的决策意志最迅速地汇聚人力、物力和财力资源，把它们配置到优先重点发展的部门与地区。再加上苏联是一个拥有辽阔疆域和丰富资源的国家，十月革命后在政治上和意识形态上对广大工人农民和进步知识分子的吸引力与号召力，使得它在相当程度上对由于经济体制运转不灵所引致的生产效率低下具有较强的承受力。

但是，这种集中的体制与西方的大型垄断企业集团运行的效果不同。这是因为，西方垄断集团的企业有着同质的环境进行工作，而且它们只构成某个部门或市场的一部分。这种集团不仅经常注意国内对手的活动，也要对国际竞争者的活动加以关注。苏联的工业体制则囊括了所有工业部门的所有企业，国内企业之间的竞争非常微弱，又没有外来的竞争可言。尤其要指出的是，苏联全国的企业并不是在同质的环境下工作，执行中央的决策时，各地区都在寻求自己的特殊利益，加上国内各民族在历史和传统上的差异，教育水平和价值观也不相同，人们共同偏好的结构越小，集中的方针和指令越容易被误解和歪曲，信息将会变形，决策的执行将同中央计划的要求脱节，这些环境因素都会对中央计划的效果产生反作用。从宏观来看，苏联长时期地优先发展重工业，又把国民生产总值的相当部分用于军事开支，导致国民经济比例失调。高浪费、低效益成为苏联经济之痼疾，而且产品质量次劣，技术陈旧。比如，苏联机械制造业的机床台数等于美、日、西欧的总和，但其产品达到国际水平的只有38%。尽管集中的经济体制为苏联实现"粗放"的发展战略起过积极的历史作用，在战前的几个五年计划里，工业总产值增加了5.5倍，在欧洲从第4位上升到第1位，在世界从第5位上升到第2位；但战后西方发生了以微电子技术为主要标志的新科技革命，目前发达国家的许多工业部门劳动生产率的提高有80%是靠新技术来取得的。与此同时，苏联的工业劳动生产率只相当于美国的55%，农业劳动生产率只有美国的25%。劳动生产率落后的根本原因是技术进步受到阻滞。苏联科技水平落后于西方15—20年，苏联自己估计，计算机技术要比西方落后8—12年。20世纪60年代，苏联工业劳动生产率还居世界第 3 位，次于美国和法国，从 70 年代初以来，苏联劳动生产率增长速度便呈下降趋势，后来退居到第 5 位，次于联邦德国和日本。正由于劳动生产率落后，尽管苏联的劳动力数量比美国还多 1/3（苏联有 13000 万劳动力，而美国只有 9000 万劳动力），但苏联的人力资源紧缺程度极为严重，加之自然资源在粗放发展的条件下又有极大的浪费，当资源基地东移后，开发条件恶化。所以，从资源配置来看，粗放发展的战略实难继续维持。而要从粗放发展战略转变成集约发展战略，又非进行深刻的、真正革命性的变革不可。至于苏联改革为什么失败，这里不作详细分析。

综上所述，如果说，资本主义包围和武装干涉的威胁，曾经是苏联领导人当时作出高度集中体制的抉择的外部环境因素，那么，西方发达国家的新科学技术革命的挑战则是苏联 20 世纪 80 年代进行的改革的外部推动力。这也可以说是环境因素对体制变革的影响。当然，变革的前景又受到其内部极其复杂的环境因素的制约和西方压力的影响。

经济体制与环境因素的关系又是辩证的。美国经济学家 M. 弗里德曼在他的名著《自由选择》中曾经对日本和印度的经济体制作过比较，即对 1947 年印度独立后 30 多年和 1868 年日本明治维新后 30 多年各自所处的环境因素作了分析。[①]

从时间上看，尽管两国的上述经历相隔 80 多年，但在弗里德曼眼中则极为接近，也就是说，两国的某些"外部要素"在许多方面呈现出近似的现象。如：两国都有古老的文明和发达的文化；地理位置均处于东方；都有高度等级结构化的人口，日本有大名和农奴，而印度则为种姓制度。当然，环境因素的差别也是存在的，如：从资源禀赋看，印度要远胜于日本；其时印度所面临的国际环境亦优于 1868 年日本所处的国际环境，印度自 1947 年以来得到了大量的资金，其中许多是国外赠送的，相反，日本当时却处于与世隔绝的状态；从技术水平看，3 个多世纪的与世隔绝，使得日本对外部世界茫

---

① ［美］M. 弗里德曼：《自由选择》，张琦译，商务印书馆 1982 年版，第 61—67 页。

然无知，故远远落后于西方，而1947年印度的技术水平虽然大大落后于西方，但差距要小于1867年日本与当时先进国家之间的差距；从"初始人口"角度看，1947年时的印度，其许多领袖大多曾在先进国家受过教育（主要在英国）。更为有意义的是，英国对印度多年的殖民统治，为其留下了一笔可观的"珍贵遗产"：一批训练有素的民政管理人员以及与之并存的现代工厂和完好的铁路系统，这同1868年除了中文以外无人能懂外语的日本形成鲜明的对照。

"环境因素"中的一项重要内容为"随机事件"。从这一点来看，日印两国也相差甚远。日本除了幸运地在明治维新后不久遇到了欧洲蚕茧严重歉收而靠出口生丝获得比通常多的外汇的机会外，就再没有什么好的机遇了。而印度1947年前后的运气可以说一直不错。

两国的相似点有之，差别又几乎均有利于印度，但30多年的经济发展结果却天差地远。到20世纪初，日本已摆脱了封建结构，让几乎所有的公民都有参与社会和经济活动的机会。普通百姓的境况迅速改变。在国际政治舞台上，日本也已经成为一支不容忽视的力量。经济的迅速发展成为其在中日甲午战争和日俄战争等几场影响深远的战争中取胜的物质基础。

印度又如何呢？进入20世纪80年代以来，经济仍然近乎停滞，其人均国民收入的增长在1965—1984年平均年增长1.6%[①]，而且两极分化严重，最贫穷的1/3人口的生活水平反而下降了。

对于这种现象，弗里德曼作出的解释是：日本充分运用了市场体制，而且使价格机制的三位一体的功能得以发挥。而印度则从殖民统治中走出却又陷入了政府"铁手"的控制之下，或者说采取了集体主义政策。[②]类似苏联的五年计划出现了，投资项目被中央计划详细地规定了，外汇、工资和物价管制普遍化了。这个例子说明有利的环境因素不一定导致良好的经济结果。

我们援引弗里德曼这段对比分析之目的，在于说明我们在比较

---

① 世界银行：《1986年世界发展报告》，第180页。
② ［美］M. 弗里德曼：《自由选择》，张琦译，商务印书馆1982年版，第297页。

经济体制时，不仅要注意到环境因素对个别经济体制的有利作用或制约作用，而且还要注意到，在对环境因素作了对比分析之后，导致经济结果的差距只能从经济体制上的差异去寻找。

我们还可以对中国和苏联的中央计划经济体制转换进程中具体环境因素的影响作些分析。中国 10 多年的改革进程基本上是稳定有序的，是渐进的过程。而苏联 6 年的经济改革难以推进，各种方案基本上是"纸上谈兵"，最后失去稳定有序的改革时机，而引发了社会的"大爆炸"，目前不得不实行强制性的转轨。中国在渐进过程中生产是增长的，人民生活是改善的，而苏联则相反。

中国的改革过程也是由中国的具体国情决定的。首先，中国是一个人口众多的、发展中的社会主义国家。中国人口的数量近 4 倍于苏联。中国人口密度是苏联的 8 倍多，中国如果不能伴随改革而保持着社会的稳定，则不仅中国会大乱，还会引起世界不安。改革前中国在农业中的就业人数几乎占总就业人数的 3/4 以上，中国第二产业和第三产业的比例在 1978 年分别为 15% 和 11% 左右，远远低于苏联的 39% 和 41%，这说明中国在改革起步时的工业化、社会化程度和经济发展的总水平比苏联低得多。如以当时两国官方汇率美元计算，1978 年苏联人均进出口额比中国几乎高出 20 倍，这说明在改革起步时，中国经济与国际经济联系弱得多。[①] 1978 年中国的人均国内生产总值为 230 美元，苏联为 3700 美元，尽管国际上认为这一估算数字不完全准确，但还是可以说明两国的综合经济实力悬殊。中国的国情决定了中国不仅需要保证社会稳定，而且中国的市场发育也需要一个较长期的渐进过程，不可能"一跃而入"（The big bang）。

其次，中国和苏联的中央计划体制的严密程度和社会覆盖面也有很大的悬殊。苏联的历史传统以及由于它作为中央计划经济体制的母国，这种体制已经运行了半个多世纪，根深蒂固，而且覆盖了

---

① 参见联合国欧洲经济委员会经济分析与预测司司长 A. M. 瓦斯奇研究报告，《经济社会体制比较》1991 年 2 月。

全社会和经济活动的各个领域。对这种体制的改革牵一发而动全身，改革的难度和阻力很大。中国的中央计划体制是 1953 年以后才从苏联学习搬用过来，大约在 5 年以后，中国当时领导人毛泽东就已经开始注意本国国情，反对照抄照搬。中国计划统计人员的数量、质量，以及指令性计划制定的严密程度或是对执行指令性计划要求的严格程度都远不及苏联。再加 10 年"文革"动乱又把本来就不够健全的计划体制冲垮了。尤其在广大农村，中国比苏联农村的机械化社会化程度也低得多。所以，中国的改革从农村开始，简便易行，自下而上，逐步发挥示范的效果。而苏联的集体农庄制度已建立 60 年，苏联农业已经高度分工专业化了，机械化程度也高得多，农民在 20 世纪 60 年代已吃上"大锅饭"，拿固定工资，实行 5 日工作周，成了农业工人，鉴于这些情况，苏联农村很难搬用中国式的分户经营承包制。苏联农业形势之糟糕说明他们还没有寻觅到促进农村商品经济发展的合适途径。况且，苏联总人口的 70% 在城市，改革也很难从农村起步，也难分步进行。

再次，两国所面临的国际环境不同。苏联作为超级大国之一，战后与美国长期争霸，军费在预算支出中的比重以及军工在产业结构中的比重都很大，产业结构调整的难度更大，而且在第三世界同西方争夺的包袱也很重，所以戈尔巴乔夫和苏联政府的很大精力花在同西方搞缓和，而不能集中精力搞国内的经济建设与经济改革。中国不争霸，又没有参与军备竞赛，党的十一届三中全会以来更是集中精力以经济建设为主。而且港澳台的海外同胞基于中华民族的认同感在开放后积极支援祖国的改革和建设，使得中国的改革开放有着相对良好的国际环境。

最后，中国党和政府在改革中始终发挥着强有力的作用。因为改革过程是利益的调整过程，没有强有力的政府领导是难以顺利实施的。中国共产党在处理历史遗留的政治问题时采取了"团结起来向前看"的正确方针，在理论上，既积极地解放思想，一切从实际出发，对传统理论观念中的不科学成分进行大胆的突破，拨乱反正；同时，又十分注意维护社会安定，保持改革的良好社会环境。对政治体制改革采取更加稳妥的方针，以便保证经济改革措施顺利实施。苏联在改革中，政府危机深重，民族矛盾激化，市场供应短缺状况一直没有缓和，人心和社会不安，这也是改革中不利的环境因素。

总之，中国最近十多年的历程表明，中国人民只能根据中国的具体环境建设具有中国特色的社会主义。中国人民只能沿着这个方向继续不断开拓前进。

（四）与中国经济体制择优有关的几个认识问题

众所周知，中央计划体制是按照全社会是一个大辛迪加的设想，由中央计划机关用行政方法主要以数量而不是以价值形态、层层下达强制性的投入—产出指标，直接控制企业的生产经营，统一配置全社会的资源。在这种体制安排下，企业必然是行政机关的附属物，经济活动的决策权力必然是高度集中的。企业的生产经营主动性和职工个人的积极性、创造性受到束缚。于是，各国改革的初期，总是从直观上把中央计划体制的弊病归结为决策权力过度集中，因而，一般的思路都是不改变原来行政机关对生产单位进行的微观干预，体制转换仅仅在行政系统内的各层次间作些权力调整，即把决策权力分散一些。用经济学家的语言，这叫作"行政性分权"的改革。

行政分权的改革不能克服传统中央计划经济体制的固有弊端，也没有改变原体制的实质，行政分权的结果，资源的主要配置者和经济活动的主要调节者仍然是政府行政机关，只不过有时把部门协调改为地区协调或行政性大公司协调，或者把直接行政协调改为间接行政协调。实践证明，这种改革思路都没有寻觅到更有效配置资源的新体制，往往使改革走进了死胡同。即便地区或集团由于分权获得了一定利益而释放出一定的能量，但继而就陷入了困境。

自1978年以后的改革是中国经济发展史上的重大转折，是中国经济体制转换的真正开端。这场改革是由农村到城市逐步展开的。农村改革成功的意义不仅大大推动农村经济的发展，也为推进城市改革创造了良好的环境：（1）食品和轻工业产品供应丰富，城市居民生活随之改善，人心大为安定；（2）农副产品供给增多，有条件使其价格首先放开，为价格全面改革探索了经验；（3）大批从事副业生产的农民进城，开创了劳务市场，带动了城市第三产业的兴起；（4）大批农民进城，与原有的工业和城市管理体制冲突，形成了从体制外对体制内改革的包围和推动；（5）进一步解放了人们的思想，尤其是市场功能有了示范的效应。在此情况下，中国及时把改革的重点从农村转到城市，并在1984年10月的中共十二届三中全会上通过了《关于经济体制改革的决定》，全面阐述了中国经济体制改革的思想理论基础，指明了改革的基本方向，对改革作出了全面的战略部署。这个决定明确指出，社会主义经济是公有制基础上的有计划的商品经济。

根据近10年的理论与实践的探索，中国逐步形成了一种新的经济体制，它的基本构架如下。

（1）全社会的经济细胞是多种所有制结构中产权明晰、自主经营、自负盈亏、面向市场、平等竞争的企业。它们是独立的经济法人，在市场竞争的优胜劣汰中决定自己的生存、发展或破产。

（2）全社会的经济活动通过包括商品和各种生产要素在内的统一市场联系和协调。市场是对内、对外开放的。在竞争中形成的均衡价格是经济活动横向联系的主要信息语言或者叫作基本参数。

（3）政府机关和事业、社会机构的基本经济职能，是运用财政、信贷、外汇等收支及利率、汇率的调整作为经济工具对宏观范围的供需实行总量管理，并主要通过市场来间接调节；促进市场体系的发育，制定市场管理的法规，保护市场活动中的公平竞争；惩治违法和破坏公平竞争的活动；等等。

（4）建立和健全多元的、覆盖全社会的社会保障体系，一方面作为竞争机制的补充，维护社会安定，另一方面也是对社会成员基本人权和福利的保证。

有些经济学家认为，中央计划体制的真正弊病在于缺乏竞争性市场机制。笔者基本同意这种看法，从中国改革的历程看，我们对这个问题的认识，经历了一个长期的反复的过程。下面，围绕着改革目标模式择优，谈六点有关的认识问题。

（1）要不要公开明确地提出体制转换的目标是市场经济？

长期以来，我们把市场经济排斥在社会主义经济范畴之外，即使改革开放以后，在不少方面对传统观念已有了较大突破的情况下，对市场经济仍然讳莫如深。人们可以接受商品经济，但避而不谈市场经济；可以谈论市场调节，而忌讳提市场经济。这种现象的思想认识根源是受教条主义束缚所致。

众所周知，马克思主义创始人曾经设想过"一旦社会占有了生产资料，商品生产就将被消除"。此后，几乎一个世纪以来，人们对此设想采取了教条主义的态度。人们可以看到在世界范围内，不论是东方的马克思主义者还是西方的马克思主义者甚至反马克思主义者，不论是社会主义制度的拥护者、支持者还是反对者，都把排斥商品、货币、市场、竞争的中央计划经济体制视为社会主义经济制度的根本特征之一。于是，"计划经济＝社会主义，市场经济＝资本主义"便成了一切社会主义者的信条，也成了一切反社会主义者的利剑。

从理论史的角度看，远在社会主义经济制度确立之前，西方研究社会主义经济的学者帕累托及其后的巴罗内、泰勒等人就在设想和论证中央计划机关是未来"产品经济"理想王国里资源的唯一配置者，而反社会主义的米塞斯、哈耶克、罗宾逊等人又以"计划经济＝社会主义"为前提来攻击社会主义经济制度。在理论大论战中作为社会主义捍卫者的兰格，长期被视为"市场社会主义"的倡导者，其实，他要引入社会主义的市场充其量也只是电子计算机中模拟的"市场"而已，并非现实的市场。而在社会主义制度确立之后，几乎所有社会主义国家意识形态领域里占主导地位的经济理论著作都把市场、竞争排斥在社会主义经济范畴之外，把市场经济与资本主义等同，只诅咒其可恶的自发性，而不研究其效率。

从体制与政策史的角度看，尽管经过了从"战时共产主义"向"新经济政策"的转变，但是列宁并没有来得及从原则上根本改变社会主义制度下商品经济消亡的理论，从而也没有明确地寻求到社会主义经济体制的新模式。"新经济政策"的指导思想只是"暂时的退却"，而不是模式的转换。因此，当苏联在 20 世纪 30 年代自认为已经建成社会主义制度之后，很自然地仍然按照"产品经济"的理想，依据"由社会统一组织生产、统一分配"的原则来建立中央计划经济体制的。在这种"理想"和原则支配下的体制安排必然是单一的公有制、决策权力高度集中、由行政方法配置资源、用数量指令协调经济活动、由中央计划机关层层下达强制性的投入——产出指标来统一配置全社会的人力、物资与资金等社会资源。

当这种体制被确认为社会主义经济制度的根本特征之后，理论上的教条主义束缚又进而表现为政治上"左"的桎梏。这就使得不少社会主义国家在社会主义经济体制改革的进程中，不敢触动中央计划经济体制的基本框架，不敢设想让市场作为资源的主要配置者和经济活动的主要调节者，最多只是把它当作在一定范围内不得不暂时容忍的"异己物"来对待。

中国 10 多年的改革实践已经证明，初步发育的市场机制已经使中国经济大为改观，然而"计划经济 = 社会主义，市场经济 = 资本主义"的信条仍然禁锢着人们的头脑，在政策实践中也不时地表现为一种"左"的棍棒，继续阻碍着社会生产力的发展。邓小平近来的一系列讲话，明确指出计划经济与市场经济不是区别姓"社"与姓"资"的标准，破除了近一个世纪的重大理论桎梏，是当代世界社会主义实践经验的科学概括与总结，是马克思主义经济学的重大发展。我们学习邓小平的讲话，就要认真转变观念，真正了解市场经济体制的本质与作用，使改革的目标更加明确，而不应当再继续回避市场经济的提法。

（2）否认社会主义与市场经济兼容可行性的国际教训。

这里，我想澄清的是，苏联解体并非由于提出了什么"向市场经济"过渡的改革目标。实际情况是，苏联官方长期批判"市场社会主义"。就是在戈尔巴乔夫任职的前几年，也并不明确改革的目标模式是什么，直到联盟解体的前一年，经过激烈的争论，才提出"向市场经济过渡"的目标，各派政治力量争相抛出 400 天或 500 天试图突变式地"一跃而入"市场经济的方案。当时，一些苏联人士就认为，那些众多的方案是"空想"，是"宣传"，是"欺骗"，是"争夺权力的手段"，他们叫喊的"向市场经济"过渡只有设计，没有施工，根本未进入实际操作阶段。联盟解体前的经济生活现实绝不是"市场化"了，而是市场极度不发育，原来的"看得见的手"已运转不灵或停止运转，"看不见的手"又限于"纸上谈兵"。资源配置出现真空和混乱。因此，我们绝不能从现象逻辑上看到苏联曾提出"向市场经济过渡"而后解体，就回避提市场经济。

这里还值得研究的是，南斯拉夫的社会主义自治制度为什么也宣告了破产？除了政治的、民族的原因以外，从经济体制的表象来看，"自治"体制从理论到实践都与中央计划体制分道扬镳、南辕北辙，但是，南斯拉夫联邦却与苏联联盟"殊途同归"于解体，与此同时，西欧的一体化却在加速进展。对此，我们不能不进一步深入思考。

南斯拉夫是原社会主义国家中最早提出社会主义经济仍然是商品经济的国家，强调企业应成为独立的商品生产者并按经济规律行事。在 20 世纪 50 年代中的"市场学派"与"计划学派"的争论中，"市场学派"曾占了上风。但是，在实践中，"自治"体制的着眼点仍然是把过度集中的权力分散给共和国、地方、生产单位甚至劳动者个人，而不是着眼于形成竞争性的全国统一对内对外开放的大市场，从而也没有达到优化资源配置方式和提高经济效率的目的。具体地说：第一，作为"自治"体制基础的"社会所有制"的产权责任，比中央计划体制基础的"国家所有制"更不明晰。依据原南共领导人、理论权威爱德华·卡德尔关于社会所有制的经典解释，它"既是人人的，又不是任何人的"，于是，公有财产更加典型地成了"没有主人"的财产，"人人"都可以像"对待自己的财产"那样去使用它，但却像"对待别人的财产"那样地不承担责任。其表现出的直接后果是相当数量的企业长期没有任何积累，甚至是负积累。尽管在收入分配时搬用了马克思在《哥达纲领批判》中的一些经典辞藻，实际上企业收入是被职工吃光分光，扩大再生产所需资金长期依赖贷款。

第二，作为"独立商品生产者"的企业内部是由工人自治管理的，生产经营由轮流当选的工人委员会集体决策，而且滥用协商原则，往往抓不住有利时机。企业之间的管理水平极不平衡，企业内部历届决策集体的操作质量又极不稳定，这也使竞争机制和统一市场难以形成。

第三，南斯拉夫虽然是最早运用市场机制的社会主义国家，但也许是为了避免因实行"市场经济"而遭到被批判为搞资本主义的内外压力，事事拘泥于马克思主义书本中的经典辞藻，以另一种"左"的形式创造了很多更加具有空想色彩而脱离实际的理论和提法，比如，说企业之间以及企业与事业单位、社会团体之间的关系是"自由人的联合体"、是"活劳动与物化劳动的联合"等，企业之间的经济联系要通过所谓的"自治协议"和"社会契约"来进行。且不说协商过程中如何扯皮，据资料介绍有70%的合同不兑现，更重要的是这种一户一例地协商价格并不是在竞争中形成的均衡价格，价格机制的功能不能充分发挥。市场体系也不完整，只存在消费品市场，而没有生产要素市场配套，理论上拘泥于劳动力不再是商品，不能有劳动力市场，同时也没有资本、生产资料和技术市场，从而市场机制无法充分发挥作用，而不规范的"黑色""灰色"市场充斥社会经济生活。没有规则的公平竞争机制就不能促进企业降低生产成本、提高产品质量、刺激产品更新换代和技术进步。南斯拉夫还是最早提出对外开放的社会主义国家，但他们把引进外资局限于借外债的形式，恐惧引进外国资本直接投资是引进资本家，直到20世纪80年代初，引进的外国直接投资不及3亿美元，这就不利于借鉴外国的先进技术与管理经验。终于，南斯拉夫因长期经济低效而陷入外债困境和持续10年的滞胀、危机。

第四，南斯拉夫曾宣布"国家经济职能消亡"，完全否定了统一的联邦政府对经济的干预作用，这在理论上是从另一个极端以另一种形式表现的教条主义。在实践过程中，否定中央集权国家主义的同时，使共和国和自治省的国家主义得到强化，形成"经济共和国主义"。各共和国和自治省闭关自守，使全国统一的现代化经济部门如交通运输、邮电通讯、燃料动力等遭到分割，有碍南斯拉夫统一市场的形成。联邦政府也没有能力对宏观经济进行调节。

综上所述，南斯拉夫的自治体制虽然一度因分权而释放出一定的能量，表现过一定程度的生机活力，但由于它没有形成有效配置资源的机制，在进入 20 世纪 80 年代以来陷入长期滞胀的困境和危机而不能自拔。1989 年南斯拉夫政府曾总结 10 年危机的教训提出了向统一市场经济方向改革，也取得了遏制超级通货膨胀的初步效果（从 4 位数降到 2 位数），但因民族矛盾已经激化和表面化，导致分裂和内战，改革计划也随之中断，现在已经成为欧洲的一个"烂摊子"。

我们还可顺便提到，匈牙利虽然在 1968 年的改革中已经取消了对企业下达的指令性计划和物资调配计划，部分地放开了价格，曾经以过渡到"计划与市场相结合"的新经济体制著称，但随后又陷入了困境而未能自拔，除内外各种环境因素外，从经济体制改革本身分析，据匈牙利经济学家的总结，是因为它进入了"间接行政控制"的怪圈，即企业虽被允许进入市场，但市场的一切信号和参数都是由中央计划决定的，难以形成竞争机制，所以，并没有发育健全的市场体系。

综上所述，悲剧性的国际教训说明，在几十年间，苏东国家此起彼伏的经济改革并未明确地以建立竞争性统一市场为目标，而在"行政性分权怪圈"中走进了死胡同。其理论认识根源就是否认社会主义与市场经济的兼容性，总是把"消灭市场作为社会主义经济的理想目标，而一定程度地利用市场只是暂时不得不作出的'痛苦选择'"。这还是从"左"的方面把社会主义与市场经济割裂开来，"要社会主义，不要市场经济"。而到 20 世纪 80 年代末，由于无市场竞争机制的社会主义经济长期缺乏生机活力，有些国家为了要突发式地"一跃而入"市场经济，又纷纷抛弃社会主义基本社会制度，这是从"右"的方面把社会主义同市场经济割裂开来，即"要市场经济，不要社会主义"，其理论根源仍是否认社会主义与市场机制的兼容性。况且，这些国家当前的现实还说明，"市场经济"也并不能突发式地"一跃而入"的。可见，在理论上否认社会主义与市场经济兼容，所付出的代价多么沉重。现在该是我们彻底摆脱这种理论桎梏的时候了。

（3）市场经济体制的客观必然性不以社会基本制度的变更为转移。

我们不应当回避"市场经济"的提法，还因为"市场经济体制"具有客观必然性，它是在人类经济活动的过程中自然产生和发展的。一般说来，市场越发育健全、越成熟，该社会的经济就越发达。在这里，简要概括一下笔者对市场经济体制本质与作用的认识。

市场，是使商品（包括生产要素）和劳务（包括技术和信息）买卖关系得以发生的媒介。通过市场力量达到配置资源目标的做法和制度安排就是市场体制。运用市场体制作为配置资源主要方式的经济就是市场经济。

市场体制的物质载体是商品与劳务销售系统。市场体制的重要特征是发挥价格体系的三大功能。正是由价格体系这只"看不见的手"在市场上发挥着传播信息、提供刺激和决定收入分配这三大功能，从而在市场上协调着千百万人的自愿交易活动。市场特征的有效性是保证公平竞争规则、消费者主权以及与之相应的法律体系。市场体制的平衡调控杠杆是货币金融体系和财政税收体系。市场体制的本质是优胜劣汰的竞争机制。市场体制的作用是通过竞争达到生产要素优化组合、资源优化配置的目标。

市场体制是在社会经济发展过程中自然产生和逐渐发展起来的。它是经济从不发达通向发达的必由之路，是经济关系客观发展的规律性过程的结果，因此具有不以任何个人、集团、阶级、政党的意志为转移的必然性，当然也就具有不以社会基本制度变更为转移的客观性。

市场特征促进经济由不发达到发达，它自身也随着经济发达的过程而日益发达完善。现代市场体制是人类文明发展的成果。

（4）如何正确看待市场体制的效率与缺陷？

市场体制的效率，无论在近几百年人类文明史上，或是在当代社会经济的实践中，都已经得到了证明。

这里，用不着列举世界经济发展史的详细统计资料，只需重温一下马克思、恩格斯的《共产党宣言》，读着他们在书中所作的那些准确生动的描述，我们就可以体会到市场体制的历史作用了：正是由于市场体制的效率，使"资产阶级在历史上起过非常革命的作用"，使它在"不到100年的阶级统治中所创造的生产力，比过去一切世代创造的全部生产力还要多、还要大"。"它第一次证明了，人的活动能够取得什么样的成就。它创造了完全不同于埃及金字塔、罗马水道和哥特式教堂的奇迹；它完成了完全不同于民族大迁移和十字军东征的远征。""不断扩大产品销路的需要，驱使资产阶级奔走于全球各地，它必须到处落户，到处创业，到处建立联系。""由于开拓了世界市场，使一切国家的生产和消费都成为世界性的了。""市场总是在扩大，需求总是在增加。""世界市场使商业、航海业和陆路交通得到了巨大的发展。这种发展又反过来促进了工业的扩展。""自然力的征服，轮船的行驶，铁路的通行，电报的使用，整个大陆的开垦，河川的通航，仿佛用法术从地下呼唤出来的人口，——过去哪一个世纪能够料想到有这样的生产力潜伏在社会劳动里呢？"……试问，在资本主义经济发展史上，生产力发展得如此"大跃进"究竟靠的是什么"法术"呢？显然，那就是竞争性的市场体制。

在当代，同样是由于市场体制的竞争作用推动了第三次科技革命，出现了一系列划时代的先进生产工具，如电子计算机、机器人、人造卫星等；劳动对象也随新科技革命成果而扩大范围、提高质量、加快生产速度；劳动者的文化技术素质和应变能力也随日新月异的科技进步而极大地提高。生产力基本要素如此大大地优化，推动着新兴产业迅猛地群体地出现，研究开发还日益国际化，出现了资本主义经济发展史上生产力的又一次新的飞跃，其结果是把发达世界的物质文明和精神文明又推进到一个新的阶段。这仍然是市场体制效率的充分生动的体现。

效率的背面是缺陷。优胜劣汰有利于强者而不利于弱者，从而导致个人、集团、阶层、地区之间收入不均和发展不平衡，这是市场体制的缺陷。效率与缺陷是同一事物的两个方面，正因为市场体制是客观的，它不可能尽随人意只保留其正面效应而不呈现其负面效应。因此，人们不可能仅取其"利"而任意舍弃其"弊"，"利"和"弊"是相伴随的。但是，人类社会要进步、要发展、要繁荣发达，就不能没有效率，就不能绕过或舍弃市场体制，也就不能避开市场体制的缺陷。

鉴于市场体制的缺陷不能由市场体制本身来克服，同时，还由于现实经济中的市场不可能是"完全竞争的市场"。所以，政府的宏观政策体系以及保护竞争中的弱者的社会保障体系，就是市场体制的内在有机组成部分和必要的补充。

（5）市场经济体制中的政府作用。

在市场经济体制中，政府的作用不仅必不可少，而且体现社会的性质、方向和社会的发展阶段。自从形成"拥有统一的政府、统一的法律、统一的民族阶级利益和统一的关税"的现代国家以来，在经济学说史上就讨论关于政府干预和市场自发力量在经济发展中的作用，迄今已经500多年。

在西欧老牌资本主义国家流行了大约三个世纪的"重商主义"，是古典的国家干预理论和政策主张。它反映原始积累时期商业资产阶级要求借助现代国家的力量去摆脱教会、地主、城镇封建行会对扩大市场活动的限制、割据和障碍，主张建立一种新型的秩序以满足他们扩大市场范围的需求。古典的国家干预论对增加原始积累和促进市场经济的发育有过重大的作用。

随着工场手工业向机器大工业过渡，重商主义逐步被自由放任主义取而代之。亚当·斯密在他的力作《国富论》中着重批判重商主义的国家干预主张，论证让资产阶级自由地追逐个人利益的自由放任思想。斯密所谓"看不见的手"的信条统治了主要发达国家经济学领域一个多世纪，直到20世纪30年代。这种古典的市场自发作用理论适应了工业资本扩张市场的客观要求，对于为自由市场提供充分的活动范围起了积极的推进作用。但是，即使是在斯密的信条中，仍然要求政府起三方面的作用：维护社会基本制度；设立严正的司法机关以保护个人自由；建立并维护公共事业与基础设施。

自 20 世纪 30 年代之后，成为许多西方国家正统经济学的凯恩斯主义是在市场体制的效率与缺陷都显露得相当充分而发生了世界性大危机的背景下，作为反危机的理论体系和政策主张应运而生。

凯恩斯在其代表作《就业、利息和货币通论》中，一方面肯定了市场体制的效率，另一方面着重提出了通过政府干预经济以纠正市场缺陷的政策主张。西方经济学的领域由此实现了由微观到宏观的突破。经济学领域的"凯恩斯革命"推动了西方主要发达国家在几十年间生产和收入创历史纪录地增加，达到了"空前的繁荣"。与重商主义的古典国家干预论不同，凯恩斯主义的新古典国家干预论主要不是把国家作为促进经济发展的工具，而是在对市场缺陷进行理性分析之后，把国家的作用视为保证市场体制效率的必要补充。

到 20 世纪 70 年代，西方 7 个主要发达国家的"黄金时代"过去了，出现了经济危机与通货膨胀并发的"滞胀症"。凯恩斯主义由于对此无能为力而受到严重挑战。西方经济学界又有一股向自由放任主义"复归"的思潮，主张新自由主义的学派林立，如现代货币学派、供给学派、产权学派、新制度学派、公共选择学派等。在撒切尔夫人和里根执政时期，新自由主义分别成为英美两国的政府经济学。新自由主义重新肯定"看不见的手"的作用，强调纠正市场缺陷的唯一办法是完善市场体制本身，而不能依赖市场以外的政府干预，并认为政府干预本身存在很多弱点，如成本高、浪费多；官僚主义严重；由于国家滥用权力而社会弊病丛生等。他们要求全面重建市场体系，把市场竞争原则看作是一个法则。但是，即使是在新自由主义思潮活跃以来，西方各发达国家的政府在维护社会基本制度、创建基础设施、提供行情预测、协调产业部门间和地区间甚至国家间不平衡的政策等方面，仍然继续发挥着强大的作用。

从市场发育初期的古典国家干预论到现代市场体制中的一国政府甚至多国政府集团对经济的适度干预，不仅都是人类文明成果的体现，而且反映各个时期社会的性质和发展阶段。世界各国政府在

500 多年间对市场经济的促进或修补作用的经验极其丰富，我们抽掉其阶级烙印，都是可以结合我国现阶段的国情认真加以研究、吸收和借鉴的。

（6）关于中国新经济体制的称谓问题。

第一，如上所述，市场经济具有不以人的意志、不以社会基本制度变更为转移的客观性。现在，邓小平明确破除了"计划经济＝社会主义，市场经济＝资本主义"的理论教条，市场经济的效率也已从国内国外、正反两方面的经验得到了证实。因此，我们不应当再回避"市场经济"这一提法。

1984 年中共十二届三中全会关于"有计划商品经济"的提法，在当时历史条件下是认识上的重大突破。这些年也起了推动实践前进的积极作用。但是，商品经济与市场经济在性质上没有根本区别。而在内涵、外延和程度上，市场经济更宽广、更现代、更发达。商品经济只解决为交换而生产，它仅区别于自然经济和产品经济，而市场经济则如前所述包含一整套体系，它不仅限于商品交换，还包括劳务、技术、信息等市场，而且市场要求空间不断扩大，由国内市场到世界市场，一般说来，市场空间越广阔，交易成本越低，效益越高，资源配置越趋合理和优化。因此，我们的认识还需要前进。现在看来，有计划的商品经济这一提法没有明确物质第一性、意识第二性的关系，实际上，商品经济具有自发性，是不可能"有计划的"。"计划"是主观意识，是商品经济的外部因素，它只能在认识商品经济规律的基础上作为调节的手段以弥补与校正市场的不足，而不可能使商品经济按计划行事。

总之，市场经济是一整套体系和制度安排。它要解决的是竞争机制问题。它意味着反对垄断、封锁、割据；它包含着公平竞争法规、消费者主权；包含着利用利率、汇率、税率等平衡与调控的杠杆体系；它意味着开放门户和遵守国际市场惯例；而所有这些，在"商品经济"的概念中是难以包含的。为了使改革的目标更加明确，改革的步伐加快，需要正式提出建立"市场经济体制"的目标。

第二，在"市场经济"前要不要加和加什么限制词更好？讨论中，有人主张不必加任何限制词。但多数人认为，不加任何限制词，在当时恐怕难以为某些领导人和广大群众所接受，觉得还是加一个"社会主义的"限制词为好，免得引起政治上的震动。可是，好不容易把计划与市场从"社会主义"与"资本主义"的政治框架中解脱出来，还原为不同的"资源配置方式"，现在又加上一顶"社会主义"的帽子，怎么解释呢？著名经济学家于光远的解释是：这是在"社会主义国家"实行的市场经济。高层领导从全局和实际出发，最后采用了这一称谓。

在讨论过程中，我个人曾经认为，目标要明确为向市场经济体制过渡；但在从中央计划经济向市场经济过渡的进程中，特别是在过渡初期，可否加上个"政府主导型"或"政府协调型"的提法可能比较切合实际。因为：第一，"政府主导型"的提法，可以明确我们建立的市场经济不是盲目的、无政府状态的。第二，我们的政府是社会主义国家的行政机关，当然也就体现了我们的社会性质。第三，"政府主导"的手段不是原来意义上的"计划"，也不仅仅是财税金融等宏观调节工具，它包括维护社会基本制度；制定各种法规维护市场秩序；建立交通运输、仓储设备、燃料动力基地与通信网络等基础设施；制定地区和产业政策；制定中长期规划和总体发展规划；运用调节杠杆保持宏观均衡协调发展；提供行情预测与各种信息；等等。所以，"政府主导"比"有计划""宏观调控"等概念更广泛、更全面、更准确。而"计划与市场结合"的提法，有时可能会导致把主客观等量齐观的二元论的误解，或引起"各取所需"的争论（有人强调计划，有人强调市场）。"政府主导型"的市场经济，可能更符合中国当前市场经济发育尚处于初级阶段的实际，又符合中国的市场经济体制是由中央计划经济体制转轨而来的特点。

还应当明确的是，任何经济体制并不直接产生经济效果，它要以体制参与者的行为作中介。而体制参与者不外乎是个人（生产者与消费者）、集团（企业、事业团体）、政府。政府作为体制参与者的行为主要是制定和执行政策与法规。在现代市场经济体制内，政府和社会团体（如各种行业协会、消费者协会等）的行为已成为该体制内在有机组成部分。

总之，要按照让市场作为社会资源主要配置者和经济活动主要调节者的目标，去建立新经济体制基本框架；同时又要明确，政府不是可有可无、无所作为的，而是要起推动作用的。在现阶段，尤其要在开拓市场、培育市场、维护市场秩序与规则、推进市场发展等方面发挥作用。日本和亚洲"四小龙"（除中国香港外）基本采取这种模式。

但是，"政府主导型"的提法在实践中有可能使人误解为"唯政府意志"行事的误解，容易引起政府越位去包办或代替市场，以至于使市场难于在资源配置中发挥基础作用或决定作用。所以，我并不坚持己见，可以探讨其他的更好的提法。

中共十四大决议明确指出了"社会主义市场经济"的提法，它包括了以下的重要内容：以公有制为主体的多种所有制结构；收入分配形式多元化但以按劳分配为主，允许一部分人先富起来，但政策上要促进共同富裕，保护大多数人的利益；重大经济决策在中国共产党的领导和指导下进行；等等。这是我国经济发展史上一个极其重要的转折。我们要在党中央的正确领导下，团结一致，为实现这个历史性转折，沿着中国特色的社会主义的道路，努力奋进。

（原载《中国经济改革文库》第一卷《著名学者论改革》，人民出版社 1992 年版）

谈谈检验改革成果的标准

中国、苏联和东欧一些国家都在进行改革。当改革向更深层次推进的时候，不同性质和不同层次的困难又都纷至沓来。在困难面前，不少人感到困惑：改革究竟要达到什么目的？改革的前景如何？怎样科学地评价改革的成败与得失？本文试从经济体制择优的理论与方法论的角度，就检验改革成果的标准问题，谈一些个人认识。

一 "优"体制并非理想化的体制，
而是"适度"体制

毋庸置疑，改革的目标要服从发展的目标，为了发展才需要进行改革。改革就是把"体制优选"作为一个重要的手段来达到发展生产力的目的。而"优选"的前提是"优"体制的确定，也就是说，要明确评价体制优劣的标准。我们认为，所谓"优"体制并非理想化的体制，而只是适度的体制。正如同我们过去不应该把传统的中央计划体制理想化一样，现在也不能把新体制预期为一种新的理想化的体制。否则，在现实面前就难免产生失望的情绪。

那么，什么是"适度"的经济体制呢？我认为，"适度"体制就是在具体的环境中能够取得与经济发展目标相重合的经济结果的体制。经济结果是经济目标的实绩，而经济结果的导因是多重的。在西方经济学中有这样的公式，即经济结果是经济体制、经济政策、环境因素的函数。如果经济结果没有达到预期的经济发展目标，在其他因素不变的情况下，就要从经济体制中寻求原因，这就说明经济体制不是"适度"的,就要考虑如何使经济体制注入新的活力。改革就是要选择相对于具体时间、地点条件下的"适度"经济体制。

在现代社会中,一般说来,社会经济发展目标是一个相互联系和制约的体系,它包括经济增长、结构均衡、效率、收入分配公正、社会稳定(其标志是通货膨胀率与失业率),等等。这里既包括了生产力的发展,也包括了社会的安定。社会经济发展目标是通过民主程序形成的,它要反映各阶层的利益。改革与发展的联系在于,通过改革为发展解决动力,也即调整各阶层的利益关系,并使相互矛盾的利益在各自可以接受的限度内达成妥协与一致。

只有在社会经济发展目标是合理的这个假定能够成立的前提下,才能用目标实现的程度,即经济结果与经济目标接近或重合的程度,作为衡量经济体制优劣的客观的、科学的标准。这个标准就是生产力标准的具体化。

对"优"体制的确定,再往前推,其逻辑起点是关于"经济体制"的界定。与经济体制最密切相关的有三项基本要素:财产权关系、经济决策结构和资源配置方式(通过计划抑或市场)。所谓"体制优选",就是要寻求在具体环境的制约下使这三要素达到优化组合的状态。由于社会经济发展目标按时间可分为短期、中期与长期,所以经济体制"适度"的标志不仅要从静态去衡量,还要从动态去衡量。

明确了改革的必要性,还要探索"体制优选"的可能性。我们知道,在现实世界中存在着形形色色的经济体制模式,概括起来是两大类:"完全竞争的市场"模式、"纯粹的中央计划"模式。前者以全部生产资料私有制为基础而决策权是分散的,后者以全部生产资料公有制为基础而决策权是高度集中的。我们是否只能在这两种极端的模式中择其一呢?不!实践告诉我们,纯而又纯的体制都只是存在于理论王国之中,我们从现实世界中发现的多种可供选择的经济体制,基本上是由这两大类派生出来的复合体或混合物。显而易见的事实是,即便在资本主义进入垄断阶段以前,生产资源的自由流动也会遇到"自然壁垒"(对稀缺资源的独占)、"社会壁垒"

（专利、版权等）和"经济壁垒"（缺乏长期巨额投资的能力）的阻碍。资本主义进入垄断阶段以后，所谓纯粹的自由市场早已成为神话。第二次世界大战以后，加强国家干预更成为一种潮流。在 20 世纪 30 年代大危机背景下形成的种种反危机措施，逐步定型化为系统的宏观调节机制，完备的西方市场体系也已经不是什么纯粹的市场机制，而是包含了宏观调节的现代市场机制，西方称之为"混合经济"。从社会主义国家的情况看，即便是在传统的体制下，生产资料公有制和高度集中的计划也并没有覆盖整个经济。在改革过程中，一般都认识到以公有制为基础的多种所有制并存的必要性，而且在积极探索公有制的新形式，如股份制、联合企业、企业集团等。但公有制形式的变化并不改变公有制的实质，我们发展有计划的商品经济，就是要改善和建立新的宏观调节体系，促进市场发育。总之，我们不是在纯而又纯的两极中二择一。

这里，还要指出的是，"体制优选"是一个过程，可能要持续若干年甚至一代人的时间。一蹴而就或毕其功于一役，都是操之过急的空想。因为体制转换不是一个简单的替代步骤，而是一个长期的引入、移植过程。

二 改革成功的标志是争取改革的 "净收益"尽可能大

改革方案或某些改革的措施究竟选对了没有？这需要对"改革收益"与"改革成本"进行比较，才能得出结论。

"改革收益"就是从动态的角度考察经济体制变动后所对应的经济结果是否比原体制状态好。换言之，是否更接近所追求的发展目标，是否因经济体制变动带来了"改革收益"。

具体说，"改革收益"有三种情况。

其一是各项经济指标皆因经济体制变动而好转。如增长速度快、经济效益高、通货膨胀率下降等同时发生，这时无论权数变与不变，总的结果指标仍会上升并接近经济目标的要求。

其二是有些指标不变而至少一项指标好转。这时，总结果指标仍会上升而不管权数如何变动。

其三是即使有些指标下降或恶化，但因其他指标上升，或好转的幅度（可能同时伴随权数的增大）大于恶化的幅度，两相抵消而增长有余。在这种情况下，总经济结果指标仍会增长。

总之，"改革收益"是因体制由一种状态向另一种状态过渡所带来经济效果的净增。"改革收益"也可能是负的，即体制变动后新体制状态所对应的经济结果的值小于原体制状态的值，从而离发展目标更远。这种状况是每一个体制设计者或选择者应极力避免的。体制变动前后的两种不同状态所对应的经济结果之值相等，是经济体制变动的下限。如果超越了这个下限，情况严重时可能要引起社会动乱，那就事与愿违了。同时还应该看到，"改革收益"即使大于零，也并不能充分说明体制变动是完全成功的，因为此时体制所处的状态很可能还不是经济目标最终实现时所要求的适度经济体制状态。只有当"改革收益"完全填补了经济目标和原经济体制结果之间的差额时的体制状态，才可能被看成是"适度"的经济体制。

"改革成本"是因体制变动本身所引起的、可以在经济结果上表现出来的耗费。通俗地说，就是指改革须付的代价或产生的"副作用"。它作为"改革收益"的对立面，主要由四项内容组成。

（1）直接成本。即从静态角度看，每一种体制状态都需要有体制维持成本；从动态角度看，它表现为体制变动所引起的直接耗费，主要包括因配合体制变动所建立的新机构以及为了监督、检查、组织、协调等目的所追加的费用。

（2）间接成本。比如，因价格调整而支付的物价补贴，因压缩投资规模而砍下的在建工程的损失，为社会安定而提供的就业与社会保障，等等。

（3）机会成本。因为体制参与者对体制模式的选择具有排他性，一旦选定了某种体制模式作为改革的目标，就不得不拒绝或牺牲其他的体制模式。被放弃的体制模式可能带来的经济结果，就是体制的机会成本，因为它起因于所放弃的机会而并未引起实在的成本变动。

这种机会成本的意义，主要在于为体制的选择提供了一种思考或工具。它对正确地选择体制变动的方向和幅度是大有裨益的。一般地说，机会成本的大小在某种程度上可以用体制变动的幅度所造成的风险大小加以表示，两者成正比关系。

（4）约束成本。它因超越环境约束而导致环境对体制模式或某种变革的"惩罚"。同时，体制变动在某种意义上也是社会各阶层利益的调整。利益受到损害的体制参与者的行为和态度也将引起经济结果上的不良变化。

当然，无论是"改革收益"，还是"改革成本"，都不仅有经济的方面，还有社会的方面；而且检验的指标是多层次的。如经济指标可以分为宏观的、市场的、企业的、个人的；社会指标又有文化、教育、人口素质、社会道德水平、观念更新，等等。有些指标是可以数量化的，有些是难以数量化的。我们在操作时，只能以数量化的指标作为基本依据，参考其他不能数量化的指标。通过对改革成本和改革收益的比较分析，就可以使我们在作出改革方案或改革措施的选择时更加审慎，不致因决策不当或决策多变而付出的代价太大。我们争取的目标是改革的净收益尽可能大。

三　认真分析制约体制发挥功能的环境因素

在现实社会里，经济体制仅仅是整个社会大系统中的一个子系统，它必然要与庞大而复杂的社会网络结构的其他方面发生联系。在体制优选的过程中，还需要对制约和影响经济体制发挥功能的环境因素进行分析。

环境因素一般可以区分为自然环境和社会环境两大类。我们在选择新体制时，既要认真分析我们所要借鉴参考的另一种体制发挥功能的环境因素，又要仔细研究自身所处的原体制的环境因素。经过对比研究，才能确定新体制是否适合引入或需要创造什么样的环境条件。

比如，美国虽被视为是现代市场经济的先驱、依靠市场机制来分配稀缺资源的国家，但在20世纪30年代大危机而实施的罗斯福新政又是在市场体制基础上形成的宏观调节的机制的始端。自19世纪末完成了向垄断阶段的过渡以后，特别是20世纪30年代为加强国家干预而形成了宏观调节机制以后，国家通过立法形式对经济活动进行干预，比如国防工程、公共设施、教育等领域的资源配置是不完全受市场机制调节而由相当程度上宏观调节的。即便如此，他们往往要求把国家干预降到最小限度。

再如，苏联是高度集中的中央计划经济体制的奠基者，除了因为它是第一个社会主义国家，对于新体制没有任何可依据的经验之外，也同当时的社会历史环境有关。革命后新生政权处于资本主义包围和武装干涉的环境中，工业化资金与技术缺乏国际援助，在这种背景之下，一个高度集中分配资源的体制实际上就作为"战时"或是"备战"的最佳体制而被选择了。然而，第二次世界大战以后，这种体制所处的环境因素在逐渐变化，西方的新科技革命对苏联是严重的挑战，原来"粗放型"的发展战略已难以为继，并且严重地阻碍了社会经济的发展，而当时的决策者没有适时地依据环境因素的变化而适时地改革原有的体制，以致使原体制僵化为生产力发展的桎梏。

然而，无论是苏联、东欧还是中国，在改革进程中的环境因素都是既有有利的方面，又有不利的方面。各国改革中遇到的困难，在很大程度上是由于受到不利的环境因素的制约。如长期僵化的传统观念仍然束缚着相当一部分干部和群众的思想；旧的障碍机制仍在许多领域中起作用，在旧体制下积累的问题和新旧体制转换过程中产生的新问题交织在一起，如产业结构不合理、消费品供应紧张、投资需求过热、消费基金增长过快、资金短缺、财政有赤字、通货膨胀，以及由于过去市场不发育，缺乏明确的市场法规和市场管理经验，致使流通领域的秩序混乱等，都制约着新体制的完善和功能的发挥。

实践证明，任何改革方案都只能是在适宜的环境中才能取得预

期的效果，要充分注意环境因素的制约作用。因为经济体制是社会
大系统的一个子系统，经济体制本身又是配套的系统工程，改革措
施不仅不能单项推进，孤军深入，还要减少随意性，避免使不恰当
的政策成为制约或影响新体制发挥功能的不利环境因素。

（原载《人民日报》1989 年 4 月 17 日）

"The Development of Socialist Economic Model in the Real World", *Comparative Economic Studies*, 1987, Spring USA [*]

Jiang Chunze[1]

Ford Foundation Visiting Professor of Comparative Economics at the University of California, Berkeley, on leave from the Institute of World Economy and Politics, Chinese Academy of Social Sciences. This paper is based on my recent research on comparative economic models. At a national meeting on theory in 1979, I first presented to Chinese scholars the view that it is impossible for one model to suit all of the socialist countries in the world well all of the time. Since then, I have published papers on this topic in Chinese. Then, in 1985, I wrote a 65 – page paper during my stay at the University of Illinois at Urbana-Champaign in order to exchange points of view with Western scholars. I greatly appreciate the comments on that draft from American scholars such as Professor Elizabeth Clayton, Professor James R. Millar, Professor Donald R. Hodgman, Professor Bruce L. Reynolds, Dr. Blair A. Ruble (Social Science Research Council), doctoral candidate George Putnam, and others. On Professor Clayton's recommendation, I submitted the paper to *Comparative Economic Studies*, where

* 英文稿:《社会主义经济模式在实践中的发展》（发表在美国《比较经济研究》杂志 1987 年春季版）。

the paper was commented on by a referee. All of these comments have been helpful to me in making this revision, and I express my gratitude for them. Now, at the University of California, Berkeley, I am soliciting suggestions on the revised version from Professor Gregory Grossman, Professor Benjamin Ward, Professor Laura Tyson, and other colleagues. I also solicit comments from my American readers. However, let them bear in mind that this paper represents the views of only one Chinese scholar.

Introduction

In the West, scholars tend to combine modeling and case studies in their research. In the modeling approach, economic systems are analyzed theoretically through the development of models which are hypothetical or pure economic systems rather than the more complicated systems that exist in practice. The case study approach is used to study and compare the actual economic systems of different countries. Since the case study approach falls within the confines of describing a certain economic system, it cannot abstract the differences between economic systems from complex phenomena. Therefore, in practice, comparative economists tend to combine these two approaches. The modeling approach provides a framework for the case study approach; on the other hand, case study within the framework of the model can in turn lead to revisions and improvement of the model.

Western scholars use the above two approaches to classify and compare the economic systems of many countries. For instance, under the same capitalistic system, differences in economic decision making, coordination, and motivation structures can be attributed to differences in degree, scope, and means of government economic intervention. The economic systems under the socialist system are also of many types, and they are undergoing economic reforms. Therefore, our research emphasis should be placed on how a certain economic system operates, and why, when a certain country is reforming its economic system.

The Development of Socialist Economic Models in the Real World

I personally believe that any model of the socialist economy must have a distinct guiding principle and a complete set of system structures; but, as one intends to develop socialism it does not include those temporary measures adopted because of situational needs. I define an economic system structure as the sum of a set of mechanisms and institutions through which a country can allocate decision-making authority and regulate economic interests in production, circulation, distribution, and consumption in order to achieve social and economic goals at a certain developing stage of the productive forces. In what follows, I will elaborate on this definition.

The Swedish economist Assar Lindbeck proposed that an economic system is a set of mechanisms and institutions for decision making and the implementation of decisions concerning production, income, and consumption within a given geographic area. In my opinion, Lindbeck's definition correctly emphasizes that an economic system is a set of mechanisms and institutions, and its functions are to facilitate decision making for economic activities. But the vagueness of his definition can be attributed to the phrase "within a given geographic area", which should be stated as "at a certain level of productive forces" or "under a given ownership of means of production". This vagueness gives the impression that an economic system lacks objectivity, as it is decided by the subjective preferences of the people within a given geographic area. I think that although the choice of a model of an economic system within a certain country or area is part of the decision maker's behavior, it does not imply that subjectivity can lead to making a decision without being subject to certain objective rules. Consequently, any economic system must be based on the level of productive forces and restricted by the basic political and economic environment of a given country or society.

Second, "to achieve social and economic strategic goals" has two implications. First, to choose, establish, and execute a certain economic system per se is not the end. Its purpose is to achieve social and economic goals. In the same social fundamental environment, different systems can be chosen at different stages in order to achieve different strategic goals. For instance, during the period of War Communism, the goal of the system was to win a military victory, and thus it was not suitable during the peaceful reconstruction period. Second, any economic system always adopts a certain guiding ideology that is usually reflected in the strategic goal. Of course, a false guiding ideology can also contribute to system failure. For instance, the economic systems used by many socialist countries at their founding stages were not only related to the situational needs at that time, but were also restricted by the prevailing dominant theories (e. g. , a dogmatic attitude toward public ownership, inadequate importance given to commodity production, and rejection of a market mechanism).

Third, "at a certain developing stage of the productive forces" means that an economic system must be built on a certain developing stage of the productive forces so as to adapt to and promote these productive forces. Since there is no ideal model suitable for all economic systems, periodic reforms and improvements of the prevailing economic system are necessary on the basis of the development of the productive forces. Thus, there is no optimal solution for economic reform that holds good for all time.

Fourth, an economic system falls within the confines of production, circulation, distribution, and consumption. It is the sum of mechanisms and institutions that represent economic policies, rules, regulations, and organizations. They are integrated, and they coordinate in such a way that they are not contradictory to and isolated from one another. This system provides models for promoting microeconomic activities and coordinating macroeconomic activities.

What, then, are the common factors among the different economic systems? Or, what are the bases on which different systems are comparable? I believe that the common factors are information channels, decision-making structure, management incentives, and coordination instruments. In other words, they are the IDMC structure proposed by Neuberger and Duffy.

Real World Socialist Economic Models

In my own understanding, the socialist economic models in the real world developed as follows:

The pre-moddels: War Communism: e. g. , the Soviet Union in 1918 – 1921, China in 1927 – 1949 in the Red Base Area, Yugoslavia in the Revolutionary Base Area during wartime, etc. and the New Economic Policies as pre-models of socialism. e. g. the Soviet Union during 1924 – 1928, China in 1949 – 1953, etc.

1. *The pre-models.* As mentioned earlier, any model of a socialist economy does not include temporary measures adopted because of situational needs. Therefore I regard War Communism and the New Economic Policies as pre-models of socialism.

The economic management of the Soviet Union during the War Communism period was a concentrated system without money. At that time, all economic activities except agriculture were nationalized and all economic decisions were made by the State. State-owned enterprises and economic institutions were not divided into different production units. A budget appropriation system was used instead of an accounting system. All funds needed by the enterprises were unconditionally provided by the State, but all products were returned to the State.

Enterprises were Period of New Economic Policies: e. g. , the Soviet Union during 1924 – 1928, China in 1949 – 1953, etc.

Prototype of the model of real socialist experience:

Model I : Traditional Centrally Planned Economy: e. g. , the Soviet Union in the 1930s – 1950s, all of the socialist countries before reforms.

Model II : Model of earliest modification: Violated objective laws, thus failed: Extremely "Left": empha-sized class struggle and idealism.

Model III : Yugoslavian Socialist Self-Management System (after 1950). Aimed at improving the target series and reorganizing institutions:

Model IV: Modified Centrally Planned Economy, e. g. , the Soviet Union since the mid – 1960s and the GDR since the 1970s.

Model V : Planned Commodity Economy: e. g. , Hungary after 1968, China since 1979, other Eastern European countries with their own national characteristics of exploration since the late 1960s or 1970s.

More details, During the Pre-Model of war-Communist time, not given financial plans by higher levels, but they did have production plans with physical targets. Neither did they have their own funds, profits, or losses. The authority of industrial management was highly concentrated at the high-est level of the National Economic Commission and the General Manage-ment Bureau. The latter actually controlled all economic activities, inclu-ding production, supply, and distribution, and thus was the center of in-dustrial management. In addition to industries, agriculture and handicrafts were also guided by centralized means. The People's Agriculture Commis-sion was responsible for providing compulsory seeding plans and measures for collection of leftover grains from farmers and for preventing private trade exchanges. Money circulation was almost nonexistent. Economic relations were thus mainly natural and physical. Almost all social products were in the hands of the State without any compensation, and the majority of them were supplied to the military and to employees of industries and enterprises that served the front. Goods were distributed directly to laborers in the form of coupons through consumption organizations. At that time, grains, coal, food, and clothing were rationed and public transportation was free of charge. Egalitarianism in distribution was widespread except for "bourgeois experts". There was no complete differential wage system. Common funds for housing, transportation, health, and education accounted for a large portion of consumption funds. Foreign trade was totally monopolized by the State.

Apparently, this War Communism model did not fit the situational needs of peacetime production. It reflected severe mistakes and confusion between the guiding ideology of economic management and the theoretical stance. At that time, socialism was mistakenly regarded as a natural economy that rejected commodity and money circulation. It was believed possible to transfer directly to a system in which production and distribution were made according to the principle of communism. Lenin later mentioned that this system was rushed, linear, unprepared "communism". He said, "we originally planned (or more precisely we hypothesized without sufficient evidence) to adopt directly the laws of the proletarian State for adjusting the living standards and product distributions of the countries with many small farmers on the basis of the communism principle. Real life has shown us that we were mistaken." This mistake in guiding principle was also reflected in the policy of nationalization. Lenin once even attempted to change from capitalism to socialism through the stage of state capitalism. First, the 500 largest plants were nationalized. But during the War Communism period, it was announced that enterprises either having mechanical power and more than five workers or having no mechanical power and more than ten workers were to be nationalized. The single ownership formulation also led to the excessive concentration of management authority. These mistaken guiding principles and policies had a substantial impact on the formation of the later economic system. But, the Soviet Union was, in fact, forced to adopt the War Communism economic system and other measures in the presence of armed intervention by fourteen countries and an almost collapsed social economy. These circumstances changed and delayed many original ideas. In addition, the Soviet Union adopted a series of new economic policies after the end of the civil war. Thus, I do not believe that this system should be regarded as one of the socialist economic models.

Although in the Soviet Union an economic system was implemented for five years during the new economic policy period, it faced numerous fundamental problems in developing a socialistic economy. Some of these were the coexistence of many economic ingredients, the proper way of handling relationships between the central and the local levels and between the State and enterprises, the participation of the masses in economic management, planned utilization of commodities and money to change the national economy, proper handling of the relationship between planning and market (giving targets rather than commands to firms), the emphasis on managing economy with economic methods, strengthening of economic accounting, etc. Although the above problems influenced the economic development of the whole socialism stage, I feel that the guiding principle of the new economic policy was basically derived from the lessons experienced during the War Communism period; its purpose was to avoid the recurrence of the unusual economic crises experienced during that period. The measures adopted at that time were in the nature of a compromise, being temporary retreats because of the pressures coming from the environment. The guiding principle did not correctly recognize that many ingredients needed to coexist for a long time. Neither was it consciously realized that the development of commodity production and exchange and money was a necessary stage in promoting new forces of production. On the contrary, new economic policies were regarded as concessions and measures to overcome famine and severe economic difficulties, but not as long-term means to develop socialism. Thus, I do not regard them as a well-established model of the socialist economic system.

I believe that War Communism and the new economic policies systems were two different short-lived practices in the early stages of the Soviet

Union's economic construction, similar to the temporary practice of the Paris commune in striving for proletarian dictatorship. These two systems accumulated precious positive and negative experiences and lessons but did not emerge with any specific model of the socialist economic system.

2. *The prototype model.* On the basis of my own understanding, the socialist economic model can be classified into five different types, MI, MII, MIII, MIV, and MV, according to the historical development process. What follows illustrates the development process of the socialist economic models.

MI, in my opinion, is the prototype model of the real socialist experience. In other words, the other four models are derived from MI. The problems that need to be solved in current reforms are simply the drawbacks in the fundamental model.

MI has long been regarded as the only orthodox socialist planned economic model in the Soviet Union. Furthermore, during an initial period almost all of the socialist countries adopted the centralized economic system of the Soviet Union formed in the 1930s. Its basic characteristics arc the implementation of a highly centralized state control over the national economy; a mandatory overall plan from top to bottom; neglect of the market mechanism; control of a large portion of economic affairs by state organs, forming an enormous sector of leading bodies that have taken on the role of many economic organizations; conversion of various economic organizations into appendages of state administrative departments, depriving them of their right of self-management and denying their independence or relative independence; reliance on state administrative departments to organize the national economy and social economic activities; centralized allocation of the means of production enforced by the state; centralized prices set by the state; state monopoly of revenue and expenditures; state distribution of funds; responsibility for profits and losses lying with the state-run economy; egalitarianism of wages in some fields contrasting with overly large differences in other fields.

Before the 1950s all of the socialist countries realized to some extent that there were objective historical reasons for the formation of such a system: centralization makes it easy to employ construction funds and technical forces to accelerate the development of specific sectors, regions, and programs and plays a role in efforts to realize industrialization quickly, to achieve a war victory, and to recover from war. Its weak points are a strong tendency toward bureaucratism in economic management because of a lack of sensitive information channels; difficulty in gaining and maintaining the initiative and creativity of various economic units and large producers because of a lack of necessary decision-making powers; difficulty in adjusting the development of economic structures that become out of proportion over time because of a lack of the proper instruments for economic coordination, and waste that plays a large part in the low benefits in economic construction because of a lack of proper incentive systems.

3. *Economic reform.* Since the late 1940s Yugoslavia has taken the lead in abandoning such a system and replacing it with a socialist self-management system based on so-called socialist ownership of the means of production, initiating the process of reform. In 1956 Poland increased the financial rights of enterprises. In 1957 Hungary also instituted reforms. The same year Soviet industry and construction changed their sector administrations into regional administrations.

The reforms became more widespread in the 1960s. In 1962 discussion of Lieberman's suggestions in the Soviet Union prepared opinions for further reforms, which resulted in a great reaction from the Eastern European countries. On January 1, 1964, the German Democratic Republic started to pursue a new economic system but returned to a centralized economy in 1970. In 1965 the Soviet Union began the transition to a new economic system. In Hungary the "Guiding Principles of Economic Reform" were passed formally in 1966, and in 1968 their implementation began. On January 2, 1965, Czechoslovakia announced its "Main Instructions for Improvements in the System of Planning and Management" signed by the Czechoslovak Central Communist Party Committee, the implementation of which began in 1966, but was stopped because of unfavorable international conditions. Bulgaria in April, 1964, Poland in 1966, and Romania in 1967 followed one after the other in carrying out partial reform. Yugoslavia took some new stronger measures in the mid – 1960s to weaken macroeconomic management. Since the late 1970s the Soviet Union and most of the Eastern European countries, and especially Hungary, have taken significant steps in reform. The Yugoslavian self-management system moved into a new phase of so-called joint free labor of the producers, which was designed to remedy the shortcomings exhibited after the reforms of the mid – 1960s.

The Chinese economic system has gone through several changes, both influenced by the War Communism system formed during the long-term revolutionary war and by the experiences drawn from the Soviet Union during the initial period after 1949. It was also damaged during the ten-year internal chaos. After 1978 and the third plenary session of the Eleventh Central Committee when the incorrect "left" guiding thought was exposed and criticized, there have been significant breakthroughs in theory and economic reform has entered a new era.

Therefore, MII, MIV, and MV have been produced in the reform process.

Comparison of the Basic Features of the Five Models

The task of comparative economic models, I believe, is to describe the operational conditions of the internal structures of various economic systems and to compare the impacts on economic outcomes. In other words, its purpose is to study the internal structures and their interrelations in various economic systems to evaluate them to promote a better model for selection, design, or reform of certain economic systems. The overall objects of study include the following:

Comparing the formation of various economic systems and their associatedhistorical conditions;

Comparing the guiding principles under which various economic systems are established;

Comparing the internal structures and theirfunctions in various economic systems, including decision making, information, motivation, and coordination structures and their interrelations;

Evaluating the advantages and disadvantages of various economic systems under certain historical conditions and within certain environments.

Thus, let us see the basic features of models I to V.

Model I. Traditional Central Planning System, exemplified by the economic system of the Soviet Union from the 1930s to the 1950s. Its basic features arc the following:

1. Under conditions in which the level of the productive forces is low, that is, where all economic departments have destroyed those components of the economy that are not socialist and eliminated collective styles of ownership of leftist industry and commerce, establishing a unified state ownership, we have the basis for the development of a highly centralized unified economic system. In other words, this model is based on an oversimplified public ownership of the means of production. All significant means of production are state owned. Only in agriculture is there an alternative to state farms, which are owned and operated on the same principles as state industrial enterprises, of which the dominant form is the collective under strict state control with some very small individual household plots. The means of production are not circulated. Capital equipment is centrally allocated, and investment of funds is generally provided in the form of grants. The whole country seems like a big factory, with its accounting system kept at the state level. This model is characterized by an over-centralized, over-unified

and over-physical management.

2. Policy making jurisdiction in the realm of production, circulation, distribution, and consumption is highly centralized in the hands of a central planning organ, "plan is law", and strongly authoritative directives, entailing as many as a thousand kinds of planning tasks, relay administrative measures through a vertical organizational structure, with little feedback from the production units, to all the branches of the national economy. Such a highly centralized and unified economic system had positive effects in winning the victory in the anti-fascist war and during the initial period of industrialization through rapid mobilization of funds and materials used in key construction projects, the rapid construction of basic industries and new industrial departments, and the development of independent industrial complexes. However, local and production management units did not have the autonomy or the ability to take action; rather, their responsibility was to achieve planning goals that came down in directives from the State. Production and consumption were severely disjointed. Production departments did not allow production to satisfy consumers' needs but rather forced consumers to adapt to the amounts and types of products that producers supplied, products the majority of which were "the same for decades", their designs and varieties monotonous and old-fashioned.

Management structure is based on a department system, and the jurisdiction of management is also highly centralized. Under what is called democratic centralism, management tends toward increased centralization and administration. The implementation of the principle of a "single leader system" at the time had certain positive effects in overcoming anarchy in small-scale production. However, under the premise of highly centralized policy making and management jurisdiction, excessive emphasis on the "one leader system" weakened the principle of democratic management and obstructed worker participation in policy making and management. Although all enterprises, including workshops and work sections, emphasized implementing an economic accounting system under strict state planning controls, enterprises had a certain amount of administrative and organizational independence. But, because management autonomy was so restricted and the guiding ideology constrained the production of goods and rejected the regulating effects of the market system and price laws, enterprises were unable to utilize materials and funds freely and had great difficulty using the least amount of labor to attain the greatest economic effects. Economic accounting became merely a formality, and waste became rampant in all links in the chain of reproduction.

3. In the realm of circulation, implementing a system of centralized supply of goods basically depends on unified allocation and unified distribution. The overwhelming majority of production materials do not enter the realm of the circulation of goods. The effect of price regulations is also severely restricted in the exchange of consumer goods. The price structure becomes rigid, and prices of nearly all commodities are fixed by the State, with price-fixing power highly concentrated at the center. Retail prices of 90 percent of individual consumer goods were fixed in the Soviet Union in its conferences of department heads and by its ministries. Only 10 percent of prices were fixed by local governments. The exchange rate plays no significant role in domestic price formation. Foreign trade is carried out by special export-import firms, and domestic prices are separated from international prices by taxes and subsidies. Producing firms have no direct contact with foreign customers or with suppliers. A whole set of economic levers based on price categories were ineffective in practice. Planning was seen as all-powerful, but inadequate attention to the objective demands of economic laws placed restrictions and prohibitions on the market system.

4. In the realm of the distribution and redistribution of the people's income, in a state ownership economy, as discussed earlier, the State is the unit for implementing unified accounting and unified income and expenses, and the State is responsible for profits and losses. Everyone eats from the

State's "big rice pot". Basic construction is carried out through unified state investment, and bank credit comes from the state's unified deposits, without regard for the regulating effects of credit on economic activities. Employment is embraced by the state in a unified way through the "iron rice bowl system".

5. Economic organizations at all levels are slack in carrying out planning directives transmitted from higher to lower levels, often falsifying reports to satisfy the demands of higher levels. They are unable to take steps to meet the demands of society and not concerned with economic efficiency and effectiveness. There is no impetus for them to promote technological advances, to increase economic benefits, or to effect a rational division of labor in social production and to develop specialized cooperation.

In sum, this kind of rigid socialist economic structure modeled on a physical products economy has profound defects, reflecting the fact that objective economic laws cannot be defied. Commodity production and exchange are a stage in the development of the social productive forces that cannot be passed over. Economic structural reform is an urgent objective necessity.

Model II, *Yugoslavian socialist self-management economic system.* In the past, the Soviet Union's highly centralized rigid economic system was recognized as the only legitimate socialist economic model. Yugoslavia was the first to reject that model and take its own independent path in developing socialism, seeking to establish a complete socialist autonomous economic system. The Yugoslavian model and the traditional model of the Soviet Union are both based on an understanding of Marxism, and both seek to realize the final objective of communism. However, on many basic points they are at opposite extremes. On a series of basic theoretical questions Yugoslavia courageously broke through the restrictions of the traditional view, but the set of theoretical views that it created still lacked the further test of continuing practical experience. The historical conditions for establishing the Yugoslavian economic system included military and economic pressures as well as political and ideological pressures. Thus MII carried a very strong but questionable theoretical background. The most important points relating to its economic system are the following:

1. Its interpretation of a Marxist state doctrine was taken as the theoretical foundation for its autonomous economic system. The theory stresses that a socialist state is a particular form of state which is weakening by the day, starting in the economic realm, abandoning its protective, supervisory, and regulatory functions. Ways are continually sought in practice to explore all means of socialization of state economic functions and to transfer economic functions originally carried out by the state administrative organs to autonomous social public organizations, such as associated labor organizations at all levels, economic associations, "autonomous beneficial communities," etc. A positive effect of this kind of theory is that it highlights the principal function of the direct producers in economic activities. A problem worth researching is the state's over cautiousness in macroeconomic regulation, where it is passive and docs not dare to take action.

2. As the foundation for the above-described doctrine, rejecting the view that socialist state ownership is the ideal form of public ownership, Yugoslavia has created its own theories on socialist ownership. For example, Marx did not equate public ownership with state ownership; a specific time and space cannot be transcended in evaluating the superiority and historical function of different forms of public ownership; socialist state ownership is indirect public ownership with the state as intermediary, which inevitably progresses toward a higher form. At the same time that the socialist state is performing its historical function, it also contains the seeds of a new form of basic contradiction in separating the producers and the means of production. Socialist state ownership is the basis for the functioning of a highly centralized economic system while the ideal form of public ownership of the means of production, in which producers and the means of produc-

tion are directly linked, is the so-called social ownership form. Yugoslavia's present structure of ownership of the means of production, in which social ownership occupies the leading position, permits individual producers and private economic components to exist while at the same time promoting the combination of the various forms.

3. An autonomous structure to formulate social plans replaces centralized mandatory planning by a central leadership. The social planning network starts with the basic organization of autonomous planning, based on autonomous agreement and social contracts, and uses associated labor to link the top with the bottom, coordinating all levels. Under conditions where the social productive forces are backward, forced implementation of centralization of power with totally authoritarian planning can have the opposite result from what people originally planned. Yugoslavia's criticism of a centralized economic system rejected a long-held theoretical prohibition that constrained people's thinking and suggested instead that the two categories of planning and market were not equivalent to socialism and capitalism and were not mutually exclusive but could coexist. It recognized that socialist production modes supersede capitalist production modes not on a physical basis but on the basis of a commodity economy, and it wrote in its charter that a socialist economy is a commodity economy. Associated labor laws and social planning laws are also considered important statutes. Autonomous production units participate as commodity producers in the production process. The production process is the unification of the labor process and the process of the creation of value. All products produced, including production materials, are commodities, and price regulations not only are unavoidable in the realm of commodity circulation, but also have a regulating function in the realm of production. Yugoslavia's market system functions are very broad, including supply and sales of goods, planning for the borrowing and lending of funds, and labor force supply and demand. It permits enterprises to compete openly and to participate in competition on the

international market.

4. Unlike the highly centralized economic system, associated labor organizations at the bottom do not set up production administration subsidiary organs according to a vertical system of leadership. Basic units assigned to production, management, and accounting are also autonomous basic units of policy making. They independently decide on important questions of production, supply, expenditures, distribution, property, personnel, and so on. The all-workers' conference is the organ of the highest power in the basic structure. Managers are appointed by the workers' committees based on open selection. Matters of leadership are resolved and production directed based on decisions of the workers' conference or workers' committees.

5. Yugoslavia's distribution of income is not like that of a highly centralized economic system in which responsible organs centralize revenue and expenditures. Rather, the direct producers at the basic level of production first jointly exercise authority over direct allocation of income based on what benefits the whole society, eliminating the phenomenon of the "big rice pot" in the distribution of income among production units and individuals. They first make deductions for various social

needs in order to satisfy society's common needs and fulfill their obligation to society as a whole. They must also observe the standards agreed upon by labor and public organizations as applied to the proportions of individual consumption, common consumption, and the accumulation of funds, in order to guarantee a combination of benefits to individuals, the collective, and society. It is set forth in principle that surplus income from production resulting from superior managerial conditions, market conditions, and other objective factors does not refer to the labor organizations but is allocated to society. Through pricing and taxation policies the state restricts and adjusts the concrete implementation of distribution. Individual income distribution also follows the principle of a combination of achievement in labor and "mutual assistance". Workers who suffer losses in production for objective reasons are able to collect the minimum legal income from basic consumption funds, and labor organizations suffering losses can collect the minimum legal income from basic reserve funds. All this reflects the socialist character of the ownership of means of production in income distribution.

6. In social realms other than the economic realm, in Yugoslavia—unlike states under conditions of state ownership that have unified leadership in budget allocation and regulated social enterprises—science, culture, health care, social welfare enterprises, and so on, are set up as autonomous beneficial communities by workers in economic and non-economic departments, directly and freely engaged in the exchange of labor. Workers offering services and beneficiaries of services agree on mutual rights and duties on an equal basis through autonomous channels.

7. In the aspect of the extent of state intervention in economic life, Yugoslavia under social ownership differs from the highly centralized administrative management system under conditions of state ownership in that it socializes state power by developing autonomy. However, up to the present the state still uses financial, monetary, and administrative measures to unite labor and funds. These measures not only restrict negative market effects, but also are a necessity in large-scale socialized production at the present stage.

Yugoslavia itself recognizes that its autonomous economic system at the present stage is still limited by various subjective and objective factors and needs continual improvement. In sum, this type of system can cut down on bureaucratism and make the microeconomy active, and it gives all levels of worker organizations (enterprises) a sense of urgency under the pressure of competition. However, if autonomous agreements and social contracts are not carried out successfully, social funds and accumulation cannot be guaranteed. Experience is still being gathered in implementing autonomy on a large scale, and the results of that practical experience is awaited to solve various new contradictions.

Model III, *Extreme "left" model.* The basic characteristics of MIII include an exaggeration of the function of subjective ideology; acceleration of changes in the lagging state of economic culture and transformation of productive relations; stressing of political goals at the expense of economic efficiency; utilizing political slogans and mass campaigns to accomplish economic construction; belittling the law of value; negating commodity, money, and material interests; suppression of intellectuals, etc. The result of these "left" mistakes in guiding principle has been that some existing drawbacks in the traditional central planning system were not solved. On the contrary, the situation deteriorated, and the national economy became disordered. This model was attempted unsuccessfully in China during the period of the "Leap Forward" in 1958. It was experienced again during the Cultural Revolution. The two painful experiences taught a lesson that need not be repeated here.

Model IV. MIV upholds the principle of central planning with the objective of reforming the targets. Through use of economic levers, organizational institutions can be improved. The German Democratic Republic's reform belongs to this type. Instead of the term "economic reform", it uses the term "continuous perfection of the economic system". It believes that one of the characteristics of a socialist economy is a planned economy. To ensure the enforcement of planning, mandatory planning management must be implemented. Therefore, the prevailing economic system of the German Democratic Republic actually preserves the style in which assignments and mandatory targets are ordered from the top in economic management. The proportion of products produced according to mandatory targets accounts for 70 percent of total output in the national economy. The German Democratic Republic has made substantial improvements in planning work schedules and in the target system, in controlling economic accounting, and, to some extent, in adjusting prices, taxes, credits, and economic levers. Meanwhile, substantial changes have been made in organizational institutions. More than four thousand State-owned industrial and construction enterprises were, based on the relationship between production and sales, trustified into 157 combined enterprises (Kombinat), which eventually absorbed many of the administrative functions of enterprises. Since production in the German Democratic Republic has reached a high degree of concentration, it is believed that under socialism it is not imperative to allow for competition because competition is not the only means to enhance economic interests.

The two reforms of the Soviet Union in 1965 and 1979 were aimed at improving the target series and reorganizing institutions, and thus were ineffective. Andropov intended to make further reforms after he rose to power, but he failed to do so before he died. Chernenko took no new action, and it has yet to be seen what actions Gorbachev will take.

The reforms outlined in the "Program of the Communist Party of the Soviet Union" indicate conceptual advances but still retain the basic elements of the central planning structure. Gorbachev in his political report to the 27th Party Congress said there "must be thorough reform". He criticized the point of view which slights commodity and money. He brought up increasing the autonomy and responsibility of agriculture and farms, increasing independent activities of joint companies and enterprises, bringing together departments and regions, paying attention to the role of small enterprises, and making the price system more flexible. After the 27th Congress the Soviet Union may take further steps in its economic reforms. If Gorbachev's instructions for "thorough reform" are carried out, after a period of time there may be a change from model 4 to model 5. However, people are not sure whether this is to be the hoped for turning point for the next reform.

Model V. Model V is an exploratory reform model. It attempts organically to link together central planning management and market functions. In general, the Hungarian economic system belongs to the model. The Hungarians believe that there are many ways to attain the superior effects of a planned socialist economy. Mandatory planning in a vertical administrative system is just one such way. Utilizing commodities and money and employing the market mechanism and economic regulation to animate economic activities, or combining the use of economic means and administrative methods, are other ways to attain the goal. In the Hungarian reforms, the mandatory planning system was boldly eliminated. However, Hungary was very cautious in combining the use of various means of economic regulation to coordinate macroeconomic and microeconomic activities efficiently.

Hungary's reforms and experiences have received a great deal of attention. From the time it put the new economic system into effect in 1968 on, Hungary has passed through three stages: its "golden age" (1968 – 1972), a period of instability and of stagnation (1973 – 1978), and a period of economic reform (1979 to the present). Here I would like to set aside the particulars and stress the following basic ideas underlying Hungary's reforms.

1. According to the objective demands of the productive forces, to build a many-layered ownership structure to be maintained under socialist public ownership, by developing a form including many styles of ownership and diverse styles of management as well.

2. To introduce economic regulatory measures in planning management. The Hungarians believe that the top to bottom administrative and command-type planning system of the past is only one economic development planning method; there are many other methods. Eliminating command-type planning is at the core of the reform of Hungary's economic system. Enterprises set their own plans; the national people's economic plan is set by mutual exchange of information, consultation, and cooperation between planning organs and enterprises. Planning management makes extensive use of prices, tax revenue, credits (including interest rates), subsidies, wages, etc. , in regulatory measures intended to help the economic activities of en-

terprises to meet the demands of the economic plan. The Hungarians are studying how to make their plans more comprehensive and to meet social needs, as they search for experience in the comprehensive and flexible use of economic regulatory measures.

3. Enterprises under the leadership of national management have a relatively large degree of autonomy. An important question in Hungary's economic reforms is how to implement fully the autonomous management of enterprises. Under the new economic system, the government does not intervene in the concrete management activities; enterprises are independent and autonomous in production management. They also have a component of autonomy in terms of property, prices, wages and increasing reproduction. The State emphasizes carrying out long-term and annual forecasts and accounting for the national plan, through the plan itself and through many kinds of economic regulatory measures, organizational structures, and various types of social benefit representative organizations which embody the relations between government and enterprise, allowing enterprises to participate in planning and policy making and providing leadership for the direction and scope of development.

Basically, the Hungarian experience involved developing multiple ownership formations, adopting means of economic regulation in planning management, and giving enterprises more autonomy under the guidance of the State.

In recent years, Romania, Bulgaria, and Poland have also explored possible avenues for reform on the basis of their own characteristics: for example, increasing the autonomy of enterprises in setting and implementing plans; putting into effect the principle of responsibility of enterprises for their own profits and losses; thoroughly carrying out economic accounting by enterprises; putting into effect a relationship between income of the enterprise and labor remuneration on the one hand and the fruits of labor on the other; limiting the scope of central authority by all departments; gradually eliminating the method of unified mixed goods and materials and establishing a more flexible price system, etc. Many theoretical breakthroughs have emerged in the reform processes of these countries.

Recently the pace of the Chinese reforms has exceeded that of some other countries, as have their conscientiousness and intensiveness. Exploration of new avenues for reform havebeen taking place in many aspects of the Chinese economy, from agriculture to industry, from rural areas to urban areas, from production to circulation, from ownership structure to management style, and from micro-initiation to macro-regulation.

The developments in the reforms of the Chinese economic system over the past few years can be summed up in general in the following way:

1. In the area of the structure of ownership, the single system of public ownership that has been inappropriate to the level of development of the productive forces in the past is gradually moving toward the coexistence of various economic forms and management styles based on socialist public ownership.

2. In the area of distribution, the concentrated distribution of the past with unified income and expenditures, "eating from the big pot", is gradually moving toward a decentralized type of distribution in which rights, benefits, and responsibilities are tied together.

3. In the area of circulation, the single channel is gradually moving toward a system of many channels and few links.

4. In the area of management of macrostructure, the past system of mostly direct control is gradually moving toward a system in which indirect control is the prominent linkage mechanism.

5. In the area of enterprise management, the past system of nondivision of responsibility by government and enterprise, with over unification and inflexible management, is gradually moving toward a system of division of responsibility with increased internal activity and ability to develop the capabilities of enterprises.

6. In the area of economic relations with the outside, the closed-off or half-closed-off economic system of the past is gradually moving toward more openness to the outside world making greater use of international exchange. The goal of reform is to build a thriving economic system. Even if hardships and setbacks are encountered, China's economic reforms must be carried through.

Points of Comparison in China's Progress from MI to MV.

Below are several points of comparison between China's transition from MI to MV and that of the Soviet Union and other Eastern European nations.

1. The philosophic principle "practice is the sole criterion of truth" has proven to be a correct conclusion and it is all the more so as the basic philosophical ideology for China's economic reforms.

It has been the most important theoretical ideological basis for success in the development of China's economic reforms. Otherwise, following traditional ideological principlesor going by the book as before, would make such reforms difficult to carry out.

2. At the same time China has been exploring economic reform, it has also been exploring reform of its political system.

For example, it has expended effort in reforming its personnel and legal systems, reforming the policy-making mechanism in its political system, and reforming the relationship between its political and economic structure in order to decrease the intervention of the Communist Party and government organs in daily economic life. I personally think such measures can be considered the fifth modernization, political modernization. This is the premise and the guarantee of economic modernization.

3. China's large-scale increase in relations with other countries is a bold step in opening its doors to the outside world.

The Soviet Union and other Eastern European countries did not realize this kind of reform. Opening up to the outside may have important influence not only in economics and technology but also can bring radical changes in people's life styles and ideas. For example, the idea of competition is a challenge to the "big rice pot" and the "iron rice bowl"; ideas of equality are now attacking old feudal ideas and changing the relationship between the leaders and the led. Ideas of efficiency, information, talent, rule by law, etc. , arc all contributing to economic development. This, I think, can be regarded as the sixth modernization, the modernization of ideology. It is an important environmental element in the smooth implementation of economic reform.

4. China has found it necessary to break away from rigid concepts.

Concretely speaking, China has already changed its economic model through the following theoretical breakthroughs. First, it has been accepted that an economic system must be built on a certain level of development of the productive forces and must adapt itself to promote further development. The Decision of the Third Plenary Session of the Twelfth Central Committee meeting of the Chinese Communist Party held in October 1984 pointed out that "reform should be closely linked with social productivity development, which is one of the fundamental points of view of the Marxist world outlook; and the extent of developing social productivity serves as a key criterion in evaluating the success or failure of the reform". I think that following objective economic laws entails following the law that production relations are tied to the level of the productive forces. The fundamental shortcoming of a rigid economic system lies in its restriction of the development of the productive forces and the prevention of enhancing technological progress and economic efficiency. Reform is not once and for all, since every economic system changes with time. Sound economic reform must meet the requirements of the development of productive forces. In this sense the reforms of the Eastern European countries since the late 1950s are still under way.

Second, decision-making authorities for economic activities cannot be classified by subjective ideologies of human beings. Rather they must meet the objective requirements of complying with the development of the productive forces. It has been shown in many empirical tests that for an entire economic system to be animated, enterprises must possess a high degree of mobility and energy. The reason is simply because enterprises are the direct implementers of industrial and agricultural production and commodity circulation, and are the main force for the development of social productivity and the improvement of economic technology. For social productivity to be fully developed, enterprises must be independent economic entities with managing autonomy, responsibility for profits and losses, and the ability for self-improvement and self-development. To reinforce the vigor of enterprises, as the Chinese Central Committee meeting pointed out, two relationships must be properly maintained, "the relationship between the State and public-owned enterprises in expanding the autonomy of enterprises, and the relationship between employees and the enterprises in ensuring the dominant role of employees in enterprises". In this regard, Yugoslavia's autonomy theory and practice, Hungary's experience in handling the relationship between the government and enterprises, and the experiences of the Western countries in handling the relationship between the government and enterprises are all good examples to learn from.

Third, as the meeting pointed out, "the full development of the commodity economy is a necessary stage for China to achieve economic modernization and product socialization". The attitude toward the market mechanism must be in accordance with the objective requirements of the development of the productive forces. The existence or nonexistence of a market cannot be affected by ideologies of human beings. Purposefully prohibiting or restricting market mechanisms will be detrimental to the development of the productive forces. The pace of economic reforms of the Eastern European countries must depend on the extent to which they are able to break up the traditional ideologies that are in conflict with a planned commodity economy. Many experiences have shown that the difference between the socialist economy and the capitalist economy lies not in whether the commodity economy exists and the law of value functions but rather in whether the law of value is consciously operated in society and for what production purposes services are provided.

Fourth, the key to successful reform rests on the establishment of a planned economy that operates the law of value consciously. The Chinese Central Committee meeting correctly observed that "implementing a planned economy does not necessarily mean the predominance of mandatory planning, because both mandatory planning and guidance planning are specific forms of planning. Guidance plans are fulfilled mainly by the use of economic levers; mandatory plans have to be implemented, but even then the law of value must be observed". One of Hungary's successful experiences has been the breakthrough of the concept of the equality between a planned economy and a mandatory plan and the better utilization of means for regulating an economy.

Fifth, competition does not exist only in capitalism. It is beneficial for the prevention of isolation and monopoly in the development of the productive forces. It can also identify weaknesses of enterprises in a timely fashion so that they can improve their production skills and management. Such competition makes a great contribution to the development of the national economy and socialist enterprises. Of course, some pessimistic phenomena and illegal violations have been observed in these countries, especially in Yugoslavia. But these problems can be solved if actions are taken to fortify economic regulations, increase public and social supervision, and to improve education and management.

Sixth, the implementation of economic reform not only breaks with the old framework of developing a uniform public ownership but also questions the concept that praises the superiority of public ownership in the abstract and not within a given time and space. It also breaks with the old concept that a certain public ownership must be managed by a certain form and even that various ownerships must be managed by certain forms.

In the economic reforms of the Eastern European countries, many efficient reforms of management have emerged. For instance, Romania promulgated a law "on employees' participation in the ownership of State-run economic units and fund raising for economic development", which motivates employees to be concerned about their associated enterprises. The management style of the Hungarian national economy and cooperative economy is also diversified.

China's economic reform efforts will eventually bring a thriving, energetic socialist society after breaking through the restrictions of many mistaken concepts and rigid systems. Of course, reform is a very complicated and exploratory new business. Many concrete practical issues, therefore, need to be investigated further.

附：若干美国学术界对本文的评论

1. 美国纽约大学石溪分校社会与行为科学系主任、比较经济学"决策方法"（"DIM"结构）的创立者 E. 纽伯格：

Dear Professor Jiang Chunze：

Thank You very much for your letter of April 30th and copies of your two papers. I Was very Pleased to receive the papers and to see that you have used some of my ideas in your work；it is always pleasing when other scholars find one's ideas interesting enough to include them in their own work. As soon as the semester is over and my administrative duties become a little less pressing, I shall read the two papers and provide you with my reactions to them.

I would be pleased to welcome you to Stony Brook when you come to the Kennan Institate. Please contact me at that time, and we can make specific plans for your visit.

Sin Cerely yours,

Egon Neuberger, Dean

Social and Behavioral Sciences

2. 美国耶鲁大学教授，20 世纪 60 年代在比较经济学科最早用
"现代方法" 取代 "主义方法" 的创始人之一——M. 蒙泰斯：

Yale University

June 5, 1986

Dear Professor Jiang：

I am sorry that I did not receive your papers until I recently returned from Europe. I do not know now whether my answer will reach you while you are utill in the United States.

I have looked over both the research memorandum on the concept of an economic system and your draft on the Development of Socialist economic models. I liked both, and I'm looking forward to work that will go beyond classification and definition.

I hope you will continue to send me your scholarly.

Contributions in the future.

Sincerely yours,

J. Michael Montias

Professor of Economics

3. 美国联合大学教授 B. L. 雷诺兹（其父亲是美国耶鲁大学经
济系主任）：

Dear Jiang Chunze：August 27, 1986

I was glad to receive your paper on Comparative

Economic Systems. I read it with interest. I can see that you

have spent a lot of time in intensive study of the major works

in this field. I admire the effort which you have put into this

review.

In the early part of the paper, you try to separate

out the different schools of thought within the field of comparative eco-

nomics. That's quite hard to do! I myself think that the Neuberger-Duffy paradigm (which is a simpler version of the more theoretical Montias approach) is the model which will come to dominate and define the field.

When you discuss "comparative economics" – work by Schultz and others-a name which is missing is Fred Pryor, a professor at Swarthmore College. The characteristic of his work is that he is empirical and quantitative rather than theoretical; he is much more willing to admit the complexity of comparative systems, and to say: well, let's just study this one area. You might wish to read his book, Comparative Economic Systems: A Guidebook, Published in 1985.

On Page 55 and following, when you chart the five different types of economies (MI, ⋯MV), I'm not sure that I see the relationship between that chart on the one hand and the discussion of china's economic reforms which begins on page 59.

Well, these are just somescattered comments. I wish you the very best of success in your work here. I can see that when you return to China, you will be the established expert in the field of Comparative Systems! If you travel in this direction before you leave the country, do stop in Albany and visit us; my wife has many pleasant memories from our friendship in Beijing, as I do.

Sincerely,

Bruce L. Reynolds

4. 美国威尔逊国际问题中心凯南研究所所长 B. A. 鲁布尔：

To: Chunze Jiang Blair A Ruble

Department of Economics, Social Science Research council

University of California, 605 Third Avenue

Berkeley, CA 94720 New York, N. Y. 10158

I was very pleased to have been given an opportunity to read your extensive paper "Comparative Economic Systems and the Case of Chinese Economic Structure Reform." It is a very stimulating work and it demonstrates a lot of effort. I hope it will appear in a form, which will allow more of my American colleagues to read it.

As a political scientist, I feel unqualified to address the points you have raised in your work in any serious manner. I will leave that up to those who are trained to examine comparative economic systems. Nonetheless, from a political science viewpoint, I would have been interested in more discussion of the opposition to reform, in China and elsewhere. Certainly, economic reform has met great resistance in the Soviet Union and I would assume in China as well. It would add greater weight to your observations if you devoted some more space to those concerns as well.

This comment undoubtedly reflects my training in a discipline which dwells excessively upon conflict. It may, for that reason, be unfair. Still, the underlying decisions remain, more often than not, political decisions so that any discussion of economic reform should give the flavor of the politics as well.

I hope that you do not find these comments to be petty and harping. They reflect more upon my own discipline than upon your fine work. I wish you greatsuccess in your pursuit of this topic.

With best wishes.

5. 美国伊利诺大学教授 E. 克莱顿（她主动提出要向美国《比较经济研究》杂志推荐这篇文章）：

From:

Name (clear print) Elizabeth Clayton Title: Professor

Signature:

Address: Soviet Interview Project, 325 Coble Hall, Univ of Illinois-UC 61820

To: Chunze Jiang

Department of Economics, University of Illinois at Urbana-Champaign,

Box 111, 330 Commerce Buillding（West）, 1206 South Sixth Street Champaign, IL 61820

Your article interested me very much. It presents a perspective that is seldom available to scholars in the United States, and it presents it very well.

I have made a few comments（in pencil） where another phrase of word in English seemed to me to be more appropriate.

Would you consider submitting this to our journal of Comparative Economic Studies. I believe that they might be interested. If you decide to submit your paper, please let me know and I will send my letter of recommendation with it.

6. 美国普林斯顿大学社会学系教授 G. 罗兹曼，他不仅写了长篇的书面评论，而且在他提交日本召开的国际会议的论文中，24 个小注中有 19 个小注引自本文。

Ms. Jiang Chunze　　　　　　　　　　　Gilbert Rozman

1128 The Alameda　　　　　　　　Department of Sociology

BerkelyCA94707　　　　　　　　　　Princeton University

6 May 1986

Dear Ms. Jiang：

I am pleased to have been included in the mailing of your paper on socialist economic models. I read the paper and could make many comments about it. Yet, since you will likely receive responses from economists, I think, it would be presumptuous of me to tread on their terrain. Moreover, I am not eager to have my comments on other matters published. I am making them just in the hope that they will be helpful to you in some way.

Your paper impresses me as a summary, and possible reinterpretation, of Chinese writings in recent years on comparative socialism. I would urge you to footnote Chinese sources that also discuss models of socialist economies. In the present draft, you give no indication of the tradition from which you emerge. Of course, if it is inconvenient for a Chinese to cite other Chinese on this topic, then you are the best judge of how to proceed.

The major contribution of the paper is the specification of five models and two pre-models in Figure 1 and pp. 12 – 36. This is a very clear and useful set of distinctions. I don't find them at all surprising; the same distinctions without isolating Model 3 from Model 1 and without using the concept of pre-models appear in Chinese writings. Your presentation is the fullest and best explained of those I have seen.

In my 1985 WORLD POLITICS article on Chinese views I distinguish what you call models 2, 3, and 5. In my book, THE CHINESE DEBATE ABOUT SOVIET SOCIALISM, 1978 – 1985, forthcoming this fall, I review Chinese views on all but Model 3. At this moment—the day I received your paper—I am in the midst of writing a paper for a July conference in Sapporo, Japan on Chinese views of comparative socialism. I have been thinking about the precise issues which you discuss and will undoubtedly be influenced by your new paper in what I write. May I cite your paper in my own and clearly attribute to you ideas from your paper?

Specifically, I find it interesting that you treat the NEP and War Communism as pre-models; thus limiting their relevance to current reforms. Other Chinese have seemed to weigh the NEP more heavily. Others also seem to see the Soviet Union slower to abandon War Communism after the civil war than you indicate on p. 14. On these and other issues your treatment is most incomplete in discussing the political factors that led to economic system choices.

Second, some of the Eastern European countries in which Model 1 was applied do not fit the conditions identified on p. 18. Why? Did the Soviet Union impose the model on others?

Third, I wonder if Yugoslavia should not be renumbered as Model III and the extreme left as Model II. If you wanted to highlight that the three viable alternatives today are Yugoslavia decentralization, Soviet and East

European modified centralism, and Hungarian and Chinese planned commodity economies, you should consider models 2 and 3. Why do you say (p. 22) that the theoretical background for Yugoslavia's reforms is questionable?

Fourth, some Chinese sources have grouped East Europe mostly with the Soviet Union. You group it with Hungary in Model V. Does this reflect shifting views in China since 1984?

Fifth, you neglect to mention comparisons of Model III and the reasons for its emergence. This model is the least explained, but even including it is a step beyond what I have seen in earlier studies from China.

Sixth, you are more cautious in commenting on the prospects for Soviet reform and the results of the 1965 reforms than some other Chinese sources. Chernenko is now being assessed more negatively than when he was in power.

Seventh, mention of the fifth modernization—political Modernization-is important, although you omit comment on what remains to be accomplished.

Your paper is provocative and I have managed here only to comment briefly on points that deserve much discussion. I would welcome the opportunity to talk with you fully, as you suggest.

Sincerely,

Gilbert Rozma

附1：美国《比较经济研究》杂志发表本文时关于作者简介

江春泽是福特基金会驻加利福尼亚大学（伯克利）比较经济学访问教授，来自中国社会科学院世界经济与政治研究所。本文是作者最近对"比较经济模型"的研究。在中国 1978 年召开的全国理论工作会议上，作者曾经向中国学者提出了这样一种观点：一个模式不可能一直很好地适应世界上所有的社会主义国家，需要对多种模式进行国际比较研究，以便寻找符合自己国情的发展道路。从那以后，作者就致力于研究这一新学科。1985 年，她在伊利诺伊大学香槟分校逗留期间用英文写了一篇65 页的论文，以与西方学者交换观点。作者非常感谢美国学者对该文草稿的评论，如伊丽莎白·克莱顿教授、詹姆斯·R. 米勒教授、唐纳德·R. 霍奇曼教授、布鲁斯·L. 雷诺兹教授、布莱尔·A. 卢布博士（社会科学研究委员会）、乔治·普特南博士生等。根据克莱顿教授的建议，作者将这篇论文提交给了美国的《比较经济学研究》杂志，该杂志一名评论员对这篇论文发表了评论。所有这些评论都有助于作者进行修订，对此她表示感谢。现在，在加州大学伯克利分校，她正在征求格雷戈里·格罗斯曼教授、本杰明·沃德教授、劳拉·泰森教授以及其他同事的意见。同时也愿意听取美国读者的意见。然而，作者请他们记住，本文仅代表一位中国学者在现阶段的观点。改革还在进行中，随着实践的发展，作者的思想认识还会继续发展。

附2：关于本文内容概要的中文说明

本文是作者 1984 年 10 月—1986 年 11 月在美国访学期间，用英文撰写的一篇专业论文，以期与西方学术界交流之用。作者运用模式与案例相结合的方法，将现实世界中社会主义经济体制的演变划分成前模式（或称预模式、先导模式）以及模式Ⅰ、Ⅱ、Ⅲ、Ⅳ、Ⅴ。作者对每个模式的基本特征作了概括说明。文中着重阐释了中共十二届三中全会关于经济体制改革决定中对传统观念的突破和在中国实际经济生活中带来的新变化。文章反映了作者当时那个阶段的认识。但模式的划分被西方学者认为具有独创性。伊利诺大学经济学教授 E. 克莱顿阅后，郑重地推荐到美国的《比较经济研究》杂志于 1987 年春季版发表。

第 二 篇

外国经济调研案例

南斯拉夫社会主义自治经济
制度的基本特点

【**作者按**：按照南共领导人、理论家爱德华·卡德尔的经典表述，"社会所有制"的财产"既是人人的，又不是任何人的"，是属于全社会的，实际上成了"非所有制"。其本意是用马克思主义的术语，既与高度集权的国家所有制划清界限，又捍卫了公有制的原则。但是在实践中，它使人们具有普遍而平等地从社会所有制的财产中取得利益的权利，却没有制约人们对社会资产负有责任和承担风险的义务。如果说国有制的集权管理使社会资产成为"无主的"财产，或者说是没有"细心照料的父母"的财产，那么，社会所有制的财产则连"父母"都找不见，成了"流浪儿"的财产。在国有制下，存在着人们对国家财产的利益关心程度不够的现象，但国家机关毕竟对它还负有责任，而社会所有制的财产既非国家的，又非集体的，也非个人的，成了典型的"没有主人"的财产。尽管宪法也曾明确规定："企业有权保持并扩大其所使用的社会资产的价值"，但实际上几乎是一纸空文，具体表现在相当数量的企业长期没有任何积累，扩大再生产所需资金常年依赖银行贷款，企业资金积累年增长率大多为负数。

市场机制在南斯拉夫没有真正运行。20世纪60年代，我们曾经把南斯拉夫的自治模式批判为"市场社会主义"，其实也是误解。南斯拉夫虽有商品市场，但市场机制并未真正形成。企业之间是通过"自治协议"和"社会契约"所规定的价格进行交换的，这就违背了价值规律，因为规律是不能"协商"的。而且，在"非所有制"和

"契约经济"的条件下，根本不可能形成生产要素和资本市场。当时，南斯拉夫有大量工人出国打工挣了外汇，在国内无投资场所，只好存在国外银行。所以，现在看来，南斯拉夫当时的运行机制是既无统一大市场又无全国统一计划约束的契约经济，既无计划的行政命令约束，也无市场的规律约束。这个历史教训仍然值得我们总结和深思。】

自第二次世界大战以后，在东欧各国和亚洲一些国家，无产阶级先后夺得了政权。它们在建国初期都仿照世界上第一个无产阶级专政国家苏联的样式，通过实行社会主义改造的各项措施，建立了以社会主义国家所有制和社会主义农业集体所有制为基础的社会主义经济制度。在当时的历史条件下，是否照抄照搬苏联的经验，在人们的观念上是走不走社会主义道路的试金石。

然而，正如毛泽东曾经正确地指出过的，"马列主义的基本原理在实践中的表现形式，各国应有所不同"（《同音乐工作者的谈话》，1979年9月9日《人民日报》）。在这方面，南斯拉夫最先否定照抄别国"模式"和"样板"的做法，对苏联的经验作了独立的分析和思考，结合自己的国情，选择了自己发展社会主义的道路和形式。

南斯拉夫共产党人认为，社会主义是统一的历史过程，但它是以不同的途径、不同的速度、不同的过渡形态发展的。社会主义发展道路和形式不同是社会主义历史发展的普遍规律，而社会主义自治制度正是南斯拉夫选择的发展社会主义的道路和形式。

南斯拉夫强调《共产党宣言》中的如下思想：劳动者的解放是劳动者自己的事情。"代替那存在着阶级和阶级对立的资产阶级旧社会的，将是这样一个联合体，在那里，每个人的自由发展是一切人的自由发展的条件"（《马克思恩格斯选集》第1卷，第273页）。南斯拉夫认为，自治的形式可以导致建立"自由生产者联合体"的目标，可以更好地实现从有阶级社会向无阶级社会过渡的社会进程。

南斯拉夫认为，自治是一种社会关系体制。它的提出是一场根本性的社会革命。自治是一种持久的历史过程，绝不是一时的权宜行动。在自治的生产关系中，劳动者有可能直接管理和决定自己的劳动资料、劳动条件和劳动成果。自治也是一种民主形式，它意味着把指导社会生活的各种职能的大权完全交回从事生产、创造社会生活的人们手中，以结束区分为主宰与从属者、统治与奉行者的社会分裂状态；在自治制度下，劳动者可以尽量运用民主的形式来解决客观存在的以及社会发展中不断出现的各种矛盾。

在南斯拉夫，自治虽然最初只施行于企业，但它实际上是一种包括整个社会生活的概念。南斯拉夫现行的自治制度虽然迄今还是初期的自治形态，自治的内容在宏观领域还有待充实；但是，南斯拉夫认为，自治制度是建立崭新的人群关系的开端，是工人地位发生根本改变的开端，总的来说，是人的根本解放的开端。

自治首先是从经济领域开始的，自治经济制度是整个社会主义自治制度的基石。下面，我们扼要介绍一下完全不同于苏联模式的南斯拉夫社会主义自治经济制度的基本特点。

一　生产资料社会所有制是社会主义自治经济制度的基础

公有制是社会主义经济学的中心理论范畴和实际问题。马克思、恩格斯在《共产党宣言》中指出，全部共产主义理论可以归结为一个原理：消灭私有制。整个马克思主义经济理论实质上主要是阐明所有制关系的理论，即一种经济占有形式向另一种占有形式转变规律的理论。

南斯拉夫全国解放以后，通过 1946 年 12 月和 1948 年 4 月两次颁布的国有化法令，把生产资料的资本主义所有制改变为国家所有制形式的社会主义公有制。当时，除手工业外，社会主义国家所有制在工业中占主导地位，国营工业企业和合作社的生产总值占整个工业生产总值的 90% 以上。自 1950 年起，南斯拉夫将国家所有制改为社会所有制。社会所有制经济在南斯拉夫经济中占主导地位，

1978 年它的产值在社会产值中的比重为 86%，个体经济只占 14%。

南斯拉夫目前实行的生产资料社会所有制，不是一般泛指的公有制。他们认为，它是国家所有制的进一步发展，是公有制的一个更高的阶段。公有制作为经济范畴必须与法律范畴区分开来，作为经济范畴的公有制首先应理解为实际的经济拥有和占有，而不仅是形式上的权利。公有制体现为社会主义社会创造社会产品和取得收入的方式，因此，公有制的主要内容表现为在经济上实际得到这些产品和收入，而不是表现在关于公有制的法律条例和其他条例上。

他们认为，公有制如同所有其他经济范畴一样，是历史范畴。这就是说，它也是可以变化的。正如资本主义私有制经历了从古典的自由阶段的个人私有制到现阶段的垄断资本主义所有制和国家资本主义私有制，社会主义公有制在社会主义发展中也经过一系列的阶段和特殊形式，这要根据社会发展阶段和各国所处的一系列环境来决定。在无产阶级专政的一定时期内，生产资料的国家所有制形式是有积极作用的，是必要的。因此，不能超越时间和空间去评价公有制不同形式的社会历史作用，但是，他们根据马克思主义的国家学说和现代社会主义运动中实行国家所有制的实践经验，认为国家所有制仍然存在着一个基本矛盾，即直接生产者和对生产资料的管理职能仍然是分离的。这一基本矛盾带来的主要消极后果，一是直接生产者实际上仍然是国家的雇用劳动者；二是容易产生障碍生产力发展的官僚主义。为此，他们根据在《社会主义从空想到科学的发展》《反杜林论》《法兰西内战》《国际工人协会成立宣言》等著作中马克思、恩格斯关于由整个社会占有生产资料以及劳动者进行平等、自由的联合劳动的论述，提出了发展国家所有制为社会所有制的观点。

他们认为，社会所有制的生产资料属于整个社会所有，为全体参加劳动的人所有，而不是属于国家所有，也不属于集体、集团所有。社会所有制不仅是作为法律范畴体现在法律的条例和规定上，它首先是经济范畴，具有实际的经济内容。它的基本特征是劳动者直接与生产资料相结合，把生产资料直接地交给联合起来的劳动者管理，劳动成果由劳动者根据全社会的利益来进行分配。在这种生产关系中，劳动者摆脱了任何形式的雇佣关系。一个劳动者一旦加入联合劳动组织，便有权使用社会所有的生产资料，并同其他劳动者一起平等地管理所在单位的生产资料和日常活动，协调和其他劳动者的相互关系，进行自由联合劳动，直接管理他们的劳动收入并依法履行他们对整个社会的义务和责任，同时又以按劳分配的原则取得其个人应得的收入。人们的物质状况和社会地位，只取决于他们的劳动和劳动成果。

生产资料社会所有制的理论是南斯拉夫在经济领域中从全部由国家集中管理逐步走向民主自治管理制度的最根本的理论基础。依据马克思主义基本原理，要说明一种所有制性质，就需要把在这种所有制形式下进行的再生产的整个过程描述一遍。南斯拉夫社会主义自治经济制度就是生产资料社会所有制的具体表现。

二　社会主义自治经济制度的基本特点

自治制度在南斯拉夫的确立和发展经历了比较长期的、复杂的过程，从在企业范围内的"工人自治"逐渐发展为包括非生产部门的"社会自治"，自20世纪70年代以来，才在联合劳动的基础上建立完整的社会主义自治制度。这里，我们不能全面地论述自治制度的各个方面，只从经济领域把生产资料社会所有制在生产和再生产过程的主要方面的具体体现作一些介绍。

第一，生产资料社会所有制的主体是工人，而不是国家。工厂的管理体制不是"一长制"，也不是党委领导下的厂长负责制，而是由工人选举出来的工人管理机构和工人监督机构来自治地管理工厂。

1. 工人大会及其代表机构——工人委员会决定全厂的重大问题。全体工人大会是基层组织的最高权力机构，有关生产、分配、财务、人事等方面的重大问题，都由全体工人大会投票表决，这是全体工人直接参加管理的重要方法。30人以上的工厂以无记名投票方式选举工人委员会作为全体工人大会的代表机构，委员不脱产，一般任期两年。每次改选时,上届委员只有 1/3 得以连任,只能连任一次,工人大会有权依法撤换工人委员会的委员。

2. 管理委员会是工人委员会的日常执行机构,它的工作对工人委员会负责。委员中至少 3/4 是直接生产者,任期两年,不脱产,他们的工作是无报酬的,但有权得到因公而损失的个人收入的补偿费。

3. 经理是在公开选聘的基础上,由工人委员会任命受过高等专业教育和有实践经验的专家担任,任期四年,但可连聘连任。他的职权是根据工人委员会和管理委员会的决定,负责组织和领导日常业务工作,他是管理委员会的当然成员,但不能担任它的主席,也不能被选为工人委员会的成员,只可列席工人委员会的会议,有建议权。工人委员会定期检查经理的工作情况,还可依法解除其职务。但经理如果发现工人委员会的决定违反国家法令、法律和有关条例,有权根据法律停止执行决定,并在三天内报告有关主管机关。工人大会或工人委员会的正确决议一旦形成,经理有全权根据决议发布命令,领导业务,指挥生产,每个人都要服从。这就是说,在执行过程中,经理是组织和指挥生产的权威,而在决策过程中,则是工人充分行使当家作主的权利,工人是生产和再生产过程的主体。

4. 工人监督制度是自治民主管理企业的保证。工人监督形式有三种:直接监督、通过管理机构监督、通过专门的工人监督委员会监督。工人监督委员会是企业中工人监督的最主要形式。工人监督委员会由工人直接投票选举产生,也由工人直接罢免。委员任期两年,不得连任。凡参加管理机构的人员均不得被选为监委委员。

工人监督委员会独立开展工作。它的任务是检查、揭发企业中违反法律和侵犯工人自治权利的现象。它有权检查企业中的一切文件。一经发现问题,即向有关机构提出建议采取措施加以消除。如有关机构不采取措施,或监委和工人委员会发生争执时,监委则直接向工人大会报告,由工人大会做出决定。如工人委员会和工人大会不采取措施,监委还可直接向自治辩护律师、联合劳动法院等国家司法机构报告,监委还可向区议会建议停止执行工委会有关违反国家法律和侵犯工人自治权利的决定。

企业中工委会和经理不能向监委下达任何任务。监委委员在工作中受到法律保护，不能因履行职务而受到迫害。南斯拉夫企业的民主管理和监督制度体现了工人是生产资料的真正所有者和主体。

第二，取消了中央统一管理企业收入和分配的制度，各基层组织是基本核算和分配单位，收入的形成和分配都首先在基层组织进行。但是，南斯拉夫的收入分配制度是以马克思的《哥达纲领批判》中所提出的分配设想为理论依据的，其基本方法就是从集体劳动所得的总收入中进行必要的扣除，来满足整个社会的共同需要。不过，从南斯拉夫的实际情况出发，扣除的项目和内容更加具体化了。

收入分配是所有制的另一个侧面。怎样从收入分配制度体现南斯拉夫的生产资料所有制既区别于国家所有制，又区别于集体所有制呢？

区别于国家所有制的是，它不由国家统收统支，而以基层劳动组织为基本核算单位，劳动者个人收入的多少，同整个企业收入的多少以及个人对集体劳动成果的贡献有直接的联系，因而消除了企业和个人在收入分配上吃"大锅饭"的现象。但是，国家对自治的分配制度也要进行必要的干预和引导，其主要渠道如下。

1. 通过议会制定的《联合劳动法》《关于确定和支配总收入和收入法》等法律，对各种分配的具体原则做出明确的规定；

2. 通过税收、价格等具体政策对分配的具体实施予以限制和调节；

3. 通过社会簿记机关和业务银行对各劳动组织的资金实行监督；

4. 促进各种社会协议和自治协议的达成，以保证分配原则的正常贯彻；

5. 促进劳动和资金的联合，以实现社会资金的集中和合理分配。

但是，基本核算单位在收入分配方面有充分的自主权，而这种自主权是由工人来行使的，它主要体现在以下几个方面。

首先，基层组织的劳动者通过自己的代表团和代表，直接参加各级议会关于分配法令的制定。区、共和国两级议会中都有"联合劳动院"，凡涉及物质利益、分配比例、制定各种捐税的条令等，都是由该院作出的。因此，凡上交的各种义务费用、捐税等的数额比例，都是在劳动者的直接参加下制定的。这样，劳动者对自己应尽的社会义务是心中有数的，他们知道社会从他们的劳动收入中扣除了多少，而且这些钱都用到哪里去了。

其次，联合劳动基层组织的工人有权直接决定"纯收入"的分配比例，可以决定多少比例用作个人收入分配，多少用作扩大再生产基金和储备基金；联合劳动基层组织的工人大会或工人委员会有权制定在个人收入分配中按劳分配的具体标准和办法。

最后，除了劳动组织内部的资金分配外，各基层劳动组织都要派出自己的代表团去参加本区或共和国的社会资金的分配比例和使用办法的决策。比如文教科学、市政建设、保健、交通、就业、劳动保护等项社会事业，不再是由国家预算拨款给专门的行政机构去进行，而是由联合劳动组织和利益有关方面组成该项工作的自治利益共同体去完成，劳动者通过自己的代表去讨论决定该自治利益共同体的资金来源（各联合劳动基层组织收入中的义务扣除）、分配和使用，从而对社会资金进行直接的管理或施加影响。

基层组织作为基本核算和分配单位，是财务自理、自负盈亏的。但它不同于小集体或集团所有制的是，工人不仅要关心本劳动集体的收入和自己在劳动集体总成果中的贡献，还必须考虑自己对整个社会的义务。各劳动组织之间、工人和其他劳动人民之间要通过自治协议和社会契约来以自治的民主方式协调彼此的利益关系，共同确定广泛的社会关系，这些自治协议和社会契约同样具有法律的效力。

基层组织在收入形成和分配的过程中，扣除了生产资料的消耗和按法定折旧率计算的折旧费以后，首先是进行各种社会扣除，包括各种税收、捐款、合同义务金等，余下的才作为纯收入在企业内部分配。税收和捐款包括向区或共和国交纳的国防费、行政费等，捐款的项目很多，包括退休与残废保险捐款、保健捐款、农民保健捐款、就业捐款、职业教育捐款、共和国小学捐款、区小学教育捐款、区文化自治利益共同体捐款、区体育自治利益共同体捐款、共和国社会福利捐款、区儿童福利自治利益共同体捐款、修整市容捐款、房租补助捐款、公共消费基金捐款，以及高收入者的个人所得税，等等。所有这些捐款数额不定，每年根据实际需要由议会联合劳动院与各自治利益共同体共同协商决定，而各区、各共和国情况不同，捐款数额也不同。这些社会义务体现了相互支援的原则，所以南斯拉夫的个人收入是贯彻按劳动成果分配与"相互支援"相结合的原则。正是这种"相互支援"，从收入分配的侧面体现了生产资料所有制的社会性。

第三，取消了中央集中的计划制度，实行以自治协议和社会契约为基础的自治社会计划制度。

南斯拉夫实行自治以后，逐步取消了工业品的计划供应和农产品义务交售制，恢复了社会主义的商品经济。劳动者和劳动组织都是商品生产者，他们是国民经济中相对独立而又相互依存的经济细胞。而整个经济是个复杂的体系，社会对商品的需要是千差万别的，中央计划不可能包揽和调节一切经济关系；加上行政层次繁多，对社会经济生活中瞬息万变情况不可能作灵敏的反应，这就必然造成许多不合理的现象。为此，必须改变集中统一的计划制度。但到20世纪60年代中期，由于过分强调了市场的作用，削弱甚至取消了计划的指导作用，以致在经济中出现了许多不平衡的现象。因为市场竞争的共同点是使商品生产者力图将其生产费用降低到社会平均的必要费用以下，从这点说，它可以起监督合理经营和推动技术革新的作用。同时，市场的供求情况对生产者来说，也是最灵敏的情报系统，它能反映出社会需要什么、需要多少，使它们的生产适合社会的需要。但是，市场也有消极作用，因为供求之间要通过很长时间才能平衡，不平衡过程中的波动会破坏经济。而且，市场作为调节机制也有其局限性，一般说，在消费性投资领域，市场的反应比较迅速、直接，而在生产性投资领域特别是长期发展领域中，市场则反应迟缓或根本无反应，起不了调节作用。所以，自20世纪70年代以来，南斯拉夫在经济管理工作中的指导思想是，既要充分利用和发挥商品生产和价值规律的作用，又要加强计划的指导作用，把市场经济和社会计划有机地结合起来。所谓计划，其实质就是发展的长期设想，通过它建立社会的战略目标，在国民经济的许多相互竞争的目标中，确定优先发展的目标，暂时限制另一些目标。但是，计划要遵循市场的客观规律；要利用市场规律的作用；要进行经济核算。他们认为，不遵循经济规律的作用，计划就变成纯粹的主观主义。同时，计划又规定市场起作用的范围，限制市场的自发性，通过计划的指导，平衡市场的供求关系。市场和计划是两个同时存在而相互补充的机制。

南斯拉夫的市场经济范围很广，包括商品的供销、资金的借贷和劳动力的供求等。他们允许企业之间竞争，通过市场竞争，特别是国际市场竞争，促进商品降低成本，提高质量。但是，南斯拉夫的市场经济是以社会所有制为基础的社会主义自治制度下的市场经济，它不能是无政府状态的，也应当有严格的管理体制。按法律规定，南斯拉夫的市场是统一的，有统一的货币，统一的关税、税收、信贷等政策，有统一的社会计划指导。所以，南斯拉夫经济是统一计划指导下的市场—计划经济。但在实践中，计划与市场的关系很复杂，它们之间经常发生矛盾，不能幻想它们之间始终保持互相协调、互相补充的关系，而只能朝这个方向努力，把矛盾减少到最低限度。

南斯拉夫认为，科学与民主是制订计划的两个重要前提。科学可以为预测提供准确的情报，而民主则使计划建立在广泛的群众性的基础上。南斯拉夫现行的计划制度既不是高度集中的，也不是完全分散的，而是上下结合、协调发展的社会自治计划制度。自治计划由自治组织制订，社会计划由社会政治共同体制定，两者相互联系互为补充，都是以自治协议和社会契约为基础。爱德华·卡德尔在《论自治计划制度》一书中指出："制定自治计划在我国社会主义联合劳动制度下也是具有社会性的，而制定社会计划也是具有自治性的，因为它的重要承担者和决定性力量是自治联合劳动。"

自治计划制定的方法和原则是：以销定产，以产定供，自筹资金，自由招工，自由定价与监督价格相结合。制定计划时，各基层组织的工人委员会先推荐若干计划、经济专家和工人代表，参照上级组织的建议，从产供销的实际情况出发，先与各利益有关方面签订自治协议和社会契约。协议和契约是对下一个计划期的共同目标，实现目标所需的资金，要实现的成果，实现收入及其分配方式以及达到目标过程中相互间的义务和责任等协商的结果。然后根据这些协议和契约，拟定一个计划草案，提交工人委员会讨论，最后在全体工人大会上讨论通过。自治计划无须经过上级行政机关批准。

但是，这并不意味着基层组织可以为所欲为，想怎么干就怎么干。自治计划有两个显著特点：一是以自治协议和社会契约为基础，签订协议和契约过程中要克服各自为政、损人利己的竞争和垄断等不良现象；二是要及时掌握市场的供求情况。

《联合劳动法》规定："如果联合劳动组织在制定计划和执行计划时不遵守自治协议中关于计划基础的义务，从而严重地威胁实现既定的共同利益和目标、经济稳定或工人在劳动及获得收入中的平等地位，那末，社会政治共同体（即政权机关）就应对该联合劳动组织采取法律规定的措施。"在共和国一级和区一级都有社会协议，规定了各个联合劳动组织必须遵守的义务，如税收额、为社会共同需要的捐款、基层组织的最低积累率等。在同行业之间也有社会协议，共同确定最低的折旧率，各种产品的最高价格等。生产某种产品的劳动组织和供应其原料的劳动组织以及销售其产品的劳动组织之间也有协议和合同。这一切协议都是制定计划的基础，谁也不能违背这些协议规定的各自的义务和责任。

除上述协议外，制定计划时还必须及时掌握市场的供求情况。比如，克罗地亚共和国有个4000名职工的糖果厂，其中就有40人专门调查研究市场情况，以保证本厂的产品产销对路。又如贝尔格莱德成衣厂在全国有180个销售点，每天都要向总厂报告他们的销售情况和动向，总厂有一个电子计算机中心，对这些情况及时整理分析，每一种产品都建立一套卡片，记录着这种产品的销售情况、供求变化和库存情况。在这样综合分析的基础上，编制出合乎市场情况的生产计划。

社会计划是由政治共同体制定的，有联邦社会计划、共和国和自治省社会计划、区社会计划之分。它的内容包括国民经济发展的共同利益和基本方向，国防和社会自卫的加强，对落后地区的援助，物质文化生活福利的提高，生产的发展与社会再生产的协调（包括资金、收入、各种经济发展的指标和比例等）。社会计划还对市场、物价、财政、信贷、税收等方面规定具体的方针和政策措施，还规定全国重点部门的发展任务、指标和措施。

制定社会计划的方法是上下结合，层层协调。联邦先根据总的发展规划，提出一个包括最主要的但有一定伸缩性的大概的设想，发至全国，直至各联合劳动基层组织。各基层组织根据自己的生产能力，参照全国的设想，与有关单位反复协商，制定出本组织的自治计划。各级联合劳动组织根据其下属基层组织的计划制定出自己的初步计划。各共和国或自治省和全联邦的同行业公会、业务共同体又根据联合劳动复合组织制定自己的计划。这样，由联邦、共和国或自治省到基层组织，又从基层组织各级到联邦，上下反复"碰头"协商，充分调动各级、各部门的积极主动性，使计划建立在可靠的基础上。社会计划也是以各劳动组织的自治协议以及它同地方自治利益共同体的社会契约为基础的。这些协议一经签字，就有法律效力，一方不履行，另一方就要索赔损失。如果某一劳动组织不同意社会契约的规定，它可以不参加即不承担社会契约中规定的义务，也不享受社会契约中规定的有关权利。

除上述制定计划过程中的层层协调外，南斯拉夫加强对市场计划指导的主要措施还有以下三个。

1. 重视经济立法，加强法制。

在南斯拉夫，任何经济活动都有法律作为依据和准绳。不论是生产组织、社会政治组织或是政权机关，在法律面前都是平等的。南斯拉夫联邦议会通过的800多种法律中，有400多种是经济立法。除宪法中有关经济活动的条款外，主要的经济法令有联合劳动法、外贸法、货币—信贷法、外汇法以及有关财政税收方面的法令。还继续制定扩大再生产基础法（即基本建设投资法）和价格社会监督法。各共和国、自治省议会根据联邦的法律，结合本地区的具体情况，相应地制定本地区的各项法令。南斯拉夫设有经济法院，专门处理违反经济合同和违反国家法令的行为，执法很严格。许多企业和机关都有专职的法律工作人员，经常研究本单位的经济活动是否符合国家法令。

2. 发挥经济政策的指导和调节作用。

南斯拉夫的主要经济政策有物价政策、税收政策、关税政策、信贷政策、折旧政策、投资政策、收入分配政策等。国家通过各种经济政策，来调节各方面的经济利益关系，鼓励那些社会急需的产品的生产和建设，限制那些社会不需要的产品生产的发展。例如，为了优先发展电力、黑色冶金、食品工业和交通事业，对这些行业减免所得税，引进新技术时减免关税，资金不足时给予优惠贷款，调整这些部门的价格，使其有利可图等。

3. 群众监督和社会监督。

由于企业的经营状况与工人的个人收入息息相关，南斯拉夫工人群众出于对社会利益和个人利益的关心，一般能认真地监督企业的经营状况。企业的工人监督委员会也要监督企业的各项经营活动。在地方共同体里，有顾客委员会，监督市场物价和商品供应情况。

在广泛的群众监督的基础上，南斯拉夫还有一整套有力的社会监督制度，如统计监督、物价的社会监督、社会簿记局监督等。南斯拉夫的统计机构是自成系统的独立机构；社会簿记局是社会监督体制中一个独特的组织，从上到下，垂直领导，所有经济单位、社会部门和行政机关的一切收支，都要通过它来办理，并接受它的监督。

总之，南斯拉夫的社会自治计划制度是生产资料社会所有制的具体体现之一，也是社会主义自治经济制度的基本特点之一。但这种计划制度在实践中也还远不完善。

第四，取消了国家统一规定价格的制度，实行企业自定价格与社会对价格的监督相结合的物价管理体制。

南斯拉夫实行自治以后，商品根据市场情况自由形成价格，但国家仍对原料规定了最高价格，对生活必需品、煤、石油、电力、交通运输等规定了固定价格。对主要农产品规定了最低保证收购价格。自20世纪60年代中期以来，参照国际市场价格标准调整了国内物价；自70年代以来，强调实行价格的社会契约原则，同时还实行价格的社会监督。

关于如何利用市场规律来自由地调节价格，同时又进行价格的社会监督，以利于生产的发展和人民生活水平的提高，这个问题在南斯拉夫也还有待于进一步研究解决。

1. 价格形成。

南斯拉夫商品定价的原则虽然也是多方面的，但主要是根据社会平均必要劳动量定价，兼顾技术水平不同企业的利益；参照国际市场价格，调节进出口贸易。提高本国产品在国际市场的竞争能力。他们还强调按质论价、优质优价、劣质劣价。不断调整各种商品之间的比价。此外，政府还根据对人民生活水平的影响程度，根据优先发展某些部门的需要，通过税收和信贷政策来影响价格的形成。

利用世界市场价格对本国产品施加影响，是南斯拉夫价格政策的重要组成部分。他们从世界价格角度比较和衡量本国的生产费用和劳动生产率，在规定国内市场出售的许多产品价格时要考虑国际市场同类产品价格，以对本国生产者施加必要的压力和刺激。

此外，南斯拉夫还通过进出口贸易和海关政策来影响价格。比如，他们的许多产品本来可以满足本国需要，但仍要进口一部分；而某些产品本来可以在国内市场销掉，仍要出口一部分，其目的就是通过进出口和海关政策，不仅调剂本国市场对商品数量和品种的需要，而且为了使本国产品在国际市场上经受鉴定和压力，提高其竞争能力。

2. 农产品定价的基本原则。

农产品定价的基本原则是以社会所有制农业企业的平均劳动生产率水平为基础，参照国外农产品价格水平，允许根据供求关系有一定限度的价格浮动，但对基本的农产品进行价格监督。

比如，对 11 种主要农产品（小麦、玉米、大米、向日葵、其他油料、甜菜、烟草、棉花、皮毛、牛奶、肉类）进行价格监督。它们的生产价格和最低收购保证价格由联邦各有关方面达成协议，统一规定，零售价格由共和国规定。规定后不得随意上涨。大约有 70% 的农产品价格处于这种监督之下。保证收购价格，由政府在每年 10 月播种前同生产者代表（农场业务联合会代表社会所有制单位，社会主义联盟代表农民）签订协定。它是由国家保证收购的农产品的最低协议价格，按照这个价格水平，生产者不必担心销路。保证价格是初步价格，实际价格一般比保证价格高 10%。最低保证价格每年都有调整，以便根据市场供求情况，通过对保证价格的升降来调节某些产品的生产，在收购时又按规定的质量标准议价，优质优价。

对上述 11 种产品以外的农畜产品实行有限度的自由定价。如小猪、牛羊肉、家禽、肉罐头、精制面包和点心、蔬菜、水果等，约占全部农产品的 30%。南斯拉夫认为，这种"小自由"对活跃市场、调剂品种有好处。但政府的市场监督员对自由定价的产品也进行了检查，对破坏市场秩序者进行了制裁。有时，还抛售国家储备品以压低某些产品的价格，防止投机。

3. 价格的社会监督与管理。

南斯拉夫价格水平的具体形成方式是由联邦有关机关、经济联合会、有关自治组织和政治组织共同协商，签订社会契约，协调价格关系。劳动组织在相互签订关于价格的自治协议时，必须以这样形成的价格水平为依据。与此同时，如前所述，南斯拉夫还对价格实行社会监督，方式不外是间接监督与直接监督。前者是通过税收、信贷、货币政策来间接影响价格形成；后者是规定某些产品必须向物价局进行价格登记，甚至用行政手段冻结物价。约有 30% 的商品由联邦物价总局管理，20% 的商品由共和国物价局管理。从定价方式看，价格大体分为政府直接定价、在同行业协议基础上的自由定价和完全自由定价三类。

由于南斯拉夫采取浮动价格政策，消费品物价指数不断上涨，但由于对工业品出厂价格实行监督，在一定程度上控制了零售价格的形成。

南斯拉夫认为，在正常情况下，不宜使用行政手段冻结物价，但当市场出现较大的紊乱，明显影响人民生活、威胁经济和市场的统一时，国家就应通过冻结物价来制止不稳定局面的进一步蔓延。例如南斯拉夫联邦执行委员会1980年6月6日宣布的稳定经济的措施之一，就是把物价最高限额冻结在6月6日的水平上。目前，全部物价都置于物价局的直接控制之下。

除以上基本特点外，南斯拉夫的财政预算体制、银行体制、对外贸易体制等都具有与中央集权体制下完全不同的特点。比如，联邦的预算收入主要是关税、商品流通税、共和国上缴收入等；预算支出主要是国防费、补助不发达地区的消费性支出以及国家机构的需要。它基本上是一个消费性的预算。其他各级预算也大体如此，都不包括企业基本建设投资，也不包括各种事业经费。南斯拉夫兴建一项基建工程，投资是靠有关企业和单位共同筹集，主要来源有企业发展基金、经济银行贷款、外国贷款以及个人投资或发行公债等。他们兴办各种事业，如文化、教育、科学、卫生、体育等都是采取自治利益共同体的组织形式，由受益各方协商解决。联邦通过社会监督机构和各项有关政策进行必要的干预和引导。

三 南共联盟在自治经济制度中的作用 以及自治经济制度下的国家职能

第二次世界大战后初期，在南斯拉夫也曾党政不分，一切由南共组织决定。当时，南共作为执政党，从政权角度用权力、政治权威和命令的力量开展活动。他们认为，随着自治制度的建立和发展，党这种绝对领导的作用，阻碍了群众劳动积极性的发挥，因此，他们主张把"领导作用"改为"引导作用"。特别是在1974年召开的南共联盟"十大"和1978年召开的"十一大"上，铁托更为明确地阐述了南共联盟的引导作用。

他们认为，南斯拉夫共产主义者联盟（以下简称"南共联盟"）是社会的政治领导力量，它对社会发展的一切重大问题要提倡议，对社会发展的进程要负责任。实行自治制度的目的并非要使国家政权和经济管理职能"摆脱"共产党的影响，相反，是为了通过更民主的方式让工人基本群众组织起来自己管理生产和社会事务，党对自治制度的发展要从政治上和组织上予以引导和保证，党的任务从根本上来说，就是要提高工人阶级和劳动者的觉悟和社会政治地位，让他们直接行使权力，而不是由党代表工人阶级去行使权力。

南斯拉夫认为，共产党掌握政权以后，最大的危险是党的官僚化，把党看作政权，党的干部包办一切、垄断一切。他们认为，应当自觉地意识到，共产党不是政权，而只是思想政治上的引导力量，人民的政权应由人民自己来行使。发挥党的引导作用，就是要改变以前那种党代表工人阶级直接掌权和具体管理社会事务的社会地位，党应当为加强工人阶级的地位和作用，实现他们的自主权和直接责任而创造条件。南共联盟不是社会主义建设的外来因素，也不是凌驾于社会之上的力量，而是社会主义自治的社会关系中的内部动力和指引力量。南共联盟主张，只有在革命成果和宗旨受到威胁的情况下，南共联盟才可以从权威的立场出发行事；在正常的情况下，它不能向其他组织机构发号施令，而应当通过平等讨论来使自己的立场得以贯彻。

南共联盟还指出，社会主义社会还存在矛盾、冲突，也会有敌对势力反对，在人民内部和劳动组织内部还有利害矛盾，这些都必须在党的引导下，采取正确的方法予以解决。

自治是作为中央集权的对立物而产生和发展的。南斯拉夫认为，他们的自治并不是一个模式，也无意成为一个模式，但它却是对每一种已知模式的第一次历史性的挑战，特别是对中央集权的模式的挑战。随着自治制度的发展和完善，它必然要扩及最高层，要把中央国家机关也改变为自治机关，到那时，国家也即随之消亡。但这需要经过几代人的努力，需要创造物质的、文化的前提。

南斯拉夫现行的自治制度并不否定无产阶级专政，相反，却是无产阶级专政的"一种特殊的形式"。这种专政对反对剥削和资本主义生产关系的复辟具有更加巩固和广泛的基础。但他们也认为，社会主义国家是特殊形式的国家，是日益消亡中的国家，不能把这种消亡推向共产主义的遥远未来，无产阶级夺取政权之后就要开始这一消亡的过程，要通过发展自治来使国家权力社会化，防止国家权力成为脱离社会的单独和独立的力量，从而有效地控制国家权力的行使。

经过三十年向自治方向的改革，南斯拉夫的国家职能是逐渐削弱了，权力分散了。联邦和各级政权机关不再具体组织和管理生产经济事务。联邦除掌握外交、国防、内务、外贸等权力外，已不设其他各部。至于财政部、市场和经济事务部、动力和工业委员会、农业委员会及社会计划局、统计局、专利局等只是对联邦议会负责的咨询、参谋和办事机构，不掌握经济管理权。国家机构大大缩小，管理经济的职能几乎全部下放给了联合起来的劳动者，公共福利事业由自治利益共同体兴办。联邦通过税收只掌握军费、行政费和援助不发达地区基金三项费用，它在经济领域的职能是：发展社会主义自治社会的经济关系；协调共和国之间的经济发展；保证不发达共和国和自治省的迅速发展；保证市场的统一；在统一的基础上发展对外经济关系。

但是，直到目前为止，国家对经济的干预和指导仍然是不可少的，国家要通过财政、金融和行政手段发展劳动和资金的联合，这不仅是为了克服市场经济的消极后果，而且也是社会化大生产所必需的。自1980年以来，南斯拉夫联邦执行委员会采取的经济稳定措施，实际上是加强国家在解决经济问题方面的作用，不过，他们强调国家只是在宪法规定的范围内行使职权，同时还强调加强联合劳动组织的物质地位和进一步发展自治，国家对经济的指导和干预作用应当尽量多地以自治的方式来进行。

总之，南斯拉夫认为，依据马克思主义原理，在无产阶级取得政权以后，第一步应当把生产资料掌握在自己手中。但是，如果在这"第一步"就把行政集权式的管理绝对化和永久化，就会产生国家集权官僚主义，而这对社会主义来说是最大的危险，因为它压制了劳动集体和劳动者的积极性，并以国家意志来代替客观的经济规律，这不利于生产力的迅速发展。因此，要发展自治关系。南斯拉夫有的经济学家认为，现阶段的南斯拉夫是自治制度占主导地位的自治形式的所有制关系同经济领域中或多或少的国家所有制要素的一种结合。

　　南斯拉夫的自治经济制度和国民经济的发展所取得的成就是有目共睹的。但无论是自治制度本身，或是当前的经济状况，都存在不少问题，有待继续探究和解决。南共联盟中央委员会主席团负责意识形态问题和意识形态教育的执行书记米洛伊科·德鲁洛维奇1979年7月14日在伦敦共产主义大学发表讲演时的结束语是："自治可能看来并不怎么好，但对我们来说，其他一切要显得坏得多。"这就是南斯拉夫人对待自治的态度。

（原载《经济研究资料》1981年第6期）

爱德华·卡德尔《公有制在当代社会主义实践中的矛盾》一书简介

【江春泽按：关于社会主义公有制的理论和实践，南斯拉夫同其他社会主义国家有很大的不同。爱德华·卡德尔的《公有制在当代社会主义实践中的矛盾》一书，是南斯拉夫关于这一理论问题的权威论述。该书是卡德尔1972年在南斯拉夫一次经济理论讨论会上的发言，发表后引起理论界的广泛注意，曾有法、意、阿根廷文译本出版。1976年法译本出版前，作者作了修订。该书的基本思想是阐明南斯拉夫当时实行的自治形式的公有制（一般翻译为"社会所有制"）产生的客观必然性以及发展过程中的各种矛盾，并为解决这些矛盾而实行联合劳动体制提供理论根据。20世纪80年代初，为应我国国内各方面研究之需要，曾先后有《红旗》杂志、北京大学《经济科学》杂志、《复旦学报》等刊物约我撰稿介绍该书的内容要点。各篇简介文稿的重点略有差异。这里选用了刊载于北京大学《经济科学》杂志1981年第2期的一篇，主要介绍他关于国有制的论点。】

生产资料社会主义国家所有制（以下简称"国有制"）是生产资料公有制的一种形式。目前，国内外理论界对国有制这种公有制形式有些不同的看法。这里，我介绍一下南斯拉夫理论家、南共联盟主要领导人之一爱德华·卡德尔所著的《公有制在当代社会主义实践中的矛盾》一书中关于国有制的一些论述，供我国理论界研讨这一问题时参考。

一 马克思并没有把国家所有制和公有制等同

卡德尔认为，"马克思并没有把国家所有制和公有制等同起来。"他引了马克思如下一段话："在股份公司内，职能已经同资本所有权相分离，因而劳动也已经完全同生产资料的所有权和剩余劳动的所有权相分离。资本主义生产极度发展的这个结果，是资本在转化为生产者的财产所必需的过渡点，不过这种财产不再是各个互相分离的生产者的私有财产，而是联合起来的生产者的财产，即直接的社会财产。另一方面，这是所有直到今天还和资本所有权结合在一起的再生产过程中的职能转化为联合起来的生产者的单纯职能，转化为社会职能的过渡点。"①

卡德尔认为，"这段话足够清楚地表明，马克思认为，公有制——归根结底，也就是说不论其过渡的社会历史形式如何——是联合生产者的社会职能，而不是某个表面上'代表'直接生产者行使职务、而实际上不受直接生产者影响的所有者'职务行使者'的社会职能。同时，不仅在我们的实践中，而且很大程度在理论上，这个职务行使者被强行纳入在私有制占统治地位的土壤上所产生的权利关系和形式的强求一致的制度内。""结果必然是立即出现了关于公有制的主体（国家、劳动组织，劳动组织的各个部分，劳动者）的旧观念，而在实践中，由于是从这样的推理出发的，……"一种论点，即"认为国家和劳动组织是公有制的两个主要的主体，亦即是集体所有者的两个主要'职务行使者'"。而对待所有制的这样一种态度导致了"一种观点认为，社会主义同国家所有制是一回事"。

卡德尔说："无论是我们的理论还是我们的实践，在对公有制的实质的理解上在许多方面仍然受到继承下来的传统的私有制的范畴和关系的束缚。"即"公有制还始终被认为是以劳动人民为一方，以社会资本集体所有者的某种法律上和事实上的'职务行使者'为另

---

① 《资本论》，《马克思恩格斯全集》（第二十五卷），人民出版社 1974 年版，第 494 页。

一方的两者之间的关系"。卡德尔认为，正是这样的理论和实践，"是所谓社会主义保守主义的一个基本的或者甚至是主要的社会历史根源"。"这种观点把公有制看成是人对物的静止的关系，而不是看成是人与人之间的关系，亦即不是看成是生产关系和社会经济关系；更不把它看成是一种社会历史进程。"

卡德尔认为，"只要存在占有，就存在所有制。"国有制"是在国家实行强制的基础上进行占有的。国家在行使这一职能时，可以起工人阶级的革命工具的作用，但也可能成为是工人阶级与公有制生产资料发生新式异化的工具"。作者说：正是"在寻求如何摆脱国家在发展社会主义革命及其生产关系中这一矛盾作用的出路上，在历史的日程上出现了实行社会主义自治的要求。自治的社会历史含义在于产生这样一种以生产资料公有制为基础的生产关系形式，在这种生产关系形式中，存在着作为唯一占有方式的以劳动为基础的占有，并且这种占有应当越来越占统治地位。在这样的生产关系中，工人在自己劳动的基础上直接地占有，摆脱了对资本所有者或者对资本集体所有者'职务行使者'的国家的各种形式雇佣关系。但是，他不能自给自足地、无政府主义地或按照所有权进行这种占有，而只能在相互依赖以及对别的工人的同等权利充分负责的基础上进行这种占有。这就使公有制不再是工人与国家这个社会资本垄断管理者之间的关系，而成为劳动人民本身之间的关系。换句话说，这是历史地产生马克思所指的那种公有制形式的道路。"

卡德尔还引用了马克思这样一段话："……在资本主义时代的成就的基础上，也就是说，在协作和对土地及靠劳动本身与生产的生产资料的共同占有的基础上，重新建立个人所有制。"[①]

总之，作者按照他对马克思主义关于公有制概念的实质的理解，并引用经典著作原文，论证了马克思主义创始人并没有把国家所有制与公有制等同起来。

[①] 《资本论》，《马克思恩格斯全集》（第二十二卷），人民出版社1964年版，第832页。

二 不能超越时间和空间去评价公有制 不同形式的社会历史作用

卡德尔认为，公有制是一个历史过程。"它是通过不同的途径和不同的形式展现的。无论是国家所有制还是其他形式的集体所有制都是这一过程的各个阶段，诚然，这些阶段在不同的国家中未必是以同样的形式再现的，但是，从整个社会历史过程的角度来看，不经过这些阶段，这一过程是无法实现的。因此，我们不能静止地、超越空间和时间，去评价公有制的不同形式的社会历史作用。我们的出发点应该是：这些形式意味着什么，这些形式对革命或社会主义发展的一定阶段来说在客观上有多大必要，亦即对社会主义发展的一定条件来说在客观上有多大必要。"

卡德尔说，今天在南斯拉夫，"国家所有制不再起战争刚结束时所起的那种作用了。在那个时期，国家是工人阶级和其他劳动群众革命行动的直接体现，因此国家在组织新社会的经济生活时起主导作用是必要的，这不仅是为了使国家摆脱经济很不发达的状态，而且也是为了对社会的生产关系进行革命的社会主义改造"。他认为，"大多数国家，尤其是经济不够发达的国家，即使在今天，而且将来肯定也是这样，在自己的社会主义道路上，将经历或长或短的国家所有制关系阶段。"

卡德尔还说，在战后最初年代，南斯拉夫在"社会经济基础狭小和经济问题极其严重的条件下，国家必须在经济中起支配作用，这在客观上是符合坚持革命和社会主义方向的工人阶级和基本人民群众的当时的长远的利益的"。还"由于同样的原因，工人阶级自身的实践经验还不足以使工人阶级自发的反应能明确地阐明"国有制"潜在的矛盾，并提出制定某种具体的自治形式的要求"。因此，他认为，南斯拉夫在当时的条件下，"只有国家所有制形式才能在为发展……社会主义建立起码的社会经济基础和物质基础的过程中起决定性的革命作用"。

三 国有制形式内在的基本矛盾

卡德尔肯定了国有制形式在南斯拉夫解放初期起了革命的作用，但他认为，国有制"就是在当时本身也孕育着一种基本矛盾的萌芽，它表现为把工人及其劳动同对社会资本和劳动的其他客观条件的直接管理相分离"。

卡德尔说，如果"把最初的国家所有制的形式和关系宣布为不可更改的教条，它就会造成劳动者同公有制生产资料相异化的一定形式的再生条件"。"工人必须追求建立这样一种社会经济地位和政治地位，这种地位将使他能成功地防止使他的剩余劳动异化，即他的剩余劳动可能作为价值独立于他，他自己的官僚或专家治国论者则可能成为掌握他的剩余劳动的人。"

他说，在国有制条件下，"在经济和社会劳动的其他领域里的管理职能是国家政权的'延长了的手'，而最重要的是，国家管理了整个社会资本。由于这一切，国家机关、经济机关和其他管理机关开始获得巨大的、独立的政治权力。"

卡德尔还分析，"由于共产党领导了革命，从而也执掌了革命政权，因此，在新的社会主义国家里，党的机关是同国家机关和经济管理机关有机地融合在一起的。这种状况在客观上是由于严重的经济问题和政治问题造成的。在当时，这些问题的解决要求新社会的领导力量在行动上保持高度统一。然而，尽管这一过程在很大程度上是时代的需要和必要，它还是开始自发地使共产党的社会作用服从于国家机关和经济管理机关的实践主义，这就使这一机关的政治实力更为加强了。日常的实践主义的自发性开始为国家和党的官僚主义化敞开大门，并带来了一种危险，就是使革命行动的集中越来越蜕化为行政官僚的中央集权制，以及使对国有化生产资料的管理，亦即对社会资本的管理，变为某种国家所有制和专家治国论者的管理垄断权，而使共产党变为维护这种垄断权的工具。这些过程也反映在中央集权的国家计划工作制度的发展中。诚然，这一工作在使南斯拉夫这样一个经济上不发达的国家在能够比较迅速发展生产力方面，不仅起了重要作用，而且起了决定性的作用，但是这一工作同时也成了使社会劳动的管理职能同工人相异化的工具，这就越来越限制了劳动者在劳动岗位上和劳动组织中在创造和管理方面发挥主动精神。"而且他认为，在国有制条件下管理体制的集中，"并不是生产力发展的有机表现，而是国家采取的政治行动。这样一种集中使得劳动组织彼此隔绝和'分散化'，从而增强经济的粗放经营程度"。它"在越来越大的程度上变成现实的经济和工艺一体化的障碍"。

这些现象的政治后果是，"把革命和无产阶级专政的政治制度同国家的中央集权制的政治官僚机关的政治专制主义等同起来。而这样的事态发展势必要把劳动群众不仅同对他们的劳动条件和资料以及对社会资本的管理相异化，而且同他们自己的革命国家及其革命先锋队——共产党相异化的一些新形式强加于人。"

卡德尔说，由于南斯拉夫的种种特殊条件，上述矛盾，"作为社会经济问题和政治问题，很早就被发现了。正是在解决这一问题的过程中产生了社会主义自治的思想和实践"。

卡德尔还说：他们"下定决心走自治的革命道路，不只是因为这条道路为在社会主义制度下发展民主关系奠定了基础，而且首先是因为这条道路为公有制关系更加自由的发展开辟了途径，也就是说，它包含着防止使公有制生产资料和再生产资金同工人和他的劳动相异化的最有效的防御机制"。他认为，"在自治条件下，劳动者有多得多的力量、可能和动力去创造使他可以成为社会财产和社会再生产的主体的那种条件，或者多少对创造这种条件施加强大的影响。"他说："归根结底"，这就是南斯拉夫"称之为劳动和劳动者的解放的过程的实质"。

南斯拉夫实行自治后，改变了把党的机构同国家机构或经济管理机构融为一体的情况。卡德尔认为，其目的并不是要使国家政权和经济管理职能"摆脱"共产党，亦即共产主义者联盟的影响，其"历史性含义在于，恰好是要共产党摆脱在国家政权机关和经济管理机关中产生的官僚主义和专家治国论的压力；是要共产党巩固自己同工人阶级基本群众的联系，从而使它变得更有能力，更加自由地反映他们的利益，并且代表这一利益，首先是按民主的方式把基本群众组织起来，对国家机关和经济管理机关施加主导性的和决定性的影响"。

（原载北京大学《经济科学》1981 年第 2 期）

东西方社会主义者齐声呼吁
"全面深刻改革！"
——出席"社会主义在世界上"国际圆桌会议情况汇报

  1989 年 10 月，我出席了由南共联盟中央主席团主办的"社会主义在世界上"国际圆桌研讨会。东西方各国的共产党领导人、马克思主义理论家和社会活动家共 151 人出席了会议。与会者围绕着 20 世纪以来社会主义理论与实践的发展，对社会主义的意识形态、基本纲领和实践模式进行再评价。下面，我简要地综述与会者的认识和提出的问题，并简要谈谈我个人的心得与感想。

一　社会主义运动存在严重危机，
只有全面深刻改革才能复兴

  多数与会者关切的是社会主义世界自身存在的危机感。他们认为，如果说目前在世界范围内，意识形态领域表现出混乱、迷茫、消极颓废、无明确方向的话，那么，这些特征与社会主义世界比在资本主义世界表现得更为严重。主要原因是由共产党执政的社会主义国家在政治和经济领域存在弊病，社会主义的现实与理想严重脱节，现行的社会主义制度已不再能成为取代西方资本主义制度的有吸引力的模式。社会主义运动目前在全世界处于低潮，共产党的影响力在西方国家普遍削弱，群众对社会主义信仰的热情明显消退。不少与会者批判了苏联在 20 世纪 30 年代后建立的社会主义模式，认为这种后来为许多国家所效法的"现实的社会主义"，实质上是"国家社会主义"或"官僚社会主义"。这种模式在经济上埋下了日后停滞与萧条的祸根;在政治上破坏了党内和社会的正常民主生活,形成家长式统治;在意识形态方面把马克思主义当作抽象的、空洞的和僵化的教条。这些严重的弊端使社会主义在世界上的形象和声誉受到极大的损害,严重影响了国际共运在全世界的发展。

因此,必须对20世纪以来社会主义的理论与实践、纲领与战略进行全面的、深刻的再认识和再评价。有的与会者提出,社会主义必须进行全面的、深刻的改革和更新,否则,它将不复存在。有人认为,"21世纪的社会主义将在实质上不同于今天的社会主义。"只有改革,才能为社会主义运动的复兴带来希望;只有在改革实践中,才能重新构建社会主义的观念和理想。这是多数与会者的共同认识。

与会者普遍认为,社会主义在各国具体发展的道路没有统一的模式,应当承认在不同社会历史条件下社会主义发展的多样性,也应当允许社会主义理论多元化和不同社会主义纲领与派别的合法化。有的与会者提出应建立一个包括社会民主党在内的广泛的社会主义阵线。他们认为,起源于改良主义工人运动的社会民主党是半个世纪以来最重要的社会现象之一。也有人提出,西欧社会民主党作为执政党将社会主义原则逐渐引入资本主义社会,取得明显的成就与经验,值得研究。还有的认为,共产党与社会民主党这两大派别将出现聚合的趋势,社会党国际代表团以观察员身份出席苏共党代会,就是一个重要迹象。

与会者对未来的"新型的社会主义"特征作了一般性的探讨,认为它至少包含以下的基本方面:高度广泛的民主与自由、健全完善的法制、发达的多元化的现代商品经济、人道主义的马克思主义意识形态等。

二 必须改善公有制企业的经营机制,建立有宏观调节的市场经济体系

公有制与市场,这是所有社会主义国家在改革中面临的两大难

题。在理论上如何突破传统观念，形成新的观念；在实践中怎样理顺关系，不产生混乱，难度很大。一位苏联人告诉我，现在大家都批旧东西，都知道什么样的社会主义是不需要的；但需要什么样的社会主义，谁也说不清楚，社会主义的新概念至今未能确立下来。

有的西方左翼学者提出疑问：为什么社会主义国家在改革中要用市场经济取代计划经济？他们认为，市场经济在资本主义国家都不灵了，在社会主义国家更是行不通的。这是误解。我们改革的目标并非纯市场经济，或者说并非原始的商品经济，而是有宏观调节的现代市场经济。市场经济在现代资本主义社会已经经过漫长的、痛苦的发育过程，企业家将其积极作用发挥得很充分，而其自发性、盲目性的破坏作用在历来的危机中也表现得很充分，资产阶级通过国家干预也逐步摸索出一些自我纠错的调节机制和调整政策的经验，所以，目前在发达国家也已经不存在纯市场经济了，都是有宏观调节的市场经济，我们需要研究和借鉴。

有的西方左翼理论家说，计划已从顶峰落地，市场也不灵，我们需要寻求新路。所谓新路，就是既非计划经济也非自由市场经济，不是个人之间与私人资本之间的竞争，而是集体之间的竞争。对于此类观点，一位埃及朋友认为：这些左翼理论家生活在西方社会里，并不真正了解社会主义国家的具体情况和困难，他们的见解往往停留在思想世界里。实际上，在所有社会主义国家，市场都还没有发育健全，所以要强调发育市场。

至于公有制，无论是苏联的国家所有制形式或是南斯拉夫的社会所有制形式，都没有解决所有者的真正主体，以致社会财产成了"无主人的"和"无偿的"财产，人们像对待自己的财产那样去任意使用，而像对待别人的财产那样漫不经心地"保护"，造成极大的浪费，同时又不能合理配置资源和有效地增值。但解决这个矛盾，是否就要提出私有化的口号呢？依我之见大可不必，因为那样做不仅要引起社会震荡而为此付出过高代价，而且私有化本身同样会带来矛盾。我们要尽可能走捷径，不必再把资本主义经济走过的漫长痛苦的道路重走一遍，我们要探求的新路就是怎样尽可能避免资本主义从原始积累以来的长期痛苦经历，又能达到发达资本主义国家所取得的成就。这是困难的。但目前的国际环境和新的科技革命为我们提供了良机，我们要充分利用。

从所有制本身来说，我认为，首先要切实研究其结构，所有制应当是多元化的。关键在于搞清楚哪些部门应当公有；公有部门应占多大比重。目前，在西方发达国家也都不同程度地存在着国有制，比如邮政，几乎所有国家都100%地国有，尽管该部门是亏损的。能源开采、稀缺资源开发、公共交通等一般也是国有的，而且资源保护得非常好。而我们号称以公有制为基础的国家，自然资源却保护得不好，乱砍滥伐现象必须有严厉的法律加以制止。而且我们的各级政府又往往一方面没有搞好交通等基础设施的建设，另一方面，却花了很大的精力去捆绑企业经营的手脚。所以，解决所有制问题的首要之点还是要研究好它的结构，使各种所有制能"各司其职，各得其所"。其次是研究公有制企业的经营机制问题，怎样使它既负盈又负亏，真正承担风险。

无论是公有制企业经营机制的改善，还是市场的健全发育（包括市场秩序的整顿，竞争规则的制定等），都是一个包含着多阶段的漫长历史过程，它与整个社会的经济文化发展阶段还要相适应，任何事情都不可能指望在一夜之间完成。

三 "希望你们不要复制我们的错误"

这里我着重谈谈南斯拉夫是怎样走出"滞胀"的问题。

南斯拉夫是社会主义改革的先行者，但因未形成现代市场机制、改革失误和环境不利的影响，目前已陷入以"滞胀"为特征的深重危机之中。自20世纪80年代以来，南经济增长率已不到1%。甚至出现过负数。通货膨胀率已达三位数，1988年10月通膨率是215%。进入20世纪80年代以来，人民生活水平比历史最高水平下降1/3以上，1987年比前一年下降10%，1988年前9个月又下降14%。企业亏损面大，连简单再生产都缺乏自有资金，只好向银行贷款，贷款的利息率高于通货膨胀率，名义工资又不能不增加，而这些全都计入成本加到价格上去，以致价格飞涨，已到了人民难以承受的程度。

不过出乎我们意料的是，亲临其境，南斯拉夫的市场上应有尽有，与西欧的超级市场相比似不逊色，价格比东方国家当然高出很多，但还赶不上西方国际市场，只不过它的平均工资收入（月收入150美元左右）只及西方1/10，对这样的价格群众当然承受不了。通货膨胀率如脱缰野马，各种治理手段均未奏效。与会一个南斯拉夫代表很中肯地对我们说："希望你们不要复制我们的错误！"

错误究竟在哪里呢？依我之浅见，与经济效果直接有关的因素有三：体制、政策与环境。

首先，南斯拉夫至今未形成现代市场体制。过去讨论南斯拉夫体制的教训时，国内一般认为，南斯拉夫搞自治太分散了；而在南斯拉夫，占主导地位的观点却认为自治得还不够。我的看法是，南斯拉夫的根本问题是它并没有形成现代的市场体系，理论上还受着旧的和新的教条主义的束缚。

南斯拉夫在社会主义国家中最早突破产品经济的框框，最先承认社会主义经济仍然是商品经济。但是，南斯拉夫迄今没有开放资本市场，这对南斯拉夫经济十分不利。比如，南斯拉夫有成百万工人在西方工作，他们所得外汇收入带回国内只能用于建造别墅、买汽车等消费支出，余下的资金只好存在西方银行里，其中有20亿美元存在西德银行。如果国内开放资本市场，就能把这些资金吸引回来投资。

为什么南斯拉夫不肯接受外国直接投资呢？据说他们在利用外国直接投资方面有顾虑，怕"进口资本家"，所以只采取借外债的形式。其实，接受外国资本直接投资和借外债一样，都是利用外资的具体形式，有无风险的关键在于能否做到：外资建设项目的利润率大大高于外资利息率；其产品形成出口能力，而且出口率高；不仅单个企业有偿还能力，从宏观上算总账也有偿还能力，并留有较大的风险余地。实际上，南斯拉夫尽管不"进口资本家"，但却陷入了外债重负，难以自拔，恐怕也不免受制于人。

南斯拉夫也没有真正的劳务市场。他们原来从马克思著作里找到根据，允许雇工5人以下。最近修改宪法，拟将原来的规定改为50人以下。南斯拉夫一位教授说，大多数人拥护这样的修改，但基层党的干部会反对，认为"允许雇工，几十年后社会阶级结构会变化"。这样的认识影响了劳务市场的形成。

南斯拉夫的商品市场，带有地方割据性，没有形成真正的统一市场，以致地区差别长期不能消除。斯洛文尼亚共和国的总产值占全国社会总产值的25%，而科索沃自治省在社会总产值中的比重只占2%，这是民族矛盾的经济根源。

对于南斯拉夫现存的问题，我的看法：首先，南斯拉夫体制的三大理论基石：国家经济职能消亡、社会所有制、工人自治，都需要进行总结，在实践的基础上再认识、再提高。

其次，在政策上的失误也要反思，比如通货膨胀与财政、货币政策就有直接关系，南斯拉夫奉行赤字财政，但没有控制好货币发行总量，导致通货恶性膨胀，这是指导政策不当所酿成的苦果。体制因素与政策因素交织，形成恶性循环。

最后，环境因素的影响，包括：国内存在严重的民族问题；国际上受贸易环境恶化的巨大冲击；还受到国际共产主义运动的压力，被迫防卫性地坚持社会主义方向，使经济活动过于意识形态化，而为了显示自治的优越性，投资与消费都过度膨胀。这些问题都要认真面对。

南斯拉夫目前的经济困境是一种综合征，需要综合分析研究、综合治理。对此，我寄以热情的期待。

（原载《世界知识》1989年第3期）

波兰社会动荡的经济背景

【江春泽按：1980 年 7 月，波兰发生了一场历史上规模最大、持续时间最长的工人大罢工，而且罢工正在持续迅猛发展。此时，中国即将召开第五届全国人民代表大会，会上将重点讨论经济体制改革问题。党中央和国务院领导高度关注波兰的形势，担心是否是由于他们的改革搞快了引起的。这关系到中国下一步改革的步伐如何决策。事关重大，又很紧急。因此，中央要求党内著名国际问题专家宦乡一周内去向政治局汇报有关波兰的情况。

宦乡（1909—1989）是老外交官，新中国成立后，出任外交部首任欧非司司长，1954 年出任驻英国代办，1962 年回国任外交部部长助理兼研究室主任。1976 年出任驻比利时和卢森堡大使，兼任欧共体使团团长。1978 年转任中国社会科学院副院长、国务院国际问题研究中心总干事。他还是第一届全国政协委员、副秘书长，第三届全国人大代表，第六届全国人大常委兼外事委员会副主任，中共十二大代表。曾受聘摩洛哥皇家科学院联系院士、伦敦经济与政治学院研究员，被授予英国格拉斯哥大学荣誉法学博士。他是"文革"结束后十多年里国内外公认的中国第一名国际问题专家，也是新中国对外学术交流的开拓者和领军人物，在推动对外开放特别是在判断世界形势和调整外交政策的拨乱反正方面，起到一定的中央领导智库的作用。为了向中共中央政治局汇报，他指示世界经济与政治研究所为他准备资料。当时的世界经济与政治研究所副所长罗元铮把这个艰巨的任务交给了我，要求我在五天内交卷。

当时波兰的局势每时每刻都在变化，罢工规模不断扩大。为了掌握最新情况，我带着介绍信，每天一大早就骑着自行车奔走于掌握信息的新华社、外交部等中央有关部门，了解局势的最新动态。这些部门知道是宦乡布置的任务，都很支持，包括外交部当天收到的手抄电报，都给我看，晚上回家，我通宵达旦地阅读和分析白天搜集到的资料，然后一稿又一稿地写报告。记得当时我正患急性肠炎，也坚持带病工作。

与此同时，所里也邀请了外交部、新华社、安全部、中联部等有关单位的人士开座谈会。开座谈会时，我写的汇报初稿已经写好，再参考座谈会的发言进行了修改补充。于第五天按时交了卷。

此汇报稿，后来以座谈会纪要形式，加上编者按，刊载在《世界经济》杂志1980年第5期上。】

【编者按】：自1980年7月2日开始，波兰发生了一次历史上规模最大、持续时间最长的工人罢工。为了探讨这次罢工事件的经济背景，中国社会科学院世界经济与政治研究所曾邀请有关单位的同志进行了座谈。本文是根据会上的发言整理的。特刊出，供参考。

一 持续两个月的罢工经过和原因

1980年7月1日，波兰政府宣布提高部分肉的销售价格。这个决定宣布后，激起了广大群众的强烈不满，工人随即于7月2日掀起了罢工浪潮，波及华沙、卢布林、罗兹、波兹南、托伦、海尔姆以及北部港口格但斯克、格丁尼亚、什切青等25个城市，其中包括一些重要工业区。罢工涉及的行业有：拖拉机、汽车、飞机等机器制造业和造船业、纺织业、冶金工业、交通运输业以及市政管理等。据西方估计，参加这次罢工的工厂企业约800—900个，罢工工人40万人以上，约占工人总数的8.4%。后来，罢工又扩及波兰南部的整个西里西亚煤矿区，参加罢工的煤矿工人为20万人。南通社一位权威人士说，这次罢工"是社会主义国家历史上规模最大的一次"。它震撼了波兰全国，也引起了全世界的注目。

波兰工人这次罢工组织严密，政治色彩较浓，没有搞游行示威和打砸抢等过火行动。自 8 月 14 日以前，工人通过厂里的罢工委员会提出提高工资、加强劳动保护、改善劳动条件等经济要求。8 月14 日，格但斯克地区的"列宁"造船厂 1 万多工人投入罢工行列，将罢工推向高潮。随后，格但斯克市 21 个大型企业相继罢工，并成立了厂际联合罢工委员会。他们除提出了一些经济要求外，还向当局提出了许多政治要求，如：保障罢工权利，确保言论、出版自由，取消书报检查；释放所有政治犯；取消行政机关对工会活动的干涉，成立自由工会；社会各阶层、各界参加有关改革计划的讨论；取消特权；等等。

自波兰人民共和国成立 30 年以来，在这次罢工之前，已先后发生过 3 次大罢工事件。但 1956 年酿成党政领导改组（哥穆尔卡上台）的波兹南事件和 1976 年迫使波兰当局在 24 小时内收回提价决定的 6 月事件，时间都很短，导致哥穆尔卡下台的 1970 年 12 月事件，前后也只持续了半个多月。而这次罢工却持续了两个月之久。

提高肉价，曾经是波兰 1970 年和 1976 年两次罢工事件的导火线，波兰当局深知这是个敏感的问题，处理一直比较慎重。这次在调整部分肉价之前，党和政府就作了舆论准备。解释调整价格的必要性，波兰报刊甚至宣传原来的肉价补贴只有利于高薪者，而对低薪者不利。而且在提高肉价的同时，波兰政府还增加家庭补助、退休金和低工资补助。波政府本以为调价的范围较小（在总销售量 200 万吨肉中只提高 42 万吨高价肉的售价，据西方报刊报道涨价幅度为40%—60%），而又采取了一些预防措施，将不会有什么风险。岂料提高肉价的决定一经宣布，竟掀起了比前两次提价触发的规模更大、影响更广、持续时间更长的罢工事件。直至 8 月 31 日波兰政府委员会分别同什切青、格但斯克联合罢工委员会达成协议，罢工工人才开始复工。而西里西亚的矿工到 9 月 2 日晚才同政府达成协议，同意复工。

波兰之所以成为东欧多事之地，原因是多方面的。罢工的爆发绝非"一日之寒"，调整肉价只是导火线。近年来，波兰经济每况愈下，其原因主要是政治上没有广泛发扬民主，工人不能真正参加国家的政治生活和经济生活中一些重大问题的决定。尤其是在经济困难的形势下。党政军的领导干部又保留了不少特权，不与工人群众共甘苦，他们不仅有较高的工资，而且有特殊供应、特殊补贴。而群众手里即使有钱也买不到足够的消费品。因此广大群众对国家的政治生活和经济生活蕴藏着强烈的不满情绪。

下面，着重从经济方面分析这次罢工事件的背景。

二　巴比乌赫政府的调整步骤过急，是导致这次罢工事件的近因

波兰虽然从 1956 年起就从扩大企业权限开始，对原有经济管理体制进行改革，但改革的成效据称不大。所以波兰当局拟做些准备，到 1983 年再提出一个比较成熟的改革方案。

巴比乌赫总理上台半年来所采取的一些应急措施，并不是对波兰的经济管理体制进行系统的改革，而只是对盖莱克执政 10 年来波兰经济的严重比例失调做些调整和整顿。

巴比乌赫 1980 年 2 月担任总理后，根据波兰共产党八大制定的调整改革方针，设想了一个 3 年调整计划，内容包括：降低经济发展速度，压缩基建投资，压低工资增长率，节制消费，减少进口，增加出口，扭转外贸逆差，减少或逐渐取消零售价格和福利补贴，提高经营效率等。其具体措施如下。

第一，大力压缩基本建投资规模，缩短过长的基建战线，强调今后的投资规模必须符合国家当前的经济条件，要把投资占国民收入的比重从 30% 减少到 20% 以下。

第二，大力增加出口，减少进口。要求出口产品的生产迅速增加并提高产品质量，扭转外贸逆差，力求今年（1980）至迟明年（1981）在同资本主义国家贸易中取得顺差。为此，政府把今年上半年原打算投入国内市场的 4 亿美元商品转为出口，同时把原计划进口的商品削减 4 亿美元，这样，1980 年上半年可出现 10 年来第一次

1亿美元的外贸顺差。但是，国内市场却比原计划减少了8亿美元的商品，造成市场供应紧张。

第三，制定了改革价格的方案。巴比乌赫认为按照目前的零售价格结构难于对市场进行整顿，也不利于合理地管理市场，特别是对食品的管理，因此提出整顿食品市场，并决定从1981年起逐步调整商品零售价格，使生产成本与零售价格相协调。他认为，目前部分肉和肉制品用高价出售才接近于按生产成本计算的价格，所以才决定从1980年7月1日起调整部分肉价。

第四，减少和取消价格和福利补贴。鉴于国家财政紧张，巴比乌赫提出要逐步减少直至取消已占国家预算支出40%的零售价格和福利补贴，特别是占预算支出20%的食品补贴（包括占预算10%的肉类补贴）。还决定从8月1日开始调整部分房租，即对超过规定（每人7平方米）的住房面积每平方米多收20—30兹罗提。巴强调取消补贴迫在眉睫，不能再等了，要求立即采取行动。

第五，提出今后工资增长速度要与生产发展速度相适应，消除多年来工资增长速度高于国民收入和劳动生产率的增长速度的现象。为防止出现同实际劳动贡献不符的过高收入，限制明显超过一般生活水平的过高收入，规定今年工资仅增长1%。据外电报道，1979年波兰物价上涨6%—8%，1980年将上涨15%以上。这样，职工实际收入今年不但不能增加，还会有大幅度的下降。

第六，扩大粮食与饲料生产，减少粮食进口。要求今后农业生产的侧重点从以畜牧业为主转为以生产粮食、饲料为主。尽量用本国饲料发展畜牧业，用本国粮食供应市场。尽快减少粮食和饲料的大批进口，以减轻国家外汇支付的负担。但1980年上半年仍进口粮食470万吨（1979年进口了900万吨）。

第七，强调改善企业的经营管理。规定各主管部门、联合公司、工厂、企业都要改善经营，完成计划任务，完成出口任务。对那些经营效果不好，即成本高、消耗大、质量差、效率低的企业的官僚主义领导人进行制裁。据报道，巴比乌赫上台几个月就撤换了一大批政府和工厂企业的领导人。

上述这些措施中的大部分都涉及广大群众的切身利益，要降低他们已经得到的"高工资"和"高福利"，而调整方案的设想又没有事前同工人磋商，因而激起广大群众的愤怒。

那么，巴比乌赫为什么要提出上述急迫的调整措施呢？这不能不追溯到盖莱克上台10年来经济建设路线所带来的一系列问题。

三　盖莱克"新经济战略"的剖析

1970年12月，继哥穆尔卡之后，以盖莱克为首的新领导上台执政。新领导面临20世纪60年代末出现的严重局势，制定了高速度发展经济、大幅度提高人民生活水平的"新经济战略"，提出在70年代内"再建设一个波兰""实现第二次工业化"的口号，推行所谓"高速度、高工资、高福利"政策。

这个"新经济战略"在70年代的前5年曾经取得了一些较明显的效果。1971—1975年，投资额比上一个五年计划增加了113%，因而使国民经济中的固定资产增长了34%，工业中固定资产增长了66%以上，农业中固定资产增长了28%。与人民生活关系密切的食品工业、轻工业、汽车工业及耐用消费品的生产能力提高尤为显著。工业投资比上个5年增加1倍，而消费资料工业的投资增加2倍。工业生产增长73%，其中轻工业生产增长76%，高于整个工业的增长速度。农业生产增长22%。建筑业也受到关注，在这期间建立了100个房屋工厂，建筑业职工的劳动生产率提高了60%，民用住宅建设计划超额完成任务。在此基础上，国民收入年平均增长9.8%，劳动生产率年平均增长8.4%，消费总额年平均增长9.2%。提高社会福利的计划也超额完成，5年中公营经济职工的平均工资增长了40%。并取消了工资所得税，改进了职工提级制度，扩大了工龄补贴和增加了各种社会福利基金。在居民货币收入增长的同时，增加了国产和进口的消费品市场供应，向市场提供的食品增加了71%，基本食品的零售价格保持了稳定。这一时期的波兰出现了所谓"实际工资和投资得到罕见的、并行不悖的迅速增长"的景象。

然而好景不长。由于"新经济战略"的基点是依赖向西方借债和进口设备、原材料，而这种借债又远远超出了波兰的偿付能力，所以"高速度"的基础是脆弱的。据波兰公布的数字，从1956年以后至1970年，积累率一直维持在19.5%—26%，而到70年代则猛增至30%以上，1975年高达35.2%。基建中重点项目多达450个。至1978年，工业生产能力的60%、机械工业生产能力的70%，都是20世纪70年代从西方进口的最新装备。盖莱克政府原来的设想是：在20世纪70年代的前半期，大量利用外资进口新的技术设备，在20世纪70年代后半期，新的生产能力将能使波兰迅速增加出口，达到贸易平衡，偿还所欠外债。但事与愿违，自20世纪70年代下半期起，西方经济危机进一步深化，在外贸上采取了保护措施，波兰出口急剧下降，原来想以扩大出口来还债的计划受挫。同时由于世界性通货膨胀，波兰所需要的一些原材料、燃料、粮食等价格飞涨，这些进口产品价格上涨额就抵销了波兰出口实际增长额的一半以上。而经互会内部从1975年起也由固定价格改为浮动价格，按国际市场前5年的平均价格一年改动一次，这些都给波兰对外支付增加了新的困难，使波兰债务负担日益加重。波国民经济的发展速度近年来急剧下降，面临着一系列严重的经济困难。1979年是波兰近9年来经济最困难的一年。近1/3的工业产品未完成计划，农业是第5个歉收年。交通运输、外贸、基建、动力工业均未完成计划任务。这一年，整个国民收入不仅没有增长，反而比1978年降低了2.2%。实践证明，"新经济战略"是不切实际的，它加重了国民经济中一系列严重的比例失调。

第一，工农业生产比例失调，农业内部种植业和畜牧业比例失调，农业仍然是国民经济中的薄弱环节。

自20世纪70年代以来，波兰在刺激农民生产积极性和发展农业生产方面采取了一些措施。例如，数次提高基本农畜产品的收购价格，取消了一切农产品的义务交售，改革了土地税，对农业生产合作社社员、农业合作小组成员、个体农民及其家属，实行养老退休制度和免费医疗待遇。加上20世纪70年代初的几年里连年风调雨顺，这就使农业生产在 1971—1975 年达到了历史高峰，农业总产值年平均增长 3.7%。尽管这样，农业的发展仍然落后于工业的发展。20 世纪 70 年代，工业投资在投资总额中的比重占 40% 以上，而农业投资则只占 15% 左右。10 年间，工业生产增长了 1.3 倍，而农业仅增长 30%。20 世纪 70 年代后半期，农业连年歉收，农业生产不断下降。据透露，农业生产 1975 年下降 2.1%，1976 年下降 1.7%，1977 年下降 2.7%。农业生产的下降又影响到国民经济各个部门。

在农业内部，畜牧业和种植业的发展也不平衡。盖莱克政府在农业中推行的是"进口饲料出口肉"的方针。1978 年与 1970 年相比，种植业的总产值只增长了 12.6%，而畜牧业却增长了 37.8%。波兰人爱吃猪肉，畜牧业中主要是养猪业，需要大量的精饲料，但是种植业远远落后于畜牧业的发展，饲料不能自给。据波报透露，20 世纪 70 年代前 5 年，波兰饲养的猪，每 4 只就有 1 只是靠进口饲料喂养的，目前已上升到每 2 只就有 1 只靠进口饲料喂养。波兰的火腿和肉虽是传统的出口品，是硬通货的重要来源，但现在火腿和肉食品的出口额已不再能抵偿饲料粮的进口了，这就更加重了国民经济的负担。农业搞不上去是波当前经济困难的症结之一。

第二，工资增长过快，造成市场供求失调。

自 20 世纪 70 年代以来，波实行"高工资"政策。在哥穆尔卡时代（1961—1970 年），名义工资年平均增长 3.7%，实际工资年平均增长 1.8%。1970 年，盖莱克上台时，职工名义工资每月平均为 2235 兹罗提，1979 年上升为 5089 兹罗提，增长 127%，年平均增长率达到 9.7%，实际工资年平均增长 6.1%。而 1971—1980 年，居民的食品和肉的消费只分别增长了 40.7% 和 55.5%，远远跟不上工资的增长，造成市场供应紧张，某些重要消费品长期缺乏。波兰领导人承认"人民现金收入的增加超过了劳务和市场商品生产的发展"。据客居英国的一位波兰经济学家分析，1975 年积攒下来的强制性储蓄在货币收入中的百分比突增至 15.2%，而在 1971 年仅为 1.4%。据他推算，15.2% 的强制性储蓄增长率意味着有 1500 万兹罗提的货币在市场上找不到商品。

第三，基本食品零售价格补贴和福利补贴负担沉重，财政收支不平衡。

自 20 世纪 70 年代以来，波曾数次提高农产品的收购价格，如小麦的收购价格提高了 40%，而基本食品的零售价格自 1970 年以来一直未变。由于收购价格和进口价格大大提高，再加上工资、劳务及原材料销售价格也在不断提高，这就使基本食品的生产成本大大增加，零售价大大低于生产成本。目前，农产品的收购价格大多已超过了零售价格，其差额由国家预算予以补贴。1971 年国家对基本食品的补贴为 180 亿兹罗提，1975 年为 1650 亿兹罗提，占预算支出的 20.8%。1970—1977 年补贴增加了 7 倍，1978 年达 2670 亿兹罗提（约合 70 多亿美元），仅肉类的补贴就达 570 亿兹罗提。1980 年计划的补贴金额为 5000 亿兹罗提（约合 167 亿美元），约占国家预算支出的 40%。另外，还要对出口进行补贴。这些是波兰国家预算中一个沉重的财政负担。减少补贴，以紧缩财政开支，是促使波当局决定这次调价的直接原因。

第四，大借外债、盲目引进，外贸和外汇收支失去平衡。

自盖莱克上台以后，对西方执行"开放的经济"政策，提出要打破前领导所主张的进出口平衡的"旧教条"，并想使外贸成为国民经济的杠杆，起到"决定国民经济节奏"的作用。允许外贸出现逆差，以广泛利用外资来更新和扩充本国的生产潜力，"高速度"发展本国经济。自 20 世纪 70 年代以来，在东欧国家中，波兰经济发展依靠西方信贷的情况最为突出。

波兰承认，"开放的经济"政策"带来了很多好处，但也造成了不少麻烦"。最大的麻烦，就是背上了沉重的外债负担。波兰借的外债主要用于：1. 购买西方的先进技术设备和新工艺；2. 弥补外贸逆差；3. 进口原材料和燃料；4. 进口大量粮食和饲料。20 世纪 70 年代后 5 年每年平均进口粮食 780 万吨，相当于产量的 40%。10 年间仅进口粮食一项，就花了 90 亿美元，几乎相当于目前所欠外债的一半；5. 借新债还旧债。据西方统计，波兰积欠西方的债务累计已近 200 亿美元，按人口平均计算，每个波兰人负债约 550 美元。

　　从实际情况看，波兰借债确是过了头，超过了自己的偿还能力。按通常情况，一个国家的外债偿还能力取决于该国的出口能力。一般认为，当年还本付息的支出以占同年外汇收入的20%为宜。而波兰的外贸却年年入超，外贸赤字累计合147.9亿美元。波兰1980年到期需要偿还本金58亿美元，付利息18亿美元，加上去年外贸赤字12亿美元，共计88亿美元，几乎等于波兰全年向西方出口和侨汇收入的总和。波兰还允许企业根据"自我偿还"原则向外借债，波兰进行出口生产的工厂，其中近一半是用补偿贸易形式建立的。贷款期一般为7—8年，贷款后2—3年开始还债。但根据官方公布的材料，能够按期还债的只占30%，而70%的贷款企业不能按合同如期还债。据波兰财政部副部长克热克透露，今年为了偿还到期的外债，需新借48亿美元的贷款，现已借到3/4，尚缺12亿美元。由于急于还债，只能被迫同意按较高的利率借新债。前几年利率一般为7%—8%，近期已增加到13%—14%，甚至高达20%。

　　1971年波兰制定了"积极的引进技术专利政策"，1971—1975年波兰引进的专利约占"经互会"国家购买专利的1/4左右。波兰认为，由于"积极的引进技术专利政策，波兰许多工业部门都前进了"。

　　但是，这种政策在执行过程中盲目性很大，许多单位不认真考虑自己的技术力量、原材料来源和施工力量等有关问题，一拥而上，致使引进的专利中有1/3左右被"束之高阁"，浪费惊人。自1977年以后，由于国民经济比例失调，国家对经济进行调整，大大压缩投资额，相当一部分专利项目又停建了。同时由于波对世界市场行情变化缺乏正确的判断，以致引进专利生产的产品不适应国际市场的需要。而且，引进的专利并不都是最先进的，目前波进口专利产品中能达到世界先进水平的只有14%左右。波承认，波在世界市场上"缺少一级商品、高级商品，缺少那些能挤进世界市场的商品"。而80%的进口技术专利项目，其原材料和零部件的一半要从国外进口。尽管波专利产品的1/3供出口，但收入的外汇只能抵偿专利生产所需进口费用的一半。引进专利技术方面的盲目性和专利利用效率低，也加重了波经济的困难。

第五，经济管理混乱，经营效果很差，加剧了国民经济的全面紧张。

自盖莱克上台后，不顾波兰的支付能力和资源条件，积极引进外国的设备和工艺，大兴土木，盲目上马，基建战线很长。而且全国 450 个重点工程中，60% 是建设周期在 3 年以上的大厂。由于管理混乱，许多重点工程常常不能按期投产，造价往往超过定额，而生产出来的产品又成本高、质量差，出口受阻，大大影响了波兰的还债和进口能力，于是不得不压缩基建战线，减少基建设备的进口，这又反过来影响了国内基建的进度，延长投产期限，推迟偿还债务，造成恶性循环。据波报透露，整个工业中浪费工时所造成的产值损失，约占年总产值的 8%。在原材料、燃料、动力的经营方面也存在着巨大的浪费现象，如波兰同类产品的能源和材料的消耗要比西方国家高 1—2 倍，建筑材料浪费更是惊人，据报道，全国水泥生产2000 万吨，而浪费和不合理使用就达 750 万吨之多。生产中不讲质量、不计效果的现象也很严重。钢产量按人平均超过半吨，但钢和钢材的供应仍然不足。产品质量低劣，废次品率高。据估计，波废次品造成的损失相当于公营经济内的工资基金的 25%—30%，相当于国民收入的 10%—13%。库存积压也很严重，到 1974 年年底，波兰库存工业品的价值（3560 亿兹罗提）等于当年工业总产值的 20%。

一方面产品积压浪费严重，另一方面燃料、动力、原材料供应不足。由于供电不足，1978 年有 3000 家工厂用电受到限制，1979年 10 月被迫在全国增加两个休息日。设备不能充分发挥生产能力，全国 30 万台机床中，每天平均只能工作 1.5 班次，如按每日工作两班计算，那就等于闲置 7.5 万台机床。

在交通运输部门，火车车皮的损坏极为严重。1979 年 8 月统计，全国断裂路轨总共约有 1 万公里长，而由于钢材短缺，又迟迟得不到更换。波兰南部是工业中心，由于工业布局不合理以及屈从于苏联争霸西欧的战略需要，波兰放缓了南北交通干线的扩建和改造，而兴建了东西向的宽轨"卡托维兹"钢厂专线，造成了30%的线路承受70%的货运量这样极不合理的状况。南部地区的煤炭不能及时运往全国各地和北方港口出口，各工厂企业所需的原材料也得不到及时充分供应，不仅严重影响了国民经济各部门的发展和外贸，也直接关系到人民的日常生活。

从上述情况可以看出，自巴比乌赫上台以后，根据波党八大的方针所采取的各项调整措施，是为了扭转盖莱克"新经济战略"实施10年来造成的困境，这些措施对于补救千疮百孔的波兰经济是势在必行的，但步骤太急，又损伤群众的利益，因而调整肉价成为触发这次罢工的直接原因。至于在这次罢工浪潮中，先是领导集团部分人事改组，巴比乌赫下台不过是盖莱克想以人事变更来换取罢工浪潮的平息，诿过于人，开脱自己，以维持其统治地位。但最终还是导致盖莱克的下台，由卡尼亚接任波党第一书记。

四　几点初步的看法

从波兰的经济形势和罢工事件中可以引出的具体教训是很多的，特别值得重视的有以下七点。

第一，国民经济的发展速度必须建立在综合平衡、切实可靠的基础上，如果不科学地、严格地计算本国的资源、能源、技术、设备等可能条件，不对本国的有利与不利条件特别是不利条件作充分的估计与冷静的分析，搞什么好大喜功的"三高"，是一定会失败的。

第二，农业这个国民经济的薄弱环节必须切实抓好，关于发展农业的各项政策要认真对待。人民生活必需的粮食、肉类应当基本立足于国内生产，不能依靠大量进口。

第三，为了改善农民生活和刺激农民生产积极性，波兰和东欧各国都采取过提高农产品收购价格、而对收购价格与零售价格的差额采取财政补贴的办法，在补贴越来越多、财政负担日益沉重的情况下，就不得不提高销售价格，而基本食品和肉类等副食品的销售价格大幅度上涨，必然影响人民生活，容易造成人心浮动和不满，因此在调整价格时必须作出充分的估计，稳步进行，不能操之过急。在市场价格已经影响到人民生活时，必须采取坚决有力的补救措施。

第四，闭关锁国，拒绝利用外资，摒弃外国先进技术和设备的政策和做法是错误的；但一旦开放，又要避免不顾支付能力、不顾本国的主客观条件、不认真研究世界市场的行情变化而大量举债和盲目引进；如果引进以后，不能妥善地经营管理，就会引起重大浪费，造成沉重的外债负担。

第五，在国民经济发展过程中要切实安排好人民生活，但是人民生活的改善、职工工资的增长，如果超过生产的增长、超过劳动生产率的增长，实行盲目的"高工资""高福利"，就会增加财政负担，引起工资和物价的轮番上涨，这也会成为社会不安定的重要因素。

第六，为了克服经济管理过分集中的弊病，必须进行经济管理体制改革，当然，改革的决心要大，但步子一定要稳，要通过试点，有步骤地进行。改革的措施要有力，对改革过程中出现的新情况、新问题，要通过调查研究及时掌握，并针对新问题，采取新的措施，才能取得较好的效果。

第七，政治上要发扬民主，国民经济计划、国家的重大经济措施，要多同人民群众商量，多听取人民群众的意见，企业里的工会工作要加强，要多作切实的工作，实行企业管理民主化。

（原载《世界经济》1980 年第 5 期）

南、罗、匈扩大企业自主权的启示

自中共十一届三中全会以来，我国从扩大企业自主权开始，对经济体制逐步进行了一些改革，对于增强企业的活力，调动企业和职工的积极性，搞活经济，促进生产的发展，起了很好的作用。我们要继续围绕调整这个中心，把调整和改革结合起来，进一步扩大企业自主权，积极稳妥地推进经济体制改革，争取更大的成效。

我国现行的体制，基本上是采用苏联 50 年代的模式，和东欧国家经济体制改革之前的状况大同小异。这种高度集中统一的、以行政办法为主的、忽视市场机制作用的、搞"大锅饭"和平均主义的体制，虽然在历史上曾对恢复和发展国民经济起到过一定的作用，但随着商品经济和社会化大生产的发展，就越来越不适应，而成为国民经济发展的障碍。从 20 世纪 50 年代以来，东欧国家先后程度不同地进行了改革。认真研究这些国家在改革中经历的正反两方面的经验教训，有助于我们在改革中减少盲目性，增强预见性和自觉性，少走弯路，稳步地完成体制改革这一重大的历史任务。

下面着重对南斯拉夫、罗马尼亚和匈牙利三国（以下简称南、罗、匈三国）扩大企业自主权作些简单的介绍和比较。应当指出，这些国家的经济体制迄今尚未完全定型，改革还在继续，各自也都面临着许多新矛盾、新问题，正在采取新措施加以解决。

一

在东欧各国经济体制改革中，南、罗、匈三国代表着三种不同的模式：南斯拉夫基本上是以市场经济为主体；罗马尼亚主要还是实行集中管理，但稍为扩大了企业的自主权和运用了市场调节；匈牙利介于二者之间，可说是以计划为主导、实行计划与市场相结合。

早在20世纪50年代初南斯拉夫就放弃了苏联式的体制。他们认为，高度集中的计划，不管多么完善，也不能容纳经济力量自身发展所提供或要求的种种可能性、形式和主动性。劳动者和企业都应当具有必要的独立性。每个经济组织都是独立的商品生产者。因此，他们减少国家对经济组织的直接干预，逐步加强劳动人民直接管理生产的权力，实行工人自治。以后又逐步扩大到社会生活所有领域，形成一套适合本国情况的社会主义自治制度。

工人自治是南斯拉夫现行体制区别于苏联和东欧其他国家的根本特点。它从"国家消亡论"出发，将经济管理的职能由原来的国家行政机构和国家委派的少数负责人来行使，改为由全体劳动者来直接行使。劳动者根据国家的政策法令联合起来，直接支配、使用和管理生资料，直接支配产品，决定企业的供产销和人财物等一切事项，实现劳动者和生产资料的直接结合。他们认为："如果劳动者对自己的劳动条件、劳动成果以及劳动的收入分配没有直接的决定权，那么他们还不能算是劳动的真正主人。"

工人自治是通过工人管理的方式，把国家行政机构管理经济的职能，转移给具有自主权的三级联合劳动体制，即联合劳动基层组织（相当于车间、分厂或小厂），联合劳动组织（相当于大厂），联合劳动复合组织（相当于联合公司）。在联合劳动基层组织内部，工人大会是最高权力机构。凡职工超过30人者，由工人大会选出工人委员会，作为工人大会的代表机构，负责制定企业的经营方针、规章制度、生产计划和财政决算平衡表，决定资金、贷款的使用和纯收入的分配方案，选举、罢免经理、厂长和各管理机构负责人等。重大的事项要提交工人大会通过。工人委员会下面还设立一个处理日常事务的执行机构——管理委员会。经理、厂长是在公开招聘的基础上，经工人委员会审查和工人大会投票表决通过后，予以任命，并报上级主管部门备案。经理、厂长是管理委员会的当然成员，但不能当管委会主席，也不参加工人委员会。经理、厂长根据工人委员会和管理委员会的决定，统一领导和组织企业的日常业务，对工人委员会负责，同时在企业是否履行法律规定的义务方面对国家负责。经理、厂长任期4年，连选连任；如果不称职或犯了错误，工人委员会可以随时依章罢免。经理、厂长如认为工人委员会的决定违反国家政策法令，有权进行告诫和拒绝执行，同时在3天内向政府主管部门报告。

南斯拉夫实行工人自治，并以此为核心扩大企业的自主权，是逐步进行的。目前，企业已经具有独立商品生产者所必须具有的一切权限，能够比较充分地调动企业和职工的积极性。近几年来，南斯拉夫为了进一步完善自治制度，解决企业权力太大影响宏观经济平衡的问题，稳定和发展经济，采取了一系列措施，包括引导劳动者增强国家观念，履行对社会的义务和责任，协调各基层组织之间的收入水平，加强对市场经济的调节和指导，加强经济法制等。

罗马尼亚经济体制的改革是从1967年开始的，当时主要是进行组织、机构的变动，包括改革行政建制，由原来的中央—州—区—乡，改为中央—县—乡，以减少不必要的中间环节；改革工业的组织机构，由原来的部—专业局—托拉斯—企业，改为部—工业中心—企业，使管理接近基层；取消一长制，强调集体领导和扩大社会主义民主，企业和工业中心都建立劳动人民委员会。

罗马尼亚自1974年开始进行第二次大的改革。经过几年实践取得经验后，1978年3月党中央作出了《关于改进经济财政领导和计划工作的决议》，全面进行改革，实行企业自治。这次改革的原则是，把在全国统一计划基础上进行的统一指挥，同各行政单位和生产单位的经济——财政自治，同工人自行管理的原则以及企业财务自理结合起来；同时，进一步贯彻物质鼓励原则和经济责任制，把国家、企业和职工个人的利益结合起来。改革的主要内容是：（1）用净产值代替总产值，作为考核企业的基本指标，同时也作为计算职工报酬的基本标准；（2）自下而上地制定生产计划和财政计划。计划具有法律效力，必须严格执行；（3）企业实行财务自理，可以从实现利润中分成，建立各项企业基金；（4）职工参加企业分红；（5）广泛实行合同制，生产企业同供销单位、基建单位同使用单位都通过合同发生关系，并以合同作为编制计划的基础，合同受法律保护，违反的要赔偿损失，以至追究法律责任；（6）鼓励出口；（7）要求每个县、市、乡逐步做到财政自理。

通过这两次改革，企业有了一定的自主权。他们一方面强调"坚决排除过分的和死板的集中制"，在民主集中制的基础上"广泛实行自治"；另一方面又强调每个企业的自治权必须同国家对整个经济和社会的活动的统一计划、统一领导协调地结合起来。事实上，目前罗马尼亚企业的自主权还是很有限度的。

匈牙利的经济体制改革，是在长期酝酿和准备的基础上，于1968 年开始全面实行了新经济体制。新经济体制的基本特点是：在生产资料社会主义所有制的基础上，把国家的计划指导同市场的调节作用结合起来，把国家对经济工作的领导和管理同扩大企业的自主权结合起来，把行政办法同经济手段结合起来，并突出经济手段的作用。它坚持计划经济和中央的集中计划制度，取消了下达指令性指标的办法，而以经济手段为主，辅之以必要的行政手段来保证国家计划的实现。它坚持国家对企业在经济上和行政上的一定的控制，又在国家计划指导下扩大企业自主权，鼓励企业之间的竞争。这种体制是一种把中央集权同企业分权、计划同市场有机结合起来的新型体制。1980 年匈牙利又针对新经济体制的某些弱点和国民经济中存在的问题，实行了新的经济调节制度，主要内容有：使价格体制能更灵活地反映市场需要；使税收、工资和分红等能更好体现企业之间、个人之间的差别，以推动竞争的开展；扩大企业尤其是轻工企业的直接外贸权；提高利润税、社会保险费、城镇发展税、地皮税和必要时没收企业的储备基金，以解决企业自留基金过多而国家财政连年出现赤字的问题；加强银行监督，压缩国家银行贷款等。1980 年6 月又决定取消酿酒、制糖、烟草工业的三个托拉斯，并进一步扩大企业自主权，在企业之间形成一定的竞争，以促使企业努力提高在国际市场上的竞争能力。目前，企业在国家计划指导下，在供产销和人财物等方面都有了较大的自主权。匈牙利一位著名经济学家说："我们认为，党和国家机关的任务是保证党的经济政策的实现，而不是过细地干预企业的经济活动。也就是说，要给企业很大的自主权，发挥企业的主动性。"

南、罗、匈三国改革的总趋势，是不同程度地摆脱苏联的旧模式，由单一的中央决策改为多层次决策，由否定市场机制改为承认和发挥市场机制的作用，由单纯依靠行政手段改为经济办法与行政手段相结合。但具体做法、改革程度、发展进程都各不相同，已形成的体制也各有特点。这说明，坚持生产资料公有和按劳分配的社会主义经济，可以有不同的模式。而采取何种模式，要从实际出发，不能搞一刀切，而且要随着情况的变化，不断地加以发展和完善。

二

南、罗、匈三国目前企业拥有的自主权，差别较大。下面从八个方面来加以比较。

1. 在计划管理方面，南斯拉夫取消了中央集中的计划制度，实行以自治协议和社会契约为基础的自治社会计划制度。国家主要通过经济手段、经济立法、经济监督、经济政策、中长期计划等，对企业的经济活动进行指导、协调和干预。国家制定的中、长期计划是带预测性的，只供地方和企业参考，对地方和企业无约束力。企业可以根据国内外市场的需要自己制定计划，无须经过任何部门批准，也可以不接受任何部门的指令或任务。计划经全体工人大会讨论通过后，要同供应原材料和销售产品的企业协调，签订经济协议或契约。

罗马尼亚的做法与南斯拉夫不同，企业根据上级下达的指示性指标编制计划，逐级上报审批，最后由国家以法令形式下达。企业编制计划必须以国内外销货合同为基础，没有订货合同的产品不得投入生产。

匈牙利把国家计划领导主要放在确定经济发展的主要目标、综合平衡重大的比例关系，以及制定各项统一的经济调节制度上。国家也编制年度、中期和长期计划。但对企业只起参考作用，并不作为指令向企业下达（国防工业、国际合作项目、重点基建任务等例外）。企业独立自主地制定自己的计划，无须上报批准，但要向上级部门介绍。当上级发现企业计划与国家计划有较大距离时，可以提出意见和建议，供企业参考；必须要企业接受的意见，主管部门要负经济责任。在必要时，国家也可以采用行政手段对企业进行干预，包括改变企业的生产计划，对企业进行关停并转等。

2. 在物资供应方面，南斯拉夫没有全国物资调拨制度，企业所需的生产资料大部分通过同其他企业签订长期供货协议取得，小部分从市场自由采购。有独立对外贸易权和能够从银行取得外汇贷款的企业，还可以用自己支配的外汇从国外进口原材料、设备和其他物资。

罗马尼亚企业在编制计划过程中，就通过工业中心协调和平衡各种原材料的来源。计划最终确定后，企业即同供货单位签订合同，以保证原材料的供应。

匈牙利则以贸易制来代替国家统一调配。国家除对少数与国计民生关系密切的重要产品和稀缺产品，根据供求情况实行统一调拨或规定购销限额外，允许企业通过签订长期供货合同或直接在国内外市场上自由采购来取得生产所需的各种物资。在必要时，主要是供应紧张时，国家也可以强迫企业生产和向指定的用户供货。对大型投资项目所需产品、军用物资、国家储备产品等，则由国家指令生产和供应。

3. 在产品销售方面，南斯拉夫没有统一的统购统销制度，企业生产的产品，可以批发给商业部门销售，可以委托商店代销，也可以在全国各地设立销售网点自行销售。工业产品的33%由企业自行定价，其余由同行业的经济联合会协议规定最高价格和向下浮动的幅度，或由供需双方协议定价，或由供、需和联邦三方协议定价，只有大约10%的产品由联邦控制价格。

罗马尼亚企业的产品销售，基本上是通过工业中心协调和平衡的。企业生产计划确定后，即同产品使用单位签订供货合同。

匈牙利企业有权同其他单位签订合同，建立直接的贸易关系，销售自己的产品；也可以把自己的产品卖给商业批发部门或零售商店，或自设门市部销售。企业产品是内销还是出口，也由企业自行决定。生产资料产品的 61%、消费资料产品的 30%，由生产企业自行定价，这部分的比重还将逐步增大。生产资料产品的 10%、消费资料产品的 20%，由国家规定统一价格，这是一些同国计民生关系重大的产品；生产资料产品的 29%、消费资料产品的 50%，由国家物价部门规定价格的上限和浮动的幅度。

4. 在人事管理方面，南斯拉夫企业有招收、解雇和惩罚职工的自主权。招工一般由就业局介绍，择优录取。新就业人员工作 3 个月以后，可以自由离职。职工可以自由流动，也允许失业工人去国外就业。对国内的失业工人，由企业发给法定的最低收入的 60%。

罗马尼亚企业有权自由招工、裁减人员和惩罚违反纪律的职工。招工时要经过所在地的劳动部门。工人有权要求离厂另找工作，但需在 15 天前通知工厂。工厂如认为要求合理，作为正常调动，保留工龄连续计算；如认为要求不合理，其在本厂工作的时间不计入工龄。厂长、经理由工业中心任免。企业劳动人民大会有权通过决议要求撤换不称职的领导干部，工业中心必须在 15 天内办理。任命领导干部要经过群众评议和业务考试，如在本企业找不到符合条件的人选时，可登报招聘。

匈牙利企业也有招收、解雇、惩罚职工的自主权。技术人员一般是根据与在校学生签订的合同调入，企业给学生一定数量的助学金，学生毕业后必须到企业工作一定年限。职工可以自由选择职业。企业领导人由国家委派。企业的职工大会或职工代表大会，有权讨论通过生产计划、利润分红等重大问题，以及向上级提出撤换不称职的领导人的建议。企业的组织机构、行政管理和劳动纪律、职工集体福利等，均由企业自行决定。

5. 在财产管理方面，南斯拉夫将生产资料交给企业劳动者管理，并允许在公有制单位之间自由买卖和转让，但企业不能自行宣布关闭拍卖。企业的基本折旧费可自由支配，除按法定的折旧比例提取外，企业还可以自行多折一些。

罗马尼亚企业不得擅自出卖或抵押固定资产，但有权根据法律规定对多余的或已损耗的固定资产予以转让、出售或报废。对超出本企业生产实际需要的原料、材料、燃料及其他生产物资，企业也有权依法有偿转让。企业的基本折旧费不上缴，作为企业发展基金的一项来源。

匈牙利原先对企业的固定资产按净值征税5%（农业部门、煤矿、金属矿、交通部门不收），1980年取消固定资产税，而增加了其他税收。企业的折旧费大部分（一般为60%）留企业，其余上缴国家财政。

6. 在扩大再生产方面，南斯拉夫企业有权根据生产发展需要，自筹资金，自行扩建旧厂或建设新厂。扩大再生产资金的主要来源是：（1）企业自有的扩大再生产基金；（2）银行贷款；（3）非经济组织的投资。此外，也有少数企业向国外借款来进行扩大再生产。企业的扩大再生产基金，除可用于本企业外，也可向其他企业投资。

罗马尼亚企业中比较重大的扩建项目，从国家预算中拨款，以后通过折旧来偿还。其他项目，主要靠企业自筹，不足部分可向银行贷款。

匈牙利除一些较大的新建、扩建、改建项目由国家投资外，其他补充固定资产和小型投资项目由企业自行决定。国家投资采取银行贷款形式。企业投资的主要来源是企业的生产发展基金和向银行贷款。

7. 在利润分配方面，南斯拉夫企业有权派代表参加各级议会，参与制定有关分配的法令。企业是自负盈亏的。在当年所创造的价值中，除约30%向国家交纳所得税和其他捐税，以及向银行交付利息、佣金等外，其余70%作为企业的纯收入，在企业内建立四种基金：（1）扩大再生产基金；（2）储备基金。这两部分共约占25%—30%；（3）满足共同需要的集体消费基金；（4）劳动者个人收入（即工资）基金。这两部分共约占70%—75%。企业纯收入的分配比例以及劳动者个人收入基金的分配标准和办法，由企业自行确定。劳动者的个人收入由两部分组成：一部分是法定最低收入，目前平均每人每月约3000第纳尔；另一部分是按劳分配部分，分配办法由企业的工人委员会自定，一般是根据文化程度、技术熟练程度、贡献大小、工龄长短、劳动条件好坏、体力脑力消耗程度等十几项指标进行考核计分。这两部分加起来，扣除社会保险及各项公共福利费，即为每个人的纯收入。企业都不实行奖金制度。

罗马尼亚企业的净产值减去社会提成、职工劳动报酬和其他待遇、新技术研究和采用费、社会保险金、有关的税金及其他开支后，作为企业的实际利润额，用作：（1）归还投资，其限额不超过利润的10%，直到还清为止；（2）企业社会福利基金；（3）企业职工分红基金；（4）企业流动基金；（5）企业住宅建筑和其他社会性投资基金；（6）企业经济发展基金。企业的超计划利润，35%上缴国家财政，65%留归企业。职工个人收入一部分是等级工资，另一部分是分红。企业分红基金的来源，一是从计划利润中提取约30%；二是从超计划利润中提取8%—25%。分红基金85%按每个职工的工资和工龄分配，其余用于奖励先进人物和对出口有贡献的职工，以及用于补充企业社会福利基金。

匈牙利企业实现的利润，要向地方议会交纳6%的城镇发展税，偿还贷款，按全厂职工人数每人扣除900福林的福利文化基金。然后在利润余额中上缴国家40%的利润税；再从余额中提取25%作为企业储备基金，剩下的由企业用来建立发展和分红基金。职工工资，国家不作统一规定，只公布各行业的工资标准，由企业自行制定每年提高工资的计划。但工资额增加的幅度不得超过工资总额的6%，分红基金也不得超过国家规定的限度（一般为工资总额的2%），否则要缴纳很高的累进税。

8. 在对外贸易方面，南斯拉夫凡是具备一定条件、经外贸部门批准的企业都有独立进行对外贸易权，可以直接同外商洽谈业务，签订贸易合同；可以自行使用自己出口产品换得的30%外汇，进口自己所需的原材料和设备，或者在外汇市场上自由买卖，其余70%

的外汇在兑换为第纳尔后仍归企业支配；可以向银行申请外汇贷款。

罗马尼亚有出口任务的企业，有权参加由外贸部门主持的同外商的谈判，但贸易合同由外贸部门同外商签订，企业在执行合同过程中需要征询外商意见时也通过外贸部门联系。外贸计划内的外汇收入，全部归国家所有，地方和企业不得分成。为了鼓励出口，超额完成出口计划的企业，可从企业的超计划利润中提取10%补充企业分红基金，分配给实际参加完成出口任务的人员；超计划所得的外汇，可提取25%用于更新设备、提高产品质量和进口生产所需的物资，2%用于组织职工出国旅游。

匈牙利特别鼓励企业进入国际市场参加竞争。对有条件的经营得好的企业，经过批准给予直接进行对外贸易的权力。但企业出口产品所得的外汇全部上缴国家；企业进口原材料、设备所需外汇，要提出申请，经过国家银行审查批准。

三

南、罗、匈三国在全面改革经济体制中，都很重视扩大企业自主权，并以之作为改革的基础。他们的共同特点是，把企业和职工的经济利益同企业的经营成果相联系，重点扩大企业的财权，重视市场调节和发挥利润、工资、奖金、价格、税收、信贷等经济杠杆的作用。他们的经验和教训，向我们提供了不少有益的启示，值得我们参考和借鉴。

1. 使企业拥有必要的经营管理自主权是经济体制改革的起点。经济体制改革是社会经济运动，特别是社会化大生产发展的客观要求。苏联原先那套"集权式的官僚主义管理体制"，弊端重重，已经成为社会生产力发展的障碍，改革是大势所趋，是生产关系一定要适合生产力性质的规律的要求，这是不以人的主观意志为转移的。东欧各国由于政治、经济条件不同，改革的路子、方法不尽相同，企业自主权扩大的程度也不大一样，但是都或早或迟、或快或慢地卷入了改革的洪流，而且都取得了一定的成效。如南斯拉夫按人口平均的国民收入，1978 年为 2000 美元，为 1947 年的 10 倍，超过了世界的平均水平的30%；劳动者的个人收入，1978 年比 50 年代增长了 9 倍。罗马尼亚改革后经济也有新的发展，1980 年工业总产值比 1950 年增长 32 倍，人均国民收入为 1900 美元。匈牙利自 1968 年实行新经济体制以来，经历了一个迅速而平稳的发展阶段，1971—1975 年工业生产总值平均每年增长 6.2%，比上一个五年计划增长近一倍，从 1967 年至 1978 年国民收入平均每年增长 5.8%。这说明扩大企业自主权和经济体制改革，确实是经济发展的强大动力。当然，由于国际经济形势的影响和新体制本身的缺陷，以及其他原因，这些国家在经济发展中都存在着这样那样的甚至比较严重的问题，他们正在根据出现的新问题，把实行的改革作进一步的调整，更好地巩固和完善扩大企业自主权的成果。我们中国的经济体制改革才刚刚开始，扩大企业自主权只是搞了试点。从东欧国家的经验和我国这两三年的实践来看，扩大企业自主权是经济体制改革的起点和核心，关系到改革的全局。因为企业是劳动者在同生产资料相结合中，直接创造物质财富的场所，企业活起来了，整个国民经济才能活起来，社会财富才能不断增长。因此，我们一定要坚持改革的正确方向，坚定不移地把扩大企业自主权的工作进行下去，不断总结经验，解决存在问题，克服改革中难免出现的某些缺点，使之完善、巩固、提高，真正把企业从行政部门的附属物逐渐变成相对独立的能动的经济单位，并以此带动和促进各方面管理体制的改革，为全面改革经济体制创造条件。不能因为扩大企业自主权过程中出现了一些缺点和问题，就否定扩权的必要性和取得的成绩，否定改革的大方向，甚至想走回头路。

2. 改革既要积极又要慎重、有领导、有准备地逐步进行。经济体制改革，牵涉面广，问题复杂，企业和各级管理部门都没有经验，现行的制度和工作方位不相适应，因此，必然会遇到来自各方面的阻力，经历许多困难和曲折。根据东欧国家改革的经验，只有做了长期的大量周密的准备，在步子上由点到面、由小改到大改、逐步到全面改革，才能胜利地取得成功。特别是在财政收支不平衡、经济形势不稳定的情况下，更要小心谨慎，"摸着石头过河"，缓缓而行。如果不经过充分的准备，缺乏全面规划、统一领导和舆论准备就仓促上阵，尤其是在经济不稳定的情况下贸然地进行全面改革，就会使整个社会经济生活发生剧烈的动荡，加剧经济困难，使改革陷于失败。

以匈牙利为例，他们在进行体制改革之前，做了一系列的准备工作，例如在政治和经济方面采取了一些有效措施，稳定局势，改善人民生活；在商品、原料和外汇方面做准备，以防止改革开始时出现混乱；开展讨论，全面分析旧体制的弊病，统一认识；集中大批专家制定改革方案，进行了局部的小改革，不断积累经验。到1964年12月，匈党中央才决定全面改革经济体制。以后又经过一段时间的准备和酝酿，于1966年5月通过了《关于经济体制的决议》，改革先从农业改起，工业方面只进行了试点。到1968年1月才正式宣布全面的改革。以后又不断根据经济发展的情况，修改、补充、完善改革的措施。近年来，为了进一步恢复经济平衡，促进经济发展，又在某些方面进一步扩大了企业的自主权，而在另外某些方面主要是财政金融方面则进一步加强了国家的集中统一。正是由于准备充分，步子稳妥，不断地调整与完善，匈牙利的改革进行得比较成功。

目前我国国民经济正处在调整时期，改革必须服从调整、促进调整、配合调整，全面改革的条件尚不具备，主要应认真做好调查研究、制定规划、设计方案、征求意见、统一认识等准备工作，以及搞好现有的试点、抓紧制定各种经济法规、制定各种技术标准、训练经济管理干部和培训职工、建立健全经济监督机构等基础工作。只有当国民经济比例关系基本协调了，经济形势稳定了，改革的准备工作做充分了，必要的试点经验有了，才能进行全面的改革，让企业在国家计划指导下拥有更广泛的自主权。总之，既要积极又要慎重，不可操之过急、草率从事。

3. 发扬社会主义经济民主是经济体制改革的实质。经济体制改革的实质，从根本上说，是要实现经济民主。对于企业，是要创造条件，让企业真正拥有作为国民经济的细胞、社会生产力的基础、直接创造物质财富的场所和相对独立的商品生产者所应该具有的自主活动的权力；对于企业广大职工，是要使职工能够真正当家作主，事实上而不是名义上成为企业的主人，实现劳动者同生产资料的直接结合。

南斯拉夫实行的工人自治制度，在这方面作了可贵的探索。企业的自主权由工人大会、工人委员会及其执行机构行使，企业的一切问题都由工人委员会讨论决定，但重大问题必须经工人大会表决通过，这就保证每个职工都有权参加管理、参加讨论、参加决定，真正实现当家作主。南斯拉夫的学者认为，工人自治和党的领导不是对立的，党的领导主要体现在政治路线、方针政策上的领导，而不是具体业务上的领导。企业里的党组织，不是包办一切，不是直接对业务工作发号施令，而是通过宣传鼓动和党员的模范行动来引导群众为实现党的路线、方针、政策而奋斗。

我们中国也要把政治民主和经济民主结合起来，把扩大企业自主权和实现职工民主管理结合起来。职工当家作主是社会主义企业的根本特征，扩大企业自主权归根结底是要扩大职工管理企业的权力。要保证企业的大权，包括扩大了的各项自主权，真正归广大职工所掌握和行使。要建立、健全以职工代表大会为中心的民主管理制度，民主地讨论决定企业的生产经营方针、产供销计划、财务、劳动、利润分配、工资福利等重大事项。企业党政要分开，经理、厂长是企业生产行政领导人，执行职工代表大会的决定并对其负责；党委在政治上起领导、保证、监督作用，要讨论企业的大政方针、对职工进行思想政治工作、搞好党的建设。

4. 兼顾国家、企业和职工个人三者的利益是改革的核心。南、罗、匈三国在扩大企业自主权中，不同程度地调整了国家、企业和个人的关系，兼顾三者的利益。从他们的实践经验看，一是要坚持在国家计划指导下扩大企业自主权，既不能再搞权力和利益的高度集中，把企业手脚捆起来，否定企业本身的利益，使企业失去内在的活力；又不能离开国民经济有计划、按比例发展的要求，让企业完全独立于国家计划之外，而失去必要的控制。二是权力要和义务结合起来，在扩大企业自主极的同时要加强企业对国家和社会的责任，严格财经法纪，严格考核和监督。比如南斯拉夫联邦共和国制定了400多种经济法令，保护了企业的正当权益，规定了企业必须遵循的行动准则。三是把职工的经济利益同企业的经营好坏结合起来，使职工个人的经济利益不仅取决于自己劳动的好坏。但是在兼顾国家、企业和职工个人三者利益时，必须把国家的利益放在首位，使国家拿大头，企业和职工拿小头，以保证国家必要的财力以及积累和消费的适当比例。匈牙利在改革初期，企业的利润分配，大体上是国家拿6成，企业和职工拿4成；后来出现了基本建设战线过长，财政有赤字等问题，就调整为七三开，对职工的工资和分红收入也作了适当的控制。

我国长期以来，企业也好，职工个人之间也好，都是干好干坏一个样、干多干少一个样。这种平均主义的吃"大锅饭"的做法，压抑和窒息了企业改善经营管理、发展生产的积极性和职工当家作主、多做贡献的积极性。这种状况一定要改变过来，企业将来要逐步做到自负盈亏，目前要坚持和完善各种形式的经济责任制，把企业的经济利益同企业的经济权限、所担负的经济责任，以及企业的经营效果，直接挂起钩来，以更好调动企业和职工的积极性。

5. 探索宏观经济统一性和微观经济独立性的最优结合。这里主要有两个问题：一个是正确处理集权与分权的关系，一个是正确处理计划经济和市场调节的关系。关于前者，上面已作了论述；关于后者，这实际上是改革中的一个关键问题，主要应防止两种偏向：一种是否定市场机制在调节经济中的作用，计划无所不包，统得过死，计划和生产不能灵活反映市场的需求，造成产品不适销对路，市场供应紧张；另一种是否定国家必要的集中统一领导，完全依靠市场调节，造成通货膨胀，物价上涨，经济发展不稳定。匈牙利的改革，坚持以计划为主体，把计划同市场结合起来，把中央的领导作用同企业的自主权结合起来，国家保留必要的行政手段和决定权。这一做法颇引人注目，值得我们参考。我国的实际情况比匈牙利复杂得多，经济体制改革既要把微观经济搞活，又要有利于宏观经济的集中统一，不是单纯地追求企业和职工多得实惠，而首先要保证整个国民经济协调地、稳定地发展。打个比方说，不仅要放开牛腿，让它能大踏步走路，还要牵住牛鼻子，使它沿着正确方向前进。这里包括国家制定正确的经济政策，制定完善的经济法规，编制中长期的发展规划，对国民经济和工业的布局统筹规划，提出某些最重要的指标（如积累与消费的比例，各类投资的总规模，主要物资的生产量等），运用各种经济杠杆来调节和促进生产，进行市场预测和发布产需情况通报，建立经济监督等。少数关系国家经济命脉的骨干企业和关系国计民生的主要产品，仍应按照国家指令性计划进行生产；其他企业和品种繁多的小商品，应按照市场变化由企业在国家计划许可范围内组织生产。总之，我们要根据我国的国情，在宏观方面和微观方面采取同步配套的改革措施，继续推进和完善扩大企业自主权的工作，逐步探索出宏观统一性和微观独立性最优结合方案，积极慎重地推进经济体制改革，创造出一套中国式的新经济体制来。

（本文系与谢明干合写，原载《社会科学战线》1982 年第 2 期，《新华文摘》1982 年第 9 期转载）

南斯拉夫积累与消费
关系的现状和问题

南斯拉夫在处理积累和消费问题上，有一些好的经验，但也有一些值得重视的问题。要取其所长，避其所短。本文是对南斯拉夫积累与消费关系所做的初步探讨，供研究参考。

一 南斯拉夫现行收入分配体制的特点

自20世纪50年代以来，南斯拉夫的收入分配体制随着自治制度的发展，几经改革。南现行的收入分配体制与中国的分配体制大不相同，它的国民收入形成、分配与再分配的过程与中国也不一样。

南斯拉夫的收入分配权是不断下放的。属于企业支配的国民收入比重越来越大。目前，国民收入的形成和分配主要由联合劳动基层组织进行。国家不运用财政预算的工具来统一安排积累和消费的比例。

联邦的主要收入是关税、流通税和地方上缴的各种捐税。主要支出是：国防费用、外贸经费、援助不发达共和国和地区的贷款基金和联邦的行政管理费用、老战士退休金等。各共和国建立资助亏损企业的储备基金。联合劳动基层组织的工人有共同支配整个社会扩大再生产资金的权利。经过1964年改革，属于企业支配的国民收入约占总数的52%。但是，实际执行情况与理论上、法律上的规定是有差距的。据资料，企业并没有把积累真正掌握在自己手中，投资的2/3是由银行和大商业组织控制的，它们垄断了国内市场和对外经济联系。因此,卡德尔认为,南斯拉夫权力下放的过程进行的并不彻底。

那么,根据现行的法律规定,南斯拉夫收入分配有些什么特点呢?

第一,南斯拉夫的收入分配体制是以生产资料社会所有制为基础,并以此理论为指导思想的。

南斯拉夫认为,生产资料社会所有制要求劳动者与生产资料直接结合,而且具体体现在劳动者直接支配和管理生产过程,直接决定劳动成果的分配。他们认为,工人如果只能支配生产资料,而不能同时支配自己的劳动成果,不能决定收入分配,就意味着还没有建立起真正的社会所有制,没有真正确立新型的社会主义经济民主。铁托说:"要使利用社会所有制进行劳动的工人成为自己劳动成果和条件的主人,并对其进行支配和管理。"卡德尔强调:"社会生产关系形式中,在劳动基础上占有应是唯一的占有方式","劳动者在自己劳动的基础上直接占有,摆脱对任何所有者的雇佣形式"。他认为,"如果国有制被宣布为一成不变的信条,社会就会造成使劳动者同生产资料相脱离的某种形式的再生条件。"他主张:"劳动者应力求建立一种使其有可能成功地抵制剥夺其剩余劳动的行径的经济政治地位。这种剥夺行径的目的就是要把剩余劳动这种价值同劳动者分离出来。而使官僚主义者或专家治国论者成为剩余劳动的受益者。"南斯拉夫就是在这样的理论指导下,在批判国有制的官僚主义和以银行势力为代表的专家治国论的倾向的过程层中,日益不断地把全部收入分配权下放给了基层的经济组织。这样的由工人管理全部收入分配的制度是南斯拉夫自治制度的一个重要方面。

第二,收入的形成和分配是在联合劳动基层组织进行的。

与中国的国民收入初次分配在物质生产领域进行,再分配主要是通过国家预算渠道来进行的情况不同,南斯拉夫经济部门的收入大部分不形成国家的财政收入,积累与消费不表现为国家财政支出的最终用途。

第三,南斯拉夫收入分配各个专项的内涵与我们所使用的经济学范畴有所不同。具体地说：

1. 我们的物质生产部门的总产值是未作任何扣除的。而南斯拉夫基层组织的"总收入"已经扣除依法交纳的流通税和其他捐税，这两项不算进"总收入"。

2. 我们的物质生产部门的总产值中扣除掉生产过程中的物质消耗（即生产费用和折旧）以后，即为该生产部门的纯收入（全部新创造的价值）。南斯拉夫从已扣除了流通税和其他捐税以后的"总收入"中，扣除掉生产费用和法定最低比率的折旧费，成为该基层组织的"收入"。"收入"中先要扣除缴付本基层组织以外的各种费用，包括用于一般公共需要的费用、用于合同和协议义务的费用以及用于全民防御和社会自卫的费用。余下来的才是该基层组织的"纯收入"。这个"纯收入"不是全部新创造的价值，即不是 V（物质生产部门劳动者工资）与 M（新创造的价值）的总和，而只是 V 和一部分 M 了。

3. 我们的物质生产部门的纯收入在初次分配中，分为 V 与 M 后，M 的大部分以利润和税收形式集中到国家手里作为财政收入，在由国家以财政支出的形式分别用于行政管理费用、扩大再生产基金、后备基金、公共消费基金、社会保险基金，以及非物质生产领域劳动者的个人消费基金等项，归结起来不外乎积累与消费两个大的方面。而南斯拉夫的纯收入是在联合劳动基层组织里分四个专项进行分配的，即扩大再生产基金、储备基金、基层组织内部的公共消费基金和个人消费基金。属于我们再分配过程中的一些项目，他们在初次分配中即已扣除，而他们的再分配也包含了我们初次分配的内容。

4. 我们的个人消费基金基本上以工资、奖励和津贴等形式归于个人收入。而南斯拉夫的个人消费基金经过分配后，成为基层组织每一个劳动者的"个人毛收入"。从"个人毛收入"中，还要扣除社会保险、各级预算和利益共同体费用、住房建筑以及其他上缴费用，然后才是"个人净收入"（南斯拉夫不使用"工资"这个概念）。由此可见，在南斯拉夫的"个人消费基金"概念中，还包含了一些在我们属于积累（如住房建筑属于非生产性积累）和社会消费（如利益共同体费用）的内容。

由于收入的形成与分配过程不同，经济范畴的内涵不同，因此，南斯拉夫统计资料中的指标体系和统计口径也不同，这是我们在研究过程中对资料进行分析对比时遇到的困难之一。有些问题经过研究还不够明确，只好留待今后继续研究。

二 南斯拉夫积累与消费比例关系概况
及其处理的基本原则

南斯拉夫社会经济发展计划一直没有明确安排各阶段的积累和消费的比例，因此，在南斯拉夫统计年鉴中没有查到积累率的数据，只有固定基金毛投资的数据。而固定基金毛投资和积累是两个概念。但从《南斯拉夫经济平衡》《联邦统计局公报》《经济政策》等出版物中可以查到"国内总积累"的数据，但同一个刊物，不同表格中关于"国内总积累"的数字也不尽一致。

我们掌握的资料看，除1952年积累率较低（16%）外，1957年以前的年积累率是22%—26%，1957—1977年，有10年的积累率在30%以上，其中1964年高达38%；另10年中，只有1958年积累率为25%，其余均在27%—29%。从年代平均来看，50年代积累率较低，在30%以下；60年代积累率较高，多数年份在30%以上；70年代以来又下降到30%以下，但仍在27%—29%之间。

从以上这些积累率的数据得不出南斯拉夫积累率低的结论，相反，积累率还是较高的。

美国的积累率一般在15%—20%。日本1956—1973年的积累率平均在29.6%。西德的积累率1950年为24.7%，1960年为21.5%，1970年为19.1%，1978年降至13.4%。东德的积累率一直在23%以下。捷克的积累率没有达到过30%。匈牙利的积累率只有1971年和1974年以来在30%左右，其余年份也在26%以下。波兰和保加利亚积累率高一些，波兰积累率自20世纪70年代以来占30%以上，高的年份达 37.3%。20 世纪 70 年代以前多数年份在 27%—29% 之间。保加利亚的积累率一般在 26%—33% 之间。罗马尼亚的积累率 20 世纪 50 年代在 16%—18%，60 年代在 24%—29%，70 年代以来提高到 33%—34%。

中国积累率比较正常的年份有两段时期，第一个五年计划时期，平均积累率 24.2%；三年调整时期，平均为 22.7%；而三年大跃进和 70 年代以来的这两段时期，是积累率过高的年份（30% 以上），造成对人民生活大量欠账，国民经济比例严重失调。

南斯拉夫领导人和经济学家都谈到积累率下降是当前南斯拉夫国民经济面临的严重问题之一。据南经济学家马扎尔博士 1980 年 7 月 16 日在《经济政策》杂志一篇文章中说，1971—1977 年，个人净收入在纯收入中所占比重，从 64.8% 增为 70.4%，积累率从 17.2% 降为 10.7%（指积累额与收入额之比）。1980 年 10 月来华访问的南斯拉夫科学艺术院通讯院士马克西莫维奇教授也获得了与马扎尔博士文中差不多的数据。

怎样解释这些数据和现象的矛盾呢？据我们初步分析，南斯拉夫领导人和经济学家所谈的积累率下降，是指企业的积累率。据资料，南斯拉夫企业的积累能力是低的，有些企业个别年份的积累率甚至是负数。但从全社会的积累率统计数字看并不低，这是因为：

第一，统计数字中有虚假成分。由于流动基金包括了现金和物资储备（库存），在通货膨胀的条件下，从上年转入下年的库存物资一般都按价格上涨 10% 计入下年对流动基金新增加的投资数字中，这种库存的名义增长金额占总积累的百分比如下：1970 年 44.2%，1971 年 47.3%，1972 年 25.8%，1973 年 49.8%，1974 年 64.5%，1975 年 42%。

南斯拉夫经济学家认为，自 20 世纪 70 年代以来，由于通货膨胀较严重，上述对流动基金投资的虚假数字所占的比例相当大，所以不能单从统计数字来看南经济的积累能力。

第二，在积累基金中，经济组织自有的资金只不过占 1/3 左右，银行贷款占相当大的比重，从 1/3 以上到 1/2 以上。

我们认为，积累与消费的关系是否处理好了，主要不是看百分比，而要看是否因为积累而影响了人民实际生活逐步改善，或者因为过高消费而挤掉了必要与可能的积累。此外，还要看积累基金与消费基金同可能用于积累与消费的生产资料、消费资料在价值形态与物质构成上能否取得平衡。从实际工作来看，我们认为，还是要先把人民的吃、穿、用、住等消费部分安排好，然后再安排积累，安排建设。这方面，南斯拉夫有个口号还是可供我们借鉴的。他们的口号是："生产为工人，而不是工人为生产。"这是南斯拉夫基层经济组织在安排积累消费关系时的基本原则。我们认为，这个口号还是符合社会主义基本经济规律要求的，生产的目的是明确的。南斯拉夫基层劳动组织在分配纯收入时，首先拨出个人消费基金，余下的再决定积累率和社会消费水平。

一个企业，如果按劳动者计算的总收入水平高，则可能在较充分地满足了该企业劳动者个人的需要之后，仍有较高的积累率。反之，如果企业按劳动者计算的总收入水平低，因此，要提高积累率，主要靠改善经营、提高劳动生产率、多增加收入。当然，也要教育劳动者正确处理眼前利益与长远利益、局部利益与整体利益的关系，防止经济主义。

三 人民物质、文化生活水平的迅速提高（略）

四 值得重视的几个问题

南斯拉夫在经济增长和改善人民生活方面取得巨大成就的同时，也存在不少问题。他们的问题同他们成功的经验一样，对我们目前的经济改革也有着重要的借鉴意义。

南斯拉夫在解决消费增长过慢的倾向的过程中，又走到了另一个极端，忽视积累的提高，消费水平提高过快，超过了实际的可能。近几年，南斯拉夫职工平均工资的增长，远远超过了国民收入的增长，1975—1978 年，年平均工资增长速度，少则 16%，多则达23%，而国民收入每年平均只增长 3%。与此相应，个人收入的增长也超过了劳动生产率的增长。如 1976—1978 年，社会所有制部门每个工人的社会产值年增长 2.5%（按 1975 年价格计算），而个人收入的增长率则为 4%。消费增长过快，还表现在消费的增长超过了消费品的增长。1977 年南斯拉夫的日用品生产，比 1973 年增加 30%，而职工的个人收入比 4 年前提高 36%。

这种高消费、低积累给国民经济带来了一系列问题。

第一，破坏了国民经济的综合平衡。首先，收支失去平衡。企业的积累较少（只有 10% 稍多点），远不能满足投资的需要。例如，1970—1975 年，总积累占总投资的比重，分别是 60.8%、68.8%、81.4%、71.7%、65.2%、67.1%。也就是说，经济部门的投资支出超过了积累的实际可能，比积累高出 20%—40%，不得不靠贷款。当然，从根本上说，还是由于职工个人收入的增长，大大超过了国民收入的增长。这就不能不破坏国民经济的收支平衡。这种不平衡，又引起通货膨胀。企业资金不足，就要向银行贷款，并且在许多情况下，由于不能依靠自己的利润偿还银行的债务，于是，企业又把对银行的付款计入生产费用，造成了产品价格上涨。

其次，货币与实物不平衡。个人收入比生产增长得快，其后果必然是货币发行量超过商品量，这就造成了商品与货币关系的不平衡。南斯拉夫通货膨胀一直很严重。

此外，它还同外汇收支不平衡相联系。为了弥补积累之不足，南斯拉夫几乎年年需要向外国借款，近年来尤甚。1977 年的投资中，竟有 26% 是对外借款；到 1978 年年底，外债已达 114 亿美元。

第二，积累下降也是造成基建战线过长、未完工程比重大的一个重要原因。南由于投资分散，基本建设项目相当多，目前正在施工的大小项目达 30000 个。由于积累少，资金难以筹措，许多项目开工数年，迟迟不能建成投产，有的项目长达 14 年，尚未完工。南联邦执委会主席久拉诺维奇指出，如此庞大的投资"显然已超出了南斯拉夫经济的现实可能性"，要求缩短基建战线。

第三，经济增长速度下降。积累是扩大再生产的源泉，积累率下降，不能不对经济增长速度产生影响。同时，积累和消费比例失调使国民经济综合平衡遭到一定程度破坏，也对经济的迅速发展造成障碍。1955—1964 年，南斯拉夫国民经济增长速度为 8.2%，在世界各国中仅次于日本；而 1964—1974 年，增长速度下降为 5.7%，这一时期计划规定的年增长速度是 7%—8%。

南共领导人对积累和消费方面出现的问题，深为忧虑和关切。铁托在 1977 年就提出："反对在联邦和联邦管理机关明显地提高个人收入。"此后，又多次批评那种使个人收入超过劳动生产率增长的做法。南联邦执委会主席久拉诺维奇也指出："由于消费的增长超过了生产的增长，联合劳动组织参与扩大再生产的比重下降了，从而大大削弱了自治的物质基础。"

以上说明，处理积累和消费的比例关系，要从人民的消费出发，但又不能在提高个人收入方面操之过急，从而忽视了扩大再生产的必要的发展速度。否则，同样会在国家经济政治生活中引起严重后果。

据我们初步分析，南消费增长过快、积累率下降的原因，还有以下三个问题也是值得重视的。

第一，企业在再生产方面的权限过大。联合劳动基层组织在处理积累和消费的关系中，往往容易重视工人的眼前利益，而忽视他们的长远利益。而当国民经济中出现某些不平衡时，国家调节也缺乏有力的物质手段。国家手里没有钱，办不成大事。鉴于这种经验，我们在经济改革中对扩大企业自主权的界限问题值得研究，杠杠究竟划在哪里？能否把全部扩大再生产的权限交给企业？

第二，未搞全国性的综合平衡。积累与消费的比例关系，是国民经济综合平衡的最重要的比例关系之一。但它正确的比例关系是不会由下面各企业自发形成的。南斯拉夫没有一个统一的国民经济综合平衡机构，社会计划中的各项比例是靠联合劳动基层组织以及其他利益共同体的协议和契约形成。这样的社会计划，建立在自愿互利的基础上，切实可行，但很难做到全部国民经济综合平衡。由于企业往往过多地增长职工个人的消费手段，因此，在南经济界、政治界，对高消费、低积累情况虽已议论多年，采取了限制个人收入、冻结物价的政策，但成效依然不大。

第三，银行权力过大。据南经济学家马克西莫维奇谈：1974 年，南银行贷款已占总投资的 73%，这对于加强银行对企业经济活动的监督是有好处的。但又发生了新的问题，银行和企业的关系成为债权人和债务人的关系，银行又把利息定得很高，损害了企业的利益。有的企业甚至折旧基金也通过利息的形式被银行拿走。因此，在发挥银行作用时，要防止银行权力过大，阻碍企业经济正常发展。这也是中国经济改革中要注意的。

（本文系与张仁德合写，原载于《经济研究参考资料》1980 年第 5 期）

美国关于苏联东欧经济
研究之最新动态
——参加美国首届苏联东欧经济专题
讨论会侧记（摘要）

　　美国社会科学委员会于今年（1985 年）7 月在伊利诺大学苏联东欧研究中心所在地举办了首届苏联东欧经济专题讨论会（Workshop On Soviet and Estern European Economics）。

　　这个讨论会是由苏联经济研究会主席赫伯特·列文（Herbert S Levine）教授在两年前倡议的。鉴于苏联东欧经济研究队伍的素质在下降，一些有识之士在研究如何解决这个问题。列文教授感到，美国有大批年轻的学者，虽然有一定的研究水平，但由于还没有登上学术活动的舞台，处于一种孤立隔绝的状态。他提出组织这样的专题讨论会来加强青年学者之间的交流。历经两年的努力，他的倡议终于得到福特基金会的财务赞助而在今年实现。

　　参加首届讨论会的有来自美国和加拿大各大学和研究所已经任职的博士研究人员 13 人、正在写博士论文的研究生 8 人。他们都提交了自己的研究成果，这些成果涉及苏联东欧经济中的各种理论与实际问题，如：苏联型中央计划经济的理论；中央计划经济中的周期性波动；衡量中央计划经济中短缺的理论；非市场经济中信息转储与市场割裂的理论分析；外贸在苏联经济改革中的作用；苏联共产党在工业管理和经济决策中的作用；计划经济中刺激的困难；经济改革中的政治领导；苏联经济管理决策中的官僚主义；新经济政策变化后果的计算；经互会国家内部的通货兑换问题；苏联矿石与燃料开采的经济分析；苏联工业中的合同关系的经济分析；苏联科研生产率变化的原因；匈牙利技术发明的推广问题；南斯拉夫目前的货币理论；南斯拉夫货物市场的结构模式；波兰技术进口的决定因素、范围与后果；苏联与东欧城市规模的分布；苏联、匈牙利和南斯拉夫工业化政策的比较分析；等等。

会上，对这些研究成果逐篇进行讨论、质疑和答疑。我们两人应邀以中国观察员的身份参加了这次讨论会。现将会上所了解到的美国学者对苏联东欧欧经济研究的状况及有关论点介绍如下。

一 美国当前对苏联东欧经济研究的状况

讨论会期间，穿插举行了一些知名教授的学术讲演和共同探讨的圆桌会议。在圆桌会议上，大家提出了美国当前在研究苏联东欧经济中存在的问题和解决办法。

首先是数学模型与实际情况严重脱节。美国开始用数学模型研究苏联经济时，曾经很乐观，以为可以突破，于是，投入产出等一大批模型应运而生。20 世纪 60 年代末和 70 年代初，转向发展微观经济模型，数学在研究中的作用日益重要。但是，后来发现在苏联经济中存在着太多的捉摸不定的因素使得模型与实际情况严重脱节。于是，博弈论的理论和研究方法发展了。然而，西方承认即使是对一个在纯理论中存在的苏式中央计划经济，经济学界也拿不出一个能为人们普遍接受的模式。

其次是要加强经济同政治相结合的研究。讨论中谈到，20 世纪50 年代，西方出版了一些东欧经济的著作，近些年来却寥寥无几，所以，年轻人攻读东欧学就受到限制。关于苏联经济的优秀著作也减少了，没有出现一本关于苏联国家计委和各部委情况调研的好书。目前存在的问题是：第一，发展模式的理论跟不上，今后要更深入地进行理论研究；第二，对东欧国家经济改革的情况缺乏了解，要加强这方面的调研；第三，苏联东欧国家的经济问题往往和政治因素纠缠在一起，而经济学者们又不愿意把经济问题同政治问题结合起来研究。列文教授强调，研究苏联经济，需要具备苏联政治机制的知识，今后要加强研究人们行为的模型，包括上下级之间行为的模型，还要研究遇到意外情况时人们的决策行为的模型。

二 美国权威经济学家对苏联经济的分析

这个专题讨论会由本领域一些知名的经济学家共同主持。轮流担任主席的有：美国东欧经济研究会主席、布鲁金斯学会的爱德华·休伊特教授，哥伦比亚大学理查·埃里克森教授，阿里桑那州立大学的约瑟夫·布拉达教授，哈佛大学鲍里斯·罗默教授以及倡议者、宾夕法尼亚大学赫伯特·列文教授。

赫伯特·列文教授的讲演题目是《苏联经济增长率下降及可能的改革》。鉴于列文教授不仅在宾夕法尼亚大学任教，而且兼任华盛顿中央计划经济预测中心的高级顾问，所以，他的见解在美国的苏联经济学界具有一定的权威性。另外，在这次讨论会上，休伊特教授也作了苏联能源问题的演说。

三 苏联经济增长率下降的主要原因

列文教授认为自20世纪70年代下半期以来，苏联经济增长率下降的原因主要有四：气候、设备老化与资源枯竭、经济决策、经济体制的缺陷。鉴于体制的缺陷是长期存在的，所以不能把它作为解释增长率下降的唯一原因。但在以上多种原因交互作用中，体制的不灵活性使之无法对发生的问题作出反应。

体制的问题首先表现在纪律性差，削弱了中央计划的控制。在中央计划经济体制内，如果中心是弱的，就是一大堆人在瞎忙。所以，从安德罗波夫到戈尔巴乔夫，都注意解决纪律问题。

体制缺陷的另一表现在于阻碍技术进步和发明。而在成熟的经济类型中，增长的因素日益来自改进了的技术，而不是来自投入。苏联资本生产率很低，设备严重老化，1980年干线上50%的列车役龄在 15 年以上。固定资本老化，新设备的边际影响就降低了。又比如，用先进技术生产粗钢的比重，苏联在 1965 年为 14%，1980 年上升为 39%，同期美国由 38% 上升为 88%，西德由 28% 上升为 93%。这说明在美国和西德使用先进技术的比重增长很快。如从用先进技术产出的钢产量增长速度来看，1965—1980 年苏联年平均增长 4.6%，美国增长 2.7%，西德增长 4.0%。原因是国际上对钢的需求市场小了，所以，总的钢产量是苏联比美国、西德增长快。但这只是事情的一面，自相矛盾的另一面是，1980 年与 1965 年相比，用平炉方法生产的钢，苏联增长 2.0%，西德增长 0.19%，美国增长 0.16%，这是怎么回事呢？这说明新技术所创造的对旧技术的破坏力在苏联经济中并没有达到应有的程度。由于苏联不必面临市场上的成本竞争，可以继续按老办法搞，充其量只是对平炉炼钢搞点小的改进而已。

列文教授还提到苏联国内的经济学家对官方政策批评的文章，指出 20 世纪 70 年代初把不应发展那么快的经济增长得过快了。20世纪 70 年代中期，一项调查表明，50% 以上的企业设备利用率达到 93%，从历史上看，93% 是达到瓶颈现象的一个临界点，越过这一点就会失去平衡。苏联到 70 年代中期，整个经济就变得很紧张，而其他因素通过这种不平衡又进一步使经济受到打击。70 年代后半期，虽然苏联决策者还在拼命推动经济，但生产能力利用率下降了，不平衡使企业无法得到足够的投入材料，无法把投入的材料送到技术先进的生产过程、部门和阶段去，加工性更强的部门反而开工不足，因为没有足够的原料这一因素限制了它们。

总之，列文认为，苏联经济体制的缺陷主要表现在不能有效地运转其资源，不能使资本及时更新，不能调动资源和劳动力按照先进技术所要求的方向去使用。

最后，列文教授认为，苏联经济增长速度降低并不意味着崩溃。投入的降低对有些部门没有大的影响，可以求得慢速增长的平衡，可以乘机更新老的设备，可以比较容易地把经济中的各种问题调整得更好一些。

四 苏联可能进行的经济改革

谈到苏联可能进行的改革时，列文教授首先注意到戈尔巴乔夫上台后强调要抓纪律，在领导与人事上做了些变动，撤换了一些职位相当高而不尽职的人，这不仅对被撤换的部门而且对其他部门领导人也有警诫作用。

其次，苏联也反对平均主义，要改变收入分配制度，进一步把报酬与劳动联系在一起，奖励工作努力的人。不仅要提高货币工资，还要有货物支撑。

再次，扩大企业经理解雇工人的权力，这从调整整个劳动力结构的角度看在经济上是可取的。"谢基诺试验"已行之 15 年了，但到 1984 年只有 4% 的企业在实行，显然阻力不小。最近列宁格勒试验的重点是对白领阶层，即设计行业的工作人员。有一材料说到，体力工人 100 人只干 80 人容量的工作，而设计人员 100 人只干 20 人的工作，供大于求，对这些现象要采取行动。列宁格勒制造厂准备对 220 个设计人员重新进行考试，但设计人员不想参加而集体提出辞职，结果就没有考试。苏联领导人需要有很大的政治胆略和勇气，来扩大企业经理解雇工人的权力。但在目前，经理即使能够这样做，在大多数情况下，还要负责给工人找到另一份工作。所以，经理并无真正组织劳动力的权力，许多可能采取的技术性措施最后并无多大效果。

最后，改革机构的职能。戈尔巴乔夫有可能进行超部门的改革或改变现有部门的职能，在这方面迈出的步伐可能较大。

列文教授认为，在各种可能的改革中，希望还是在农业。苏联说，匈牙利是小国，它们所做的苏联不能做、行不通。可是，中国不是很大吗？它也进行了巨大的改革。农业的改革，对提高人民的士气和增加社会主义经济效果都很重要，而且，农业同其他部门交叉的程度相对小一些。所以，农业是可望进行改革的一个很好的部门。

五　苏联的能源问题

关于苏联的能源问题，休伊特教授说，从 20 世纪 70 年代中期到 80 年代初期，苏联对能源的投资上升 100%，而产量提高 45%，投入与产出之比是 2∶2；80 年代上半期投资增加 5%，而产量只提高 1.5%，投入产出之比是 3∶3；预计 1986—1990 年的投入产出之比将是 4∶5。这说明能源的成本剧增。苏联能源的浪费也惊人，同样生产 1 美元的国民生产总值，苏联耗费的能源 3 倍于西欧。

（本文系与张多一合写，原载《苏联与东欧问题》1985 年第 7 期）

关于东欧地区当前局势问题的汇报

（1989 年）

一、当前，欧洲局势成了国际局势的热点。它促成美苏在马耳他"非首脑会晤的首脑会晤"，苏联领导人与西德、法国领导人的会见以及华约、北约国家分别开会，等等，说明东欧今年以来的形势变化是影响世界格局的全局性问题。

二、东欧地区今年以来的形势经历了两个浪潮，有两次冲击波。第一次是在波兰、匈牙利发生的惊人的变化；第二次是冲击到民主德国、捷克和保加利亚的所谓"多米诺"现象。目前形势还在激烈的变化过程中，局势呈现出不确定性。而且不排除最后还要冲击到罗马尼亚，罗马尼亚内外动荡的能量都在积蓄着。

三、波兰事态变化的简要过程是：1987 年 11 月实行关于第二阶段经济改革的全民公决失败后，国内局势即趋恶化。1988 年夏国内罢工迭起，经济处于"深渊的边缘"，政局紧张，1988 年 9 月波政府全体辞职，以拉科夫为总理的新政府，再次试图从政治上寻求解决的途径。1989 年 2 月 6 日到 4 月 5 日，波兰共产党与各党派团体共 57 人举行圆桌会议，就团结工会合法化、议会选举、国内政治经济形势等问题，经过历时两个月激烈的讨价还价之后，终于在几个主要问题上达成了协议。

4 月 7 日，波兰议会对宪法作了重大修改。4 月 17 日，团结工会登记注册，取得了合法地位，随后个体农民自治团结农会也取得了合法地位。6 月 4 日和 6 月 18 日，波兰举行了议会和参议院的两轮选举，以波兰统一工人党为领导的执政联盟党惨败，除按圆桌会议协议分配的议会65%的议席外，在自由竞选的议席中没有获得一个席位。7月20日，党的第一书记雅鲁泽尔斯基几经周折以唯一候选人和仅一票多数当选为共和国总统。他先任命波党政治局委员、内务部部长基什查克为总理，但在团结工会抵制下失败。后又任命团结工会顾问马佐维耶茨基为总理，由他组成了各党派参加的联合政府。由此，马佐维耶茨基就成为东欧国家自1948年以来的第一位非共产党人总理。

新政府是掌握在与教会梵蒂冈一致的人手里。只有军队和警察还在共产党手里，团结工会正努力试图打入军队和警察，或使之国家化、中立化。新政府在治理经济方面仍然束手无策，财政部部长和工业部部长曾主张卖掉一切企业来偿还西方债务，遭到企业的反对；实行食品市场化以后，奶酪价格在6个星期内涨了30倍，牛奶、黄油价格在一天内由于取消补贴而涨了3—4倍。医生和卫生部门说医院因保证不了病员的基本营养而无法工作，学校因保证不了学生的起码伙食而无法上课，青年反对派因不愿勒紧裤带又反对新政府，西方的援助还是画饼充饥。总之，经济形势还没有好转的迹象。波兰共产党已失去领导权，要想恢复威信和人民对它的信任，重掌领导权，亦非易事。所以，波兰的局势至今还是不确定的。

四、匈牙利事态发展的简要过程是：1988年5月，匈共全国代表会议改选了领导班子，当选的108名中央委员中有1/3是新人。格罗斯取代卡达尔出任总书记，11名政治局委员中有6名是新成员，其中包括20世纪六七十年代主持过匈经济体制改革的原政治局委员、中央书记，甚至曾被誉为"改革之父"的涅尔什，还有匈爱国人民阵线全国理事会总书记波日高伊。9月，主张多种所有制同等竞争的政治局委员、书记处书记内梅特接替格罗斯出任总理，他仅41岁，是匈自1956年以来最年轻的总理。

1988年11月举行的匈党中央全会上决定实行多党制。1989年1月11日匈国会通过了集会法和结社法草案。根据结社法可以建立政党，但要另制定专门的建党法。1989年1—6月，匈党内外就1956年10月事件和纳吉等人的是非功过展开了一场大辩论。1月26日，匈政府发言人马罗山说，根据死者家属的共同要求，被处死的纳吉和另外 4 名同案人可以重新安葬，政府满足死者家属要求的目的是为了"实行人道"和"促进社会安定"。1 月 28 日，波日高伊在一次广播讲话中说，党中央成立了一个负责审查解放后历史的专门委员会，该委员会虽然尚未提出为 1956 年曾任政府总理、1958 年被处决的纳吉平反，但已肯定他在 1954—1955 年是正确的，委员会对纳吉在 1956 年事件中的作用和活动的评价尚有争议，但认为 1956 年事件本身是"人民起义"，是"一次反对蔑视整个民族的寡头政治起义"，简单地把 1956 年事件称为反革命事件是"站不住脚的"。三天后，党的总书记格罗斯发表谈话说，评价历史事件不能由一个人或一个委员会作出，而应当由中央委员会作出。2 月 10—11 日，匈党中央召开全会，就 1956 年事件和深化国内政治改革问题展开了激烈的辩论。会后的公报说："在 1956 年，领导者在革新方面的无能为力导致了政治性爆炸，爆发了真正的起义，人民起义。在这次起义中，民主社会主义力量起了作用，但从一开始就混杂了企图复辟的势力、社会的残渣余孽和声名狼藉的分子。到十月底，反革命行动增多了。"公报指出，多党制只能逐步实现。4 月 2 日，匈党总书记格罗斯在电台回答人们提问时说，没有理由为纳吉恢复政治名誉，如果发现新的材料，党将重新研究现在的立场，但在法律上平反至关重要。关于匈牙利事件的性质，他说在过去的 30 年中只突出了反革命因素，而忘记了人民的因素。6 月 16 日，在政府的赞助下，由匈牙利历史平反委员会等群众团体在布达佩斯的英雄广场组织了重新安葬纳吉等人的葬礼，有 25 万人参加。匈国会主席马什加、政府总理内梅特等人也参加了葬礼。

据报道，戈尔巴乔夫对此表示欢迎，但认为这不是最后的定论，还要在匈国内和国际继续研究。至于匈选择从一党制向多党制过渡的形式，苏不会提出任何非议。罗、捷、民德、阿、朝等国对匈重新安葬纳吉一事反应强烈，有的抗议，有的表示"深切忧虑"，要求人们"树立应有的警戒心"。

4 月 15 日，匈党内的改革派就党的前途问题展开辩论，有 600

人参加，确定了废除斯大林模式和向多党制与议会民主过渡的战略，他们认为，匈牙利社会主义工人党只有作为一个有明确改革纲领的改革党才有可能在政治舞台上和大选中立足。此后，党内派别林立，党的分裂已成现实。9 月 2 日党中央书记捷吉尔说，近几个月来，退党的党员平均每月有 10000 名，而入党的新党员还不到 200 人。党的领导班子也经历了频繁的调整，6 月 24—25 日举行的中央全会上选举了政治局委员涅尔什为党的主席，政治局由 9 人扩大为 21 人，由涅尔什、格罗斯、内梅特和波日高伊 4 人组成的主席团，在党的十四大召开前，集体主持党的工作。全会决定于 1989 年 10 月 7 日提前举行党的十四次代表大会。

1989 年 8 月 19 日，匈牙利社会主义工人党公布了党的政策纲领草案，其中所描绘的"新模式"是"从国家社会主义和平地、渐进地向民主社会主义过渡"。纲领草案中明确表示："匈牙利社会主义工人党打算改为社会党，并根据宪法规定的范围同其他党竞赛。"

1989 年 9 月 7 日，匈牙利社会主义统一工人党通过决议成立社会党，它不再称自己是工人阶级的革命先锋队，不再以马列主义、无产阶级国际主义作为指导思想，放弃了建设共产主义的最终目标。10 月 18 日通过宪法修正案将匈牙利人民共和国改名为匈牙利共和国，不再实行无产阶级专政。它要实行的社会主义被称为民主社会主义，并明确表示要向社会民主党靠拢，走多党制、议会民主和市场经济道路。

匈牙利统一工人党的分裂已成现实。但据报道，在原有的 80 万党员中，登记加入社会党的迄今只有 4 万人。可能不少人是在观望，也有不少人消极了，表示什么党派也不参加，还据法新社 8 月 25 日报道，有一个自称马列主义的党已经成立，其领导人山多尔自称可以毫不困难地团结原有党员中的 25 万党员在自己的周围，其中有 23 人曾经是中央委员，该党成员反对匈目前进行的政治改革和引入市场机制。前不久，在关于选举总统程序问题的公民投票中，社会党首遭挫败，受到沉重打击。波日高伊是十四大党纲的起草者，未能按计划登上总统宝座。

以上说明，由于各种制约因素，匈牙利局势仍具不确定性。南斯拉夫《今日周刊》评论说："匈牙利已成为正在进行给人以希望的探索的政治试验场。但在这个试验场充满了措手不及的迷惘，难以避免的错误和幼稚可笑的夸夸其谈。"

五、第二个冲击波是冲击到过去被认为比较保守的东欧国家，尤其是东欧经济发展水平较高的民主德国、捷克斯洛伐克。这些国家的领导人原来抵制波兰、匈牙利近两年的改革，他们坚持党的领导和社会主义制度，不太强调改革，而着力于在原有体制的框架内从方法和技术上对传统模式加以完善。保加利亚曾经是"经互会"内的受惠国，经济比较稳定，日夫科夫同以往的苏共领导人关系很好，也"悄悄地"进行过一些改革，但近年来也许跟不上戈尔巴乔夫"新思维"的调子。目前，对这几个国家的冲击浪潮不亚于波兰、匈牙利，甚至更猛。

民主德国在12个专区党委给中央写信后，昂纳克不得不下台。以旅游为名，夏季发生了大规模往西德移民的浪潮，已在西德定居的达25万人。边境开放后，又有上千万人涌往西德，技术水平高的工人和科技人员留在西德，给民主德国造成严重损失。11月3日，昂纳克的后任克伦茨及其中央委员会集体辞职，推举了赫伯特·克鲁克为主席的25人工作委员会负责临时工作，委员会中除有一名过去的中央委员以外，其余的都是不知名的，他们一上任，不经严格程序就开除了10名党的前领导人的党籍，还对其中一些人进行拘审、软禁。另据报道，民主德国政府6日发表的一项声明说，"在过去几小时里，可能袭击人民军设施的迹象增加了。"还据报道，民主德国出现法西斯激进派迹象。在政治真空和危急的情况下，民主德国已提前于8日召开了党的特别代表大会，选出41岁的年轻律师为党的主席。代表大会也决定更改党的名称，反对解散党和分裂党，声称要成为现代化的社会主义党，强调将同斯大林主义的社会主义彻底决裂。目前，民主德国党员人数已从200万减少到170万。捷克斯洛伐克的爆炸性问题是重新评价1968年事件。当时曾开除过50万党员，内伤严重。近年来围绕着重新评价历史事件问题，领导层政见分歧，与此同时，党的威信下降，党员数量不断减少，而反对派组织数量增加，活动能量加大，游行示威次数增多，规模越来越大，要求为"布拉格之春"平反。现在，华约五国已公开承认侵捷错误。捷共总书记宣布已开始为那些因 1968 年"布拉格之春"事件被开除出党的党员平反和恢复名誉。它的两个共和国之一的捷克政府于 12 月 5 日改组，共产党在新政府中首次居少数 (8/17)，12 月 6 日，另一个共和国斯洛伐克共产党政治局和书记处的所有 21 名成员提出辞职，而且斯洛伐克共产党同意放弃对斯洛伐克议会的控制地位，斯洛伐克政府也将改组。国家总理阿达麦茨已经辞职，第一副总理恰法尔受命组阁，新政府将称"民族谅解政府"，共产党员在新政府成员中的比重将占 10/21。胡萨克宣布他将于近日辞职。捷前总理什特劳加尔声明要辞去议员和中央委员的职务。捷政府与反对派组织"公民论坛"组成联合调查委员会调查 1968 年事件。

保加利亚的日夫科夫是东欧国家中领导时间最长的领导人，最近也由姆拉德诺夫取代。

罗马尼亚也潜伏着导致局势动荡的不安定因素。最突出的是 1989 年 3 月发生的"6 人公开信事件"。6 人全部是罗马尼亚前高级领导人，他们指责齐奥塞斯库"造成罗经济困难，践踏人权，使社会主义威信扫地"，外电报道认为，公开信表明"对齐及其政策的不满已渗入党的最高阶层"，是对齐奥塞斯库当政 24 年来"最严峻的挑战"。罗马尼亚虽已还清了外债，但经济困难已持续十年，供应极差。齐已 72 岁，据说患癌症至少有两年了，西方人士认为，罗马尼亚最高领导人的接班问题"也许会成为发生重大变革的导火线"。再加上少数民族问题，东欧其他国家剧变的冲击，都使得罗马尼亚恐惧不安。

（本文系送上级领导参阅的情况汇报）

苏联反危机的背景与前景

（1991 年 5 月）

【**江春泽按**：这时我已经调到国家经济体制改革委员会（简称"国家体改委"）工作，我主编的 100 期《国外经济体制研究》是专门提供给中央作决策时参考的调研资料。】

一　苏联政府的反危机纲领是在危机四伏形势下的被迫选择

自今春以来，苏联的经济、民族、社会、政治四大危机全面爆发，交织发展，到 4 月份，整个社会几乎濒临"爆炸性的边缘"。政不通，人不和，令不行，禁不止。第一季度统计公报的经济综合数字"令人目瞪口呆，没有一个光明点"。民族纠纷与罢工浪潮波及全境，席卷全民。总理帕夫洛夫 4 月 20 日在电视讲话中告诫："现在面临的已经不是有人生活得好与有人生活得糟的问题，而是真正威胁到国家存亡的问题。"

整个国民经济已经严重混乱、失衡又失控，在短期内难以走出恶性循环之圈。1990 年开创了战后经济负增长的先例，国民收入低于 1988 年；1991 年又一月不如一月，第一季度国民生产总值下降 8%，劳动生产率下降 9%，国民收入下降 10%。西方分析家估计，今年夏季中期，苏联经济可能完全瘫痪。《美国新闻与世界报导》总裁兼总编辑阿克曼在与国家体改委负责人谈到苏联情况时直摇头，表示简直看不到出路，改革一片混乱。

苏联农业几十年来一直是投入多、产出少、效率低。近几年来，每年都要进口 3000 万—4000 万吨粮食及其他食品或食品原料，耗资占每年外贸出口总额的 20%。1991 年春播面积比去年又减少 400 万公顷，粮食需求短缺达 4000 万吨以上，而支付能力最多只能解决一半。苏联换取外汇的主要出口产品是能源，但主要能源产品的绝对量一直在下降，1990 年的石油产量为 5.7 亿吨，只相当于 1978 年的水平。煤炭产量 1990 年减产幅度为 9%，1991 年全国广大区域的煤矿工人大罢工已持续两个月，全国 500 座煤矿中近 200 座停产了，这必将影响进出口的总水平。1990 年曾靠抛售 230 万两黄金进口粮食，1991 年能有多少黄金再抛售，能否补齐所需粮食之缺口，都是各方关注的未知数。

消费品的供应越来越短缺。1990 年居民未满足的购买力已达 2000 亿卢布，约相当于苏联商品正常流转额的 50%。本来苏联消费品供应就经常短档缺货，1960 年 1 卢布货币有 1.42 卢布的商品保证，而在 30 年后的 1990 年，流通中货币的商品保证程度却只及 1960 年的 1/10，即 0.12—0.14 卢布。国营商店与自由市场的价差从 1:2 扩大到 1:10，大量紧缺商品流入黑市。据估计，"影子经济"总额约有 2000 亿卢布之多，大大增加了流通和金融领域的混乱。

财政赤字增速惊人，加上地方收入不上缴，中央财政空虚，货币发行处于失控状态。1990 年原定发行货币 100 亿卢布，实发 250 亿卢布，突破计划 1.5 倍。1991 年可能增发 500 亿卢布。西方称之为"疯狂"的预算。4 月公布的价格改革方案中，计划给消费者补贴一项即需支付 300 亿卢布，而且还要追加。1990 年苏联国内债务已达 9000 亿卢布，通货膨胀率为 20%，1991 年的明显趋势是继续急剧上升。

由于苏联国内经济恶化，1990 年外贸逆差为 100 亿卢布，是 1989 年逆差 20 亿卢布的 5 倍，达到了创纪录的水平，这势必使苏联外汇资金更加紧缺。苏联现欠外债 650 亿美元，平均人欠 215 美元，以最近官方公布的 1:27.5 汇率计算，人均欠外债 5800 卢布，等于

20 个月的人均工资。西方财经界对苏联的偿债能力越加持怀疑态度。国际货币基金组织的官员说："只要苏联的局势不恢复正常，西方就不可能提供财政援助。因为没有一个国家会把钱花在一个正在分崩瓦解的社会制度上。"

严峻的经济形势直接反映在人民实际生活水平的下降。据资料，苏联在 4 月涨价前，每人每月平均最低生活费用需要 280 卢布，而退休金平均每人每月只有 130 卢布，按人均家庭收入 130 卢布计算，生活在贫困线以下的人口约为 1 亿人，约占总人口的 1/3。这是潜伏的涉及面很大的社会危机。

苏联的民族问题由来已久，民族问题的纠纷遍及多数加盟共和国，争斗流血事件屡屡发生。向中央闹独立的民族分裂主义一直是个棘手难题，目前已有 4 个加盟共和国（波罗的海 3 个以及格鲁吉亚）正式宣布独立，6 个加盟共和国不参加签订新联盟条约。参加签约者与中央的分歧也是深刻的，它们并不想成为强大联盟中央统一领导下的有一定自主权的加盟共和国，而是主张"非联盟化"，即有充分自主权的加盟共和国和一个"小小的中央"，或者说，先成立几十个独立的共和国，然后再结成联邦。

更加令人忧虑的是，自今年以来，煤矿、港口、铁路等重要行业的产业工人大罢工与党派斗争结合在一起，从经济要求发展到政治要求，连一向稳定沉寂的白俄罗斯共和国也卷进了罢工的热浪，提出解散苏联议会、总统辞职等口号、目标。反对派坚持把民主推向街头，公开说苏共是"黑手党""法西斯组织"。一向比较温和的劳工领导人也想发动数百万工人停工 1 小时来显示力量。所谓的"独立工会"在组织上已经成形，他们号召在全国范围内采取"前所未有的行动"。他们自称正在开始走上 10 年前波兰团结工会所走的道路，他们的真正目标是想仿效波兰的团结工会把"共产党政权摧毁"。

苏联总理帕夫洛夫担心，苏联国内局势如果在 3—6 个月内不稳定下来，就达到了内战的破坏水平。正是在上述苏联国家命运面临生死存亡的紧急关头，4 月 22 日，帕夫洛夫总理向议会提交了政府的"反危机纲领"。其主要内容是：今年内禁止政治性罢工；先把约占 10% 的小型企业非国有化，到 1992 年年底，服务部门和消费品部门 2/3 的小型企业将实行私有化；工资增长要与效益挂钩；到 1992 年 10 月完全放开价格；建立一个管理通讯、能源和运输的机构，以便统一指挥；企业在外贸方面有更大的独立性；等等。帕夫洛夫主张采取渐进的办法向市场经济过渡，他认为如果急剧转变，预计生产和收入将会下降 30% 以上，3000 万人将失业。帕夫洛夫承认苏联目前的情况是"全面危机"。"反危机纲领"必须得到 15 个加盟共和国的合作，才能做到。然而，所有这 15 个加盟共和国都宣布它们希望"有在一定程度上独立于莫斯科的自治"，合作的态度既不明朗，又各有图谋。

"反危机纲领"受到激进派头面经济学家的强烈抨击。曾经是戈尔巴乔夫亲密助手、"500 天计划"起草人之一的沙塔林批评："这个纲领根本没有考虑到主权共和国现实存在这个因素。"他说："只有赢得人民信任的政府才能采取形成市场经济基础的严厉措施。"曾经是戈尔巴乔夫顾问的彼得拉科夫说：政府的反危机纲领"具有完完全全的宣言性质，它仍然以帝国思维原则为出发点"，"实质上，实现政府纲领的唯一办法是暴力"。他还说，政府纲领中一些反危机措施是从其他计划包括"500 天计划"中借来的，但"没有配以实施措施的具体机制"，政府"在没有取得人民信任的情况下，将越来越多地对提高工资的要求让步，这将导致恶性通货膨胀"。

俄罗斯共和国总理西纳耶夫承认纲领具有一些向市场过渡的"进步因素"，但是，"带有行政命令体制即老一套管理办法的印痕"。它将受到"严重的制约和限制"，不会使苏联"实现更大程度的稳定"。也不会解决苏联"日益严重的经济问题"。

看来，"反危机纲领"势将很难顺利推行。

二 戈、叶重新妥协的联合声明是各派政治力量激烈较量的产物

苏联的全面危机集中地表现为争夺最高权力的斗争。反对派的

矛头是逼苏联中央政府下台，使苏维埃社会主义共和国联盟解体，即"非苏维埃化""非联盟化"。为了实现这一目标，他们首先要逼使苏共从执政党的地位沦为一般社会团体，摧垮"共产党对政治权力的垄断"。由此，以苏共强硬派为中坚的传统力量同以叶利钦为首领的民主俄罗斯运动（民主力量的联合阵线）一直进行着激烈的较量，苏共和苏维埃政权仍处于危机之中。

现在，与苏共对立的政治组织的联合已成为现实。据报道，苏全国有6万多个政治组织，其中，全苏范围的政党有200多个，加盟共和国范围内的政党有500多个，此外，还有什么"阵线""运动"等组织，几乎都是集合在"反共"的旗帜下。所谓的"影子政治"和"平行的国家结构"也已经出现，苏维埃政权陷于失控的瘫痪与半瘫痪状态。

造成这种状况的原因虽很复杂，但最直接的根本性原因是苏共自身发生了变化：组织急剧涣散，1/4的党员退党了，党员人数从2000万下降到1500万左右，不参加活动与会议的人数更多，不少基层组织消极无为，领导班子软弱无力，民主集中制徒有虚名，民主多于集中，党内派别林立，主要有三大派，即倾向社会上民主派的"激进派"，主张对党进行改革的"中派"，主张保持布尔什维克式的集中统一的"传统派"。苏共的活动方式已变成议会式的党，它的法定执政党地位已经取消，在实际生活中，它也已经部分地丧失了执政地位，成为名义上的执政党或半执政党。"传统派"组织上不定型，思想上不统一，纲领不明确，行动不果断，对形势判断、时机和策略方式的运用不断失误。二十八大后，共产党在多党制条件下不知所措，整个党组织处于"昏睡状态"。到1990年，社会上反列宁、反十月革命、反军、反共势力的活动已发展到十分猖狂的地步，苏共才从"昏睡中醒来"，与军队、克格勃结合在一起，"从战壕里跳了出来"，组织起来，转防守为进攻，这对"激进派"是很大的牵制。

在"激进派"或称"民主派"形成以后，特别是叶利钦当选为俄罗斯联邦最高苏维埃主席以后，"民主纲领派"中最激进的一翼先后脱离苏共，于1990年11月成立了俄罗斯联邦共和党以及俄罗斯民主党、俄罗斯社会民主党等，并联合成"民主俄罗斯运动"，有计划、有领导地开展了与苏共对抗。

由此发端，两军对垒，斗争不断升级。到4月下旬，已经持续罢工近两个月的煤矿工人呼吁总罢工，结束"独裁"。白俄罗斯17个最大的城市声称23日要举行大罢工，"要求结束共产党的专断"，首都明斯克就有100家企业举行罢工，整个共和国参加罢工的企业占85%—90%。在面积相当于法国、拥有约5500万人口的乌克兰共和国，各地纷纷成立了罢工委员会。罢工浪潮如果得不到遏制，苏联的危机将严重威胁到中央政权的执政能力，而中央政权的进一步削弱，又必将导致对全局控制力量的更加软弱。东欧演变的进程，就是前车之鉴。在这种形势下，"强硬派"和"激进派"经过几个回合的激烈较量，已摆出最后决战的阵势。斗争双方都把戈尔巴乔夫看作是一块"拦路巨石"，或是"继续僵持不下的棋盘上"的"一个多余的棋子"。在4月下旬的苏共中央全会上，终于逼使戈尔巴乔夫摊牌。据外电分析，这主要是苏共上层领导冷静地估量了目前的客观形势，认识到保住戈尔巴乔夫，也就是保住党。如果抛弃戈尔巴乔夫，"将等于自杀"。因为总统兼共产党的总书记，共产党的执政地位可以通过总统来体现，党的政治局多少还可以对总统的决策直接地制约和影响。如果总书记换人，新人选的权威比戈尔巴乔夫更小，苏共的执政地位将进一步受到威胁，政治决策必然向"圆桌会议"倾斜，对党更加不利。而戈尔巴乔夫如果得不到共产党的支持，总统职位被迫轰下台，则会全国大乱，使本来已经严峻的形势更加严峻，"还会失去外国对这个国家剩下来的一点点信心"。

当戈尔巴乔夫受到党内强硬派压力的情况下，激进派认为是拉拢戈尔巴乔夫的极好时机。沙塔林和彼得拉科夫督促戈尔巴乔夫立即开始与国内的不同政治势力对话。什梅寥夫还警告说，如果戈尔巴乔夫下台，他建立的总统制能否保留就是个问题。叶利钦也冷静地估量到，他要获取最高权力将遇到来自共产党方面的难以逾越的障碍，况且，作为行将解体的苏联最后一位总统可能是"一杯毒酒"，倒不如先争取登上俄罗斯这个最大的主权共和国的总统宝座，待到新形式的联邦建立时再伺机而动。他们闹独立也并非以独立为目的，而是希望争取更多更大的自主权，实现主权共和国的联邦。西方也不会对几十个小小独立共和国感兴趣。英国外交大臣赫德22日警告说："苏联解体不符合西方的利益。我们希望看到一个致力于改革和各共和国之间关系建立在协商而不是命令或武力基础上的苏联。"

"联合声明"是左右两大营垒几经较量仍然势均力敌而不得不暂时妥协的产物，戈、叶公开决裂后又重新携手，既是戈尔巴乔夫需要再次借助激进派的力量来制衡党内的强硬派和平抑社会的不满，也是激进派两手策略中的一手。

"联合声明"在处理民族关系方面有些前进，签约者在形成统一经济领域范围内将享有最惠国待遇，到年底以前，不签约者处境将很困难。据分析，对某些共和国还是有可能争取的。

"联合声明"并没有从经济上提出摆脱危机的办法。1986年苏联出现巨大的预算赤字，1988年对工资的限制比对物价的限制更松，1990年对国家预算失去政治控制，而"联合声明"中关于缓和最近的物价上涨、收入指数化和取消销售税等措施，只是戈、叶为平息罢工工人、阻挡强硬派的进攻而暂时采取的政治上的权宜之计，它将使目前已占国民生产总值15%—20%的预算赤字继续急剧上升。西方的苏联经济专家认为"没有比苏联政府的现行政策更糟的经济政策了"，有人甚至预言戈叶协议有可能导致像1981年波兰那样的经济崩溃，前景不容乐观。

三 未来前景的几种可能性

苏联，曾经作为世界一极之超级大国，已经衰落。但苏联的军事实力仍是影响世界形势的一支不可低估的力量，特别是对西欧的威胁，仍然是地缘政治和军事冲突中的一个不可轻视的根源。

苏联的危机是全面的、深重的。苏联的经济改革实际上已经成了党派斗争的一种手段。正像我们 1990 年对沙塔林 "500 天计划" 的分析、预测其必将夭折一样，反危机纲领中的有关经济改革目标、政策、步骤能否到位同样是很难的。这一方面是改革本身的依据和各方承受能力缺乏现实可能性，特别是占总人口 1/3 的劳动人民和退休人员处于贫困线以下，这对任何改革都将构成致命性的威胁。另一方面，也是更重要的原因，就是改革缺乏必要的外部环境，即政治、经济、社会的稳定。东欧的教训表明，危机四伏中的改革是难以推进的，相反，只能导致危机的加深。就苏联目前的情况看，可能有以下三种前景。

第一，中央进一步集权，采取严厉措施稳定局势，进而有序地推进改革。但是，在党和政府都已经大大削弱了权威性的情况下，除了动用无产阶级专政工具外，已经不具备采取其他严厉措施的条件。

第二，各派继续斗下去，在谁也吃不掉谁的情况下走波兰后期 "圆桌会议" 或变相圆桌会议的道路，中央进一步放权，让出职位，使激烈的政治斗争缓解。这种可能性较大，最近的戈、叶 "联合声明" 就是一个开端。但这将是一个继续付出巨大代价的漫长、痛苦、混乱的过程，力量消长的结果，将进一步削弱苏联的实力，最终的结果将是十分令人担忧的。

第三，全国大乱，军队出面干预，恢复秩序。不能排斥这种可能，但各派将会克制，竭力避免出现这种情况。

苏联已经形成的危机和危机的发展，都将影响世界经济政治的格局，影响世界社会主义事业的前景。我们应当本着冷静观察、站稳脚跟、沉着应付、韬光养晦的精神，跟踪研究。在我们力所能及的范围内，在中苏合作的各个领域，促使苏联形势尽快克服危机，走上正常发展轨道。这是我们应当为之奋斗的前景。

（原载《国外经济体制研究》1991 年 5 月 3 日）

比较·选择·前景

——苏联东欧国家经济改革比较研讨会纪要

（1990 年 11 月 5—7 日）

国家经济体制改革委员会国外经济体制司于 1990 年 11 月 5 日至 7 日召开了《计划与市场国际比较研讨会》。应邀与会的有中央和地方有关部门了解实际情况的记者和外交官，以及研究经济又了解苏联东欧情况的专家，共 30 余人。研讨会围绕正确处理计划与市场关系这个总课题，着重从总结中国和外国实践经验和推动改革深化的角度，进行了探讨、比较和分析。与此同时，国家体改委还派出了赴苏考察团，对苏联改革进程进行了实地考察。现将研讨和考察的有关情况综合如下。

一　苏联东欧国家的情况与教训

关于计划与市场问题，我们应当从苏联东欧国家吸取什么教训？

第一，这些国家的市场都极度不发育，即使在改革早的国家，市场也仍然落后。

辽宁大学派到波兰讲学一年多的冯舜华教授，曾长期工作生活在波兰普通居民中。她列举了很多事实说明，波兰的市场比中国近十年的市场发育层次低得多。她说如果以 5 个百分点作一个台阶比喻的话，波兰同中国不是差一两个台阶的问题。波兰在 20 世纪 50 年代中期就解散了农业合作社，84% 的农民是个体小农，但却没有粮食市场，粮食全部由国家收购，由于工农产品剪刀差，农民不愿把粮食卖给国家，国家就花大量外汇进口粮食。但与此同时，国家又不得不从财政预算中支付大量的食品价格补贴，以至于售价低廉到可以任意浪费的程度。几百万人口的首都华沙仅有两个农贸市场，而且只准出售自种产品，不准转手贩卖（按：北京共有农贸市场730个，年成交额20亿元，其中城区485个，成交额16亿元）。在1989年剧变前，波兰每公升牛奶和每公斤面包都只相当于人民币几分钱，牛奶比自来水便宜，几乎每天都可见到居民们把整袋的面包往垃圾箱里扔。价格根本不能起平衡供求关系的作用。波兰在过去的改革中取消了指令性计划指标以后，由于缺少市场机制的作用，资源配置出现真空。改革决议中赋予企业的"三自主"权，实际形成了一纸空文。匈牙利20世纪六七十年代的改革虽然在搞活经济方面取得过短暂的效果，但由于受到苏联的影响、干预，改革打打停停，没有一贯地进行到底，而且主要只是在国家与企业的分权方面下功夫，原来是在计划指标上讨价还价，后来变成在控制条件上讨价还价，由此出现的市场是零碎不全和扭曲的，竞争机制远未形成。南斯拉夫是社会主义国家中最先引入市场的。但在1954年改革起步后，几经反复，动荡不已，1974年颁布了宪法和"联合劳动法"，把自治体制由单个企业内部的"工人自治"引导为全社会"联合劳动"的社会自治。南共联盟发动全民学习马克思关于"联合劳动"的论述，强调"南斯拉夫的生产资料是属于全社会所有的，既是人人的，又不是任何人的"。此后，企业之间、企业与政府或社会组织之间的经济联系，都是通过一对一地谈判和签订"自治协议"和"社会契约"来确定各自承担的义务和享受的权益，以此来体现"自由平等的生产者之间的联合"。现在他们认为这是乌托邦，实际上是一种"契约经济"。几十年来，南斯拉夫虽有商品市场，但各共和国分割，没有形成全南斯拉夫的统一市场。价格不是在市场竞争中形成而是自治协商的，具有各种非市场因素。南斯拉夫的劳动力虽可自由流动，但没有规范的国内劳务市场，在工人委员会领导下，工厂要解雇或新增工人实际上很困难。南斯拉夫没有资金市场，信贷规模和利率高低都由自治协议决定而不是由银行决定。理论宣传上强调："活劳动是收入的唯一源泉，死劳动（即物化劳动，亦即生产资料）不应带来收入，否则就是剥削。"这些理论和实践的后果，扼杀了统一市场体系的形成，容忍了低效率。南斯拉夫曾被认为是"市场社会主义"而受到其他社会主义国家的批判，其实这是一种误解。许多研究苏联经济的学者说，苏联几十年来都是像害怕魔鬼一样地害怕商品经济，直到几年前，最激进的主张也只是讲可以利用商品货币关系，如若谈论"市场"，不仅理论是异端，人也是异己。戈尔巴乔夫改革伊始，并不敢使用"市场"一词。后来他的经济理论顾问们从外界（包括从中国近十年的改革）受到启发，逐步认识到应该引入市场机制，于是提出要实行"计划——市场经济"。到苏共二十八大前，经过争论，又认为冠以"计划"定语不够准确，改为"可调节的市场经济"。到1990年9月提交给最高苏维埃讨论的文件中，正式提出"向市场经济过渡"。但是，直到目前为止，在苏联的实际生活中，工业品的流通几乎全部仍由国家垄断，农副产品市场也很少（中国农产品市场有7万多个），而且只能卖出自己的产品，从事贩运是非法的。由买卖双方自由交易的商品市场基本上没有形成。直到1990年10月，价格一直是几十年一贯制，有一种面包每公斤13戈比，还是列宁在战争饥荒年代定的价，至今没有变动过。其他消费品价格基本上也都是20世纪60年代初定的，不少消费品的物价补贴高于售价。例如，猪肉每公斤售价2卢布，补贴7卢布；面包每公斤平均售价22戈比，而小麦平均每公斤收购价47戈比，农民卖了小麦买面包回去喂牲畜。国家对消费品的价格的补贴，已占财政收入的1/4，到了难以为继的程度。价格与价值如此严重背离，不能成为调节供求的信号，也不能成为考核企业盈亏的核算工具，喊了20多年的企业"完全经济核算制"实在是"完全的空喊"。国营企业严重亏损和市场消费品严重匮乏的局面长期得不到缓解。正因为缺少正常发育的合法的市场，所谓"影子经济"即黑市交易应运而生，日益猖獗，据说约占全部交易额的15%—30%，使得经济、社会更加无序，人心更加不安和不满。苏联的地方分离主义虽有其历史的、宗教的、民族的复杂原因，但最根本的原因还是深刻的经济危机，计划僵化，市场极端落后，根本谈不上形成统一的、发达的市场。据反映，爱沙尼亚共和国的干部说："莫斯科在经济改革方面是十次量衣九不裁，我们的对面就是芬兰，压力很大，莫斯科不搞市场，我们只好自己搞。"

第二，这些国家的计划体制不尊重客观经济规律，特别是价值规律，计划制度僵化。

正因为这些国家的市场极度不发育，没有市场环境，价值规律无从表现，宏观间接调控就无法检验和遵循。众所周知，市场是物质的、第一性的、客观的；计划是精神的、第二性的、主观的。主观要以客观为基础，准确反映和认识客观，才能谈得上正确调控和符合客观实际。波兰、匈牙利的情况都表明，在减少或取消指令性计划指标以后，由于缺少必要的市场机制，企业自主权和宏观间接调控都无法实现。由此造成的经济工作严重失误，导致经济、社会、政治危机交织，使社会主义政权在无硝烟中被更迭。据目击者说，波兰十年危机表现得比西方 20 世纪 30 年代大危机还要深重得多，从 1978 年起生产逐年下降，到 1982 年下降 1/4，回升历经 6 年，到 1988 年才勉强达到 1978 年的水平，再也反弹不上去，致使人民对执政党完全丧失信心，也正是在这种经济倒退、萎缩的情况下，累积的社会危机爆发，使反共、反社会主义的敌对势力得以利用。

南斯拉夫企业是在既没有行政指令又没有市场竞争的条件下扩大企业自主权，无异于在一个个小小独立王国内吃光分光，企业长期低效率、负积累，酝酿积聚成 20 世纪 80 年代持续十年经济滞胀的深重危机，政府束手无策。直到 1990 年马尔科维奇任总理的新政府提出新的一揽子稳定经济方案后，才在遏制通货膨胀方面出现转机。

苏联是中央计划体制的发源地，就编制计划的技术性制度、方法来说，它在苏联东欧国家中是首屈一指的。他们的计划机构不仅运用投入——产出法和线性规划，在 20 世纪 60 年代还装备了全国自动化管理系统工程，苏联的计量经济学家曾因此获得诺贝尔奖奖金。但是，历史已经证明，苏联的计划只注重制度、方法上的技术性问题，而没有起到充分体现社会主义制度优越性的、对全社会经济活动发挥指导和调控功能的计划经济作用，并正确运用价值规律，引导市场发育。1989 年在"消费品篮子"里的 1200 类商品中，除 150 类外，其余 1050 类都是短缺的，这就是说，市场上有 90% 以上品种的商品不能适应社会需要，这种状况在今年又进一步恶化，市场商品严重匮乏，人民怨声载道，大大损害了社会主义形象。可见，他们长期所强调的计划，并没有实现列宁所要求的那样自觉地保持比例性和平衡，没有起到优化资源配置的效果。这种计划，实际成了经济发展的桎梏，导致社会经济政治危机的日趋恶化。

第三，这些国家长期的僵化与封闭，造成目前转轨和开放的痛苦代价巨大，困难很多。

从保加利亚和德国刚考察回来的学者反映，考察后，对原僵化的计划管理体制的弱点从质的方面认识更深了。这些国家的企业不仅在本国是按行政指令行事，缺乏按市场需求生产适销对路的产品的概念，而且在"经互会"组织内也是执行指令方式的分工，封闭地互相推销低质产品。现在面临"经互会"实际解体的局面，才感到后果严重，因为设备技术陈旧落后，产品远远落后于世界新科技之后，缺乏国际竞争力，很难出口。例如，保加利亚本来适合发展农业和旅游，而"经互会"分工则要它生产电子产品和叉车，现在既无原料又无市场，40% 工业企业停产，短期内是走不出困境的。又如，原东德是被认为中央计划体制运转效果较好的，现据驻东柏林工作的原艾伯特基金会驻北京办事处主任说，东德在三个问题上吃亏：一是封闭，未参加国际经济分工，技术设备比西方落后，无竞争力；二是过去的集中计划把企业管死了，经理不善经营，企业无活力；三是政府机构官僚主义严重。统一后，按原西德的效益标准，原东德的企业将有 1/4—1/3 被淘汰，1/3 需要进行技术更新和改造，效率较好的只有 1/3。把效率低的企业淘汰后，失业人数将达 400 万，但不淘汰又不行。当局打算对失业工人进行培训后重新就业，估计要经过 4—5 年调整才能摆脱困境。

另据德意志联邦银行董事会成员克劳顿估计，原东德的国有企业中，大约 50% 是亏损的，25% 效益很差，只有 25% 的企业有一定的竞争力。企业普遍存在技术落后、设备老化、管理混乱和污染严重等问题，产品在德国和其他西欧国家卖不出去，西方投资者对这些企业的资产、技术、经营状况和发展前景都不太感兴趣。匈牙利同样感到转轨的痛苦很大，对转轨的速度与途径，在执政党和反对党之间争论不休。据说，原执政党后悔过去对于社会制度的自我完善太不自觉，认识得太晚了。

苏联虽然已提出"向市场经济过渡"的方案即沙塔林"500 天计划"，但从它的三个最重要内容来看，实现的可能性连他们自己也没有信心。一是企业非国有化。苏联现有国有资产 3 万亿卢布，扣除折旧、报损，实际存量 2 万多亿卢布。全苏城乡居民储蓄加现金有 5000 多亿卢布。按照"500 天计划"，卖给个人 2000 亿卢布，也不过占资产总量的 10%，效果甚微。至于个人能否拿出 2000 亿卢布，则更是一个未知数。英国撒切尔任首相时竭力推行国营企业私有化，她整整花了 10 年时间才将 13 家国营公司转卖成私营企业。对比之下，从苏联的体制和拥有资金的人数看来，要推行非国有化，其困难之大是不难想象的。二是发展市场，放开价格。现在苏联 95% 以上的工业品价格，均由国家统一规定，标价用钢印打在产品上。"500 天计划"主张除 100 种产品外，全部放开，现在还未具体实施，已经人心惶惶，抢购不已。中国经过十多年的改革开放，至今日用工业消费品，国家定价占 30%，指导性价格占 40%，市场调节占 30%；生产资料价格，国家定价约占 60%，指导性价格和市场调节占 40%。由此可见，我国计划经济和市场调节相结合的机制，是有指导的，市场供应丰富。对此，来华访问的苏联人也羡慕不已。三是建立宏观调控体制。重点是改革计划、财政、金融，取消指令性计划。从明年 1 月 1 日起，将中央银行改为联邦储备系统，作为宏观经济调控的主要手段。日本兴业银行的小林实评论说，这完全是照搬美国的模式，根本不考虑苏联的实际情况，很难想象能行得通。

沙塔林"500 天计划"的原草拟人是亚夫林斯基，今年 39 岁，原是劳动部的干部，后调经济体制改革委员会任副司长。他先拟定了一个"400 天计划"，未被政府采纳。在叶利钦当选俄罗斯共和国苏维埃主席后，得到了这个计划，用来攻击雷日科夫迟迟拿不出改革方案。亚夫林斯基并由此而被提升为俄罗斯共和国副总理。叶利钦为抬高这"400 天计划"的身价，拉出沙塔林院士牵头，并改为"500 天计划"。从这个背景也可以看出"500 天计划"的客观现实性和科学性多么脆弱。

综上所述，苏东国家都没有自觉地解决好计划与市场这两种资源配置方式的结合问题。它们既没有自觉地发育和健全市场，形成市场体系，更没有对计划工作进行改革，使之形成有效的宏观调控体制。由于长期封闭、僵化，现在尽管嚷着要"向市场经济过渡"，但据观察，到目前为止，这些国家的干部和群众对市场还是知之甚少，心理上是"既盼又怕"，再加上各种不安定因素，前景如何，实难预料。日本兴业银行常务董事小林实最近去苏联考察，他对我国国家体改委的负责人说，苏联的市场匮乏，形式上是经济问题，实质上是政治上的信任危机。

二　中国的改革实践与效果

我国十年改革开放的基本格局已经形成，今后的问题是，继续遵循和坚持党的基本路线，积极探索、完善计划经济与市场调节相结合的运行机制。从经济学发展史上看，作为资源配置的方式，关于计划与市场的争论，是个世纪性困扰的问题。从实践中看，所有社会主义国家都曾经受排斥商品货币、恐惧市场的理论观念束缚，从而使计划与市场的关系成为这些国家经济改革中的"老、大、难"问题。第二次世界大战后，西方一些资本主义的发达国家，在市场发育健全的基础上，都不同程度地引入了计划作为国家干预、调节经济的工具，力图缩小经济危机的影响范围和程度，以保持社会的稳定和生产的增长。另一些后进的发达或发展中国家，也注意运用计划作为国家指导的工具去扶持市场的发育，推动经济起飞。一些外国专家认为，在明确含义的前提下，把计划与市场很好地结合起来，从全球的实践看是可行的，从经济发展的内在要求和客观趋势看，也是合理的。可以说，如何把二者结合好，这是现代经济体制优化的普遍趋势。在当代世界，不仅市场是世界性的，国家干预也国际化了。排斥市场或排斥计划几乎都是不可能的。而对我国来说，要坚持开放，就要逐步使国内的市场发育的程度与世界经济的瞬息万变相适应，同时使我们的宏观调控体系，对世界经济发展变化能够作出灵活有效的反应。

中国改革开放十年的巨大成就证明，邓小平和中国共产党在新时期的两个重要突破已经变成了伟大的物质力量。第一个突破是关于"社会主义初级阶段"的论断，这个论断使我们这个经济不发达的国家，进行社会主义建设有了一个现实的出发点；第二个突破是关于"有计划的商品经济"的论断，这个论断指导我们，不仅不能存有消灭商品货币关系的虚幻，而且要脚踏实地地大力发展商品经济，自觉地不断完善，真正发挥出社会主义制度的优越性。

当然，"有计划的商品经济"这个论断，要求我们社会主义初级阶段的商品经济，不能像资本主义初级阶段那样地无政府状态，重复资本主义原始积累的严重破坏性，不能导致社会财富分配不公，甚至两极分化，诱发和造成社会、经济、政治危机，我们要在共产党的领导下，自觉地按照历史唯物主义和辩证唯物主义的立场、观点，自觉地进行改革，自觉地进行自我完善，把计划和市场调节更有效地结合起来，使计划能正确反映客观经济规律，市场发育有序，整个社会经济特别是国营大中型工业企业拥有自主壮大的活力，社会财富分配合理，人民生活不断改善。

在20世纪80年代的中国，经济保持了高速增长的势头。国民生产总值年平均增长9.2%，相当于"亚洲四小龙"在经济起飞期的增长速度；进出口总额由400多亿美元上升到1100多亿美元，翻了一番；长期缓慢增长的人均物质性消费在十年期间也提高了约一倍。在沿海地区，由于市场发育度高和开放度大，所带来的生机活力则更为明显。实践已经走在理论的前面，大量行之有效、成果显著的经验，需要理论工作者去深入实际，总结提高。我们讨论的目的是进一步统一思想，总结经验，继续坚持发展有计划的商品经济的方向，坚持计划与市场调节相结合，这个方向不能变，也不应当变。

至于在改革过程中出现的问题，有些在治理整顿中已经或正在解决，有些则要通过深化改革才能逐步解决，有些还需要作更长时期的实践、探索、总结。我们既不应放弃计划、排斥计划，也不能恐惧市场、排斥市场。我们要从中国作为一个发展中的社会主义大国和已有十多年改革实践的基础出发，研究把计划与市场二者结合得更好，把已经初见成效的改革实践继续深化和推向前进。

三 从比较得到的启示

美国布热津斯基在《大失败》一书中，对共产主义、社会主义大肆污蔑攻击，但他又不得不承认，"只有中国目前的发展似乎才预示着共产主义的复兴"。今后十年，中国共产党人和伟大的中国人民，将肩负历史的重任，在占全人类 1/5 的人口中维护和发展社会主义事业。我们必须不失时机地把改革推向前进，使社会主义制度在中国以更加崭新的面貌屹立于世界，迎接 21 世纪的到来。

从苏东国家与我国近十年在处理计划与市场关系方面的不同作法与效果，可以初步总结、归结为：社会主义国家的执政党一定要自觉地、不失时机地坚持改革开放，建立开放的、有生机活力的经济体制，使社会主义制度不断完善，加快发展生产力和改善人民生活，充分发挥社会主义制度的优越性，在复杂的国际斗争中立于不败之地。

首先，要坚持把马列主义、毛泽东思想和邓小平的著作作为行动的指南，理论上不能僵化，实践中不能凝固化。要善于不断发现原有体制的弊端，并自觉地正视和不失时机地改革这些弊端，不致使弊端积累成社会问题、政治问题。

其次，研究改革方案要坚持实事求是的思想路线，一切从实际出发，因时、因地、因事地制定和推行符合国情的改革政策措施，既要不失时机地推行改革方案，又要不失时机地总结经验，改进完善，纠正失误。

　　再次，经济是政治的基础，政治是经济的集中表现。社会主义国家的执政党要坚持把经济工作放在重要的、中心的位置上。而经济工作的效果又在于寻求到能够使生产力要素优化组合的资源配置方式和经济运行机制，即坚持计划和市场调节相结合，正确处理好指令性计划、指导性计划、市场调节三者之间的关系，使全社会的经济活动在党的路线、政策引导下，宏观经济有调控机制，微观经济有自主活力，人民生活不断改善，国力不断增强。

　　最后，在改革过程中，要深入研究世界各国的经验，更要重视并坚持从本国的国情出发，与本国的实践结合，不能生搬硬套，避免改革误入歧途。

（此文载于《国外经济体制》1991 年 1 月）

关于中国人力资源开发问题的探讨

——访联合国前人力资源专家肖承祥

（1986 年 7 月）

1986 年 7 月 7 日，我访问了在美国伯克利市赫斯特街口"老年人活动中心"的海外侨胞肖承祥先生。他是人力资源专家，我们就中国人力资源开发问题进行了交谈，现将他的若干见解介绍于下。

一　把十亿人力都开发出来就是国力的表现

肖先生是江西人，对祖国、家乡和亲人有着眷念之情。他是技术专家，尤其关心祖国的现代化经济建设。他毕业于前中央大学物理系，研究电化冶金。20 世纪 40 年代来美国留学。现已年迈七旬。15 年前退休后侨居美国。退休前曾在联合国国际劳工局任职，职衔是"人力专家"。他曾帮助中国台湾和菲律宾制订过发展计划，着重在人力开发与训练计划上。我请肖先生对中国的人力资源开发问题发表见解。

发展中国家，资金缺乏，自然资源尚待开发，人口就是最重要的资源。当然，人力资源不是自然的人，而是经过教育和训练的人。肖先生记得他年轻的时候，中国人口占世界人口 1/3，后来占 1/4，现在只占 1/5，这说明比重在下降，中国人口增长的速度并没有超过世界人口增长的速度。肖先生说，对人口问题，不要怕，要把人口看作资源，是很宝贵的东西，尤其中华人民共和国，是以人民为主体的，要尽量提高人的价值。人力不仅是体力、劳动力，如果把人的价值仅仅看作体力劳动力，则 100 个人还顶不上一台机器。我们要提高人的价值，从事经济开发。我们发展经济的目的，不仅是修几条铁路，办几个工厂，还要发展人，要看我们具有什么样的人。如果能把 10 亿人力都开发出来，在世界各方面发挥重要作用，那就是最大的贡献，就是我们国力的表现。肖先生建议，中国的人口政策要考虑得长远一些。要参照世界各国人口的结构形态，包括年龄结构、地区分布结构、职业行业结构、城乡结构等进行分析，选择比较优良的结构形态，采取措施促使本国人口的结构形态优化。

二　用发展经济的办法吸引大移民、调整人口的地区分布结构

人口的地区分布结构就是要使人们的生存空间有合理的布局。中国的大陆和沿海，尤其是京、津、沪、穗几大城市，人口臃肿。而西藏、青海、新疆、内蒙古乃至东北，则地广人稀。过去，靠政治号召甚至行政办法，曾经动员过一些干部、青年去开拓，但是，由于边疆落后地区的经济还没有根本改变面貌。虽然近五年来情况已有很大变化，但以目前来看，仍难吸引大量新的移民。

我问肖先生，在中国有没有可能造成一种向地广人稀地区大移民的趋势？肖先生的答复是肯定的。他说，过去，美国西部也被认为是荒漠，没有淡水，没有铁路。什么也没有，谁也不愿来，只是在第一批华人帮助开发，修造了铁路之后，美国人和货物才可到达西部。加利福尼亚州的繁华只是近一百多年的事。关键问题是用发展经济来吸收移民。

接着，肖先生津津乐道地说起他的家乡。他说，赣南有 17 个县，比台湾大。物产和可耕地比台湾多。文化水准很高，唐宋八大家大半是江西人，道教的天师张道陵据说也是出生在江西龙虎山的，还有宋、明的理学大师，出了好多人才，那里有赣江、鄱阳湖，是鱼米之乡、富饶之地。如建设好了，能超过台湾。台湾 3/4 是高山，

河流很急，水土流失严重，时而涨水，时而干枯，后来筑了水库才好一些。江西的钨矿世界第一，最近又发现铜矿，瓷器也是世界有名的，这些产品不愁没有销路，也不需要引进外国高级技术，把现有技术稍加改进即可。江西的产品应运到江苏、浙江换蚕丝等物资，使得江西人人能穿上一件丝绵衣裳。国与国之间的外汇收支要取得平衡，省与省之间的贸易也要平衡。江西运出了多少东西，也要运回多少东西，这样人民生活就丰富起来了。他说，赣南要建设好，关键是要修造铁路。交通一发展，沿铁路线的资源就可以用起来了。中国地大物博，10 亿人口如能重新分布一下，就能使人力资源和物质资源都充分尽其用。重新分布，要解决交通，他认为，在中国还是以火车为主要交通工具较为合适。

肖先生反复强调，火车一通，那个地方就会富强起来。"如果在有生之年，火车能通到我的家乡，我就太高兴了。""我如果有机会回去，不是去旅游观光，而是要去推动造条铁路通赣州。"

三　发展小城镇　实现都市化
逐步降低农村人口的比重

中国的 10 亿人口，有 8 亿在农村。虽然，近 5 年来，农民的生活水平有很大提高，消费结构发生了很大的变化，但总的来说，他们的生活还局限于农村方式。农村生活方式与都市生活方式有显著不同，比如电灯、电话、地下水道和自来水、冷暖气等设备，只有靠都市的设施来解决，而公园、图书馆、博物馆、剧院等文化设施也只有人口集中的都市才便于建设，所以，生活方式现代化实际上就是都市化。但如果人口集中到现有的几个大城市，而又缺乏通盘的计划与措施就会造成污染、拥挤等一系列问题。肖先生认为，一方面要大规模发展都市化的小乡镇，把农村人口通过扩展农业以外的行业集中到众多的乡镇来；另一方面，在大城市周围建造小城镇，把大都市分散化。人口城乡分布结构发展的趋势是：随着经济文化的发达，要把乡村人口逐步集中到乡镇和都市来，而不是相反地，把城市人口"下放"到农村去。

都市化当然离不开房屋。肖先生认为，住房是一个国家物质文化生活水平的重要标志之一，没有房子就谈不上什么文化。他认为，中国在发展过程中，房屋是很大的问题。肖先生说可以参考香港的经验，不必从政府预算开支，可设立一笔房屋基金，凡从事现代化所鼓励的行业和职业的人可以住这种房子，从工资中扣房租和房价，造房的本钱一定要能按年逐渐偿还，偿还的钱又形成新的基金去造新房。他说，房子造好了，不能让人白住，要通过劳动去争取，至少一个人通过一生的劳动价值能挣回一幢房子的价值，争取较好的住房也可以成为提高劳动生产率的刺激因素之一。

四 行业扩展和职务升迁

肖先生认为，行业和职业是不同的。行业不应有高低贵贱之分，不能认为工比农好，农比商好，行业也不仅是工农兵学商。现代国家的行业有几万种，甚至几十万种，每个行业都有它的用途，社会有需要，它就有存在的价值。

至于职务，他认为应有层次之高低，要使各层次的人才能一步步升迁。迁升之途径，一是通过正规教育和训练，二是在职训练。他说，如果人不能按部就班一级级向上升，五年十年老做同样的工作，工资不可能提高，国民收入也不可能提高。在资本主义国家，技术水平高的、各层次的决策人、负责人待遇很高，没有技术的低级职工待遇就很低，待遇的差别可以大到几十倍甚至成百倍。社会主义国家不可能有这样大的差别，但也要有，比如5倍或10倍之差，他说，如果没有等级，谁都不愿向上走，缺少一种物质鼓励向高水准的职业方向去发展。

肖先生还认为，行行出状元，但只能奉命行事的人不能算人才。所谓培养人才，就是要培养各行各业在各层次能正确做决策的人。不能起决策作用的人的价值是有限的，没有善于在各层次做决策的人，没有善于组织分工的人，整个社会生产的价值和效益就低。所以，开发人力资源，就是要使人人能做决策，人人善于组织分工。

肖先生还说，在职务升迁过程中要保持安定性，采取失业保险、工伤优抚等安定措施。在劳工福利方面，要尽量有详尽的立法和实际的措施，同时要有财务上的供应，以达到安定的目的。

肖先生认为，行业、职业流动恐怕是改革中需要考虑的"搞活"的一个方面。它关系到提高社会劳动生产率，提高国民收入，也关系到职工个人收入和生活水平的提高，一句话，关系到人力资源的开发。

五　现代化还刚刚起步，要把目标具体化

肖先生说，中国的现代化还刚刚起步，目标要具体化，要从管、线、房、水……做起。一个现代化的社会，必然要求有多少钢管、多少电线、多少住房、解决自来水问题等为具体标志，而不仅仅是以货币计算的产值为标志。

具体地说，比如农业，要提高农业生产力，一是增加土地面积，二是提高单位面积的产量。还要种植蔬菜、水果、花卉等经济作物，发展专业化副业，如养蜂、养鱼、加工饲料等，提高单位土地面积的使用价值。他说，农业生产力提高之后，农民自己生产的东西消费不了，一定要运到都市去，这就发生农产品加工问题、储存问题、冷冻和运输问题、商业流通的渠道问题、专业化问题等，这些都需要靠工业来支援。所以，现代化重点要放在工业化，任何发展中国家要成为发达国家，关键是实现工业化，在国际分工中，农产品出口的国家都是吃亏的，而工业品出口的国家都是赚钱的。

谈到工业化，肖先生认为要建立"工业关联""工业结构"的正确观念。有许多事没有办好，就是忽略了"工业关联"的观念，等工厂办好了，发现电力不足，或发现交通不行，或发现某种材料缺乏，就影响整个厂不能顺利地投产。"工业关联"还要建立"一贯作业"（或称"流水作业"），从矿砂一直到加工成一辆汽车，由于矿砂原料很便宜，汽车的价值只是劳力加工的价值，而劳力也较便宜，

汽车的价格就有可能低廉。"一贯作业"的目的，就是以最低廉的原材料，经人的技术加工，造成高技术、高价值的产品。这就是掌握和利用科学技术做出价廉物美、在国际上能竞争的东西。

工业化是需要资金的。但如果把资金运用得好，周转速度快，就可以少花钱多办事，所以要加快资金周转速度。管理和运用资金的人，比如银行家，一定要懂专业知识，钱要同懂专业知识的人结合，才能发挥效用。不懂专业的人管钱，买来些烂机器，或者把钱守住不流通、不周转，这都不能发挥资金的效益。货币流通了，就能增加国民所得，把经济搞活。

在现代经济运行的过程中，要有许多专门人才来做决策，不能凭直觉、凭常识来判断。许多事并非一因一果，而是多因，究竟哪个因是主要的，要靠科技，运用数学模型来研究。决策的速度也是重要的，工厂里许多决策，来不及开会、查档案、征求意见，而要由电子计算机自动采取行动。

肖先生希望中国要重视商业，他认为商业不发展，工农业也不能发展。他说，所有商业都由政府来办，很吃力，政府负担太重。政府只能抓些大事，如货币供应和发行问题。国家发达的标志之一是第一、二产业比重减少，第三产业比重增加，第三产业包括商业和服务业，服务业包括知识性服务。知识工业如新闻、广播、法律顾问、律师、会计服务、出版、文艺、图书馆、博物馆、文化娱乐等，政府也是属于服务行业。

谈到国防现代化问题，肖先生说要抛弃"长城观念"，不能城内不管城外事，关内不管关外事。他希望中国在外交上还能有更大的突破，至少同有边界关系的邻国都能做生意。

六 对外对内都要开放，思想文化也得搞活

肖先生说，中国提出"对外开放，对内搞活"的口号是正确的，但开放不仅对外，对内也要开放，应该让人民知道自己的底细。"对内搞活"也要扩大，不限经济方面，思想文化也要搞活。比如新闻

出版、文艺工作，要尽量放宽，我看《人民日报》，很多论文在讨论"双百"方针，这是很重要的问题。文化上的"双百"，中国闹了几千年了，从春秋战国时就讲这个问题，后来是"罢黜百家，独尊儒术"。自汉代以来都以儒为主，把中国的思想束缚在那个框框里，思想禁锢了，同西洋比较起来就显得落后了。

"中国要做的事实在太多了"，肖先生感叹地说，"但最重要的还是人才。"肖先生接着说：现在人们可能有个误解，认为中国人多，人力不成问题。但实际上，中国现代化的关键不是资金，还是人力资源的开发问题，如果解决了人才，中国现代化问题就解决了一大半。

我问肖先生对人才外流问题有什么看法。他认为，人才外流的主要原因不是待遇问题，而是要创造使用人才、发展科技的良好环境。他说，对科学问题，对科技人员，不要多加干预，他们多吸收点科技，不会亡国，相反，无休止地搞阶级斗争，倒可能会亡国。

至于对外开放，肖先生认为，现有的特区太小，只相当于台湾的出口加工处，而出口加工处在台湾经济中并不起什么重要的作用。他建议，从厦门修条铁路经赣州、衡阳通到内地，把内地的资源运到厦门去。中国起码要有5—10个香港规模式的港口，中国才能解决问题。

（原载《未来与发展》1987 年第 1 期）

瑞典模式产生的特殊国情
及其内在矛盾

（1987 年 7 月）

瑞典经济模式别具一格。在西方《比较经济学》著作中，瑞典是常见的研究案例。但直到目前为止，瑞典经济模式却较少受到中国社会科学界的关注。笔者仅就去瑞典短暂一瞥，粗略所知，作以下简介与浅议，以期进一步深入考察研究。

一　瑞典模式的经济基础

关于瑞典经济体制的性质与类型归属，在西方著作中众说不一。有的说它是"计划市场"体制，有的说它是"混合经济"体制。有的称它为"有调节的资本主义"或"福利资本主义"；也有的称它为"社会主义国家"，其根据是因为它由社会民主党长期执政。而持这种观点的作者把共产党领导的国家称为"共产主义国家"，这种划分方法与科学社会主义的含义当然毫无共同之处。

笔者认为，瑞典经济模式虽独具特色，但其基本性质是由它的经济基础决定的。瑞典的经济基础是私人垄断资本主义，这在西方著作中也是确定无疑的事实。

瑞典自 1932 年到 1976 年和 1982 年至今，将近 50 年来是由社会民主党执政的。尽管实行工业国有化也是党的纲领所要求的，但在实践中，社会民主党主张社会改良主义，政府以"中立者"的身份，与垄断资本家、劳工界的权贵阶层结成公开同盟，政治上保持阶级力量的平衡与相互妥协，经济上在保持生产资料私有制的基础上，通过立法手段，以税收作为经济杠杆，利用财政经济政策，干预国民收入再分配，以调节社会各阶级的利益。

瑞典的经济基础是资本主义私有制，据瑞典财政部统计，90%以上的生产资料归私人所有。各行业中私营成分的比重如下：钢铁工业86%，化学工业93%，森林工业89%，食品工业84%，汽车工业100%，零售商业89%，银行91%，土地及农业生产100%，私营企业雇佣劳动力84%[①]。

另据资料，政府直接所有的工业大约在5%以下。国家除垄断烟酒零售业以外，还拥有：森林资源25%，铁矿85%，发电厂50%，铁路95%，公共汽车21%，货运4%，航空公司20%，电报电话系统以及其他公用设施[②]。斯堪的纳维亚地区的航空公司有5%是归瑞典、丹麦和挪威三国政府共有（简称SAS），在SAS合营中，瑞典占3/7的股份，其余50%归三国各自所有[③]。瑞典政府还拥有一些银行。此外，由于瑞典北部有地区性失业，为刺激就业，政府在那里办了钢铁企业，消费合作社还支配着4%的工业所有权和20%的零售贸易[④]。

尽管在瑞典的所有制结构中有政府和消费合作社的部分所有权；中央和地方政府的公共投资和公共消费在国民生产总值中的比重增加很快，1946年占17%，1972年占33%；政府通过税收把私有资金转移到公共部门实行再分配，1972年政府的直接税、间接税以及社会保障的数额相当于国民生产总值的44%，私人消费开支与国民生产总值之比由1950年的62%降到1972年的53%，同期，私人投资比重由17.4%降到14.1%，而中央和地方政府的投资开支由9.7%增加到10.5%；但资本主义私有制在经济活动中仍然占主导地位。资本也是高度集中的。有100个大家族控制了瑞典经济的95%，

---

① ［美］S. 诺戴克：《比较经济体制》，英文版，第286页。
② 同上书，第287页。
③ ［美］E. 纽伯格、W. 达菲：《比较经济体制》，英文版，第308页。
④ 同上书，第309页。

其中 15 个大家族控制了 1/3 的工业，垄断寡头瓦伦堡家族控制着 40 多家大银行和大公司，雇佣职工 40 多万，全国 1/4 的股票掌握在 1% 的股东手中，一半以上的财富为 5% 的富翁享有。瑞典 120 家公司在国外约有 2000 家子公司，1984 年在国外直接投资总额约 150 亿克朗，绝大部分投在发达国家，其中美国占 27.8%[①]。西方学者认为，瑞典资本家的垄断利润与美国同行相比毫不逊色，私有财产和自由雇佣劳动制同在美国一样的盛行。笔者认为，它与美国不同的是，它的经济基础是私人垄断资本主义，而不是国家垄断资本主义。

二 瑞典是"福利资本主义"的橱窗

第二次世界大战后，发达资本主义国家为缓解社会矛盾，普遍实行了福利政策。但瑞典在这方面更加突出。一整套把瑞典居民"从摇篮到坟墓"都"包下来"的综合福利计划，使瑞典成为"福利国家"的典型。

瑞典经济学家在大声疾呼"福利计划"走得太远。政府的公共开支，包括转账支付（transfer payments）目前已高达国民生产总值的 65% 之多[②]，社会福利开支包括教育与研究、健康与社会服务、一般的社会保障措施以及家庭津贴等。所谓"从摇篮到坟墓"的项目包括。

（一）出生：有 180 天的产妇津贴以及若干金额的一次性补助以及对婴儿的免费医疗服务。

（二）儿童：有儿童的家庭，每个儿童每年可领一定金额的家庭津贴，其中 1/4 付给母亲而不用交税。14 岁以下儿童，均可得到假期免费资助。1972 年，家庭津贴占国民生产总值 1.4%，占国家预算 4%。

---

① 《1985 年世界知识年鉴》（瑞典部分），世界知识出版社 1985 年版。

② 转引自［瑞典］A. 林德贝克《福利国家的极限》，斯德哥尔摩大学国际经济研究所研究报告第 297 号，1986 年 1—2 月，英文版，第 32 页。

（三）中小学免费教育，并免费供应午餐和牛奶。

（四）中学毕业（16 岁）后，参加培训可得培训津贴，没有工作可得附加补助，上大学可得助学金补助。

（五）成年：患病 8 周工资照付，有医疗保险的可得 28 周疾病补贴，有两个孩子的职工患病可得附加补助。其抵押贷款、房租、税收等均由国家支付。

（六）住房津贴：实行房租控制制度，提高房租需经政府批准，有 1/3 的瑞典家庭只需付部分房租。

（七）对于失业，有数十个失业保险团体按行业组成，失业者可得 200 天救济金，其配偶和 16 岁以下子女可得补充救济，此外还有添置家具等附加补助，具体金额，因归属于不同的保险团体而异。

（八）退休有养老金，还有减免交通费、家庭服务等待遇。

（九）死亡。有丧葬补助及配偶的鳏寡补助。这一整套"包下来的福利计划"，令人们在瑞典"难以找到贫困的迹象"，而在号称"富甲天下"的美国，尽管自 20 世纪 60 年代以来，也采取了若干"福利"措施，贫困现象有所缓解，但至今仍有 15% 左右的家庭生活在贫困线以下。仅据官方发布的材料，1984 年贫困阶层占 14.4%，1985 年占 14%，1986 年又上升到 16%。[1]

值得注意的是，瑞典在实施一套"包下来的福利计划"的同时，有高于欧洲其他国家的工业劳动生产率。战后 50—60 年代经济发展较快，在实现充分就业、经济增长、价格稳定，收入平均化等基本目标方面成了西方世界的"橱窗"。

战后很长时期里，瑞典的平均失业率一直保持在 2% 以下[2]，1983 年失业率增长到 3.5%，失业人数 15.2 万[3]。1986 年失业率又降到 2.7%，约 12 万人[4]。

瑞典的人均国民生产总值以及按人均拥有的汽车、收音机、电

---

[1] 美国驻华使馆通报材料。
[2] ［美］E. 纽伯格、W. 达菲：《比较经济体制》，英文版，第 316 页。
[3] 《1985 年世界知识年鉴》（瑞典部分），世界知识出版社 1985 年版。
[4] ［瑞典］《瑞典国家统计局 1986 年统计年鉴》。

视机、电话等耐用消费品的数量在 20 世纪 70 年代初就达到了仅次于美国的水平。据 1972 年联合国《各国统计资料年鉴》，1971 年按人口平均计算的国民生产总值，美国为 5051 美元，瑞典为 4438 美元，而斯堪的纳维亚银行《季刊》1971 年第一季的数字是美国 5600 美元，瑞典 5300 美元。

自 80 年代以来，瑞典的人均国民生产总值在高收入的市场经济工业国家中位次降到第 4 或第 5 位。位次尽管下降了，但在 1971 年以后的 15 年里，瑞典的国民生产总值又翻了两番。1985 年为 1129 亿美元，每人平均约 13500 美元，仍属世界人均收入最高的发达国家之一。从耐用消费品的生产指数看，1983 年，每千人拥有 369 辆小汽车、890 部电话和 390 部电视机，游艇和别墅也很普及。此外，每千人有 3 名医生、116 张病床。产业工人工资年增长率为 7.5%，职员为 8%。1983 年与 1984 年的工业生产增长率分别为 6% 与 6.8%，农业人口在就业人口中的比重从 1950 年的 20% 下降到目前的 4%，农业产值在国民生产总值中的比重只占 2%，其中 80% 来自饲养业，粮食、肉类、蛋品均自给有余，蔬菜水果主要靠进口。居民的平均寿命，男性 72.4 岁，女性 78.5 岁。[①] 据笔者实地观察，瑞典的精神文明、社会风貌比西方其他国家好一些。

瑞典是个面积仅 44 万余平方公里，人口 838.2 万的小国，但它在西方世界的影响却远远超过了它的面积和人口的比重。我想，这些客观的事实和现象，我们要采取科学的态度去研究它，而不应当回避。

三　瑞典是怎样发挥国家职能和　怎样进行决策的

把瑞典作为所谓"混合体制"模式来研究的西方学者认为，它把"由市场调节的私营企业的劳动生产率同由中央计划实施的社会

---

① 《1985 年世界知识年鉴》（瑞典部分），世界知识出版社 1985 年版。

福利紧密结合得似乎很成功"。

实际上，瑞典的经济计划不仅不同于中央计划体制下的计划，也不同于法国式的指导性计划。瑞典的经济计划只是作为政府和私营企业制定公共政策的信息资料来源。它由财政部的经济计划秘书处来编制，该秘书处内设立计划委员会，由企业界、劳工界、公营公司的代表同政府的专家组成，在财政部部长的主持下拟出计划或预测的框架。政府对其直接负责生产和分配的那些经济部门可以计划得详细些，而对其他部门则主要是使用补贴、建立许可证等手段间接地影响，还通过长期预测，使私营企业做决策有所遵循。同中央计划国家不同，瑞典的国家职能是受到约束的，它不能改变私人投资和需求的构成，生产者的动机仍然是为了获得最大限度的利润。政府除了提供预测信息来间接地影响生产以外，主要是利用税收和预算等工具，使国民收入在再分配过程中相对均化，从而实施遍及全民的社会保障制度，以减弱贫富两极的现象，达到调节社会各阶级利益的目的。

瑞典公共财政的特点是把预算分为现行预算和基本预算两部分。在现行预算中，收入项包括税收、政府基金的利润，以及从烟酒垄断、电报电话、邮政等方面获得的收入，支出项除国家基本基金的开支，即为国债而支付的利息外，主要项目是国防和社会福利。基本预算就是把政府同私营企业一样看待，通过基本预算形成政府的固定基金并可以得到一定比率的追加，而无须增加税收。

瑞典的高福利是以高税收为杠杆的。1983年产业工人平均所得税率为35%，职员所得税率为40%。税收在不同收入阶层的收入中所占的比例是不同的。以1973年的统计资料为例，瑞典个人所得税对收入分配的主要影响在于它使得一部分个人收入不再用于储蓄和私人消费，从而改变市场力量对这部分货币收入作用的结果。这是在不触动生产资料私有制和保存垄断寡头的基础上，通过高额累进税使高收入阶层比低收入阶层为政府更多地负担公共开支，以实现货币收入与实际收入平均主义化的目的。瑞典所得税的性质不可避免地减少了投资量，这是因为一方面减少了通常是来自高收入阶层的储蓄量，另一方面减少了他们的消费量，从而降低了追加投资的利润率。瑞典个人收入的储蓄率平均为 5%，而日本却为 20%[①]。这也是瑞典的生产资料所有制和分配方式矛盾的集中表现。

大量的货币收入是通过公共开支来实现国民收入再分配的，如：家庭津贴和养老金；对某些部门（如农业）因产品与服务价格之低廉而支付的补贴，还有由政府提供服务的某些非货币开支，如免费教育，仅就对家庭的直接货币开支而言，通过政府公共开支来实现的约占个人收入的 18% 左右。据经济学家分析，所有这些公共开支负担落在纳税人身上，而得益者主要是低收入阶层。

瑞典的税率是发达国家中最高的。

瑞典素以和平中立著称，自 1814 年以来从未卷入过任何战争。但国防仍是政府预算开支中的重要项目。瑞典以国防军、民防、"心理防务"和"经济防务"组织构成的"总体防务"体制作为对内实行社会改良的保障、对外奉行和平中立的后盾。过去 15 年国防预算有连续下降的趋势，现已扭转。1987—1988 年国防预算占国家财政支出的 8.4%，人均负担在欧洲仅次于苏联。1987—1992 年五年计划中国防预算总计约 188.23 亿美元，比上个五年增加 9.36 亿美元，实际年增 1.7%。它还向 40 多个国家出口武器。

瑞典自第二次世界大战后以来，达到了西方世界的高就业水平。在历史上，它的失业率水平是：1923—1930 年为 11%，1930—1933 年为 16%。但第二次大战后，失业率却长期保持在 2% 左右，而且由于劳动力供应短缺，某些部门还从国外输入了劳力。据西方经济学家分析，瑞典在促进充分就业和稳定发展方面主要是使用"投资储备体制"作为财经政策工具。所谓"投资储备体制"就是把衰退时期刺激投资的因素同繁荣时期抑制投资的因素结合起来，对周期发生作用。具体说，即瑞典公司为稳定经济可以储备 40% 的税前利润，这个利润量在向国家和地方交纳收入税时扣除，不仅减少了应缴税的收入数量，而且降低了税率。其中，46% 必须存入瑞典银行

---

① ［美］S. 诺戴克：《比较经济体制》，英文版，第 296 页。

的无息账户，其余54%，可留作公司的职能资本①。这种政策有助于对经济做些小的调整，它只改变周期中投资的时间分配，不影响投资的效率。所以，企业家可以接受这种类型的投资管理，使偷税漏税减少，并有利于公司和国家之间在选择适当的投资政策方面协调一致。

瑞典的决策方式是在阶级妥协的基础上协商一致。决策的组织机构是双重的，一方面是由一党执政的政府组织结构，另一方面是代表各种政治、经济、文化和职业利益的组织系统。各阶层组成自己的利益压力集团，通过协商以增进共同利益。上层的决策机构是由工会、经理、资本家和政府代表组成的调查委员会和管理委员会，该委员会对确定和实现社会目标负有重大责任。据说，许多矛盾在提交议会之前，权势阶层在首相的乡村别墅哈普宗德已经达成交易，即通过实行所谓"哈普宗德"民主就可以解决。

四 瑞典体制运行的特殊环境

瑞典位于斯堪的纳维亚半岛东半部，地处东西方之间的缓冲地带，自1814年以来从未卷入过任何战争，不仅免去了军事耗费和战争的破坏与浩劫，而且由于交战国对瑞典产品的大量需求，使其在没有剧烈竞争的情况下就获得了高额利润，并享有一种实际上的垄断，形成了尽可能高的利润率，为其国内进一步工业化和实行福利计划奠定了雄厚的资金基础。瑞典早期工业化的历史给它留下了宝贵的技术遗产和出口竞争优势。目前，瑞典有将近一半的工业产品是出口的，外贸总额占国内生产总值的50%。瑞典的领土面积有54%被森林覆盖，铁矿蕴藏量丰富。瑞典还有占总面积9%的湖泊与河流。铁矿、森林、水利等自然资源的优势与技术遗产的结合使瑞典进入发达的工业国家行列。自17世纪以来，瑞典森林资源的开发

---

① ［美］E. 伦德伯格：《商业循环与经济政策》，第52页，转引自S. 诺戴克《比较经济体制》，英文版，第297页。

利用就受到国家法律的严格控制,这也为政府对私营部门的干预提供了传统的先例。目前瑞典的国有企业,大部分是 1932 年社会民主党执政以前就由国家经营的。[①]

笔者分析,从政治对经济的影响作用来看,瑞典经济模式能够运行的特殊环境还因为在政治上搞了阶级妥协与合作。而阶级力量的平衡是阶级妥协合作的基础。资产阶级革命后的长期和平环境,使其有可能建立比较完备的资产阶级民主制与法制,并形成目前的党派格局。现在议会有 5 个政党:(1)社会民主工人党,简称社民党,自称是代表包括脑力劳动在内的劳动者的利益的。现有党员 120 万人,占全国人口的 14%,是全国最大的政党;(2)温和联合党,又称保守党,现有党员 15 万余人,是代表王室贵族、大地主、大垄断资产阶级的政党,其党员人数仅占全国人口的 1.7%;(3)人民党,也称自由党,是各自由主义派别联合而成,仅有党员 7 万人,不及全国人口的 1%,1978 年 10 月曾组成少数派政府,单独执政一年;(4)中央党,原名农民党,1958 年为扩大选民基础而改名,主要代表农业资本家、林业主和中产阶级的利益,1936—1939 年、1951—1957 年曾与社民党联合执政,1976—1982 年又曾同温和联合党、人民党两次联合组阁,现有党员 20 万人,占全国人口的 2%;(5)左翼党,即共产党,有党员 2 万人,仅占全国人口的 0.2%。这种政党格局使得社会民主工人党执政时间最长。

长期的和平环境再加种族与宗教的同一(居民 90% 是日耳曼族的瑞典人,国教为基督新教),形成了妥协与合作的文化传统,人们惯于接受社会改良的办法来解决社会问题和政治问题,反对公开的冲突。

所有这些自然的、经济的、技术的、政治的、文化的历史遗产都是瑞典经济体制得以运行的特殊环境因素。这些特殊环境因素决定了瑞典模式也是别国不能照搬的。

---

① [美] E. 纽伯格、达菲:《比较经济体制》,英文版,第 309 页。

五 瑞典模式也存在着尚待解决的内在矛盾

瑞典福利计划的极限与消极后果正在经济学界引起激烈的争论。社会民主党主要经济学家、诺贝尔奖奖金获得者阿·林德贝克从1980年以来连续撰文批评福利政策的弊端，说"劳动缺乏刺激"，经济患了"动脉硬化症"①。1986年，他在《福利国家的极限》一文中，更明确提出，福利"无论就其范围还是就其内容来说，都是有限度的，超过了限度就要步入危险的境地"。他认为，由于对资源分配和提高劳动生产率的各种缺乏刺激的后果，经济体制正在导致低效；家庭消费由于统一的两种计划而缺乏自由选择，市场的作用在减弱，纳税人负担太重，欺骗和犯罪行为在增长，国家的控制在增强。而且，他在1980年就撰文说："我们的问题是深刻地嵌在我们的政治体制之中，这种体制的倾向是一方面排斥市场的作用，另一方面使公共开支的增长快于总资源的增长。"② 也有人不同意林德贝克的观点，他们在瑞典电视上展开公开的争论。这是实际经济生活中矛盾的反映。

笔者1986年夏曾赴瑞典短期考察，对和平、富裕、安定的瑞典社会及其福利措施有些实感。但从瑞典的街谈巷议中，也明显地感到了两种倾向：一种是对进一步社会化政策措施后果的担忧；另一种是对社会民主工人党执政几十年之后阶级差别继续存在的不满。一位瑞典公民告诉我：在这个和平富裕的社会里，也充满着许多悬而未决的问题。

六 结束语

通过以上的资料和分析，可以初窥瑞典模式的基本轮廓。

---

① ［瑞典］A. 林德贝克：《克服福利经济成功运行的障碍》，瑞典斯德哥尔摩大学国际经济研究所1980年研究报告，第135号（英文版）。

② 同上。

第一，与西方其他发达国家不同，它的经济基础不是国家垄断资本主义，而是私人垄断资本主义。同时，我国一些不了解情况的读者也可以明确地看到，瑞典的执政党尽管叫社会民主党，而且实施了遍及全民的高福利，但它的经济基础不是生产资料公有制，它不是社会主义国家。

第二，瑞典模式之所以颇受青睐，是因为它在战后几十年里，在实现充分就业、经济增长、价格稳定、收入平均化等基本目标方面取得了瞩目的成就，而西欧其他某些"福利国家"在搞福利的同时却伴随着低增长率、高失业率以及通货膨胀等。正因为如此，瑞典才成了西方社会的橱窗、"福利国家"的典型。

第三，在区分经济体制类型时，除了生产资料所有制以外，现在比较流行的观点是研究各种类型经济体制的决策、信息、激励和调节的机制，笔者认为这是比较分析各类经济体制的一种有益的方法。本文第三节着重分析了瑞典的决策和宏观调节机制，从中看出这一模式的特点。它的税收调节手段，在我们制定税收政策以调节个体户和其他经济成分的收入再分配时也许有一些可供参考的方面。对于我们国家的基建投资失控，应该研究出一套预防性和及时自动调节的机制。在这方面，瑞典的"投资储备体制"也可能为我们打开些思路，提供一些启迪。

第四，任何经济体制的运行，都离不开它自身所处的环境，包括自然、历史、文化传统、意识形态、政治等因素，所以，环境因素是比较经济体制学研究的范围。为什么不能照搬照套别国的模式，就是因为各国都有自己所处的具体环境因素，环境不同，即便是别国成功的模式，搬过来也不能正常运行，或行之无效。我们要建设中国特色的社会主义，"特色"就包含了我国的具体环境因素。

第五，研究外国，首先要把外国的事情搞清楚。如果事实本来的面貌还没有搞清楚就由"大批判"来开路，则会妨碍我们科学地进行深入研究。"每家都有一本难念的经"，瑞典也有自己的社会矛盾，本文第五节引用了有世界影响的瑞典经济学家自己的分析，指出瑞典经济已经患了"动脉硬化症"，"劳动缺乏刺激"，"正在导致低效"，而且这些"问题是深刻地嵌在"他们的"政治体制之中"。瑞典的社会矛盾的表现、激化程度、如何解决、前景如何？还需要进一步的观察研究，笔者在这篇"初探"中只审慎地指出它也"充满着悬而未决的问题"。限于篇幅，到此为止。

（原载《世界经济》1987 年第 8 期）

现代市场经济面面观

——赴欧美访学考察散记

1984 年 10 月，我幸运地被列入中国社会科学院与美国福特基金会的高级学者访问交流计划，浦山所长派我去美国进行为时两年的访问研究。在当年院内各研究所申报的 14 名候选人中，论英语流利程度，我肯定排不到前列，但在面试时，我说："我是为中国经济体制择优而想走出国门，我要实地去看看外部世界的市场经济是怎么运行的？社会主义国家经济体制究竟应当怎么改革？同时，我想同美国的比较经济学专家直接交流，试图在中国建设一门为中国经济体制改革服务的比较经济体制学。"可能由于访学目的明确，我被选中了。

1984 年 10 月 26 日，晚上 8 点多钟，我拖着疲惫不堪的身子回到家中，晚饭还没有吃，行装也没有整理，可是，第二天早晨 7 点就要动身去机场，搭乘国际航班飞往美国。为什么这样匆忙呢？因为当时中国普遍存在着"办事难"的现象。大城市的家庭通信工具，别说手机、电子邮件，就是座机也没有普及，办什么事都无法电话预约时间，"事必躬亲"，往往一件事要跑好多趟。所以，我的出国手续办起来效率很低，费了很多时间。直到出发前一天的晚上，才算办齐了。我理好行装，交代完家务事，只眯了一会儿，就匆匆赶到机场，经过 18 个小时的长途飞行，终于到达了大洋彼岸的纽约市。同机到达的，还有西安交通大学的一些访问学者。中国驻纽约总领馆来车，接我们住进了总领馆招待所。次日上午，我去福特基金会办公室办理了报到手续，领取了资助费支票。他们事先为我买好了飞往芝加哥的机票,从芝加哥再转小飞机到厄本纳－香槟市。

一下飞机,伊利诺大学(UIUC)的外办主任伊莎拜尔·黄女士(美籍华人)在机场迎候。她驾车送我到大学校区的租房办公室,让我签好了租房合同。接着,她又驾车领我去超市。途中,她一面开车,一面用手机与她丈夫通话,商量带我买些什么家庭用具。路过一个自动取款机,她没有走出汽车,只从车窗伸出手取款,还按了一个与银行职员对讲机的键,她们就对起话来。到了超市,她领着我到一些货架,由她做主,取了各种物品,到收银台总共付了250美元。最后,她把我送回了我租用的新家。这是一个高级学者住宅区,恬静极了,一栋栋两层的小楼,楼与楼之间相隔200米,全是绿色的草地。我租的单元是一居室,但有客厅、餐厅,还有个带衣柜、衣架的衣帽间,以及厨房和卫生间。我们进屋后,黄女士把从超市买来的物品和用途向我作了交代。从床上用品、厨房炊具、餐具、大米、牛奶、面包、奶油、鸡蛋、果汁、肉食、蔬菜、餐巾纸、洗漱用品,到卫生间的手纸以及扫帚、簸箕、电话机……真是一应俱全。她还告诉我,已向电话局做了登记,但现在是周末,不办公,周一上午就可以使用电话了。最后,她对我说:"祝你周末愉快,周一再见!"她就走了。她一路上的行为,对我来说都是非常新鲜的,是我当时在国内从未见到的。我心里不断地感慨:"多快!""多方便!""在路上也能与家人通话","办什么事都顺畅无阻,无须看任何服务人员的脸色"。从下飞机,到办理租房手续,再到购买生活日用品,最后入住新家,总共只一两个小时。当然,在今天的中国,这一切,也都成了家常便饭。可是,如果不开放,坚持闭关锁国,中国怎么可能有这样的变化呢?

黄女士走后,我一个人坐在家里直发呆。我问自己:"这是我的家吗?"这应该是没有疑问的,因为从现在起,我将在这个"家"里生活一到两年。但同时又很恍惚,因为这不是我的祖国,这里没有亲人和同胞与我共享,我高兴不起来。不过,眼前发生的一切,的确让我很惊奇,这么快就能建起一个设施齐全的"家"。对比当时我在国内自己的家,不仅居住环境拥挤,而且生活必需品极为短缺。

比如，在北京大学工作时，自行车凭票供应，我抽签抽到一张自行车票，上班骑自行车，就可以不挤公交车而不致误时了。家里没有大衣柜，每天早上要把衣物从桌椅上搬到床上，以便腾出桌椅来工作；晚上，又要把床上的衣物搬到桌椅上，以便腾出床来睡觉，生活极不方便。我向单位行政办公室反映，急需购买一个大衣柜。办公室工作人员说："不行，你已经抽过自行车票了，就没有资格再抽大衣柜票了。"国内的生活窘迫与美国的生活便利对照起来，使我不禁自问：难道短缺和匮乏是社会主义制度的优越性吗？不是，绝对不是。它只能是体制的弊端，所以要改革。我想，要清楚弊端是什么？造成弊端的原因是什么？怎样才能消除这种种弊端，使制度发挥出优越性呢？这就是我来访学的历史使命。借用马克思的一句话："这里就是罗德岛，就在这里跳舞吧！"

然而，初到一个完全陌生的环境，我还是有些恐惧。这个周末，我把房门关得紧紧的，我不敢出门散步，享受一下寂静、优美的社区环境，生怕树林里隐藏着什么坏人。周一，黄女士来领我去办公室，问我："周末你去哪里走走呢？"我说："哪儿也没去，因为我不敢开门，怕遇到坏人。"她说："这是很安全的地方，大学校长也住在这里。越是安静的地方越安全，繁华热闹的市中心才可能发生被吸毒者抢劫的事故。"日后，我渐渐消除了恐惧感。

从原来封闭的世界进入一个开放的、信息发达的世界，首先要学会利用信息"独立"生活和"独立"工作。在这里，任何生活与工作的需求，不是由"单位"来给你安排和包办，要完全由你自己通过查询信息来选择和安排。有人告诉我："在美国，如果你还感到有什么不方便的话，那就是你还没有查询到相关的信息。"这在今天的中国，也是大众都能理解和熟悉的了，可是对于当时的中国人来说，还是很陌生、很稀罕的。工作上的方便，更加出乎我的意料。我在图书馆得到一个工作间，面积很小，但有书桌，桌上有书架、台灯等。图书馆的书架是开放的，可入库随意查取；需用的书可以在我的工作间存放两周，不必每天再去查找。我可以从电脑上查到某本书，校内一共有几本，分布在哪几个图书馆。如果这个馆的书被借出去了，管理员就会从别的馆帮你借来；如果本校各个图书馆都没有你需要的那本书，管理员还可以帮你从全美国甚至从西方联网的其他国家，如牛津大学图书馆借来。图书管理员是本专业的博士，他非常熟悉专业方面资料的情况。图书馆的书库里除了图书，还有大量的影印底片。闭馆时间是凌晨 2 点，借书还书的手续极其简便，借书可自己入库查找，填好借书卡即可，上面有规定的还书期限，到期前，图书馆会提醒你一次，到期时，还书就把书扔进图书馆的一个开放的空柜子里，不用办任何手续，由管理员整理注销，重新上架。总的感觉是，这里的工作条件真是太好了。后来，我在华盛顿的威尔逊国际研究中心工作时，充分利用国会图书馆，条件就更好了，研究中心给我配备的助手是哥伦比亚大学国际经济学专业的在读博士生，她帮我查询和复印了几箱资料，她的专业素质和工作效率使我获益匪浅。

两个月后，12 月 28 日至 30 日，美国社会科学团体联合会（简称 ASSA）在德克萨斯州的达拉斯市举行学术年会，我前去参会，福特基金会为我支付了差旅费。会议组织和举办的方式也使我感到惊奇。一个 5000 人规模的会议，涉及经济学多个分支，只开了两天半。会议期间，组织了 367 场专题研讨，11 场早午餐招待会、鸡尾酒会和知名人士演讲会。从凌晨 5 点到下午 5 点，会议日程高度密集紧凑。每场讨论的题目、主持人、发言人和评论人、时间、会议室地址以及每场招待会的演讲人，都在会前安排好，提前印制成书，与会者人手一份。与会者可以根据自己的研究领域和兴趣，选择会场听会。专题讨论是从上午 8 点开始，每个专题的讨论只限两小时。会上，没有冗长的发言，只是短兵相接，有针对性地讨论。提交年会的学术论文已在 1984 年 9 月号的《美国经济评论》杂志专刊发表。招待会和鸡尾酒会是收费的，在 1 个月前函邮表格时缴费预订，届时凭入场券入座。通常安排在清晨 5 点至 8 点前，或者下午 4 点 30 分以后，一般是 15—30 分钟，与会者根据预告的演讲题目，自己选择。整个会议的组织工作井井有条，效率极高，反映了社会现代化的程度。会议期间，还有 70 多家出版公司到会，展售了 1984 年

（当年）出版或再版的新书，并预告了1985年即将问世的新书。更使我惊讶的是，在琳琅满目的论著中，竟然有针对三天前中国刚刚公布的中共十二届三中全会《关于经济体制改革的决定》的评论。不论其观点如何，这样的效率使我折服。效率高，是市场经济内在的竞争机制要求的。只有高效率，才能促进社会经济更加繁荣发达。

"市场经济将使人人唯利是图"，而在美国，我也看到了另外一些现象，说明原来的看法不全面。在伊利诺大学时，由于中国的访问学者普遍没有车，出行很不方便。在教会工作的美国人索菲娅和她的丈夫，穿着非常朴素，常常义务地来帮助我们。慢慢地，我们成为朋友。他们领我们去访问黑人和穷人居住区，去参加农民的庆丰收集会等。我们感到，他们的工作能力很强，但月薪只有800美元左右，这使我们很奇怪，他们为什么不谋一个收入更高的职业呢？他们告诉我，在大学毕业前，他们被教会选中；从事教会工作后，他们就以助人为乐。索菲娅说："在穷人的收入水平没有提高以前，我们不能提高工资。"后来，我到伯克利加州大学后，上下班经常路过一家服装店，门面不大，但开门晚，关门早。一次，正逢开门营业时间，我就进去了。经了解，原来，这是由一群妇女志愿组织起来的义卖店。她们从富人家募集来半新半旧的服装，廉价出售，收入捐献给伯克利市的儿童作牙医保险。她们不拿工资，业余轮流值班，所以营业时间短一些。此外，在美国，各地都有成人学校的免费英语教学，任何外国人都可以提出申请。填报申请表时，只要写明你的学习目的，诸如为谋职、上学、交际等，学校根据你的目的指派不同的教师。这些教师是公务员，工资也不高，但他们是自愿的。对于没有车的学生，教师还驾车负责接送。后来，我了解到，在市场经济国家，有大量的非营利组织和志愿者组织，他们有自己的追求，并非都是"唯利是图"。

到了西方世界，我还渐渐地体会到，现代市场经济并非无序的、无政府的。不少从国内去的人，原来以为美国很自由，可以为所欲为，没有"单位"管。实际上，美国不是无人管，你从入境时领到的那张"身份卡"（ID卡）就管住你了。无论办什么事，甚至在超市购物，都要出示这张卡。如果你有违法或者不诚信的记录，那么，别说干什么大事，即使是租房、求职、贷款，办任何事就都不会顺畅了。在美国，一个人没有信用，是最糟糕的事情。所以，一般的公民必须诚信守法，不想付出不诚信的代价。所以，诚信，是维系现代市场经济社会秩序的大前提。

在伯克利，我还听说了"民告官"的审判案例。有一户奥克兰市民开了一个炸油条的早点铺，污染了四邻。但这个小铺是市政府批准的，于是，附近的居民将市政府告上了法庭。法院受理了原告的诉讼，传市长到庭，结果市长认错，把问题解决了。从这个小例子，可以看出现代市场经济是法治经济，任何人的行为都有法律管着，行政首长也不例外。现代市场经济的社会秩序也是靠法制来保障的。

发达、健康的文化设施是市场经济社会的灵魂净化器。出国前，我以为，西方社会充斥着低俗、腐朽的东西。出去之后才知道，低俗、腐朽的东西被局限在一定的范围内，如纽约的红灯区，但即使这种地方，也有法律管制。有位中国的访问学者因为好奇，与站在红灯区街口的妓女说话，结果因违法而被拘留。应该说，西方社会的主流氛围是积极、健康的。博物馆、图书馆遍布各地，有很多学习有益知识的场所，这些地方都是免费的。图书馆有各种非营利服务，除了帮助成人学习英语外，还特别为儿童健康成长提供服务。伯克利是一个不太大的市，但市镇的东南西北都有图书馆，孩子们放学后，在家长下班前，都由图书馆接去，由管理员陪护。有的孩子借玩具，有的孩子借课外读物，有的孩子戴着耳机看电影。我曾经看到，一个孩子借的录像带是《渔夫和金鱼的故事》，是很健康的。同时，养老院有免费班车、廉价午餐和丰富多彩的文化活动，供老人们颐养天年。此外，正常的宗教信仰在市场经济社会也起着净化灵魂的作用。记得有一次，我的房东外出了，有个黑人在后院锄草，我就把厨房通往后院的门锁上。房东回来后问我："为什么把后门锁上？"我说："我看到有黑人在院子里。"房东说："你可以信任他，他是有信仰的。"原来那个黑人是基督徒。在西方社会，做好事的志愿组织、志愿者协会林立。在印第安纳小学，有"双亲协会"，孩子的家长轮流义务帮助学校管理孩子借阅图书。当时，伯克利市美中友协的一位女会长曾对我说："也许你在这里看到的社会主义因素，比在你们国家更多一些。"这句话不一定准确，但也是发人深省的。

市场经济加上高新技术的现代管理，也使"所有制""阶级"等观念更新了，值得我们研究。伯克利加州大学东亚研究中心有个研究员，他兼职办了一个牧场，我们去参观了。据说，这是他接收的一个原来亏损的牧场。偌大的牧场，居然没有管理人员和工人，只有他自己一个人。他坐在牧场里的一间小办公室，写他的东亚问题研究论文。办公设施极其简单，桌上有一台电脑，一台电话，一个记事牌。上面记着：某年某月某日某时，某公司来锄草、某公司来添加饲料、某公司来挤奶、某公司来清扫粪便，如此等等。你说，他是什么阶级？他是研究员、是脑力劳动者；他也是老板，当然就是资本家，但他的公司里，没有一个"雇佣劳动者"，他还是高级管理人员，他把牧场通过降低成本管理得不亏损了。这样的老板和资本家，是不是"剥夺者"还是该被剥夺？这些都是值得研究的问题。

人的素质和竞争力是一个有活力社会的基本要素。我在伯克利的房东，住着四居室的别墅。他们夫妇俩住两间，另两间出租，我和一个美国女学生各租一间。他们有两个儿子在上大学，孩子在外面租房住。在美国，老人一般都把住房越换越小，因为搞卫生和管理省力些。有一次，我问房东："为什么不把出租的房间给儿子住？"他们告诉我："我们美国人对孩子，主要是培养他们的竞争力和自立精神。老人的遗产通常不留给孩子，而是捐给慈善机构。"这也引发我的思考：美国的累进税、遗产税，都起着遏制人们物欲的作用。

在国外两年多期间，我先后在伊利诺伊大学、加州大学伯克利分校、史密森氏研究院威尔逊国际问题研究中心做访问研究。其间，出席过1984年美国社会科学学术年会、第三届苏联东欧学科世界大会、联合国第48届经济贸易大会，大学举办的苏联东欧学科暑期国际研讨班、校园内的相关学术研讨会，以及旧金山地区华人聚会。

进行了各种参观访问，包括参观各种类型的市场、监狱、法庭审判及议会讨论、黑人和穷人聚居区、教会的周末活动等。除了参加上述活动外，我还乘"灰狗车"（一种带厕所的 24 小时运行的大客车），从美国的中西部到东部、西部，来回走过三遍。我以文交友，拜访过本领域里一些知名专家。

不仅如此，1985 年，我还得到单位中国社会科学院世界经济与政治研究所批准，应对方邀请，赴英国、荷兰讲学交流。

在英国，拜访了爱丁堡大学的诺夫教授。他在该校的亚当·斯密楼会见了我，诺夫教授与我作了两个小时"不停顿的谈话"（non-stoping talk），这是诺夫教授说话的习惯和特点，没有停顿，一直说下去。还去牛津大学拜见了布鲁斯教授。当我谈到经济体制择优时，我说："中国要取市场经济之利，去除市场经济之弊。"布鲁斯批评我说："你以为，选择经济体制是到超市购物吗？只选好的，不要坏的？这是不可能的。市场经济是一个硬币的两面。"实践证明，他的观点是正确的。

在荷兰，我除了与阿姆斯特丹大学的迈克尔·埃尔曼教授交流外，还到莱顿汉学院作了演讲。从离开荷兰之日起，我开始启用在美国买好的"欧罗派司"（Europass），一种只能在欧洲境外凭护照签证购买、在规定期限内用于欧洲境内交通工具（如火车、轮船）的通票。当时，我花 250 美元，购买限期 1 个月的票。在 1 个月内，我乘火车走遍了欧洲的东、西、南、北 14 个国家，包括瑞典、芬兰、德国、意大利、匈牙利、南斯拉夫等。白天走访，晚上就睡在火车上又到另一个国家，时间非常节省。每到一国，先在火车站存好行李，兑换货币，买好当地地图和公共交通的一日或三日票，凭票可乘任何公交车，限期内无须再付费，也很方便。对照地图，乘公交车去目的地，拜访预先约好的受访者，观察市容、看市场、看文化设施和典型景点。在地铁、街头、公园等公共场所，找当地居民随便聊天，了解他们的就业、福利、教育、医疗及生活各方面的情况。

举个例子，在瑞典首都斯德哥尔摩，那里不仅森林湖泊密布，街道整洁，人民文明礼貌，看不到纽约地铁的流浪汉和西德火车站的醉汉，也看不到美国校园里个别的嬉皮士，人们的穿着打扮朴实而大方。在地铁乘车时，我遇到了当地华侨一家人，他们很高兴地告诉我："他们的老母亲刚来不久，不仅从政府领取了生活费，还被动员去学习瑞典语言，每小时发给 40 福林（瑞典货币）的学费。"我真是没想到，瑞典福利这么好，学习不仅不用花钱，还领钱。这是因为，政府要求居民都要具有一定的文明水准，不能有文盲。他们向我列举了所能得到的各种福利，生活无忧无虑，安居乐业。

我到了斯德哥尔摩大学以后，按照事先的约定，拜访了诺贝尔经济学奖得主 A. 林德贝克教授。当时，他发表了《福利国家的极限》一文。他认为，瑞典的"福利计划"（即"从摇篮到坟墓"都包下来）走得太远，政府的公共开支，包括转账支付已达国民生产总值的 65% 之多，公共开支的增长快于总资源的增长，超过限度的福利，"要步入危险的境地"。尽管瑞典有高于欧洲其他国家的劳动生产率，产品的质量也是好的，我从宾馆的免费早餐、餐巾纸等用品，感觉其质量精于西欧和美国，但林德贝克自 1980 年以来连续撰文批评自己国家的福利政策，说瑞典"劳动缺乏刺激""经济患了动脉硬化症"。我不仅听了他对瑞典模式的评论，还看了当地电视台正在播放的节目，学者们对自己国家体制模式展开了激烈的辩论。

到了午餐时分，该校外事办公室负责人陪我午餐。当时，苏联核电站的核泄漏事故正在全世界闹得沸沸扬扬。我从美国出发前，很多朋友劝我取消此行。可我觉得费很大力气办好了种种手续，包括要用"欧罗派司"（Europass）到欧洲十多个国家的入境签证，难得的机会，怎能轻易放弃呢？我决心还是按计划成行。出于谨慎，我自带了饮料和方便食品，不打算吃欧洲当地的蔬菜、牛奶等有可能被核泄漏而污染的食品。午餐时，第一道菜就是蔬菜沙拉，我把自己的想法坦白地告诉了主人，对方说："不要害怕，我们的奶牛吃的是早先储备的干草，蔬菜也经过了处理。再说，事故被渲染得夸张了。美国和苏联，两个都是'坏家伙'。以前，美国'挑战号'发生事故，苏联曾大事宣传，说'这是帝国主义行径的必然后果'，只不过苏联宣传是板起面孔说大话，人们不爱听，也不信。这次，美国媒体就抓住机会报复，但美国的媒体是轻飘飘地渲染，人人都听得进，容易信，还传播得快，闹得连台湾的老太太都不敢出门；如果出门，有雨没雨都打一把大伞，以阻挡核污染。其实，情况并没有那么严重。"听了他这番话，我也就客随主便，吃了他招待的蔬菜沙拉和牛排。不过，他的这一番话，倒引起了我对我们宣传工作方式的反思。随后，我还同当地的学者及居民作了随意的交谈。瑞典是一个近200年没有战争的国家，浸透着妥协的社会文化，人民过着和平、安定、富裕、文明的生活。虽然只是短暂地一瞥，也让我大体了解了在计划与市场争论中堪称特殊的"北欧模式"。

一路上，所到国家，一眼看上去，从直觉就能感知它的发达程度、管理水平、工作效率、产品质量，以及人民的物质和精神文明程度。当时，两德没有统一，从东德到西德，火车上的装备以至零部件的质量，都能直觉地感到明显的差距。在整个西欧，乘坐火车，不必提前到站候车，可随时到火车站，看大屏幕上的时刻表，选择合适的时间直接上车；开车前，列车员才到你座位上来售票、检票。车厢很空，很舒适，座椅可灵活地变成躺椅，设施都是很精致。但我在东德境内，乘火车时，却遭遇到一些常见的情景。车厢里非常拥挤，设施质量很差，水龙头坏了，厕所挂卫生纸的架子一拉就掉在地上。凡此种种，令我不解和寒心。应该说，东德是当时苏联阵营中经济状况和管理水平最好的呀，可为什么同一民族，仅一"墙"之隔，差距还是那么大？

我深切感受到，几十年的实践证明，所有实行中央计划经济体制的国家，用行政命令的手段配置全社会的资源，是不可能满足纷繁复杂、不断变化的社会需求的。这些国家无一例外地表现出：产需脱节、物资匮乏、资源浪费、效益低下、人民生活普遍贫困。人们熟知的苏联排队现象、食品和用品短缺的事例太多了。比如，苏联的星期四是"吃鱼日"。苏联的鱼罐头已经胀库发酵，但计划机关还是继续按人均19公斤下达计划指标不断生产；由于饲料短缺，导致肉类极度匮乏，人们吃不到肉，政府就规定一个"吃鱼日"，号召居民去消化发酵胀库的鱼罐头。在学术研讨会上，苏联学者告诉我，苏联每年生产 1 亿双鞋，但是苏联人往往难于在市场上找到一双称心满意的鞋。因为所有鞋厂都是按国家统一计划规定的式样生产的，不能满足人们的多样化需求。当我进入西方社会以后，就再也感觉不到"短缺"了。不仅花色品种多，而且有针对不同消费群体的商店和商品，商品的价格也是随着供求变化而不断调整，不像苏联，一种面包卖 13 戈比，还是列宁时期订的价，一直延续到 20 世纪 80 年代，完全不反映生产者的成本和效益。在市场经济国家，不仅无须凭票证供应，而且商家为了促销，买东西总是买得越多越便宜。这种能充分满足人们需求的市场经济有什么不好呢？为什么社会主义国家不能搞市场经济呢？在理论上，计划与市场争来争去，实践中也是翻云覆雨，说到底，就是把市场经济等同于资本主义，担心搞了市场经济，就会导致资本主义复辟。社会主义国家究竟能不能搞市场经济？这个问号一直挂在我的脑海里，也是我苦苦思索、行万里路想要寻求的答案。

在国外生活了两年多以后，我发现，自己对"市场经济"的认识，经历了由恐惧、疑虑到释然，逐步加深了解、逐步全面认识的过程。西方国家在 20 世纪，经过了 30 年代经济大危机，特别是在第二次世界大战以后，对原来的自由主义市场经济已经进行了大调整，采取了许多渐进改良的措施，尤其是在美国，形成了有别于战前的比较完备的现代市场经济制度。通过对美欧的实地考察、思考，概括地说，有以下八点感受。

第一，现代市场经济是任何社会通往经济繁荣发达的必经之路。市场经济是有效率的。市场经济内在的竞争机制有利于提高企业管理水平、提高企业的劳动生产率、提高产品的性能与质量，更好满足人民不断提高的物质文明和精神文明的需求，有力地促进科技不断创新和进步。

第二，发达国家的现代市场经济不是无序的，不是无政府的。美国人说，你做任何一件事，必须先知道这件事有什么法律规定。在美国，做事不知道法律，就好像走路没有穿鞋。所以，良好的法制是市场经济得以正常运转的前提。

第三，市场经济体系里的"安全阀"是建立了社会保障制度。在发达的市场经济国家，已实现了全社会的失业、养老、医疗保险，所以，19世纪那种意义上的"绝对贫困化"已经不存在了。

第四，市场经济国家里的社会病是社会治理的难题。西方社会还存在的流浪汉、无家可归者，是因为存在着吸毒等其他需要治理的社会问题。本来，低收入者有"食品券""廉租屋"及各种福利待遇保障，正常情况不致流落街头或冻死饿死。但吸毒者们不愿安安静静地住在"廉租屋"里，不愿在有了食品券而不会饿死的情况下去提高就业的本领，而宁愿流落街头，拦路抢劫一点现金去过毒瘾。毒贩子们又丧尽天良为赚黑心钱而毒害人民，甚至儿童。这个毒瘤是社会治理中的难题，甚至总统夫人都亲自现身说法，向公众说明毒品的危害，但仍屡禁不止。又如，美国的枪击事件，也因有"控枪协会"等利益集团的障碍，而难以得到合理的解决。

第五，市场经济国家里有发达的文化设施，作为灵魂的净化器。正当的宗教信仰也有助于净化灵魂。我们搞改革，也要物质文明和精神文明一起抓，同时建设同时加强。

第六，政府累进税、遗产税等制度，可起遏制人们贪心、促进青少年培养自身竞争力、消除依赖父母的思想。发起和创立各种基金会的捐助文化也有助于社会财富的良性循环。

第七，政府失灵与市场失灵、政府与市场功能的"边界"，仍然是实践中宏观管理的复杂课题，也是经济理论上永恒的争论课题。

第八，决策阶层被利益集团，特别是被军工利益集团或金融利益集团绑架，是影响世界和平的危险因素，人民需要通过舆论监督和法制力量加以遏制。

经过"万里行"的实地考察，我对中国改革的方向和目标逐渐清晰了。在美国及旅欧期间，我的一切活动都是围绕一个中心目标，这就是：要深入研究中国改革的目标模式和路径；同时要建设一门为中国经济体制改革服务的比较经济体制学。

在访问期间，我除了思考和撰写学术研究的文章外，还随手写了一些"短、平、快"的短文和随笔寄回国内报刊，以使国内有关方面的人士能及时了解外部信息。比如，出席美国社会科学界的学术年会、出席联合国第48届经济贸易大会、访谈有关的专家等，我认为都是有意义的。下面选用几篇。

1. 美国社会科学界1984年学术年会——社会科学界一年一度的学术盛会

美国社会科学团体联合会（简称ASSA）于1984年12月28日至30日在得克萨斯州的达拉斯市举行学术年会。与会者除来自全国各大学、各学术机关、各企业与公司的研究机构外，还来自政府重要部门如农业部、劳动部、商业部、国际贸易委员会、联邦储备委员会、国际货币基金组织以及世界银行等，还有英国、中国、加拿大、日本、南美等外国学者应邀参加。美国经济学会会长查尔斯·舒尔兹（Chales L. Schultze）、美国国际经济学会会长查尔斯·金德伯格（Chales Kinderberg）、联邦储备委员会委员赫利·瓦利克（Hery Wallick）、斯坦福大学荣获过诺贝尔奖奖金的经济学教授肯尼斯·阿诺（Kenneth J. AArow）、1984年诺贝尔经济学奖金获得者吉尔德·迪布（Gerard Debreu）都到会发表了演说。参与组织这届年会的社会科学团体有三十多个。整个社会科学界这样大型的科学讨论会每年举行一次，预告1985年年会将在纽约市举行。

（1）研究课题敏感反映实际生活中的需要和矛盾

在367场专题讨论中，绝大部分课题是反映实际生活的需要和矛盾的。比如，探讨生产者与消费者的合理行为，一些经济学家认为，市场也是不完整的，但不必由政府干预，生产者与消费者将使用他们所能得到的全部信息来补充市场效用之不足。又比如，对金融货币政策持各种见解的经济学家探讨信贷与经济稳定的关系，利率、汇率对经济生活的影响，实际利息率与股票价格变动率，通货膨胀对福利与农业的影响，通货膨胀与风险分析，当前金融市场一览，评里根的调节政策，金融决策的行为结构等。此外，社会生活中的各种矛盾在研究课题中也得到了一定程度的反映，如：城市土地价格问题，税收与资本市场，运输与公用事业的社会控制，军事开支的经济效果，贫困与失业问题，收入与所得不平等问题，劳动与退休问题的现实、前景与政策，少数民族企业在社会经济再分配中的作用，种族歧视、阶级差别与收入再分配问题，对科学家、工程师和技术员的职业训练问题，地区矛盾与经济政策的关系，微观效率与宏观代价，等等。

（2）理论经济学的分支越来越多，经济学研究领域日益宽广

传统的西方经济学理论与学科在这次年会讨论中仍占有一定的地位，但都做了充实改造。这类课题如：马尔萨斯死后150年，当代宏观经济学问题，经济学原理课程的新内容与新论证，价值范畴的理论特点与某些经济分析等。但是，更多的理论课题是探索新原理，发展新学科，如：新信息工具的经济学、信息经济学的应用模式、试验经济学、贫困经济学研究、城市财产权经济学、职业经济学、教育经济学、选举的经济模式、军事经济学（军事开支对劳动与资本的需求，技术变化对军备竞赛的影响，军备竞赛模式的考察与分类），等等。

（3）国际比较研究受到重视，中国经济的最新进展受到关注

外国经济、国际经济学以及国际比较研究的课题也相当多。如国际劳动生产率比较研究，非营利组织作用的国际比较研究，世界经济中的国防开支，贸易关系和外援政策的比较研究，世界性衰退对劳动关系的影响的跨国比较，租金控制的国际比较，北美与加勒比海国家经济计划的比较研究等。对外国问题的研究涉及各大洲、各地区，对苏联、东欧六国、南斯拉夫的研究都有相应的课题，比如，东西方贸易的前景，苏联经济中的低效问题、原因及解决的可能性。

中国的发展战略与美中贸易问题有一场专题讨论，发言人注意到中国20世纪70年代后期以来的经济发展成就与经济体制改革的新进展。

（4）会议讨论方式紧凑、活跃，会议组织工作现代化、效率高

5000人规模的全会只开了两天半，竟然组织了367场专题讨论，

11 场早、午餐便宴招待会，鸡尾酒会和知名人士演讲会。从清晨 5 点到下午 5 点，日程是高度密集而紧凑的。每场讨论的题目、主持人、讨论发言人、时间、会议室地址以及每场招待会的演讲人都在会前安排好，全部活动日程都提前铅印成书，与会者人手一份，可以根据自己的研究领域和兴趣，选择会场听会。专题讨论是从上午 8 点开始，但每个专题的讨论时间只限两小时，会上没有冗长的发言，提交年会的学术论文已在 1984 年 9 月号《美国经济评论》杂志专刊发表，会上只是短兵相接，有针对性地进行讨论。便宴招待会和鸡尾酒会是收费的，安排在清晨 5 点至 8 点前或下午 4 点半以后。一般是一刻钟或半小时，与会者可根据预告的演讲题目自己选择，在一个月前函邮注册表格时一并交费预订，届时凭入场券入座。整个会议的组织工作井井有条，效率高，反映了社会现代化的水平和效率。

　　笔者出席了这次会议，虽然时间短促，紧张忙碌，但不感到忙乱乏味。无论从会议的内容或从它的组织工作上，都颇受启发。会间，还有 70 多家出版公司去会场展售了 1984 年出版或再版的新书，并预告了 1985 年即将问世的新书，这就更增添了吸引力。

（原载《留美通讯》1985 年 4 月）

2. 中国是世界潜力极大的市场——第 48 届世界贸易大会侧记

　　春意盎然的季节，由国家经委副主任朱镕基率领的中国经济管理代表团，应邀来到芝加哥参加第 48 届世界贸易大会。

　　这届大会的主题是：美国和太平洋地区的贸易关系。参加大会的有来自世界许多国家和地区（主要是太平洋地区）的企业家、金融家、政府官员和学者等，共 700 多人，其中大部分是一些跨国公司的最高首脑。

　　自今年以来，美国经济上升的势头减弱。如何扩大美国的对外贸易，特别是与太平洋地区各国的贸易关系，是美国朝野十分关注的大事。正因为如此，这一届大会，参加的人多，气氛热烈，人们的注意力自然而然地集中到太平洋地区幅员最广大、经济发展最快的国家——中国。

朱镕基在开幕式上用英语发表了题为《中国的对外开放及其政策》的演说，用大量具体的数字和事例，介绍了中国近年的大好经济形势以及改革、开放、搞活的方针，重点阐述了中国对外开放政策的客观必然性和已经取得的显著成效，以及中国大力发展对外经济技术合作的具体政策措施。演说时，听众满座，聚精会神，会场后排和门口都站满了人。演说后，听众情绪高昂，提问十分踊跃，对中国经济体制改革方向，开放、搞活方针的稳定性，对外贸易的前景，保护外国投资者的利益和知识产权、技术专利的法律，能源开发、交通、邮电、教育、住宅建设等方面，都表现出广泛而浓厚的兴趣。朱镕基从听众提出的几十个问题中择要回答了二十多个问题，受到了听众的热烈欢迎。大会执行主席、芝加哥第一国民银行董事长苏利文说："朱先生的演说非常精彩，而回答问题更加出色，令人信服。"许多听众拥到台前，纷纷同中国代表团成员握手，盛赞演说"简明、生动，感到亲切"，使人"真正了解到中国"，并且争先恐后地向代表团成员递交名片，索取资料，询问情况，要求会见，邀请参观和做报告，使会议的气氛达到了高潮。直到午宴开始，仍有不少人围着代表团成员交谈。一位外国记者说："中国代表的演说使会议掀起了中国热！"

发展同中国的经济关系，实际上成了这届会议的中心议题。所有发言几乎无不谈到中国，赞赏中国的经济发展和现行政策，强调中国在世界上的重要地位以及同中国发展经济关系的重大意义和广阔前景。美国议员斯蒂文森说："中国是世界上最大的、唯一未被充分开发的市场，具有极大的潜力。"他指出，美国正面临一个包括中国在内的激烈竞争的世界市场，同中国做生意，必须掌握中文，才能更好地了解中国。美国商业部部长鲍德里奇说："中国现在的经济形势很好。中国如果改革经济体制就会发展更快。"美国议员威廉说："近几年美国同中国的贸易有了大幅度增长，前景很好。但目前占美国的进出口贸易总额的比重还很小。应该有一个比较大的发展。"有的代表还热情地畅谈到中国访问的深刻印象。美国伊利诺伊州州长汤姆逊刚率领一个160多人的代表团从中国访问归来，他在会上兴致勃勃地介绍了在中国所受到的热情、友好的接待，说："我对这次访问非常满意。我感到自豪的是，我们州是美国第一个在中国设立了办事处的州。"来自加拿大、澳大利亚等国的政府官员和企业家，以及美国经济界的权威人士，在大会发言和个别交谈中，都异口同声地称赞中国近几年取得的巨大成就，认为中国是国际贸易中的重要伙伴，表达了同中国进行经济技术合作的强烈愿望。

会议的进程表明，我国经济的迅速发展和现行政策的正确性，已经在美国经济界引起了很大的反响。正如美国一位朋友所说："关心中国，渴望了解中国，愿意同中国做生意，越来越成为当前美国经济界的有力潮流。"

（原载《经济日报》1985 年 6 月 12 日）

3. 现在正是扩大中美经济技术合作的大好时机

不久前，笔者有机会随以国家经委副主任朱镕基为团长、中国国际经济咨询公司总经理经叔平为顾问的中国经济管理代表团，访问了美国、加拿大的 12 个城市、30 多个企业和 12 所大学，同两国的企业界、金融界、贸易界、学术界、新闻界人士进行了广泛的接触和交谈。深切感受到大洋彼岸蒸腾的一股热浪：两国人士对中国的兴趣越来越浓厚，热情越来越高涨，要求同中国加强经济技术合作的呼声越来越强烈。正如一位美国记者对笔者说："美国现在出现了一次新的中国热！"

代表团每到一地，都受到热烈欢迎和友好接待。中国代表团长应邀先后 9 次在不同场合发表演说，介绍我国经济形势和现行政策，回答听众提出的种种问题，在两国经济界、学术界产生了很大的影响。在联合国商会举行的宴会上，100 多个跨国公司的首脑，专程从美国各地赶到纽约，倾听中国代表团长有关中国对外开放政策的演说。在芝加哥第四十八届世界贸易会议上，中国实际上成了整个会议的主题，几乎每个发言都谈论中国，盛赞中国近几年取得的成就，强调中国在世界上的重要地位和同中国发展经济关系的广阔前景。

在哈佛大学召开的《中国在世界经济中的地位》的国际学术讨

论会上，我代表团长的发言成了会议的高潮。美国前总统卡特的顾问库柏教授说："发言对中国的改革充满信心，我深深受到了感染。"在达拉斯市，80多位经济界首脑人物联合举行早餐和午宴，欢迎我代表团，一位企业家热情地说："中国大有希望。中国人勤奋、聪明。只要坚持现行的政策，一二十年就可以赶上日本。"在旧金山，市商会正在组织访华团，报名人数超出了原定名额的三四倍，使组织者一时竟不知所措。

近几年中美经济技术合作迅速发展，今年以来又有较大幅度的增长。访问期间，美中贸易委员会和中国国际信托投资公司联合在华盛顿举办了"中美企业家对话"。参加对话的，美方有来自100多家公司的200多名企业家，中方有来自北京、天津、大连、江苏、无锡、常州、苏州和有关部门的90多名负责人、专家。双方直接谈判，货比三家，互相竞争。仅3天时间，就成交了34个项目，金额达6400万美元，大大突破了原定计划。此外在代表团的推动和支持下，我国一些骨干企业同美国一些跨国公司达成了开展技贸结合的协议，上海、无锡的有关单位还和旧金山硅谷签订了经济技术合作的协议。

这一切都表明，中国国民经济的稳步迅速发展和对外政策，已经在美、加两国经济界、学术界引起了强烈的反响。关心中国，渴望了解中国，愿意同中国做生意，越来越形成为一股有力的激流。现在正是扩大经济技术合作，把它推进到一个新阶段的大好时机。

与此同时，笔者又感到，美国人士对我国的经济、政治现状的了解毕竟还很不够。在交谈中，他们提出了各式各样的问题。其中属于经济领域的问题，大致可归纳为以下三个方面。

有的对中国开放政策的延续性、政局的稳定、改革方向的不可逆转还有些担心。

也有对中国经济法律法规的完善健全、能否保障合资企业的外商合法利益、保护专利、外方总经理的正常职权的行使、简化贸易谈判的手续等有疑虑。

更多的人对中国农村的改革、国家对个体经济的政策、社会主义商品经济的发展、价格政策、工资政策、地方和企业的自主权、引进技术的程序、渠道等情况还缺乏了解。

提出这些问题的，不仅有经济界人士、政府官员，而且有专门研究中国问题的专家、学者。可见，美、加两国人士对中国的兴趣、关心和热情在增长，对中国的研究在深入，也说明中国大有工作可做。利用各种途径、各种场合、各种直接接触的机会，让他们了解中国一系列方针政策，对于扩大中美、中加经济技术合作，实在是十分重要和紧迫的事情。

（原载《世界经济导报》1985 年 7 月 5 日）

4. 现代化企业要有"外向型""活跃型"人才

最近，我们对美国、加拿大的经济管理现状作了些考察和研究，觉得近几年西方的经济管理，无论在实际应用或科学研究上，都有一些值得我们注意的新特点。

（1）提高企业家的素质

自从 20 世纪 70 年代以来，西方企业在石油危机、新技术革命等一系列因素影响下，日益意识到，要在激烈的竞争中求得自身的生存和发展，关键不仅在于企业内部管理水平的高低，而且还在于企业领导人是否思维敏捷，具有远见卓识和对外界复杂环境的应变能力。

围绕这一课题，国外经济界、学术界进行大量的工作。在招聘、选拔企业经理和管理人员时，着重考核他们的开拓、创新能力。他们认为一个好的企业家应该是多谋善断、雷厉风行、勤于多方联系、能够打开局面的"外向型""活跃型"的人物。许多企业还付出高昂的学费，把有培养前途的管理人员送到专门的高级管理学院去培训。加拿大多伦多大学管理学院就成立了"企业家素质研究中心"，专门从事提高企业家素质的专题研究，探索如何培养学生具有良好的企业家素质。

（2）从对物的管理，转向对人的管理

过去美、加的企业管理，侧重于建立严格的规章制度，贯彻自上而下的决策，强化各项管理方法和技巧。现在管理的重点已从对物的管理转向以充分调动职工积极性为主要目标的对人的管理。

美国不少企业，大力提倡职工思考和钻研，鼓励和奖励职工在技术革新、改善经营管理方面提出合理化建议。近几年来，美国最畅销的经济书籍之一，是风靡全国的《寻求优势》。这本书总结了美国最成功的30多家公司的八条经营经验，每一条经验都涉及对人的管理。

（3）电子计算机等新技术运用于经济管理

首先是办公室自动化发展十分迅速。在20世纪70年代，美国办公室自动化主要是采用文字处理机，以提高秘书的工作效率。后来随着生产和技术的发展，认识到提高专业管理人员的工作效率更为重要，便逐渐把文字处理机、电子传送信件与电子存取档案材料结合起来。使信息的传递与交流达到迅速、准确、方便。同时，为了方便各种专业人员的使用，又把计算机的各种应用，包括辅助设计、检测、试制和仓储管理、财务管理等，结合成为一个"一揽子工具包"。

为了适应这一变化，美国旧金山硅谷和波士顿"128公路区"集中了大量资金和技术力量，加速研究和开发适合管理人员使用的各种微电子技术。

（4）广泛运用案例法进行管理教学和科研

为了提高企业家的素质，提高管理人员善于思考、分析和独立解决问题的能力，美、加两国的管理学院广泛运用案例法来进行教学和科研。教员讲课，从具体案例讲起。学员做作业，主要是分析具体案例；进行实习，重点不在参观考察，而是直接参加解决实际问题。著名的哈佛大学工商管理学院长期坚持这种案例教学法，使其教学质量在世界上名列前茅。

（原载《世界经济导报》1985年8月5日）

一些国家对外开放工作的
经验和教训

（1988 年 9 月）

国家体改委国外经济体制司于 1988 年 9 月 2 日至 5 日在北京召开了国外关于对外开放工作的经验教训研讨会，邀集了经贸部国际贸易研究所，中国社会科学院世界经济与政治研究所、拉丁美洲研究所、台湾地区研究所，港澳办港澳地区研究所、现代国际关系研究所，国务院特区办、发展研究中心，中国银行国际金融研究所，中信国际问题研究所等单位的 20 多位专家，共同研讨外国对外开放工作的经验教训，针对对外开放与通货膨胀、与产业政策等问题的关系进行了讨论。现将讨论中提出的比较突出的问题和见解简要整理如下。

一　拉美地区陷入外债与通货
膨胀危机，形势严峻

1987 年拉美外债总额已达 4000 亿美元，约占拉美地区生产总值的一半。5 个主要债务国的外债占本地区外债总额的 80%，占发展中国家外债的 33%，人均负债 1000 美元。其中，人均负债最多的国家是：委内瑞拉 2115 美元，乌拉圭 1832 美元，阿根廷 1655 美元，智利 1619 美元。外债连年上升，1987 年的外债相当于 1960 年的 56 倍、1970 年的 18 倍。

巨额外债犹如插在拉美地区的一条"放血管"，严重地影响拉美经济发展、人民生活及社会安定。由于每年收入大部分用于还债，难以增加投资、扩大生产，造成生产停滞。1980—1987 年拉美地区生产总值年平均增长率约为 1.3%，通货膨胀率高达三位数、四位数，甚至出现了五位数，持续时间长，增长速度快，制止措施虽很多，但很难说哪一件奏效。在高外债、高通胀率的情况下，物价攀升，人民生活水平不断下降，1986 年年底比 1980 年下降 10%，两极分化日趋扩大，人民不满情绪日增，工潮迭起，学运频发，1987年拉美地区发生 4188 次罢工，社会动荡不宁。其形势之严峻，甚至可与 20 世纪 30 年代的大萧条相比。

与此同时，经济调整步履维艰。一是为集资还债而采取的应急性政策调整，如压缩公共开支，减少财政赤字，调整金融政策，遏制通胀，增加出口，减少进口，裁减公职人员，冻结工资等，其结果削弱了生产力甚至出现了负增长，降低了商品在国际市场的竞争力，使经济陷入更深的危机。二是战略性的经济结构调整，如调整工农业比例以加强农业；实行能源多样化，整顿国营企业，将部分国有企业私有化等。这些措施也未能取得预期效果，其中最大的问题是缺乏资金，除每年要偿还债务外，国内私有资本源源不断地外逃，国内资金不足，调整难以收效，而国际市场上原材料和初级产品价格暴跌，拉美出口收入减少，使得偿还债务更加困难。拉美的教训主要在于外债使用不当。

二　南斯拉夫经济滞胀，难于走出低谷

南斯拉夫长期存在通货膨胀，20 世纪 60 年代中期以前属轻度范围，自 70 年代以来明显加剧，保持在两位数的高水平上。自 80 年代以来，通胀恶性发展，1980 年为 30.4%，1985 年上升到 75.4%，1986 年达 88%，1987 年更是扶摇直上，突破三位数大关，达到136%，目前已达 198%。自 80 年代以后，职工实际工资因通货膨胀而连年下降，5 年间下降 31.7%。

从 1980 年起，南斯拉夫投资每年下降 5%，发展速度急剧下降，

1981—1985 年经济实际增长率分别为 1.5％、0.5％、－1.3％、2.0％、0.5％，1986 年和 1987 年没有明显起色，目前有 1/8—1/7 企业亏损，涉及职工 90 万人，占全国企业职工总数的 1/6。造成企业亏损的原因主要是为偿还外债而严厉限制进口，致使许多企业的原材料供应严重不足，全国企业设备利用率平均只有 70％，有的部门还不足一半，加之 1984 年起实行"现实利率"（即利息率始终高于通胀率 1％），企业支付的贷款利息急剧增加，负担进一步加重，但还不得不增加名义工资，解决办法还是提价（加入成本）。这种情况说明南斯拉夫经济是又滞又涨，已掉进"低谷"。国际货币基金组织要求南斯拉夫今年把通胀率控制在 95％以下，根本办不到，实际通胀率如脱缰之野马，已近 200％（10 月份通胀率已达 215％）。

造成南斯拉夫经济滞胀的主要原因是消费超前，1987 年人均国民生产总值 2070 美元，但消费水平却相当于人均 5000—6000 美元。现在限制消费，人民不满，罢工频繁。

南斯拉夫治理通胀也运用了各种手段，如收紧银根提高利率，冻结工资、物价，砍集团消费等，均未见实效。从 1981 年 1 月到 1984 年 10 月，物价冻结了 28 个月。冻结了照样涨，冻结后再开放，涨得更厉害，目前已进退两难，冻结不是，放开不是，出路何在，还不明确。

三 韩国成功地抑制通货膨胀的过程、环境与措施

1. 韩国政府在 60—70 年代尽管想抑制通货膨胀，但收效不大。原因是：

（1）对通货膨胀的危害性认识不足；

（2）经济规模外延膨胀过速，资金需求过大，经济结构不合理；

（3）石油危机和原材料价格上涨；

（4）借债和海外建筑劳务收入的大量流入。

2. 1979 年初决策当局认清通货膨胀的危险性，提出稳定经济的对策措施。

（1）控制通货发行和货币供应；

（2）压缩信贷规模；

（3）压缩重化工过速膨胀，调整产业结构；

（4）放宽进口限制。

但是第二次石油冲击打乱了政府的计划。

3. 全斗焕政权下大决心抑制通货膨胀，针对着 1979—1981 年期间的经济混乱，提出"稳定、效率、均衡"六字方针，并确定第五个五年计划（1982—1986 年）期间为经济调整时期，重点放在治理物价。

（1）放慢经济增长速度，由第四个五年计划时期的 9.2% 调低到 7.6%，出口由原计划 1986 年 530 亿美元下调到 357 亿美元；

（2）社会货币供应量的增幅由过去的 30% 左右降到 15% 以下；

（3）压缩政府财政赤字，由 1981 年占国民生产总值的 4.2% 降低到 1986 年的 1%；

（4）冻结工资，提高存款利率，与此同时，增加社会福利和提高低工资；

（5）限制大垄断企业对经济市场的垄断，提倡"公正交易"，扶植中小企业，颁布"反垄断法"；

（6）限制外国贷款的引进，鼓励外国直接投资，开放国内市场；

（7）部分银行实行民营化，同时引入外国银行，培植资本市场。

韩国实行上述稳定政策时，国际环境为它提供了非常有利的条件，即所谓"三低"；由于油价猛跌，仅石油进口一项白白获益 30 亿美元，再加美元汇率贬值和国际利率下降使它的还本付息减少（目前净债务不到 140 亿美元），所以成果较明显。

韩国把政府的作用和行为归结为五个字，即经（掌握经济命脉）、划（划定管理范围）、诱（以经济杠杆为诱导）、排（为企业排忧解难，每月初开上月工作情况动向分析会；月底召集出口分析会）、制（即制裁越轨者）。

四　某些国家改善投资环境、
选准外资使用方向的经验

泰国近两年出现了外国直接投资热，除了一些客观条件（如自然资源与廉价劳动力较充足、地理位置好、国内市场潜力较大）外，主要是在投资环境和政策上下了功夫。如：成立了投资委员会，通过"促进投资法案"，采取各种优惠保护措施，包括经批准的项目保证不实行国有化；不建立类似企业与之竞争；国家不垄断同类产品或类似的产品的销售；一般不实行价格管制；准许产品出口；等等。

韩国对于吸收何种外资有很强的选择性。在外资的使用方向上也很明确。发达国家在国外寻求过剩资本的投资场所一般有三种追求目标。一是市场指向型，即以掌握对象国的国内市场为目标；二是资源指向型，即以开发和获得投资对象国的资源为目的；三是费用指向型，即利用投资对象国的廉价劳动力降低生产成本为目标。韩国根据本国国内市场狭小、资源匮乏的实际情况，制定了吸收费用指向型外资，并集中投向出口性工业的政策。在外资选择上，以吸收生产性投资为主，在外资的投向安排上，以对产业结构升级和出口增长作用大的项目为主。尤其自 20 世纪 80 年代以来，韩国十分注意投资对产业结构高级化和技术升级的关联效果。现已初步形成"投资——出口换汇——扩大投资"的良性循环，在促进投资部门结构、产业结构和商品出口结构同步升级方面，取得了显著效果。

五　借鉴国外的一些经验教训，
改进我国的对外开放工作

根据研讨会上大家提到的国外的一些经验教训，对改进我国的对外开放工作，提出如下建议。

第一，外债不可不借，也不可盲目多借。我国目前借外债的数量虽不很多，但如管理经营不善，所贷之款不能有效率地创造财富，

也是很危险的。对此有如下建议。

1. 对外借贷业务应在集中统一管理机构的统筹规划下,由专门指定的金融机构负责统借、统还。

2. 借贷渠道多样灵活,尽可能降低举债成本,比如,印度的贷款渠道主要是外国政府和国际组织,利息率较低。

3. 合理使用外债,如:要保证用外债建设的项目的利润率大大高于利息率;其产品要形成出口能力,而且出口率要高;不仅要看单个企业的偿还能力,还要从全国各项目算总账看能否偿还,并留有较大的风险余地。

4. 尽快完善核算体系,以提高资金使用效益。

第二,不能认为借外债有风险而利用外国直接投资就没有风险。由于利用外国直接投资时,还需要有本国货币的配套投入量(如基础设施、人才培训等),所以,投资项目所得利润必须能补偿全部包括外国资本与本国货币的总投入量,才能认为是有效益的。根据我国国情,要着重吸引外资投向开发内地资源,建造道路、港口、机场、码头等基础设施,开放地带也不能把基础设施的包袱都甩给国家财政。

第三,利用外资和引进技术,要形成合理的外向型产业布局。随着各国产业结构的调整,有大量劳动密集型产品从发达国家与地区向外转移,为我国沿海地区发展"三来一补"提供了良好的机会,但我们不能停留在劳动密集型产品的生产上,要把劳动密集与技术密集相结合,并为逐步过渡到高科技产业创造条件。有人建议:内地可以和香港合作开发高科技产业,内地的基础研究力量较强,善于做研究工作,但不懂得把科技成果商品化;香港会运用高科技发展新产品,但缺乏基础研究工作,内地和香港的产业结构可以互相补充,既有水平分工,又有垂直分工,共同发展高科技产业。

第四,提高外贸效益,不能单纯追求外贸总量增加。要认真按品种分析外贸的经济效益,凡出口亏损而国内市场又需要的则尽量不出口,要严格控制各种形式的消费品进口(如韩国等国那样),我国从 1981—1986 年仅进口各种型号汽车所耗的外资即可新建十来个大型汽车制造厂。

第五，在对外经济关系方面，要整顿秩序、治理环境。与会人员认为，对外开放与通货膨胀没有必然联系，但如果开放的体制与政策、管理措施不当，也会成为诱发或加剧通货膨胀的因素。

（江春泽整理，原载《国家体改委资料》1988 年第 42 号）

第 三 篇

探索中国特色社会主义道路

江春泽按：

我是 1988 年 6 月去国家体改委报到的。委里设立的国外司，一方面承担委里繁重的外事业务，同时又承担国外经济体制比较研究的任务。司长要全面兼顾这两方面的行政管理责任。我被委任为副司长，主要负责对国外经济体制作比较研究，为我国的经济体制改革和对外开放服务。作为学术界的研究人员，转到中国经济体制改革的政策研究中来，对我个人来讲，实现了从理论到实践的转换；对于国家体改委来说，也正需要这方面的专业人员进行探索。因此，我非常感谢历史为我提供了这一难得的机遇，使我能够在中国改革目标模式的选择和探索中国特色社会主义道路的历程中，能够与党和国家甘苦共尝，贡献自己献策建言的微薄之力，我很乐意。

到 1994 年离开国家体改委转到国家计委前，在我的 6 年任期内，我主编了 100 期《国外经济体制研究》（内刊），为中国改革开放决策服务。我撰写的内部研究报告受到广泛好评，尤其是在 20 世纪 90 年代初关于计划与市场的争论中，我的研究报告为确立社会主义市场经济的改革目标模式提供了适时的有益的理论信息，使我能学以致用，实现从理论到实践的飞跃，多年的辛劳耕耘，有了报国效劳的机会，我感到很幸运、很幸福。

从撰写《试论经济学的"哥德巴赫猜想"》(1992年1月)到出版专著《猜想与求证》(2014年1月)

1992年1月，我曾经给《人民日报》理论部主办的内刊《理论参考》第1期写过一篇文章《试论"经济学的哥德巴赫猜想"》。文章说的是，意大利新古典经济学大师帕累托于1902—1903年在《社会主义制度》一书中首次提出：由一个"社会主义的生产部"来实现资源优化配置是可行的。按照自然科学的惯例，凡是没有经过证明的命题都叫做"猜想"。所以我认为，我们可以把帕累托提出的这个命题称之为经济学的一个"猜想"，类似于数学领域的"哥德巴赫猜想"。

鉴于计划与市场问题长期困扰着社会主义国家的理论界，干扰着社会主义国家的经济工作实践。直至今日，也不能说已经完全统一了认识，只能说有些问题略微清楚了，而有些问题仍然相当含混。至于在实践中的成功解决，则更是需要长期的探索。因此，我虽然在2000年已经退休，但是，我对这个问题的思考和研究没有终止。工作职务岗位是退休了，作为一个理论研究工作者的使命没有终结。

2014年，我出版了一本书，书名是《猜想与求证——社会主义社会资源配置方式的世纪探索》。这本书继续从资源配置方式的角度来审视实践中的社会主义经济体制发展史，同时也审视了共产党执政后社会主义经济体制的决策思想史。以史为鉴，历史是现实的镜子。只有认真梳理20世纪实践中关于社会主义社会资源配置方式的决策思想史及在其直接影响下的社会主义国家现实经济体制史，从实际出发，实事求是地总结正反面的经验教训，才能真正搞懂为什么市场在社会主义社会仍然是起决定性作用的资源配置方式？什么是科学的社会主义，什么是中国特色的社会主义，如何建设社会主义等一系列重大问题。

该书的研究就是从帕累托提出的"猜想"切入的。这个"猜想"提出后，西方经济学界曾经进行了持续很久的激烈论战，其焦点是用计划配置资源是否可行以及效率如何。十月革命以后，从列宁领导的俄国开始，所有社会主义国家在实践中探求建设社会主义的途径时，都优先考虑的资源配置方式是计划。列宁在十月革命前，提出过采取"国家辛迪加"的计划模式来配置社会资源的设想，但十月革命后严重的国内外形势迫使他一步步地（局部地、点滴地）从"计划"退让、向"市场"靠近，他先后 6 次修正自己的认识、变动现行的体制。修正的过程充满了激烈的争论，但从历史进程、从理论认识上看也是不断探索的过程，我把它称为"求证"的过程。到了斯大林时代，计划成了政治话语和法律制度，市场成了禁忌词汇，"求证"过程不再是纸上谈兵的笔墨官司，也不是决策过程中正常的民主讨论，而是充满了刀光剑影的政治斗争。斯大林逝世以后，从赫鲁晓夫开始，苏联的历任领导都搞了一些改革，其宗旨是对"市场"作某种程度的退让、妥协、容忍，但直到戈尔巴乔夫执政时期，尽管在政治上搞了很多开放，但在经济上，对"市场经济"仍然讳莫如深，计划仍是资源配置的主要的、基础的方式。所以，从 20 世纪 50 年代到 90 年代初，尽管苏联关于经济改革的决定、法规等文献堆积如山，但都没有突破中央计划经济体制的框架，市场在资源配置中作用的范围及程度极其有限。其经济效果是，国内生产总值增长率不断下降直至负数，尽管航天技术可以世界领先，但与人民生活息息相关的日用消费品长期严重短缺的状况却没有根本改观，而且体制性供应短缺的状况日益恶化，人民不满的情绪与日俱增，终于陷入了危机。

除苏联外，在社会主义阵营里，南斯拉夫是第一个"吃螃蟹者"。1950 年，它首先与中央计划经济体制决裂，实行了他们自己创造的"社会主义自治制度",从而遭到了共产国际的集体大批判直至开除、断交。自治体制帮助南斯拉夫国家和人民度过了最艰难的时刻,激发了人民的建设热情和奋斗精神,在此后的几十年里曾经取得过不小的成就。遗憾的是,他们的自治制度理论,带有相当程度脱离实际的空想成分,并且成为一种新形式的教条主义束缚了人们的积极性。比如:它的产权制度不明晰,"既是人人的,又不是任何人的";劳动者是"自由人的联合体";工厂由民主选举的工人委员会管理,常常错失市场提供的经营决策良机;收入分配是在本工厂内由全体工人按马克思《哥达纲领批判》原则民主讨论,结果常常是空谈、没有积累;市场交易是"活劳动和物化劳动的交换",往往是一对一地谈判,实际上成了"契约经济";价格不是在市场中形成;对发展市场经济规定了很多条条框框,诸如"引进外资就是进口资本家""雇工不能超过 8 人",等等。最终也没有得到"善果"。

20 世纪 50 年代中期,在东欧国家中,又发生过波匈事件与捷克事件等,究其根源,都与实行计划经济体制的经济后果有关,此后,东欧一些国家开始了探求在中央计划经济体制框架内与市场机制某种程度结合的种种做法,其中,效果比较好的当属匈牙利,它一度有"苏联阵营消费者天堂"的美誉,但它一直也没有从总体上突破中央计划体制的框架,所以,效果有限。波兰改革的效果不显,加上当局领导的一些错误决策,罢工频发,20 世纪 80 年代还爆发了全国性的持续大罢工,经济一蹶不振,社会震荡剧烈。

中国的"求证"过程更加曲折复杂。直到 20 世纪 70 年代末的改革开放,这个"求证"过程才逐步逼近实际。但即使在改革开放后的十多年里,对于是"计划"抑或"市场",仍然充满了反复曲折的争论,批判"市场"的声浪仍不绝于耳。直到 90 年代初,邓小平勇敢地对这个世纪难题给予了明确的回答,他一锤定音地说:"计划经济不等于社会主义,市场经济不等于资本主义。"我个人认为,这个答案才使实践中的社会主义真正从空想成为科学。中国特色社会主义就是与市场经济兼容了的社会主义,它的成就是当今世界的一大亮点,也是社会主义运动复兴的希望。

邓小平的答案对 1902 年帕累托提出的"猜想"是"证伪"或"证反",这就是,一个世纪的实践证明:社会主义社会基础的、起决定作用的资源配置方式是市场,而帕累托的"猜想"即由"社会主义生产部"计划配置全社会资源是不能实现优化配置的。实践中,大规模实验的中央计划经济体制的效果虽然在某些时空也曾闪过光,比如在20世纪30年代与西方世界的大萧条对比,又比如在第二次世界大战时期保证了伟大卫国战争的胜利。但战后苏联仍坚持僵化的经济体制,拒绝市场经济,因而被西方世界第三次科技革命后的生产力飞跃而远远地抛在了后面,最终的结果被证明它的资源是无配置的、低效的、不能持续下去的。邓小平的答案正是总结了长期实践中正反两方面的经验教训而得出的。

实践对帕累托猜想是"反证"。帕累托的辩护者们可能会说,苏联十月革命以后建立起的一系列社会主义国家都是原来不发达的国家,并非马克思当初设想的在"资本主义一切成就的基础上",所有最发达国家同时爆发社会主义革命后建立的那种"社会主义社会"。诚然,所有现实中存在过的社会主义国家都没有取得过"资本主义的一切成就",当然也不是生产高度社会化的社会,它根本没有条件在全社会通过计划来直接配置资源。至于未来在资本主义一切成就基础上出现的社会究竟是不是没有商品、没有货币、没有市场的"产品经济形态",究竟是不是能用计划取代市场来直接配置全社会的资源,这个问题与现实生活的距离还很遥远。因此,帕累托的"猜想"依旧是个"猜想",那就留待遥远的将来再继续"求证"吧!

鉴于在中国改革开放前,一些传统观念通过从上而下的层层灌输普及,几乎在全民中都深入人心,致使改革开放过程中,每前进一步都涉及观念突破,尤其是高层决策者的观念突破。为了取得共识,必然要经过反复的观点碰撞、思想解放,经过执政者、决策参与者、学者与民众中不同观点反复的博弈,才能迈出某些关键性的步伐。我曾系统总结了苏联型经济体制形成的背景、基本特征;顺便提到典型的东欧国家的状况,尤其是扼要地评论了南斯拉夫自治制度失败的理论根源；追述了中国从 1950 年以后先是"以俄为师"、照抄照搬苏联模式，后来是尝试"突破"，却走到了一个更加荒诞的极端的历史深渊。

在《猜想与求证》一书中，我着重描述的是中国改革开放过程中一些重大观念突破的真实过程，当然，其中也包括笔者自身思想解放的过程。

计划与市场在现实经济体制抉择进程中经历了反复的、曲折的博弈。在博弈过程中，往往要有"说了算"的"一言九鼎"的人出来拍板定案，才能达到当时的均衡。在历史上有不少由某个人拍板定案导致重大错误的事例，如斯大林一锤定音地实行中央计划经济体制；毛泽东一锤定音地"跑步进入社会主义""大办人民公社""以阶级斗争为纲"搞全民性的"文化大革命"；等等。在中国改革开放进程中，作为正反两方面的实践经验比较丰富、具有高度政治智慧的战略家邓小平，他的"一言九鼎"的权威性起了正面作用，他曾经及时地作出一些推动社会变革的重大决策，坚决支持改革派，使改革的巨轮排除重重阻力，朝着人心所望的方向所向披靡地前行，不致凡事争论不休，裹足不前。比如，他在"实践是检验真理的唯一标准"大讨论中支持了实事求是的思想路线；在拨乱反正过程中肯定了"科学技术是第一生产力"、落实了知识分子政策；在改革初期支持了"包产到户"的农村政策；支持了观念和体制创新的"经济特区"；在市场化改革"姓社""姓资"问题的争论中支持了市场化改革的方向；等等，在所有这些方面，他的决策都是起了极其重要的积极作用的。邓小平的"计划经济不等于社会主义，市场经济不等于资本主义"的科学论断，更是不仅推动了中国经济改革进入建设市场经济体制的新时代，还开辟了社会主义与市场经济兼容的新纪元。

在今后新的历史条件下，重大决策还是需要事前有充分的调查研究和民主讨论，事后有可检验的问责制度进行监督，要建设起制约公权力的制衡机制，而且要使这些机制和制度法律化。特别在涉及人的基本权利、人的命运前途、国家的发展方向等重大事项，更要发扬民主，依法治理。这就叫"把权力关在制度的笼子里"。

我们还看到，在明确改革目标模式前，改革只能是渐进的，不仅因为实践经验的积累是渐进的，更重要的是因为人们的思想解放过程是渐进的，对深入人心的传统观念的重新认识和突破是渐进的，同一个人，在这个问题上思想是解放的，在另一个问题上可能思想又不够解放了；此时是这样认识，彼时又是另一个认识。认识过程的反复性也是常有的。何况，改革初期，人们已在封闭的环境中生活得很久了，对外界的事物知之甚少，当时，改革只能是"摸着石头过河"。而在改革开放了40年以后，当今的中国，仅出国出境旅游的老百姓就达8000多万人次，加上公派和自费留学生及访问学者、出国出境公务、商务人员及其探亲的家属，出国人数以亿计了。众多的中国人已不再是生活在封闭环境里，人们对外部世界的现代社会了解得渐渐多了。关于改革发展大计，我们完全有条件通过"走出去""请进来"，尤其是通过媒体和互联网，广泛发动群众民主讨论、集思广益。在吸取一切现代文明的前提下，结合本国国情实际，从经济、政治、社会、文化、生态等方面，经过对实情的调查研究，经过专家、干部、群众、网民的反复讨论，综合作出所谓的"顶层设计"，坚持走与市场经济兼容的中国特色社会主义道路，通过深化改革，整体地建设好文明法治、民富国强的现代化国家，实现社会和谐与中华民族的伟大复兴。这是全体中华儿女的世纪梦想。

（本文内容系江春泽著《猜想与求证》一书的前言摘要）

计划与市场在世界范围内争论的
历史背景与当代实践

（1990 年 9 月）

关于计划与市场的问题，在国际范围内已经争论了将近一个世纪，至今仍然歧见纷纭，各国的实践也在继续不断地探索。这里，从以下四个方面介绍一下争论之梗概及有关的背景材料。

1. 从 20 世纪初关于未来社会资源配置方式的设想之争论到著名的 30 年代经济学大论战。

2. 中央计划经济体制所依据的主要经典论据和各社会主义国家关于改革模式的探讨。

3. 若干原中央计划经济体制的国家构想 90 年代向市场经济体制过渡。

4. 当代国外专家对中国目前关于经济改革问题讨论的意见和建议。

一

早在 20 世纪初，西方经济学家有人提出过以生产资料公有制为基础，由国家集中管理整个经济的"社会主义经济模式"的设想。

第一个提出这种设想的是意大利经济学家帕累托，他在 1902—1903 年出版的两卷本的《社会主义制度》一书中，假设了"一个社会主义的生产部"，由它实行经济计划，并"在理论上"达到恰好与市场均衡力量所导致的完全一样的结果，他认为，这个假设"是会得到证明的"，帕累托由此而被称之为所谓"资产阶级的卡尔·马克思"。

他的学生巴罗内于 1908 年撰文发展了他的观点，对全部经济资源归公共所有、整个经济由国家生产部集中管理的社会主义经济的可行性，作出肯定的论证。

十月革命以后，奥地利经济学家米塞斯于 1920 年发表了《社会主义制度下的经济计算》一文，把社会主义经济制度的本质特征归结为生产资料公有制和中央计划。不过他认为，中央计划无法确定某种产品最终是否符合需求，也无法计算某种产品在具体的生产过程中所耗费的劳动和原材料，企业的经营活动的管理行为不可能合乎经济的原则，至于巴罗内设想的用中央计划来模拟市场解决劳动和生产资料等要素的计算问题，米塞斯认为是行不通的。

1928 年，美国经济学会会长泰勒发表演说，并于 1929 年撰文批判了米塞斯的观点，他在《社会主义国家中生产的指导》一文中详细说明如何用"试错法"（Try Error）来解决中央计划配置资源的问题，所谓"试错法"，即通过试验，使中央计划机构得出的价格等于市场中形成的均衡价格，在试验过程中，供大于求则降价，求大于供则涨价，最后形成的是均衡价格，或称影子价格。

继米塞斯之后，反对上述观点的又有新奥地利学派的领袖人物哈耶克和伦敦学派的领袖人物罗宾斯。他们认为上述设想即使在理论上有可能，在实际中却是不可行的，因为这"需要几百万个数据的基础上列出几百万个方程，到解出方程的时候，所根据的信息已经过时"。

针对哈耶克和罗宾斯的观点，当时在美国任教的波兰籍经济学家兰格于 1936—1937 年撰文予以反驳，继续论证用类似竞争市场的"试错法"，也即"模拟市场"来实现资源的合理配置。兰格的见解被认为是最早提出的"市场社会主义模式"。30 年之后，兰格认为由于电子计算机的发明使他的辩论对手当年所指控的求解方程的困难在很大程度上已成为虚幻。对此，他的论战对手又把兰格模式称之为"电子计算机乌托邦"。

1944 年，哈耶克在《通向奴役的道路》一书中，集中批判了高度集中的、否定竞争市场机制的中央计划经济，认为它"限制了个人追求经济利益的动力""对于充分灵活地满足丰富和多变的社会需求来说，集中决策必然是低效率的"，他的结论是："只有通过竞争和自由定价的市场体系，才有可能充分利用分散于个人和企业的知识和信息。"

这场关于运用中央计划机关模拟市场的方式来配置资源是否可行及其效率高低的辩论，就是具有世界影响的所谓"30 年代大论战"。在以后的岁月里，论战双方虽根据经济现实的变化各自提出进一步的论证，但基本观点并没有什么改变。

二

社会主义国家在经济体制改革前实行中央计划经济所依据的主要经典论据，一是恩格斯所说的"一旦社会占有了生产资料，商品生产就将被消除，社会生产内部的无政府状态将为有计划的自觉的组织所代替"，"社会的生产无政府就让位于按照全社会和每个成员的需要对生产进行的社会的有计划的调节。"二是马克思所说的"在一个集体的、以共同占有生产资料为基础的社会里，生产者并不交换自己的产品，耗费在产品生产上的劳动，在这里也不表现为这些商品的价值，不表现为它们所具有的某种物的属性，因为这时和资本主义社会相反，个人的劳动不再经过迂回曲折的道路，而是直接地作为总劳动的构成部分存在着。"在未来社会里，联合起来的生产者将"按照总的计划组织全国生产，从而控制全国生产，制止资本主义生产下不可避免的经常的无政府状态和周期的痉挛现象"。总之，马克思、恩格斯对未来社会设想的是产品经济形态，整个社会的经济活动"犹如一个工厂"，全社会的资源都直接地按计划配置。

列宁在十月革命前，也没有预见到社会主义社会仍将保持商品货币关系。但经战时共产主义实践之后，列宁改变了自己的看法，指出在过渡时期多种经济成分同时并存的条件下，还必须保持商品生产和商品交换，于是，在苏联有了"新经济政策"的实践。列宁还告诫过"完整的、无所不包的、真正的计划＝官僚主义的空想"，"不要追求这种空想"。但是，他没有从原则上改变社会主义制度下商品经济将消亡的理论。

苏联农业集体化后，于1936年宣布社会主义制度建成，"过渡时期"结束了，全社会只有全民所有制与集体所有制两种公有制形式，不存在多种经济成分了。商品生产是否将随之消亡，经济活动中价值规律是否还发生作用，这些问题又成了苏联经济学界的争论的热点。1952年斯大林在《社会主义经济问题》一书中对苏联经济学界的争论作了结论，即在两种公有制同时并存条件下仍然有必要保留商品生产。但他只承认消费品是商品，不承认国营企业生产的生产资料也是商品；只承认价值规律在一定范围内对商品"流通"有"调节"作用，而对社会主义"生产"只是"影响"作用，他不承认并且严厉批判了认为价值规律也调节社会主义生产的观点。

此后，几乎所有的社会主义国家依据斯大林的理论形成了传统的计划经济理论，并照搬了苏联在20世纪30年代形成的中央计划经济体制的实践。各国意识形态领域里占主导地位的经济理论著作和在经济建设实践中，都是把由中央计划机关用指令性计划的行政手段直接配置资源作为社会主义经济制度的基本特征之一，而把商品生产和商品流通视为社会主义经济中不得不保留下来的"异己物"，而其中的生产资料只具有商品的"外壳"，实质不是商品，至于市场和价值规律则是当作可恶的自发势力来诅咒的，最多只是把它当作在一定范围内不得不暂时容忍的邪恶来对待。

中央计划经济体制先后在14个社会主义国家实行过。自20世纪50年代初以来，对这种体制进行改革的浪潮此起彼伏，从未间断过。各国改革的实践逐步突破了传统的认识。但除南斯拉夫曾经把计划经济体制改成独特的自治经济体制外，其他国家都没有从根本上触动传统的计划经济体制，一般是改成各种形式的计划与市场相结合的体制。有的国家是在原中央计划体制的框架内，改善计划指标体系，改进制定计划的方法，调整组织结构，扩大企业自主权直至实行"完全的经济核算"（实际没做到），强调一下重视利用商品货币关系的作用，但是，资源的主要配置者和经济活动的主要调节者仍然是中央以行政手段下达的指令性计划，戈尔巴乔夫任职以前的苏联、民主德国属此类情况。有的国家实行所谓"有管制的市场"或称"看得见的手"的市场，这是匈牙利在20世纪六七十年代的改革目标，它实际上是把直接行政协调改为间接行政协调，即允许企业进入市场，但市场的一切信号和参数是由中央计划决定的，而且由于没有众多的竞争者（如全国只有3家钢铁厂、1家电视机厂），难以形成竞争的机制。其他国家有各种提法和做法，大体上都属于"计划调节为主，市场调节为辅"。直到80年代末，情况才有较大变化。

三

目前，原实行中央计划经济体制的绝大部分国家都在构想向市场经济过渡，所不同的只是过渡的速度、方法和步骤而已。

南斯拉夫曾经是改革的先行者，早在50年代初就同高度集中的中央计划体制决裂，创造了"以社会所有制为基础的社会主义自治经济体制"。这种体制表现过一定的生机与活力，在南斯拉夫处于极端不利的国际环境下，起过支撑社会主义建设的历史作用。而进入20世纪80年代以来，持续10年的经济滞胀和危机，直到1990年才出现转折。目前，南斯拉夫舆论界和政府都认为，南斯拉夫几十年的经济运行机制是既无市场又无计划的"契约经济"，即既无计划的行政命令约束，又无市场的价值规律约束。他们认为，自治体制有两大弊端：一是产权不明晰；二是忽视市场机制。所谓"产权不明晰"，是因为"社会所有制"的财产"既是人人的，又不是任何人的"，成了典型的"没有主人"的财产，相当数量的企业长期没有任何积累，扩大再生产所需资金长年依赖贷款。所谓"忽视市场机制"，表现在企业之间是通过"自治协议"和"社会契约"所协商的价格进行交换的，企业在交换活动中并没有真正的自主权，而且价格不是按照价值规律竞争中形成的，没有竞争机制就不可能促进企业降低生产成本，提高产品质量，刺激产品更新和技术进步。马尔科维奇总理于1989年3月任职后，总结10年危机的教训，认为自治经济体制的实质是"契约经济"，它是危机的根源，要走出危机必须放弃"契约经济"，寻求社会主义经济的新模式。同年6月，他在议会上明确宣布了要朝统一的市场经济方向改革。改革的第一阶段是实施稳定宏观经济、治理通货膨胀的一揽子方案，主要目标是：遏制通货膨胀和保证南斯拉夫的货币（第纳尔）成为可兑换的货币。这两个目的已经达到了。1989年的超通货膨胀（12月的月率为1256%，年率为2665.5%）被遏制住了，到1990年4月，通胀率已降为零，6月份又降为-0.3%，平均月率保持在1%左右，年率约为13%。与此同时，约4/5的商品价格是在市场上自由形成的，进口也放开了，国内物价下跌了20%左右，市场供应充足。国际收支良好，外汇储备总计有90亿美元，1990年前6个月增加30亿美元，外债减少了20亿美元，估计到年底外汇储备可达100亿美元。尤其令人惊讶的是，经历了超级通货膨胀的南斯拉夫货币（第纳尔）竟然变成了可兑换货币，它已与西德马克挂钩，汇率固定为7第纳尔兑1马克，半年不变，这不仅有利于币值稳定，对外资更有吸引力，也有利于抵制民族分裂。原来单一的社会所有制结构也开始变化，过去18个月内已有28000个私营商店开业。自1990年年初以来，新建公司15000个，由于私营小企业的发展，多创造15万个新的就业岗位，失业人数因此减少。1990年6月，马尔科维奇总理又宣布了第二个一揽子深化改革的纲要，主要内容是通过发行内部股票使所有制形式多样化。

匈牙利自1968年以来的改革进程也曾引人注目，他们曾经部分地下放了过于集中的决策权，取消了绝大部分指令性计划，市场因素有所增强，原有经济体制的弊端有所缓解。以后由于种种原因，改革冷却，经济陷入困境，已出现的市场是零碎不全和扭曲的，竞争机制并未形成。企业与国家的关系过去是在计划指标上讨价还价，后来是在控制条件上讨价还价，企业的自主权并未真正实现。1989年政局变化后，经济体制的目标是建立一个具有竞争力的、开放式的、结构合理的现代化市场经济。他们估计，体制转轨的时间需要

8—10 年。

东德本来是东欧国家中经济发展水平较高、中央计划体制运转效果较好的国家，但与西德相比，仍相对落后，在国际大气候下出现了以难民为发端的连锁反应，西德政府利用东德群众的物质主义倾向和民族情绪，依仗经济实力，开出高昂价码，竟然以"闪电"方式实现了两德统一，东德从此将在统一的德国内部去迅速完成经济体制的转轨，即实行西德的"社会市场经济体制"。

波兰是在经历了 10 年社会动荡、经济濒临崩溃的情况下发生政局变化的，团结工会政府采取"休克疗法"控制了通货膨胀，进一步放开了物价，取消补贴（只保留了牛奶、一种面包和房租这三方面的补贴）。企业所有制的目标是私有化，但操作困难，实际尚未迈出大步。波政府现在不搞年度和五年计划，政府也不下达指令性计划，由工业部制定产业发展战略，运用税收、关税、利率、信贷、汇率等经济杠杆协调经济，政府仍保留"计划总局"这一机构，每月发布经济信息与分析，调查研究企业动态，企业根据市场信息和政府预测来规划自己的生产发展方向、订货、对外贸易、成本、价格、贷款及采取新工艺等，利用外资的谈判或担保由国家进行，文化、教育、卫生事业由国家给予支持。

其他东欧国家倾向于走瑞典道路，即在保证社会公正的前提下充分运用市场机制或者说在市场体制的基础上由国家通过国民收入再分配来调节市场分配的结果，解决分配不公问题。有的国家设想走西德"社会市场"道路即主要依靠市场运行，辅之以社会保障、工人参与决策等社会政策措施来纠正、弥补市场之不足。

苏联在苏共二十八大上明确提出了"向可调节市场经济"过渡，这一点已成为苏共各派之共识。最近在最高苏维埃会议上，对各种过渡方案的争论和表决，分歧不在于要不要向市场经济过渡，而在于过渡的具体方法、步骤与速度。激进派要 500 天速战速决，政府派要稳妥渐进。最后，通过决议授予总统特别权力去决定实施步骤。

除苏联、东欧外，亚洲原中央计划体制国家中一些长期封闭的国家也开始了改革开放的步伐，如蒙古、越南等。1986 年 12 月越共六大是越南改革的转折，他们提出要搞"有计划的商品经济"，"各项改革要以市场为基础"，"五种经济成分（国家、集体、私营、个体、家庭）并存""国家调控市场""企业活动尊重经济规律"等。目前的改革成果是：消费品的供应票证全部取消；取消双轨制，价格完全放开；汇率浮动，由市场供求决定；通胀率由 1987 年的 700% 降到目前的 10%；出口额 1989 年比 1988 年增加 50%，大米由进口转为出口，且占世界第三位；对外开放的口号是"关系多方化，市场多面化，出口多样化，国家、集体、个体一起上"。

这里要澄清的一点是，所有提出向市场经济过渡的国家，其目标都不是搞盲目的、生产无政府状态的、自发的市场。所谓"完全竞争的市场经济"作为改革的目标在当代现实世界是基本上不复存在，当然，这并不排斥在市场体系发育不全的阶段，实际上存在着盲目的无政府状态，因此，国家干预是必不可少的。在市场体系已经发育得很充分的西方发达国家，普遍把自己的经济叫做"混合经济"，即国家干预与市场调节相结合的经济。如果把计划视为国家干预经济的行为或调节经济的手段，则计划与市场的结合是现代经济体制优化的普遍趋势，认识上也就不会有多大分歧。在西方，国家计划较成功的是法国、日本、瑞典、挪威和荷兰等国。在不发达国家中，印度从 1950 年制定五年计划，一直持续到现在。一些新兴工业国家和地区（如韩国），在经济起飞的阶段也实行了强有力的国家干预。在拉丁美洲和非洲的相当多的发展中国家，独立后由于剥夺了殖民地时期的外国资本而形成了比重很大的国有经济，也实行了类似中央计划体制下的计划管理。横观世界，计划与市场相结合大体有以下两种情况和趋势。

第一，西方发达国家是在市场发育健全的基础上引进了计划或不同形式的国家干预，干预的内容和方式一般是：提出社会经济发展的中长期目标；提供经济信息和预测；制定竞争规则，管理市场秩序，完善竞争机制；直接干预经济活动，如搞基础设施和公共事业服务，直接投资建设国防工程和国有企业，兴办教育、文化和卫生等；必要时也干预某些稀缺资源的产量或提出干预价格、利率、汇率及税收的政策；通过税收和社会保障体制来调节收入，纠正市场分配的结果；等等。西方发达国家对国家干预与市场的关系也在继续探求理想的模式，从有调节的资本主义到有指导或有计划的资本主义，国家干预的程度时而大、时而小。所谓凯恩斯主义和新自由主义两大派的争论，核心问题就是国家在经济活动中的作用在多大程度上被肯定或否定。换言之，即市场与国家干预各在多大程度上失灵。但是，不管怎么争论，西方发达国家的现代市场经济已不再是古典自由主义时期的完全自由放任的市场，而是有宏观调控的市场，其状态也不是无政府的，而是有严格秩序和规则的，不过，国家干预的作用被限制在必要的范围内，即弥补和修正市场之不足，整个经济仍是以市场为基础的。

第二，发展中国家在发展初期曾运用国家干预的力量保证了经济的起飞，随着经济日益发达而适时地减少国家的经济职能。另外，有些国家由于国营企业亏损补贴和国家定价的物价补贴之日益沉重，经济效益低下，高补贴，经济难以为继而不得不调整经济结构，朝私有化和市场化方向转轨。智利十多年前开始了这样的调整，墨西哥、委内瑞拉等拉美国家目前也正在进行这样的调整。

总的看来，西方发达国家经过几百年的发展和危机反危机，已形成了比较成熟健全的、微观与宏观有机结合的现代市场机制，其中也包含了保证整个经济持续、稳定、协调发展的宏观调控机制，在发展中国家和原中央计划体制的国家，市场多半还发育不全，所以，我们对国外如何发育和健全市场机制以及在市场基础上的各种宏观调控手段与经验都应当研究。

四

外国专家对中国如何把计划机制与市场机制结合起来的看法和建议。

第一，对"计划"与"市场"的含义要有准确的理解。外国专家们认为，中国的学者们已经写了大量的文章论述计划与市场的关系，但外国人却很难把握作者所说的计划或市场的明确含义。他们认为，目前对这两个词的理解和使用，东西方学者存在着很大的差异。由于理解不同，在研究计划与市场的关系问题上便会得出不同的结论。在西方国家经济中所制定的计划和计划实施的方式、手段，与实行中央计划经济国家制定的计划和实施的方式、手段是不相同的。前者把计划作为一种间接调控经济的手段，而后者则是用经济计划直接调控经济；前者主要是通过经济手段和经济政策以实现计划，而后者主要是采用非经济手段实现它。外国专家都认为，他们所说的"计划"是作为与市场机制相关的指导工具而言，同时，他们还认为，他们所说的"市场"虽然是带有竞争性的市场，但绝不是自由放任的、无政府状态的市场，而是有宏观调控的、有序的市场。西德专家说，在西方工业化国家里都有不同程度的国家计划，但它只是政府提出的一些经济发展的大概目标，这种计划往往体现出政府对企业的政策，指导企业在未来朝哪个方向走可能成功，企业可以从国家的大计划中得到政府的意向和有关信息。日本专家说，日本企划厅制定的经济计划也主要是日本今后经济发展的大概目标，它根本不管资源的具体分配，也不给企业定产量和产品价格，调节经济的主要手段还是市场机制。

第二，作为经济发展指导工具的计划与市场相互结合，既是必要的，也是可行的。外国专家认为，在明确含义的前提下，把计划机制与市场机制很好地衔接起来，从全球的实践看是可行的，从经济发展的内在要求和客观趋势看，也是合理的。由于经济结构永远是处于变化的过程之中，新的产业总是要替代旧的产业，新的产品也总是会取代旧的产品，中央计划往往不可能预计得那么准确和细致，因此，把中央计划作为资源配置的主要手段和企业生产与经营活动的主要决策者，则会受到现实中许多矛盾的困扰，其缺陷已为多年的实践所证明，这就是中央计划起主导作用的国家纷纷要求改革的一个主要原因。改革的已有实践也证明，市场竞争的机制是不可绕过、不可替代的。另一方面，专家们也认为，即便存在一个健全的市场体系，计划的指导和调控作用也是不可缺少的，每一个面向市场的经济体制事实上都需要也都存在计划调节，所有发达的国家都运用计划的手段来控制货币发行的数量和信贷的规模与结构，金融部门是严格按计划运转的；国防工程和基础设施，如公共交通运输（道路、桥梁、港口、码头等）、能源、邮政、电讯、市政建设等方面，各国也都运用宏观调控机制来配置资源进行投资、建设并维护的；此外，由于市场没有社会倾向，加上市场的不确定性，会产生两极分化和分配不公正等问题，这是市场机制本身不能解决的，各发达国家则运用遗产税（有的税率高达90%）、高额累进所得税等手段来调整收入的初始分配和再分配，同时，通过社会保障体制来解决社会安定和保护竞争中的弱者和贫困阶层。目前，即使是世界上最落后的国家如孟加拉国，也建立了社会保障体制。上述几个方面都是运用计划手段修正、弥补市场机制缺陷和不足的表现。苏联和东欧国家发生的实际困难在于整个经济缺乏一种合理的、使两者结合的方式，难以有效地进行资源分配、结构调整和产品流通。

第三，市场竞争机制发挥作用的必要条件。外国专家认为，要把计划与市场很好地结合起来，必须要使竞争机制具备发挥作用的必要条件。条件之一是企业必须是独立的商品生产者和经营者，而政府要做的事首先是要使企业尤其是国有企业有生产和经营的自主权，使其能够对价格波动作出灵敏的、积极的反映，能随时根据市场需要的变化自主地作出生产、销售、劳动力使用、技术改造及投资等方面的决策。而且所有这些决策都取决于对市场价格信号的反映。条件之二是价格机制必须发挥有效的调节作用，如果价格体系是合理的，就能保证经济结构朝合理和协调的方向变化。专家们认为，竞争并不意味着就是无规则、无秩序的争夺，公平竞争是有规则、有秩序的，它需要形成良好的竞争环境，如：要有大量的竞争者；竞争者要能自由出入市场；竞争者不受垄断的经济力量的干预；每个竞争者都有同等的地位；每个竞争者都有自由权和承担风险的能力；政府对价格的干预不能过度，要有合理的管理价格的法律和政策；政府必须建立保护公开竞争的法规，要有统一的市场监督和仲裁机构，限制不正当的交易行为和交易方式；建立有效的税收机制；等等。否则，就达不到刺激企业采用先进的生产技术、提高产品质量、降低产品价格、促进生产要素优化组合和资源合理配置的目的。有的外国专家认为，发挥市场竞争机制的作用并不一定要改变国有企业的所有制关系，国有企业不能办得像一个政府机构，而应当办成在市场上与私人企业没有什么区别的富有竞争力的企业。联邦德国的大众汽车公司就是一个国有企业。如果国有企业有充分的自主权，那么，计划与市场就不仅可以结合，而且可以结合得很好。

第四，计划与市场结合的方式和程度取决于经济发展的水平。韩国专家认为，当经济规模还不大的时候，当国内商业化程度还不高的时候，当国内还没有广泛使用新技术从事生产和流通的时候，当从事市场业务的人才素质还不够高的时候，政府对整个国民经济的干预是十分必要的。但这个阶段，政府要为培育市场和市场的健康发育创造条件和奠定基础，以便适时地使政府的经济职能由直接管理向间接管理转变。泰国专家以泰国为例，说明其计划与市场结合的发展过程。泰国政府从1961年开始制定市场发展的五年计划，现在是第六个五年计划时期。在"一五"期间，政府制定了市场价格规则，宣布价格控制并注意市场销售系统的基础建设、交易场所的建立和交通运输条件的改善；在"二五"期间，完善了仓储设施，降低市场分发系统的成本和产品价格；在"三五"期间进一步改善市场体系，组织农民合作社，国家通过中央批发市场控制价格；到"四五""五五"期间，政府最终结束对价格的控制，而把注意力转移到增加出口来调节产需。

外国专家认为，中国在改革进程中，在什么条件下还需要保持一定的集中和直接的计划，什么情况下可以由企业家直接取代政府的某些职能，而政府只把主要精力放在政策指导、基础设施建设、人员培训和提供信息等方面，这要从中国的实际出发，对各方面的情况进行综合分析而定。

（原载于《改革》1992年第2期）

把"计划"与"市场"还原为"资源配置方式"的意义

——答英国剑桥大学博士研究生伊莎贝拉·韦伯问

（2017 年 1 月）

1992 年中共十四届三中全会决议，第一次提出让"市场"在"资源配置方式"中起基础性作用。2012 年，中共十八届三中全会更进一步明确地提出让"市场"在"资源配置方式"中起"决定性作用"。

"资源配置方式"是一个经济学的术语。在中共十四大以前，中共中央的文件中，从来没有使用过这个术语。它是怎样被引入中共中央的文件的？引入这个术语对推动中国经济体制转型产生了什么积极影响？其中又包含着一些什么样的故事呢？

2016 年 12 月 28 日，英国剑桥大学彼得学院发展研究中心博士研究生伊莎贝拉·韦伯（Isabella Weber）女士，经人引荐，来到经济学家江春泽教授家，向她访谈、请教。此时，伊莎贝拉正在清华大学实习，她从网络上得知，江春泽教授是促进中国经济体制转型的重要亲历者之一，于是给江春泽写了一封信，说："中国崛起已成为我们这个时代无法忽视的事实。但是，英文文献中关于中国改革进程中思想理论争论的研究依然十分有限。"为了填补这个空白，她想向江春泽当面请教。她的博士论文就是专门研究这个课题的。

一 改革开放以来中国思想理论界的四次大争论

这次访谈进行了近 4 个小时。江春泽首先对伊莎贝拉说，20 世纪末期，世界上原来实行中央计划经济体制的国家先后向市场经济体制转型，其中，中国是转型比较成功的国家之一。在转型的进程中，自然会遇到一些不适应改革开放的传统理论观念的反对，因而，不同理论观念的碰撞与争论是经常发生的也是不可避免的。经过争论，取得突破，推动改革开放的进展。随着改革开放实践的发展，又会遇到其他不适应的观念的反对，于是又展开新一轮的争论，又有新的突破和带来改革开放的新进展。这是一个不断进行的争论—突破—前进—再争论—再突破—继续前进的进程。正因为如此，才出现了"我们这个时代无法忽视"的"崛起"的新中国。

江春泽给伊莎贝拉扼要地介绍了中国改革开放以来四次大争论的情况。

第一次是，1977—1978 年关于"两个凡是"与"实践是检验真理的唯一标准"的大讨论。这次争论在 1979 年中共十一届三中全会上作了结论，即突破"两个凡是"，肯定实践是检验真理的唯一标准。这次争论的实质是：中国究竟要不要实行改革开放？

第二次是，20 世纪 80 年代初关于中国必须坚持计划经济还是必须实行商品经济？这次争论在 1984 年中共十二届三中全会的决议中作了结论，即中国要实行"公有制基础上有计划的商品经济"。这次争论的实质是：传统的计划经济体制究竟要不要转型？

第三次是，关于中国社会目前处于什么发展阶段的争论。这次争论是 1978 年两位学者首先提出的，曾经引起了所谓的"阶段风波"。1987 年中共十三大对此作了结论，即中国目前仍处于社会主义的初级阶段。2013 年的中共十八大又重申了这个结论。这次争论的实质是：我们现行的经济政策要不要从现有的生产力发展水平出发，也就是说，我们要不要坚持生产力决定生产关系这个唯物史观？

第四次是，20 世纪 80 年代末关于改革要不要问"姓社""姓资"的争论。有些人强调改革必须问是"姓社"还是"姓资"，他们的观点实质上是要坚持计划经济，而认为发展市场经济就是搞资本主义。这个争论时起时伏，至今还没有完全止息。

伊莎贝拉来中国后，从图书和网络上看到陈锦华著的《国事忆述》，以及多种媒体对陈锦华的采访报道，得知江春泽 1990 年写的一份上报材料对中央决策产生了重要影响，她就请江春泽详细谈谈这方面的情况。江春泽说，这份上报材料，就是在第四次争论的背景下写的。当时，自 20 世纪 80 年代以来逐步突破传统观念而实行的一些市场取向改革，都被指责为"姓资"而停滞甚至有倒退的迹象，改革开放进程正处于危急的关头。

二 "市场经济前夜一个通天的小材料"

"市场经济前夜一个通天的小材料"，这是 2012 年《中国新闻周刊》第 32 期一篇报道的标题。是记者滑璇采访陈锦华之后写的。陈锦华时任全国政协副主席，曾任国家体改委主任。

2012 年是中共十四届三中全会决议颁布 20 周年。陈锦华向记者介绍了在中央决议之前，他作为国家体改委的主要领导人，曾向中央报送了时任国家体改委国外司副司长江春泽撰写的一份内部研究报告，是作为"绝密件"印刷和上报的。他还向记者详细谈了上报前的经过。

滑璇事后告诉江春泽，这篇报道的标题是《中国新闻周刊》的主编亲自敲定的。"市场经济前夜"表明上报材料的时间，不是在中央决策之后，而是在中央决策之前。"通天"表明中央决策层的主要领导人都看了这份报告。"小材料"是幽默话，指篇幅不大而作用很大，类似宇航员在月球跨出一小步，对人类来说却是一大步。这份上报材料虽"小"，却意味着中国将跨出从计划经济向市场经济转型的一大步。这篇报道刊出后，影响很广，曾被加拿大华文网、《作家文摘》《中国剪报》等多家媒体转载。

陈锦华告诉记者，当他被任命为国家体改委主要领导人时"如履薄冰"。看了委内各司局报来的改革方案和细则后，感到千头万绪，茫茫然，不知道改革的"纲"在哪里。为了找到这个"纲"，他大量阅读了许多公开报道和内部文件，深入地进行思考。当时几乎所有媒体都在关注东欧剧变，反思中国 1989 年的政治风波的教训。《经济日报》曾组织了 5 次专家座谈会，强调"坚持社会主义就要坚持计划经济"，把是计划经济还是市场经济之争论提到了路线之争的高度。陈锦华说，他此时恍然意识到，要计划经济还是要市场经济，这就是中国改革的主要矛盾，是改革开放十多年后一道无法回避、必须面对的"坎"。他说他虽然从自己的工作经历中体会到以往的计划体制对解放和发展生产力不利，但在那时，"市场经济"四个字已经成为政治上的敏感区，他还是不得不格外小心。

正是出于对计划与市场关系的这种茫然感觉，1990 年 9 月，他指示体改委秘书长洪虎组织两个人写两份材料，分别是：综合国内理论界关于计划与市场问题的争论和综述国外对计划与市场问题的研究与实践。洪虎把后一项任务交给了江春泽。

当江春泽把写好的材料上交后，陈锦华凭直觉感到，这份材料很重要，值得上报。

2012 年 10 月 29 日，陈锦华在接受《21 世纪经济报道》记者王尔德采访时说，"当时各方认识很不统一，中央在作出重大决策前需要反复地做工作。我们报送的这两份材料有可能起点促进统一认识的作用。"还说："这件事体改委做得很漂亮，研究问题有深度。"

（原载《中国改革论坛网》2017 年 4 月 3 日，《华人》2017 年 7 月转载）

20 世纪世界重大事件之一：邓小平理论与中国经济体制转轨

——在新加坡国立大学东亚研究所学术论坛的演讲

（1999 年 12 月）

今天是 1999 年 12 月 17 日，是新加坡国立大学东亚研究所在 20 世纪举办的最后一次学术论坛。在这神圣的场合，我想谈谈 20 世纪世界最重大的事件之一，那就是邓小平在社会主义与市场经济兼容方面的理论创新与中国经济体制在实践中的转轨。

邓小平关于计划与市场的一系列重要论述，从战略上解决了中央计划经济体制改革的核心问题。他在马克思主义发展史上第一次论述了社会主义可以与市场经济相兼容，从而对马克思主义作出了创造性的发展；在实践中，他的论述为中国确立社会主义市场经济体制改革的目标模式奠定了理论基础，推动了改革的深化，促进了生产力发展和经济繁荣。

一 社会主义与市场经济兼容是
邓小平的伟大创造

关于计划与市场的论战是在国际范围内进行的，而且争论了近一个世纪。时而激烈、活跃，时而沉寂、休战。论战的核心是社会主义社会运用计划方式配置资源的可行性与效率如何？社会主义社会可不可以运用市场方式和手段来配置资源？随着论战的持续与苏联中央计划经济体制的建立与发展，无论在东方或西方，无论在社会主义的拥护者或是社会主义的反对者中，都形成了一个潜在的教条，即计划经济等于社会主义，市场经济等于资本主义。这个教条长期禁锢着经济理论界，严重干扰着社会主义国家的经济工作实践。人们已经习惯地把计划与市场看作是社会主义与资本主义两种不同社会制度的根本标志，把市场经济排斥在社会主义经济范畴之外，即使在中国经历了 20 世纪 70 年代末至 80 年代末的改革开放，在不少方面对传统观念已有了较大突破的情况下，直至 90 年代初，在正式文件与主流经济学中，对市场经济仍然讳莫如深，人们可以接受商品经济但避而不谈市场经济。

这种教条主义的束缚严重地阻碍了改革的继续深化，桎梏着生产力的进一步发展。正是在这种背景下，邓小平关于计划与市场的多次论述，特别是南方的重要讲话像一股强劲的东风吹遍了中华大地，进一步解放了人们的思想，更新了人们的观念，实现了马克思主义的新飞跃和中国经济体制改革的新突破。邓小平针对人们存在的疑虑，他说："计划多一点还是市场多一点，不是社会主义与资本主义的本质区别。计划经济不等于社会主义，资本主义也有计划；市场经济不等于资本主义，社会主义也有市场。计划和市场都是经济手段。"[①] 这两个"不等于"，是马克思主义创始人没有说过的新话，是邓小平根据国际经验和中国的实践所作出的科学概括，是实事求是、解放思想的伟大成果，这对社会主义的复兴、繁荣、发达，有着极其深远的意义。

早在苏联的中央计划经济体制建立之前，西方的经济学界就探讨过社会主义社会的资源配置方式，并有人提出过中央计划管理的设想。

第一个提出这种设想的是新古典经济学大师、意大利经济学家 V. 帕累托（V. Pareto）。他在 1902—1903 年出版的两卷本的《社会主义制度》一书中，假设了一个"社会主义的生产部"，由它实行经

---

① 邓小平：《在武昌、深圳、珠海、上海等地的谈话要点》，引自《邓小平论建设有中国特色的社会主义》，中共中央党校出版社 1993 年版，第 257 页。

济计划，并"在理论上"达到恰好与市场均衡力量所导致的完全一样的结果，他认为，这个假设是"会得到证明的"。1908 年，他的学生巴罗内（E. Barone）撰文发展了他的观点，对全部经济资源归公共所有、整个经济由国家生产部集中管理的社会主义经济的可行性，作出肯定的论证。①

十月革命以后，奥地利经济学家米塞斯（L. Von Mises）于 1920 年发表了《社会主义制度下的经济计算》一文，把社会主义经济制度的本质特征归结为生产资料公有制和中央计划。不过他认为，中央计划无法确定某种产品最终是否符合需求，也无法计算某种产品在具体的生产过程中所耗费的劳动和原材料，企业的经营活动和管理行为不可能合乎经济的原则。巴罗内设想的用中央计划来模拟市场解决劳动和生产资料等要素的计算问题，米塞斯认为是行不通的②。

1928 年，美国经济学会会长泰勒（F. Taylor）发表演说，并于1929 年撰文批判了米塞斯的观点。他在《社会主义国家中生产的指导》一文中，详细说明如何用"试错法"来解决中央计划配置资源的问题。所谓"试错法"，即通过试验，使中央计划机构得出的价格等于市场中形成的均衡价格。在试验过程中，供大于求则降价，求大于供则涨价，最后形成的是均衡价格，或称影子价格③。

继米塞斯（L. Von Mises）之后，反对上述观点的又有新奥地利学派的领袖人物哈耶克（F. Hayek）④ 和伦敦学派的领袖人物罗宾斯（L. Robbins）⑤。他们认为，上述设想即使在理论上有可能，在实际中却是不可行的。因为这需要在几百万个数据的基础上列出几百万

---

① V. Pareto, Les Systdmes Socialistes（Socialis System）Paris, V. Giard & E. Briere, 1902 - 3, 2V. E. Barone：The Ministry of Production in the Collectivist State, 1908；translate in F. A. Von Hayek, ed, Collectivist Economic Planning, 1935.

② L. Von Mises, Die Wirtschaftsrechnung；in Sozialistischen Gemeinwesen, Archiv furSozialwissenschaft und Sozialpolitik, 1920.

③ F. Taylor, *The Guidance of Production in a Socialist State*, in *On Economic Theory of Socialism*, B. Lippincott（ed）, Minneapolis, University of Minnesota Press, 1938.

④ F. Hayek, Socialist Caculation：The Competitive'solution', *Economica*, 1940.

⑤ L. Robbins, *An Essay on the Nature and Significance of Economic Science*, 2nd ed. London；The Macmillam CO. , 1935.

个方程，到解出方程的时候，所根据的信息已经过时。

针对哈耶克（F. Hayek）和罗宾斯（L. Robbins）的观点，当时在美国任教的波兰籍经济学家兰格（O. Lange）于 1936—1937 年撰文予以反驳，继续论证用类似竞争市场的"试错法"也即"模拟市场"来实现资源的合理配置[①]。兰格的见解被认为是最早提出的"市场社会主义模式"。30 年之后，兰格认为，由于电子计算机的发明使他的辩论对手当年所指控的求解方程的困难在很大程度上已成为虚幻。对此，他的论战对手又把兰格模式称之为"电子计算机乌托邦"。

1944 年，哈耶克（F. Hayek）在《通向奴役的道路》一书中，集中批判了高度集中的、否定竞争市场机制的中央计划经济，认为它"限制了个人追求经济利益的动力"，"对于充分灵活地满足丰富和多变的社会需求来说，集中决策必然是低效率的"。他的结论是："只有通过竞争和自由定价的市场体系，才有可能充分利用分散于个人和企业的知识和信息。"[②]

这场关于运用中央计划机关模拟市场的方式来配置资源是否可行及其效率高低的辩论，就是具有世界影响的所谓"30 年代大论战"。在以后的岁月里，论战双方虽根据经济现实的变化各自提出进一步的论证，但基本观点并没有什么改变。这场论战是把计划看作资源配置方式来讨论的。将近一个世纪的实践证明，20 世纪初西方经济学家帕累托和巴罗内的设想只是存在于理论的王国之中；而米塞斯、哈耶克、罗宾斯揭示了中央计划经济的弊端和可能产生的问题，但他们从反社会主义的立场上完全否定了计划的作用；而泰勒、兰格等人从捍卫社会主义的立场出发提出的"试错法"也并不能使排斥市场的计划机构形成竞争性的市场配置

---

① O. Lange, *On Economic Theory of Socialism*, B. Lippincott（ed），Minneapolis, University of Minnesota Press, 1938.

② F. Hayek, *The Road to Selfdom*, Reprint 1976. Chicago：University of Chicago Press, 1944.

资源的机制①。

　　但是，我在此想明确的一点是："计划"与"计划经济"是具有不同内涵的两个概念，有些人把二者混淆使用是不妥的。"计划"可以作为一种资源配置的方式或者作为政府调节宏观经济的手段，它被喻为"有形之手"，或称"看得见的手"。"市场"作为资源配置的方式和调节经济的手段，被喻为"无形之手"或称"看不见的手"。这两只手以不同形式结合，被不同程度地运用，已经是发达国家现代市场经济体制优化的普遍趋势，在当代世界经济实践中已屡见不鲜，比比皆是。所以，邓小平说："计划和市场都是经济手段"，这无疑是非常正确的。它不是社会制度的根本特征和标志。然而，"计划经济"却不同于"计划"，这不仅是名词与动词或动名词之分，我认为"计划经济"是一个特定的历史范畴，它是特指 20 世纪 30 年代至 80 年代末这段时期社会主义世界的历史现象，是曾经作为社会主义国家的经济体制的标本模式。它于 20 世纪 30 年代在苏联形成，随后在 14 个欧亚社会主义国家采用过。它的基本特征是由中央政府的计划机关作为全社会资源直接配置者，而且是基本的甚至是唯一的配置者。中央政府以中央计划作为配置资源的主要手段，动员完成计划的手段是行政指令。这样的"计划经济"体制是作为"市场经济"的对立物而出现的，它视市场经济与竞争机制为异己物。

　　社会主义国家普遍采用过计划经济体制，除了有当时的各种客观历史条件外，在认识上依据的主要经典理论是马克思主义创始人设想过的："一旦社会占有了生产资料，商品生产就将被消除"②，联合起来的生产者将"按照总的计划组织全国生产，从而控制全国生产"，整个社会的经济活动"犹如一个工厂"，全社会的资源都直接地按计划配置。随后，马克思主义者长期普遍信奉社会主义社会是

---

　　① 参见江春泽《关于计划与市场在国际范围争论的历史背景与当代实践》，1990 年 9 月 30 日由国家经济体制改革委员会上报中央的内部研究报告。1992 年个人署名在《改革》杂志公开发表了该报告的部分内容。

　　② 《马克思恩格斯选集》（第三卷），人民出版社 1972 年版，第 323 页。

一种无商品、无货币、无市场的社会。其实，马克思主义创始人的这种设想本身是包含了很多前提的，至少有以下几点。

第一，生产力高度发达和集中，全社会是一座大工厂；

第二，社会的全体成员智力和体力都已达到全面的发展，劳动资源可以自由流动，各尽所能；

第三，全社会成员之间没有利益差别，资源可以按照对社会的目标函数作用最大的方向配置；

第四，有一个全面的计划机构，它能做出一切必要的同时也是最优的计划来分配资源；等等。

显然，这些前提条件在现实社会中并不具备。因此，这种原则的设想是不能教条主义地搬用到实践中的。

据资料，以考茨基为代表的德国社会民主党首先教条主义地解释了马克思和恩格斯的设想。考茨基起草的1891年在爱尔福特通过的德国社会民主党纲领，就是把资本主义私有制变为公有制同把商品生产变为自给自足的社会主义生产并列为两大任务。而且，考茨基在解释这个纲领时明确回答说，这种社会主义的自给自足的共同体的规模就是现代国家，即"一个国家一个企业"，考茨基还主张赋税从货币交纳改为实物交纳，也就是用谷物、葡萄酒和家畜等交纳。1902年，考茨基在《社会革命》中指出，社会革命立即废除货币是不可能的。但是，货币将只起价值尺度的功能，在生产资料的社会所有制下，对生产的社会调节将取代价值规律。这时，用等价交换来调节生产的必要性不复存在了。德国社会民主党的教条主义观点无疑对俄国的革命者有极大的影响。

列宁在《国家与革命》中重申了社会主义社会是一个大辛迪加，并由全社会组织统一生产、统一分配的思想。十月革命以后，俄国布尔什维克党包括列宁本人正是依据上述理论设想来实行"战时共产主义"体制的，那实际上是一种最接近"纯计划"的体制。我们不妨列举该体制的基本点。

第一，最大限度地扩大国家所有制；

第二，对劳动力资源在全国范围和各经济部门进行统一的分配和再分配；

第三，对经济活动实行高度集中管理，企业不再成为企业，投资靠国家拨款，生产费用靠国家银行根据计划支出，产品归中央机关支配，物资由中央集中统一分配；

第四，实行平均主义式的"按劳分配"；

第五，实行经济生活的"实物化"，取消商品货币关系。一切城乡的市场交易被废除了，由国家实行没有货币媒介的产品分配。邮政、电话、煤气、水电费以至粮食都实行免费，银行、财政、税收等经济机构陷于瘫痪。

"战时共产主义"后期所爆发的严重经济和政治危机证明，这种无商品、无货币、排斥市场的"纯粹计划"体制，在实践中是行不通的。列宁洞察了理论与实践之间的矛盾，坚持一切从实际出发，承认在一个小农的国度里按照共产主义原则进行生产和分配是犯了错误，指明唯一的出路是恢复货币流通与现金交易，恢复商业，"通过市场来满足千百万农民需要"，并及时地提出了由"战时共产主义"体制向"新经济政策"转变。列宁还告诫过，"完整的、无所不包的、真正的计划＝官僚主义的空想"，"不要追求这种空想"。但是，列宁没有亲自领导以后的社会主义建设，也没有来得及从原则上根本改变社会主义制度下商品经济消亡的理论，从而也没有明确地寻求到社会主义社会资源配置的最佳方式。

苏联农业集体化后，于 1936 年宣布建成社会主义制度。"过渡时期"结束了，全社会只有全民所有制与集体所有制两种公有制形式，不存在多种经济成分了。商品生产是否将随之消亡，经济活动中价值规律是否还发生作用，这些问题又成了苏联经济学界争论的焦点。1952 年斯大林在《苏联社会主义经济问题》一书中对苏联经济学界的争论作了结论，即在两种公有制同时并存条件下仍然有必要保留商品生产。但他只承认消费品是商品，不承认国营企业生产的生产资料也是商品；只承认价值规律在一定范围内对商品流通有调节作用，而对社会主义生产只是"影响"作用。他不承认并且严厉批判了认为价值规律也调节社会主义生产的观点。斯大林强调社会主义向共产主义过渡就是要一步步缩小商品流通范围，扩大产品交换的范围，这又为排斥以至完全否定市场机制提供了理论依据。

此后，几乎所有的社会主义国家都依据斯大林的理论形成了传统的计划经济理论。各国意识形态领域里占主导地位的经济理论著作和在经济建设实践中，都是把由中央计划机关用指令性计划的行政手段直接配置资源作为社会主义经济制度的基本特征之一，而把商品生产和商品流通视为社会主义经济中不得不保留下来的异己物，而其中的生产资料只具有商品的"外壳"，实质不是商品。至于市场经济、竞争机制都是当作可恶的自发势力来诅咒的，最多只是把它当作在一定范围内不得不暂时容忍的邪恶来对待。

邓小平强调坚持马克思主义必须发展马克思主义。他曾说过，从马克思以后一百年，究竟发生了什么变化？在变化的条件下，如何认识、发展马克思主义？需要搞清楚。决不能要求马克思解决他去世之后成百年、两百年、成千年所产生的问题。列宁也同样不能承担他不在以后 50 年、100 年所出现的事情，不能要求他解决这些问题。真正的马克思列宁主义者必须根据现在的情况，认识、继承、发展马克思列宁主义。他说："不用新的观点继承、发展马列主义，就不是真正的马列主义。"① 邓小平强调，新的观点是从实践中来的。正是坚持实践第一，邓小平才能打破"计划经济等于社会主义，市场经济等于资本主义"的教条，说了马克思主义创始人没有说过的新话，从战略上解决了社会主义与市场经济兼容的问题，这是对马克思主义科学社会主义理论所做的伟大的创造性的新贡献。

二　邓小平理论推动中国经济体制改革形成明确的目标模式

中央计划经济体制先后在 14 个社会主义国家实行过，虽然，这种体制在战争和战后恢复时期，起过迅速汇聚人力、物力、财力以

---

① 《邓小平文选》（第三卷），人民出版社 1993 年版，第 291 页。

保证国家重点目标实现的历史作用。但由于这种体制没有客观规律表现的场所（市场），缺乏激励技术进步的竞争机制，而其必然伴生物是粗放的经济增长方式，因而运行到20世纪60年代以后，其发源地苏联的增长率呈持续递减的趋势，直至停滞、负增长、衰退、危机和解体。自20世纪50年代初以来，对这种体制进行改革的浪潮此起彼伏，从未间断过，各国改革的实践逐步有限度地突破一些传统的认识。但除南斯拉夫曾经把计划经济体制改成自治经济体制外，其他国家都没有从根本上触动传统的计划经济体制，一般只是改成以形形色色的计划为主、市场为辅的体制，就是在原中央计划体制的框架内，或改善计划指标体系，或改进制定计划的方法，或调整组织结构，或扩大企业自主权直至实行"完全的经济核算"（实际没做到），或把直接行政协调改为间接行政协调；或在计划体制外放宽一些集市贸易活动；等等。但是，由于理论上的传统观念桎梏，再加上种种历史原因，对于"市场经济"，不仅理论是异端，谈论或主张市场经济的人也是异己，多少人为此断送了政治生命甚至肉体生命。

戈尔巴乔夫任领导职务后的苏联，在改革伊始，也并不敢用"市场经济"一词，直到1990年年初，才含混地提出要实行"计划—市场经济"。到苏共二十八大前，经过争论，又认为冠以"计划"定语不够准确，改为"可调节的市场经济"。到1990年9月提交给最高苏维埃讨论的文件中，才去掉任何定语，直截了当提"向市场经济过渡"。但是，直到1990年年底，苏联的价格几十年一贯制的状况仍未改变，有一种面包每公斤13戈比，还是列宁时代定的价，几十年没有变动过。其他消费品价格基本上也是20世纪60年代初定的，不少消费品的物价补贴高于售价。例如，当时每公斤肉的售价2卢布，而补贴7卢布；面包每公斤平均售价22戈比，而小麦每公斤平均收购价47戈比，农民卖了小麦买面包回去喂牲口。当时国家对消费品的价格补贴已占财政收入的1/4，实际上到了难以为继的程度。价格与价值的严重背离，使得价格不能成为调节供求的信号，也不能成为考核企业盈亏的核算工具。所以，苏联在改革中喊了 20 多年的企业"完全经济核算"实在是"完全的空喊"。苏联国营企业严重亏损和市场消费品严重匮乏的局面曾经长期得不到缓解。正因为当时在那里缺少正常发育的合法的市场，所谓"影子经济"（即黑市交易）也就格外猖獗，据资料估计约占全社会交易额的 15%—30%，使得经济与社会更加无序。苏联解体有极其复杂的原因，但最根本的原因还是没有形成统一的、发达的市场。经济缺乏竞争活力，国内人民生活得不到应有的改善，在国际上敌不过发达市场经济国家的经济实力，导致人心涣散、社会政治动乱、民族纠纷、政见纷纭。广大群众对苏共和中央政权丧失信心。

众所周知，苏联是中央计划体制的发源地，就编制计划的技术水平来说，毫无疑问，它在社会主义国家中是首屈一指的。他们的计划机构在 20 世纪 60 年代就装备了全国自动化管理系统工程，苏联的计量经济学家由此而获得了诺贝尔奖奖金。在很长的时期中，苏联的官方文件和理论界，也反复强调计划工作"要尊重价值规律"。但是，历史已经证明，苏联由于市场极度不发育，价值规律无从表现，不管计划人员在计划工作中运用多么高深的数学和多么自动化的电脑控制系统，他们还是不可能使主观的计划符合客观的实际。计划经济体制下的计划，既不能正确反映市场的供求实况，也没有能力对全社会的供求起到平衡协调的作用。1989 年，在苏联"消费品篮子"里的 1200 类商品中除 150 类商品之外，其余 1050 类都是短缺的，这就是说，市场有 90% 以上品种的商品不能满足需要，这种状况在 1990 年和 1991 年上半年还在继续恶化，已经变成严重的社会问题和政治问题。可见，计划经济体制下的计划，没有起到优化资源配置的效果，反倒成了僵化经济的桎梏。这是导致社会经济政治危机的重要根源之一。苏联和当时社会主义各国的教训充分说明，排斥市场机制的计划是无法达到优化资源配置目标的。1989 年，东欧发生"剧变"，苏联于 20 世纪 90 年代初解体，中央计划经济体制模式遂告终结。此后，原中央计划经济体制的苏联东欧国家都开始了向市场经济过渡。

由上可见，自 20 世纪 50 年代以来，社会主义国家的经济改革断断续续，此起彼伏，其实质都是为了转换社会主义经济体制模式。各国改革历程之所以艰险而又未能寻求到适度优化资源配置的经济体制模式，归根到底还是由于前述的理论上的禁区即社会主义与市场经济是截然对立的、不能兼容的，人们把社会主义经济体制模式定型为"计划经济"。几十年间，尽管各社会主义国家对社会主义经济体制模式改革的理论探讨与实践探索反反复复，一轮又一轮，直到东欧剧变、苏联解体之日，这些国家的执政者，纷纷抛弃原来的计划经济体制，宣称向市场经济体制过渡，但从认识根源来说，他们仍然是把计划经济等同于社会主义，而视市场经济为资本主义所特有，所以，他们要市场经济就只能不要社会主义了。俄罗斯人说："我们现在没有主义，只有浪漫主义和实用主义。"西方人嘲笑俄罗斯是"没有资本的资本主义"。

中国自 20 世纪 70 年代末以来，对传统的社会主义经济体制模式在认识上逐渐有所突破，观念不断更新，尽管在 80 年代中国经济已经大为改观，但人们还是不时地被市场"姓社"还是"姓资"的问题困扰着，直到中共十四大以前，人们不敢理直气壮地把"市场经济"明确为经济体制改革的目标。邓小平南方视察讲话之所以有如晴天霹雳，是因为他彻底粉碎了近一个世纪教条主义的锁链。邓小平关于社会主义与市场经济可以兼容并有机结合的论断，是在坚持马克思主义中发展了马克思主义，是 20 世纪社会主义实践经验的科学概括与总结，是马克思主义经济学的重大发展，是科学社会主义在经济领域中的新飞跃。正是在邓小平理论的指引下，中共十四大才明确提出了建立社会主义市场经济体制的新目标，中国经济体制改革才进入新的历史阶段，即以加快建立社会主义市场经济体制基本框架为目标的制度创新。这无疑将为社会主义基本制度注入新的生机与活力。中国蓬蓬勃勃的改革实践，已经证明了而且必将继续证明这一目标模式的选择完全正确。社会主义市场经济体制模式的确立是对马克思主义划时代的新贡献。

我们不应当在经济体制改革的目标模式中回避"市场经济"的提法，是因为市场经济体制是具有客观必然性，它是在人类经济活动过程中自然产生和发展的，其客观必然性是不以社会基本制度的变更为转移的。一般说来，市场越发育、越健全、越成熟，则该社会的经济就越发达。市场，是使商品（包括生产要素）和劳务（包括技术和信息）买卖关系得以发生的媒介，通过市场的力量达到配置资源的做法和制度安排，即市场体制。运用市场体制作为配置资源的主要方式的经济就是市场经济。市场经济的物质载体是商品劳务销售系统。市场体制的特征是发挥价格体系的传播信息、提供刺激和决定收入分配这三大功能，从而像一只"看不见的手"在市场上协调着千百万人的自愿交易活动。市场特征的有效性是保证公平竞争规则、消费者主权以及与之相应的法律体系。市场体制的平衡调节杠杆是货币金融体系和财政税收体系。市场体制的本质是优胜劣汰的竞争机制。市场体制的作用是通过竞争达到生产要素优化组合、资源优化配置的目标。市场体制促进经济由不发达到发达，它自身也随着经济发达的过程而日益发达完善。现代市场体制是人类文明发展的成果。市场体制是人类经济关系客观发展的规律性过程的结果，因此具有不以任何个人、集团、阶级、政党的意志为转移的必然性，也具有不以社会基本制度变更为转移的客观性。

在经济体制改革的目标模式中不应当回避"市场经济"的提法，还因为社会主义国家应当正确对待市场体制的效率与缺陷。市场体制的效率，无论在近几百年人类文明史上，或是在当代社会经济的实践中，都已得到了证明。这里，不必列举世界经济发展史的详细统计资料，针对马克思主义者长期所受的教条主义束缚，我们不妨重温一下马克思和恩格斯在《共产党宣言》中对市场经济效率所作的那些准确生动的描述，除了了解市场体制的历史作用外，还应当想一想，社会主义国家究竟应不应当排斥竞争性市场体制的效率？看！马克思、恩格斯明确指出："资产阶级在历史上起过非常革命的作用"，使它在"不到一百年的阶级统治中所创造的生产力，比过去一切世代创造的全部生产力还要多，还要大"。"他第一次证明了，人的活动能够取得什么样的成就，它创造了完全不同于埃及金字塔、罗马水道和哥特式教堂的奇迹；它完成了完全不同于民族大迁移和十字军东征的远征"，"不断扩大产品销路的需要，驱使资产阶级奔走于全球各地，它必须到处落户，到处创业，到处建立联系"。"由于开拓了世界市场，使一切国家的生产和消费都成为世界性的了。""市场总是在扩大，需求总是在增加。""世界市场使商业、航海业和陆路交通得到了巨大的发展。这种发展又反过来促进了工业的扩展。""自然力的征服，轮船的行驶，铁路的通行，电报的使用，整个大陆的开垦，河川的通航，仿佛用法术从地下呼唤出来的人口——过去哪一个世纪能够料想到有这样的生产力潜伏在社会劳动里呢?"[①] 试问，在资本主义经济发展史上，生产力发展的如此大飞跃究竟靠的是什么"法术"呢? 显然，那就是竞争性的市场体制。在当代，同样是由于市场体制的竞争作用推动了新的科技革命，出现了一系列划时代的先进生产工具，如电子计算机、机器人、人造卫星等;劳动对象也随新科技革命成果而扩大范围、提高质量、加快生产速度;劳动者的文化技术素质和应变能力也随日新月异的科技进步而极大地提高。生产力基本要素如此大大地优化，推动着新兴产业迅猛地群体地出现，研究开发还日益国际化，出现了资本主义经济发展史上生产力又一次新的飞跃，其结果是把发达世界的物质文明和精神文明又推进到一个新的阶段。这仍然是市场竞争体制效率的充分生动的体现。

　　邓小平正是基于马克思主义历史唯物主义的立场，用生产力标准来观察和对待市场经济，处理社会主义与市场经济关系的。早在 1985 年 10 月邓小平同美国企业家代表团谈话时说过:"问题是用什么办法更有利于社会生产力的发展。"在 1989 年政治风波之后，邓小平又明确地表态说市场取向的改革"没有错"，"都不变"，"不能改"[②]，1990 年 12 月间，邓小平再一次要求干部"必须从理论上要搞懂，资本主义与社会主义的区分不是计划、市场这样的内容。社会主义有市场调节，资本主义也有计划控制……不要以为搞点市场

---

① 《马克思恩格斯选集》（第一卷），人民出版社 1972 年版，第 253—256 页。

② 《邓小平文选》（第三卷），人民出版社 1993 年版，第 305 页。

经济就是资本主义道路，没那回事。……不搞市场，自甘落后，连世界信息都不知道"。以后，在南方讲话中，他再次明确地说："改革开放迈不开步子，不敢闯，说来说去就是怕资本主义的东西多了，走了资本主义道路。要害是'姓资'，还是'姓社'的问题。判断的标准，应该主要看是否有利于发展社会主义社会的生产力，是否有利于增强社会主义国家的综合国力，是否有利于提高人民的生活水平。""社会主义的本质是解放生产力，发展生产力。"① 可见，邓小平的思路始终是从用什么办法更有利于社会生产力的发展。这是完全符合马克思主义历史唯物主义基本原理的。正是在邓小平理论的指导下，中国经济体制改革目标模式的确定，到中共十四大时条件才成熟了。

20 年来，中国在占世界人口 1/5 的辽阔土地上，已经基本实现了从计划经济向市场经济的转轨。这是在邓小平重新倡导的解放思想、实事求是的思想路线指引下，尤其是在关于计划与市场的理论观念实现了重大突破的过程中逐步实现的。在整个转轨进程中，注意处理了改革与发展、稳定的关系，从而保持了持续增长和社会稳定。邓小平理论的产生与中国经济体制转轨的成功，可以说是 20 世纪世界重大事件之一。

（原载新加坡国立大学东亚研究所《东亚论文》第 19 期，2000 年 1 月 26 日）

注：作者是新加坡国立大学东亚研究所高级访问研究员（1999 年 11 月—2000 年 1 月），中国国家发展计划委员会宏观经济研究院研究员。这是 1999 年 12 月 17 日在东亚研究所 20 世纪最后一次学术研讨会上的讲演。

---

① 《邓小平文选》（第三卷），人民出版社 1993 年版，转引自《半月谈》1992 年第 15 期。

社会主义与市场经济兼容的
探索实践与基本经验

（2004 年 10 月）

中共十七大报告总结了中国改革开放的伟大历史进程。中国改革开放最伟大的成果就是不断探索和完善了一条发展中国特色社会主义的道路。一面鲜红的中国特色社会主义大旗，高高飘扬在 960万平方公里的上空，这是当今中国的形象，是引领中国人民不断前进的方向。中共十七大报告正确地指出："在当代中国，坚持中国特色社会主义道路，就是真正坚持社会主义。"报告在总结改革开放的宝贵经验时归纳了十个方面的"结合"。这里，我们就其中的"把坚持社会主义基本制度同发展市场经济结合起来"，谈一些研究心得。

二者结合也就是二者兼容。社会主义与市场经济究竟能不能结合，即能不能兼容？

确实，在中国实行改革开放以前，社会主义与市场经济无论在理论上或是在实践中都没有兼容过。只是到了 20 世纪 70 年代末以后，邓小平划时代地多次提出和强调"兼容"的思想。1979 年 11月，他在会见外宾时说："说市场经济只存在于资本主义社会，只有资本主义的市场经济，这肯定是不正确的。社会主义为什么不可以搞市场经济，这个不能说是资本主义。""社会主义也可以搞市场经济。"[①] 1985 年 10 月邓小平在回答外宾提出关于社会主义和市场经济的关系问题时又说："社会主义和市场经济之间不存在根本矛盾。

---

① 《邓小平文选》（第二卷），人民出版社 1993 年版，第 236 页。

问题是用什么方法才能更有力地发展社会生产力，能解放生产力，加速经济发展。"① 众所周知，1992 年春邓小平在南方讲话中更明确地指出："计划经济不等于社会主义"，"市场经济不等于资本主义"，"计划和市场都是经济手段"。② 此后，社会主义与市场经济兼容成了中国理论界的主流观点。1992 年 10 月，中共十四大明确提出中国改革的目标是社会主义市场经济体制。这意味着中国共产党决策层统一了思想认识，决心在中国实现社会主义和市场经济的兼容。接着，中共十四届三中全会提出了社会主义市场经济体制的基本框架设想。随后的中共十五大及十五届三中全会相继对社会主义与市场经济兼容的思想作了系统的阐述，并为"兼容"在各个重要经济领域的落实规定了方针政策。经过近 10 多年的实践，"兼容"取得了广泛的成果。据此，2003 年 10 月召开的中共十六届三中全会明确宣布，社会主义市场经济体制在中国已经初步建立，同时，进一步提出了完善社会主义市场经济体制的重大任务。

社会主义与市场经济兼容在中国的实践，是世界经济、政治发展史上没有先例的重大事件，有着广泛而深远的影响。全世界关心社会主义事业的人们和关心中华民族伟大复兴的人们都在观察、期待。中共十七大的文件，使我们可以满怀信心地认为，中国建立和完善社会主义市场经济体制的前景是光明的，社会主义与市场经济兼容在中国一定会取得完全的成功。

社会主义与市场经济"兼容"是一个前所未有的探索过程，这个过程现在还在继续，"兼容"的实现在不同的阶段有不同的难点。结合中国历经 30 年的改革开放实践，我们认为，社会主义与市场经济之所以能够成功地兼容，有以下六点基本的经验。

第一，执政党的高层领导有"兼容"的指导思想，担当了"兼容"的总设计师的职责

端正执政党的指导思想，是开展和不断推进改革的前提条件。

---

① 《邓小平文选》（第三卷），人民出版社 1993 年版，第 148—149 页。
② 同上书，第 373 页。

在改革开放起步时，邓小平和中国共产党内最高决策层对市场经济采取了科学的、实事求是的认识和态度，并具有战略家的胆识和勇气，敢于突破传统社会主义不切合实际的僵化观念；而且用正确的方法在全党和全国领导了一场思想解放运动，为经济体制改革做好思想准备和舆论准备。同时，中国共产党在一个市场机制不发育的经济环境里，凝聚改革的积极力量，去设计、规划渐进地释放市场活力，培育、建设现代市场体系的因素和不断探讨和规划、试点改革的方案，并组织力量有序地实施。在没有成功先例经验的情况下，通过试验和"以点带面"地摸索着前进。邓小平的名言"摸着石头过河"不是盲目性和实用主义，它是形象的比喻。这种工作方法是符合实践—认识—再实践—再认识的认识规律的。与自然发育的市场经济不同，在从计划经济向市场经济转换的整个经济市场化进程中，党还通过政府发挥主导作用，使市场化进程不断前进、不断扩大，既不逆转，也不失控；党教育和引导党员和干部自觉地更新社会主义的理想和观念，坚持用实践检验理论，用与时俱进的马克思主义武装自己，保证改革向着正确的方向前进。

实践中的探索、突破和理论上的研究、创新相结合，不断向经济体制注入市场机制的活力，同时，也向社会主义的理想与观念注入新的因素、新的活力。中国共产党认识到：社会主义不应是普遍贫穷而应是共同富裕的；不应是以"阶级斗争为纲"而应是以发展生产力为中心任务和主要目标的；不应是"一大二公""纯而又纯"，而应是实行以公有制为主体、多种所有制经济共同发展为基本经济制度、充满生机和活力、生产力蓬勃发展的；不应是排斥市场经济的社会主义，而应是与市场经济兼容的社会主义；不应是闭关锁国而应是实行全面开放的；不应是物质文明和政治文明、精神文明脱节而应是三者互相促进共同发展的；不应是经济与社会、人与自然不协调而应是坚持以人为本，全面、协调、可持续发展的；等等。沿着中国特色社会主义道路，中共十七大提出了到2020年实现全面建成小康社会的具体奋斗目标和要求，我们将继续为此努力奋斗。

第二，政府要恰当地定位自己的职能，明确政府与市场之间的"适宜边界"

在改革进程中，政府要自觉改变"看得见的手"包办代替"看不见的手"的状况，政府要渐进地为市场让出空间，要渐进地从直接经营管理企业事务中超脱出来，致力于制定规则、营造环境和实施监督，变"运动员兼裁判员"为"裁判员"，变使用行政手段直接地管理为使用经济和法律手段间接地协调；与此同时，政府还要主动地培育市场体系，主动地探索市场经济条件下政府的新职能并逐步创建新型的宏观调控体系，自觉地实现政府职能的转换，由控制、管理转换为依法行政和公共服务。但在市场化的进程中，特别是在市场化的初期，又不能走入"政府离经济越远越好"的误区。因为这个转型的起点不是自然经济，而是曾经由政府直接配置全社会资源的庞大的计划经济，它不可能自发地跃入市场经济，政府在经济转型的过程中必须发挥主导的作用，以避免混乱、无序、偏离方向和社会动荡。中国政府在经济方面的职能经历了和正在经历着一系列的转变。中共十七大要求政府"要深化对社会主义市场经济规律的认识，从制度上更好地发挥市场在资源配置中的基础性作用，形成有利于科学发展的宏观调控体系"。总之，政府的作用不是简单地削弱，而要适当适时地转换。政府要自觉地随着市场体系发育的不同阶段，调整与市场之间"适宜的边界"。

关于政府职能与市场功能的"边界"问题，这本来是一个古老命题。但它还在不断地向当代人提出新的挑战。从自然发育的市场经济初期的古典国家干预论，到现代市场经济中一国政府甚至多国政府集团对经济的宏观协调，其共同点都是在探讨政府与市场之间的"适宜边界"，也就是探讨"看得见的手"和"看不见的手"结合的适宜度。当然，这个"适宜度"在市场经济发育的不同阶段、情况不同的国别是不相同的。

中国在建立和完善社会主义市场经济体制的过程中，既要根据市场经济共同的客观规律，又要根据市场发育的不同阶段和本国国情，恰到好处地处理关于政府干预和市场自发力量在经济发展中作用的关系问题。政府的职能既不能越位，也不能缺位、错位。这个问题，不仅在过去的十几年和现在，即便是在将来很长的时期里，也将是一个需要不断面对和解决的课题，就追求人类经济、社会生活的进步与完美来讲，也许是一个永恒的课题。

第三，探索使社会主义公有制与市场经济相适应的有效途径，这是社会主义与市场经济能否兼容的关键

迄止 20 世纪 80 年代末，人类历史上自然发育的市场经济，都是在私有制基础上自发地逐渐演进而成的。在社会主义国家市场化改革的过程中，凡断言社会主义与市场经济不能兼容的人，其主要论据就是市场化必须以私有化为前提。而传统的社会主义观念又以国有的公有制即所谓全民所有制作为社会主义所有制的主要形式，要求公有制的另一种形式即集体所有制在条件具备的时候向全民所有制过渡。也就是说，传统社会主义的观念认为，社会主义的基本经济制度是以国有经济为主体、以单一的公有制为基础的制度，在这种基本经济制度下，不可能有独立经济利益的市场主体，不可能有利益多元化的市场竞争主体。如果僵化地坚持这种传统的社会主义观念，社会主义当然无法与市场经济兼容，二者只能择其一：要搞市场经济就要放弃社会主义，要坚持社会主义就不能搞市场经济。大部分前社会主义国家在 20 世纪 90 年代选择了前者，而且在转轨一开始就立即着手大规模的私有化。中国的抉择是：既积极发展市场经济，鼓励所有制形式多元化，寻求公有制实现形式多元化，允许国有企业投资主体多元化；同时又随着实践的发展，与时俱进地更新社会主义观念。从"中国特色社会主义"理论的提出，到"以公有制为主体、多种所有制经济共同发展的社会主义基本经济制度"的确立，再到"社会主义公有制有多种有效实现形式，股份制是其主要的实现形式""大力发展混合所有制经济"，以及"建立健全现代产权制度"等重要论断成为共识，都是成功解决公有制与市场经济相适应的理论创新与实践创举。

解决社会主义公有制与市场经济相适应问题包括两层含义：一是解决公有制的外部结构，即在社会经济体系中各种不同所有制类型之间的关系；二是解决公有制的内部结构，即公有制的具体实现形式。解决公有制的外部结构问题，主要是发展多种所有制经济，特别是混合所有制经济，并针对原来国有经济过于集中和单一、缺乏市场竞争的必要条件，对国有经济进行战略性的调整。中国对于国有经济的主体地位和主导作用有过长时间的争论，最终取得了以下共识：居主体地位的公有制有多种形式，并非单一的国有制；国有经济的主导作用主要体现在"质"的方面，而不是数量的比重；"质"是指推动国有资本更多地投向关系国家安全和国民经济命脉的重要行业和关键领域，增强国有经济的控制力和影响力，其他行业和领域的国有企业则通过资产重组和结构调整，在市场公平竞争中优胜劣汰。解决公有制的内部结构问题，主要是大力发展国有资本、集体资本和非公有资本等参股的混合所有制经济，实现投资主体多元化，使股份制成为公有制的主要实现形式之一。

对待非公有制经济，中国也经历了反复争论和曲折发展的过程。中华人民共和国成立初期，允许非公有制经济存在和发展，并实行"利用、限制、改造"政策；从 20 世纪 50 年代后期开始，随着经济政策的日益"左"倾，非公有制经济越来越萎缩，最终在国民经济中占的比重微乎其微。直至中共十一届三中全会以后，非公有制经济才重新复苏，走上了持续发展的道路。中共十二届三中全会提出个体经济"是社会主义经济必要的、有益的补充"。中共十五大进一步肯定非公有制经济是"社会主义基本经济制度和社会主义市场经济的重要组成部分"。中共十六届三中全会又提出了鼓励、支持和引导非公有制经济发展的一系列政策措施，特别是提出了建立健全"归属清晰、权责明确、保护严格、流转顺畅的现代产权制度"，这既有利于维护公有财产权，巩固公有制经济的主体地位，也有利于保护私有财产权，促进非公有制经济的发展，有利于各类资本的流动和重组，推动混合所有制经济发展。

中共十七大又提出了完善基本经济制度、健全现代市场体系的各项具体要求。在已经确立的社会主义基本经济制度下，在已经寻求到公有制的多种有效实现形式的条件下，市场经济的能动的、活跃的微观基础已经建立和正在完善，只要我们认真贯彻落实中共十七大文件精神，"坚持平等保护物权"，就有望形成各种所有制经济平等竞争、相互促进的新格局，公有制与市场经济相适应这个"兼容"的关键问题一定能够得到有效的解决并臻于完善。

第四，社会主义与市场经济兼容要有一个物质的载体。这个载体就是统一开放、竞争有序的现代市场经济体系

几百年的人类发展史告诉我们一个真理：市场的力量是客观的、必然的，这只"看不见的手"在优化资源配置和促进经济发展方面的作用和效率是不可被取代的。同时，人们认识到，自发的自由市场的缺陷也是显而易见的，它所造成的经济衰退、社会矛盾甚至灾难是巨大而深重的，经历过 20 世纪 30 年代西方世界经济大危机和 90 年代亚洲金融危机的人们至今仍心有余悸。危机促使人们去研究保持经济社会稳定发展和保护公众利益的理论与实践，激发人们发挥智慧去寻求政府对市场干预的新形式，从而把自由竞争市场经济推进到一个新的阶段，即现代市场经济阶段。在现代市场经济阶段，政府的宏观政策体系以及保护自由竞争中弱者的社会保障体系成为经济体制的内在有机组成部分，成为社会的稳定器和安全阀。当然，政府干预的"度"要适当，"度"过了或不及都是要付出代价和受到惩罚的。

历史同样告诉我们：政府干预经济的作用是人们的主观行为，虽然这只"看得见的手"是不可或缺的，但它必须以市场经济的客观存在为前提。如果市场被人为地排斥或限制在狭小的范围和单项的领域内，就不存在完整的市场经济体系。失去了"看不见的手"的作用，"看得见的手"只能是按照人们的意志主观地配置资源，"遵循客观规律""发展市场经济"就都是空话。

这里要强调指出，我们讲的市场是客观存在的、真实的市场，而不是历史上西方一些经济学家论述中模拟的"市场"，是同 20 世纪初以来一个理论派别所谈论的"市场社会主义"完全不同的。

我们还要强调，"兼容"的载体必须是统一的、开放的现代市场经济体系。人们都熟知斯大林有一本著作《苏联社会主义经济问题》。它对苏联理论界自 20 世纪 20 年代以来存在的完全否定商品、货币、价值和价值规律的观点以及对市场的极端观点有所纠正。但是，该书提出的一些主要论断，如"外壳论""两个平行市场论"等，统治了自 50 年代至 80 年代社会主义国家的经济学领域。历史证明，这些论断是不正确的，对实践都产生了极大的消极影响。

在斯大林理论的影响下，社会主义国家普遍没有生产要素市场，因为生产资料不是商品，只具有商品的"外壳"。生产资料的价格只是记账的符号，不反映资源的稀缺性。企业的供需完全按国家下达的计划指令进行。消费品虽然是商品，但工业消费品流通全部由国家垄断，粮食等主要农产品亦全部由国家收购，企业根本没有为市场需求而生产的意识，消费品普遍存在着体制性的短缺，而且是"长线越长、短线越短"。人们记忆犹新的是，苏联曾有个星期四"吃鱼日"，这是因为饲料不足，造成肉类严重短缺，但是，苏联的海洋资源丰富，鱼罐头过剩，尽管当时鱼罐头多得已经在仓库里堆积如山，甚至发酵变质，而中央计划却仍给企业下达每年人均 19 公斤鱼罐头的生产指令，企业不管市场上严重缺肉，而只管按照计划指令生产鱼罐头，于是，政府只好号召居民星期四吃鱼不吃肉，以解决肉类缺货、鱼罐头胀库的问题，居民就只能放弃选择吃肉的权利，而被迫吃快要发酵的鱼罐头。这个例子很典型，如此等等，不胜枚举。这说明，当时苏联的消费品也并没有真正的市场。

在"两个平行市场"理论的指导下，苏联与东欧国家建立的"经互会"组织自成体系，与世界市场隔绝。而"经互会"组织也不是一个地区性的市场，交易不是等价互惠的，当时流传的"苏联玩具羊换蒙古活羊"的说法，就是"经互会"贸易的真实写照。"经互会"实质上是苏联国内中央计划经济体制在国际上的延伸，"经互会"各国出口企业同样是按照行政指令来分工生产的，基本上要服从苏联的利益，尤其是军事工业的利益。当"经互会"解体时，各成员国痛感后果严重，它们的企业完全缺乏按市场需求生产适销对路产品的意识，加上设备技术陈旧，产品缺乏国际竞争力，先前只能在"经互会"各国之间互相推销低质产品，苏联一旦终止订货，它们就很难出口到世界市场去。

苏联直到解体前，由买卖双方自由交易的商品市场并没有形成，价格几十年一贯制。有一种面包每公斤13戈比，这个价格是列宁在战争饥荒年代定的，后来就一直没有变动过。其他消费品价格基本上都是20世纪60年代初定的，不少消费品的物价补贴高于售价。例如，猪肉每公斤售价2卢布，补贴7卢布；面包每公斤平均售价22戈比，而小麦平均每公斤收购价47戈比，农民买了小麦买面包回去喂牲畜。国家对消费品的价格补贴，竟占了财政收入的1/4，到了难以为继的程度。正因为缺少正常发育的、合法的市场，价格与价值严重背离，价格不能成为调节供求的信号，也不能成为考核企业盈亏的核算工具。由此，国营企业严重亏损和消费品严重匮乏的局面长期得不到缓解，几乎有90%以上品种的消费品不能适应消费者需求，人民怨声载道，导致经济、政治、社会危机日趋恶化。受苏联的直接影响，其他社会主义国家的市场发育程度也是很低的。

中国在20世纪70年代末开始对计划经济体制改革，在初始阶段，主要局限在行政性的"放权搞活"的范围内。但自1992年以后，就完全向着建立现代市场经济体制的目标进行，初步建立起了现代市场体系。特别是加入世界贸易组织以后，更是按照国际市场通行的规则加快改革开放，加快融入世界经济，中国市场已经成为世界市场的重要组成部分，而且正越来越重要。社会主义中国正在与世界范围的市场经济兼容。但是，中国的市场体系还不够健全，尤其是资本市场还处于幼稚的阶段，需要深化改革和规范、完善；市场秩序还存在不少混乱现象，需要大力整顿；地区封锁、部门垄断还要进一步打破；会计信用体系还有待建立健全；城乡二元经济结构还有待打破；官商勾结、权钱交易等腐败现象还有待从制度和机制上加以根除；等等。总之，中国现代市场体系的建设，仍然有大量工作要做。

第五，正确处理从本国国情出发与拓展对外开放广度与深度的关系

社会主义国家过去都处于封闭半封闭的环境里。历史的教训告诉我们，指望在封闭的环境里实现现代化是一种空想。开放同改革一样，是中国发展进步的关键决策。

对外开放的伟大深远意义，决不仅限于吸收些外资、引进些技术设备、做些进出口贸易等，更重要的是，使社会主义国家从领导人、决策层的干部、知识分子、科学技术人员、经济贸易工作者、企业经营者直至普通的人民群众，都能够放眼世界、更新观念，使自己的认识符合不断变化、发展的世界客观实际，看到科技进步和经济全球化的趋势，不致把陈旧的观念僵化，不致以主观唯心论去臆断外部世界而沾沾自喜、故步自封。过去，在长期封闭的环境里，有些社会主义国家的领导人不了解或不正视当代世界新科技革命所带来的生产力的质的飞跃，而把本国明明是极度低下的落后生产力高估为"先进""发达"，甚至自诩为"世界第一"。这样的教训太多了。

市场经济本质上是开放经济。开放度是衡量一个国家市场化程度和经济发达程度的重要指标之一，社会主义国家从原来的封闭半封闭状态走向开放，走向世界，就必须加速改革不适应开放要求的国内体制。所以，改革和开放是密不可分、相辅相成的。改革需要开放，开放促进改革。不开放，改革难以深化；不改革，开放也发挥不了应有的效果。人们还记得，20 世纪 70 年代，波兰在盖莱克领导时期，曾经制定过高速度发展经济、大幅度提高人民生活水平的"新经济战略"，推行"高速度、高工资、高福利"政策。然而，"新经济战略"的基点是向西方开放，大量借债和进口设备、原材料，但并没有进行国内经济体制的根本改革，没有发挥内部制度和资源的潜力，致使开放没有取得预期效果，反而造成很大的损害：一是背上了沉重的外债包袱；二是外贸年年入超，外贸赤字累累；三是引进技术专利的盲目性很大，1/3 左右被束之高阁，而 80% 的进口技术专利项目，所需的原材料和零部件又有一半以上要从国外进口。只开放而不改革，使波兰经济陷入恶性循环，导致了1980年社会的大振荡，此后经历了长达10年的全国性大罢工、大动乱。这说明，没有国内经济体制的市场化改革配套，盲目片面的开放是不能促进国内经济发展和社会稳定的。

中国经历了20多年改革与开放的互相促进、互相推动，已基本形成全方位、宽领域、多层次的对外开放格局。对外开放度的不断扩大，对外开放层次的不断提高，反过来又促使改革不断深化。目前，中国正在继续按照发展市场经济和遵循世界贸易组织规则的要求，加快内外贸易一体化进程，形成更加稳定、透明的涉外经济管理体制，营造公平和透明的法制环境，提高贸易和投资的自由、便利程度，完善对外开放的制度保障。中共十七大继续提出"拓展对外开放广度和深度，提高开放型经济水平"的要求。

在执行对外开放方针的时候，处理好借鉴外国经验与结合本国国情的关系至关重要。中国在改革伊始，就注意了从本国的国情出发，致力于建设有中国特色的社会主义。中国的改革没有照搬哪个学派的理论，更没有从外国寻求现成的方案或照搬哪个国家的具体模式，而是坚持"解放思想，实事求是"的思想路线，根据中国的实际国情一步步地摸索。与此同时，中国的理论界开展了百家争鸣，并引进了西方经济学的各种流派的学术观点。中国还邀请了一批又一批外国政要和专家来中国参加各种形式、各类专题的研讨会，与许多国际组织保持着密切的友好往来和工作关系，派出了一批又一批的干部、专家走出国门去考察，派遣了数十万留学生和访问学者出国学习研究。中国认真学习、借鉴一切有利于建立、健全、完善市场经济体制的理论和经验，认真吸收人类一切共同的文明成果。但任何时候，解决中国实际问题的决策都要从中国的国情出发。

第六，经济、政治、社会改革要统筹兼顾，协调进行

在"文革"结束后，中国共产党面临的首要问题是拨乱反正，清理"文革"中发展到极端的"左"倾意识形态的谬论，当时进行的"拨乱反正"，实际上就是执政党在思想政治领域里的初步改革，是以后更广泛、更深刻改革的"预热"。从这个意义上来评估改革发展的历程，就不能认为中国的改革是在没有进行政治改革的情况下只从经济改革开始的。

1977 年的"真理标准"大讨论是执政党指导思想"拨乱反正"的序幕。它是改革先驱者们冲破传统理论教条和极"左"意识形态禁锢的重大尝试，在得到以邓小平为代表的中共老一代领导人的多数认同和支持后，直接引发了社会思想的大讨论、大解放。这场大讨论，既为中共十一届三中全会的召开做了重要的思想理论准备，也为后来的改革开放奠定了广泛的社会基础。

中共十一届三中全会实现了执政党指导思想的根本性转变。党的工作重心从长期的"以阶级斗争为纲"的政治运动统揽全局的局面，转移到"以经济建设为中心"的现代化建设轨道上来，这个转移本身就是重大的政治变革。会议的内容着重在政治上纠正"文革"以及此前执政党的一些重大错误，坚持实事求是的思想路线，强调恢复和发扬党的民主传统，重申在思想政治生活中坚持"三不主义"原则，强调必须坚决保障宪法规定的公民权利。会议的公报明确指出："实现四个现代化，要求大幅度提高生产力，也就必然要求多方面地改变同生产力发展不适应的生产关系和上层建筑，改变一切不适应的管理方式、活动方式和思想方式，因而是一场深刻的革命。"[①]显然，中共十一届三中全会所要求的改革不只是局限于经济领域，而是包括经济基础和上层建筑的全面改革，思想政治领域的改革是其中的重要组成部分。改革的目标是摆脱苏联政治模式的影响，建立起符合中国国情的新的政治体制。但是，对于新的政治体制的探索远不及对于新的经济体制的探索持续和深入。况且，政治体制改革所受到的制约条件比经济体制改革更加复杂，它不可能像经济体制改革那样通过"体制外"力量的发育来推动。尤其是在 1989 年"政治风波"之后，政治体制改革一度成为敏感的词汇甚至是研究的

---

① 《中国共产党第十一届中央委员会第三次全体会议公报》，《中共中央文件选编》，中央党校出版社 1992 年版，第 101 页。

禁区，因为在新旧体制转轨的进程中，不可避免地要自上而下地放松控制或改变控制方式，这就意味着原有控制体系的平衡被打破，需要建立新的平衡，如果新旧体制转换脱节，就会出现体制真空，就会产生风险和影响社会稳定。而注重对改革风险的控制、保持社会稳定，是中国在改革进程中始终坚持的重要原则，也是中国改革成功的基本经验之一。这大概是中国的政治改革与经济改革相比明显滞后的主要原因。但是，也不能说中国"只改经济，不改政治"，政治改革实际上还是在"静悄悄"地进行。比如：5 次修改宪法；明确经济体制改革的目标模式是建立社会主义市场经济；明确建立公有制为主体、多种所有制经济成分共同发展的基本经济制度；明确非公有制经济是"社会主义市场经济的重要组成部分"，"国家保护个体经济、私营经济的合法的权利和利益"；明确"公民的合法的私有财产不受侵犯"；大力加强立法工作；清理（废止或修订）不适应社会主义市场经济发展要求和与国际规则不接轨的法律法规；几次精简政府机构，转换政府经济职能；废除领导干部职务终身制；等等。这些都为社会主义市场经济的发展和完善提供了相应的政治环境和政治保障。

民主政治的核心是通过法律保护公民的平等权利和制约政府的公共权力。所以，民主与法治是互动的。中共十五大明确提出"依法治国"。2003 年 10 月《中共中央关于完善社会主义市场经济体制若干问题的决定》又进一步提出："要积极稳妥地推进政治体制改革，扩大社会主义民主，健全社会主义法制。"2004 年 9 月《中共中央关于加强党的执政能力建设的决定》要求把党建设"成为科学执政、民主执政、依法执政的执政党"，还阐明了积极稳妥地推进政治体制改革的若干重要问题。这些都表明，中国共产党正在进行中国特色政治体制改革的新的探索和实践。中共十七大对发展社会主义民主政治和推进以改善民生为重点的社会建设又做了部署。正在准备进行的行政体制改革方案试图向决策、执行、监督权的相对分离和相对制约转换，政府职能将更进一步以提供公共产品、公共服务为己任，突出保障服务性功能，淡化行政色彩，公众对政府决策将更多地参与和监督。我们深信，随着时间的推移，全国人民在中国共产党的领导下继续改革开放的进程，中国特色社会主义的旗帜还将继续发扬光大。

（本文原为陈锦华、江春泽等著《论社会主义与市场经济兼容》一书的导论，人民出版社 2005 年版，江春泽执笔，此处略作删减）

第 四 篇

转轨经济学与中国经济体制
转轨的国际比较

转轨经济学与中国经济体制转轨的特色

一 转轨经济学研究什么？

转轨经济学（Transition Economics），一般译作过渡经济学，笔者认为，译转轨经济学更明确。它是研究原来采用中央计划经济体制的国家如何从计划经济向市场经济转轨，也就是说转轨经济学的研究对象是经济体制模式转换的规律与基本趋势。这一学科的主要内容包括：经济体制目标模式的选择，模式转换方式的战略选择，模式转换的具体途径与速度，转轨方案的比较，各国转轨方案与其具体国情的关系，转轨的经济效果与社会效果，经济体制转轨与经济发展、经济稳定的关系，等等。

转轨经济学是 20 世纪 90 年代兴起的一个尚未成熟的新的经济学分支，也是经济学界一个新的研究热点。实践中尚无成熟的经验，当然也就没有成熟的理论。依笔者之见，它是自 20 世纪 60 年代以来的比较经济体制学的延伸和在新的历史条件下的发展。因为，比较经济体制学主要内容是对中央计划经济体制与市场经济体制两种经济体制模式进行比较研究，描述各该经济体制模式的本质特征、基本功能及其利弊，比较的目的是择优或研究两种资源配置方式的结合度。而转轨经济学也是以中央计划经济体制作为转轨历史的和逻辑的起点，其目标模式是现代市场经济体制。它仍然要研究这个起点体制的基本特征及其与目标体制模式的区别，然后才能研究起点模式怎么向目标模式转换。要研究转轨进程中的诸多难题如何解决，也必须对两种模式进行透彻的比较研究。才能提出顺利的转轨方案，才能减少转轨的成本，才能真正实现向目标模式的转换。目前，转轨的实践正在进行过程中，从效果来检验和评价已有的实践经验尚有局限；转轨的理论也正在研究过程中，理论的学科也未成型。但是，这一领域无疑将是 20 世纪 90 年代和 21 世纪初具有世界影响的经济学热门之一，它将日益定型为经济学一个新的分支。

关于计划经济体制研究已有近百年的历史，不乏高见。但是，我们现在要从转轨经济学的角度来概括一下，这个起点体制模式的基本特征是什么呢？

第一，在计划经济体制下的微观经济组织，不具有独立的利益机制，从而不能成为市场经济关系的主体，它在很大程度上只是政府行政机关的附属物。行政机关不仅给它下达生产经营指标，而且也赋予它行政职能并要求它承担社会义务。与市场经济国家的公共部门不同，中央计划体制下的国有企业覆盖面广，总体规模大，据世界银行估算，20 世纪 80 年代中期，中央计划经济国家国有企业的产出占各该国国内生产总值的比重高达 70%—90%，而西方发达国家的这一比重约为 10%，发展中国家的这一比重为 15%—20%。

第二，在中央计划经济体制下，国家计划是实现资源配置的基本形式。与市场经济国家的经济计划不同，它不是对市场机制的调节、弥补和校正，而是对市场机制的替代，它的基本特点是具有指令性、纵向运行、包揽资源配置，是考核企业活动成效的主要标准。

第三，在中央计划经济体制下，市场机制在经济发展中的作用受到贬抑，在那里基本上不存在竞争性的商品市场和生产要素市场，物价、利率、汇率、工资等生产要素的价格基本不反映其成本和供求状况及其变化，因而不具有传播市场信息的功能，而只是一种消极的记账与核算的工具。

第四，中央计划经济国家的经济职能无限放大并模糊化。国家既是生产资料的所有者，又是所有企业的直接经营者；国家既是社会经济活动的管理者，又是对社会经济活动的监督者。由此带来了一系列的弊病。

这种经济体制模式之所以被采用了几十年，除了有理论和历史的原因外，在实践中它主要发挥过以下功能。

1. 它能在短期内汇聚资源，投向重点目标和优先部门；

2. 它有助于缓解运行的周期性波动，减少宏观经济不稳定性与风险；

3. 它有利于实现综合的社会利益；

4. 它有利于消除严重的贫富分化，满足低收入者的基本生活需要和社会福利。

尽管中央计划经济模式由于上述之功能而在特定历史时期发挥过积极的作用，但它终因具有以下的弊端而必须被转换。概括起来其主要弊端如下。

1. 经济信息是经济决策的基础，而中央计划经济体制下的信息系统（主要是层层汇报）所提供的信息不足、不全，扭曲、不真，时间也往往滞后；

2. 决策机构和决策人的素质及其主观意识对经济决策有直接的影响；

3. 决策（计划）的成本日益提高和决策（计划）的质量日益下降，往往导致对资源的误配置或代价很高的配置；

4. 微观的动力（激励）不足甚至衰竭。

正是这些致命性的弊端而引发了一波又一波的改革浪潮。终于，在 20 世纪 80 年代末，这个经济体制模式告终，开始了各国经济体制转轨的进程。转轨各国所面临的问题和困难是相似的，但是对转轨战略和具体途径所作出的选择差别甚大。对转轨面临的问题和困难的研究以及联系经济效果对各国转轨差别的比较，正是转轨经济学的主要内容。

二 中国经济体制转轨的基本标志

众所周知，正是为了发展，才需要改革。是否促进了生产力的发展，是检验改革效果即转轨效果的最主要标准。然而，美国的萨克斯教授（作为波兰和俄罗斯的"休克疗法"即激进式转轨的咨询专家而闻名）却否认中国属于经济体制转轨国家之列，认为中国的成就是发展的结果，经济体制并未转轨。言外之意是，中国没有发生政治剧变而是坚持了社会主义基本社会制度；中国没有推行私有化而是坚持了以公有制为主体；中国没有搞"休克疗法"而是采取了渐进改革方式；因而，中国的经济体制模式就谈不上更新，就不能算转轨。事实是这样的吗？

中国正在加快建立社会主义市场经济体制的基本框架。15 年来，中国从引入市场机制、进行市场取向的分领域、分地区、分层次的渐进式经济改革，到明确提出建立社会主义市场经济体制的改革目标，对传统的中央计划经济模式进行了全面的改革，中国现行的经济体制已经发生了巨大的变化。

1. 以公有制为主体，国家、集体、私营、个体、外资等多种经济成分平等竞争、共同发展的格局已初步形成。我国的生产资料所有制结构，在 1949 年到 1979 年的 30 年间，从初期的以非公有制为主过渡到比较单一的公有制。自 1979 年以来的 15 年间，经过改革调整，改变了单一的公有制状况，形成了以公有制为主体、多种经济成分并存的格局。目前还出现了国家与集体合营、国家与个体合营、集体与个体合营、中外合营，以及多元化投资主体的股份公司等多种形式的混合所有制。

2. 农村社会经济面貌发生了历史性变化，数亿农民成为我国 20世纪 80 年代市场机制运行的初始参与者和 20 世纪 90 年代经济继续市场化的生力军。世界银行的研究报告曾表明，中国在 20 世纪 70 年代末改革起步时，农业有良好的基础设施，但缺乏激励机制。农村家庭联产承包责任制的推行，在土地、大型农业机器等主要生产资料保持集体所有制的同时，使农户率先成为独立自主的生产经营者。与此同时，在乡镇兴起了非农产业，孕育着农业工业化与农村城镇化的因素。15 年来，乡镇企业吸纳了 1 亿多农村剩余劳动力，还有相当数量的劳动力涌入城市，进而在大中城市兴起了劳动力市场和初级形式的第三产业，并在一定程度上引入了竞争机制，冲击着原来计划管理体制对城市经济社会生活的束缚。农村改革曾经为城市经济市场化提供了示范效应，并成为改革由农村向城市推进的强大动力基础。

3. 国有大中型企业的经营机制正在转换，并积极探索企业制度创新。20 世纪 80 年代，在国营经济还没有探索到产权改革和企业制度创新的途径之前，先根据政企职责分开、所有权与经营权分离的原则探索了国有承包制、国有租赁制、国有股份制等多样化经营方式。现在正继续试行扩大授权经营、委托经营和租赁经营等多种经营方式，并公开拍卖一部分国有小企业，将它们转让给集体或个人，或将国有小企业的资产卖给本企业的全体在职职工，将它们改造成股份合作制企业。拍卖或转让并不是国有资产的流失，而是使这部分国有资产从实物形态转化为货币形态，作为新的投资。破产机制也已经引入。自改革开放以来，国有企业在落实生产经营自主权和面向市场生产经营方面取得了很大成绩，但是在根本转变经营机制和资产存量结构调整方面进展缓慢。自 1994 年几大改革措施出台后，强化了对国有企业的预算约束，国有企业正在加快建立真正符合市场经济要求的现代企业制度的步伐。

4. 价格形成机制市场化与市场体系逐步发育。价格是市场的信息语言。中国改革起步之时，由于宏观经济环境没有处于严重的危机之中，因而没有采取类似"休克疗法"之类的严厉激进措施。我国的价格形成机制与价格管理体制是以调整与放开相结合的方式，分多次逐步逐块地进行改革的，迄今还存在着极少量产品价格的"双轨制"。但是，农产品收购总额的85%、工业消费品销售总额的90%以及生产资料销售总额的70%的价格已在市场形成。价格作为资源配置信号的作用在加强。1992 年在原来由政府管理价格的商品中，属于中央级管理的农产品收购价格由 17 种减少为 10 种，其中由政府定价的只有 6 种；工业消费品价格只剩下食盐、部分药品等 3 种，特别是生产资料和交通运输价格由 737 种减少为 89 种，其中政府定价只有 33 种。1994 年价格改革又迈出大步伐。统配煤已基本改由市场形成价格，国家投资电厂实行还本付息电价。1994 年 5 月调整了原油、成品油价格，6月10日调整了粮食购销价格，棉花收购价格也将作大幅度调整。这些调价措施，进一步理顺了价格关系，增强基础产业的自我发展能力，调动了农民种植粮棉的积极性。改革前严重扭曲的价格结构得到了明显改善。

5. 以按劳分配为主、效率优先兼顾公平的多种收入分配方式并存的分配格局正在形成和完善。与劳动力竞争机制相配合，新的社会保障体系正在设计、试点和局部推开之中。

自改革开放以来，与公有制为主、多种所有制并存的格局相适应，收入分配方式也发生重大变化。由过去实行单一的按劳分配转变为以按劳分配为主、多种分配方式并存，即国有经济和集体经济的职工实行按劳分配的原则，私营企业主、外商投资者依法获取投资利润，私营企业和外资企业的职工大体按劳动力价格取得工资，个体工商业户获取劳动和经营所得。这些都是受到法律保障的。

与劳动力竞争机制相配合，新的社会保障体系正在设计、试点和逐步推开。40多年来，中国已有的社会保障对保障全体公民的合法权益、促进经济发展和社会稳定都发挥了重要作用，政府每年都要花费巨额资金用于社会保障事业。但是，我国历史上形成的与计划经济体制相联系的"包下来"的社会保障体制，部分是照搬苏联的模式，部分带有供给制的痕迹，与建立社会主义市场经济体制很不适应。首先是覆盖面小，实施范围狭窄，它的实施对象主要是全民所有制单位职工，不能对全部劳动者的基本生活提供保障，这在很大程度上限制劳动力在各种经济成分之间流动，阻碍企业经营机制的转轨。而且现有的保障制度是国家和企业包得过多，个人基本上不负担任何费用，保障功能弱，又缺乏立法和科学管理。自改革以来，在这方面也取得了一些重大进展。全国有95%以上的国有企业及其职工参加了失业保险，有些地区还扩展到集体、外商投资和私营企业的职工，建立生产自救基地500多个，转业训练基地700多个。农村的养老保险和救灾、扶贫的制度、政策，也正在根据国情逐步探索和健全。

6. 不断扩大和逐步推进全方位、多层次、多领域、双向对流的对外开放，努力与世界市场接轨。中国从历史教训中认识到，指望在封闭的环境中实现国家现代化是"乌托邦"。与内部经济体制改革的同时，推行了对外开放的方针。现在已经形成了"经济特区——沿海、沿江、沿边开放城市和地区——内地"的分层次、多形式、全方位的对外开放格局。

中国正在按照国际惯例和关贸总协定规则改革进出口贸易体制。进出口贸易总额占全部国民生产总值的比重，1978 年只有 10% 左右，1992 年已达 35% 以上。据海关统计，1993 年出口总额为 918 亿美元，比上年增长 8%，进口总额为 1040 亿美元，增长 29%，扣除不需付外汇的货物，全年出口大于进口 46 亿美元。1994 年 1—5 月，外贸出口总额 375 亿美元，比 1993 年同期增长 24.1%；进口总额 393 亿美元，增长 18.1%，外贸逆差由 1993 年同期的 31 亿美元减为 18 亿美元。

对外开放扩大了中国对外经济技术合作，密切了中国经济与海外及世界经济的联系。同时，对外开放也成为国内经济体制改革深化的强大推动力，目标是使中国市场与世界市场的运行机制及操作规程接轨，提高中国的国际竞争力。

7. 转变政府经济的职能，努力建立与健全以间接手段为主的宏观经济调节体系。与上述各项重大变化相比，政府职能转变与政府机构改革相对滞后，原有的行政管理办法有些已经失灵，而适应市场经济要求的间接管理方法又还很不完备。在现实经济生活中，往往是政府该管的事有些没有管或没有管好，而许多不该管的事却包揽在政府机构，没有放给企业、市场和社会。许多已被证明是无效的方法仍在沿用，导致政府管理与市场运行的摩擦。而政府在调控社会资金投向、构造总量与结构均衡的良好宏观环境、规范和维护市场竞争秩序、反对垄断与过度竞争、建立社会保障体系等方面，功能还很微弱。而过去按照计划经济要求建立起来的臃肿、重叠的政府机构也急待改革。今后，政府的经济职能主要是制定和执行宏观调节政策体系和规则，搞好重大基础设施建设，创造良好的经济发展环境；同时，要培育市场体系、监督市场运行和维护平等竞争、调节收入分配和组织社会保障、控制人口增长、保护自然资源和生态环境、监督国有资产经营、实现国家的经济与社会发展目标。政府将主要运用经济手段、法律手段和必要的行政手段调控经济，不直接干预企业的生产经营活动。

综上所述可以说明，中国的计划经济体制正在逐步向社会主义市场经济体制过渡。正是改革开放和发展了社会生产力，才推动我国经济建设、人民生活和综合国力上了一个大台阶。否认中国发展的成就，看不到中国经济体制转轨带来的巨大变化，显然是不对的，不是客观的态度。

三　中国经济体制模式转换的特色与国际比较

中国经济体制模式转换始于 20 世纪 70 年代末，是在邓小平重新倡导的解放思想、实事求是的思想路线指引下，在探寻中国特色的社会主义道路的过程中，逐步实现模式转换的。中国经济体制模式转换具有自己的特点。这里，着重谈谈以下四个主要特点。

（一）中国是在坚持社会主义基本制度（包括坚持共产党作为执政党的领导地位）的同时，逐步明确地放弃了传统的社会主义经济体制模式。起先在实践中，进而从理论上回答了社会主义与市场经济可以兼容、可以有机结合。

近一个世纪以来，无论是教条的社会主义者或是教条的反社会主义者，都有一个共同的偏见，或者说共同的误解，即否认市场经济和社会主义的兼容性。

首先，是把社会主义的基本社会制度与传统的社会主义经济体制模式混同；其次，又把社会主义传统的经济体制模式定型为计划经济。于是，"计划经济等于社会主义，市场经济等于资本主义"的信条就一直禁锢着人们的头脑，教条的社会主义者固守这一信条以捍卫社会主义基本制度，而教条的反社会主义者又据此论证计划经济之低效来诋毁社会主义制度。这个共同的偏见具体表现为，关于计划与市场的争论在国际范围长期持续着，一轮又一轮，反反复复，而各社会主义国家对传统社会主义经济体制模式的改革又普遍不敢触动中央计划经济体制的基本框架。直到 20 世纪 80 年代末 90 年代初，东欧剧变，苏联解体，这些国家的执政者纷纷抛弃原来的计划经济体制，宣称向市场经济体制过渡。但与此同时，他们把社会主义基本制度也彻底抛弃了。从认识上来说，这仍然是把计划经济等同于社会主义，而市场经济只属于资本主义特有，所以，他们要市场经济就只能要资本主义而不能要社会主义了。中国在十多年的改革实践中，始终坚持了社会主义基本制度不变，而对传统的社会主义经济体制模式在认识上不断有所突破，观念不断更新。邓小平在 1979 年就提出社会主义也可以搞市场经济，实际生活中初步发育的市场机制已经使中国经济大为改观。即使如此，人们还是被市场"姓社"还是"姓资"的问题所困扰，不敢理直气壮地把"市场经济"明确为改革目标。直到 1992 年邓小平南方谈话，才彻底粉碎了这个近一个世纪的教条主义锁链。他明确指出，计划与市场不是区别两种社会制度的标准。邓小平关于社会主义与市场经济可以兼容的论断是说了老祖宗没有说过的话，是当代世界社会主义实践经验的科学概括与总结，是马克思主义经济学的重大发展，是科学社会主义理论的新飞跃。正是在邓小平南方谈话的指引下，中共十四大明确提出了建立社会主义市场经济体制的新目标。从此，中国的经济体制改革进入了一个新的历史阶段。

（二）经济学的中心问题是研究稀缺资源在不同用途之间的有效配置。在社会主义制度还没有诞生以前，西方经济学界就展开了关于社会主义社会资源配置方式的大论战。辩论的中心问题是，由中央计划机关配置全社会的资源是否可行以及效率高低。持肯定态度的首创者是帕累托（意大利，1902 年），继承与发展者有巴罗内（意大利，1908 年）、泰勒（美国，1928 年）、兰格（波兰，1936—1937 年）；持否定和反对态度的是米塞斯（奥地利，1920 年）、哈耶克（奥地利，1944 年）、罗宾斯（英国）等。论战具有世界影响，且持续到 20 世纪 80 年代末甚至尚未结束。论战双方虽根据经济现实的变化各自提出进一步论证，但基本观点并没有什么改变。这说明论战也具有很强的学术性，不能以肯定或否定中央计划配置资源作为意识形态的分水岭，肯定计划配置资源的帕累托、巴罗内、泰勒等人并非马克思主义者，更不是共产党员。

（三）"计划"与"计划经济"是有区别的两个经济范畴。"计划"作为一种资源配置方式和经济调节手段，在市场经济国家也被普遍运用。但是，"计划经济"是以政府的行政配置作为基本的资源配置方式的经济，它是特指30年代在苏联形成随后在14个欧亚社会主义国家采用的传统社会主义经济体制模式，即中央计划经济体制。苏联经济增长率自20世纪60年代以来呈递减趋势，直至停滞、负增长、衰退、危机、解体以及东欧剧变，表明中央计划经济体制模式已告终结。所以，"计划经济"已是一个历史范畴，是特指20世纪30年代至80年代末这段时期社会主义世界的历史现象。当这种历史现象终结之际，在我国理论界和有关部门曾经产生一种错觉，说什么"市场化"是苏联解体、东欧剧变的原因之一。在这方面，我们曾有研究报告，用大量事实表明，苏联与东欧各国当时的经济生活现实不是"市场化"了，而是市场极度不发育，它们排斥市场竞争机制，坚持僵化的行政命令体制，配置资源低效市场供应十分紧缺，人心十分涣散，导致经济危机、社会危机不断扩展和加深。因此，必须从根本上对传统的社会主义经济体制模式重新加以认识。

（四）1978年实践是检验真理的唯一标准的哲学大论战为以后的传统观念更新提供了强大的思想武器。1984年中共十二届三中全会决议关于社会主义经济是有计划的商品经济的论断，在当时历史条件下是认识上的重大突破。自那以后，这一提法及派生出的几点认识在改革实践中产生了巨大的影响。

一是提出了市场经济的改革目标，绝不意味着认为市场是万能的。西方经济学界也不认为市场是万能的。说"市场万能"是出于无知或误解。市场缺陷的表现、市场缺陷需要政府行为以及社会中介组织来校正和弥补，市场效率需要有宏观调节来保证，这些都已是发达市场经济的事实，也是现代经济学的常识了。在改革目标明确以后，当社会公认市场要成为社会资源的基本配置者之际，我们讨论的重点就要转移到如何维护公平竞争的市场秩序，如何建立和健全市场法规，如何从宏观上驾驭市场化的进程，如何制定宏观调节市场经济的政策体系，如何学会宏观调节市场经济的技能等这些重要的议题上来。

二是在坚持改革的市场化方向的同时，坚持以公有制为主体（或主导），不搞私有化，但积极发展多种经济成分。中国正在改革与发展的实践中探求公有制的有效实现形式，并从理论上回答公有制与市场经济是可以兼容、可以有机结合的。

坚持以公有制为主体，是我国改革遵循的一条基本原则，但是要积极寻求公有制有效的实现形式，而不能固守传统的国有企业模式。1987 年 10 月，中国共产党第十三次全国代表大会曾指出："公有制本身也有多种形式，除了全民所有制、集体所有制以外，还应发展全民所有制和集体所有制联合建立的公有制企业，以及各地区、部门、企业互相参股等形式的公有制。"股份制是多种经济成分融为一体的混合所有制，也可以成为公有制的一种实现形式。1988 年，中国共产党的十三届三中全会进一步指出，"我国国有企业绝不走私有化的道路，以公有制为主体的股份制不是私有化，而是把笼统的、不够明确的产权，变为比较明确的产权，以利于促进企业机制和企业行为的合理化。"

当然，以公有制为主体是从整体上讲的，并不是说，国家对每一个股份制企业都要控股，也不是国家股的股权必须占 51% 以上。对一些国有小企业，则可以完全出售给个人或集体经营，对一些竞争性较强的加工企业，国家也不一定都要控股，有的只参一部分股即可。而对那些关系国计民生和国民经济发展命脉的一些行业，如能源、交通、通信等行业中的股份制企业，国家参股的比重应当多一些。

三是市场这只"无形之手"不是一步充当资源配置的主角，而是分产业、分地域、分层次逐步推进的，政府"有形之手"也是逐步弱化和转换功能的。根据中国的国情，我们选择了渐进式的改革方式，即逐步扩大市场调节的作用，逐步弱化行政指令的计划职能，由计划单轨逐步通过计划与市场双轨再逐步向市场并轨，并且把计划经济管理的职能转换成市场经济条件下的宏观调节体系。这个过程用通俗的语言说就是"摸着石头过河"。到中共十四届三中全会时，鉴于已经积累了15年的改革经验以及宏观领域改革的特点，又进一步提出了"整体推进、重点突破"的方针。其中最突出的是成功地进行了价格改革。

众所周知，由国家行政定价，使价格丧失向生产者、经营者、消费者发出信号的作用，这是计划经济的主要弊端之一。所以，在向市场经济转轨时，首先要进行价格形成机制的改革，即建立由市场形成价格的机制。中国没有采取"休克疗法"、一步放开的做法，而是采取"放调结合，分步配套"的方针，从1989年到1994年以调整价格为主，兼放开价格；1994年以后则以放开价格为主，同时继续调整价格。曾经出现过国家统一价格、国家指导价格（即半计划半市场价）与市场价格并存的格局，到目前为止，价格已基本上放开了。在这个过程中，虽出现过短暂的抢购风潮，但基本上没有引起大的社会震荡，取得了令人瞩目的成就。详细运作过程就不在此赘述了。而据笔者所知，那些采取"休克疗法"的国家，即使价格一步放开了，但由于微观机制没有灵敏的反映，市场亦未发育，因而并不能刺激供给，只不过使消费者望价却步，抑制一些消费需求而已，价格仍然没有发挥优化资源配置作用。

市场体系是需要有一个逐步发育的过程才能规范和发达的，经济史的资料表明，英国的市场体系经过100年才建立起框架。我们有现代市场经济的经验可供借鉴，过程可以缩短一些，但实践已经证明，戈尔巴乔夫时期的"500天向市场经济过渡"的方案，是纯属不切实际的空想。中国的市场改革已经历时15年，到目前为止，也只是消费品市场繁荣一些，各类生产要素市场还只是雏形，有待进一步培育和规范。资金、房地产、人才、科技、信息等生产要素市场和产权市场正方兴未艾。从1988年国家颁布《破产法》到1992年，全国已有948家企业破产，有6226家企业兼并了6906户企业；1993年实行企业兼并超过了一万家，目前，全国在深圳、合肥、沈阳、武汉、南京、太原、成都、哈尔滨等地已有产权市场25家，另外还有天津、济南、西安等一些城市正在积极筹建中。

驾驭市场化进程中的宏观经济形势是当前中国政府宏观政策体系的任务。它包括对总需求和总供给双方及其结构的管理。它要兼顾短期和长期的关系；兼顾区域经济和全国统一经济之间的关系；兼顾不同产业之间的关系。鉴于中国目前处于转轨过程中的体制现状具有明显的过渡性，照搬一些成熟市场经济体制下实行的宏观政策手段，一是不能立即做到，二是生硬照搬也不一定都能奏效，还是应从当前的实际出发探索具有中国特色的社会主义市场经济宏观调节体系。在以往 15 年逐步、逐块、分层推进的改革基础上，1994 年年初出台的一些重大改革措施主要是涉及财税、金融、外贸、外汇等宏观调节体系的改革，从上半年运作情况看，基本平衡顺利，没有出什么大的问题，有些问题随即进行了调整。

四是在走向市场经济体制转轨过程中，中国是唯一保持十多年持续高速增长的国家。伴随着以上经济体制模式转换进程的是经济增长与人民生活改善。改革前 26 年国内生产总值年增长率是 6% 左右，而自改革以来，到 1992 年国内生产总值年均增长率上升近 9%，1993 年比上年增长 13.4%。人民的货币工资收入每年提高速度从改革前的 2.2% 上升到改革以来的 6.5%，1993 年比上年增长 19.4%。劳动就业增加，城乡居住条件改善，社会福利事业明显发展。

苏联和东欧各国伴随着模式转换的一般是经济衰退。1992 年，苏联各国人均产出下降 1/3，东欧各国下降 1/4。据俄罗斯国家统计委员会关于俄 1993 年社会经济情况的统计材料，1993 年国内生产总值下降 12%，工业产值下降 16.2%，农业产值下降 4%，公用运输货运量下降 25%，投资下降 16%，进出口额下降 13.4%。切尔诺梅金在奥廖尔州还说，俄罗斯工业已经到了"崩溃边缘"，1993 年工业下降 25%（比统计材料公布的 16.2% 高出 8.8 个百分点）。据官方公布的材料，1993 年年底俄罗斯有 3300 万人（占总人口的 22%）的人均货币收入低于维持生活最低标准（贫困线）。俄罗斯的通货膨胀率，1992 年为 2200%，1993 年略有好转，仍在 100% 以上。

（原载《世界经济文汇》1996 年第 2 期）

中央计划经济体制转换的国际比较

（1992 年 1—2 月）

苏联是中央计划经济体制的发源地。它的体制模式曾经为十多个社会主义国家不同程度地搬用过。这种体制的基本特征已经众所周知。鉴于这种体制的弊病，对它提出改革的浪潮始于 20 世纪 50 年代初，直到 20 世纪 80 年代末，各国在改革进程和效果上已显示出很大的差异。对这些差异作比较研究，也许有助于加深对中央计划经济体制转换中若干问题的认识。东欧国家都是中小国家，其资源、历史条件及各种环境因素与中国的可比性比较小。这里，拟主要以苏联作为比较的对象，来考察一下中国经济体制转换的进程和特点。

一　从发展的结果来检验转换的效果

体制转换就是我们所说的改革，也就是把"体制优选"作为一个重要手段来有效地配置有限的资源，从而达到发展生产力的目的。正是为了发展才需要改革，改革是为了解放生产力，发展生产力。那么，是否促进了生产力的发展，就逻辑地成为检验改革效果的最主要的标准。

中国经济尽管目前还存在很多问题。但是改革已使中国进入了新中国成立以来经济生机最旺盛、经济实力增强最多、人民生活水平提高最快的新时期。

从国家经济实力增强的程度看，自改革以来，中国经济的增长率，是可以和战后日本以及其他新兴工业国家和地区相提并论的。

从1978—1988年国民生产总值的年增长速度为9.3%，大大高于1953—1978年年均增长6.1%的速度。中国的国民生产总值已居世界第8位。若干主要产品的产量提高了在世界的位次；产业结构有明显改善，第三产业恢复与发展迅猛，消费品花色品种和质量档次都比改革前发生了质的变化；对外贸易额1988年比1978年增长5倍，与国际经济联系的深度和广度都得到空前的发展。

从人民生活改善的程度看，改革使中国城乡居民的收入大大增加，购买力大大提高，温饱问题基本上已解决，不少地区人民生活状况逐步由温饱型向小康型转化。并且劳动就业增多，自改革以来，城镇就业人数增加7888万余人，待业率已从5.3%下降到2%。此外，全国共有7000多万农业劳动力向非农业部门转移。

1991年中国国内生产总值达19580亿元，比上年增长7%，农业总产值比上年增长3%，工业总产值比上年增长14.2%。对外贸易继续扩大，据海关统计，出口总额比上年增长15.8%，进口总额增长19.5%，旅游外汇增长28.3%。人民生活继续提高，扣除物价变动因素，城镇居民人均实际收入增长7.7%，农村居民人均纯收入实际增长2%。城镇就业在1991年继续增加430万人。城镇居民储蓄比上年增长29.5%。在10年改革中，城乡居民住房面积都增长一倍多，1991年城镇又新建住宅1.1亿平方米。1991年中国价格改革迈出了新的步伐。价格结构调整的力度较大，但市场物价总体水平仍然保持基本稳定。

以上是从动态的角度考察了中国经济体制变动后所对应的经济结果较变动前的体制状态为好，这就表明改革的目标与措施基本上都选对了，它表明改革已经带来了"收益"。如果我们用同样的方法来检验苏联的改革效果，苏联在戈尔巴乔夫任职以前，经历过两次大的改革。一次是以1957年实行工业、建筑业大改组为主要内容的赫鲁晓夫时期的改革，据《真理报》事后的报道，这"只是一次不成功的试验"；另一次是以1965年开始的勃列日涅夫、柯西金时期的改革，尽管持续18年之久，其结果据苏联自己事后的评价是经济"停滞不前"。在戈尔巴乔夫任职6年的改革进程中，直到联盟解体前，生产年年滑坡，到 1990 年开创了战后负增长的先例。1991 年第一季度国民生产总值下降 8%，劳动生产率下降 9%，国民收入下降 10%。当时西方经济学家就估计苏联经济在当年可能完全瘫痪，世界银行当时也估计苏联经济衰退是长期的。

如此严峻的经济形势，当然会直接反映在人民实际生活水平下降。据资料，联盟解体前，生活在贫困线以下的人口约占总人口的 1/3。

这样的经济结果与戈尔巴乔夫提出"根本改革"的初衷显然是相悖的，既然发展的实际与预期的目标不仅不能相重合，而且南辕北辙，这就不能说苏联的经济改革本身产生了什么积极的效果。

二 转换目标与进程的比较从行政性分权入手是各国改革初期的共同特点

中央计划体制是按照全社会是一个大辛迪卡的设想，由中央计划机关用行政方法主要以数量而不是以价值形态，层层下达强制性的投入—产出指标，直接控制企业的生产经营，统一配置全社会的资源。在这种体制下，企业必然是行政机关的附属物，经济活动的决策权力必然是高度集中的，企业的生产经营主动性和职工个人的积极性创造性受到束缚。因而，各国改革的初期，总是从直观上把中央计划体制的弊病归结为决策权力过度集中，一般的思路都是不改变行政机关对生产单位的干预，体制转换仅仅在行政系统内的各层次之间作些权力调整，即把决策权力分散一些。用经济学家的语言，这叫作"行政性分权"的改革。

行政分权的改革不能克服传统中央计划经济体制的固有弊端，也没有改变原体制的实质，资源的主要配置者和经济活动的主要调节者仍然是政府行政机关，只不过有时把部门协调改为地区协调或行政性大公司协调，或者把直接行政协调改为间接行政协调。实践证明，这种改革思路都没有寻觅到更有效配置资源的新体制，往往使改革走进了死胡同。即便在分权伊始，地区或集团由于分权获得一定的利益而释放出一定的能量，但继而就陷入困境。

中国在历史上也曾经在行政系统内的中央和地方政府之间作过几次放权收权的调整，结果同样是无效的。自 20 世纪 70 年代末以来改革过程中的扩权、计划单列、企业下放上收、部门机构调整、解散或新建等，都没有脱离行政性分权的思路。

三　戈尔巴乔夫经济改革"空转"的四步棋与停留在纸面的"一跃而入"市场经济方案

1985 年 3 月戈尔巴乔夫执政不久，召开了苏共中央 4 月全会。苏联领导人和学者曾把这次全会看作是苏联进入一个新的历史转折点的标志。1986 年 2 月召开苏共二十七大，首次提出"加速战略"和根本改革经济体制的方针，但是并没有把根本改革体制的方针具体化，仍然是围绕扩大企业权限，调整国家与企业的关系，继续推行 1984 年安德罗波夫执政时已开始的改革试验，同时着手制定具体的改革方案。针对在推进改革过程中存在的不同看法和阻力，于 1987 年 1 月又召开苏共中央全会，对改革进行再动员，明确改革的目标是要"建立可靠、有效的加快苏联社会经济发展的机制"。6 月又召开中央全会，通过了《根本改革经济管理的基本原则》和《苏联国营企业（联合公司）法》两个重要文件（以下简称《基本原则》和《企业法》）。7 月又通过了有关计划、价格、财政、银行等 11 个与《企业法》相配套的宏观体制改革的文件。

以上的 1985 年 4 月全会、1986 年 2 月的苏共二十七大、1987 年 1 月全会及 1987 年 6 月全会，被舆论界说成戈尔巴乔夫改革的"四步棋"。但是由于经济体制改革的方案与措施在实际生活中并未得到实施，改革没有取得实质性进展，1988 年 6 月又举行苏共第 19 次代表会议，把矛头转向了政治体制改革（这方面的情况不属本文讨论的范围）。而在政治体制改革日益失控、经济形势日益恶化的情况下，苏联又另觅新径，于 1989 年 12 月，在苏共中央全会和苏联第二次人代会上通过了为期 6 年的政府健康化计划，它的一个重要特点是把经济调整与改革分开，确定了先调后改的顺序。

1990年2月，在苏共中央全会通过的向苏共二十八大提出的行动纲领草案中提出"争取确立有效的计划—市场经济"的目标，主要内容：一是"根本经济改革的结果应当以计划—市场经济来取代本身具有垄断性的缺乏主动精神、消耗大和经营不善以及忽视消费者利益的命令主义资源配置体制"。二是"计划—市场经济的基础，是多种多样的所有制形式、独立商品生产者之间的竞争以及发达的财政体系，并能激发个人和集体对利益的关心"。"主张多种多样所有制形式之间平等合理的竞争。"三是寻求"调节经济活动的计划方法和市场方法的有机结合"。四是"为了组织起真正的市场经济，必须形成消费品、生产资料、有价证券、投资、外汇和科研成果市场，加速财政、货币和信贷体制的改革"。五是"价格形成的改革是实行市场调节的必备条件"。"商品生产者（包括外国厂家）的竞争，应当成为价格增长的重要调节器和抑制因素。"

1990年5月，在苏联第三次最高苏维埃会议上，雷日科夫代表政府提出了《关于国家经济状况和向可调节市场经济过渡的构想》。1990年6月13日，原苏联最高苏维埃通过决议，委托政府在吸取各方面意见的基础上，对方案进行修改，在9月1日之前再提出形成可调节市场机制的具体计划。

1990年7月，在苏共二十八大上，经过激烈争论，肯定了向市场经济过渡的改革目标。同年8月底，根据戈尔巴乔夫和叶利钦的共同委托，沙塔林主持的"500天纲领"问世，同时联盟政府的纲领也准备就绪。围绕这两个纲领各派政治力量又展开了激烈的斗争。后来，又以总统的名义提出了向市场直接过渡的文件。

但是，问题不在于提出了什么样的目标模式，问题在于任何一个方案都没有付诸实施，联盟就解体了。只有设计，没有施工。决议方案接二连三，争论不断，但"有形之手"已运转不灵或停止运转，"无形之手"又限于纸上谈兵。终于，苏联失去了稳定有序的改革时机。现在，俄罗斯等共和国想采取"休克疗法"，试图突发式地"一跃而入"市场经济，为此它们已经付出了昂贵的代价。前景如何呢？笔者初步分析，由于"休克疗法"的经济自由化措施与当前需要稳定经济的矛盾，由于私有化目标与原有产权基础、产业结构及体制结构的矛盾，由于统一市场及有效配置资源需要广阔空间与各共和国独立后疆域分割、经济联系中断的矛盾等原因，近期内似难以走出困境与危机，市场经济的目标在一个中央计划体制根植了半个多世纪的国度里恐怕也难于"一跃而入"。

四　家庭联产承包责任制在中国广大农村繁殖了在公有制基础上的商品经济的细胞

中国自 1978 年以后的改革是中国经济发展史上的重大转折，是中国经济体制转换的真正开端。这次改革是由农村到城市逐步展开的。

中国在 1979 年以后，除了大幅度地提高了农副产品的收购价格外，在农村采取的一项重大改革措施是，在坚持土地等主要农业生产资料集体所有的前提下，把土地承包给农户分散经营，即实行所谓"家庭联产承包责任制"。这项改革措施使得中国农村在分户经营的基础上，部分副业生产开始从农业中分离出来，出现了专门从事某种专业生产的农户。围绕着农业生产过程的需要，一些农民又根据自愿互利的原则，组织了各种形式的新的经济联合体，如种子公司、饲料服务公司、农机服务公司和新技术推广中心等。由于农产品价格提高以及农户有了经营自主权，刺激了农产品大量增产，农民的货币收入也大幅度增加，剩余资金迅速转移到乡镇工业，于是以农副产品加工和为农业生产服务为主的乡镇工业企业应运发展，以后，一些面向城市市场的轻工业也发展起来。这些行业劳力密集，主要依靠手工技术，投资不多，效益显著。这个自发的乡村工业化的进程，使得居住着80%以上人口的农村，开始从传统的自给半自给的自然经济向商品化的经济转变，不仅使中国农村的面貌大为改观，而且使以往农副产品定量配给、供应不丰的城市市场也欣欣向荣，骤然与其他原社会主义国家消费品供应依然短缺的状况形成了鲜明的对照。

中国农村这一步改革的成果的意义不仅局限于农村，也波及城市。它为推进城市改革创造了良好的环境：（1）食品和轻工业产品供应丰富，使得人心大为安定，城市居民生活也随之改善；（2）农副产品供给增多，有条件使其价格首先放开，为价格全面改革探索了经验；（3）大批从事副业生产的农民进城，开创了劳务市场，带动了城市第三产业的兴起；（4）大批农民进城，与原有的工业和城市管理体制冲突，形成了从体制外对体制内改革的包围和推动；（5）进一步解放了人们的思想，当时有人就提出"'包'字进城"，即运用农村改革的基本经验推进城市改革，尤其是市场功能有了示范的效应。

五 中国城市改革初期的思路：还没有摆脱 "命令加刺激"的行政性分权做法

由于原中央计划经济体制在城市比在农村严密得多，复杂得多，而城市又肩负着提供绝大部分国家财政收入的任务，所以，当时中国对城市经济体制改革采取了更加慎重、稳妥的方针，坚持走一步看一步，由点到面，由易到难。

同其他许多国家一样，中国城市的经济体制改革也是从扩大企业经营管理自主权开始的。1978 年四川省率先在 100 个工业企业试点，1979 年国家在北京、天津、上海选择了 8 个大型国有企业试点，到 1980 年全国试点企业增加到 6600 个。试点企业实行利润留成制，同时在生产计划、产品销售、资金使用、干部任免、职工录用和奖罚等方面有了部分权力，也就是把政府的部分权力下放到企业，当然，这实际上还没有摆脱所谓"命令加刺激"的行政性分权的思路。

与此同时，受农村承包制的启发，1981 年对几万个工业企业实行以利润包干为主要形式的经济责任制，出现了像首都钢铁公司等一批责任制取得显著效益的企业；这是在改革初期协调国家、集体和职工三方面关系的有效形式。与农村的承包制不同，工业企业的承包制处于不稳定的状态（因为生产经营的内外条件不同），它有可能成为南斯拉夫自治企业的变形，一户一率（利润分配比例）地讨价还价，变成实际上的"契约经济"而不利于引入竞争机制形成均衡价格和平均利润；但也可能发展为提高企业内部经营管理水平的形式。在经过两步"利改税"即从税利并存到完全以税代利，明确划分国家与企业之间的责、权、利，使企业有更多的自主权以后，在企业内部又逐步推行责、权、利相结合的承包制即把企业对国家和社会承担的经济责任，用指标等形式层层分解到车间、班组和个人，建立岗位责任制，并把企业的经济利益同企业的经营成果、职工的劳动成果直接联系起来，多劳多得，有奖有罚。这些做法已经使企业一定程度地显示出作为经济细胞的生机与活力。在企业外部，也开始形成多种形式的跨地区、跨部门的经济、技术联合体，并积极发展多种所有制形式和经营方式。与此相适应，宏观领域的各项体制也不同程度地进行了改革的试验。为了探索城市改革的道路，还选择了一批大中城市进行综合改革试点。所有这些初步的改革试验，使中国的经济生活出现了多年未有的活跃局面。同时，也使中国政府认识到城市原有的经济体制框架不得不适应新的形势作进一步的改革。

六　"有计划商品经济"的目标模式的提出是当时历史条件下认识上的新飞跃

实践加深了人们的认识。1984 年，中国及时把改革的重点从农村转到城市，并在当年 10 月的中共十二届三中全会上通过了《中共中央关于经济体制改革的决定》（以下简称《决定》），全面阐述了中国经济体制改革的思想理论基础，指明了改革的基本方向，对改革作出了全面的战略部署。《决定》明确指出，社会主义经济是公有制基础上的有计划的商品经济。这个论断使中国的改革目标在认识上和实践中有了新的飞跃。此后的城市体制改革就围绕着转变企业经营机制这个中心环节，分阶段地进行计划、投资、物资、财政、金融、外贸等方面的宏观体制的配套改革。笔者认为，如果循此目标进行，就有可能向形成有政府管理的竞争性的统一大市场的方向过渡，有可能真正寻求到一种有效地配置资源的新经济体制。根据理论的与经验的分析，新体制的基本构架是由以下四个方面有机地组成的。

（1）全社会的经济细胞是多种所有制结构中产权明晰、自主经营、自负盈亏、面向市场、平等竞争的企业，它们是独立的经济法人，在市场竞争的优胜劣汰中决定自己的生存、发展或破产。

（2）全社会的经济活动通过包括商品和各种生产要素在内的统一市场联系和协调。市场是对内对外开放的，在竞争中形成的均衡价格是经济活动横向联系的主要信息语言或者叫做基本参数。

（3）政府机关和事业、社会机构的基本经济职能是运用财政、信贷、外汇等收支及利率、汇率的调整作为经济工具对宏观范围的供需实行总量管理，并主要通过市场来间接调节；促进市场体系的发育，制定市场管理的法规，保护市场活动中的公平竞争；惩治违法和破坏公平竞争的活动；等等。

（4）建立和健全多元的、覆盖全社会的社会保障体系，一方面作为竞争机制的补充，维护社会安定，另一方面也是对社会成员基本人权和福利的保证。

但在体制转换进程中对市场机制是一个长期反复的重新认识的过程。"计划＝社会主义，市场＝资本主义"的教条主义理论束缚还不时地发展为一种政治上的桎梏，再加上行政分权思路的根深蒂固，在实践中就延缓了统一大市场的形成进程。最近，邓小平在讲话中再一次明确地破除了传统观念的束缚，再一次解放人们的思想，这将会变成加速经济市场化的巨大物质力量。当然，我们要建设的是有政府管理的市场而不是无政府状态的完全竞争市场，同时，要把资源配置方式转换到"有形""无形"两手并用上来。

七　与改革方式相关的具体国情比较

中国目前正在进行的改革是攻坚战：以转变国有大中型企业的经营机制为中心，促进包括生产要素市场在内的市场体系的建设，建立和健全市场管理法规，转变政府职能，逐步运用经济方法通过市场进行间接管理，减少对微观企业的直接干预。所有这些任务执行起来都是很艰巨的，但 10 多年的改革进程基本上是稳定有序的，是渐进的过程。而苏联 6 年的经济改革难以推进，各种方案基本上是"纸上谈兵"，最后失去稳定有序改革的时机，而引发了社会的"大爆炸"。中国在渐进过程中生产是增长的，人民生活是改善的；而苏联则相反。

中国的改革只能是一个渐进的过程。这种方式既符合经济规律，也是由中国的具体国情决定的。

首先，中国是一个人口众多的发展中的社会主义国家，人口数量近 4 倍于苏联，人口密度是苏联的 8 倍多，中国如果不能伴随着改革而保持社会的稳定，则不仅中国会大乱，还会波及世界。改革前中国在农业中的就业人数几乎占总就业人数的 3/4 以上。中国第二产业和第三产业的比例在 1978 年分别为 15% 和 11% 左右，远远低于苏联的 39% 和 41%，这说明中国在改革起步时的工业化、社会化程度和经济发展的总水平比苏联低得多。中国的国情决定了中国不仅需要保证社会稳定，而且中国的市场发育也需要一个较长时期的渐进过程，不可能"一跃而入"。

其次，中国和苏联的中央计划体制的严密程度和社会覆盖面悬殊也很大。苏联的历史传统以及由于它作为中央计划经济体制的母国，这种体制已经运行了半个多世纪，根深蒂固，而且覆盖了全社会和经济活动的各个领域。对这种体制的改革牵一发而动全身，改革的难度和阻力更大。中国的中央计划体制是自 1953 年以后才从苏联学习搬过来的，大约在 5 年以后，中国当时领导人毛泽东就已经开始注意了本国国情，反对照抄照搬。中国的计划统计人员的数量、质量以及指令性计划制定的严密程度或是对执行指令性计划要求的严格程度都远不及苏联。再加上 10 年"文革"动乱又把本来就不够健全的计划体制冲垮了。尤其在广大农村，比苏联农村的机械化社会化程度也低得多。所以，中国的改革从农村开始，简便易行，自下而上，逐步发挥示范的效果。而苏联的集体农庄制度已建立 60 年，苏联农业已经高度分工专业化了，机械化程度也高得多，农民在 20 世纪 60 年代已吃上"大锅饭",拿固定工资,实行 5 日工作周,成了农业工人。鉴于这些情况,苏联农村很难搬用中国式的分户经营承包制。苏联农业形势之糟糕说明他们还没有寻觅到促进农村商品经济发展的合适途径。况且,苏联总人口的 70% 在城市,改革也很难从农村起步,也难分步进行。

再次,两国所面临的国际环境不同。苏联作为超级大国之一,战后与美国长期争霸,军费在预算支出中的比重以及军工在产业结构中的比重都很大,产业结构调整的难度更大。而且在第三世界同西方争夺的包袱也很重,所以戈尔巴乔夫和苏联政府的很大精力花在同西方搞缓和,而不能集中精力搞国内的经济建设与经济改革。中国不争霸,又没有参与军备竞赛。中共十一届三中全会以来更是集中精力以经济建设为中心。而且港澳台的海外同胞基于中华民族的认同感在开放后积极支援祖国的改革和建设,使得中国的改革开放有着相对良好的国际环境。

最后,中国共产党和政府在改革中始终发挥着强有力的作用。因为改革过程是利益的调整过程,没有强有力的政府领导是难以顺利实施的。中国共产党在处理历史遗留的政治问题时采取了"团结起来向前看"的正确方针,在理论上,既积极地解放思想,一切从实际出发,对传统理论观念上的不科学成分进行大胆的突破,拨乱反正;同时,又十分注意维护社会安定,保持改革的良好社会环境。对政治体制改革采取更加稳妥的方针,以便保证经济改革措施顺利实施。苏联在改革中,政府危机日益深重,民族矛盾激化,市场供应短缺状况一直没有缓和,人心和社会不安,这也是改革中不利的环境因素。

总之,中国近十多年的历程表明,中国人民只能根据中国的具体环境建设具有中国特色的社会主义。中国人民将沿着这个方向继续不断开拓前进。

（本文原载《经济与社会体制比较》1992 年第 3 期；后被选入联合国经济社会发展委员会国际研讨会文集，UN New York）

俄罗斯与中国经济体制转轨比较

（1996 年 5 月）

【**江春泽**按：本文 1998 年 8 月被厉以宁等主编的《中国改革发展文库》收入，并颁发了《优秀文章著作证书》（No. 983507）】

经济体制转轨之所以进行国际比较，是因为我们这里所谓的经济体制转轨，是特指原来采用中央计划经济体制的国家如何从中央计划经济向市场经济转轨。对转轨进程进行国际比较，主要是比较各国转轨的战略选择是否正确，包括具体的目标模式、转轨的速度、具体方法与途径是否符合本国国情。而检验转轨战略选择正确与否的唯一标准是经济效果，因为体制转轨就是把"体制优选"作为一个重要手段来达到发展生产力的目的，毫无疑问，发展目标实现的程度是转轨战略选择正确与否的试金石。

目前，处于转轨进程中的研究对象主要是苏联、东欧（由原来的 9 国分解为独联体各国及中、东、南欧共 27 国）以及中国、越南等欧亚国家。转轨情况大体可分为两种基本类型，一类是坚持社会主义基本制度，转轨的任务是实现社会主义经济体制模式的转换，即由计划经济转换为社会主义市场经济，具体地说，转换为公有制为主体、多种经济成分为基础的市场经济，这种类型以中国为代表；另一类是于 20 世纪 90 年代初全部放弃社会主义基本制度，经济上向传统的私有制为基础的市场经济过渡，苏联、东欧各国基本属此类型，当然，情况还在不断地变化。俄罗斯作为苏联的继承国；又是大国，研究它的情况更具典型性。

从转轨的速度与方法来研究，有所谓"渐进"与"激进"之分。"渐进"也以中国为代表，曾经被通俗地、形象地喻为"摸着石头过河"，而"激进"也可以俄罗斯为代表，被称为"休克疗法"。从转轨的突破口来研究，中国是从农业和农村改革开始，俄罗斯是从"私有化"和价格与进出口贸易一步"自由化"开始。

西方舆论曾经把第二种类型的改革称之为"Big Bang"（有人译为"大爆炸"或"大跳跃"），这是借用圣经语言形容上帝在 7 天之内就创造了一个美好的世界，以此来比喻这种类型的转轨国家由于政治突变，旧体制一夜之间被摧毁了，新体制随之也将被强制建立起来，于是，一个发达的市场经济国家也是指日可待了。西方学者曾妄称此类改革为"效益最大化"的转轨。

然而，从 1990 年到 1994 年，这些国家的经济普遍出现了 1929 年世界经济大危机以来最为严重的区域性大萧条。它们普遍经历着破坏较大的"阵痛期"。"阵痛"的明显特征是：政治混乱，经济衰退。政治上的无序与混乱状态使经济转轨也难以有序地进行，生产单位在无序的外部环境中，原有的产供销联系被中断或扭曲，国内缺乏统一的市场，国际市场更无竞争力进入，政府的地位极不稳定，作用极其有限，生产下降必不可免，俄罗斯生产下降 50%，独联体另一些国家下降更多，东欧国家下降 18%—20%。生产如此急剧下降，人民生活水平怎能不下降？1994 年，俄罗斯 60% 的居民实际收入水平低于 1989 年。据欧盟 1995 年 3 月调查，东欧、独联体 27 个转轨国家中，只有捷克、爱沙尼亚、斯洛文尼亚、阿尔巴尼亚 4 国人民生活水平比上年有所改善。

为赴实地考察转轨的真实情况，1996 年 3—4 月，笔者曾去俄罗斯与政府经济官员、国家杜马议员、著名经济学家作了直接面谈，取得俄罗斯经济转轨的第一手材料。当然，无论是在俄罗斯还是在中国，对有关经济转轨的重大问题，都有不同的见解。而且，情况还在不断地变化。我们只能就迄今所掌握的材料，进行尽量客观的分析和评论。

一 俄罗斯经济体制转轨分析

俄罗斯各界人士正在探求符合俄罗斯国情的市场经济模式和具体的过渡途径。共产党人士告诉我们，向市场经济过渡是必然的，各派并无分歧。"我们不满现状，但并不认为我们的历史就好。"问题的症结在于选择什么样的市场经济模式。在经济转轨之初，就有以阿巴尔金院士为代表的学院经济学家主张的"社会市场经济"模式与以总统叶利钦，政府经济学家盖达尔、丘拜斯、绍欣为代表主张的"完全自由化市场经济"模式之争。前者是以德、日、法国的经验为借鉴；后者试图照搬美国的模式。现在，反对派用转轨4年来经济负增长和经济结构矛盾严重的事实说明"完全自由化市场经济"模式不符合俄国国情，他们把前总理盖达尔喻为"经济浪漫主义的代表"。认为"如果说苏联布尔什维克是反市场经济的乌托邦，那么，盖达尔就是完全自由化的乌托邦"。他们批评继盖达尔之后的现政府政策是"无系统的实用主义"。国家杜马经济政策委员会主席（曾任苏联部长会议副主席兼国家计委主任）马斯柳科夫向我们透露，该委员会正在广泛吸收经济学界包括阿巴尔金、沙塔林以及国民经济预测研究所的一些著名人士参与拟定一个"冷静的理智的经济纲领"，准备在6月15日总统普选以后向新总统提出，使之成为"新总统行动的经济纲领"。委员会设想这个纲领执行期限为15—18年，包括短期3年稳定目前的经济、中期5年慢速地恢复和发展、长期15年使经济增长速度达到10%。目前，在国家杜马中，独立议员占多数，共产党议员占35%，是最强大的反对党，马斯柳科夫的观点无疑是代表了共产党的经济主张。他们与总统、政府关于转轨的战略选择之争，其内容除了目标模式的分歧之外，还包括转轨的速度与方法。

（一）关于"休克疗法"问题

马斯柳科夫明确地说，俄转轨的第一个失误是采取"休克疗法"。他说："俄经济受不了'休克疗法'的打击。""1992 年一下子全面放开价格，带来价格数十倍地飞涨，出现严重的通货膨胀；与此同时，又迫于 IMF 的压力，实施紧缩的货币政策，货币流通量缩小了 3 倍，使企业和居民收入骤然下降，企业流动资金困难，工业生产下降了一半，居民收入减少，市场最终需求萎缩，反过来又加剧了企业的困境。"

曾任苏联总统戈尔巴乔夫经济助理、后主动辞职的科学院院士、市场经济研究所所长彼特拉科夫说："俄向市场经济转轨中的教训是：领导改革的人不是从俄国国情出发，盲目地接受了'休克疗法'。"

那么，从经济分析的角度，什么是俄国的国情呢？彼特拉科夫说："一是国防工业体系非常庞大。"作为苏联继承国的俄罗斯，原经济成分中 90% 以上是国有经济，大型企业居多，其中 3/4 企业与军事工业相关，垄断程度极高。俄还要承受苏联所有的包袱：经济结构极端畸形、边界纠纷、民族矛盾、农业危机等。这样的国情怎能通过"休克"就"自由化"了呢？"休疗"发明人、美国经济学家萨克斯应邀在玻利维亚当顾问时，说玻利维亚的预算赤字太大，要削减国防费用，而玻利维亚没有国防工业，削减国防费用意味着减少武器进口，这个建议很简单，也很有效。而把这个建议拿到俄罗斯来就行不通了。削减国防费用意味着在经济中占极大比重的国防工业停产，大量职工失业，财政预算还要支出失业工人的工资。因此，如从俄国国情出发，首先要有一个军转民的规划。可是，改革 4 年了，迄今还没有这方面的规划。"二是原料工业规模过大。出口产品主要是资源和原料，出口结构非常简单。""民用工业技术非常落后，生产最终产品耗费原料太多，成本太高。"由于俄原料生产部门垄断程度很高，放开价格并不能形成市场均衡价格，而只能使原料价格似脱缰野马奔腾飞涨，加工工业部门既买不起，也没有充足的资金购买原料，国防工业陷于危机，消费市场瓦解，目前轻纺工业只有 1992 年的 25%。科学院院士、国民经济预测研究所所长、苏共中央委员叶廖缅科说："动力、原料、资源部门没有国内市场就出口了，天然气、石油、电力托拉斯经营状况很好，但它们与国内经济部门的横向联系很少，使国民经济变得分崩离析。"在俄罗斯的情况下，"一步全面放开价格，使相对价格更加畸形化了"。实践已经证明，在垄断程度很高、结构极端畸形的情况下，一步放开价格，并不能使价格成为资源优化配置的信号。马斯柳科夫回忆20世纪80年代曾在中、苏经济混合委员会共同研究过两国的价格改革方案。"当时，两国都有不平衡的价格体系，中国当时的能源价格比国际市场低得多，中国注意这个问题，渐进地改，逐步平衡了。其实，俄罗斯也应该渐进地改。"伊万特院士认为俄罗斯必然还要转入渐进式或激进与渐进相结合地改。"三是消费品工业非常薄弱，满足不了居民的需求，也竞争不过西方的进口货。"马斯柳科夫认为外贸绝对自由化是俄宏观经济的又一个重大失误。他说："全面放开国内市场使现在俄罗斯只有16%的国内市场对国外市场是限制的，而美国却有45%的国内市场禁止国外产品进入。俄盲目全面开放市场，使外国产品压倒、压死了国内生产者，造成国内产品生产急剧下降。从几个主要工业部门看，1995年的实际生产与1990年相比，轻工业只有16%，电子工业为13%，机械制造业为11%，食品工业为30%，国防工业为15%。"格林贝格教授说："俄对进口食品的依赖性过大。1992年出口能源、原材料的外汇收入中，20%用于购买食品，1995年出口能源、原料收入的85%用来购买食品送往莫斯科、圣彼得堡（列宁格勒）、斯维尔德洛夫斯克等大城市。"据资料，目前俄罗斯市场上54%的食品是进口的。与此相关的俄罗斯国情是长期存在着深重的农业危机，彼特拉科夫说："我很早以前就认为，我们的改革应从农业开始，要首先进行彻底的农业改革。俄罗斯一直没有很好地解决农业问题。沙皇时期俄农产品有出口，但不是因为农产品有过剩，而是为了赚取外汇。十月革命后，农业一直不景气。农业效率很低。不久以前，美国与俄罗斯打'鸡腿战'，美国生产的鸡腿产量的一半出口到俄罗斯，占领了俄市场，俄20世纪70年代建立起来的大规模养鸡场因成本太高、缺乏竞争力，纷纷破产了。"格林贝格教授说："我们还没有找到解决这个问题的好办法。农业党和共产党认为要提高关税，使本国农业生产者有竞争能力。这种主张是否正确，我难以肯定，因为俄国的农民已经破产了，生产下降了，他们的产品几乎只能在农村自给，他们满足不了居民的需求。如果提高关税，则进口品与本国产品价格都提高了，这样，从前损害了生产者，今后则要损害需求农产品的消费者，政府不能同意这种主张。"联邦工业政策委员会副主席卡林说："解决农业问题最重要的是解决制度问题，要从种到收，整个生产过程一体化。"他又说："人的因素是重要。俄罗斯一直没有找到解决农民积极性的有效办法。"彼特拉科夫则认为农业的出路在于土地私有化。联邦统计委员会分析司长普列谢夫斯基认为："国家应给予农业劳动者保护和支持。农业生产面临两个难题：一是农业技术基础已很薄弱，没有资金购买新的农业机械和更换零配件，也没有资金购买化肥、饲料等；二是连年亏损、向国家银行欠了大量的债要清还。银根过紧，尽管市场经济为农业提供了良好的发展机会，还是无法利用机会。"

由上可见，俄朝野人士普遍认为"休克疗法"不符合俄国情。俄现实是处于"休克"状态而无疗法。按照萨克斯本人的解释，"休克疗法"的精髓在于稳定化、自由化、私有化。他第一次试验的玻利维亚本来就是私有制的自由市场经济，"休克疗法"在玻利维亚的主要任务就是紧缩货币，减少预算赤字，短期内稳定经济。而搬到俄罗斯来，"紧缩货币、放开价格"，既不能实现稳定化，也不能实现自由化。

（二）关于"私有化"问题

私有化的目的、范围和方法，在俄罗斯也是争论的焦点。在转轨之初，盖达尔派主张在俄国建立以私有制为基础的混合所有制结构，阿尔巴金派主张建立多元经济成分平等发展的混合所有制结构。盖达尔派突出强调私有制的绝对统治地位，甚至人为规定其在国民经济中应达到的比重。阿巴尔金派则强调各种所有制依具体情况发展，反对人为规定各种经济成分的比例，实际上，阿巴尔金派认为建立公有制经济为主体的混合模式更适合于俄国国情。在我们这次访谈过程中，反对派告诉我们：私有化应服从发展经济的目的，要找到真正对发展俄国经济有兴趣、有责任心、有经营经验的业主，如同在德国和捷克所做的那样。而他们认为，盖达尔政府推行私有化时是服务于政治和思想意识的目的，是为了迅速培养出一个私有主阶层，成为他们政权的阶级基础。关于私有化的方法，反对派认为，俄政府轰轰烈烈搞的每个公民1万卢布地瓜分全民财产的私有化是形式主义的，虽然据当时的汇率，1万卢布相当于1万美元，但居民并不理解持有这1万卢布私有化证券有何意义，不少人用来换了消费品甚至换了两瓶白酒。这样，私有化证券则集中到一些投机倒把者、黑手党手中，他们对发展俄经济并无兴趣，也不是有管理经验的企业家。国民经济预测研究所所长亚廖缅科院士说："他们（指自由派）以为有了私有主，财产就有了主人，但实际上，私有主的财产是'免费'得来的，他不会精心去经营。如吉尔汽车厂的大部分股票被一个商业公司购买了，商业公司没有搞汽车厂的经验，却成了汽车厂的主人，所以，该厂生产规模缩小了，失业很多。"马斯柳科夫说：俄政府以为推行私有化运动"可以创造一批'资本家'，依靠他们可以促使俄罗斯经济繁荣，并摆脱危机。但是，大资本家的形成需要50年甚至更长时间，暴发户不等于资本家"。格林柏格教授说："很可笑的是：IMF要东欧学习俄罗斯加速私有化的经验，说俄的私有经济已占70%。但是，东欧的私有化是要找到真正对经济发展有兴趣的主人才卖，不是随便卖。"马斯柳科夫还认为，电力、燃料、交通、通信、国防等部门应该掌握在国家手里，其他部门的企业可以股份化，但采取这些措施应从具体条件出发，目的是促进企业发展，不能匆忙进行。他还说："国有资产股份化应该是在经济上升的阶段进行，股民可以选择经营好的企业股票买，股票上市就有吸收力。而俄罗斯搞股份化改造是在经济滑坡和停滞的时候，企业普遍没有效益，因此人们对所持证券缺乏信心，廉价抛出，而一些富人趁机收购证券，这些人收购资产不是为了发展生产，而是为了从产权交易中牟取暴利。"总之，反对派认为，俄私有化没有达到发展生产、增加企业和国家收入、提高多数人生活水平的目的。

（三）关于"国家宏观调控的必要性"问题

市场经济要不要国家宏观调控？调控的程序、范围、方法等，也是各派争论的焦点。国家杜马马斯柳科夫认为："俄政府没有整体规划和总量预测，这不但是错误，而且是犯罪。说明政府对国家经济发展不感兴趣，对国家前途不感兴趣。这几年，俄政府没有长期的结构政策、投资政策、生产力布局政策、社会政策等，而这些政策是任何国家长期发展的基础。"他还说，"近几年，政府经济学家以为可以完全由市场配置资源，市场可以自动调节，政府放弃了从而也失去了对经济发展的宏观调控能力。有些生产部门虽然也制定一些发展规划，但因财政预算紧张，投资难以兑现，使计划落空。"格林柏格教授说："IMF 要求俄与东欧国家完全取消国家经济职能，说国家越快地离开经济领域，则经济发展就越好。东欧改革派口头上同意 IMF 的主张，实际的步骤措施还是现实主义的，注意从本国国情出发。比如，捷克选择的就是中间道路，一方面发展了私人经济，另一方面在很大程度上保存了国家管理。"马斯柳科夫说："俄现在没有政府委托的或领导的银行，只有中央银行和许多商业银行，政府不能监督资金周转的渠道。"他认为，"在中央银行之下应有几家大银行由政府直接监督，再下面才是中小商业银行网络。"国家杜马的新经济纲领将强调加强国家对经济的管理，以便尽快恢复国民经济的工业与技术基础，尽快恢复财政金融体系的作用，为国民经济发展服务。

政府工业政策委员会副主席卡林也认为要加强国家对宏观经济的管理。他说："经济部每年有经济发展报告，作为指导经济发展的文件，但他们认为国家经济管理的范围不要很大。我们的意见与经济部不同，我们认为国家的宏观经济管理要加强，要更多地研究日本和法国的经验。"

联邦统计委员会分析司司长普列谢夫斯基说，"对经济改革中出现的问题，俄罗斯正在进行热烈的讨论和争论。不仅反对党在评论，而且政府也在总结。政府也认为改革要保持社会稳定，政府应加强对改革的领导。例如，政府已经认识到了经济预测工作的重要性。1994 年政府恢复了已被取消的经济预测工作，并已作了两年的经济预测。1995 年年底议会还通过了《国家预测法》，规定要搞短期预测和中、长期预测。现在已经恢复了中期预测，至于长期预测和规划，还有待今明两年的努力。《国家预测法》的颁布，使预测项目有了方向并更加具体化了。国家统计工作也进行了相应的改革，这具体反映在 1995 年召开的全俄统计工作会议的文件上。"

总之，我们观察的印象是，俄罗斯下届总统的竞选正在激烈地展开，但不论哪一派的候选人当选，俄罗斯向市场经济转轨的改革不会变化。虽然认识还有分歧，利益不尽一致，但要寻求符合俄罗斯国情的市场经济模式这一点是共同的。政府的现行政策已经在调整，例如，为了控制通货膨胀，特别是成本推动引起的通胀，政府已对一些部门产品的价格规定了上限，规定了"外汇走廊"。又如，为了达到经济起码的稳定，经济部制定了几个规划，包括石油天然气工业、国防工业和技术水平现代化工业的部门发展规划、地区发展规划和社会发展规划等。

（四）关于体制转轨的经济效果问题

俄罗斯当前的经济形势是：危机与转机并存。即一方面，危机依然深刻，难于摆脱；另一方面，转机迹象开始显现，能否稳定持续，还难确定。

1992—1995 年，俄罗斯经济一直处于负增长状态。国内生产总值以年均 12% 的速度下降，其中工业生产率年均下降达 15.5%。与此同时，历史上长期存在的畸形结构更加恶化。近年农业生产量下降要比工业生产下降还要严重得多，1995 年工业生产总值下降 4%，而农业生产总值下降 8%，使得从沙皇一直到苏联都没有解决的农业问题更加严重，濒临破产。工业结构中，"重重（工业）、轻轻（工业）"的情况依然严重存在。而重工业又倚重于原材料和燃料动力部门。据俄罗斯经济部门提供的资料，1992—1994 年，在大中型企业生产总额年均递减 19.3% 的情况下，采掘工业生产总额所占比重由

1991 年的 15.8% 增加到 1994 年的 23.8%，加工工业生产总额所占比重则由 84.2% 下降到 76.7%。1994 年，燃料、电力和冶金工业生产额在工业生产总额中所占比重高达 50.3%。

俄罗斯经济的负增长，又加深了联邦财政状况的恶化。政府财政预算赤字连年增加，基本建设投资大幅度下降。据俄官方统计，1992—1994 年，所有拨款来源的投资额和基本建设投资额（按可比价格计算）年均下降率高达 27% 左右。投资下降使生产企业无力购买生产设备和进行企业改造，据估计，全俄设备损耗率在 60% 以上。另外，企业间相互拖欠有增无减，1995 年债务链（"三角债"）已多达 300 万亿卢布，占 GDP 的 20%。沉重的债务链，造成许多企业无资金购买最必需的原料、燃料，甚至无钱发放工资（自 1995 年 12 月以来的工资，到 1996 年 3 月底还没有发），致使许多企业不得不长期处于停产或半停产状态。财政状况的恶化又反过来给俄罗斯经济的恢复和经济结构的调整带来困难。

通货膨胀率高和居民生活水平下降，也是俄罗斯经济危机沉重的标志。尽管通胀率已在下降，但年通胀率仍然偏高，1995 年为 130%。卢布与美元的兑换汇率由 1992 年的 1 美元兑换 230 卢布贬到 1994 年的 2261 卢布，1995 年的 4400—4700 卢布，1996 年 3 月政府调控的汇率走廊是 4700—5100 卢布，这仍然是高估了的卢布币值。国内消费品萎缩，市场上充斥的是进口货，价格已上涨几百倍，给人民的心理造成巨大的压力。据俄罗斯经济部资料，1992—1994 年，全俄职工月平均劳动报酬由 6000 卢布增加到 21600 卢布，年均增长 600%，而按折合成美元计算仅增长 200%。1994 年居民人均收入低于最低生活费（为 86600 卢布）的人数约有 3400 万人，这几乎是人口总数的 1/4。如果 1991 年 12 月职工平均工资可以购买 3.8 份与最低生活费相当的食物，那么，1992 年 12 月能购 3.3 份，而 1994 年 12 月仅能够买 2 份这样的食物。目前，据报道全俄贫困线以下的人数超过 4000 万人。由于生产下降，俄罗斯失业率不断增加。1992 年失业人数为劳动力资源人数的 0.7%，而 1994 年增加到 1.9%。1994 年全俄隐蔽性失业的潜在人数计有 1200 万人，而 1995 年这项指标呈现快速增长的趋势。

但是，如果把 1995 年与前三年的情况相比，俄罗斯经济中也呈现一些转机的迹象。

首先是经济下降速度趋缓。前三年经济大滑坡，国内生产总值下降速度在 2 位数，1994 年比 1993 年下降 15%，1993 年比 1992 年下降 12%，1992 年比 1991 年下降 19%；而 1995 年比 1994 年仅下降 4%。工业生产的下降幅度，由 1994 年的 25% 降为 1995 年的 4%，而且出现了部分工业部门生产增长的情况，如黑色冶金工业增产 9%—10%，有色冶金工业增长 1%—2%，化学和石油化工部门增产 11%—20%。1996 年 1—2 月与 1995 年 1—2 月相比，工业生产下降 5%，其中采掘工业下降 3%，加工工业下降 8%；而加工工业中，机械工业则增长 26%，木材、建筑材料和食品工业生产增长 14% 左右。

其次，在经济下跌幅度减少的同时，与前三年相比，外贸额有较大幅度增长，卢布汇率暂时相对稳定，通货膨胀率在下降。外贸出口额由 1992 年 424 亿美元增加到 1994 年 480 亿美元，进口额相应由 370 亿美元减为 282 亿美元，1994 年外贸顺差达 198 亿美元。1995 年前 10 个月与上年同期相比，外贸总额增长 20%，其中出口 649 亿美元，进口 470 亿美元，顺差 179 亿美元。自 1995 年下半年以来，卢布汇率基本稳定在 1 美元兑换 4800 卢布左右，尽管物价还在上涨，卢布对美元的比价相对稳定。通货膨胀率已由 1995 年 1 月的 18% 下降到当年 11 月的 4%—5%，1996 年春已降到月均 2%—3% 左右。

转机迹象的精神因素是各派政治力量正在总结 1992 年经济转型以来的经验教训，探求符合本国国情的市场经济模式，而各派政策主张趋同的因素在增多。

俄罗斯经济前景如何？据俄罗斯国民经济预测所的专家别洛乌索夫博士分析："当前，俄罗斯经济发展中存在两个重要比例关系失调。第一，是需求和生产的比例失调。近几年，需求下降 15%，而生产下降达 50%。为了调整需求与生产的比例，已经采取的办法有：

大规模缩减国防开支、增加外债、发行债券、利用工农剪刀差从农业吸收资金等。但是，办法已经用尽，问题依然存在。第二是生产能力与生产的比例失调。近几年生产量下降50%，而生产能力下降20%，从业人员下降10%左右。这样，生产效率和劳动生产率大大降低，生产企业亏损增大，亏损范围扩大。在通胀率较高时，把亏损转到劳动者身上，这个办法也已用尽了。由于生产能力相对富裕，存在着继续增加失业人数的危机。"别洛乌索夫提出解决当前比例失调矛盾的对策是："首先要维持生产、发展生产，这需要国家大量投资。其次，要研究有效发展企业的途径，要发展生产效率高的生产组织，也要建立指导企业的有效机构。"他预测，如果措施落实，到2000年，俄罗斯经济会发生转机。而到那时，应该积极开拓销售需求，这样，到2005年俄罗斯经济可能恢复到改革前的水平（笔者注：1991年俄经济已经深陷负增长的危机）。别洛乌索夫特别强调："并不是恢复到改革前的生产结构，而是要大力发展满足人民生活需求的经济部门和产业部门，例如，轻工业、农业等，以达到经济与社会稳定与发展的目的。"

然而，要发展满足人民需求的经济部门，可能是最难的课题。因为这些部门的生产水平下降幅度最大。据预测研究所估计，1996年整个工业生产下降6%，而轻工业下降25%。当前俄罗斯的问题还不是满足需求，而是如何保证最起码的需求，要把生产与需求结合在一起研究解决，1992—1994年俄国工业成品价格大大超过农产品价格，造成工农产品价格差严重，使资金从农业转到工业。而市场开放后，俄罗斯产品竞争不过进口品，工业资金及出口外汇不能用于发展生产，而用于购买进口消费品了。1992年进口商品市场占有率为12%，目前已达54%，大城市牛奶供应量的75%是由进口奶粉制造的。技术先进的机械制造业、仪器制造业等部门，如果不采取有效的国家保护措施，也将出现与农业、轻工业类似的情况。现在，总统已经发布了命令，规定在财政和价格上采取优惠政策，保护对国民经济起主导作用的企业。

工业政策委员会已提出解决当前经济难题的三项对策：第一，

要采取保护本国生产者的政策。该委员会副主席卡林指出："如果不对本国必需品工业部门如轻工业、食品工业采取保护措施，就很难改变工业结构畸形发展的状况。国防工业军品转民品的关键是提高民品的质量，增加产品在市场上的竞争力。政府应采取的措施如：严格对进口品的质量检验，提高进口关税等，以减少进口，促进本国工业的发展。"第二，制定合理的工业投资政策。目前政府的经济调节作用体现在财政预算中。财政预算中专门有工业投资分配这一章，对工业投资的项目是采取招标的办法，由专门的工作小组审议决定，而在工作小组中起决定作用的就是工业政策委员会。卡林说："现在的问题是工业项目所需的投资额，预算中不是全额提供，因此必须解决资金不足的问题。"第三，加强国家对宏观经济的管理，作好中、长期的发展规划。

据国民经济预测所的预测报告：1996 年俄罗斯经济增长率约 4%，通货膨胀率将稳定在月均 2% 左右。今后 3—5 年内，俄经济将处于"树胶"状态，经济增长率年均为 1.5%—2%。别洛乌索夫认为："这样的增长速度对俄罗斯的经济发展不会带来任何转机。国内生产总值的年均增长率至少应达到 5%—6%，才能使俄经济取得好转，才能使俄经济走出当前的危机。"

也有一种极端悲观主义的观点，认为俄经济已经瓦解了，社会混乱了，不满情绪在滋长，地区差别、两极分化、深刻的食品危机等，可能发生更尖锐的政治斗争和社会动乱，最终的结果会在俄建立独裁统治。

格林伯格教授说，关于前景，可能性最大的是，慢性地恢复经济秩序，慢性地加强国家管理，慢性地稳定与发展经济。他认为，如果能实现这种前景，就是对俄罗斯国家和人民最好的前景。

二 从中国的经验看转轨经济的若干问题

（一）经济转轨需要有稳定的社会政治环境来保证

有个流行的说法是中国只搞经济改革，不搞政治改革，这并不符合实际。1978—1980 年，中国在思想领域开展了"真理标准"的大论战，打破了两个"凡是"的精神枷锁。当时，邓小平强调"一个党，一个国家，如果一切从本本出发，思想僵化，迷信盛行，那它就不能前进，它的生机就停止了，就要亡党亡国"。正是由于"真理标准"讨论带来的思想大解放，才有以后一系列经济改革进展。随着经济改革的进展，政治改革还在不断进行。比如，1980 年 8 月中央关于党和国家领导制度改革的决定，改变了领袖终身制的做法，建立了领导干部退休制度，等等。中国在政治改革方面确定的一系列方针，以保证经济改革所需要的稳定的社会政治环境，现在看来是十分正确的。中国在经济转轨过程中，越来越清醒地处理改革、发展与稳定的关系，认为改革是手段，发展是目的，稳定是保证。现在，中国人的思想很活跃、很开放，但我们有一个统一的指导思想，我们坚持基本理论——邓小平的建设有中国特色社会主义；基本路线——"一个中心、两个基本点"；基本方针——抓住机遇、深化改革、扩大开放、促进发展、保持稳定。与此相对照的是，俄罗斯的主人告诉我们，现在俄罗斯没有统一的指导思想，"没有主义，只是浪漫主义与实用主义"。西方人评论俄罗斯的现状是，"没有执政党的多党制，没有资本的资本主义"。人们思想很乱，整个独联体确实陷入"大失控、大混乱"的状态。

（二）关于经济转轨目标模式的选择问题

自 20 世纪 50 年代以来，社会主义国家的经济改革断断续续，此起彼伏，其实质是为了转换社会主义的经济体制模式。各国改革历程之所以艰险而又未能寻求到适度的能优化资源配置的经济体制模式，主要是由于理论上的禁区，即社会主义与市场经济是截然对立的，不能兼容的。直到东欧剧变、苏联解体之日，这些国家的执政者一方面纷纷抛弃原来的计划经济体制，宣称向市场经济体制过渡；另一方面，与此同时，他们把社会主义的旗帜也彻底抛弃了。从认识根源来说，他们仍然是把计划经济等同于社会主义，而视市场经济只属于资本主义特有。实际上，检验经济体制转轨战略选择合适与否的唯一正确的标准是经济效果，通俗地说就是"三个有利于"：有利于生产力的发展，有利于综合国力的增强，有利于人民生活水平的提高。这些国家正在冷静地总结经验教训。中国正是依据"三个有利于"的标准，在十多年的改革实践中，既始终坚持了社会主义基本制度不变，而对传统的社会主义经济体制模式在认识上不断有所突破，观念不断更新。

（三）关于向市场经济过渡的方法、速度问题

转轨国家的转轨方法与速度有所谓"激进"型与"渐进"型两种。其实，"激进"与"渐进"本身并不是原则问题，重要的在于什么方法符合本国国情，也即采取什么方法符合在本国具体条件下顺利地向市场经济过渡。现在，俄罗斯人自己认识到"休克"疗法并不符合俄罗斯的国情，"休疗"之后的俄罗斯现实是"处于休克状态而没有治疗"。中国根据自己的国情，从总体上采取"渐进"方式（一是改革起步之时，主观上缺乏经验，需要"摸着石头过河"；二是改革起步时的社会政治与宏观经济环境，给了中国政府时间与机会可以运用政府的权威自上而下地、有序而有效地推进改革），而实行"休克疗法"的国家一般是在国家机器完全崩塌的情况下被迫采用的。它们失去了"渐进"改革的机会和时间。但是，实践证明，旧体制可以在一夜之间被摧毁，而新体制却不能在一夜之间被建立。旧体制的习惯势力（包括思维方式、工作方式及利益关系）更不可能一夜之间被消除，新旧体制的摩擦、碰撞将较长时期存在。在旧体制功能中止、新体制尚未建立与健全的某段时间与某些空间将存在着"管理真空"。俄罗斯的"激进"方法没有成功，可能要被迫转为"渐进"，或者"激进"与"渐进"混合。中国采用"渐进"方式并不意味着要把改革的时间拖得很长，只是分阶段、分层次、分领域地逐步展开。但无论采用哪种方式，从计划经济体制向市场经济体制转轨，面临的任务是共同的：改革所有制结构，形成能动的市场经济主体。尤其是如何使长期为中央计划指令生产的国有企业的行为市场化，转向为市场需求而生产，有自负盈亏的经营机制；

发育和健全市场体系，创造公平竞争的经济环境和法律环境；转换政府职能，建立新的适应市场经济的宏观调控体系；改革社会保障体系，建立与健全新的社会安全网。在这些基本任务中，每一项都包含了许许多多的制度、技术、利益调整可能带来的社会震荡和承受能力等问题，因而，是非常复杂的系统工程，不可能"一蹴而就"，急于求成必将"欲速则不达"。

（四）关于所有制改革问题

中国在经济转轨之初首先是从鼓励发展多种经济成分入手来调整所有制结构的。目前的所有制结构的格局是以国有制为主导（工业产值中占 48.3%，社会零售商业占 41.3%），以公有制为主体（除国有外，还包括集体经济与合作经济，目前在工业总产值中的比重约为 38.2%，社会零售商业中约占 27.9%），多种经济成分并存（个体、私营、"三资"企业在工业中约占 13.5%，零售商业中约占 30.8%）。从发展趋势看，非国有经济的比重还将上升，对国有经济必须进行战略性的调整，收缩其比重。具有社区公有制性质的乡镇企业不吃"大锅饭"，以市场主体身份能动地参与市场竞争，对所有制结构调整起了很大的作用，对国有企业转换经营机制也有示范效应。对原来的国有企业，中国没有采用"私有化"的战略，而是首先通过放权让利、赋予一定的经营自主权，促其转换经营机制，适应市场经济要求。自 1994 年以来，转入"制度创新"阶段，提出建立公司制现代企业制度。现在，国有企业的改革已成为整个经济体制转轨需要突破的重点。我们将要接受人类历史上前所未有的挑战——攻克公有制为主体的微观基础与市场经济有机结合的难题。对这个问题，又要从理论上和实践中突破两种传统观念：一种是视市场为公有制的异己物；一种是视私有化为市场化的前提。建立社会主义市场经济体制的核心问题就是要解决公有制与市场经济可以兼容与有机结合。但是，坚持公有制为主体绝不是坚持传统的国有国营的企业模式。中国正在从实际出发、因地制宜地全面推进国有企业改革的试验，攻克国有企业改革的难关，使国有企业的行为市场化，从而使社会主义市场经济体制有相适应的微观经济基础。

至于"私有化"，苏东地区 27 个国家几年来的实践证明，它也并非振兴经济之良策。即使在西方市场经济国家，对其国有企业实行私有的过程也是复杂和艰巨的。英国和法国分别在 4 年中仅对 65 家国有企业实行了私有化，智利 15 年期间私有化 360 家企业。而原中央计划经济国家的国有企业在国民经济中占 90% 以上（西方发达国家私有化前约占 10% 左右，发展中国家约占 15%—20%），数量之大，分布之广，是西方国家难以比拟的。波兰国家不算大，国有企业有 7000 多家。俄罗斯的国有企业就更多了，而且 3/4 的工业企业与军工相联系。这些国家的国有企业"私有化"谈何容易，连西方观察家也谈论，这些国家在转轨之初"对私有化抱着过高的希望，碰到冷酷的现实加重了整个社会的挫折感"。俄罗斯大量的国有企业在私有化后，"突然置身于完全陌生的'无指令''无管制'的自找市场的环境中，茫然失措"。俄罗斯经济界不少人士已冷静和理智地醒悟到私有化也并非是市场经济正常运行的必要和充分的条件。

（五）关于经济体制转轨国家的政府职能问题

"激进"型转轨国家普遍都骤然取消或大大削弱了政府管理经济的职能，而且听信了西方某些经济学家关于"政府离开经济越远越好"的建议。俄罗斯经济界人士从几年来的实践中看到，国家完全放弃从而也失去了对整个经济发展的控制，使俄罗斯和独联体国家都陷入了混乱的"自由化乌托邦"。俄罗斯的情况说明，转轨国家放弃了政府的经济职能，转轨的任务是难以完成的。

当然，强调政府在经济体制转轨中的作用并非坚持原来的计划经济管理办法。二者的区别在于后者是由中央计划机关作为全社会资源的直接配置者，而向市场经济转轨就是要发挥市场在资源配置中的基础性作用，就是说，资源配置首先要通过市场进行，国家针对市场机制缺陷所进行的宏观调控也要根据市场价格信号所反映的供求关系来进行决策。

但是，在转轨国家，政府的宏观调控职能不能局限于更不能照搬西方发达市场经济国家的做法，因为条件完全不同。就俄罗斯而言，原有经济结构极端畸形，垄断程度很高，竞争因素极少，如果缺少政府的作用，结构是难以调整的。垄断使价格信号失真，资源配置也是无从优化的。庞大的军事工业系统不依靠政府的强有力作用是难以转向民用品生产的。从沙皇时期直到如今一直萎缩的农业，不依靠政府的特殊政策，听其自生自灭，更是难以振兴的。

就中国而言，作为一个发展中的大国、穷国，市场体系发育还很不健全，法制基础差，人口众多（就业长期供过于求），地区经济发展极不平衡，目前处于体制转型与高速增长的过程中，为了保持宏观经济稳定，实现产业结构升级，有序地完成经济体制转轨并实现经济增长方式转变，国家的宏观经济调节职能不仅是必不可少的，而且必须是强有力的。

从中国的转轨实践来看，政府的经济职能不是取消或弱化，而是改革和转换。政府要从干预微观经济的事务中解放出来，转向研究转轨与发展的战略问题、总量平衡问题、结构优化问题、布局问题，使政府的宏观调控成为市场经济内在的重要组成部分。

（原载《管理世界》1996 年第 6 期）

东德经济体制转轨的现状与特点

（1994 年 6 月）

三年多前，民主德国（简称东德）与联邦德国（简称西德）实现了统一。此后，立即开始了德国东部地区的经济体制转轨。在所有原来实行中央计划经济体制的国家中，东德经济体制转轨的进程与速度颇为特殊，其特殊性主要如下。

（一）东德经济体制转轨是在闪电式的、地位不对等的两德政治统一的前提下进行的。根据 1990 年 10 月 3 日生效的关于实现德国统一的条约，德国东部地区完全接受和采纳西部地区的以私有制为基础的社会市场经济体制，无权选择经济体制转轨的战略和具体的市场经济模式。整个转轨进程是由西德来推动的。也无须制定什么新的法律法规。一切以西部地区的法律法规为经济活动的准则。

（二）东德的经济体制转轨是以两德的货币统一为前奏和前提条件的。根据 1990 年 7 月 1 日生效的两个德国关于建立货币、经济和社会联盟的条约，德国东部地区东马克作废，原联邦德国货币即西马克作为统一的货币在全德流通。三年多来，德国的货币基础是稳定的，通胀率未超过 5%，目前为 3%。

（三）价格一步放开，市场一步充当资源配置的主角。在 1990 年 7 月 1 日货币统一的同时，物价就放开了。原先低物价、高补贴的与市场供求关系脱节的扭曲价格体系一步得到改变。价格形成机制已由市场供求取代了国家定价，价格作为市场的信息语言和配置资源的功能恢复了，市场体系正由西部向东部移植。

（四）由联邦政府从西部派员去东部建立托管局，集中托管和整体出售原东部地区的国营企业，全面强制推行私有化。国有小企业的私有化到 1991 年年底已经结束，大中型企业私有化也已基本实现，托管局将于 1994 年年底结束工作。在农村，1992 年年底已全部解散农业生产合作社，恢复土地私有权，目前已有 2 万户农民办起家庭农场。德国东部地区的经济基础已基本完成从国有制为主体向私有制为主体的过渡。

（五）政府以巨额的财力对转轨进行了强有力的干预。两德统一后，联邦政府以德国统一基金、贷款清偿基金和共同振兴东部工程以及一系列税收和投资优惠政策，向东部地区转移资金。1990 年为 462 亿马克，1991 年为 1390 亿马克，1992 年为 1520 亿马克，1993 年为 1770 亿马克。这笔总计约 5000 亿马克的巨款中，1/3 用于公共投资，即用于东部地区的交通、通信、水电、煤气供应等基础设施和建设，2/3 用于居民消费、各种补贴及支付利息和建立失业保险、完善养老、工伤事故保险及社会救济等社会保障制度。如此巨额的原体制外的援助是其他任何一个体制转轨国家所不具备的条件。

德国经济体制的转轨进展确实是迅速的，但代价也是很昂贵的，而且存留的问题也不少。

第一，联邦政府由西部地区向东部地区转移资金的规模之大是超出预计的。每年向东部地区转移的资金总额占德国国内生产总值的 5%。东部地区开支的 70% 靠联邦政府和西部地区的资金转移，只有 30% 自行解决。联邦政府已日益感到财政负担沉重。截至 1993 年 6 月 30 日，实际债务总额高达 16683 亿马克，相当于 1993 年国民生产总值的 50% 以上。1990 年西部居民被征的"团结税"占个人收入增长部分的 7.5%，人们都抱怨"没想到统一要使我们增加这么多负担"。

第二，私有化的难点并未解决。虽然，托管局以负债 2750 亿马克即将结束其使命。私有化进程似乎已接近完成，但是，已出售的大部分是中小企业、商业和服务行业的企业，或者是原来效益较好、能盈利的企业，而目前未能私有化的大多是东德大型联合企业的骨干企业，其中，采矿业、有色冶金、机器制造和化学工业所占比重很大。还有 25 家 1000 人以上的大企业无人问津，原因是这些企业的设备陈旧、污染严重、工资费用高、产品销售困难，难于改造。

第三，工业生产大幅度下降。目前，东部地区工业生产只有统一前水平的 1/3 左右，在全德工业生产中只占 4%—5%，劳动生产率仅及西部地区的 45.8%。自 1990 年以来，工业生产下降的速度为东欧国家之最。国内生产总值 1990 年下降 14.7%，1991 年又下降 31.4%，1992 年开始走出谷底，增长 6.8%，1993 年又回落到增长 4%。这种尚不稳定的回升主要是靠巨额财政资助取得的。值得注意的是，作为东德的经济支柱的加工工业生产比统一前下降 3/4，采矿业和能源工业已面临生存危机。所以，尽管经济在复苏，而原先预期在 1995 年以前基本赶上西部地区经济发展水平的"繁荣之梦"需要大大推迟实现的时间。

第四，失业率猛增。1989 年东德就业人数为 980 万人，目前不到 600 万人。统一前东德工业部门就业人数为 340 万人，其中 200 多万人已失去劳动岗位。原来 1000 名居民中有 200 多名就业工人，1992 年只有 60 人。目前登记的失业人数为 125 万人，失业率为 16.5%；市场上还有 23 万人打短工，38 万人参加职业培训，32 万人在创造就业条件，85 万人提前退休，在西部地区做临时工的还有 33 万人。此外，向西部地区移民就业的已近百万，而且在继续增加。

第五，劳动成本增长过快，影响产品竞争力和投资吸引力。自 1990 年以来，东部地区职工工资每年平均增长 20%。由此，东部地区单位产品中所含的工资费用大大高于西部地区，1991 年高 75%，1992 年高 55.2%，1993 年仍高出 44.3%，这严重影响到产品的竞争能力，西部地区有些企业宁愿去捷克投资，也不愿去东部地区办厂。

第六，行政管理机构低效，社会问题丛生。德国的统一主要出于政治上的考虑，对东部地区经济体制转轨的复杂性和难度，以及所需付出的代价估计不足。统一后，东部地区各重要管理机关的领导大多换上了从西部地区调来的官员，并照搬西部地区实行的各种法律、法规和制度。由于西部地区官员不熟悉当地情况，运转难以奏效。而东部地区职工有"二等公民"之感，对新体制有诸多的不适应，引发出不少社会问题。

由于德国东部地区经济体制转轨的代价太高，致使有的政治家甚至后悔当初怎么没有想起中国倡导的"一国两制"。

（原载《信息与研究》1994 年第 21 期）

"休克疗法"在波兰

（1992 年 10 月）

波兰自 1989 年 9 月由团结工会执政至今，在 3 年内已更换了 4 届政府。第一届政府主管经济的副总理巴尔采洛维奇引进了美国学者萨克斯在南美倡导的以治理通胀为主要宗旨的"休克疗法"，制定了《稳定经济纲领》。"纲领"的主要内容有：

（一）实行紧缩财政政策，冻结工资，实行高征税；取消补贴，强砍预算开支；

（二）实行紧缩银根的金融政策，实行高利率，严格限制贷款，遏制通胀；

（三）大幅度贬值本国货币（兹罗提），实现真实汇率，使本国货币在国内可自由兑换；

（四）放开物价，放弃对绝大多数商品和劳务价格的行政控制，交给"市场无形之手"决定；

（五）放松对进出口的各种控制，实现对外贸易自由化；

（六）对国有企业实行私有化。目前，私营经济中雇工已占就业总数的 50%，如不包括农业则占 43%，私营经济所创造的国内生产总值已占 40% 左右，27% 的工业企业掌握在私人手中，75% 建筑业私有化，80% 零售商业私有化，97% 商店是私营的。

波兰政府中央计划署认为，近两年多的变化"是波近代史上罕见的"，实行上述措施是有成效的。

（一）遏制了超正常标准 20 多倍的 4 位数通胀率，1990 年年初通胀率开始下降，1991 年降到 2 位数，为 70%，1992 年 9 月底为 45%，预测 1993 年将降到 32%，1994 年、1995 年的目标是降到 20% 以下。

（二）稳定了货币，取消了外汇黑市交易，1989 年外币存款超过本国货币存款 3 倍，现在本国货币存款超过外币存款 30%，国家银行的外汇储备量相当于出口额的 1/2。

（三）市场供应状况好转，西欧产品大量进口，国内一些企业也在努力增加出口。

除上述效果外，稳定经济纲领也带来一些问题。

（一）由于采取了严格的货币政策，限制了国内需求；同时由于经互会市场崩溃，使波生产大大下降。1991 年工业生产比 1989 年下降 30%。

（二）投资额连续 4 年下降，企业的收入只够发工资和维持简单再生产，外资引进数量很少，不能满足企业大规模改造的需要。

（三）社会对变革付出的代价很高，1990 年、1991 年工人实际工资下降 24%，1992 年继续降 4%，1993 年最乐观的估计也只能保持 1992 年的降速。

（四）预算赤字居高不下，原因是国有企业的增长遇到很大困难，欠国家的债额不断增加，再加上关税、税收体制不力。而社会保障的开支减不下来。

（五）失业率高达 14.7%，失业人数达 250 万人，1992 年年底将达 270 万人。

农业近两年平均每年下降 2%。波兰中央计划署认为，农业最困难的时期刚刚来临，因为农业投入削减增加，整个基建投资削减 18%，农业投资下降 50% 以上，化肥、农机、农药、良种的开支都下降了，其后果将在几年后反映出来，粮价可能要大涨，可能出现粮种需进口的局面。

以下从六个具体方面谈谈波经济体制转轨的现状与难点。

一　放开价格

波兰现政府财政部部长顾问向我们介绍，他曾在政府担任过十多年价格司司长，1990 年以前的价格改革是前期改革，当时思想上不明确向市场经济过渡，但价格改革的意图也是指望更多地由市场调节，只不过国家还有很大的参与成分，到 1989 年价格处于失控状态。自 1990 年开始向市场经济转轨。目前，3/4 的价格放开了，其中，农产品价格全部放开，生产资料与消费品各有 88% 与 85% 是放开的。还有 12% 的生产资料与 15% 的消费品价格由国家直接或间接调控，其中，由国家直接定价的生产资料约占 3%，消费资料约占 11%，主要是民用电力、药品、酒、供暖、民用交通等。国家也调高了这部分商品的价格，调价幅度大约是 2—9 倍。其余 9% 的生产资料与 4% 的消费资料则由国家间接干预，具体地说，对这部分产品，企业如想提价，必须提前三周向地方政府财政部门申报，政府要进行可行性研究，并要求企业进行 3 个月试验，如果承受不了，则主动下滑一些。国家对价格的补贴 1989 年为 26%，1990 年为 17%，1991 年为 9.1%，1992 年为 5.3%。政府想等通胀率降到 2% 时，再对天然气、供暖等价格进行调整。

价格放开后，政府用收入政策进行干预。按规定，企业如涨价 50%，要给工人提高 15% 工资，如涨价幅度超过 50% 则要向国家纳税，企业如不执行规定则强行使其破产，这仍是行政方法干预。来自市场方面的制约则是购买力的限制，提价过高，需求下降。现在，市场上商品是丰富了，但进口货多。价格机制还不能充分发挥刺激本国生产者增加供给的功能，这与国有企业的转轨难度有关。

二　国有企业转轨

据波兰政府工商部介绍，放开价格、取消预算中价格补贴的目的是让国有企业首先实现完全自治。与此同时，向西方市场开放，原指望开放后，以进口商品（包括原材料）的技术、质量、品种、价格刺激本国企业提高技术、改进质量、增加品种、降低消耗、提高效益，作好竞争的准备，实现优胜劣汰。但 3 年来，政府的设想未能实现，没有出现由于外部环境迫使波企业优胜劣汰的局面。相反，一些差的企业反而能生存，因为它们原来设备老、能耗高、效益低，向国家交纳少，身上包袱轻。几年来，工业生产衰退严重。1989年下降35%。产品成本高，产品无法销售，企业没有效益，赋税能力差，国家就用贷款使之能缴税。1992年4月生产下降趋势得到一定程度遏制，但最根本的问题未解决，企业纳税能力差、债务重。

波兰全国现有7000家企业。其中，大约有100个效益好的大型骨干企业交给所有制改造部管，叫做国库企业，使之成为法人，发行股票出售。另有1800家企业由工商部掌握，其中有700家企业濒临破产或需大力改造。其余5000多家企业是地方企业。工商部和私有化部（后改称所有制改造部）都在推行私有化，但职能不同。工商部主要是审批下面上报的申请合资企业，征求该企业职工的意见，尽力挽救这些企业使之通过合资再生存。私有化部则不征求意见，把收归国库的企业股份化后出售。世界银行与波兰工商部成立了一个研究机构，研究波兰究竟哪些企业能够适应市场经济的要求，并委托了被世界银行认可的一家外国公司对各部门各行业进行调查。现已调查了能源、燃料（包括煤矿、石油、天然气、核能发电）及其产品；纺织（鞋帽、服装）；钢铁生产及铁矿石开采；造船工业；化工及其原料；造纸业；水泥生产；农业机械；包装工艺工业；轴承等机器设备制造业等。调查结果表明，纺织部需关闭半数工厂，对另外半数工厂进行改造后可使之更好运营。62家煤矿有17家需彻底改造。可是，由于原来的工业布局不合理，17家需改造的煤矿所在地，恰恰又是半数纺织厂需关闭的地区，这就要使这些地区突然出现大批失业，改造的速度究竟是快些好还是慢些好，难于决断。现在对有些销路不好、效益差的煤矿，国家不给贷款，拟使之自然淘汰。在钢铁业，加拿大一家咨询公司认为，波应调整钢铁生产，原产1800万吨钢，现只需产1000万吨。同时，要降低能耗，解决大规模污染问题，更换原料和设备，才能达到国际标准。这样做，今后16—17年间要解雇钢铁工人10万—40万人，计划到2010年实现。这个方案政府还没有批准。之所以让加拿大咨询公司来调查，为的是取得外商的信任，增加在波兰的投资，使之成为波兰经济发展的火车头。

工商部还有一个职能是调动私人企业家的积极性以填补波工业生产之空白。雇佣300—500名工人的雇主被称为私人企业家。政府希望他们在失业率高的地区发挥作用。此外，正在筹备建立自由贸易区、免税区等。有的工厂关闭了，也允许将其部分车间让私人购买或改造成修理厂。

战略性企业的大部分股票由国家买下以便调控。国家股占51%—100%的企业，其经理和管理委员会由国家任命。

工商部官员还谈到企业利益与国家利益矛盾问题。他们说，在职工压力下，企业总想多给职工发钱，企业经理权力很大，千方百计对付国家，以减轻职工对他们的压力。企业违法现象严重，超额工资增长税，国有企业固定资产税，企业都不缴，欠债严重，国家也没办法。国家当然可以宣布其破产，但又怕带来社会问题。所以政府不能采取激进措施，否则将遇到剧烈社会反抗。

波兰部长会议办公厅秘书处的专家认为，波兰私有化过程将会持续很长时间，比英国以及智利等南美国家私有化涉及的范围大、程度深、面更广，因而工作复杂得多、时间也长得多。当前私有化的主要障碍，大体有以下三个方面。

（1）缺少资金：这又引出一个形式问题，是出售还是无偿分配？如果出售，售给谁？多数波兰人无力购买，波兰人民的民族心理又不想完全卖给外国资本，况且，外国资本因投资环境不理想也不积极；如无偿分配，人人一份，未必能改善经营效果。

（2）资金市场还不发育，现存的国有固定资产的市场价格很难确定。

（3）社会心理障碍大。原来的工人、企业、管理者之间都缺乏竞争，绝大多数人担心生活将进一步下降，尤其失业问题对人们心理影响很大。

三 金融体制改革

波兰中央银行已成为独立于政府之外的组织，但并非不同政府合作。行长经议会批准，总统任命。根据法律规定银行工作的目标是：（1）保证货币稳定；（2）防止通货膨胀；（3）保证本币与外币之汇率合理。每年银行要向议会提交工作草案，年终行长要向议会提交工作报告，议会对银行的工作草案和报告可以讨论，不作决议，银行只是向议会通报。银行改革与政府的改革并不冲突，其独立性表现在限制政府贷款的种类和数额。3 年来，波兰中央银行的主要任务是控制通货膨胀，限制货币发行量。目前，波兰银行体系与国际上银行体系类似，由银行自己决定贷款利率、贷款规模与年限、贴现率、准备金。

自 1990 年起，波兰实行高利率限制贷款。一年前贷款利率为60%—70%，现在 40% 左右。因为国有企业无力缴税，也无力吸收贷款，连偿还旧债的能力都没有，企业欠国家、欠银行的债务是当前的最大问题，陷入了恶性循环。银行正在同企业谈判，要为企业偿还债务和吸收新贷款提供优惠。议会拟批准专项拨款给银行以用于企业还债。这些做法能否奏效值得进一步研究。

除中央银行外，过去波兰有 7 家银行，现在有大银行 90 家，地方银行 1600 多家。1989 年修改银行法，允许私人成立股份银行。地方银行是合作合资出股，在本地区范围内发放贷款，贷款主要方向是农村和农业生产，具有互助性。国家也利用这些小银行援助农业，这比国家自己办要方便得多，成本也低些。中央银行与普通银行职能分开后，普通银行把储蓄的资金、客户带走，同时也把矛盾、问题带走。建这些银行之目的是打破过去中央银行垄断的局面。近两年多以来，银行也处于优胜劣汰过程中，有些保存了，有些淘汰了。

但是，波兰的现实情况说明，银行改革的过程也是漫长的。新建立的银行的信誉还值得怀疑。问题之一是对金融干部的培训非一日之功，银行的领导素质也不能满足要求。最近，波兰同西欧 7 大银行签订了协议，其中包括由世界银行为波培训各级金融人才。世界银行为此拨了专款。另一个大问题是银行本身如何实现电脑化，目前金融手段还不够现代化。

目前，银行资本的 25% 投于股票和证券市场。波兰证券交易所于 1991 年 4 月 16 日开业，在所有制改造部监督下，成立了管理委员会，并与法国、美国的有关机构签订了协议，由他们帮助训练经纪人。现在有 23 家银行是管委会成员，已有 200 名经纪人取得合格证，有 16 家原国有企业实行私有化后在此拍卖，有 20 万人买了这 16 家企业投放的股票，有 6 万人在经纪人那里开了账户，每周两次开股市，1993 年争取每周 5 次，每次交易额达 300 万美元，是东欧最大的交易所。

四　对外经济关系

波外贸已完全自由化，除军火、毒品外，均可自由贸易。国家对外贸不实行补贴。本国企业之间结算用本国货币（兹罗提），与外商签订合同是用外币，结算时用兹罗提，外商可从银行兑换外币汇出，但 1 万美元以上要经批准。如私营小公司与外商合伙，批准就可携带 2000 美元出国与外商搞进出口。只要付关税、周转税即可自由进口。关税率及周转税率均为 10%—25%。有些行业如原油等免税，税率高的是汽油、烈性酒、烟。对于高科技、设备、原材料均实行低关税。

波兰引进外资的原则是对所有国家一视同仁，欢迎直接投资。1991 年通过外国企业投资法，如投资达 260 万美元就可免征收入税；如产品可外销，或企业建在高失业率区，或投资高科技领域，均可享受优惠。原料及配件不免税。

目前波兰吸引的外资不多，不及 20 亿美元。原因很多，总的说是投资环境不理想，除政局不稳、基础设施不适应等原因外，土地所有权的纠纷是很重要的原因，投资者希望拥有厂址的土地所有权，而战后土地国有化前的原所有主要求归还。同时，波兰土地所有制法有明文规定农用土地不能出售，对此政府正在考虑，但目前尚未修改。

五 农业问题

由于农业投入成倍下降，化肥、农机、良种、农药的开支均减少很多，其恶果必将在今后几年内反映出来。1992年干旱遍及很多省。为此农业部提出了许多建议，财政部则提出了许多反建议。波兰农业处于结构性改造阶段，确实需要很多资金投入，而在预算赤字有增无减的情况下，国家不可能拿出更多的钱来支援农业，只有挖掘农业改造基金会的潜力；同时，从银行体系发放些优惠贷款，但即使最优惠的利率也达到38%（接近通胀率），农民还是承受不了。所以只好规定利率为18%，其余的由财政补贴。

六 经济学家的评论

我们拜访了前任副总理、现任经济协会主席、著名经济学家萨道夫斯基。他说，政权易手后通过激进改革纲领即"休克疗法"，对此他是持批评态度的。现在世界上对"休克疗法"批评的呼声日高，但当初我的批评态度是很孤立的，当时普遍的看法是不搞"休克疗法"就达不到目的。

萨道夫斯基认为，"休克疗法"的主要措施是一步放开价格，但如不同时对收入进行改革，则毫无意义。波兰的激进改革导致价格猛涨，当时零售价在3—4个月内涨14倍，食品涨17倍，同期工资涨9倍，实际工资收入急剧下降，同时市场需求也急剧下降，引起生产也急剧下降，以致失业人数大大增加，目前失业率为14%，各地区不等，华沙等大城市失业率相对低些，有些地区失业率实际已超过25%，有危险性。近几个月工业生产速度在缓慢回升。对此也不能盲目乐观。由于今年大旱，谷物产量下降，歉收25%，马铃薯是主要饲料，歉收幅度很大，届时可自由进口，要想进口必须出口，这就恶化了外贸收支平衡的环境，通胀可能加剧，兹罗提与外币的比率将会进一步下降。近 3 年工业生产已下降 1/3，有些行业下降 1/2，政府对下降幅度之大未曾预料到，他们总认为下降情况会很快得到缓解，寄希望于外资进入与私有化。但外资并未如想象的那样涌入波兰市场，私有化也未如期望的那样有成效。其原因很明显，私人资本与外国资本都需要有稳定的环境，而现实是生产下降，政局不稳，使他们恐惧。

国有企业处境困难，一是由于需求下降；二是私有化口号使国有企业自感前途不明；三是企业税赋很重。国有企业缴不了税，导致预算范围内收入减少，企业欠国家债务日增，造成预算赤字不断增大。

如何减少赤字是波兰政府与经济界争论的热点，萨道夫斯基和一些经济学家认为紧缩开支会使生产更加衰退，这种观点受到国际货币基金组织（IMF）等国际组织的压力，他们要求波兰 1992 年赤字不得超过 GDP 的 5％。实际上做不到。经济学家们认为，在有大规模失业的情况下还是要启动生产，政府也已注意到这个问题，比如，在转轨之初，大门打开，大量进口，认为大量引进会促进国内生产。但波兰国内企业改革还未能适应世界市场的要求，在国内生产下降情况下大量进口，这对国内工业无疑是雪上加霜、受到加倍的打击，亦影响国内农业生产，引起农民抗议、社会不满。因此，最近政府已采取了适当的保护措施。

当我们问到"启动生产有何办法，能否实现"时，萨道夫斯基说："这问题还在讨论中，解决办法还没有找到"，有两种观点。

第一，"创造性破坏"论，认为生产下降到谷底后必然会再回升，差的自然淘汰掉，余下的就是好的，能自动启动生产；

第二，"国家扶持"论，认为在市场经济初建阶段不能完全依靠市场，国家应制定产业政策保护某些行业，使生产降幅不致太大，使这些行业工人失业率不致太高，甚至哪怕维持低效益生产也比根本抛弃那些企业好。国家还要扶持那些在国际市场上有竞争力的行业和企业。

第一种思路怕第二种思路会损害改革，第二种思路认为第一种思路是"欲速则不达"。政府更倾向于后者，拟通过政府政策予以干预。

有些经济学家主张实行积极的预算政策，使经济尽快复苏。目前企业税赋很重，企业利润的130%要缴税，好似勒紧了裤带，连呼吸都难，更谈不上好好生产，应当松绑。银行要把增加的货币投放到生产上，生产增长了，增加的货币就不会引起通货膨胀。但这种观点不易被接受，因为担心通货膨胀的心理占主导地位，似乎每增加一枚货币投放都会引起通货膨胀。这是波兰经济界争论的热点。

萨道夫斯基明确主张启动生产、制定保护本国市场的产业政策，并按此主张提出了方案，他自信照他的方案做，今年经济即可复苏，明年则可增长2%，以后还会更快，达到4%—5%。如果，按照衰退的方案，明年将继续衰退下去，最终会导致政治的、社会的巨大冲突，不会有光明的前途。

当我们请萨道夫斯基对波兰与匈牙利、捷克经济体制转轨情况作些比较时，他说，这些国家都处于转轨过程中，应避免犯同样的错误，即转轨速度过快。波兰、匈牙利剧变前都进行了许多改革，匈牙利能够合理地在继承以往改革成果的前提下温和地前进，而波兰当权派则好像从零开始，根本不考虑过去的成果。捷克在剧变前根本没有改革，这在某种程度上有利于它们在通胀率极低的情况下进入转轨，不需要激进地争取货币与市场的平衡。匈、捷比波吸引外资的环境好一些，这也有利于它们的经济复苏。在私有化方面，波、匈、捷采取了类似的措施，所以犯了同样的错误。私有化不应是目的，目的是发展生产力，应建立新的私营企业，而不是强制国有企业都去搞私有化。萨道夫斯基说："重要的不在于有多少私有者，而在于涌现多少善经营的管理者，人手一份地平分财产达不到涌现善经营的企业家的目的。"

通过考察，我们有以下五点粗浅的印象和认识。

第一，波兰原中央计划经济体制的框架已经彻底打破，市场经济体制的框架正在构造。所谓"休克疗法"即激进转轨的成果是：

价格放开了；恶性通货膨胀的势头受到遏制；进出口贸易自由化了，1991年12月与欧共体签署了"欧洲协定"；按照市场经济要求重组了政府机构，改变了政府职能；建立了新的银行体系，利率与汇率实行有管理的浮动；等等。

第二，从总体上看，波兰的竞争性市场经济体制还没有真正运作起来，体制转轨的困难与复杂程度比预想的要大得多，主要表现在：所有制改造步履维艰，原来的国有大中型企业不能成为市场交易中能动的主体；国内工业结构改造难于起步，价格放开后尚不能发挥刺激国内产品供给的功能；进出口贸易自由化的措施也未能带动国内产业结构改造和技术改造。因此，转轨过程中的经济形势是严峻的，生产衰退，预算赤字有增无减，失业率高，人民实际生活水平下降。波兰政府1992年年初的《国情报告》确认，"波兰经济处于深刻的危机之中"，"经济深刻衰退的结果造成国家财政的崩溃"，"普遍相互欠债的进程像雪崩一样发展"，"通货膨胀的根源（陈旧的经济结构和亏损企业）未能消除，巨额的财政赤字是新的严重通胀的威胁"。

第三，据初步分析，转轨困难的原因主要是以下四个方面。

（1）旧体制包袱太重，原有的经济结构不可能随着政权的剧变而突变，指望市场经济在政权易手之后旦夕生长起来，不仅是幻想，甚至是旧的行政命令思维方式的翻版。

（2）市场经济体制仅有法律文件和组织机构框架，没有真正自由流动的生产要素（资本、土地、劳动力）、没有熟悉市场经济而且受利益驱动能自主经营的主体、没有足够数量的合格人员去操作、没有普遍被培育起来的竞争意识，则竞争性的市场经济体制难于运转，而这些因素的形成非"休克"所能指日"疗"成的，从这个意义上说，转轨的激进方式还是渐进方式，各国虽可根据自己当时当地的情况选择，但要使市场经济体制取代中央计划经济体制真正有效运行，看来不能不是一个渐进的过程。

（3）波兰体制转轨的难度也因一些客观条件的制约，如国内资本短缺、市场狭小，经互会国家经济联系中断（而且那些国家都处于停滞与衰退的境地），西方的"援助"是"承诺多于金钱"，外商只热衷于去那里倾销本国的商品，由于投资环境不理想，外国直接投资的积极性不高，等等，也使体制转轨不顺利。

（4）转轨过程中政府的指导方针与措施不完全切合本国国情，"社会未表现出当局所期待的热情"，政府预期的目标达不到，纲领在议会和党派之间争论不休，波兰有的经济学家批评政府纲领的盲目性是"闭着眼睛跳下了不知深浅的大海"。

第四，目前政府正在总结前段工作经验教训，调整政策措施，比如，降低贷款利率、研究保持国内工业的产业政策，注意发展与亚洲国家的经济关系等，而且政府越来越认识到经济体制的转轨是不能急于求成的。波兰经济体制转轨中面临的难题，也是原中央计划经济体制其他国家棘手的共同难题，研究波兰经济体制转轨的经验教训是有借鉴意义的。

第五，经济形势是严峻的，这是政府与各界人士的共识，但对困难估计的程度略异。观察者一般是这样来把握波兰经济形势的，即实际情况比政府说的要差一些，但比反对派说的要好一些。据我们在实地观察的印象也是如此，统计数字表明的情况确实是严峻的，但民间的现实生活并非想象的那样困苦，这可能有如下原因：

（1）没有把新增的经济成分的生产与收入，都纳入统计体系之中；

（2）原中央计划经济体制的社会保障程度高，"铁饭碗"与"大锅饭"覆盖全社会（包括小农和个体户），目前在结构调整中，为了不放弃领取失业后的各种待遇，人们即使有了经营生路却仍然要登记失业；

（3）波兰人民的生活水平当然远远低于西欧，自 20 世纪 80 年代以来一直呈下降趋势，近两三年下降更多，但还是有一定的质量，据世界银行 1991 年报告的资料，波 1990 年人均国民收入是 1700 美元。

（本文系赴波兰考察报告，原载《国外经济体制研究》1992 年 12 月）

俄罗斯向市场经济转轨的经验教训
——赴俄考察经济转轨材料之一、二、三、四
（1996 年 5 月）

【原编者按：1996 年 3 月，江春泽与国家计委宏观经济研究院一行 4 人应俄罗斯科学院国民经济预测研究所邀请，赴俄进行了为期两周的经济考察，并与部分俄经济部门的官员、经济专家进行了座谈。江春泽曾将考察材料分四期在该院《信息与研究》连载，供关心这方面情况的人士参阅。】

一 俄罗斯国内经济现状与改革方案的选择
——赴俄罗斯考察材料之一

（一）经济现状与原因

俄罗斯科学院国民经济预测研究所所长亚廖缅科院士对此提出五点看法。

第一，国家不仅在政治上解体了，而且在经济上各地区、各部门也独立自主化了。如农业，国家不保护，不资助，要求农民自力更生；国防也如此，国家虽有一点贷款，但规模很小，商业贷款的年利率约 50%—160%；轻工业也得不到资助，原材料很贵，产量下降 75% 左右。也有些部门活起来了，如天然气、石油、电力托拉斯经营状况很好，但它们已从国家经济中完全独立出去了。所以，经济也解体了，成为分崩离析的经济。每个部门都在寻找自己的活路，有些企业已成为西方公司在俄领土上的一部分。这些企业对俄罗斯

经济虽有一些好处（如交纳税金、活跃市场），但它们已不是俄罗斯经济整体的一部分，而是西方经济的一部分。农业问题最严重，它靠货物贷款在维持，如肥料、燃料、部分机械等。农业平均工资只相当于工业最低工资的30%—50%。

总之，经济瓦解了，而且继续在瓦解。俄罗斯过去是直接分配资源的经济，现在是货币经济，但货币在俄罗斯分配资源方面起不了作用，搞不好效果比过去还差。

第二，俄罗斯预算规模超过生产规模。俄罗斯继承了苏联的所有包袱，如军队、边界纠纷、外债等，压力保持着，生产在下降，现在预算赤字是财政收入的3%。

另外，银行利率不能起建设性作用，银行靠通胀发财。现在电力和暖气涨价，企业资金不足，就向银行贷款，企业从固定资产和周转基金中拿出一部分去付银行利息，企业是用历史上积累起来的资金在维持。银行体系不是为生产服务，对此应如何改变？无明确的一致意见。不久前，内务部部长古力科夫（他属于政府重要成员中的反对派）提出，把银行国有化作为出路。政府也有两种观点，银行国有化是一种意见；另一种意见认为，现在的商业银行有好的作用。

第三，我们在制度方面的改革不是为经济服务，而是为政治和思想意识服务。如私有化，目的不是为了提高生产、发展国民经济，而是领导阶层希望出现一个私有阶层，作为其政治力量的基础。他们以为有了私有主，财产就有了主人。但实际上私有主的财产是"免费"得来的，他不会精心去经营，如格鲁吉亚的水果店老板，在水果店私有化以后，就等着以后房地产涨价；又如，吉尔汽车厂，大部分股票被一个商业公司购买了，这个商业公司变成汽车厂的主人，但他们没有搞汽车厂的经验，造成该厂生产规模缩小，失业增多。现在市长又想国有化，他们反对，想再卖房产、土地、设备、卖股票来赚钱。

第四，"地下经济"在经济生活中的作用很大，约占全部经济的15%—20%。现在可以说是由"非法经济"在调整合法经济。例如，不少研究所是用出租办公房来发工资，维持生计。"黑手党"也正是利用"非法经济"活动，许多犯罪现象都与此有关，是采取了现行的经济措施的恶果。如果不搞那么大规模的私有化与价格自由化，就不可能有这么多犯罪活动。

第五，经济发展动力丧失了。因为价格结构不刺激增加投资与增加工资，所以没有投资需求，也没有消费需求，生产发展没有动力。现在，月通胀率为3%，而年生产增长率下降3%—4%。俄罗斯改革的最恶劣后果是破坏了现代化的技术基础，而农业、建筑业需要规模极大的现代化。俄罗斯现代化的最重要技术基础是国防工业，而现在国防工业也被破坏了。

为改变上述情况，最重要的措施是国家调控能源、原材料的价格体系。天然气和石油公司的产量，应当有一部分交给国家，一部分用于再生产。现在，这些公司的实际做法不是用资金投入国内的管道建设，而是去欧洲甚至去德国某个城市建管道。对此，国家应调控价格体系，让他们在俄罗斯建造管道。

（二）俄农业问题严重

俄罗斯国家统计委员会经济分析司司长普列谢科夫斯基指出，目前俄罗斯农民绝大部分是集体劳动形式，只有一部分是个体劳动形式。农业生产量下降比工业生产量下降严重得多，1995年农业下降8%，工业下降4%。俄罗斯现有粮食生产主要是来自集体农庄。蔬菜、土豆、畜牧业生产中农民个体自留地劳动的比重增长了。由于畜牧业下降，对饲料的需求量减少，1995年已不需进口粮食。

由于政府对农业完全放开了，国家没有农业生产计划，农业产品全部由农庄自主经销、收入分配也自主进行，使农业生产面临两个难题：一是农业亏损，向国家银行欠了大量债务需要偿还；二是农业技术基础非常薄弱，没有资金购买新的农业机械和更换零配件，也没有资金购买化肥、饲料等。

由此可以得到两点结论，第一点，市场经济为经济发展提供了良好的机会，但是银根过紧就无法利用这种机会；第二点，如果国家不给集体农庄和个体劳动者应有的保护和支持，生产的经济效果是很小的。

（三）摆脱危机的方案选择

俄罗斯联邦政府工业政策委员会副主席卡林说，对俄罗斯经济形势的评论意见纷纭，但共同点是不满现状，都希望求得解决办法。现在，经济生活中最大的压力是通货膨胀。我们今后的目标是把通货膨胀率控制在30%，如果能实现，则投资就有希望，这是解决失业问题的钥匙。解决当前经济难题有三项对策措施。

第一，要采取保护本国生产者的政策。大量进口商品进入俄罗斯国内必需品市场，并占了较大比重，如果不对本国的必需品工业部门（如轻工业、食品）采取保护措施，很难改变工业结构畸形发展的状况。国防工业军品转民品的关键是提高民品的质量，增强产品在市场上的竞争力。因此，对国防工业企业要扩大投资，增加周转资金。食品工业在与国外进口产品竞争中失利了，主要是质量和价格问题。但是，进口食品也有质量低劣的，俄罗斯人民从实践中已开始认识到这方面的问题，产生了反对进口的心理和情绪。政府应该采取措施，例如，严格对进口食品的质量检验，对进口食品提出更高的卫生标准，提高进口关税等，目的是减少进口，促进本国工业的发展。

第二，要制定合理的工业投资政策。目前，政府的经济调节杠杆作用主要体现在财政预算中。财政预算由经济部草拟，征求有关部门的意见，政府讨论通过后，由总统正式公布生效。财政预算中对参加工业投资分配的投资项目要采取招标的办法，由专门的工作小组审议决定。现在的问题是，工业项目所需投资，在预算中不是全额提供。因此，必须解决资金不足的问题。

第三，要加强国家宏观经济管理。现在我们正在思考加强计划工作的问题。这个问题在前两年讨论得很热烈，但没有形成文件。经济部每年有经济发展报告，作为指导经济的文件，但他们认为国家经济管理的范围不要很大。我们的意见与经济部不同，我们认为国家的宏观经济管理要加强，要更多地学习研究日本和法国的经验。

东欧问题研究中心主任格林伯格教授指出，俄罗斯目前的形势是悲剧性的。尽管政府在抑制通胀方面取得成就，使近几个月的月通胀率降为3%，但我们不相信这是稳定的，也不相信市场经济体制已经稳定了。有人讽刺说，俄罗斯政府应得诺贝尔奖奖金，因为他们发明了克服通胀的新办法，"提高工资，但不发行货币，不发工资"。

叶利钦为了竞选胜利，承诺要发工资，但货币从哪来？除了开动印钞机外，别无来源。如实现其诺言，会立即引起通货膨胀。

关于俄今后改革的前途有三个方案：

第一方案：总统及其周围的人主张按照目前的路子继续走下去；

第二方案：一些极端悲观主义者认为，经济已经瓦解了，地区差别扩大、两极分化、深刻的食品危机……社会混乱了，不满情绪在滋长，可能发生更尖锐的政治斗争和社会动乱，最终的结果会在俄建立独裁统治；

第三方案：可能性最大的是，慢慢地加强国家管理，慢慢地稳定与发展经济。

如果能实现第三种方案，俄经济的前景可以看好。

二 俄罗斯经济专家对国内经济的预测
——赴俄罗斯考察材料之二

（一）两个重要比例关系失调

俄罗斯科学院国民经济预测所的青年专家别洛乌索夫认为，当前，俄罗斯经济发展中存在两个重要比例关系失调。

一是需求与生产的比例失调。近几年需求下降15%，而生产下降达50%。为了调整需求与生产的比例，已经采取的办法有：大规模缩减国防开支、增加外债、发行债券、利用工农剪刀差从农业吸收资金等。现在办法已经用尽，而问题依然存在。

二是生产能力与生产量的比例失调。近几年生产量下降50%，生产能力下降20%，从业人员下降10%左右。这样，生产效率和劳动生产率大大降低，造成生产企业亏损额增大，亏损面扩大。在通胀率较高时，把亏损转到劳动者身上。现在这个办法也已用尽了。由于生产能力相对富余，存在失业人数增加的危机。

解决比例失调问题的办法，首先是要维持生产、发展生产，这需要国家大量投资。

其次，要采取组织措施，提高生产效率。当前急需建立领导企业的有效机构，确定发展哪些企业，研究有效发展企业的途径。现在俄罗斯经济部已经重视经济预测和规划工作，恢复国家计划部门的条件也已经成熟。如果措施落实，到 2000 年俄罗斯经济会发生转机。

最后，经济转机后，应该积极发展满足人民需求的经济部门。这样，到 2005 年俄罗斯经济可能会恢复到改革前的水平。当然，这并不是恢复到改革前的生产结构，而是要大力发展满足人民生活需求的经济部门和产业部门，例如轻工业、农业等，以达到经济发展稳定的目的。这可能是俄经济最难的课题。因为这些部门的生产水平下降最大，估计 1996 年整个工业生产还将下降 6%，而轻工业要下降 25%。

当前的问题不是满足需求，而是要保证最起码的需求。要把生产与需求结合在一起研究解决。1992—1994 年，俄罗斯工业品价格大大超过农产品价格，造成工农产品价差扩大，于是资金从农业转到工业。而市场开放后，俄罗斯市场不能与国外市场竞争，工业资金不是用于发展生产，而是用于发工资和购买进口商品上。1992 年进口商品在全社会零售商品中比重占到 12%—13%，目前已经占到 54%。大城市中牛奶供应量的 75% 是由进口奶粉加工的。

技术先进的机械制造业、仪器制造业等部门，如果不采取有效的国家保护措施，可能也会出现与农、轻工业类似的情况。俄罗斯生产下降的原因，在 1992 年是因为最终需求产品的生产部门下降，而 1993—1994 年下降的重要原因是中间产品生产下降，这对整个国民经济有严重打击，经济一体化趋于瓦解。必须高度重视农业、机械制造业等部门的按比例发展，才能保证整个经济的稳定发展。为此，1996 年要大力推动技术水平高的机械制造部门和企业的发展。现在总统已发布了命令，规定在财政和价格上采取优惠政策。以保护对国民经济起主导作用的企业。但是在调整国民经济整体结构方面，政府还没有好的解决办法，也没有取得积极效果。

（二）俄经济只有达到 5%—6% 的年均增长率，才能克服当前危机

关于经济前景的预测，别洛乌索夫说：1996 年俄罗斯经济增长率预计为 4%，通货膨胀率将稳定在月均 2% 左右。今后 3—5 年内，俄罗斯经济将处于"树胶"状态，经济增长率年均为 1.5%—2%，这样的增长速度对俄罗斯的经济发展不会带来任何转机。为了使俄罗斯的经济取得好转，国内生产总值的年均增长率应达到 5%—6%。若 1997—1998 年达到这样的增长速度，并持续到 2005 年，俄罗斯国民经济的稳定持续发展就有了保证。如果目前的经济危机持续下去，是达不到 5%—6% 增长率目标的。俄罗斯的经济发展必须取得突破性的进展，只有达到 5%—6% 的年均增长速度，才能克服当前的危机。

三 俄经济专家谈宏观经济五个失误和拟议中的新经济纲领
——赴俄罗斯考察材料之三

国家杜马经济政策委员会主席马斯柳科夫，在 20 世纪 80 年代曾任苏联部长会议副主席兼国家计委主任。他在回忆当年与中国建立混合委员会，共同研究中国、苏联两国的改革方案时说，当时两国都有不合理的价格体系，中国的能源价格比国际市场价格低得多，但中国注意到这个问题，渐进地改，逐步接轨。其实，我们也应当渐进地改，我们的经济受不了"休克疗法"的打击。他认为俄罗斯改革在宏观方面有五个失误。

第一个失误是采取"休克疗法"，即 1992 年全面放开价格，与国际市场接轨。本想通过放开价格，平衡供给与需求，平衡和调整预算收支。但一下子放开价格带来很坏的后果，价格数十倍的飞涨，出现严重的通货膨胀。在这种情况下，迫于国际货币基金组织的压力，实施紧缩货币的政策，货币流通量减少了 2/3，使企业和居民收入骤然下降，企业流动资金发生困难，工业生产下降了一半；居民收入减少，市场最终需求萎缩，又使企业进一步陷入困境。

第二个失误是政府竭力推行的私有化和非国有化，不是以发展经济为目的，而是出于政治需要。当权者变相地将国有资产分给他们自己，成为暴发户。其做法很简单，政府发给每个俄罗斯公民 1 万卢布的国有资产证券，当时相当于 1 万美金。但多数老百姓不理解证券的具体含义，他们不知道这有什么用，就将其换为现金（甚至有人将 1 万卢布的国有资产证券换 1 瓶白酒）。但有人就趁机大量收购国有资产证券发了横财，成为暴发户。当权者以为这样能创造一批"资本家"，依靠他们可以促使俄罗斯经济繁荣，并摆脱危机。但是，暴发户不等于资本家，大资本家的形成需要 50 年甚至更长时间。这样做的恶劣后果就是严重的两极分化，少数人暴富，而 4000 万人却生活在贫困线以下。电力、燃料、交通、通信、国防等重要部门一定应掌握在国家手里，只有其他部门的企业才可以实行股份化。采取这些措施应从具体条件出发，促进企业发展，不能匆忙进行。

第三个失误是外贸绝对自由化。现在俄罗斯只有 16% 的国内市场限制国外产品进入，而美国却有 45% 的国内市场禁止国外产品进入。俄罗斯盲目开放市场，让外国产品压倒、压死了国内生产者，造成国内产品生产急剧下降。从几个主要工业部门看，1995 年的实际生产与 1990 年相比，轻工业只有当年的 16%，电子工业为 13%，机械制造业为 11%，食品工业为 30%，国防工业为 15%。从这些数字可以看出俄罗斯经济目前的困难状况。

第四个失误是政府没有整体规划和总量预测。这不但是错误，而且是犯罪。说明政府对国家经济发展不感兴趣，对国家前途不感兴趣。换言之，政府没有长期的结构政策、投资政策、生产力发展政策、社会政策等，而这些政策是每个国家长期发展的基础。俄罗斯政府认为，市场可以自动调节，可以完全由它来配置资源，放弃了对经济发展的宏观调控。现在政府只有经济部门制定的2—3年期的经济纲领，虽然有些生产部门也制定生产计划，但因为财政预算紧张，投资难以兑现，使计划落空。总之，政府放弃了从而也失去了对经济的调控能力。

第五个失误是国有资产股份化改造。国有资产股份化应该是在经济上升的阶段进行，股民选购经营好的企业股票，使股票上市有吸引力。而我们搞股份化改造是在经济滑坡和停滞的时候，企业普遍没有效益，人们对所持证券缺乏信心，廉价抛出，一些富人就趁机收购证券。实际上，政府是把国有资产分给了投机分子，这些人收购资产不是为了发展生产，而是为了从产权交易中牟取暴利。在这个过程中，银行体系变得畸形了，大量的商业银行出现，而且小型化，无法承担大规模投资。

俄罗斯现在没有政府委托或领导的银行，只有中央银行和许多商业银行，政府不能监督资金周转的渠道。实际上，在中央银行之下应有几家大银行由政府直接监督，下面才是小商业银行网络。俄罗斯现在虽有几家大型商业银行，但它们不为经济建设服务，如库页岛大地震，政府立即拨给经费，而当地政府和人民却未收到。最近，经济政策委员会准备召开学术讨论会，目的是在6月15日总统普选以后，向新总统提出冷静的、理智的经济纲领。

国家杜马还主张放慢私有化速度，并采取部分国有化措施。目前，俄罗斯国有企业占40%，都是最大的外向型企业、国防工业企业。按照政府的逻辑，这些企业也应私有化。杜马坚决反对这样做，主张这些企业都作为"国库企业"。交通、能源等大型企业应永远掌握在国家手里。其他企业如需私有化，也应因地制宜，不能匆忙进行。

四　俄罗斯经济专家谈向市场经济转轨中的教训
——赴俄罗斯考察材料之四

俄罗斯科学院市场经济研究所所长彼特拉科夫院士认为，俄罗斯向市场经济转轨中的教训主要有以下四个。

1. 改革的领导者不是从我国的国情出发，毫无批判地接受了"休克疗法"。

我们的国情是什么，从经济特点看，一是国防工业体系相当庞大，原料工业规模也过大；二是民用工业技术很落后，生产最终产品耗费原料太多，产品价格太贵；三是消费品工业薄弱，满足不了居民的需求；四是出口产品主要是原料，出口结构十分单一。这种畸形的经济结构，使我国在向市场经济过渡中面临非常大的结构性通货膨胀压力，所以美国学者的建议不符合我国经济的实际情况。

为了更具体地说明这一观点，我举一个例子。美国经济学家萨克斯应邀到玻利维亚任国家顾问，他说玻利维亚的预算赤字太大，要削减国防费用，这个建议很简单，也很有效。同样的建议拿到俄罗斯来就行不通了。因为玻利维亚没有国防工业，削减国防费用意味着减少武器进口，当然就能减少预算赤字了。而在苏联就只能让国防工业停产，造成大量失业，财政预算还要拿出开支给工人发工资。因此，应从我国国情出发考虑军转民的规划，可是我们却始终没有这样的规划。

2. 价格全部放开和自由化，并不能解决俄罗斯的经济问题，从以下三个方面可以看到放开价格的负面作用。

（1）原料部门全部放开价格，使加工工业部门处于困境。由于俄罗斯原料生产部门垄断程度很高，一放开价格就成倍涨价，加工工业部门没有充足的资金购买原料，生产不断萎缩。

（2）轻工业、食品、纺织工业完全放开价格也起了负作用。有人认为，放开价格会加剧竞争，从而可以提高产品的质量和供给量。这种观点，忽略了俄罗斯老百姓收入不高、最终需求不大的实情，放开价格起不了刺激生产的作用。

（3）外汇价格放开，汇率自由浮动，使进口价格比国货便宜，外国货大量涌入国内市场，冲垮了民族工业。总体上说，领导经济改革的人只用了两个经济杠杆：一是减少货币发行量，二是价格全部自由化。这种非常简单、糊涂的改革办法使经济走入了困境。结果，经济转轨不但没有解决当时的经济困难，反而加剧了经济困难。如国防工业处于危机，原料部门垄断加剧了消费市场瓦解（目前轻纺工业生产量只相当于改革初期的25％），外贸也受到了很大的冲击。过去我们向东欧出口机器设备，向西方出口尖端技术，而现在的出口产品主要是石油、天然气和木材。

3. 改革应该是渐进的，经济转轨战略选择尤为重要。

我从很早以前就认为，我们的改革首先应该从农业开始，进行彻底的农业改革，包括把土地私有化。而俄罗斯一直没有很好地解决农业问题。沙皇时期农产品有出口，但这不是因为农产品过剩，而是为了赚取外汇。十月革命后，农业一直不景气，农业生产效率很低，其原因就是农民没有私有土地。若是进行土地私有化，农民通过自己的渠道得到贷款，发展农业生产，农业状况就会不一样。不久以前，美国与俄罗斯大打"鸡腿战"，美国鸡腿生产量的一半出口到俄罗斯，占领了俄罗斯市场，结果我国20世纪70年代建立起来的大规模养鸡场纷纷都破产了。这说明俄罗斯农业缺乏竞争力。

其次是对原料生产部门进行改革，使之非垄断化。国家在这个过程中分期分批地放开价格，有选择地控制价格。要采取一些保护本国商品生产者的办法，不让外国货与本国产品自由竞争。同时，在改革初期应该制定经济结构调整纲领，特别是军转民的详细纲领。国防工业、农业、轻工业等部门不可能完全依靠自己的力量进行改造，国家必须给予扶持，因为俄罗斯的能源、原材料产品价格太高，政府又向国防工业、农业、轻工业部门征收高额税收，这些部门的萎缩就难以避免。

目前，俄罗斯投资的积极性已经丧失。没有投资，不仅生产增长难以实现，生产稳定也十分困难。因此，政府应采取办法促进向生产领域的投资，如减免税收、贴补利息等，这是走出生产危机的唯一出路。

4. 关于反市场经济的乌托邦与完全自由化的乌托邦。

研究东欧问题的专家格林伯格教授从与东欧国家经济转轨比较的角度谈了有关方面的观点。

东欧国家大规模改革只有 5 年，对它作出评论还为时太早。目前对这些变化分为乐观派与悲观派。这两派一致认为，大规模改革导致生产下降1/3，应当找到解决的办法。他们之间的一个重要分歧在于，生产如此剧烈下降究竟是客观的、不可避免的，还是改革派的错误？自由主义学派（如美国的弗里德曼与萨克斯等）认为，这是不可避免的客观过程，他们认为这些国家经济结构畸形，"重重轻轻"，因为过去不必要地生产了过多人民不需要的产品，向市场经济过渡中生产必然要下降。要采取一切措施发展市场经济，在新的市场经济体制下重新发展自己的经济。

我本人曾与弗里德曼进行过激烈的辩论。我认为，东欧改革派的观点也太天真了。他们以为改革的动机是缩小与发达国家的差距，但实际结果与他们的愿望背道而驰。这些国家的技术水平并没有赶上发达国家，反而差距拉得更大。改革派本以为先迅速过渡到市场经济，再提高技术，生产高档产品，就可以在国际市场上有畅销产品。而实际的做法是，科学教育拨款少了，技术水平降低了，他们成了西方国家的"穷亲戚"，他们生产的不是成品，而是半成品和原料。如果研究东欧经济结构，找不到经济发展的动力和源泉，他们的尖端部门得不到技术和投资，出口品仍然是传统产品，如玻璃等。所以，"铁幕"变成了"工业技术幕"，西方国家对东欧发展自己的经济完全不感兴趣。

以上说的都是东欧国家转轨过程中的消极因素。但我也要指出这些国家转轨有其积极因素。改革后，它们已全面建立了市场经济体制及其法律基础，企业家积极性高，商品短缺消灭了，货币、贸易完全自由化了，服务的商品化程度也很高，从卖方市场转向了买方市场，从供应短缺经济转向了需求经济。

东欧的正反面因素在俄罗斯都存在，性质没有差别，差别在数量。东欧的情况是我们的前车之鉴。但是，东欧的捷克、匈牙利、波兰、斯洛文尼亚这四个国家的宏观经济已趋稳定，不会再反复了，如它们的通货膨胀率已落到25%，捷克只有10%。而俄罗斯经济还没有稳定，仍处于危机的边缘，随时可能出现突发事件。IMF提出，如果年通货膨胀率低于30%，就可以为经济发展创造了良好的条件。

　　IMF 要求俄与东欧国家搞"休克疗法"，而且完全取消了国家经济职能，认为国家离开经济领域越快，则经济发展就越好。东欧改革派口头上同意 IMF 的主张，实际采取的步骤措施还是从本国国情出发。如捷克不但发展了私人经济，而且在很大程度上仍保留了国家管理，对价格采取了国家管理的办法。而俄罗斯的盖达尔却盲目地全盘接受了 IMF 的建议，他领导的政府成员是无实际经验的理论家。如果说，俄罗斯布尔什维克是反对市场经济的乌托邦，则盖达尔是完全自由化的乌托邦。

　　俄罗斯经济浪漫主义的代表人物盖达尔下台后，新上台的领导人是"无系统的实用主义者"。政府如同消防队，没有提出明确的纲领和系统的政策，不能从整体上来把握与搞好经济。

第五篇

中国经济体制转轨进程中
若干问题简论

江春泽按：

本篇内，有些文章是根据中国经济转轨实践中提出的一些紧迫问题，作者深入实际做调查而发表的意见，如"发展农业关联产业群""粮食政策要反波动"等；有些是针对社会上有争论的问题，应报刊的约稿而写的，如"宏观调节是现代市场经济体制的内在要求""经济转轨与通胀治理""唯有'适度快速'才能'持续健康'"等；还有的是应学术会议邀请讲解的，如"关于地区开发理论与西部地区经济发展"等；《我国社会保障模式的内在矛盾分析与对策研究》这篇调研成果，是我在行政岗位退下后，作为博士生导师继续做研究工作期间，以北京大学经济研究中心客座研究员身份，申请了世界银行课题而独自去省市做实际调查研究写成的，受到劳动和社会保障部的重视。

宏观经济调节是现代市场
经济体制的内在要求

（1994 年 5 月）

建立与健全宏观经济调节体系，是建立社会主义市场经济体制的重要内容。借鉴国外经验，对宏观调控体系的目标和手段进行深入研究，是当前急需注意的重要问题。本文简略介绍一点西方国家宏观调节的情况和经验。

一　宏观调节的必要性

在现代市场经济体制中，由于市场竞争的作用，各个微观经济主体有自我激励与自动创新的机制，有分散的自主决策机制，有价格信号传播的信息机制，因而具有竞争的活力。然而，自发的市场并不具有经济运行中从宏观范围内自我调节的机制。众所周知，自19 世纪末 20 世纪初以来，垄断已经成为一种普遍现象，垄断导致市场信号的扭曲造成竞争条件不公平，这就需要通过国家的立法干预，如制定"反垄断法""反不公平竞争法""反不正当交易法"等，来保证市场机制运行的竞争环境。即使撇开垄断的现象不说，大量各自独立的生产者和经营者，在实现各自的微观利益最大化的过程中，他们之间在获得市场信息的数量、质量和速度等方面也存在着差别，其中，获得信息量小的、信息不完全、不准确或不及时的那部分生产者与经营者的经济行为就具有一定的盲目性，这样，宏观经济就会出现不稳定或振荡。通过危机来调整经济使之均衡，代价很大，就需要政府经常发布宏观经济信息，以产业政策诱导，或以财政、货币政策来促使总量均衡和结构均衡，以减少振荡和波动。再者，市场竞争机制的本质是有利于强者而不利于弱者，为避免社会成员之间收入差距过大从而引发社会不安定，也需要政府通过收入政策来进行宏观调节，并通过社会保障体系来弥补市场竞争之不足。此外，一些需要巨额投资而回收期又长的公共事业和基础设施，具有明显的非竞争性特点，在市场竞争中难以吸引竞争者涉足，需要政府运用公共财政来解决。所以，宏观调节是纠正和克服市场缺陷必不可少的协调机制。宏观调节的任务，是构造社会总需求和社会总供给基本平衡的宏观环境，以保证市场经济的正常运行。

实际上，西方发达国家不仅在其本国范围内有健全的宏观调节体系，而且由于经济生活国际化的程度越来越高，这种宏观调节体系已经发展为国际经济的协调。一些国际组织的诞生（如关税贸易总协定、国际货币基金组织、世界银行、77国集团、原料生产国与输出国组织等）、一些区域经济集团和经济一体化组织的形成（如欧共体的统一大市场、北美自由贸易区等）、一些国际条例和协定的签订、国际会议和首脑会晤的频繁，都说明宏观调节不仅是一国范围内市场机制的需要，而且是国际范围内市场机制必不可少的组成部分。

二 宏观调节的目标

宏观调节是政府对国民经济的总体管理，其目的是为微观经济的运行创造顺畅的适宜的宏观环境，以达到资源的合理配置，从而促进经济的发展。宏观调节的基本目标是构造社会总供给与社会总需求在总量上和结构上的基本平衡。具体目标大致如下。

第一，维持社会总供给与总需求的基本平衡，达到适度的经济增长率，避免大起大落造成浪费。所谓适度增长率就是既能满足社会发展的需要，又是技术进步和投资能力所能够达到的增长率。

第二，维持物价总水平和通货的基本稳定。一般地说，低度的或称温和的通货膨胀率是可以事先估计到的，它尚能为社会所接受，不会对经济造成过于不利的影响。而恶性的通货膨胀则往往是难以预测的，它会扰乱价格机制在资源配置方面的正常功能，使正常的经济运行和经济秩序遭到破坏。因此，根据经济的发展来测算和保持货币供给合理稳步的增长，保持币值的稳定，从而避免恶性的通货膨胀，是宏观调节的重要目标之一。

第三，充分就业。在市场经济中，要想实现失业率为零的充分就业几乎是不可能的。实现充分就业就是要保持社会可接受的一个较低的失业率。失业率过高会导致国民生产总值的损失和社会动荡，因此，实现"充分就业"也是宏观调节的重要目标之一。

第四，收入公平。由于市场机制的作用，稀缺要素价高，丰富要素价低，还由于要素所有权分布不均匀，因而造成收入分配悬殊，宏观调节的重要目标之一，是在效率优先的原则下，通过税收等手段，缩小收入差距，并通过社会保障体系来保证低收入阶层的基本利益。

第五，维持国家对外经济关系的基本稳定。这里指的是维持国际收支达到基本平衡。一般地说，国际收支（包括经常性贸易收支与资本收支）的大量赤字或盈余，都不利于国内经济的健康发展。在经济生活日益国际化的条件下，保持国际收支平衡是政府宏观调节的重要目标。

上述目标是相互制约的，甚至还相互存在着矛盾。比如，失业率往往与通货膨胀率呈反比；充分就业与经济增长之间既相一致又相矛盾。在技术不变的情况下，经济增长可以扩大就业，但在高新技术推动下的增长则可能导致对劳动的排挤，从而造成失业。充分就业、经济增长与国际收支平衡之间也有矛盾，高就业、高增长往往导致经常收支赤字，反之，则会出现经常收支盈余。正因为如此，在宏观调节中要注意重点目标的选择和相对各目标之间关系的协调与兼顾。不同国家在不同的经济发展阶段，目标选择的重点不同。如20世纪70年代初，日本重视经济增长和国际收支平衡，美国重视充分就业和经济增长；而70年代中期以后，各发达国家都注重物价稳定兼顾其他目标。

三 宏观调节的手段

西方国家的宏观调节手段有经济的和非经济的，有间接的和直接的。非经济手段，如通过立法手段来建立和完善市场秩序，有时也通过行政手段直接干预。但在竞争有序的前提下，主要是通过商品、资本、劳动力（包括技术、信息等）和外汇4大市场的供求总额及其相关的经济指标，运用财政、货币、收入、产业、人力等政策和必要的计划手段进行间接干预来实现的。对经济发展影响最大的是总量或结构失衡所引起的价格、利息率、失业率和汇率的波动。物价涨跌反映商品市场供求状况；利息率变动反映资本市场供求状况；失业率和工资增长率反映劳动力市场的供求状况；汇率的波动反映外汇市场供求变化。这些指标再加上国民生产总值的增长指数，是国家宏观调节的"控制器"。在国家所能运用的各种政策手段和经济杠杆中，财政政策和货币金融政策是最灵敏地对国民经济产生直接影响的基本手段。

（1）财政调节。财政由财政收入（主要是税收）和财政支出（主要是政府开支、举办公共工程和转移支付）两部分组成。税收是财政收入的重要来源，通过税种、税率（开征或减免某项税，提高或降低有关税目的税率）等手段，就可以调节国家财政收入水平、企业和个人收入水平，从而制约投资方向、投资规模和个人消费基金的增减，以促进宏观经济目标的实现。财政支出的调节是通过增加或减少政府支出，来调节社会总需求水平。美国国家干预的特点是财政政策和货币政策交替运用。自罗斯福新政以后的相当长一段时期内，美国一直把财政政策作为宏观调节的重要手段，以克服有效需求不足，实现充分就业。自20世纪80年代初里根政府上台后，采取了财政政策与货币政策并举的做法，即在削减政府开支和减税的同时，严格控制货币增长率。现在的克林顿政府又把国家干预的重点转移到财政政策上来。

（2）货币调节。货币调节的功能在于保持通货与物价稳定和国际收支平衡。货币供应量是实现货币调节功能的控制指标。发达国家的银行体系，一般是由中央银行、商业银行和长期投资银行组成的。中央银行代表国家贯彻执行财政金融政策和管理国家的财政收支。它是发行货币的银行，它只同商业银行发生业务往来，一般不同企业打交道；它是商业银行现金准备的集中保管者，对商业银行规定一定的存款准备金率。货币调节主要是通过中央银行控制适当的货币发行量、调整存款准备金率、调节利率和汇率以及进行公开市场业务等手段来调节货币供应量，达到间接控制信贷规模、稳定币值和稳定物价的目的，以实现总供给和总需求的基本平衡。保持通货的稳定和有效的货币政策体系，是德国国家干预的显著特点。德国联邦银行是发达市场经济国家中独立性最强的中央银行，它根据经济形势的变化和发展的需要，通过综合运用各种货币政策工具来调节货币供给。长期以来，德国中央银行供给货币量的年计划增长率和实际增长率都相当接近，这是德国战后成功实现低通货膨胀、高经济增长的重要前提，也是德国马克曾经成为西方坚挺货币的关键一环。

（3）收入调节。主要是通过税收政策，防止收入差距过大；制定物价和工资的指导线，以控制物价和工资上涨的幅度以及建立社会保障和社会福利体系。

（4）产业政策。主要是指导、调节和优化产业结构。一般是通过经济手段（比如：财政补助、低税率和低利率等优惠和高利率、重税率等限制措施）以及行政指导（如直接的数量和行为控制）等方式来实现。运用产业政策是日本国家干预的显著特征。日本通过制定和实施积极的产业政策，达到改善产业结构、增加经济总量、促进社会稳定和繁荣的目的。它们保护和扶植新兴产业或战略产业，促进产业结构高级化；对于正在衰落的产业，采取积极调整的政策，促进资本和劳力向其他产业转移。日本还通过产业政策的干预，建立起具有竞争力的、国际化的产业体系。

（5）人力政策。主要是调节劳动力市场结构来降低失业率，实现充分就业。比如，通过人力资本投资以提高劳动者的素质，减少结构性失业；为劳动者提供必要的信息，以减少摩擦性失业；完善劳动力市场，以降低自然失业率等。

（6）计划调节。大体有两种类型：一是短期行情计划。其主要内容是对一个年度的主要经济活动指标（增长速度、国民生产总值分配、国家投资增长速度等）做预测性的规定，供生产者和经营者参考。二是长期发展计划（一般称中期计划，更长期的称远景规划）。这是为了对国民经济进行带有方向性或结构性的调节而制定的以若干年（4—5 年或 7—10 年）为一期的综合性计划。法国就是通过指导性计划对国民经济进行宏观管理和调节的。到目前为止，法国已经制定了 11 个经济发展计划，对战后法国经济的复兴和发展起了重要作用。法国的经济计划具有协商性、指导性、间接性、灵活性。计划是建立在市场经济基础上的，它仅提供信息、指示方向和强化协调，不具有行政指令性。

上述政策和调节工具，有的侧重需求管理，有的侧重供给管理。宏观调节体系的功能是把对总需求和总供给双方及其结构的管理有机地结合起来，它要兼顾短期与长期经济关系、区域经济与全国统一经济的关系、不同产业之间的关系，以及国内经济与对外经济的关系，以促进国民经济的发展。

我国的社会主义市场经济体制是同社会主义基本制度结合在一起的。在宏观调节下，能够把人民的当前利益与长远利益、局部利益与整体利益结合起来，更好地运用宏观调节的手段弥补市场经济的缺陷，因此，社会主义条件下的市场经济可以运转得更好。中共十四届三中全会通过的《关于建立社会主义市场经济体制的若干问题的决定》标志着中国经济改革已经进入建立社会主义市场经济体制的整体推进的新阶段。在改革中，我们一方面要推行一切有利于市场机制在配置资源方面起基础性作用的改革措施；另一方面又要进行必要的宏观调节，建立以间接调节手段为主的宏观调节政策体系。今年在金融、财税等领域出台的一些重大改革举措，既是从中国的国情出发，也参考借鉴了国际经验。比如，把中国人民银行改革成真正的中央银行，就是为了使它能执行稳定币值和调节货币供应量的货币政策；建立分税制的财政体制以及新的税收制度，就是为了使国家能够合理地、科学地运用财税政策来进行宏观经济调节，影响资源的优化配置。今年宏观领域改革的力度和范围是空前的，有很强的整体配套性，这些改革措施都是构筑社会主义市场经济体制总体框架的重要组成部分。

（原载《求是》1994 年第 6 期）

经济体制转轨与通胀治理

（1994 年 7 月）

物价持续上涨是通货膨胀的一种公开表现形式。通货膨胀必然扭曲价格信号，使企业和消费者在"噪音"下不能优化资源配置；使流通过程中的中转环节的利润越来越大于生产过程中的盈利，尤其能使囤积居奇者获取暴利，而工薪阶层和普通居民则深受其害；在高通胀率的情况下，企业经济效益会下降，国家财政也可能出现负增长。所以，通货膨胀是经济稳定增长的大敌。在成熟的市场经济国家，控制物价和稳定币值是宏观政策的重要目标之一，例如联邦德国曾将"保卫马克"作为货币政策的首要目标。

一般地说，通货膨胀归根结底是一种货币现象，即由货币的供给量持续地超过经济增长中实际需要的货币量而引起的。然而，在分析我国物价现状与趋势时还需注意到我国正处于经济体制转轨阶段的一些特点。

特点之一是，经济体制的转轨过程必然伴随着由半自然经济向市场经济的转化，整个经济生活要从半实物化转向信用化、货币化。在这个转轨过程中，上述因素无疑将对货币供给产生影响。

特点之二是，由于原经济体制下的价格体系极端扭曲，在经济体制转轨过程中，无论采取何种具体形式，比如调价或放开来推进价格改革，都会导致物价总水平一定程度的上升，这是长期积累下来的隐性通货膨胀（表现为商品的长期短缺）的释放，这种一次性（或分次）的价格上涨虽然不是新增货币的结果，但也是货币供给增加的原因。这两种因素再加上不成熟、不规范市场体系中的过度投机因素，都会对货币的供给产生相当程度的影响。如何把这些因素量化而从一般的通货膨胀中剔除出去，是一个非常复杂的过程。而且，在实际经济生活中，各种因素会相互影响、交叉反映在通胀率这一结果上。因此，对于经济体制转轨的国家来说，如何在推进价格改革和经济生活信用化、货币化的进程中，避免出现严重的通货膨胀，这是摆在决策者面前的现实课题与艰巨任务。这也是对政府宏观调控能力与经验的严峻考验。

特点之三是，与经济体制转轨进程同时发生的重要变化是经济结构的调整。因为在以往的年代，由于主观主义扭曲了计划的客观性，造成经济结构的失衡，不扭转严重失衡的经济结构，整个国民经济就不可能真正走上健康循环的轨道。我国经过十多年的改革，虽然经济结构已经有所改善，但仍存在不少问题，需要继续调整。如果处于高通胀率的情况下，经济结构则难以调整与改善，甚至更加恶化，致使整个国民经济带"病"运行。为了使经济结构调整与经济体制转轨能相互促进、良性配套运转，也必须把通货膨胀控制在最低限度，以避免来自信号混乱的干扰。

特点之四是，转轨期间的经济体制具有"不完善性"。"不完善性"就意味着旧体制的痕迹还很深，消除影响非一日之功，也意味着新体制还处于"幼稚期""不规范期"，尚不能完全正常地发挥其应有的功能。在若干年内还将是两种体制此消彼长，相互摩擦、掣肘的局面。这种局面，一方面可能给不法者以钻空子的漏洞，扰乱市场秩序，干扰平等竞争；另一方面，也影响政府宏观调控的力度，或者使在规范条件下行之有效的宏观调节措施难以奏效。

分析以上特点的目的不是为通胀大开方便之门，寻找借口，而是为了更有针对性地治理通胀。通胀率不超过10%是我国政府1994年宏观调控的重要政策目标之一。这个目标能否实现，以及对通货膨胀的价值判断，是学术界目前争论的热点之一。要不超过10%通胀率的宏观调控目标，首先当然要对通胀的作用与后果有明确的统一的认识。在学术界，不少专家学者论证了通胀"有百害而无一利"，要"缚住通胀这只虎"。也有些学者认为"通胀不可怕"，在可承受范围内甚至是"有益的"，尤其反对用行政手段管理物价。

尽管学术界有各种不同看法，可以"百家争鸣"，但政府的政策体系在反通胀方面，态度应当是坚决的，不能动摇。只有这样，宏观调控的目标才有可能实现。

从我国国家统计局公布的数字来看，1994年第一季度反映社会总量平衡的主要指标基本正常。国民生产总值增长12.7%，折合年增长速度为9%—10%，财政收大于支，外汇储备增加，多数工农产品供求基本平衡或供大于求，生产资料价格涨势趋缓。几项重大改革措施出台后，运行中没有出现大的社会震荡。1993年经济发展过程中出现的"泡沫经济"现象与金融秩序混乱的情况已得到扭转，固定资产投资规模过大的问题正在受到密切的监测和有力的调控。物价上涨的势头从3月份开始已逐步回落，通胀的环比指数将会逐季下降，今后每个月可望回落1—2个百分点。有的计量经济学家论证，通胀率在上升时将有一个加速度，同样，通胀率在下降时也存在一个负的加速度，在今年下半年里，只要真正按照社会主义市场经济规律，保持稳定均匀的宏观调控力度，认真落实各项调控和管理措施，到12月份，通胀率降到10%是有可能的。其依据是：

第一，由于调整不合理的价格而上涨的部分因素在第一季度基本释放出来，所谓"翘尾巴"因素已渐削弱。

第二，流通领域借税制改革而乱涨价的现象已受到严格检查与制止，正在回归到位。

第三，固定资产投资规模正在受到严密的监测与调控，对物价上涨的这部分推动力也在减弱。

第四，在供求平衡方面，各有关方面正在努力对粮食和"菜篮子工程"采取措施增加供给，除此之外，绝大多数商品供求基本平衡或供大于求，不会因供求关系失衡而涨价。

第五，金融改革在继续深化，中央银行已把稳定币值作为货币政策的首要目标。货币政策已注意把握好货币供应的源头，守住闸门。

第六，物价管理部门已经明确，在市场经济条件下并非对物价放任不管，只是主要不凭借行政办法去限价，主要是按照平等竞争的要求，依靠法制去加强反垄断，反不正当竞争。同时反欺诈、反暴利，以创造良好的市场运作环境与秩序，以保证价格真正起市场资源配置的信号作用。

（原载《上海改革》1994 年第 8 期）

"九五"通胀因素分析与对策研究

（1995 年）

一　总论：通货膨胀与经济增长、经济景气周期的关系

（一）通货膨胀的成因与类型

通货膨胀率是世界性的反映一国宏观经济整体是否稳定的综合经济指标之一。通货膨胀在任何国家、任何发展阶段上都是影响经济正常增长的一种综合病症，而且可能是经济系统中反复发作的顽症，但不是不可治愈的。因此抑制通货膨胀是当代世界各国政府宏观经济政策的重要目标之一，而且是检验政府宏观调控能力与投资环境优劣的重要标志。我国"九五"计划期间宏观调控的首要任务也是继续抑制通货膨胀。

包括我国在内的世界各国的每一轮通货膨胀的具体诱因和传递途径，可能是不同的。依据不同的具体成因，经济理论界将通货膨胀大致归结为：需求拉动型、成本推进型、结构型、输入型、预期型以及体制转轨型等。不论通货膨胀的具体成因如何，归根结底都反映为供求失衡而引发通货膨胀。分析各种具体成因和具体的传递过程是为了对症下药地加以治理，但是，所有的反通胀对策的总目标都是为了缩小总需求与总供给的缺口，各种具体的诱因与传递途径最终都要归结到需求拉动或者成本推进。因此也可以说，通货膨胀基本上就是需求拉动与成本推进这两种类型。需求拉动型通货膨胀就是社会有效总需求超过社会潜在总供给能力而引起物价总水平

的上涨，如果不是这种情况，则可视为成本推进型的通货膨胀。

我们知道，一国经济有效的总需求量是物价水平的减函数，即伴随物价水平的提高，总需求量将减少；反之，总需求量将增加。而一国经济的实际总供给量是物价水平的增函数，即伴随物价水平的提高，总供给量将增加；反之，总供给量将减少。那么，当总供给量与物价水平的关系不变的时候，对应于既定的物价水平，总需求量增加，经济生活中就会出现需求拉动的通货膨胀。当总需求量与物价水平的关系不变的时候，对应于既定的物价水平，总供给量减少，经济生活中就会出现成本推进的通货膨胀。至于因结构性地调价所影响的物价总水平的上涨，可以归结为成本推进的通货膨胀。在这种情况下，通货膨胀是因为总供给量与物价之间的关系发生变化所致。而由于体制原因造成的投资与消费单膨胀或双膨胀所导致的物价上涨，则明显的是需求拉动，同时又混合着成本推进，因为，无论是原材料或是工资的上涨，都同时既改变总需求量与物价水平之间的关系，又改变总供给量与物价水平之间的关系。

表1　　　　1985年以来我国总供给与总需求的基本情况（当年价格）　　单位：亿元

年份	1985	1986	1987	1988	1989	1990	1991	1992	1993	1994
总供给	11135	12644	14652	18346	20980	23833	26881	31078.7	40500.8	54972.7
国内供给	9848	11215	13138	16382	18979	21068	23396	26635.4	34515.1	45005.8
商品劳务进口	1287	1429	1514	1964	2001	2765	3485	4443.3	8985.7	9966.9
总需求	11135	12644	14652	18346	20980	23833	26881	30264.4	40465.5	56024.6
有效总需求	10814	12417	14589	18577	19443	22438	25671	28945.4	38447.5	54469.6
总消费	7189	8205	926	11760	13338	14588	16117	15952.1	20182.2	26656.0
固定资产投资	2745	3138	3725	5054	4250	4524	5375	8317.0	12980.0	17389.0
商品劳务出口	880	1074	1438	1763	1855	3326	4179	4676.3	5285.3	10424.6
库存量增加	321	227	63	-231	1537	1395	1210	1319.0	2018.0	1555.0
潜在总供给	11180	12980	14740	17900	21880	24600	27600	—	—	—

资料来源：1991年前数据引自国家体改委宏观调控课题报告（1995年6月）；其他数据根据1995年《中国统计年鉴》计算。

之所以要区分需求拉动与成本推进这两大类型的通货膨胀，是因为治理这两种不同类型通货膨胀的对策是不同的。依据成因准确地判断通货膨胀的类型，是为了增强治理对策的有效性和降低其负面作用。本文将紧密围绕"九五"期间可能造成需求拉动或成本推进而引发通货膨胀的各种因素进行专题分析。当然，在实际经济生活中，需求拉动与成本推进往往互为因果，交替作用，难以明确区分和具体测量。对于这种混合型的通货膨胀，需要综合治理，但仍然需要准确地判断和区分何种原因在通胀持续过程的某个阶段上起主导作用。因为治理这两种不同类型通货膨胀的对策是不同的。甚至是反向的。比如，从1992年第四季度开始的这一轮通货膨胀，就清楚地显示出由最初的需求拉动型向最终的成本推进型转化的轨迹。1992年，在经济因素和政治因素的双重刺激下，国民经济一改1991年攀升乏力的局面而跃入急速增长期，当年GNP增长13.4%，工业增长23.8%，全社会固定资产投资增长42.6%，投资率为32.7%，实际利用外资增长65.5%，其中外商直接投资增长140%。这一年，货币投放量达1158亿元，比上年增加625亿元，信贷规模增加33.3%，政府支出增加15.2%，地方政府、企业、外商甚至居民个人投资信心增强，非国有经济产值在工业产值中的比重首次超过50%。证券市场、房地产市场、开发区建设活跃。全社会固定资产投资规模在1992年增长42.6%的高基准上，1993年1—6月又增长61%。固定资产投资规模增长过猛地扩张，拉动了生产资料价格上扬。1993年1—6月，生产资料价格比上年同期上涨44.2%，6月末全国22种重要物资库存总额比上年同期下降5.6%。国际收支状况恶化，外贸进大于出（海关统计）。1993年1—8月，进出口逆差57亿美元，导致国家外汇储备下降，人民币市场汇价迅速下跌。经济结构矛盾再次突出，能源、原材料、交通运输特别是铁路运输的"瓶颈"制约趋强，1993年铁路干线的车皮满足率仅为30%—40%，有些企业因电力不足只能"开五停二"甚至"开四停三"。农业等基础部门投资增长缓慢，国家重点建设、农产品收购等正常需用的资金却严重短缺，迫使银行追加贷款，致使货币供应量急速加大。

1992 年，M0、M1、M2 分别比上年增长 36.4%、35.9% 和 31.3%，1993 年这三项指标又分别比上年增长 46.1%、39.2% 和 29.9%。由于当时的金融秩序混乱，全国普遍出现了乱集资、乱拆借现象，据统计，其金额达 2000 亿元之多，而且大部分流向沿海和发达地区用于炒作投机，形成泡沫经济。

正是在上述过热的需求拉动的形势下，从 1992 年第四季度开始，物价攀升速度开始加快；10—12 月，零售物价同比涨幅分别为 6.4%、6.6% 和 6.8%，1993 年 1—8 月继续快速攀升，平均涨幅达 11.8%。这一阶段通货膨胀的成因和类型明显是需求拉动型的。

针对上述问题，1993 年 6 月，中央采取了以整顿金融秩序、控制信贷和投资规模为主要内容，以行政手段为主，辅之以经济、法律手段的 16 条宏观调控措施，平抑过热的经济。从 1994 年开始，又着手一方面解决经济结构失衡问题，加强了经济结构调整的力度，加大了对基础设施和基础产业的投资；另一方面为解决经济体制的缺陷，加快了宏观领域经济体制改革的步伐，整体推进了包括财税、金融、外汇、价格、流通及对外经贸关系等在内的一系列改革。通过这些因素的共同作用，金融秩序有所好转。外汇储备增加，基础设施和基础产业的"瓶颈"制约明显缓解，投资规模增长过猛的势头得到遏制，经济运行态势向正常方向扭转。

但是，通货膨胀率仍居高不下，1993 年达 13%，1994 年继续攀升为 21.7%。而且，出现了与 1993 年以前不同的现象：（1）在零售物价不断上涨的同时，生产资料价格从 1993 年 5 月起逐月下降，生产资料市场明显表现为供大于求，库存积压增加，企业相互拖欠严重。（2）农村物价上涨幅度明显高于城市，达 22.9%。分析 1994 年物价上涨的结构，可以看出物价上涨主要发生在粮、油、禽、蛋、肉类等农产品和以农产品为原料的工业制成品领域。农产品价格上涨对整个物价上涨的推动占 60%，达 13 个百分点，换言之，如果农产品价格不上涨，则以零售物价上涨率为代表的通货膨胀率将不足 10%。从表象看，1994 年通货膨胀的直接诱因之一是部分地区受灾减产而造成的农产品价格上扬。从深层看，是由于近年来在工业化、城市化过程中存在着关于农业问题的认识误区，导致政策偏差，从而造成耕地面积锐减、投入不足、农业生产条件恶化、农业比较利益再次受损等问题，致使农业基础削弱、发展滞后的矛盾集中爆发。显然，这部分物价上涨并非总需求拉动的。（3）据调查，绝大多数企业的成本是上升的。自1994年以来，成本上升是推动物价全面上涨的重要原因。

表2　　　　　　　　　　　企业成本上升情况　　　　　　　　单位：%

	总计	国有	股份制	民营	小型	中型	大型
成本上升比重	83.7	85.9	68.6	100	88.2	82.6	80.5
成本不上升比重	4.2	2.0	14.3	—	4.7	3.3	5.2

资料来源：国家体改委宏观司和国家体改委研究所联合课题组于1994年就金融和财政体制改革后的企业行为所作的专题调查报告。

表3　　　　　　　　　　　企业成本上升因素分析　　　　　　　　单位：%

	总计	国有	集体	股份制	民营	小型	中型	大型
原材料涨价	79.7	82.4	86.5	65.7	100	84.7	81.8	72.7
能源涨价	48.4	49.7	54.1	37.1	—	43.5	53.7	48.1
工资提高	45.3	48.7	43.2	34.3	—	42.4	52.9	37.7
税赋增加	43.9	46.4	54.1	25.7	100	43.5	45.5	40.3
折旧率提高	20.4	23.6	10.8	14.3	—	15.3	19.8	26.0
贷款利息进成本	35.3	44.2	18.9	11.4	—	18.8	47.1	35.1
其他	6.9	9.0	2.7	—	—	4.7	9.9	5.1

资料来源：国家体改委宏观司和国家体改委研究所联合课题组于1994年就金融和财政体制改革后的企业行为所作的专题调查报告。

从表2可以看出，83.7%的企业认为自己的成本是上升的，而只有4.2%的企业认为成本没有上升。既然成本上升的企业面大，必然推动物价总水平上涨。同时，从表3也可以看出，成本上升的企业，与其所有制形式、经营机制及该企业规模的大小关系不大。这表明，企业成本上升确是外部因素引起的。从表3的分析，这些因素大体是：基础原材料、能源涨价；工资支出增加；税赋、折旧率提高；贷款利息进成本；等等。

在农产品领域，除了受灾减产造成的临时供应短缺外，政府主动调整了粮食、棉花等主要农产品收购价格，成为推动物价总水平上涨的重要原因。然而，即使国家提高了粮食和棉花的收购价格，由于农产品成本上升，农户仍然亏损。据1995年8月，本课题组对宁波市郊4个县当年早稻田成本核算调查资料表明，在24个核算户中，有11户每亩含税成本超过收入，利润为负数，主要原因是农用生产资料价格大幅上扬。比如，每吨尿素价格由540元涨到2200元，增长了3.07倍；柴油由540元涨到2300元，增长了3.26倍；农膜由6400元涨到12800元，翻了一番。由于农用生产资料价格不断上涨，国家提高农产品收购价格并不能遏制农民收入下降的趋势，在成本上升的推动下，农副产品的市场价格也难以回落。

上述关于这一轮通货膨胀两个阶段成因的分析表明，抑制通胀的对策要更加具有针对性。当引发物价上涨的主要原因是成本推进时，简单地过分倚重控制总需求的宏观政策就难以奏效（显然，在我国总需求扩张的冲动将长期存在，"九五"期间宏观调控仍将十分注意抑制总需求膨胀，这一点，下面还将分析），而必须将短期均衡管理与长期增长管理结合起来，将总量管理与结构管理结合起来，两个"双管齐下"。在一定时期内，还要宏观政策微观化，即针对引起短期成本上升过快的原因，逐一分析并采取相应的对策。

鉴于我国目前还处于经济转型期，市场发育不全，市场管理不规范、不成熟，管理水平不平衡，在引发成本上升的原因中，包含了市场秩序混乱、流通环节非法获取暴利等问题，因此，治理对策中一定程度地运用行政手段是必要的。但这只能是暂时的、应急的，要防止行政性定价刚性化而破坏市场机制正常功能的发挥，必要的管理规则要力求法制化而成为市场机制的一部分。

（二）通货膨胀率与物价上涨率

目前，我国一般以国家统计局公布的零售物价指数来反映通货膨胀率。关于运用什么指数更准确以及用什么统计方法的问题，本文不拟研究。报刊上有一些文章提出要区分通货膨胀率与物价上涨率，理由是物价上涨不完全等于通货膨胀。但是，在国内外学术界关于通货膨胀定义的争论中，一般都是从最直观的角度来定义"通货膨胀就是物价普遍持续上涨"。因此，本文不打算详细讨论这个问题，只简要地就通货膨胀率与物价上涨率之间的关系说明以下几点：

第一，有人认为，通货膨胀与物价上涨是具有因果关系的两种经济现象，不能混为一谈。我们认为，既然通货膨胀必然表现为物价上涨，把它们作为同一经济现象来研究也是可以的。况且，物价上涨率是广大群众直接感受到的经济现象，因而也是我国各级政府和领导人所关心和要解决的重要问题，用物价上涨率测度通货膨胀率从而提出控制物价上涨幅度的对策，任务和目标更加明确与实际。

第二，有人提出，引起物价上涨的因素不是单一的，而是多种的。中国目前的情况确实如此，因此，抑制通货膨胀的对策，除了货币政策外，还需要有其他的政策。以上已作了分析，这里就不再赘述。

第三，关于物价上涨与通货膨胀的时滞问题。西方经济学家弗里德曼认为，货币增长率变动与物价水平变动二者间隔的总时间平均为12—18个月，即1—1.5年。我国经济学界在20世纪80年代曾统计分析我国货币增发与物价上涨的时滞为2—2.5年，目前，大约缩短到1年。因此，在分析引发物价上涨的货币因素时，不能仅对应于当年增发的货币数量，还要计量历年积累下的货币供应量余额。

第四，我们还要注意到，目前的物价指数还没有完全反映通货膨胀率，因为还有一部分价格是受到严格管制的，尤其是1995年严格限制出台新调价措施，因此，在当年的物价上涨指数中没有包括这部分"抑制型通货膨胀"。当然，不排除这样的情况，即由于大多数商品价格由市场决定，少数商品价格受管制，多余货币就转向推动其他商品价格上升。此外，物价指数还没有包括各种形式的隐蔽型通货膨胀，比如商品和服务质量下降的变相涨价，购买紧俏商品和服务时的非价格支付等。这说明，我国20世纪90年代的通货膨胀虽然基本上已是公开的表现形态，也称开放型，但仍包含着部分抑制型与隐蔽型的形态，即在物价指数中还没有完全反映出的通货膨胀率。

我们认为，只要明白了存在的这几种情况，视物价上涨为通货膨胀来加以治理也是可以的。

（三）通货膨胀与经济增长速度的关系

我国的经济增长既要重视速度，又要重视质量，而且不能用通货膨胀政策来刺激经济增长，这两点在决策部门已经取得共识。对此，我们不再讨论。但是，通货膨胀率与经济增长率之间究竟有没有关联，若有关联又是什么样的关系，仍是决策部门关心的问题。已有的实证分析表明，不同国家不同时期的通货膨胀率与经济增长率之间的关系呈现多样性组合的现象，如"双高""双低""低高""高低"等几种基本类型，还可以加入中度通胀率、中度增长率和负增长率，引出更多种类型的组合。现在要回答的问题是：既然经济高增长并非总是伴随着高通胀，那么，究竟在什么情况下会出现"双高"，即二者呈正相关关系呢？怎样才能实现低通胀高增长的理想目标呢？

我们在前面分析通货膨胀的类型时已经提到，区分需求拉动和成本推进这两种不同类型通货膨胀的意义在于治理的对策是有区别的。现在我们又可以看到对应于这两种不同类型的通货膨胀，经济增长速度与通货膨胀率之间的关系也是不同的。

如果通货膨胀是需求拉动型的，则一般而言，经济增长速度与通货膨胀率呈正比方向变化，即经济增长速度越高，通货膨胀率就越高。说得明确一点，如果有效总需求超过潜在总供给时，就会出现"双高"；但如果没有过度总需求，则会出现低通胀、高增长。

与需求拉动型通货膨胀不同，在成本推进通货膨胀的情况下，通货膨胀率的上升是同经济增长率停滞或下降并存的，即出现"双低"或"高通胀、低增长"。在西方，成本推进型通货膨胀主要是工资上升，而在中国则有多种因素。

正因为在需求拉动型通货膨胀的情况下，存在着过度需求缺口，导致产出与物价同向变化，因此，当出现通货膨胀时，首先要准确判断其是否起因于需求拉动，如果是，则需通过紧缩政策来压缩需求。与此同时，经济增长速度将会相应下降。反之，为了抑制成本推进型通货膨胀，则需要注意运用收入政策，改善供给管理以达到降低成本、提高效益的目的。如果在治理成本推进型通货膨胀时，采取严厉的抑制总需求政策，则不仅对消除通货膨胀收效甚微，而且会使经济滑坡。

从前面我们所描述的我国自 1992 年以来通货膨胀的情况可以看到，1993 年第二季度以前，同 1985 年、1988—1989 年的价格波动特征类似，一是通货膨胀与经济高速增长相伴而生，同步增长；二是经济扩张是通货膨胀的先行指标，一般领先 6 个月左右。然而，从 1993 年第二季度开始，通货膨胀出现了与经济增长异步甚至反向运行的趋势。到 1994 年年末，工业总产值增长速度由 1993 年第二季度的 27.2% 回落到 1994 年的 18%，而零售物价上涨幅度却由 12% 上升到 21.7%。连续 6 个季度的反向运行，说明紧缩政策对于治理非需求拉动型的通货膨胀是不起作用的。可见，这一轮通货膨胀之初，需求拉动与成本推进同时起作用，所以，遏制需求也有意义，压下去了一块。但再往后，特别是到 1994 年、1995 年，再压总需求就不对症了。初期，没有总需求扩张，成本推进就传导不上去，而当总需求压下去以后，成本也压不下来了。通货膨胀率与经济增长速度之间的关系是错综复杂的，很难给予定量的界定。用简单的计量经济学方法来回归通货膨胀率与经济增长速度之间的关系不但没有多大意义，而且会产生误导，因为它抽掉了经济生活中极其错综复杂、交互作用的因素。但是，从观念上对每轮通货膨胀甚至这一轮过程中不同阶段的通货膨胀的类型给以清晰的界定，将有助于决策者正确地确定其主导的政策方向。

在经济分析中，存在着一定效率条件下的"潜在增长率"。每当经济增长率超过"潜在增长率"时，就会出现通货膨胀。世界银行 1992 年关于中国的国别备忘录认为，在当时的条件下，中国的潜在增长率是7%。目前，国内经济学界有一种观点，认为7%—9%的经济增长率与15%的通货膨胀率上限是宏观经济调控的"走廊"。只要是在这个区间调控，无论是直接调控还是间接调控，能达到目标就是合理的。因为中国改革开放以来的经济景气周期是增长型的（下面还要谈到），周期波动变化只是增长率的变化，而不是增长与负增长的变化。据经验统计，增长率低于7%，财政收入、居民收入、就业等宏观调控的最低限度目标都无法满足，投资在部门与地区之间也无法分配，将引起社会的不稳定。如果在经济年增长率达到9%的条件下，再加快增长速度，发生的通货膨胀则可能就是需求拉动型的。如果经济年增长率在9%以下，而同时存在着高通胀，则是发展中国家或经济体制转轨型国家存在的结构性因素造成的成本推进型，这种类型的通胀单靠货币政策是无法解决的。以俄罗斯为例，它在转型期对存在的严重的结构性问题不去解决，只简单地采用货币主义的"管住货币"，其结果就是"降胀""负胀"。同样，据经验分析，我国通货膨胀率应力求控制在10%以内。否则，就会较严重地干扰经济和社会的稳定。它不仅搞乱资源配置的信号，而且在社会各个阶层之间形成不合理的利益再分配，给居民造成心理上难以承受的压力，在影响经济正常运行的同时也引起社会关系和社会秩序的不稳定。

总之，我国现阶段处于"两个转变"（经济体制转变、经济增长方式转变）的过渡时期，引发通货膨胀的结构性因素长期存在，农产品供给缺口不可能在短期内得到根本解决，所以农业问题任何时候都不能放松；重化工业阶段的基础设施、基础产业的投资需求，也可能随时会膨胀。但是，在遏制过度需求时，不能"一刀切"，要注意着重遏制无效需求，降低没有最终需求的"库存"。企业间"债务链"的深层原因总有一家企业存在着销售问题，即没有最终需求，所以其终极原因必然是无效供给。提供"无效供给"的企业由于其产品价值得不到实现，缺乏有效支付能力，而又要继续购买原材料维持生产，其办法只能是通过商业信用来进行。如果最后它们有支付能力，则其需求还会是有效需求，如果最后没有支付能力，则其需求就成了无效需求。而这部分无效需求又吃掉一部分"有效供给"，使总供求失衡。其传递过程是："无效供给"→"无效需求"→总供求失衡。为了实现持续发展，要坚持不懈地从总供给和总需求两个方面"双管齐下"地加强宏观管理，尤其要注意积累经济发展的后劲，扩大有效投资，压缩无效投资，使整个经济步入高增长、低通胀的轨道。

（四）通货膨胀与经济景气周期的关系

各国经济发展的经验都表明，经济增长是在周期性波动中实现的。但是，由于经济变量的活动要受到各种社会因素的影响，特别是其中包含着人的行为因素的影响，因此，任何经济周期都不可能像自然周期那样机械地、完全按固定规则地表现，其形态是经济扩张和经济收缩交替运行地波动，只是在平均的、概率的意义上具有周期性特征。把握经济周期性波动的形成机制，为的是积极驾驭经济周期波动，探讨反周期波动的对策，以便熨平波幅，促进国民经济快速、持续、健康地发展。

表4　　　　　　　　　　　中国经济周期波动基本情况

序号	起止年份	历时年数	波动性质	振幅（国民收入，百分点）
1	1953—1957	5	增长型	9.6
2	1958—1962	5	古典型	51.7
3	1963—1968	6	古典型	24.2
4	1969—1972	4	增长型	20.4
5	1973—1976	4	古典型	11.0
6	1977—1981	5	增长型	7.4
7	1982—1986	5	增长型	5.9
8	1987—1991	5	增长型	7.6
9	1992—1995	未完	增长型	—

资料来源：笔者根据相关资料整理所得。

从表4我国经济周期的基本情况可以发现，自改革开放以来，我国经济周期波动的一些明显变化。

第一，增长位势提高，平均增长速度加快，改革开放前（1953—1978年，下同），我国国民收入年增长率最低值为－29.7%（1961年），而改革开放以来最低值为3.3%；年均增长率由改革开放前的6%提高到1979—1991年的8.4%，1979—1994年GDP年均增长9.4%。

第二，经济增长波动的幅度逐渐降低。改革开放前的5个经济周期中有4个周期的波幅均为两位数，其中最剧烈的波动幅度高达51.7%，而改革开放以来的周期波幅均为一位数，说明波动的程度大大降低，稳定程度增强。

第三，波动的性质由改革开放前的古典型转变为改革开放以来的增长型。1976年以前5次周期波动中有3次是古典型，即经济衰退是严格意义上的经济负增长；而自1976年以来的经济周期转变为增长型，即经济收缩阶段只是增长速度放慢。经济增长已成为宏观经济波动的主旋律。

第四，经济增长波动的扩张动力，由改革前的"中央计划扩张冲动"转变为改革开放以来的"多元主体扩张冲动"，而收缩动力，则由改革前的"数量短缺约束迫使宏观被动调整、微观积极响应"，转变为改革开放以来的"宏观积极调整、通货膨胀迫使微观被动调整"的格局。

第五，经济波动由改革开放前主要表现为数量短缺程度的强幅波动，转变为改革开放以来主要表现为价格的强幅波动，价格信号代替数量短缺信号在波动的信息传递方面的作用逐步明显与增强。

经济周期波动是由于其内在的传导机制和外部的冲击机制交互共同发生作用的结果。内在传导机制为：乘数—加速数机制，它反映构成总需求的投资需求与消费需求之间的作用与反作用过程及其对总产出的影响；产业关联机制，它反映国民经济各产业间前向后向的连锁效应；上限—下限缓冲机制，它反映经济增长的制约机制，即经济扩张不可能是无限的，客观存在对经济增长的上限约束（如资源短缺约束，瓶颈供给约束），经济收缩也不可能是无限的，客观存在对经济收缩的下限约束（如包括消费和就业在内的需求约束）。外部冲击机制在中国的情况下主要有：体制变动冲击；政策变动冲击特别是不规则性的财政政策、货币政策、投资政策和收入政策的冲击；突发事件冲击，如农业或其他重大自然灾害冲击；国际政治经济关系变动的冲击；等等。

了解周期形成机制，是为了采取正确的反周期波动对策，积极驾驭经济周期。既要注意长期战略导向，又要注意短期政策的选择，长期与短期要配套结合，通过改善内部传导机制（如加快国有企业改革、完善市场体系、转变经济增长方式）、减少外部冲击（如政策的稳定性、连续性，政府行为的规则化）来缩小周期的振幅，调整周期的波形，延长周期的长度，特别是周期内增长年份的长度，提高增长中效率的因素，从而避免大起大落的剧烈振荡。同时要积极利用周期波动规律，把握历史机遇，深化改革，扩大开放，促进发展。

那么，通货膨胀与经济周期有什么关系呢？国际经验证明：有些国家（如拉丁美洲一些国家）通货膨胀率长期居高不下，而有些国家则长期保持低通胀（如德国、新加坡），另一些国家在经历了一段时期的较高通胀率后，能保持中低度通胀。可见，通货膨胀在不同国家、不同时期、不同的体制与政策环境中，有自身的形成机制，它可能久久得不到抑制，但也可能被抑制得很好，人们对它不是无能为力的。通货膨胀从引发、传递、扩散、维持到被抑制或继续爬升，甚至演变成奔驰的（或疯狂的）恶性通货膨胀，是有一个过程的。这个过程并非等间隔地重复出现。

当然，也不能说通货膨胀与经济周期性波动完全无关。要弄清二者的关联度，需要对通货膨胀具体分析。一般地说，从通胀持续的时间来看，有短期通胀与非短期通胀（中长期或阶段性的）两大类。其中，后一类通胀与周期性经济波动基本无关，有其自身的经济背景。比如，中央计划体制下实行低物价政策，尽管经济有周期性波动，而通胀是隐蔽型的，物价保持高度稳定，这是由当时的体制和政策决定的。又如，在资源缺乏的国家，能否保持中长期社会总供求平衡，取决于国际贸易状况和进出口政策。再如，在过去，我国土地使用、公共事业服务是无偿的或价格低廉的，在成本中没有充分得到反映。随着我国经济改革的不断深化，生产要素货币化和公共事业服务收费的调整对物价上涨的压力必然要释放出来。但每年释放多少，何年全部释放到位，这是由政府的政策抉择的，与经济景气周期无关。而前一类短期通胀又可分为两种情况，一种是由周期性扩张而引发的，另一种则是非周期的。前一种与周期相关的通货膨胀与经济周期基本是一致的，其机制是：扩张期需求拉动——生产资料价格上涨 + 劳动力价格上涨 + 预期。其特点是物价涨落随周期波动而起落，但物价涨落要滞后半年至一年。后一种是非周期的，成本推进型通胀就与经济景气周期关系不大。导致短期非周期通胀的因素有很多，如政府有计划调价等政策性因素，农业受灾等原因引起供给方面突发性稀缺，由于存在市场不规范、垄断、管理不健全等造成的物价上涨，这些因素虽与经济周期无关，但却为"搭车涨价""趁火打劫"在客观上创造了条件。总括上述，中长期通胀与周期无关，短期通胀也不是全部与周期有关，只是其中一部分与周期有关。在实践中，经济周期与通货膨胀可以交叉作用，也可不交叉作用。

不论与周期相关与否，我们对通货膨胀绝不是无能为力的，可以通过改革体制、转换机制、转变增长方式以及相关的政策施加作用，控制物价涨幅，逐步消除引发通胀的经济条件。

反周期对策，有"顺周期"与"逆周期"两种抉择。西方发达国家的政府一般都根据经济波动的方向，通过财政政策、货币政策和收入政策等对市场运行和企业经营进行逆向微调，即采取"逆周期"对策（后两篇还将对此作具体分析）。而中央计划体制下一般是采取"顺周期"对策，因为那是中央政府的自我调控，经济扩张时从中央到地方一个主体一起上，经济收缩时又是从中央到地方一个主体一起下，所以，经济波动的形态是大起大落。现在，我国处在向社会主义市场经济转轨时期，一方面，经济主体已经多元化，为了防止经济过热，政府对市场和企业要逆向调控。但是另一方面，政府又不得不同时扮演着裁判员与运动员的双重角色，尤其是地方政府经济扩张的冲力还很强。所以，宏观调控就会出现"顺周期"与"逆周期"的复杂组合，当扩张期到来时，中央政府要先加大投入上项目；当多元主体一哄而上导致经济过热需要收缩时，企业和市场不肯收缩，中央政府又要带头收缩，并带动地方政府收缩。这样就形成了中央政府想发展的项目因资金紧缺而搞不成、中央政府想控制的项目又控制不住的混乱局面。同时，我们还要充分注意20世纪90年代经济生活中的新变化、新特点。在20世纪80年代，由于经济体制转轨起步不久，对于企业来说，产品销售不成问题。当时我国经济刚脱离短缺经济，消费层次还比较低，企业产品仍然是"皇帝女儿不愁嫁"，而困扰企业的是主要原料、燃料的供给问题。在那种情况下，政府采取紧缩政策可使供给有较宽松的环境，因而，企业与政府是"一条心"的，况且，当时非国有经济成分的比重还不大，国有企业基本是政企合一的，宏观收缩，微观自然响应，自20世纪90年代以来，经济主体进一步多元化，国有企业的状况也有较大变化，随着市场体系进一步发育，不仅有更多的企业成为投资主体，而且相当一部分居民也不仅是单纯的消费者，同时成为投资者。正因为如此，这次宏观调控的力度并不大，而企业与政府的利益和愿望不一致了，反映强烈。从企业的呼声中也可判明需求的扩张力仍是强劲的，"逆周期"越来越应是宏观调控的基本方向。

不论是采取"顺周期"还是"逆周期"对策，都需要准确地预测周期的转折点。经济周期的转折点，人们是可以积极驾驭的，通过适当调整使其适当提前或延缓。目前，这一周期已经进入第三年了，宏观调控的方向需要适时地转换，但转换的时间与力度需要慎重把握，看来把1996年下半年或1997年作为转折点较妥。转折前加快体制转轨的进度，做好优化结构的准备工作，努力使政府行为规则化，使政策具有连贯性，力争在下一次起飞时不是一哄而上，并在转变增长方式和优化结构方面有明显突破。

二 专题分析:"九五"期间影响 通货膨胀的因素分析

(一)财政因素分析

1. 财政政策是反通货膨胀政策的重要组成部分

反通货膨胀政策可以分为总量政策和结构政策两大类。成熟的财政体制应当具有反通货膨胀的自动稳定器的机能。

体现财政总量政策松或紧的主要标志是财政平衡状况。静态地考察,财政结余是从紧的财政政策;财政赤字是从松的财政政策。动态地考察,财政结余减少或财政赤字扩大表明财政政策趋松;财政结余增加或财政赤字减少表明财政政策趋紧。决定财政平衡的关键是财政收入总水平与财政支出总规模。一般来说,财政收入的增加或财政支出的减少有利于财政赤字的减少或财政结余的增加,因而是从紧的财政政策;反之,则是从松的财政政策。从财政收入角度看,增税是从紧的财政政策,减税是从松的财政政策;从财政支出角度看,减少政府对商品和劳务的购买、减少政府对建设项目投资、减少转移支付金额等是从紧的财政政策,反之,则是从松的财政政策。财政收支总规模在不同国家或不同经济发展时期是不一样的,而且总是处在变动之中。如果财政收入增长快于财政支出的增长,虽然从支出角度看财政政策是从松的,但在整体上看财政政策则是从紧的。如果财政收入的增长慢于财政支出的增长,虽然从收入角度看财政政策是从紧的,但在整体上看财政政策则是从松的。可见,在抑制通货膨胀中,财政总量政策的精髓在于增收节支,不留缺口。

财政的结构政策是指在收支差额既定的情况下,通过调整财政收支结构(主要是支出结构),进而治理通货膨胀。社会总需求与社会总供给都有自身的结构问题。总量失衡往往是和结构失衡相伴而生的。总量失衡中的需求过旺一般是通过紧缩政策解决,而结构失衡较之总量失衡来说是更深层次的问题,解决的难度更大。结构失衡的状况往往反映为部分基础产品供不应求、价格上涨,进而通过成本推进引起全面的物价上涨，导致总量失衡。治理结构失衡的财政政策，从收入角度说，通过调整税率结构，降低短线产品的税收水平，提高长线或高利产品的税收水平，缩小不同行业或不同产品平均利润水平的差距，可以引导社会资金投向"瓶颈"产业，缓解结构失衡；从支出角度来说，一方面，在供给结构失衡时，财政可以将资金主要投向基础产业，增加"瓶颈"部门的有效供给；另一方面，当需求结构失衡时，减少财政资金向过热领域的流动，可以减少过热产品的有效需求。结构调整政策在短期不一定显效，它主要是从增加有效供给的角度出发，属中长期稳定通货的重要手段。

在成熟的市场经济中，财政收支与经济景气状态之间存在一种自动调节机能，可以从总量上对经济进行"逆向"调节，达到抑制通货膨胀的目的，这就是所谓的财政自动稳定器的作用。比如，当经济处于景气时期，个人收入和企业收益都会增加，在对个人收入实行累进所得税的情况下，财政通过税收取得收入部分，会以高于个人收入增加的幅度增加；而企业收入在国民生产总值中所占的比重也因经济景气而上升，即使按固定比例课税，企业税收收入也会以高于国民生产总值的幅度而增加。从财政支出的角度看，在经济景气时期，就业机会增加，领取失业救济的人数减少，财政开支也会减少，而从经济中取得的税收将增多；反之，当经济处于不景气的情况下，个人和企业收入状况不佳，会使税收自然减少，而失业人数的增加，会使失业救济等的转移性支出增加，这就是说，财政自动地减少了对资金的吸收，增加对经济注入的资金量，这有助于维持经济的稳定发展。财政的这种自动稳定器机能对抑制通货膨胀有明显的作用，当经济过热将引发通货膨胀时，财政对经济增长过快发挥自动减缓机能，可以在一定程度上避免通货膨胀的发生，而在通货膨胀发生的情况下，财政又会自动地因企业和个人名义收入增长而从经济中吸取更多收入，可在一定程度上产生抑制通货膨胀的作用。

2. 目前存在的问题

目前存在的问题是，无论在总量政策还是在结构政策方面，我国财政的宏观调控能力都有很大的局限性，还谈不上发挥自动稳定器的机能。

我国财政的现状无论从静态还是从动态考察，其总量政策实际上是松的，这反映在财政收入没有与经济发展同步增长，而财政赤字不断增加。

1980—1995 年，我国的 GDP 增长了 10.86 倍，年均增长 17.9%，而财政收入只增长了 4.46 倍，年均增长 11.98%。财政收入占 GDP 的比重，从 1980 年的 23.3% 下降到 1995 年的 10.7%。

1980—1995 年，按财政收入与支出均不包含债务的新口径计算的财政赤字，从 68.9 亿元上升到 666.8 亿元，增长了 8.68 倍，年均增长 16.34%，远远快于财政收入的增长速度。1980 年财政赤字为财政支出的 6.2%，在 1995 年财政预算中，这一比重上升到了 10.5%。1991—1995 年，财政赤字累计为 2030.64 亿元，为"六五"期间的 33.84 倍，为"七五"期间的 3.47 倍。1994 年，中央财政赤字突破了 600 亿元，比上年增长 1 倍以上。1995 年，采取了从紧的财政政策后，财政赤字仍然居于较高的水平上。

以上的财政平衡状况说明，尽管我们尽量在坚持从紧的财政政策，但自 1979 年以来的财政政策实质上是松的，特别是"八五"期间，财政总量政策更加趋松。财政对社会总储蓄的控制额下降到不足 10%，缺乏总量调控的能力。财政总量政策从松在很大程度上并不是财政的自主选择，而是被动取决于收入分配格局的变化。财政体制在向社会主义市场经济转型过程中，没有寻求到制约收入流失和支出合理化的适当机制，财政收入不但不能随经济增长而增长，而且在通货膨胀发生时，财政连通货膨胀税都拿不到。而要压缩财政支出的规模却绝非易事，刚性很强。

由于财政收入规模过小，使得财政对整个经济结构的调控乏力。1992 年，财政建设资金占全社会建设资金的比重为 4.2%，1994 年下降为 3.4%。用 4% 左右的建设资金来调整全社会的投资结构，难怪其作用是杯水车薪，调控能力微乎其微了。

从财政支出方面看，1980—1991 年，财政支出占 GDP 的比重从 20.5% 下降到 17.44%，下降 3 个百分点，基本上是靠压缩建设性资金来实现的。这一期间，经常性支出占 GDP 的比重基本上在 14% 左右波动，表明经常性支出的刚性很强，而建设性资金占财政支出的比重从 1981 年的 32.89% 下降到 1990 年的 21.04%，下降了近 12 个百分点。1994 年与 1990 年相比，财政支出占 GDP 的比重又下降了 4.01 个百分点，其中，建设性资金下降 1.48 个百分点，经常性支出下降 2.53 个百分点。这表明财政困难程度已到了不得不压缩财政的经常性支出，即影响财政的"吃饭"职能了，而建设性资金的财政支出规模已到了很难压缩的程度，财政承担的结构性调整的能力已经到了边缘。

再从财政性建设资金与财政赤字规模的关系来看，1980 年，财政净债务流入与建设资金之比为 15.8%，也就是说，假如经常性收支是平衡的，则 1980 年建设资金的 84.2% 是由正常的财政收入满足，对债务的依存度为 15.8%。1994 年，财政净债务收入与建设资金之比为 60%，这表明财政建设性资金 60% 来源于国债收入。财政赤字之所以不断扩大，主要原因是财政建设资金来源不足，财政是靠赤字来保持一定的结构调整能力。由于财政赤字经常化，债务还本付息的负担越来越重，1994 年债务还本付息额比 1993 年增长 48.5%，1995 年债务还本付息额比 1994 年又增长 72.25%。在财政平衡越来越困难的情况下，财政已经很难支撑经济的发展，甚至难以支撑政府职能的实现。财政除了主动收缩一部分职能以适应改革的需要外，还不得已而为之地被动地收缩了一些必要的职能。

3. 财政收入增长慢于经济增长的原因

财政收入增长慢于经济增长的原因错综复杂。主要是在体制转轨过程中，税制不健全、分配机制不合理以及管理漏洞综合所致。

税收收入的增长是决定财政收入增长的关键因素。自 1984 年 10 月实施第二步"利改税"以后，税收已成为财政收入的主要组成部分（占 90% 以上）。近十年来，大多数年份税收增长都低于现价的 GDP 增长，税收总额占 GDP 比重呈不断下降的趋势：1985 年为 22.88%，1990 年为 15.2%，1993 年为 12.3%，1994 年又下降到 11.4%。如果扣除物价上涨因素的影响，税收实际上是负增长。

这首先是因为在税制的基本框架中,税收的覆盖面积大大小于国民生产总值统计的覆盖面。在国民生产总值中,不收税或减免税的部分的增长总体上快于收税的部分;税负相对低一些的第三产业的增长总体上快于税负相对高一些的第二产业。外贸出口增长很快,但因关税和进口环节工商税减免过多,出口退税过度,综合税负占GDP比重下降。"三资"企业、乡镇企业、福利企业、校办企业等所占GDP比重提高较快,但因享受税收优惠等原因,其实际税负低于国有企业。此外,科学、卫生、教育、文化事业所创造的增加值也计入GDP。这一部分增长较快,但或是免税或是交税不多,也使平均税负有所下降。有关税制与税率的设计,1994年以前在"放权让利"的思想指导下,有些是该放该让的,有些是放让不当或过度的。1994年,财税部门已对此作了全面反思,进行了财税体制的全面改革,并从严控制了新的财税优惠政策出台。但财政收入占GDP比重下降的速度没有减缓。目前,还有大约10%的GDP几乎不提供财政收入。税率结构也不尽合理,比如,发展较快的加工业税负率低,而发展较慢的原材料、采掘工业却税负率高。又如,运输邮电业和房地产业近些年来发展很快,1994年运输邮电行业增加值比1985年增长了5.6倍,但同期内国有交通邮电企业上交的财政收入几乎没有增加。非国有经济的税负率仍然大大低于国有经济税负率。据粗略估算,1994年国有经济每百元利润总额提供的所得税比集体经济高出48.2元,每百元销售收入提供的流转税收入要高出一倍多。看来,税制还有待进一步完善。

税收的政策漏洞与征管漏洞也导致不少漏收。比如关税和进口环节工商税减免优惠政策仍然过多过滥,使得各种税收的实际税率与名义税率相差很大。1985—1994年,进口贸易总额增长6.8倍,年均增长26%,但关税收入从205亿元增加到270亿元,总共增长32%,年均增长3%。1994年,算术平均名义关税税率为35.9%,由于政策漏洞与征管漏洞的影响,实际税率仅为2.7%。从出口环节看,在出口退税政策的执行过程中,出现"少征多退、不征也退"等现象,使得出口产品退税大于征税,来自出口产品的流转税实际是负增长。这就是说，国家财政不仅没有从出口产品中得到收入，反而增加了支出。除进出口部门外，其他一些地区和部门擅自减免税收、随意退税、缓征和拖欠税收，越权决定财税政策的现象也很严重。企业和行政事业单位私设"小金库"的现象普遍，游离国家预算之外的各种基金和行政事业收费越来越多，非财政部门拦截国民收入的现象也日益严重，地方预算外收入增长高于预算内收入。据粗略估算，1994 年预算外收入在 2000 亿元以上，相当于当年财政收入的 40% 多，占当年 GDP 的 5%。再加上现行的"一员到户、征管查一体"的征管手段落后，不仅为税务人员腐败和地方征过头税创造了条件，而且也使得偷税、漏税、骗税等黑暗现象得不到有效控管，造成纳税人和税务人员之间谈判、私分税收，坑国家、肥自己。据估计，国有企业和集体企业偷漏税面约占 60%，个体和私营企业偷漏税面则高达 90%，而个人所得税征收率只不过 40%。据有关部门估算，因征管不力导致的税收流失目前已在 1000 亿元以上，约占 GDP 的 2%。可见，财政收入流失为数不少。现行的财政税收体制并不具有自动稳定器的作用。

除了税收制度、政策及征管工作的漏洞外，导致财政收入流失的另一个重要原因是出现了收入分配过度向居民主要是城镇居民倾斜的格局，在国民经济总体分配格局中，个人收入所占份额不断上升。这种格局既不利于财政收支平衡，也直接从需求拉动和成本推进两个方面加大了通货膨胀的压力。据资料统计，1978 年，国家、集体和个人所得分别占国民收入的比例为 32.8∶9.9∶57.3，到 1990 年，三者之间的比例已变为 16.2∶11.2∶72.6。随后尽管居民个人收入增量有所减缓，但个人收入在国民收入中所占份额仍大体保持在 70% 左右的水平。另据测算资料，居民收入增长明显地高于 GDP 增长，占 GDP 比重由 1978 年的 50% 上升到 1994 年的 68%。经济增长指标中的社会总产值可以分割为城乡两部分，1992 年与 1980 年相比，城镇居民生活费收入年均增长率比人均产值增长率高出 2.61 个百分点，而农民人均纯收入年均增长率低于人均产值增长率 7.09 个百分点。由此可以判明，收入超经济增长主要是城镇居民。超经济增长的收入来源首先是改变 GDP 在政府、企业和居民三者之间的分配比例。从前述分配比例的变化可以说明，居民多得的部分就是政府和企业少得的部分。居民多得的形式不完全体现在工资性收入增长，更突出地体现在工资外货币收入与工资外非货币收入的增加。向居民倾斜的分配格局，首先是通过企业"漏勺"无约束地漏给了个人。其途径有：扩大企业成本费用，加大所得税税前扣除，挤占企业生产发展资金，较大幅度地提高折旧率等，使企业的"资金收入化"。还通过"一厂两制"，将国有资产存量兴办集体所有制的联营分厂、劳动服务公司、合资企业，将有盈利的产品放在新体制的实体，将亏损留给国有老厂，由国家去背亏损包袱，形成国有企业吃国家财政收入，非国有企业吃国有企业的格局，并千方百计挖国家收入，增个人所得。国有单位为攀升非国有单位的较高货币工资水平，顶住人才流失的压力，又想方设法提高本单位职工的工资外收入和集团消费性福利。可见，国库流失的漏洞很多。

由于上述种种原因，财政收入增长滞后于经济增长，而财政支出却刚性很强，难于压缩。比如，要大幅度压缩政府行政性开支，则势必牵涉到精简行政机构和编制，这取决于政府职能转变和人员妥善地安置与分流，为稳定行政管理秩序，需要稳步谨慎行事；政府经办的文化、教育、科学、卫生事业的开支项目一般是能增不能减的；福利性开支如住房、医疗，离退休人员养老金支出也是能增不能减，其中国有单位提供的某些福利实际上受惠范围超出本单位职工，如国有单位为全社会报销医药费已非个别现象。至于压缩基本建设投资规模，这一方面不能不影响增长的后劲，另一方面取决于投资管理方式的改革与转变，在没有完成这种转变之前，一些不合理的、无效的建设项目还在占压资金。财政支出还面临着一堆难以绕开的难题，诸如：国有企业改革中的债务承担问题、社会保障制度改革中的资金筹集问题、反贫困问题等，这些都需要有足够的财政支出以发挥其功能。

在财政收入不断流失，而财政支出又刚性很强的情况下，财政赤字连年上升，债务还本付息的负担越来越重。债务的不断积累就形成了周期性的偿债高峰，而且新的周期起点高，增幅猛。1980—
1995 年，财政国内外借款还本付息为同期含债务财政支出的
2.57%；1995 年，这一比重上升到了 13.53%。1993 年，内外债还
本付息额为 1986 年的 6.7 倍，1994 年债务还本付息额比 1993 年增
长 48.5%，1995 年比 1994 年又增长 72.25%。

在财政功能过度萎缩，满足不了国家建设职能需要的情况下，
政府越来越多地通过银行来满足其职能的需要。1990 年，国有单位
基本建设投资额中来自财政和来自银行的资金相差无几，而 1994 年
来自银行的资金为来自财政资金的 4 倍。信用资金财政化的现象日
益严重，这一方面影响银行运用资金的自主决策权，另一方面也制
约了财政发挥总量与结构调控的职能。

（二）货币因素分析

货币政策的首要目标是稳定币值，要在保持币值稳定的基础上
促进经济增长。以往，赋予货币政策过多的使命，其目标是多元的，
甚至其首要目标是保证经济增长，这不仅不利于稳定币值，而且在
经济周期中起了推动作用。

1. "九五"期间货币政策的首要目标必须是稳定币值

在以往较长时期里，我国货币政策的目标是多元的，它既要保
证经济增长，又要保证稳定通货，有时还要承担产业结构调整的职
能。货币政策多元目标确立的背景，是在中央计划经济体制下，银
行信贷实际上是作为计划分配的资源服从于政府的多重目的。这种
影响在改革开放以来的十多年里并未轻易地被消除，但随着经济市
场化程度的加深，社会总需求和价格总水平越来越依靠货币供应量
来调控，经济的发展与运行对金融的依赖程度逐步加深，货币总量
变化对经济的影响日益明显。在这种情况下，货币政策如果不及时
过渡到以稳定通货为首要目标，仍然承担着刺激经济增长的职能，
则会在经济周期中助长大起大落。我们从十多年来经济运行的状况
可以很清楚地看到这一点。

根据货币不同的流动性层次，在银行以外处于流动中的现金量

定义为 M0，M0 加上可直接用于转账结算的各种存款为 M1，M1 加上储蓄存款和各种定期性存款为 M2。不同层次的货币供应量指标与经济活动的关系大体是：M0 与城乡个人消费支出及个体或集体经济的交易量联系紧密，因而 M0 的供应量与消费品的物价呈正相关；M1 与全社会在投资、消费等方面的总支出额有直接联系，是影响当期总需求的重要指标，它与总需求的波动同向关系极大；但是，贷款不是直接购买力，只有企业（或单位、个人）把贷款转为存款或现金之后，才可以开出支票或直接购买，因此，任何有支付能力的社会总需求的扩大基本上是由 M2 数量的增加所决定。M2 的供应量在中长期内对经济波动和通货膨胀率有重要的影响力，即当总需求收缩时，M2 的扩张形成潜在的通货膨胀压力，到了总需求膨胀时期，已形成的潜在的通货膨胀压力才释放出来，变成现实的通货膨胀。货币政策一般应把 M0、M1 和 M2 作为一组目标予以监控，由中央银行通过控制银行信贷来控制 M2 的增长，同时通过调整利率来稳定 M0 和 M1 的增长率。

综观十多年来的经济增长与波动，每一轮经济扩张都是固定资产投资带动起来的，而它又是以银行信用扩张为条件的，这就必然伴随着货币供应量的增加。货币供应量的增加是经济增长的货币原因，但以外延型和数量速度型为主要特征的经济规模的扩大在短期内难以形成有效供给，而短期内货币供应量却因银行信用的扩张而增加了，所以使得短期总需求大于总供给，从而导致需求拉动型通货膨胀，为治理通货膨胀，首先要求货币供应量增长率下降，于是收缩投资和信用，经济增长率也随之下降。因此，货币供应量的波动与经济的周期性波动基本同步（见表5）。

表5　　　　各层次货币供应量增长率、国民生产总值增长率和
全国零售物价总指数　　　　　　　　　　　单位:%

年份	1986	1987	1988	1989	1990	1991	1992	1993	1994	1995
M0 增长率	23.3	19.4	46.7	9.8	12.8	20.2	36.5	35.3	24.3	8.2

续表

年份	1986	1987	1988	1989	1990	1991	1992	1993	1994	1995
M1 增长率	26.7	20.4	21.6	5.7	19.7	23.6	38.2	24.5	26.8	16.8
M2 增长率	29.3	24.2	21.0	18.3	28.0	26.5	31.3	24.0	34.4	29.5
GNP 增长率（实际）	10.8	11.1	11.3	4.4	4.1	8.2	13.4	13.2	11.7	10.2
全国零售物价总指数增长率	6.0	7.3	18.5	17.8	2.1	2.9	5.4	13.2	21.7	14.8

资料来源：笔者根据相关资料整理所得。

从表5可以看出，由于财政收入增长缓慢，经济增长严重依赖信贷支持，使得银行承受很强的扩张货币的压力，难以有效地控制货币供应总量。在企业过度依赖银行信贷的情况下，当银行抽紧银根时，企业没有其他融资工具可以选择，缺少缓冲的余地，因而对企业的冲击显得比较直接和强烈，这样，货币供应量的波动对经济波动也就产生直接的影响。

中国过去的货币政策实际上承担了应主要是财政政策承担的比较繁重的调整经济结构的任务。但如果不与财政政策及产业政策（或中长期计划）合理搭配，单独的货币政策并不能促进资源的优化配置。社会资源的配置主要是在价值规律和利润率平均化规律作用的条件下流动，而不是货币总量政策可以直接见效的。虽然，在利率市场化的情况下，货币供应数量会影响市场利率水平，进而影响企业对信贷的需求，但是，在一定利率水平（资金成本）的条件下，资金优化配置主要取决于资金利用效益的提高。而资金利用效益的提高，有赖于对各种资源有一个稳定的价值尺度，有一个便于进行投入产出比较的价格体系，这就是币值的稳定。我国正处于经济体制与经济增长方式双转变的过程中，现有资源利用效益不高是发展面临的严峻问题。要提高效益就要淘汰一些低效益的企业，但这要受到多方面社会问题的制约，往往迫使政府不得不用扩张的信贷政策来缓解矛盾，既给效益好的企业注入信用以保持经济增长，也给亏损企业注入信贷资金以使其能够发放工资。这样，由于经济增长方式在总体上是粗放型的，信贷扩张本身在短期内也不能全部形成有效供给,甚至一部分扩张的信贷在长期内也形成不了有效供给,这部分增加的货币供应量就成了没有有效供给相对应的总需求,就形成通货膨胀。同时,对一部分亏损企业发放工资性贷款,这实际上是让货币政策承担起财政政策应承担的保持社会安定的职能。而且,亏损企业的信贷需求具有向下的刚性,即当经济扩张时,银行信用普遍扩张,这些企业也要求银行扩大信贷规模;而当经济收缩时,银行信用普遍收缩,但亏损企业的信用规模却难以压下来,其结果只能是通货膨胀的压力加大,资源配置难以优化。所以,让货币政策承担经济结构调整的职能,往往会因为结构调整的资金投入量过大,造成货币供应量过多,导致通货膨胀,影响经济稳定。我国在1994年宏观领域全面改革前,金融宏观调控的最大难题就是由中央银行直接承担用于经济结构调整的政策性贷款,中央银行直接用基础货币,通过专业银行转贷款的形式,投向一些急需资金的重点经济部门或项目,从而使中央银行基础货币的吞吐形成一种只出不回的刚性机制,无法利用基础货币增减来灵活调控货币供应量。从1993年以前中国人民银行的资产结构中可以看出,对金融机构(主要是国家专业银行)的直接信用贷款占绝大比重(当然,1994年情况已经发生了很大的变化,在本文后面说明其他问题时将要提到),见表6。

表6　　　　　　　　中国人民银行的资产结构(按余额计划)　　　　单位:%

年份	对金融机构贷款	财政透支借款	黄金外汇资产	直接贷款
1985	77.9	13.6	2.0	2.5
1986	78.2	14.0	1.2	3.5
1987	73.2	16.6	1.1	4.4
1988	74.9	15.3	1.7	6.7
1989	72.9	13.7	4.5	5.6
1990	70.6	12.5	8.2	5.4
1991	66.6	13.1	13.6	4.9
1992	67.8	12.2	11.0	5.6

资料来源:《1992年中国人民银行年报》。

在我国经济货币化的过程中，中国人民银行为政策性贷款融资而提供的基础货币供应量越来越大，但1993年以前资金到了专业银行后的具体用途却没有严格的约束，既没有达到有效配置资源调整经济结构的目的，也不利于货币供应总量的调控，有损于稳定货币目标的实现。有鉴于此，除了从1994年起，开始了分设政策性银行与商业银行等一系列金融体系的改革外，确立中央银行货币政策的单一目标，至少首要目标就是稳定货币。联邦德国战后长期保持低通货膨胀率、经济稳定增长的重要原因，就是其中央银行独立地执行其货币政策，以"保卫马克"为其神圣使命。毫无疑问，"九五"期间，我国货币政策的目标是在稳定货币的基础上促进国民经济持续、快速、健康的发展。

2. "九五"期间继续执行"适度从紧"的货币政策，首先要致力于货币总量调节，给经济发展提供一个稳定的货币背景

从表5-5的数字可以看到，1995年执行适度从紧的货币政策已经取得显著成效，货币供应量增幅平稳回落。1995年年底，流通中的现金（M0）约7900亿元，当年净投放600亿元，比上年少投放820亿元，增幅由1994年的24.3%回落到8.2%；M1约为24000亿元，增幅由上年的26.8%回落到16.8%，低10个百分点；M2约为60800亿元，增幅由上年的34.4%降到29.5%，下降近5个百分点。货币供应量增幅下降，对1995年实现抑制通货膨胀的宏观调控目标起了重要作用。毫无疑问，"九五"期间应继续执行"适度从紧"的货币政策。

为实现保持币值稳定的目标，货币政策必然是逆经济增长周期进行调节。从表6的情况也同样可以看出，在"七五""八五"期间，货币政策逆向调节的自觉性不够。比如，1988—1989年的高通货膨胀率是由1986—1987年较松的货币政策引起的。而当1989年经济增长周期已处于下滑阶段时，又执行了过紧的货币政策，当年M1名义增长率仅为5.7%，结果使得1989年和1990年出现了严重的经济滑坡。1993—1994年的高通货膨胀在一定程度上是由1991—1992年较松的货币政策引发的，而又由于1993年和1994年货币政策紧缩

力度还不够再加上积累的货币供应量过多，又造成1994年通货膨胀率居高不下（当然还有其他非货币政策因素），1995年通货膨胀率虽进入宏观调控目标区间，但仍处于两位数高位。

"九五"期间将在总结近10年经验教训基础上，更自觉地进行逆向调节，即在经济增长周期运行至峰顶以前就要实行紧缩型货币政策，以有效地遏制需求拉动型通货膨胀的再起；而在经济增长周期的下行阶段，则要紧缩适度，以遏制波幅下滑过度。所谓"适度从紧"，就是在经济扩张时期货币供应要"从紧"，而在经济收缩时期要紧缩"适度"。具体地说，最近这一周期的拐点可能是1996年下半年或1997年，经济增长有可能在1998年运行至峰顶。所以，在"九五"的前三年特别要注意坚持偏紧供应货币量，1996年M1供应量增幅要控制在18%以内，M2供应量计划增幅为25%，比1995年的增幅再降低4.5个百分点。今后几年，要力争M1的供应量增长率不高于经济增长率与计划调价之和，以便在整个"九五"期间把我国的通货膨胀率控制在10%以下，并进一步比经济增长率低一两个百分点。后两年也要注意紧缩"适度"，使我国的经济增长波幅进一步缩小，通货膨胀率不再爬升而落入较温和的区间，而后，随着"两个转变"的进展，使我国经济逐步步入低通胀、稳定增长的良性

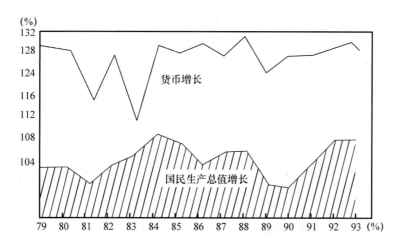

图1　1979—1993年货币增长率与经济增长率

资料来源：笔者自制。

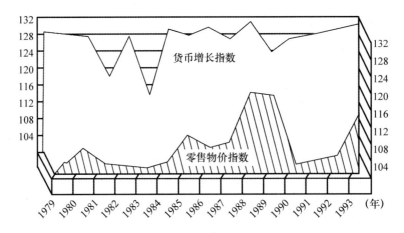

图2 1979—1993年中国的货币增长指数与通货膨胀指数

资料来源：笔者自制。

循环轨道。当然在致力于货币供应总量调节时，还要协调好人民币汇率目标与货币调控目标之间的关系，以期达到本外币的总量统一。

3. 执行"适度从紧"的货币政策还应改变货币政策工具，进行公开市场业务操作等，消除不良贷款

目前我国贷款投入的效益不佳。1994年，四大国家银行有三家亏损，贷款周转天数延长，银行实现利润下降。贷款流失的途径：一是投向了低效益的企业和项目，形成呆滞贷款和坏账；二是亏损企业把"安定团结"贷款转为福利用途，甚至转为企业产品销售收入，最终转为职工个人货币收入。不少国有银行机构也长期亏损，但内部职工的货币工资和福利待遇却大大高于其他类型国有企业，甚至高于某些外企。办法是银行亏损被打入银行呆滞贷款和坏账，而银行内部的工资福利成本转入资金成本，最终以银行经营亏损或盈利水平低的形式表现出来。国家银行贷款运行中的体制与政策漏洞导致国有资产增速趋慢，个人收入和储蓄存款速增。现在银行中的呆账和坏账占银行贷款总资产的比例有多大，估测说法不一，这主要是对不良资产划分标准不一，以及所考核的样板的数据的差别，但不良资产在增加却是客观的现实。

对国家银行实行贷款限额一直是我国最主要的货币政策工具，

并在金融宏观调控和货币总量控制方面发挥了重要作用。但是，自
1994 年以来，随着新一轮金融改革的进展，基础货币投放的渠道发
生了很大的变化，用行政手段管理贷款规模达不到预期的宏观调控
目标。

表 7　　　　　　　　　　　中国人民银行资产结构

（各主要项目占当年资产总增加额的百分比）　　　　　　　单位：%

年份	1993	1994
对银行贷款	78.0	20.1
对非银行金融机构贷款	1.6	0.7
其他贷款	3.7	1.1
外汇	7.0	75.1
财政借款	9.3	2.5

资料来源：笔者自制。

1994 年基础货币增加 4586.21 亿元，比上年增长 34.35%。从表
7 中国人民银行的资产结构可以看出，基础货币投放渠道发生很大的
变化。一是中国人民银行基本停止了对中央财政的透支和贷款，通
过该渠道投放基础货币的比重由 1993 年的 9.3% 降为 1994 年的
2.5%；二是外汇占款在中国人民银行基础货币投放的比重由 1993
年的 7% 上升到 1994 年的 75.1%，当年中国人民银行外汇净资产增
加 304 亿美元（这与外汇体制改革有关）；三是中国人民银行对商业
银行贷款大幅度下降，其比重由 1993 年的 78% 降到 1994 年的
20.1%。中国人民银行资产结构的上述变化必将影响全社会的资金
运行状况，货币政策的操作必须从新的现实出发。

1994 年，各类金融机构还出现存款大于贷款的所谓"存差"现
象。截至 1995 年 4 月，我国国有银行全部资金来源总计为 43086 亿
元，其中各项存款占 76%。在 32832 亿元各项存款中，有 17742 亿
元是城镇居民的存款，占 54%，当月贷款余额为 33389 亿元。这就
是说，国家银行贷款资金来源的一半是居民的储蓄。在 1994 年以

前，各类金融机构（农村信用合作社除外）一直是存款小于贷款，无论是从余额或是年增加额看均是如此，其资金缺口由人民银行贷款弥补，从而一直处于"超贷"状况。但1994年，全部商业性金融机构的存款增加额大于贷款增加额之差达4052.7亿元。这与上述中国人民银行基础货币投放渠道改变是直接相关的。比如，中国人民银行通过"外汇占款"吐出的基础货币无需通过贷款环节就直接变为企事业单位在银行的存款，因为在结售汇制和外汇收大于支的背景下，企业的外汇收入通过结汇即刻获得人民币资金，转为企业在商业银行（或金融机构）的存款，商业银行再将外汇卖给中国人民银行也立刻得到人民币。1994年，企业存款净增3498.6亿元，比1993年多增1919.4亿元，与此并存的另一现象是企业之间的三角债为6480亿元。1995年5月，企业存款余额进而达12500亿元。截至1995年4月，国家银行出现的存差规模是2511亿元。"存差"现象并不说明贷款规模过小，其症结在于金融机构中各项存款增长太快，其中有正常因素，如：随着居民收入水平提高，消费需求结构变化，消费市场没有形成新的消费热点，在现有消费水平上商品的供求大体平衡，居民消费心理趋于成熟；国家抑制通货膨胀的宏观调控措施稳定了居民对通胀的心理预期，银行上调利率、恢复保值储蓄，提高了居民的储蓄偏好等。但也有明显的不正常因素，比如居民储蓄存款增幅与居民正常货币收入增幅和扣除基本消费支出后的节余购买力极不相称。从宏观数据分析，1994年GDP比上年新增额为9627亿元，而城乡居民存款一项当年新增超过6300亿元，再加购买1000亿元国库券，这个比例也是不协调的。据资料，其中有10%是公款私存，为逃避国家现金管理和绕过集团消费形成的小金库，国家正常贷款以种种方式流失，以及城镇居民的种种灰色和黑色收入等都不是正常的资金运行现象。关于"存差"现象及其原因不是本文讨论的重点，这里仅仅指出，这一现象意味着M2供应量的大幅增加，这是金融调控中出现的一个新问题。这说明国家银行贷款限额这一货币政策工具对货币总量控制已经不能发挥主要作用，同样对总需求的调控作用也在进一步弱化。货币政策体系及其操作需要进一步改革。如把货币政策的监控目标由贷款规模为主转为以货币供应量为主，货币政策手段由以贷款限额为主转为公开市场业务、中央银行贷款额和贷款利率等。总之，"九五"期间要在深化金融改革中抑制通货膨胀。

（三）价格结构性调整的影响

1. 关于"九五"期间价格总水平调控目标

确定"九五"期间价格总水平控制目标要把握两个要点：一是确定价格总水平控制的方向。"八五"期间，价格总水平年均上涨11.4%，"九五"价格总水平上涨幅度一定要比"八五"明显降低；二是确定价格总水平控制的度量。"九五"期间价格总水平上涨的具体幅度必须低于经济增长率。

物价上涨幅度要低于经济增长是发展国民经济的客观要求，否则经济将呈负增长。但计划工作中所讲的物价上涨幅度低于经济增长率，并不是指名义经济增长率高于物价上涨幅度，而是指计划指标的对比（这里的国民经济增长率指标是用不变价格计算的，只要是正值，就肯定高于物价上涨幅度），是指根据国民经济综合平衡的要求，在保持一定的经济发展速度的前提下，实施国民经济可持续发展战略所能够允许的物价上涨最高限度。

由于本课题已经将通货膨胀定义为物价总水平的持续普遍上涨，因此在概念上不再有进一步论述的必要，但应结合我国具体情况具体分析价格总水平上涨原因。当前推动我国物价总水平上涨的主要因素有三方面：一是由货币供应因素引起。二是在价格结构调整引起物价总水平上涨。由于我国的经济改革是在价格管理体制高度集中，各种比价关系严重扭曲，农业、能源等基础产业价格严重偏低的情况下起步的，在改革过程中，放开大部分适于市场竞争的产品价格，大幅度提高基础产业价格，促进各种比价关系趋向合理，必然推动价格总水平上涨。在这种情况下，即使不发生货币意义上的通货膨胀，甚至在国家采取紧缩政策的条件下，物价也要上涨。三是为了增强基础产业自我发展能力，解决国民经济发展的"瓶颈"

问题，在财政、信贷力量不足的情况下，我国采取提高基础产品价格的途径或在价内或在价外征收各种建设基金（不解决企业经营亏损问题），也要推动物价总水平上涨。

在对我国价格总水平上涨因素分析的基础上，确定"九五"期间价格总水平控制目标的具体幅度，有两个可供借鉴的参数：一是理论参数。各国经济学界的通行说法之一，是价格总水平指数年增4%左右即可认为正常通货膨胀率，而且发展中国家在高速增长时期，可容许的通货膨胀率还要略高一些。二是实证参数。1978—1994年，我国物价上涨幅度平均为7.5%左右。资料表明，"七五""八五"期间中央出台的价格结构性调整措施和筹集建设基金对物价总水平的影响每年在2%—3%（"六五"没有确切数字），由此推算，自1979年以来，改革期间的价格结构性调整平均每年应在2个百分点左右，也即通货膨胀性物价上涨平均每年在5%—6%。"九五"期间年均国民经济增长率在8%左右，那么物价总水平上涨幅度就应按低于8%安排，中央出台的价格结构性调整对物价的影响控制在2%—3%，因货币发行过多所带来的实质性通货膨胀约在4%—5%，对于我国国民经济发展的实际情况而言，应该是一个适度可行的控制目标。

2. "九五"期间需要解决的主要价格矛盾

"八五"期间，按照发展社会主义市场经济的要求，价格改革取得了重大成就。价格形成机制发生重大转变，在价格形成中市场已经起基础作用；价格结构得到进一步调整，基础产业价格偏低的状况明显改善；价格调控体系建设取得一定进展。但是与当前国民经济发展和改革的需要相比，还存在着许多矛盾和问题，需要在"九五"期间进一步加以解决。

（1）价格总水平上涨幅度过大。"八五"期间，商品零售价格总水平累计比"七五"末期上涨了70.9%，年均上涨幅度11.4%，特别是"八五"后三年，分别比上年上涨了13%、21.7%和14.8%，其中1994年涨幅达到了中华人民共和国成立以来的最高点。物价连续三年大幅度上涨，增加了"九五"期间控制物价总水平的难度。

（2）价格结构性矛盾仍然突出。工农产品交换比价有待于进一步改善；部分国家定价的农产品和基础产品价格仍然偏低，少数农产品内部、工业产品之间的比价关系还不尽合理。"九五"期间解决这些问题，就必然会推动物价总水平的上涨。

（3）价格形成机制不够完善。政府直接管理价格的范围，有待于适应社会主义市场经济发展的要求而逐步调整；少数生产资料价格双轨制依然存在；国家定价、国家指导价调整的力度、时机和程序等，有待于进一步合理化；大部分放开的价格，经营者定价行为还不规范，乱涨价、乱收费现象仍然严重；市场价格的形成还缺乏良好的竞争环境。这些问题的存在和解决，也会对物价上涨产生一定影响。

（4）价格调控体系不健全。价格法律体系尚未形成；政府调控价格的经济手段，诸如重要商品储备、价格风险基金和价格调节基金等制度还不完善；价格监督检查的实际覆盖面还比较窄，缺乏有效的查处手段。这些使国家在物价大幅度上涨时缺乏应有的控制力度。

3. "九五"期间价格结构性调整对物价总水平的影响

"九五"期间，为了保证国民经济持续、稳定、健康的发展，保证社会主义市场经济体制的建立，价格改革的力度和价格结构性调整的步伐既要考虑需要，也要考虑可能。

（1）从改变不合理比价关系的需要看结构性调整对物价总水平的影响

第一，进一步缩小工农产品价格剪刀差，使农产品内部比价关系基本合理，而且把农产品收购价格的提价总额全部转移到零售市场上去，预计将推动物价总水平上涨6%左右。

为促进农业的全面、快速发展，逐步继续缩小工农产品价格剪刀差，农产品收购价格提高幅度必须高于农村工业品零售物价水平和全社会零售物价总水平上涨幅度，即农产品收购价格总水平必须提高15%以上。初步估算，1994年我国农产品收购总额约7000亿元，如按缩小工农产品价格剪刀差的需要，"九五"期间，农产品涨价总额应在 3500 亿元以上，将推动物价总水平上升 16%，平均每年 3.3%，其中包括了国家有计划调整和自发涨价两部分。

属于价格结构性调整因素的主要是粮食定购价格和棉花价格。要理顺农产品比价关系，首先要确定粮食的合理收购价格。1994 年粮食国家定购价格每百斤 52 元（四种粮食平均），根据调查结果，1994 年每百斤粮食成本约为 29.8 元。如果按种粮不赔本并使农民种粮收益不减少且有所增长的需要，初步匡算，粮食提价将影响物价总水平上升 3.6% 左右。粮食提价后，按粮棉合理比价 1∶10 计算安排棉花价格，将影响物价总水平上涨 1.7%。粮棉合计共影响价格总水平上升 5.3%，平均每年为 1.1%。

以上是以 1994 年为基础的静态分析，而且只是在收购价格提高额等量转移条件下的直接影响。如果按动态分析，并考虑间接影响，要保持合理的比价关系，由粮食、棉花的收购价格的提价幅度必将比静态分析下的要高，农副产品提价总额将是进一步扩大的趋势，对物价总水平的影响也将加大。

第二，为改善基础产品比价不合理状况，"九五"期间要逐步提高煤、电、油、运等基础产品价格。如果这部分提价额完全转移到市场上去，5 年累计将影响物价上涨 15.5%，平均每年为 3%，其中：

煤炭价格放开后，目前全国电煤价格比其他用煤价格低 8—10 元/吨，"九五"期间逐步提高电煤价格与其他用煤价格持平，同时考虑煤炭价格自发性上涨因素，"九五"期间电煤提价 30 亿—50 亿元，若通过电价调整并转移到市场上去，将推动价格总水平上升 0.3% 左右。

目前国际市场原油与汽油、原油与柴油之间的通行比价为 1∶1.36 和 1∶1.16，我国分别为 1∶2.8 和 1∶2.3。如果按合理的比价关系，提高原油价格，累计影响价格总水平上升 5.4%。

铁路客货运输价格与其他运输方式的比价不合理。目前，含铁路建设基金的货运运价不足公路的 1/8，客运不足公路和水运的 1/2。如果按照合理的比价关系提高铁路运价，将影响价格总水平上升5%。

目前，我国老电价平均每千瓦时约0.24元，按完全成本核算的新投资电厂约0.35元，若使这种比价关系基本合理，须逐步提高电价，5年累计将影响价格总水平上升2.5%。

以上合计，如果工农产品价格体系不合理问题都要在"九五"期间解决，则价格结构性调整平均每年就要推动物价总水平上升6%以上。但这仅仅是以1994年的产量、价格水平、比价关系和社会商品零售额为基础做静态匡算。没有考虑地方结构性调整的影响，也未考虑其他品种。在这种前提下，要平衡各方面关系，无论通货膨胀与否，都要以这个上升幅度为代价。当然，在具体实施中，不但要考虑需要，还要考虑可能，也只能解决部分突出不合理的价格矛盾。

（2）从国际国内价格接轨的需要看结构性调整对国内物价总水平的影响

随着改革开放的深入和逐步与国际市场接轨，一些重要商品特别是进出口比重较大的商品，国内市场价格需要逐步向国际市场价格靠拢，属于政府定价的这部分商品，接轨的过程要通过价格调整来实现。

目前国内外市场价差和需要调整的幅度如下。

第一，农产品。小麦国内收购综合平均价为1420元/吨，进口到岸价（以1∶8.42汇率计算，下同）为1886元/吨，国内收购价比进口到岸价低24.7%；玉米收购综合平均价为1260元/吨，进口到岸价为1153.6元/吨，比进口到岸价高9.2%；棉花收购价格14000元/吨，进口到岸价格为20228元，国内收购价比进口到岸价低30.8%。高于国际市场价的玉米价格很难降下来，低于国际市场价格的小麦、棉花价格若提到国际市场价格水平，至少要推动零售物价总水平上涨4%，平均每年上涨0.8%。

第二，基础产品。工业用电销售价国内为0.196元/千瓦时，国外为0.628元/千瓦时，仅为国外价的31.2%；民用电国内销售价0.207元/千瓦时，国外销售价1.067元/千瓦时，仅为国外价的

19.4%。若基本摆平，需要提价 1400 亿元，影响物价总水平上升 8.5%，平均每年上升 1.6%。

国内原油价格一档 700 元/吨，二档 1250 元/吨，进口到岸价格 1250 元/吨左右，若接轨，"九五"期间，考虑质量因素，我国原油平均每吨要提价 50% 左右；加上提高天然气价格。两项合计将推动物价总水平上升约 4.9%，平均每年约 0.9%。

铁路换算吨公里运价 0.0536 分，国外为 0.15 分，仅为国外的 35.7%，需提价约 1140 亿元。影响物价总水平上升 7%，平均每年 1.3%。

以上合计，提价总额约需 4000 亿元，将影响总水平上涨 24.4%，平均每年上涨 4.6%。

上述分析没有考虑国际市场价格及人民币汇率变动的因素。如果从动态角度分析，由于我国从长期看粮食需要进口，国际市场小麦、大米等主要粮食到岸价格将处于较高水平；国际市场石油价格，由于产油国限制产量、世界范围内尚无新的能源出现、节能技术没有重大突破等因素的影响，从中短期看，价格将较为坚挺。因此，"九五"期间，若真正地与国际市场价格接轨，预计我国农产品和能源产品提价幅度比上述分析还要大，对物价总水平的影响也必将更加深远。

（3）通过价格筹集基础产业建设基金对"九五"物价总水平的影响

改革开放以来，为了支持国家能源、交通等基础设施的建设，促进国民经济发展，国家出台了一系列的通过价格征收专项建设基金的政策。据测算，"八五"期间，通过提高电力、石油、铁路和交通运输价格可筹集建设资金 5345 亿元。

第一，"八五"政策延续到"九五"的基金数额。"八五"已定的各项政策延续到"九五"，如不考虑产量、运量增加，做静态测算，预计可筹集专项基金总额约为 7430 亿元。其中：

①电力。电力建设基金每千瓦时 2 分，可征收 610 亿元；三峡基金每千瓦时 0.4 分，预计征收 150 亿元。两项共计 760 亿元。

②铁路。铁路专项基金每吨公里2.7分，预计可征收2000亿元左右。

③石油。原油、天然气储量有偿使用费预计可征收430亿元。

④交通。车辆购置费预计可征收800亿元，养路费及附加预计可征收2000亿元，港口建设费预计可征收80亿元，水运附加费预计可征收50亿元，合计可筹集资金约2930亿元。

⑤邮电。电话初装费预计可征收1130亿元，市话附加费预计可征收80亿元，长途电话附加费预计可征收250亿元，合计可筹集资金约1460亿元。

⑥民航。机场建设费预计可征收40亿元，民航基金预计可征收110亿元，共可筹集资金约150亿元。

上述措施是"八五"政策的延续。从静态上看，现有征收基金水平不变，对"九五"物价总水平没有影响，但当筹集基金行业的生产规模增长超过社会商品零售额增长，或征收基金范围有所扩大时，对物价总水平仍有上推作用。

第二，预计"九五"新增建设基金规模及其对物价总水平的影响。"九五"期间，为了加快基础产业的发展，要保持在物价总水平基本稳定的前提下，继续努力改变基础产业价格偏低的状况，同时要通过价格的调整适当增加专项建设基金，以增强基础产业的发展后劲，加快基础设施建设，促进国民经济的发展。

"九五"期间，根据基础产业发展的需要和各方面的要求，通过提高主要基础产品价格筹集或增加建设基金的主要有：电力建设基金，包括用于中央新建电力项目建设归还贷款部分；铁路建设基金；煤炭建设基金，主要用于统配煤矿建设；原油勘探开发基金和天然气勘探开发基金。

如增加基金的项目1997年出台，"九五"前三年陆续到位，那么"九五"期间，因提高基础产品价格新增建设基金影响物价总水平上升约2.86%。

上面测算对物价总水平的影响属最低估计。如果国民经济综合平衡计划中将通过价格筹集的基金规模作为定数，在出台操作上平均 5 年到位,那么平均每年将影响零售物价总水平上升 0.8% 以上,5 年合计影响将超过 4%。

（四）对外经济关系的新特点与新作用

我国已基本形成了全方位、多层次、多形式的对外开放格局。

表 8 　　　　　　　若干年份中国经济的对外开放程度

（进出口总额占 GNP 的百分比） 　　　　　　　单位:%

年份	1980	1985	1986	1987	1988	1989	1990	1991	1992	1993
进出口总额占 GNP 的百分比	11.9	24.1	26.6	27.3	27.2	25.9	31.4	35.7	37.69	39.0

资料来源:笔者根据相关资料整理所得。

近 5 年间对外贸易总额超过 1 万亿美元,比"七五"的 4864 亿美元翻了一番,超过中华人民共和国成立后 41 年累计进出口总额 9706 亿美元的水平,进出口额列居世界第 11 位。出口额由 1990 年的 621 亿美元增加到 1995 年的 1480 亿美元,年均增长 15%,出口额占世界出口额的比重由"七五"末期的 1.65% 提高到 3%,出口商品结构有所改善,附加值高的工业制成品出口比重提高到 80% 以上,其中机电产品出口比重由"七五"末期的 17.9% 提高到 26.4%,出口额在 1 亿美元以上的商品由 1990 年的 80 余种增加到 200 多种。目前与我国有贸易往来的国家与地区达 221 个,比"七五"末期增加 40 多个。国际收支状况进一步改善,1995 年外汇储备达 740 亿美元,比 1990 年增加近 6 倍。

我国是一个大国,国内的需求是经济增长的主要动力。一般地说,通货膨胀主要是由国内的供求失衡而引发的。但是随着开放度的扩大,我国经济已经融入世界经济体系之中,国内市场与国际市场联系越来越紧密。对外贸易依存度已相当高。据测算,我国外贸总额与国内生产总值的比例 1979 年为 9.9%,1980 年为 12.8%,1985 年为 24.2%,1990 年为 31.4%,1992 年为 38.0%,1994 年我国外贸率为46.3%，即使剔除统计口径和汇率的影响，我国的外贸依存度至少也在30%以上。如此高的外贸依存度，国际市场的供求状况必然通过各种涉外渠道引起国内市场价格总水平的波动，例如，自1994年以来，国际市场粮食、棉花、化肥等商品价格上涨，一方面使我国进口难度增大，不能有效地利用国际市场资源来平抑国内市场价格；另一方面，进口的这些商品价格高于国内市场同类商品价格，也带动了国内价格的上涨。为此，我们要进一步研究通货膨胀的国际传递机制。一般说来，在开放经济中，一国国际收支状况的变化是影响国内宏观经济稳定的重要因素之一。自1993年以前，我国的对外经济活动主要是对外贸易，即通过进出口额相对量的变化来调剂国内市场物资的余缺。而自1993年以来，随着国际资本的大量流入使我国国内经济与国际金融资本逐步融合，国际收支状况对国内宏观经济的稳定必然有所影响。我们既要正常地扩大对外开放，又要防止"输入型"通货膨胀扰乱国内的金融和市场，充分注意保持国际收支的基本平衡。要预测国际因素对我国通货膨胀影响的程度，首先要对国际经济发展趋势有个大致的展望。通货膨胀的国际传导主要是通过外贸（包括进出口总额与结构、国内外市场价格差）、外汇（储备总额及汇率）、外债、外资等渠道"引进"国内，下面我们主要从国际贸易、国际金融、国际投资等方面来分析。

1. 国际贸易发展趋势与我国进出口贸易对通货膨胀可能产生的影响

（1）自1994年以来世界经济出现较快的增长

据国际货币基金组织1995年4月6日发表的世界经济情况报告，1994年世界地区生产总值增长率上升到3.7%（1991年为-0.5%，1992年为1.0%，1993年为1.5%），并预测1995年为3.8%，1996年为4.1%。随着世界经济的复苏与发展，1995年工业化国家出口增长率为8.0%，发展中国家出口增长率为9.3%。据世界银行1995年4月18日发表的《1995年全球经济前景及发展中国家》报告预测，在未来10年内，工业化国家经济将稳定发展，发展中国家经济可取得实质性的进展，国际贸易可望以每年6%的速度增长，全球对外贸易系数不断提高，世界性经济传递相互加速，相互依赖性增强，但世界市场上的竞争也更加激烈。当前和今后世界经济发展的重要特征是：①占世界贸易 90% 以上的世界贸易组织成员（约 150 个以上）将在新的多边贸易体制基础上展开开放式的竞争；②竞争范围已从货物贸易延伸到服务贸易以及与贸易有关的投资和知识产权领域，而且竞争基础日益综合化，即在竞争中，贸易、投资、服务、技术有机地结合起来，通过加速产业革命，不断推出新产品，采用新技术，开拓新市场，挖掘新资源（包括人力资源），改革管理机构，展开多样化手段的竞争；③高科技，尤其是电讯业的突飞猛进，既加速了世界经济一体化，又促使竞争手段进一步多样化。在 1983—1993 年的国际贸易中，办公和电讯设备贸易发展速度高达 13%，位居同期各行业增长之冠，是所占比重最大的贸易商品。现在电讯业正在进一步实现技术整合，即出现融合电脑、电话、电视为一体的混合产品，通讯型电脑将大量问世，使世界各地的企业、个人都可以互通讯息，建立全球网络。据预测资料，到 20 世纪末，全球将有 7.5 亿人通过网络相互联系，企业、家庭、个人可以利用通讯型电脑收发语音、影像、资料与视听讯息。随着电讯事业发展，新的"数位世界秩序"正在形成，即把包括语言、文字、图形、影像的所有通讯，转化为 0 与 1 的数字，通过电话线传送；④国家和贸易集团积极地介入竞争，地区贸易集团化步伐加快。1993 年 1 月 1 日，《欧洲联盟条约》生效；1994 年 1 月 1 日《北美自由贸易协定》开始运行；亚非拉、亚太地区经济合作也在积极进行，亚洲在世界贸易中的比重已由 1983 年的 19.1% 上升到 1993 年的 26.3%，亚洲地区相互之间的内部贸易占其整个出口贸易额的一半以上。有组织的自由贸易趋势在加强，意味着全球性的管理贸易时代的来临；⑤跨国公司的经营战略日益全球化。20 世纪 90 年代初期，全球有 3.7 万家跨国公司，拥有 17 万家附属国外子公司。它们控制的外国直接投资 2 万亿美元，其中 1/3 属全球最大的 100 家跨国公司。跨国公司之间结成战略联盟，其目的在于实现共同开发；促进技术转移；协调国际纠纷；防止过度竞争；跨行业扩张。但值得注意的是，在新科技日新月异的形势下，中小企业较能适应世界市场上的激烈竞争，美国和德国现在出口额的一半是来自职工不到 20 人的公司，职工超过 500 人的公司的出口值只占美国总出口的 7%，跨国公司和大公司为求生存正在纷纷重新调整，解散官僚的组织机构，规模经济（Econmy of scale）渐由范畴经济（Economy of scope）所取代，企业正在寻求应变能力强、调整速度快的适度规模。

世界经济发展的以上特点，对我国经济发展和通货膨胀的影响是双重的。一方面加重了我国面临的国际竞争压力，尤其是发达国家在经济上向亚太地区倾斜时，加剧对中国市场的争夺。世界经济区域集团化与全球一体化往往表现为区域内自由化和对区域外的贸易保护主义同时强化，实质上，还是发达大国增强本身竞争力和争夺市场的一种手段。它们经常采用反倾销、规定配额、采用新的技术标准和环保标准等手段，对发展中国家施加种种限制。这使我国利用世界市场调控国内市场的难度相对增大，主要是使我国选择贸易对象的余地受到限制，不利于我国调整出口商品的结构，也不利于根据国家需要适时组织进口。另一方面，世界市场的进一步扩大，也为我国进出口增长提供了机遇，使我国在国际经济技术合作中回旋余地更大，利用国际市场和国外资源调控国内市场的可能性也增强了。因此，"九五"期间抑制通货膨胀面临的情况更复杂了，操作的难度更大了。如果认识跟不上形势，调控不当，有利的方面没有把握住，不利的因素可能产生更大的影响。

（2）我国加入世界贸易组织是大势所趋，不可逆转

我国经济贸易的发展离不开以世界贸易组织为基础的多边贸易的竞争。由于我国的改革和开放正处于深化，在与国际市场接轨的过程中，新体制还很不完善，相应的政策不配套，在具体的操作中也缺乏经验，因此还有可能将国际环境对我国的影响放大。比如，外贸体制的改革还不彻底，相应的调控机制没有建立起来，外贸秩序有时相当混乱，对内抬价抢购，对外削价竞销的现象经常出现。特别是在不少商品市场上，我国的购销动向已经成为影响国际市场行情和价格的重要因素。如果我们的进出口政策和策略不适当，就

有可能出现调节不适当。如1993年，在国际市场钢材价格低于国内市场的情况下，适量进口钢材有利于稳定国内价格。但由于对进口的调节不当，导致进口量过大，造成国内钢材的大量积压，价格波动过大。又如1994年，在国内化肥紧缺、国际市场价格即将上扬的情况下，由于有关部门协调中拖延了时机，再加上集中订货，抬高了国际市场价格，使进口化肥价格过高，反过来影响国内化肥的价格上涨。

"九五"时期，预计我国外贸将以高于经济增长率1—2个百分点的速度增长，而后将外贸依存度稳定在一个合理的水平上。如果在"九五"期间实现了加入世界贸易组织，削减关税的幅度将达到50%左右，这将使进口商品的价格有明显下降。同时，市场逐步开放，更多的外国商品，特别是那些竞争力很强的发达国家的商品涌入，增强了国内市场的竞争，可能带动国内一些不合理的高价格降下来。但在国际市场农产品和原材料价格趋涨的情况下，可能出现出口增加，并使国内市场价格向国际市场价格看齐，这从改善我国不合理的价格结构看是有积极意义的，但也可能加大"九五"后期国内通胀的压力。加入世界贸易组织后，还会通过影响资金、信息、技术等要素的流动产生外资规模及投向的变化，间接地影响国内价格。由此发生的对我国产业的冲击程度要充分估计。如冲击过大，则从根本上不利于国内通货膨胀的抑制，因此，要认真研究如何采取适当的保护幼稚产业的措施。

"九五"期间，香港、澳门先后回归祖国。目前香港已成为内地最大的贸易伙伴和对外贸易的主要运转中心，内地每年大约有30%的外汇由香港转口产生，香港在内地的投资占内地外商总投资60%。随着香港回归，这种联系将进一步加强。考察"九五"时期通胀的趋势，应该充分注意到港澳回归的影响。①贸易与投资方面的影响。据分析，直接贸易与间接贸易以及香港对内地的直接投资都将增加，这对促进内地改革开放和产业结构升级，提高中国内地和港澳产品的国际竞争力十分有利，也将增强内地抑制通货膨胀的实力。②金融方面的影响。国际金融市场的波动是通过香港金融市场传导的。

如果香港金融市场稳定，直接的影响就会减轻。香港金融市场的波动也会影响内地金融市场，而内地政治和经济因素对香港金融市场的影响权数也越来越大。其中最重要的是中国和港英当局的关系。如果港英当局设置人为障碍，引起香港金融市场波动，则势必破坏内地金融市场，影响经济稳定，对我们抑制通胀十分不利。③香港通货膨胀趋势的影响。近年来，香港通胀较高，连续两年近两位数，1995年8.5%，1997年后，香港可能仍保持近两位数的较高通胀率，这对内地的通货膨胀将产生相当的影响。

海峡两岸的经贸关系仍将继续扩大。台湾因素对大陆通货膨胀的影响主要是间接的。"九五"影响变化不会太大。

我们必须综合分析对外环境对我国"九五"时期通货膨胀的影响，研究如何趋利避害，实现保持经济合理增长和抑制通货膨胀的目标。

（3）国际主要商品价格走势有可能对我国通货膨胀产生重要影响

据有关资料，目前在我国进出口商品中，与国际市场价格保持联系的商品约占一半以上。"九五"期间，国际上一些主要商品价格走势就不能不对我国物价产生影响。其中在我国进出口贸易中分量比较重的品种，影响尤其明显。据测算，1987年，当世界市场价格每上升1%，就导致我国国内市场价格水平上涨0.3%—0.35%。其传递途径是：国外市场价格变化—进口品价格变化—国内开放经济部门的成本和价格的变化—国内非开放部门的成本和价格变化—国内一般物价水平的上涨。由于时间跨度长，5年时间里有些因素的变化是不可预见的，变化的因素既包括世界范围内这些产品的生产量和消费量，也有各国贸易政策的变动。因此，只能对总的趋势和有关品种作一大致的分析。

由于世界经济复苏，刺激了生产和消费需求，必然导致价格上涨。自1994年以来，国际商品市场一反多年来的持续疲态，许多商品价格出现大幅度回升或止跌转升，有些产品是由于产量减少或预计减少，使供应趋紧，致使价格上扬。此外，随着经济的加温，市场投机活动活跃，助长了一些商品价格的上涨。展望今后几年，国际市场将保持活跃的态势。国际商品市场的需求，特别是对许多原料和制成品的需求将继续有所增长，价格也呈坚挺和上扬之势，这也将给我国通货膨胀带来一定的压力，推动我国价格总水平的上涨。当然，受各种因素的影响，国际市场价格的变化仍会有所起伏，有些商品价格还可能出现较大的波动。下面就三类对我国影响比较大的商品价格走势作一些粗略的分析。

第一，农产品。据经济合作与发展组织发表的研究报告，在今后6年中，世界各国农牧业生产将继续发展，农产品价格略有回升，但生产和贸易中尚有诸多不稳定因素。

粮食：预测今后5年世界粮食需求将增加，价格趋于上涨，贸易竞争将更为激烈。世界粮食出口贸易总额将由目前的9880万吨增加到2000年的1.0868亿吨，增长10%。据预测，国际市场小麦的价格将从1994年的每吨122美元上升到2000年的153美元，玉米等杂粮的价格将从每吨98美元上升到110美元。

油料：产量增加，需求增长，价格上扬，预计从1994年的每吨187美元上升到2000年的229美元。

棉花：生产难以预测，产量增长幅度不会大，供需关系难以得到缓和，传统的出口国中国、印度以及中南美一些国家变成纯进口国，其进口情况将影响国际市场行情，估计价格总的趋涨。

第二，能源和原材料。随着需求增长，价格总体呈上升趋势。其中，石油市场行情看好；原材料由于前几年经济不景气使产量减少，恢复需要时间，而需求增加较快，价格将在1994年上涨基础上持续较长一段时间，铝、铜、镍等有色金属的价格都有可能上涨较多。但这些商品国际市场价格波动的可能性也很大。

第三，工业制成品。总体看，价格将以平稳为主。原材料价格上涨增加成本，经济增长导致需求增加刺激价格上涨。但生产技术水平提高，以及发达国家通过将投资转移到劳动力成本较低的发展中国家，一些产品成本还会有所下降。棉纱、棉布、化肥、钢材等可能上涨较多，机电产品可能略有上涨，工业消费品可望有所下降或平稳。

国外有关研究报告认为，中国农业发展的情况对世界农业前景是"一个决定性的因素"，甚至认为中国农业生产和农产品贸易的微小变化都会对国际棉花和粮食的市场价格带来"巨大的影响"。国外预测，在未来 10 年，中国将成为世界上最大粮食进口国。因此，外贸工作中也要注意我国的购销动向对国际市场及价格变动的影响。

2. 国际金融发展趋势及我国的外汇、外债、利用外资等方面对通货膨胀可能产生的影响

（1）自 20 世纪 80 年代以来国际金融市场出现一些新的趋势

第一，国际资本流动的证券化，即国际融资从以银行贷款为主转向以证券化资产为主，或者传统的银行贷款和证券结合在一起。

第二，金融业务发展的表外化，即银行资产负债表以外的业务（咨询、担保服务等）活动量迅速扩大。

第三，金融市场全球一体化。跨国银行在世界各地设立海外分行，国际金融市场与各国国办市场之间的界限愈来愈模糊。跨国银行和跨国公司结合在一起成为当代国际金融资产的两大支柱。

第四，国际金融工具的组合使用，将各种各样的期权、外汇与远期利率协定以及其他合约互相挂钩，形成综合票据。这种综合票据使投资者与借贷者在货币、期限、利率、发行地点和信贷风险方面得以脱钩，以适应金融市场各方参与者的需要，使借贷者能够在分散风险的情况下以较低成本取得资金。

第五，金融业务对外开放扩大化，乌拉圭回合签署的《服务贸易总协定》对开放金融市场作了多项具体规定，使得金融市场扩大对外开放成为当今世界的重要趋势之一。

（2）我国金融改革将迈出较大步伐

"九五"时期是我国金融改革的关键时期，外贸、外汇体制改革要取得实质性进展，人民币将实现可自由兑换，同时开始进入还债高峰期，这就要求有一个相对稳定的国际金融环境。而国际金融市场的动荡，使不可预见因素增多，推进改革的风险增加，制定金融

政策和调控金融市场的难度增大。这就使运用货币和金融市场调控国内市场价格、抑制通货膨胀增加了复杂性和操作的难度。当然，多变的环境也为我国灵活运用外贸、外汇机制和手段通过国际市场调控国内市场提供了机遇。

具体地说，国际金融市场变化对我国通货膨胀的影响最突出表现在外债外汇方面。始于 1994 年 6 月的美元危机，其影响之一是使负日元债的发展中国家包括我国深受其害，大大增加了偿债负担。到 1994 年年末，我国使用国外贷款总额为 960 多亿美元，其中日元贷款约占 30%，由于日元升值估计使我国日元外债利息负担上升 60% 以上，必然增加我国偿还贷款的困难。又由于我国外汇储备中 90% 以上是美元，美元贬值削弱了我国对外支付能力。世界主要商品市场价格和黄金价格多以美元计价，美元贬值也刺激了世界商品市场和黄金市场的价格上扬。我国为对付国际金融市场的动荡，不得不较多储备外汇，中央银行用以结售外汇的、以人民币外汇占款形式发放的基础货币也要相应增加。1990—1994 年，外汇占款总额占国内货币需求量的比重分别为 20.45%、30.06%、21.25%、14.92%、23.66%，1994 年新增的 305 亿美元储备共增加人民币外汇占款 2800 多亿元。这不仅增大了国内货币发行的压力，而且为保持贸易顺差要尽量扩大出口。这几个方面都加大了国内通货膨胀的压力，不利于抑制国内通货膨胀。

3. 国际投资发展趋势与我国利用外国直接投资对国内通货膨胀可能产生的影响

按国际清算银行的统计，1994 年西方发达国家对外直接投资总额达 1978 亿美元，其中美国达 584 亿美元，占 30%。同年，发达国家引入外国直接投资额为 1351 亿美元，占国际直接投资总额的 58%，其中美国引入了 601 亿美元，比 1993 年有较大增长，约占发达国家引资额的 44%，保持其既是最大的对外投资国，又是接受外国投资最多的东道国地位。发展中国家 1994 年对外投资额为 357 亿美元，而引入的外国投资达 1046 亿美元，其中亚洲引进 671 亿美元，我国占了其中一半。拉美国家引进了 259 亿美元。从投资流向看，发达国家投资主要流向高科技制造业和服务业；发展中国家投资主要流向基础制造业和资源开发业。

"八五"期间，我国实际利用外资总额约 1700 亿美元，比"七五"期间增长 3 倍。"八五"期间我国利用外资总额列居世界第二位，成为世界上利用外资最多的发展中国家。其中，1995 年为 484 亿美元。截至 1995 年年底，累计借国外贷款 1100 亿美元，其中"八五"累计约 560 亿美元，比"七五"期间增长 40%，1995 年为 107 亿美元。截至 1995 年年底，外商来我国直接投资约 1330 亿美元，其中"八五"期间达 1145 亿美元，为过去十多年总额的 6 倍以上，1995 年实际利用 377 亿美元。1995 年外商投资企业进出口总额达 1095 亿美元，比 1994 年增长 25.3%，占全国进出口总额的 39.1%。在"九五"的投资计划中，要注意测算出需要用外商投资来补足的资金缺口部分，这样也就确定了"九五"期间外商投资的规模。

在调控利用外资规模时，还要注意把所需的配套资金计入国内投资计划，以保持供求总量平衡。

外资注入越多，一般说需要的国内配套人民币就越多。而这种配套资金的来源主要是国家财政和银行信贷，无疑对国内货币供需的平衡要产生压力。据统计，从 1993—1994 年，我国直接利用外资总额为 594 亿美元，所用配套人民币近 6000 亿元。从涉外经济的固定资产投资结构中，外资与人民币的比约为 1∶1.6，即每增加利用外资换算为人民币 1 元，需增加国内配套人民币固定资产 1.6 元。另据有关部门对鄂州市、荆门市、宜昌市、襄樊市、孝感地区 5 个地市 18 个投资项目的调查，固定资产投资与流动资金的比例大致为 3∶1，而流动资金的来源，98% 以上都是靠国内银行贷款的。由于国内信贷规模是经过严格审定后制定的，一般在列入计划后难以再压缩，为了保证配套资金落实，需增发货币。因此，如果不把利用外资所需的配套资金计入国内投资计划，往往导致国内货币供应量的过多，引发通货膨胀。

有的学者提出"外资导入型通货膨胀"的种种表现，如（1）外资进入地区的房地产价格及其费用高，并波及其他产品、服务价格；（2）外资企业（包括合资）产品价格高昂，据有关部门调查，1990年外资企业商品价格高于全国平均价 50% 以上的有 62 个品种，高于全国平均价 500% 以上的有 11 个品种，高于全国平均价 1000% 以上的有 6 个品种；（3）外资企业政策优惠、利润高、个人收入高、导致需求拉动型价格上涨；同时也对国内企业产生示范效应，导致成本推进型价格上涨；（4）其高收入和高消费在全社会产生消费示范和宣传效应，带动了全社会超前性的高消费或工资攀比，广大居民的心理消费预期大大超过了社会发展阶段所能实际达到的水平，追求高工资、高福利、高消费的奢靡之风也在相当程度上直接或间接地导致全社会成本推进和需求拉动型通胀相互作用；（5）大规模的外资净流入将推动或维持投资需求旺盛，使投资品价格居高不下，并波及其他产品、消费品价格和服务费（房租、房价）。以上种种表现，虽然不是我国通货膨胀的主要成因，但却是对外资规模进行宏观调控时需要注意的因素。当然，我们不能因噎废食，只能趋利去弊，加强管理，要防止部分投机性外资的进入和泡沫经济的出现，要注意投向机构的引导和相关政策的制约。

（五）企业经济效益与宏观经济稳定的关系

社会主义市场经济体制内的宏观调控的有效性必须通过市场化的微观基础来实现。目前，在多元主体市场化的格局中，国有企业行为市场化滞后，这不仅使其自身效益低下，也影响宏观经济的稳定。所以，继续深化国有企业改革和建立现代企业制度，才能从体制上形成抑制通货膨胀的微观基础。通货膨胀本身是一个宏观经济问题，企业经济效益属微观范畴。在我国，通货膨胀之所以与微观经济紧密相连，是因为十多年来，对国有企业改革的措施没有脱离以企业经营者和生产者收益最大化为激励机制的思路。但是，在国有企业所有权未能对经营者和生产者形成强约束之前，对后者的激励，并不一定能使所有者的收益最大化，相反，往往还是对所有者收益的损害（在财政因素中已分析）。正因为国有企业还没有成为适应社会主义市场经济体制的微观基础，国有企业行为的非市场化扭曲，就直接把微观经济问题转化为宏观经济问题了。

1. 企业与需求型通货膨胀

（1）流动资金的需求膨胀

自1989年以来，我国基本上形成了低水平的买方市场。企业开拓能力不足，适应不了市场需求的变化，中低档产品供过于求，产成品大量积压。

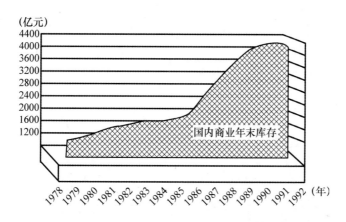

图3　1978—1992年，国内商业年末库存总额

资料来源：笔者自制。

从社会供给和需求角度分析，这种积压的产品是游离于社会再生产之外的产品，是一种虚假供给，因而是无效的社会供给，而社会购买力即有效需求却已经形成。这必然对有效需求部分的社会产品形成涨价压力。

具体过程：一个生产周期结束，产品未得到实现，银行贷款即企业存款已经用光。实物形态表现为成品库存增加，而社会有效供给却未能增加；与之对应的未实现最终需求的价值形态表现为生产原材料、能源企业的存款，企业职工收入、折旧和生产发展基金，以及财政收入等，这些社会需求的构成部分却已经形成。

是否继续生产？停产，面临的将是职工生活失去保障和地方财政收入（也包括中央财政收入）的枯竭。于是，银行被迫追加贷款，增加货币供应，以维持企业生产。这样，便构成企业对银行流动资金贷款的倒逼机制。

（2）固定资产投资的需求膨胀

由于缺乏有效的约束，企业（及主管部门和地方政府）普遍患投资饥渴症，对银行固定资产贷款几乎具有无限需求（相对于有限的资金供给量）。只图铺摊子、扩规模、上（行政）级别、无序竞争、盲目立项，大量"钓鱼"项目使投资超概算极为普遍、极为严重。许多项目资金没有落实，工程处于停等状态，不能按期建成。有的项目虽如期建成，或由于没有铺底流动资金，或由于没有市场，造成大量的资金浪费。这是引发通货膨胀的又一重要震荡源。

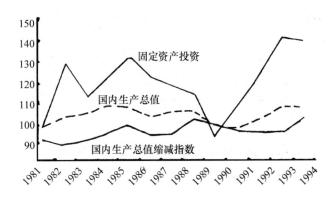

图4　1981—1994年，投资、价格与经济增长

资料来源：笔者自制。

表9			地方国有单位的投资比重			单位:%
年份	1988	1989	1990	1991	1992	1993
全社会固定资产投资中地方国有单位所占比重	32.7	31.3	37.2	32.7	35.2	36.7
全社会固定资产投资中地方国有单位和集体单位所占比重	48.5	45.1	49.2	45.3	52.5	54.4
全国国有单位投资中地方国有单位所占比重	53.0	51.1	56.8	49.6	52.4	52.2

资料来源：《中国统计摘要》相关年度。

2. 企业与成本推进型通货膨胀

（1）现实的企业分配制度

承包制，即以企业为本位的经济核算制度。企业实现的利润多，留利就多，职工可以得到的奖金和福利就多。这种分配制度企图通过使企业全体职工的劳动所得同企业经营成果相联系，以增加职工的生产积极性。但是，企业"预算约束软化"的程度甚至比传统体制时期还严重，因为它们已经加入了市场的活动，但又缺乏严格的风险约束。尽管企业在发挥国有资产保值增值功能中困难重重，但仍然要满足内部成员的消费需求。

（2）收入攀比的内在机制

企业分配制度中存在的一个内在矛盾是：从发展生产角度看，各行业之间人均留利就不应该是一个水平，应视各行业、各企业有机构成的情况和产业政策的要求而定；而从职工物质利益角度看，撇开劳动条件不论，各行业之间的人均留利就应该是相近的。显然，这两个原则是互相矛盾的，同时运用这两个原则，既把扩大再生产的资金交给企业，又把企业职工的物质利益和这些资金紧密联系起来，就必然使企业的收入分配发生严重扭曲。

现实情况是，企业经营性成果很难分清。这就给全国各行业、各企业愤愤不平的人们进行猛烈攀比提供了足够的理由。为了多发奖金、多发实物，几乎每个企业、每个车间都有两本账。国家统计局工交司和国家财政部工交司的工作人员认为，目前的企业财务账目可信度差。在这种情况下，国有资产的流失不可避免，工资成本推进的通货膨胀也是顺理成章的事。

（3）体制外的收入攀比

"铁饭碗"以及住房制度使城市国有企业和集体企业的劳动力很难流动。而非国有企业职工的高收入，对国有单位职工产生巨大示范效应，并形成很大的心理压力，迫使企业及政府部门不得不提高职工的工资外货币和实物收入标准，而国家提供的住房、各种劳保等社会保障部分通常被忽略不计。

3. 其他与通货膨胀有关的企业方面的因素

（1）企业亏损

企业发生亏损，如果冲减自有资金，缩小生产规模，则不会发生通货膨胀；如果由财政退库或增拨企业自有资金，以弥补企业亏损，则企业仍可维持原有生产规模，财政赤字也可能增加。但在我国目前情况下往往用银行挂账解决。而挂账就意味着潜在的通货膨胀。

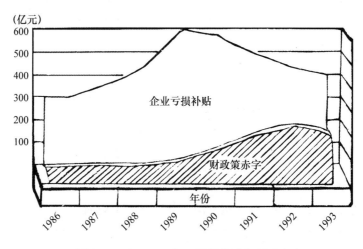

图 5　1986—1993 年，亏损补贴与财政赤字

（2）三角债

在市场经济规则比较健全的国家，企业间的"三角债"属于正常的融资方式，即商业信用。由于受票据法严格管理，商业信用不会无限膨胀。而未到期贴现的票据，则是银行放款的方式之一，作为货币供应量，已经是中央银行监管全社会货币流通量的指标。因此，商业信用是在严格的法制和银行监督下的货币供给，是可控的，不会引起通货膨胀。

而目前在我国，企业间的三角债大量是由于违约和结算纪律松弛发生的，是一种强迫性的商业信用，实则毫无信用可言。拖欠一方（债务方）往往是得不到银行贷款的中小国有企业或乡镇企业，被拖欠一方（债权方）常常又是产品堆积如山的国家重点企业。为了确保重点企业的生产，银行不得不大量投放贷款。因此，全社会三角债规模的扩大，就等于银行信用的扩大，也就等于全社会货币供应量的扩大。这样一来，三角债就成为中央银行难以控制的变量，成为通货膨胀的一个重要因素。

（3）企业法律地位不明确

企业的法律地位指企业在法律上应该承担的民事责任以及它的权利和义务等。企业法律地位明确，发生债务危机等问题时可以比较容易地找到解决问题的有效途径。我国的企业组织形式以国有和集体为主，然而在法律上的地位是不明确的。虽然国有企业和集体企业在形式上都负有限责任，但是当出现债务危机时，很难用有限责任的方式即以破产清偿作为最终方式来解决问题。企业一般也都不否认债务的有效性，只是还债时间遥遥无期。因此，企业事实上负的又都是无限责任。但无限责任又应该有负无限责任的解决方式，事实上却没有。"无限责任"使无数企业陷入无限期的债务泥潭之中。显然，承担无限责任的企业必须有相应地解决无限责任的法律方式，例如许多国家规定，国有企业的债务由国家财政负最终赔偿责任等。

企业的法律地位不明确，是因为企业的法律形态不明确，也就是说我国企业在产权形式、责任承担方式及企业组织形式等方面尚缺乏可操作的法律规定。市场经济本质上是法制经济，而我国过去不但否认市场经济，也缺乏法制传统，所说的"法治"不过是刑法的代名词，民法、商法极为薄弱。因此，我们只有逐渐理顺市场秩序，从根本上解决和防止无休止的三角债、产品积压、投资饥渴、收入攀比等一系列顽症，从而消除通货膨胀的重要振荡源。

更重要的是，只有把在国民经济中占主体地位又起主导作用的公有制企业，特别是国有企业改革成为适应社会主义市场经济的能动主体，使其行为市场化，才能在增加有效供给方面有所作为，或大有作为，才能从积极的方面起到抑制通货膨胀的作用。

（六）农产品供给对物价的影响

我国城镇居民的恩格尔系数为 52.9%，农村居民的恩格尔系数为 56.8%，因此，在物价指数统计中食品类比重较大，我国的零售物价指数也可以说基本上是"食品指数"或"农业指数"。1990 年和 1991 年，全国曾出台了不少调价措施，但物价上涨幅度仅 2.1% 和 2.9%，因为那两年农业连续增产丰收，食品类价格下降，对物价总水平的影响是拉下而不是推上。而 1994 年，由于"农字号"商品大幅涨价，推动物价总涨幅上升 21.7%。虽然这一轮通胀也是由需求膨胀引发的，但农业发展滞后是深层次的原因。1994 年，在大幅度涨价的"农字号"商品中：（1）以粮食为主导的食品价格，包括粮食、食油、肉禽及其制品、蛋、水产品、鲜菜、饮食等。这类商品价格在 1993 年已经上涨 14.3% 的基础上，又上涨了 35.2%，比各类商品平均涨幅高 13.5 个百分点，影响物价总水平上升 12.3 个百分点，占总上涨幅度的 56.7%。其中，粮食上涨 46.7%，肉禽蛋上涨 37.2%，鲜菜上涨 38.2%。（2）以棉花为原料的纺织品价格。1994 年，棉花收购价由每担 342 元提高到 544 元，提价 59.1%；纺织品类和鞋帽服装分别上升 14.7% 和 19.6%；汗衫、背心、棉毛衫裤、床单等，价格大体涨了 1 倍。（3）以化肥为代表的农业生产资料价格，1994 年比上年涨了 21.6%，其中，12 月比上年同期上涨了 27.3%，特别是化肥价格上涨过猛。可以说，1994 年的高通胀是农业基础脆弱性在物价形势上的反映。

由于近年来我国农业徘徊不前，粮棉缺口不断扩大，我国农业问题引起了国际组织和境外农业经济专家的广泛关注，他们纷纷对中国农业和农产品市场的发展趋势进行研究。一般都认为，中国农业的主要问题是：可耕地面积将继续减少；农业人才流失现象难以控制；农产品供应短缺现象将趋于严重，进口将大幅度增加。有些学者甚至散布悲观的"中国粮食危机论"，认为中国农民购买力衰退已经出现，这是农村危机的早期征兆。

三 对策："九五"期间保持合理经济增长速度和抑制通货膨胀总体对策

在总论中，我们从抽象的层次上研究了通货膨胀与经济增长、经济景气周期的关系。专题分析则从财政（包括收入）、货币（包括投资）、价格结构性调整、国际收支（包括外贸、外债、外汇、外资）、企业、农业等各个专题领域分析了它们与通货膨胀的相关度以及在"九五"期间的趋势和应该采取的对策。在这里，我们将综合前两部分成果，提出关于"九五"期间保持合理经济增长速度和抑制通货膨胀总体对策的若干建议。

（一）对策的指导思想：两个"双管齐下"，增加社会总储蓄，为长期经济增长提供可靠的积累源泉

总的想法是："九五"期间，通过转变经济体制和转变经济增长方式，在保持 GDP 平均 8% 的合理增长速度的前提下，力争把通货膨胀率降低到 10% 以下。为此，宏观经济政策的重点应该是鼓励增加全社会的总储蓄，也就是增加全社会的积累。

只有把全社会的总储蓄水平提高，才有可能为经济增长积累丰厚的资金来源，经济发展才有后劲。这里，我们要澄清的是居民个人的储蓄率并不意味着全社会的总储蓄水平。前面已经谈到，在目前的收入分配中存在着向城镇居民个人倾斜的普遍现象，因此，居民个人储蓄率高的另一面是国家财政收入比重降低、企业亏损、银行不良资产增多。这种现象并不是完全健康的。收入要向国家财政倾斜，向农民倾斜，向生产者、科技贡献者倾斜。政府应当鲜明地提出口号：全社会动员起来增加储蓄。我们这里强调的增加全社会的总储蓄就是增产节约，就是多生产、多积累；减少消耗、节制不合理的消费。这是抑制通货膨胀的治本之道。

为了实现增加全社会的总储蓄的目标，宏观调控手段主要是两个"双管齐下"。

第一个"双管齐下"是：短期需求管理与长期供给管理"双管齐下"，调控重点从前者逐渐移到后者。

第二个"双管齐下"是：需求总量管理和需求结构管理"双管齐下"，调控重点从侧重前者转向侧重后者。

（二）专题对策

1. 财政政策目标与措施

财政要从近期实现减赤字到远期实现无赤字的目标。要支持量入而出、收支平衡并有盈余的财政政策。为此，政府机构要精干、高效、廉洁。

"九五"期间，在抑制通胀方面，财政无论在总量上还是在结构方面要发挥宏观调控的职能，就必须选择从紧的财政政策，力争稳定财政收入占 GDP 的比重，同时严格控制支出总规模，每年减少一定数量财政赤字，逐步减轻财政对债务的依赖程度，迈出重建财政平衡机制的第一步，而后再朝着重建财政平衡机制的方向继续努力。为此，要进一步完善财政税收体制，建立起具有自动稳定器作用的财政税收制度，发挥财政政策长期的、自觉的反通货膨胀的作用。财政政策要从总量调控为重点转移到以结构调控为重点，同时要注意与金融货币政策的协调，积极贯彻合理的产业政策，保证国民经济持续、快速、健康地发展。具体地说：

第一，完善税制改革，加强税收征管，取消大部分政策性减免，适时提高税率和开征新的税种，提高财政收入占 GDP 的比重。有关部门已经提出"5 个 1000 亿"的设想，即按规定到 1995 年年底终止省级政府减免税的权限和少数行业以税还贷等过渡性措施，到 2000 年财政收入将增加 1000 亿元左右；清理进口环节税收优惠政策，扩大关税税基，降低关税税率。据初步测算，如果政策能够到位，2000 年财政收入能增加 1000 亿元左右；修订和完善个人所得税法，逐步建立起覆盖个人全部收入的自行申报的综合所得税制度，个人申报与代扣代缴相结合的征管制度，并对居民储蓄实行存款实名制，开征利息所得税，完善和开征财产税、遗产和赠与税。通过这些措施将个人所得税在"九五"期间能够逐步提高到占 GDP 的 1% 以上多一点（目前只占 0.17%，发达国家一般都在 10% 以上，发展中国家也远远高于我国的水平），则 2000 年个人所得税在随经济增长的同时，可增收 1000 亿元左右；完善流转税制度，扩大增值税征收范围，并适时调整税率，增加财政收入 1000 亿元；通过征管体制和手段的科学化、现代化，减少财政收入流失，可增加财政收入 1000 亿元左右。与此同时，要搞好国有资产管理，推进国有企业改革。"九五"期间，要逐步建立和完善包括产权登记制度、国有资产统计报告制度、产权收益分配和监缴制度以及资产评估制度在内的一整套基础管理制度，制止国有资产流失。促进国有企业改革，提高国有企业经济效益是财政增收节支的重要方面。

第二，严格控制支出总规模，并着重进行支出结构调整，减少财政赤字，加强债务管理。全国上下要统一思想，要本着"节约每一个铜板"支援经济建设的精神，致力于经营开支的节减与合理化，该压的应压下来，保重点不能留硬缺口。从中央到地方要本着从紧的原则安排各项支出，要努力增加全社会的总储蓄。要继续精简机构，从严格控制增员，严格控制导致地方公共部门增加负担或增加职员的规划，工资改革与调整要严格遵循个人收入增长慢于 GDP 增长和劳动生产率增长的原则，要整顿各种补贴和工资外收入，工资调整后该冲销的补贴、津贴一定要冲销。对国债的规模、利率、发行期限等要加强研究与管理，并且要与中央银行的公开市场业务衔接。

第三，财政政策要总量调控与结构调控"双管齐下"，重点从总量调控向结构调控转移。财政政策对经济总量平衡的作用仍然是明显的，重要的是财政的平衡状态直接影响着总供给与总需求的状态。随着经济日益市场化，企业自主财力不断扩大，居民货币收入不断增长，使银行资金实力大大增强，财政对总量平衡的影响与改革开放前相比已经别是一番情景。但是，财政不稳定，金融也是不能稳定的，还是要做到财政与信贷综合平衡，才能实现总供给与总需求的平衡。控制与缩减财政赤字、强调财政赤字不向银行透支，都是为了保证总量平衡。与此同时，财政作为政府投资主体的出资者，也担负着调整和优化产业结构的任务。财政不仅可以通过直接投资加快农业等弱质基础产业和"瓶颈"产业的发展，而且可以通过税收、贴息、补贴等政策来支持、鼓励、引导企业和私人向国家急需发展的产业投资，或限制某些产业的发展。政府优化结构和生产力布局的意图要通过财政政策来具体落实，财政政策对建设项目要有明显的鼓励或抑制的导向。要杜绝低水平的重复建设，提高资金使用效益。"九五"期间应当在大力提高财政收入占 GDP 比重的同时，更自觉地将财政政策的重点转到结构调控上来，以适应经济增长方式的转变。首先要确保支持农业的资金及时足额到位和资金使用效益的提高，同时注意运用财政政策引导社会资金增加农业投入。预算内基本建设资金要重点用于农业、水利、能源、交通、通讯等基础产业的投入，要积极发展科技、教育事业，促进经济增长中科技含量的提高。从反通胀的对策来说，就是在重视短期需求管理的同时，要重视长期供给管理。

第四，完善分税制，逐步建立合理规范的转移支付制度。要确保各地政府行政能力有必要的财力保证，避免地方政府不规范、不透明的随意性收费和摊派，要排除中央政府拨款的随意性以及上下级政府的讨价还价情况。目前实施的过渡性转移支付办法带有明显的"基数法"色彩，不够规范、合理。"九五"期间要加紧进行规范转移支付操作方案的研究测算工作，逐步向规范化的转移支付制度迈进。同时，要尽快建立省以下分税财政体制。

2. 货币政策目标与措施

继续执行"适度从紧"的货币政策，并加强与其他宏观经济政策的协调配合。

国民经济是一个整体，各项宏观经济政策必须合理搭配。它们只有在协调配合运用的情况下才能实现预期的效果。

第一，在"九五"期间，"适度从紧"的货币政策必须与"适度从紧"的财政政策相结合，才能有效地抑制总需求的膨胀。财政要努力增收节支、压缩赤字才能避免货币的超经济发行。财政要承担经济结构调整的职能，消除"瓶颈"制约。财政要关注地区经济平衡，接受"反贫困"的挑战，通过规范的转移支付制度，缩小地区经济差距。财政要管理和经营好国有资产，提高经济效益，为国家利益理好财。

第二，财政政策与货币政策要协调。"九五"期间要保证债务不会直接迫使中央银行扩张基础货币，国债的总量、结构及市场操作，需由财政、银行共同协调解决。

第三，中央银行要坚持货币不超发，不断强化制定和实施货币政策的职能。要加快专业银行商业化的改革，进一步发展金融市场，逐步形成全国性的融资网络，规范资本市场，使之有序化和法制化，开发新的金融工具，要把较高的居民储蓄从短期资产转化为长期资产。逐步推行利率改革。目前，正常贷款都处于负利率状态，助长了资金需求和浪费，严重影响银行的正常利润。

第四，要把对固定资产投资宏观调控的重点由总量转到结构上来。同样的投资总量，由于投入的具体领域不同、结构不同，其对通货膨胀所产生的影响作用不仅在程度上大不相同，而且会在正负效应上也明显不同。如把有限资金投到短线上去，就会从成本推动和需求拉上两方面减弱通胀压力。对农业、能源、交通、通讯、重要原材料工业倾斜投入，会抑制通胀，产生积极的正面效应。投资结构调整主要体现为增量结构调整。但是，增量结构调整必须和资产存量调整结合起来。前者以后者为依据和出发点，力争以较少的增量结构调整投入，影响和带动更多的存量结构调整，其结果将会大大缓解通胀的压力。要深化投资体制的改革，加速建立投资主体特别是国有企业的自我约束机制，以有效地抑制投资膨胀。

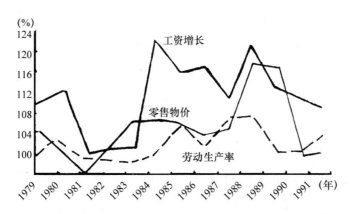

图6　1979—1991 年，劳动生产率、工资增长率与通货膨胀率

资料来源：笔者自制。

第五，要通过收入政策进一步理顺分配关系，解决国民收入向个人倾斜问题，要协调职工工资增长幅度与 GDP 增长幅度、劳动生产率增长幅度的关系，前者必须低于后二者。

可以研究新加坡推行的对工资增长指导及相关的强制性储蓄的公积金制度，它遏制了超前消费、畸形消费与挥霍性消费。我们可以结合本国国情加以借鉴，把推行强制储蓄与完善社会保障体系结合起来，逐步要求每一个有工作的公民都必须将一定比例的工资作为公积金，用于购房、医疗、养老、子女教育等支出，改变社会福利都由国家统包的状况，形成国家、企业、个人共同负担的社会保障机制。社会保障由国家统包的供给制转向与市场经济相适应的社会保障机制，其需求就由过去的无限变为有限，并使其明确地变为有效需求的重要组成部分，可以分解现实购买力中对其他产品市场的压力。这样，有利于遏制超前和过度的消费需求，从而有效地抑制消费膨胀。

3. 价格调整力度与时机

"九五"期间，要实现价格总水平涨幅低于经济增长率的调控目标，必须从两个方面入手，"双管齐下"。一是在进一步加强和改善国民经济宏观调控、搞好社会总供给与总需求基本平衡的同时，加大对价格的调控和管理力度；二是在保证物价总水平低于国民经济增长率的前提下，适时适度地进行价格结构性调整。

第一，加强和改善国民经济的宏观调控，保持总量的基本平衡是实现价格总水平控制目标的基础。价格是国民经济的综合反映，要降低价格总水平上涨幅度，必须继续坚持适度从紧的财政政策和货币政策，控制固定资产投资规模和消费基金的过快增长。同时，针对我国实际情况，采取可行措施提高社会有效供给，特别是要切实加强农业基础地位。按照党的农村经济政策，大力发展农业生产，鼓励农民种粮、售粮积极性，促进我国粮食生产持续增长，增加"米袋子"和"菜篮子"有效供给，保证主副食品的供应，稳定粮食、肉蛋菜等农副产品价格，为稳定市场物价创造物质条件。

第二，正确把握价格改革力度，适时适度进行价格结构性调整是实现价格总水平控制目标的关键。理顺和调整价格不仅要考虑需要，而且要考虑可能。"九五"期间，不合理的价格体系还不能完全理顺，农产品和基础产品价格偏低的状况也不能从根本上改变，价格改革措施的出台，既要有利于经济市场化程度的提高和基础产业的良性发展、适应国民经济发展和改革的要求，又要充分考虑社会各方面的承受能力。要根据需要与可能，审时度势，量力而行，逐步推进，把握好价格调整力度。放开商品价格的品种、范围和筹集建设基金的具体数额，也要在年度计划中，根据国民经济发展形势、物价控制目标的要求和建设资金的需要统筹安排，确保物价总水平的平稳和社会的安定。

第三，建立和完善价格调控体系，加强价格的调控和管理，是保持价格总水平稳定的保证。改革开放 17 年来，我国价格改革在大多数年份保持物价总水平低稳的前提下，取得了举世瞩目的成就。目前，市场形成的价格已占 80% 以上，在价格形成中占主导地位。但少数年份价格总水平涨幅较高，给经济发展和社会安定造成一定影响，也反映了我国价格调控手段的缺乏和力量的薄弱。"九五"期间，保证价格总水平上涨幅度低于经济增长率，必须及时将价格改革从以调放为轴心转移到以加强价格调控体系建设为中心上来，加强价格调控和管理的力度。要建立国家重要商品储备、风险金和价格调节基金制度，增强国家运用经济手段调控市场价格的能力；要加快价格立法步伐，建立起以价格法为中心的价格法律体系；继续实行和改善行政管理办法，并作为价格调控体系的重要手段之一，以稳定市场价格总水平，维系价格新体制和新机制的正常运行。

4. 注意国际收支平衡

抑制通货膨胀还要求国际收支基本平衡。执行"适度从紧"货币政策还需与外资、外债、外汇政策及管理协调配合。

国际收支政策要以基本保持平衡为目标。加强对外债、外资规模、投向、使用效益的管理，适时适度调整汇率、保持必要的外汇储备，并管好、用好外汇，使之保值、增值，尽可能减少汇率风险损失。

（1）应充分考虑外部环境的影响

"九五"时期价格总水平的调控，应充分考虑外部环境的影响，适当留有余地。"九五"前期，可以国内因素为主考虑，继续抓紧治理通货膨胀的工作，创造较为宽松的环境。"九五"后期，要把外部因素影响充分考虑进去，避免目标安排过紧出现难以回旋的余地。

（2）加强监测分析和趋势研究

加强对国际经贸形势的监测分析和对国际通货膨胀趋势的研究，特别是研究国际市场价格变化对我国价格总水平的影响。

（3）在更高层次上加强内外贸、外资、外债、外汇等方面的协调

这是为了使国内经济政策与对外经济政策协调配合，把握经济发展内部平衡与外部平衡的相互关系和最佳结合点，避免外贸、外汇的大起大落。在制定相关政策时，不仅要考虑到对经济发展的影响，而且要考虑到有利于稳定国内市场，防止推动或加剧国内通货膨胀。要根据经济发展的需要，调整进出口商品结构，合理引导外资投向，保持适度外债规模，调整外汇储备的规模与币种结构。同时，要注意外贸、外汇体制改革与政策的配套，使各项政策产生合力，处理好政策稳定性与灵活性的关系，以增强对国际环境变化的适应力，并保证整体效果符合宏观调控的要求。

"九五"期间，必须注意对外债规模的宏观调控，防止"警戒线"的可能突破对通货膨胀产生巨大压力。控制外债规模的指标有三：①偿债率，即当年债务还本付息额与当年出口额之比。②负债率，即一国对外负债余额与国民生产总值之比，或用一国年末债务余额占当年出口收入与非贸易收入之和的比率。偿债率与负债率的风险"警戒线"宜定在20%—25%左右。③债务率，即外债累计额与外汇储备之比，其"警戒线"为100%。超过"警戒线"的债务水平，就要增大国内通货膨胀的压力。据有关方面资料，我国的外债规模仍在安全线以内，偿债率近些年一般在16%左右，债务率为90%左右。但需要注意的是我国将进入持续4—6年的偿债高峰平台期，如不注意控制外债的规模和增长速度，就难以防止国际收支恶

化对通货膨胀的影响。

除了注意调控外债规模外，还需要注意调控外债结构。①期限结构，期限越短，偿债时间越集中，对通胀形成的压力可能性越大；②币别结构，偿还升值中的外币，是要增加本币追加值的，易形成通胀压力；③利率结构，贷款利率越高，还债压力就越大，尤其是在国际收支逆差时，还债意味着要强制出口，国内的商品供应更紧张，迫使价格上涨的压力就更大；④外债来源与方式，即向谁借和怎样借，需要从操作实务方面进行策略选择；⑤外债使用效果，使用得当，效益高，就有助于增加有效供给，能遏制通胀，反之则反。

"九五"期间，我们需要研究外汇储备的"适度"问题。外汇储备的作用在于：①应付贸易中出现的季节性波动；②贸易出现逆差时用于弥补赤字；③作为稳定汇率的手段；④储备作为到期还债的保证起偿债基金的作用；⑤防止突发事件的战略性作用。我国1994年实行外汇体制改革以来，外汇储备增长很快，1993年为220亿美元，1994年年末为516亿美元，1995年年末为750亿美元。那么，我国的外汇储备究竟多少合适呢？

过度储备，影响外汇资源作为储备资产的收益率。过低储备，又可能影响国内经济的平稳性和安全。储备增加还要带来国内货币投放量增加，这将直接对国内通货膨胀发生影响。因此，在外汇储备多寡的问题上必须寻求到平衡点，即适度储备。根据国际货币基金组织的分析，一国外汇储备至少应保持三个月的进口额。由于储备对于减轻经济波动的意义，发展中国家比发达国家要有较多的储备。从各国储备的历史资料看，20%的比率是最低的极限，只有在战争爆发或极少数紧急情况下，才能降低到20%以下。因此，可以将20%的比率作为战略性储备经常保有，而在20%以上的部分则利用储备的变动来达到平稳经济的目的。据专家们分析，我国的外汇储备的适度值大约是45%—50%的年进口额，即5—6个月的进口额。其中包括放开贸易项目兑换所需的稳定汇率的平准基金。

储备的币种结构也是很重要的。随着以美元为中心的国际支付体系瓦解，以及近两年来美元不断贬值，将全部储备放在美元上意味着更大的风险。我国贸易过去一直是以美元计价，90%以上储备是美元，这都给"九五"及今后的贸易平衡和到期债务偿还增加了不确定性。

对于美国以外的贸易伙伴，以美元计价并成交的贸易可能因美元贬值而造成价格的上升。进口品逆差的可能性增加，因为单一的美元储备不具有储备价值的稳定机制。前已述，在偿债方面问题尤其突出。我国在20世纪80年代借入了大笔日元为基础的政府优惠贷款，其利率很低并在投资领域发挥了很好的效益。但由于日元/美元汇率上升幅度之巨大，对效益再好的企业来说，也无力承担如此深重的外加债务负担。一些企业因为汇率变动带来的债务问题而面临破产。借用国际金融组织的贷款偿还中也普遍存在这种情况。所以，在储备管理中应该注意到币种的合理构成并逐步向储备币种理论上的优化值靠近。在实际操作中尽可能使储备资产的币种多样化。当然，这样做也可能增大币种调整的成本，并对国际外汇市场造成冲击。对此，步骤又要注意稳妥。

从外汇储备的来源看，主要是政府购买了来自贸易出口、非贸易收入和单方转移以及流入资本的外汇。但因为这些项目都存在外汇流出，储备的净来源是以上项的净差额。鉴于经常项目中贸易收支占绝大部分比重，所以储备的增长主要来源于贸易顺差和资本净流入。调控储备数额主要就是调控贸易和资本项目。我国随着贸易管制不断放松，特别是加入世界贸易组织后，贸易的一些限制手段不再采用，在储备的贸易形成方面，具有非直接控制的特点，只能靠政府的经济政策和汇率的调整和影响进出口的对比。实际上储备的调整主要是针对资本流出流入的控制。

由于汇率表示一国货币的对外价值，它属于中央银行货币政策调整和外汇市场供求决定的范畴，世界各国对汇率的管理一般是通过中央银行来进行的。而我国过去把汇率仅仅作为国家外贸政策的范畴来考察。今后，中国人民银行的货币政策取向应该成为调节人民币汇率变动的关键因素，由中国人民银行通过吞吐外汇储备来调节外汇市场的供求，而达到一定的汇率目标值。根据国家经济计划给定的增长目标，确定国内基础货币额的变动目标以及人民币汇率的目标水平和变动范围。一旦汇率变动超越了这一范围，中国人民银行就要进行干预，使其恢复到目标水平。在宏观调控的浮动幅度内，人民币汇率可以进行小幅度的调整。在管理汇率的操作中，要使其经常保持在高于出口换汇成本的一定幅度内，还要准确地把握货币供求的实际状况，尤其要密切注意外汇投机行为。汇率波动与通货膨胀有时是互为因果的。

5. 国有企业解难之症结

"九五"期间，要力争在国有企业改革方面有新的突破，使国有企业能够在新的竞争环境下提高劳动生产率、科技贡献率、资金利润率，降低成本和物耗、能耗，努力增加有效供给。增加有效供给与控制过度需求是抑制通货膨胀的两个同等重要的方面，二者不可偏废。国有企业只有在增加有效供给方面贡献度提高，才能真正在国民经济发展中发挥主导作用，才能成为抑制通货膨胀的中流砥柱。关于国有企业改革，另有课题研究，这里不再展开。

6. 关于科技进步与加强农业

落实中央关于"科教兴国"和加强农业的各项措施。这是从长期供给管理方面抑制通货膨胀的治本对策。科技以教育为基础。只有科技进步的贡献度提高了，才能提高效率在增长率中的比重（因为经济增长率＝投入增长率＋效率增长率），才能缓解对资金、资源投入的需求压力，才能加强有效供给的数量和质量，才能既有利于经济合理增长，又有利于抑制通货膨胀。

这里想着重谈谈"九五"期间如何加强农业的问题。有关部门已经和正在采取多方面措施。但什么是众多措施中的"牛鼻子"呢？我们在研究过程中提出发展农业关联产业群作为今后农业发展的新思路。因为单一的传统农业生产部门作为国民经济的基础，难以摆脱其脆弱性和不稳定性，而一个发达的农业关联产业群整体，则可使国民经济的基础大大稳固和增强。农业关联产业群是在高度社会分工和专业化基础上的一体化农业；是以市场为导向、市场机制充分发挥作用的商品性农业；是以专业化、社会化的公司为"龙头"或纽带的产业化农业；是以农业教育与科技为先导的资本与技术密集型的现代大农业。发展农业关联产业群是解决当前农村改革和发展中遇到的一些深层次矛盾的"一石数鸟"之良策，是从基本自给性、粗放型的传统农业向商品性、集约化的现代农业过渡的根本途径。因此，发展农业关联产业群是与"两个转变"关系极为密切的战略选择，也是抑制通货膨胀的"治本"措施之一。

我国农村经济实践中已经出现了一些不同形式的新型一体化经营的农村产业实体，它正是农业关联产业群的雏形。其基本做法是：以市场为导向，以效益为中心，以龙头企业为依托，以农户家庭经营或以原料生产基地为基础，以社会化服务为纽带，实行生产、加工、储运、销售、一体化经营，使农、工、贸结成风险共担、利益均沾、互惠互利、共同发展的经济利益共同体，使农村的一、二、三产业有机地联系在一起，有力地促进农业科技进步成果的产业化，并通过农产品的多次转化增值大大提高农业和农村经济的比较利益，而且在更大范围内实现了生产要素的优化配置。这些新型一体化产业实体正在拉动传统农业从弱质中崛起。已有的实践已经证明，它有利于解决当前农村改革和发展中遇到的一些深层次的矛盾：一是有利于促进生产与市场的结合，推动农村经济市场化；二是有利于促进科学技术的推广应用；三是有利于促进农业适度规模经营，实现产业布局区域化；四是有利于促进一、二、三产业协调发展，加快城乡一体化进程。

但是，从全国来看，发展农业关联产业群还没有形成气候。已有的新型产业实体的带动辐射能力还不够强，多数龙头企业还没有建立起紧密型生产基地，系列化加工体系也没有形成，参与一体化经营的各行业、各层次之间的利益分配机制还有待探索和完善，尤其是科技进步的先导作用须大大加强。

从发达国家的经验可以看到，当关联产业深深地渗入农业，与农业建立稳定的结合关系后，就必然使农业与相关的产业部门通过经济上、组织上的结合和稳定的业务联系，形成一体化经营形式和经营系统。这种农工商各行业或供产销各环节连成一气的一体化农业是传统农业向现代农业过渡的必然趋势，它的普遍发展是农业与工业、商业结合的新阶段。我国在 21 世纪末到 22 世纪初必将进入这个新阶段。只有进入这个新阶段才有一个发达的农业关联产业群整体作为国民经济的稳固而强大的基础。这是我国农业今后发展的新道路。我们要深入研究加快发展农业关联产业群的具体对策，以消除农业薄弱环节对宏观经济稳定的影响。

结　语

通货膨胀涉及宏观经济与微观经济的方方面面。已有的国内外研究成果也已浩瀚如海。本报告既有创新之点，也不可能都是新意。对于这样一个庞大而复杂的问题，我们的研究仍然是粗浅的。限于水平，分析和论述挂一漏万，以偏概全，都在所难免。敬希专家和读者指正。

过去几年，7 个最大的工业国家的平均通货膨胀率为 2.2%，是 30 年来最低的。尽管西方经济学家有新著（见英国《经济学家》周刊 1996 年 4 月 13 日）在研究企业、工人、投资者、退休者和政府如何使自己的行为适应零通胀的局面，但是，评论界认为，与其过早地宣布"埋葬通货膨胀"，还不如"把更多的精力用于研究各国政府如何才能保证通货膨胀处于低水平"，"坚持把物价稳定"作为宏观经济政策的主要目标，而这"可能是特别有效的扼杀通货膨胀的武器"。成熟的市场经济国家尚且如此，对于我国这样一个处于转轨过渡期中的发展中大国来说，更应坚持不懈地把抑制通货膨胀作为宏观经济调控的重要目标。由此，也可以断言，"抑制通货膨胀"将是我们长期的研究课题，只不过年年有新情况，研究也要年年常新、常深。

（原载《"九五"通胀因素分析与对策研究》，江春泽、吕亿环、余永定著，本文是江春泽执笔的总报告）

注：本文是国家计委宏观经济研究院针对当时中国存在着比较严重的通货膨胀而立项的重点课题的总报告。课题负责人是：江春泽、吕亿环、余永定。课题组成员有：张旭宏、刘小南、王如琪、肖炎舜、宋群、周喜安、陈炳才、武士国、刘立峰、张力炜、林中萍、杨利群、凌涛、刘明志、许善达、杨益民、刘树成、樊明太、陈芝芸、吕银春、杨松华。

这篇总报告由江春泽、吕亿环、余永定合作。江春泽执笔。

本报告曾受到中央有关经济部门的经济专家的重视和经济学界的普遍好评。世界银行驻京代表处高级经济学家华而诚曾专就此报告写过长篇评论。

关于地区经济协调发展与加快
西部地区经济发展问题
——1994 年 9 月在西安召开的国际经济
关系学会年会上的发言（摘要）

我国西部地区与东部地区存在较大经济差距。这既有历史的、地理的、自然的原因，也受到经济发展战略和经济政策的影响。遏制地区差距扩大，采取措施逐步缩小差距，是今后一个时期关系到社会安定、民族团结、全国经济稳定持续发展的紧迫任务。但是，解决这项任务需要经过长期努力，不可能一蹴而就，急于求成。要在全面、客观分析西部地区的优势和劣势、准确认识面临的问题和困难的基础上，才能提出恰当的进一步加快地区经济发展的思路、对策和规划。

一　国内外关于区域经济理论的简要概述

20 世纪 20 年代，在西方国家出现了所谓"区位理论"。它是研究企业或厂商从事生产经营活动地理位置的理论，即企业基于什么原则和因素来确定最优位置。研究的任务是在完全自由竞争的条件下研究单个厂商、单个生产者从事经济活动的空间区位选择，追求成本最低的经济效果。这个理论的奠基人是德国人杜能，到 20 世纪 50 年代逐步形成完整的体系。这种理论采用静态的、局部均衡的分析方法，忽视了一种布局行为在区域内外引发的一系列变化，忽视了各种经济活动之间相互依存和相互制约的关系，没有考虑到制度与政策因素以及其他不确定的政治社会条件。

第二次世界大战后，西方发达国家在凯恩斯主义和宏观经济学理论的影响下，区位论也由微观经济分析向宏观经济分析演进，形成了区域经济发展理论。与此同时，中央计划经济国家的强国家干预也从另一方面推动了区域经济理论的发展。

国外区域经济发展理论库中有一定代表性和较大影响的理论大致如下。

1. 在发展战略方面有：平衡发展战略与不平衡发展战略。

平衡增长理论认为，落后国家和地区存在两种恶性循环，即供给不足循环（低生产率—低收入—低储蓄—资本短缺—低生产率）和需求不足循环（低生产率—低收入—低购买力—投资引诱不足—低生产率）。这两种循环互相影响，使得经济状况难以得到好转，无法实现经济增长。要解开恶性循环的死结，就必须采取"不平衡增长"战略。

不平衡增长理论的代表人物认为，经济增长过程实质上是不平衡的，应将投资有选择地集中于重点部门和地区，利用其发展而产生的波及效应来带动其他部门和地区的发展。不平衡发展战略注重产业间的连锁关系和地区间的相互影响，强调应当将有限的资金投入到重点部门和重点地区，提高资源的使用效率，较快地增加区域的经济总量。这一主张被多数人认为是较好的发展战略。但这种理论也可能低估了不平衡增长造成的负面影响和对稀缺要素的垄断，使进一步发展受到排斥，可能因某些部门发展不足而成为"瓶颈"，从而制约主导部门的形成和发展。

2. 在区域开发方面的理论，主要有以下两种。

（1）增长极理论：增长极对区域经济发展的作用主要体现在三个重要的效应上，一是支配效应，具有创新性的产业活动往往产生于大的经济单元中，随之可能有一大批"群集的追随者"，即追随、模仿创新企业而出现的一批企业；二是乘数效应，各企业间存在着前向、后向和旁侧联系，一个部门的发展能够通过投入产出联系而对其他经济部门产生乘数效应；三是极化与扩散效应，推进部门可能在新的地区范围内表现出极化和扩散效应，导致次一级增长极的形成。

增长极理论主要被应用于：促进落后地区的经济增长、缓解大城市地区过度集中的压力、加快城市腹地的经济发展。

（2）地域生产综合体理论：这是根据某一地区的自然、经济和社会条件，按照国民经济发展计划，把建立专业化部门与建立为之服务的辅助性部门及其基础设施有机结合起来的综合发展地区经济的形式。那是在计划经济体制下提出的，其存在的问题与不足也很明显。

3. 在区域分工方面有：（1）绝对优势理论，（2）比较优势理论，（3）生产要素禀赋理论。

4. 在区域差距变动方面有：（1）累积因果理论，（2）中心—外围理论。

关于国外区域经济理论在这里不一一详细展开了。

国内的生产力布局与区域经济研究大致分两个阶段。改革开放前30年为第一阶段，主要以苏联的理论为蓝本，与高度集权的中央计划经济体制相适应，由政府直接将全社会资源在空间进行配置。相关领域的理论工作者主要研究生产力布局的原则和区域综合发展原则。此外，还注意工业尽可能接近原料地、燃料地和消费区原则，国防原则，民族原则等。

1978年改革开放以后为第二阶段，经济建设建立了以经济效益为中心，广泛吸收了西方市场经济国家的有关区域经济理论，形成了以不平衡发展理论和区域分工理论为支柱的区域经济理论。此外，还有地区发展阶段理论、地区主导产业理论、城市中心论等。自20世纪90年代以来，区域协调发展理论被广泛接受，同时全面研究地区差距的变动与解决。

二　坚持协调发展，处理好东西部关系

为坚持协调发展，处理好东西部的关系，要确立以下一些原则。

1. 公平与效率合理结合的区间原则。从世界各国区域经济发展的经验和教训来看，区域经济的不平衡发展是一个客观规律。公平与效率两大政策目标间的矛盾和冲突也是地区经济布局和发展过程中遇到的共同问题。经济发展通常是按照增长点地区引发和带动其他地区增长的方式进行的，是一个地区追随另一个地区的不平衡发展方式进行的。但是，任何一个区域不可以用损害其他地区利益的办法来增加自己的效益。只有这样，才能实现资源配置最有效率的状态，也就是帕累托最优状态。因此，公平与效率处于适度合理的结合区间，是地区经济合理布局与协调发展的一个重要原则。

2. 搞好东西部产业分工与协作。坚持产业政策区域化与区域政策产业化相结合，以促进产业结构优化与空间结构优化有机结合。在规划产业布局时要充分考虑地区的不同自然社会条件，避免区域产业结构趋同化，丧失区际分工利益，影响区域经济的整体协调发展。与此同时，又要注意区分不同地区的主导产业和优势产业，使区域的发展重点体现在其优势产业上。这样，才能促进区域产业结构优化与空间结构优化有机结合。

3. 协调发达与不发达地区间的相互关系，控制与逐步缩小地区间的经济差距。按照"鼓励先富，带动后富，东西联合，共同富裕"的指导思想，在保证发展快的地区继续提高经济发展水平的同时，促进不发达地区的经济繁荣；在保证率先富起来的地区继续繁荣发达的同时，促进落后地区经济发展，实现共同富裕。

4. 坚持人口、资源、环境与经济相协调的可持续发展原则。1978 年国际环境与发展委员会首次在文件中正式使用了"可持续发展"这一概念，将其定义为："在不牺牲未来几代人需要的情况下，满足我们这代人的需要。"1992 年 6 月，在巴西里约热内卢召开的联合国环境与发展大会通过了《里约环境与发展宣言》等一系列关于可持续发展的文件，充分体现了当今社会对于人口、资源、环境与经济协调关系的高度重视。同年，世界银行的《世界发展报告》在论述发展中国家的经济发展问题时也指出："满足这代人，尤其是穷人的需要，实际上是持续地满足今后几代人需要的问题，发展政策的目标和适当的环境保护目标是一致的。"进入 20 世纪 90 年代以来，可持续发展战略越来越成为世界各国尤其是广大发展中国家在进行地区经济合理布局和协调发展过程中所遵循的一条重要原则。

我国政府在联合国里约会议后即着手编制了《中国 21 世纪议程——中国 21 世纪人口、资源、环境与发展白皮书》。在这一纲领性文件中，可持续发展作为中国政府的承诺和行动纲领，并被写进了国家的长远发展规划"九五"计划和 15 年远景发展目标。今后相当长的时期内，就是要按照可持续发展战略和协调发展的方针来发展区域经济。

三　西部地区经济发展的机遇和有利条件

第一，社会主义市场经济体制正在逐步发展完善，经济发展将有良好的宏观环境。我国将继续保持较高的增长速度。这就将给西部地区各种市场主体带来极大的活力，促进整体经济效益的提高。

第二，国家对中西部地区发展已给予高度重视。一是在基建投资方面予以倾斜，国家在资源开发利用和大中型建设项目的布点上，对西部地区实行同等优先的政策。近年来，中央投资在全社会投资所占的比重逐年下降，但对中西部投资的比重在提高；二是增强对中西部地区的扶贫力度，大幅度增加了对中西部地区扶贫的资金，每年 40 亿元以工代赈资金，80% 安排在中西部，主要用于农田、交通、水利等基础设施建设。

第三，从"九五"开始，实施有利于缓解差距扩大趋势的政策，包括：优先在中西部安排资源开发和基础设施建设等项目，国家实行投资倾斜；调整加工工业地区布局，引导资源加工型和劳动密集型产业向中西部地区转移；理顺资源型产品价格；增强中西部地区自我发展能力；实行规范的财政转移支付制度，逐步增加对中西部地区的财政支持；加快中西部地区改革开放步伐，引导外资更多地投资中西部地区；加大对贫困地区和民族地区经济发展的扶持力度；加强东部地区与中西部地区的经济联合与技术合作等。

第四，中西部地区自身有丰富的自然资源、可观的资产存量、强大的发展后劲。

中西部地区是我国资源、能源的主要集中地，水能源和可开发量分别占全国总量的82.3%和72.3%，45种主要矿产资源探明储量占全国的50%左右；可开发的土地后备资源约占全国的70%左右。从20世纪50年代至70年代初，我国建设重点大规模西移，在中央投资的带动下，国家在西部建立了一大批能源、原材料生产基地和重加工工业基地，形成了巨大的资产存量。自改革开放以来，中西部地区经济转入存量调整为主、增量投入为辅，内涵改造为主、外延扩大为辅的发展时期。通过能源、原材料生产企业的扩建、改造，优势矿产资源的综合开发利用得到了很大加强；原有大中型机电企业，尤其是大部分"三线"军工企业经过调整改造后，其技术优势和庞大的资产存量优势得到了较好的发挥。中西部地区的综合经济实力大大提高，发展后劲进一步增强。各省区经济发展速度普遍高于改革开放之前。近年来，长江沿岸的安徽、江西、湖南、湖北等省，以及云南、新疆发展速度都超过或接近全国平均水平。经济结构调整取得进展，中西部各省区第二、三产业的比重显著上升，并培育出有一定竞争力、发展前景好、带动作用强的主导产业。以经济利益为纽带的各种地区经济联合和协作广泛开展，各类经济协作组织进一步发展壮大，经济联合与协作活动向高层次、全方位拓展，将分散的优势聚合成强大的整体优势。此外，非国有经济的比重也有所提高，为中西部地区经济发展注入了新的活力。

第五，国家全方位对外开放战略的推进以及对外资企业实行国民待遇，将有利于外资西进。

我国从20世纪80年代起实行对外开放，以东部沿海地区为重点，从东到西、从沿海向内陆逐步推进，到90年代初，已经基本形成了沿海、沿江、内陆中心城市、延边地区，包括不同开放层次，具有不同开放功能，点线面结合的全方位对外开放总体格局。随着对外开放的不断扩大，中西部地区与国际经济的联系日益加强，沿长江地区特别是开放城市外商投资增长迅速，除长江三角洲继续是外商投资的热点外，中上游地区吸引外资规模不断扩大。沿边13个对外开放县市和近30个国家级陆地边境口岸对外开放，使之在吸引外资和开展对外贸易等方面享受到沿海开放城市的优惠政策，国家对这些城市还给予了一定的财政支持，用于完善基础设施的建设，改善投资和贸易的硬环境，在沿边地区出现了对外开放的新局面，沿边开放城市投资环境开始改观，成为发展外向型经济的起步区；边境经济合作区全面起步，良好的投资环境正在形成。内陆地区的11个省会城市自实行沿海开放城市的优惠政策以来，努力改善投资环境，加强招商引资工作，成为内陆地区吸引外资的重要增长点。随着沿海地区劳动力成本优势的下降，能源、原材料供给成本的提高，以及地价上涨幅度加大等问题的出现，加之国家向基础产业、原材料工业实行倾斜政策，将吸引外商投资逐步转向内陆地区。

第六，产业结构的调整及产业转移将进一步促进中西部地区的资源开发和经济发展。

区域比较优势是区域产业结构建立和调整的重要依据。东部地区将利用其优越的区位条件、较高的经济技术水平、雄厚的科技实力及相对宽裕的资金供给，进一步扩大对外经济合作与交流，利用国际产业结构调整的有利时机，吸纳、接收国外的先进技术、管理经验、资金及生产原料，及时实施产业结构转换升级战略。随着东部各省区市产业结构的调整和产业的转移，中西部地区将充分发挥其自然资源优势和大存量的重化工业优势，接纳东部地区转移过来的传统产业，建立以满足国民经济发展需要、支持产业结构协调化并为进一步发展积累后劲的能源、原材料工业；已有相当基础、通过结构调整和内涵式发展而得到加强的重加工工业；建立在对区内优势资源进行深度加工基础上的轻工业，以及以航空航天、仪器仪表、通信设备等为主的技术密集型产业为主导产业的多元主导型产业结构，从而促进中西部地区的资源开发和经济发展。

第七，结构层次齐全的广阔市场。

中西部地区人口众多，潜在的市场容量十分巨大，随着经济发展水平的提高，居民的购买力增强，强大的消费需求将释放出来，拉动经济增长。中西部地区不仅市场广阔，而且从发达的现代化城市到较为落后的乡村，居民的消费层次较为丰富，对各种消费品都有较大的需求。此外，中西部要发展的产业门类较多，既有基础性的能源、原材料工业，也有加工工业，还有部分高新技术产业，对各类投资品的需求也较大。

第八，中西部地区已形成若干有较强辐射能力的区域经济核心区和经济增长极。

在对外开放向纵深发展的形势下，国家明确提出了加快发展长江经济带。长江流域已形成了以上海为中心的长江三角洲地区，以武汉为中心的长江中游地区和以重庆、成都为中心的长江上游成渝地区。其中，长江中游和上游地区自然条件优越，农业发达，水陆交通方便，经济和技术基础比较雄厚，已形成门类比较齐全、具有相当规模的工业体系，发展潜力很大；长江三峡枢纽工程的兴建，也为中西部地区的发展创造了良好的契机。陇海——兰新沿线是连接我国东西交通的主干道；黄河中上游地区是我国能矿资源最密集的地区之一，在这一地带也已形成了若干各具特色的经济核心区和一批工业基地，包括以山西为中心的能源重化工基地，以西安、洛阳、郑州为中心的原材料和电子机械工业基地，以兰州为中心的水能、有色金属和化工基地。京广、京九、哈大、南昆铁路沿线以及沿边地区也将逐步形成具有发展潜力的新增长区。这些地区将在加快中西部经济发展中发挥龙头作用。

四 西部地区经济发展面临的矛盾和困难

第一，自我发展能力较低，投资不足且投资效率偏低的局面短时期内难以改变。

投资不足，人均投资额偏低，自我发展能力弱，是这些地区经济长期落后、增长相对缓慢的重要原因之一。1978 年，固定资产投资比重东部为 35%，1994 年上升为 65.7%，同期，中部、西部分别由 41.36% 和 23.64% 下降为 21.7% 和 12.6%。

1980—1993 年，东部地区投资增长速度平均达到 26%，比中西部地区高出约 4 个百分点。"八五"时期，投资东移的态势更趋明显，"八五"前三年东部地区平均增长速度达到 45%，超出中西部地区约 10 个百分点，目前东部地区的投资占全国固定资产投资的比重在 60% 以上。长期以来，中西部地区的国有企业所占比重一直较高，由于装备技术落后，管理水平不高，活力不足，亏损严重，投入产出效率相对较低，影响了中西部地区的发展，导致了区域间经济发展差距的进一步扩大。

第二，交通、通讯等基础设施薄弱。经过 40 年特别是"八五"期间的建设，中西部地区已基本形成了四大综合通道，为交通不便的中西部内陆地区打通了出海、出境、出省主通道，也为中西部地区加快开发开放步伐，提高经济发展水平，创造了基础条件。但仍不能满足经济发展的需要，是经济发展的重要制约因素之一。

第三，教育落后，人口素质偏低将在较长时期内对经济发展产生不利影响。与全国平均水平特别是东部沿海发达省市相比，文盲率还很高，18%—40%。此外，中西部地区在商品经济观念、开放意识、创业精神等方面均与东部地区有明显的差异，并在较长时期内对地区经济发展产生不利影响。

第四，市场机制不完善，可能使东西部发展差距进一步拉大。

第五，中西部的二元经济结构导致了地区双轨经济运行机制，降低了生产要素运用效率，抑制了区域增长极的扩散效应，地区自我发展能力低下。

第六，居民贫困面较大，脱贫的任务相当严重。中西部地区贫困县占全国贫困县总数的 87%；贫困人口占总数的 80% 以上。他们主要集中分布在高山区、深山区、石山区、黄土高原区、偏远荒漠区、地方病高发区以及自然灾害频发区。地方经济实力弱，扶贫工作难度很大。

第七，生态环境有恶化趋势，自然灾害频繁。中西部地区生态环境较为脆弱，西北地区干旱少雨，西南地区多山高寒，黄土高原地区水土流失严重，全国石灰岩山区、泥石流山区、沙漠化地区主要集中于此，加上贫困人口多分布于生态环境脆弱地区，使地区经济发展因而受到较严重影响。

五 加快西部地区经济发展的思路与对策建议

总体思路是：加快改革开放步伐，把潜在的优势转化为现实的优势，走以市场、资源换取资金、技术的道路；以自力更生为主，争取国家的支持和东部地区的援助，创造条件引进国外资金和先进技术，借助外部力量激发自身经济活力；选准突破口和切入点，以重点产业的发展带动整体经济实力的提高，以重点地区的发展带动广大地区的腾飞。具体地说：

第一，大力加强交通、通信等基础设施建设。

第二，进一步壮大能源原材料工业和农副产品加工业。

中西部能、矿资源丰富，能源、原材料工业在全国具有举足轻重的地位。如煤炭储量约占全国的95%，石油剩余可采储量约占2/3，天然气剩余可采储量约占4/5，铝土矿超过4/5，铜矿超过9/10，锡矿超过3/5，锌矿约占3/4，硫铁矿超过3/4，磷矿超过90%，钾盐近100%，原煤产量占3/4，原油产量约占3/5，天然气产量约占3/4，农用化肥超过3/5。无论从满足国民经济发展需要，还是从发挥自然优势看，中西部地区都应进一步加大能源开发力度，扩大能源、原材料生产规模，提高资源加工深度以推动地区经济的发展。其中包含处理好资源开发中的有关问题，如富余转产人员的安置，中央与地方经济利益关系，真正带动地区经济发展和群众致富。

第三，加强农业基础，大力发展特色农业。

中西部地区兼有平原和山区两方面的优势，自然条件（地形、气候、土地和农业自然资源）的多样性，使中西部地区既有宜农、宜林，又有宜牧的条件，可以大力发展多种经营和特色农业、农林牧主体农业。陕南的野生植物、药用植物资源十分丰富。有些特色农业已开始起步，有些已形成当地拳头产品（如陕西开发"果中之王"中华猕猴桃）。所谓"特色"，主要体现在质量特色、地域特色、品味特色和季节性等方面。发展特色农业，必须以市场为导向，重视市场需求和价格信息，重视产品质量和产品包装，重视规模生产和经营效益。要不断增加科技投入，提高市场竞争力。不仅要提高生产环节的科技含量，还要扩展到产前、产后的服务指导，使高产与优质、高效并重。还要重视可持续发展，创造良好的生态环境，避免掠夺式经营和滥用、浪费资源等现象。按产业化要求，以加工、贸易企业为龙头，延长产业链条，正确处理农、工、贸之间利益分配机制。

第四，积极发展第三产业。

中西部三产不发达，省区差异大，流通、交通、融资条件差，社会化程度不高（美国一个农户有 50 家公司为其服务），城乡间三产发展不平衡。

第五，重视科技、教育，控制人口增长，鼓励人才向中西部流动。

第六，加强东西部地区的经济联合与技术合作。

促西部地区经济加快发展，将是国家长期坚持的一项基本国策。

此外，加快国企改革，因地制宜发展乡镇企业和其他非国有企业，加快老工业基地技改，以开放的思路发展区域经济，使西部地区尽快成为我国重要的农业基地、原材料基地、机械工业基地和新的经济增长带。

祝大会圆满成功！祝西部地区腾飞！

（原载中国国际经济关系学会会刊，1994 年 9 月）

On How to Accelerate Economic Development in China's Central and Western Region

Jiang Chunze

The author is a Research Fellow of State Commission for
Economic Restructuring

How to prevent the economic gap between western China and eastern China from widening and how to gradually narrow the gap will be an urgent task for a long period in the future that has a vital bearing on the country's social stability, unity among people of various ethnic groups and the steady and sustainable growth of the national economy. In macro-economic terms, the state must define the strategy on coordinating economic development in different regions and the policy and measures on correctly handling the relationship between the eastern region and the western region. For the western region, it should analyze, in an objective and all-round way, its own advantages and disadvantages, correctly handle difficulties and problems it has encountered, and put forward and implement ideas, effective measures and plans for faster economic development in the western region.

I

In the three decades before China initiated the policy 6f reforms and opening up, the country's regional economic development followed the guideline of a balanced layout and comprehensive regional development, as well as the principle that industries should be as near as possible raw material and fuel production centers and consumption areas, and the principle on consolidating national defense and giving priority to ethnic minorities. This was formed under the then special historical conditions. Although this strategic guideline scored some successes in construction, it adversely affected, to some extent, the growth rate and efficiency of the national economy as a whole, thus widening the gap between China and advanced countries, and wasting energy and resources for construction. Furthermore, it resulted in the same industrial structure in various regions. In 1997, of the 29 province-level areas, the heavy industrial sector of 27, including metallurgy, power, coal, petroleum, chemicals and machinery, accounted for more than 60 percent of the total industrial output value.

Since it initiated the policy of reforms and opening up in 1979, on the basis of reflecting on the past economic construction theory and practice, China has formulated the strategy on imbalanced regional economic development. The new strategy places emphasis on the chain relationship among industries and the mutual impact among regions, and on spending limited funds on key sectors and regions in an effort to improve the efficiency of utilizing resources. It has effectively stimulated some regions to become prosperous soon. Moreover, through the chain reaction and extension effect among different regions and sectors, it has already spurred some regions to achieve prosperity. Yet without coordinated development among regions, the excessive discrepancy among regions will have an adverse effect on the national economy as a whole. Therefore, since the beginning of the 1990s, in terms of the strategic macro-economic guideline, consensus has been reached on coordinated economic development among regions. Furthermore, China's outline of the Ninth Five-Year Plan for National Economic and Social Development and the Long-Range Objectives to the Year 2010 have explicitly taken the strategy on coordinated regional economic development as a guiding ideology, and "gradually narrowing the development gap among regions" as the 8th principle that will guide China's economic and social development in the next 15 years. This demonstrates that how to speed up economic growth in the central and western region has drawn close attention of the government and society.

Beginning from the ninth Five-Year Plan, the policy on preventing the economic gap among regions from widening further has been pursued in the macro-economic area. The policy includes the following points: the state pursues the policy of prioritizing the western region in developing and utilizing resources and in the layout of large and medium-sized infrastructure construction proets; in the course of the structural adjustment of the processing industry, efforts are being made to guide the resource-processing and labor-intensive industries to move to the central and western region; the system for the standard transfer of financial appropriations is being introduced and the transfer of financial appropriations is being increased gradually; the intensity to aid the poor in the central and western region is being increased and more funds to aid the poor in the region are allocated; prices of resource-oriented products are being straightened out and efforts are being made to increase the region's capability to develop itself; the pace of reforms and opening up in the region is being quickened and foreign companies are being encouraged to increase investment in the region; and efforts are being made to promote economic and technological cooperation between the eastern region and the western region. These measures are expected to help the central and western region to quicken its pace of economic development.

II

The central and western region abounds with natural resources and has enormous amounts of assets. Full use of these advantages should be made.

The region is where China's resources and energy concentrate because it accounts for 82. 3 percent of China's hydropower potential, 72. 3 percent of its exploitable hydropower, about 50 percent of its verified reserves of 45 types of minerals and some 70 percent of its exploitable; and resources in reserve. From the 1950s to the early 1970s, the focus of China's economic construction shifted westward on a large scale. Stimulated by investment from the central government, the state built in the western region a large number of energy and raw material production centers and heavy industrial processing centers, thus forming an enormous amount of assets. With the adjustment of the industrial structures and the moving of industries in the eastern region, the central and western region will be able to give full scope to its advantages in natural resources and large heavy and chemical industries, and take in traditional industries moved from the eastern region, Intensive-proeessing industries with an advantage in resources and technology-intensive leading industries such as aerospace, meters and instruments, telecommunications equipment, can be built in the central and western region so as to advance resource development and economic growth there.

The central and western region enjoys an enormous market potential. With the rise in the level of economic development, local residents' purchasing power will certainly increase, releasing a strong demand for consumption to spur economic growth. The region's infrastructure; onstruction, energy and raw material industries and processing industry pose a great demand for capital goods. So, their market prospects are very bright.

To sum up, the central and western region ought to make full use its own advantages by relying primarily on itself while trying to obtain state support and assistance from the eastern region. It should also create conditions to introducet foreign funds and advanced technology, tap its own potential with the assistance of external forces, invigorate its economy and achieve economic takeoff as soon as possible.

III

Of course, the central and western region is also facing difficulties on its road of advance.

First, it has insufficient investment, a low return from investment and a low self-development capability. This situation can not be changed within a short period of time. Second, it has inadequate infrastructure such as transport and telecommunications, a small number of infrastructure facilities, and poor access to information and to contacts with other parts of the world. These factors still hinder the region's economic development and its opening wider to the outside world. In addition, the region has a low level of market cultivation, its residents are, in general, lower than residents in the eastern region in terms of the concept of a commodity economy, opening-up awareness and the pioneering spirit. Natural disasters frequently hit the central and western region, aggravating the already-fragile ecological environment. People living below the poverty line account for 80 percent of the region's population. So, the region still has an arduous poverty-relief task.

Promoting economic development in the central and western region will be a long-term basic nationat polity. On the basis of analyzing its own contradictions, the region should seize opportunities and take effective measures to turn its potential advantages into realistic ones. From the above preliminary analysis, at least the following measures can be taken:

First, energetically stepping up construction of infrastructure including transport and telecommunications. Second, further expanding the energy industry, the raw materials industry and the farm and sideline processing industry. Third, strengthening agriculture as the foundation of the economy and vigorously developing agriculture with a distinct character. Fourth, actively expanding the tertiary industry. Fifth, controlling population growth and improving the population quality. Sixth, paying close attention to science, technology and education, and encouraging professionals to move to the central and western region. Seventh, increasing economic and technological cooperation between the eastern and western regions. Eighth, quickening the pace of restructuring stateowned enterprises, developing township-run enterprises and other non-state-owned enterprises in line with local conditions, speeding up the technological upgrading of aging industrial production centers. Ninth, following the guideline of opening up to expand the regional economy.

We are convinced that, the central and western region will become a new economic growth zone at the beginning of the in the nearly 21st century.

唯有"适度快速"才能"持续""健康"

（1985 年 8 月）

促进国民经济持续、快速、健康发展的方针，包含了对增长数量与增长质量相统一的要求。实践证明，"适度快速"是实现"持续""健康"发展的必要条件。

快速发展是任何一个发展中国家政府和人民的强烈愿望。因为经济增长的速度从总量上表明综合国力增强，并为提高社会福利程度创造了物质条件。但是，当这种强烈的愿望转化为投入扩张的巨大冲动力和过热的社会总需求时，宏观经济决策者必须采取科学态度，力争通过有效的宏观调控，抑制社会总需求的过快增长，促进有效供给的增加，努力保持社会总供求的基本平衡。因此，经济的快速增长的"快"不是无条件的，而应当以不导致社会总供求严重失衡为条件，做到快而适度。换言之，"适度快速"就是讲发展速度不超越现实国情国力所能提供的总供给，不因本期超额总需求之"大起"而拉大供求缺口，埋下使经济"大落"的后患。这一点，我国已有不少经验教训，在国外也是有前车之鉴的。

毫无疑问，经济增长离不开生产要素投入的增加。快速发展首先要充分发挥资源的潜力，而"适度快速"第一个要求是在发挥资源的潜力时，不导致对自然物资资源的掠夺性开发和浪费性使用，注意环境保护，使环境成本内部化。我国人均资源不足，耕地、森林、水资源及不少重要矿产资源的人均占有量都低于世界平均水平，自然资源的稀缺性和环境保护的必要性都表明，唯有"适度快速"，才能持续、健康地发展。

资金在投入中具有特殊的意义，它是各种生产要素的黏合剂。我国财政收入占 GDP 的比重已由 1978 年的 31.2% 下降到 1994 年的 11.8%，财政赤字已经常化，1994 年赤字占当年财政支出的 12.3%，财政支出对债务的依存度越来越高，国债成本也很高。国有企业自我积累能力很弱，生产经营和改造、建设大量依赖银行信贷支持。过高的资产负债率不仅使企业效益下降，也使银行不良资产比重上升。固定资产投资在建项目摊子铺得过大，资金到位率低，建建停停。况且，有限资金还得不到充分合理使用和有效监督，许多项目建设工期拉长；工程造价提高，平均超概算幅度达 50% 以上，有些项目的实际投资甚至超概算 1 倍以上；工程交付使用率和建成投产率下降，未完工程占用大量资金，一些竣工单位又因缺少铺底流动资金而不能正常生产；建设单位、生产单位和银行之间相互拖欠的债务链严重影响到资金向正常循环周转。这些问题的成因复杂，需要从体制改革和改进管理等多方面加以解决。但是，保持合理的经济增长速度，抑制过度的资金需求，亦是保证社会再生产持续、健康发展的重要条件。

经济增长率是投入增长率和效率增长率之和。而投入总是有限的，因此，要持续、健康地增长，就必须提高效率对增长的贡献度。据各方面的估算资料，在发达国家的经济增长中，效率的贡献度一般都在 2/3 以上。而我国的生产效率还远远落后于发达国家。比如，1990 年就劳动生产率而言，美国是中国的 36.5 倍，日本是 40.8 倍，德国是 45.9 倍，法国是 45.2 倍，英国是 31 倍；就能源的使用效率而言，美国是中国的 3 倍，日本是 8.8 倍，德国是 6.8 倍，法国是 7.8 倍，英国是 5 倍。可见，我们在提高效率方面是大有潜力、大有可为的。这正是我们转变增长方式的要求，向效率要速度是持续健康发展之佳途。

提高效率与优化结构密切相关。效率是投入产出之比，除了技术因素外，提高效率需要合理配置与有效使用稀缺资源，这就是优化结构。比如，我国人口众多，这是一种优势，但自然的人口只是潜在的人力资源，只有经过开发培训的人口才可被列为现实的人力资源。把资金投向"百年树人"的教育部门，短期内不一定反映到增长速度上，但人的素质提高以后就可能使效率成倍地增长。同样，对某些基础研究和高新科技的投入则可能爆发一场效率革命。对农业的投入也如此。这说明，为调整结构，短期付出一些增长速度的代价，有利于长期的持续快速健康发展。一般地说，在经济过热、需求过旺的情况下，结构难以调整，唯有保持增长速度"适度"，才能为结构调整创造良好的环境，从而保证经济持续、健康发展。

通货膨胀在任何市场经济国家都是影响经济持续、健康发展的一大恶症。通货膨胀与经济增长的关联在于，如果短期的经济高增长主要是靠急剧扩大社会总需求而拉上去的，而供给能力不可能很快增加，则通胀率将与增长率成正向变化，此时的治理对策就是抑制社会总需求的过快增长，适当降低经济增长速度，恢复总供求平衡。否则，当经济增长速度超过资源供给的极限难以为继时，就可能出现速度陡然大幅度下降，而通胀率依然居高不下的局面。当然，导致每一次通胀的具体成因不同，针对不同类型的通胀需要有不同的治理对策。从我国的情况来看，历次严重的通货膨胀主要都是由于追求短期的过高增长速度，社会总需求特别是投资需求过度扩张而引发的。因此，保持合理的增长速度，抑制投资需求过度扩张，对抑制通货膨胀，促进经济持续健康发展是必要的。

唯有"适度快速"，才能"持续""健康"，这是客观经济规律的反映，应成为我国经济发展的一个重要指导思想。

（原载《中国经济导报》1995 年 8 月 4 日）

向现代化农业过渡的通途：
农业关联产业群

（1995 年 12 月）

迄今，农业仍是我国国民经济中的薄弱环节。作为国民经济基础的农业如何才能强起来，是目前理论上、政策上和实践中探索的热点与难题之一。实践表明，农业关联产业群，是向现代农业过渡的通途。

一 何谓农业关联产业群？

农业关联产业群是一种与发展农业相关的社会分工体系和市场体系，也就是为农业服务的一群产业。这一群产业在市场机制的作用下，与农业生产形成稳定的、相互依赖的、相互促进的、有机的利益整体。

如果从生产过程来划分，以农业生产为中心，则有产前、产中、产后的各行各业；如果从服务内容来划分，则有教育科技服务、市场信息服务、资金信贷服务、采购供应服务、加工服务、销售服务、生活服务等。从经济成分来看，这个产业群也同样可以有国营、合作社或集体经济组织、私营、个体等多种经济成分。总之，围绕着农业生产形成的一个庞大的产业群，它们相互及时地传递着各种市场信号，相互以科技进步成果、市场供求信息和物质力量支撑着产业链上一个或下一个环节的发展，反过来又发展自己，进而更有力地支撑着整个国民经济向着现代化的战略目标前进。这个产业群在

"九五"期间和今后 15 年必将成为中国经济新的增长链，它的发展将会推动中国从传统农业向现代农业过渡。

二 澄清两个认识问题

第一，历史经验和实践告诉我们：单一的传统农业生产部门作为国民经济的基础，难以摆脱其脆弱性和不稳定性；而一个发达的农业关联产业群整体，则可使国民经济的基础大大稳固和增强。早在 20 世纪 60 年代初，我们从三年自然灾害的侵扰中醒悟到"民以食为天""农业是国民经济的基础"，于是，强调过全党"大办农业"。但是，在当时的历史条件下，我们的认识局限于"大办"单一的、传统的农业生产部门，经过"大办"，虽然在一定程度上改善了农业生产的条件和效果，而农业生产力成长仍具有明显的不稳定性和脆弱性。自 70 年代末改革以来，我们又从制度上和政策上采取了一系列进一步解放农业生产力的措施，致使农业生产力较改革前有了更快的增长。然而，迄今为止，农业仍然是国民经济中的薄弱环节，其供给日益不适应人口自然增长、人民生活水平提高和经济发展对农产品的需求，这是因为农业生产力自身的性质和特点决定了它是弱质的。众所周知，农业生产力不仅是社会的生产力，还受制于自然力的作用，它既要靠"天"又要靠"地"，异常的气候、稀缺的土地资源、自然赐予的土壤质量，都使农业与非农部门相比较有着"天然的弱点"。而传统农业一般又具有以下社会性弱质的特点，比如：（1）作为农业生产力主体的农民一般受生产与经营范围狭小的局限，观念较落后、信息不灵、科技文化素质较低，难以开发和利用先进的科技成果以增加供给的数量与规模，也难以开拓广阔的市场来创造新的需求；（2）传统农业的生产工具落后，而且更新换代慢，农业生产对农业机械、农田水利、电力交通、仓储等基础设施的需求又是农业本部门内难以解决的。这些社会性弱质特点反过来又使传统农业难以克服其受自然力制约的"天然弱点"。这两方面弱点综合的结果是，传统农业生产力中的科技进步贡献度小、效率低、商品率低，基本上是自给自足型的，难以满足现代社会对农产品的需求，只有过渡到现代化大农业，才能使其成为国民经济的强大基础。现代化农业不再是孤立的一个农业生产部门，而是一个庞大的网络状的农业关联产业群。这个产业群必将大大有助于克服农业生产的"天然弱质"，而使国民经济的基础地位大大增强。比如，美国现在一个农业劳动者可供养80个人，这就是说，一个农业劳动者系80个国民的生命营养于一身，自然表明美国农业的基础作用较之传统农业已经大大增强。其重要原因之一，是它有一个很发达的农业关联产业群。

第二，农业不仅在农业社会是国民经济的基础，到了工业社会，农业产值在国民经济中的比重相应降低，农业仍然是国民经济的基础。诚然，随着工业化的进展，三次产业的比重将不断变化，直接从事农业生产的一次产业的产值比重将不断相应降低。但是，我们不能由此就片面地误以为农业是一个日将削弱的部门。自20世纪80年代以来，也许正是这种误解，导致了人们关于农业是国民经济基础观念的淡漠，产生了种种削弱农业生产的做法与后果。

世界经济史表明，即使在欧洲和美国那样发达的工业社会甚至后工业社会，农业仍然是国民经济的基础。因为，无论工业多么发达，农业仍然是人类全部营养物质的唯一源泉。现在，绿色商品风靡全球市场，以"保护环境，崇尚自然"为核心的绿色经济是当代国际发展的重要趋势之一。只不过，作为现代工业社会的国民经济基础的农业已经不是传统农业，而是现代化大农业。不仅农业生产过程实现全盘机械化、自动化、工厂化，而且许多作业专业化、社会化了。美国一个农户至少有50个公司为它服务，它还可以对处于激烈竞争中的众多的关联公司根据其服务质量与价格进行选择。美国直接从事农业生产的人口虽已不足3%（1987年为2.9%），但是，农业关联产业群的产值和就业人口却在国民经济中占有举足轻重的地位。据资料，美国农业关联产业群被称为"食品—纤维体系"，它是国民经济中的第一大产业，它的兴衰对美国整个经济、出口和就业影响极大，其产值约占GDP的1/5，其就业人口约占就业总数的

1/5。美国还是世界上最大的农产品出口国，每年出口额约 500 亿美元。由此可见，这个产业群在美国经济中的地位与作用是多么重要。欧洲发达国家的资料也表明了类似的结论。因此，直接农业生产部门产值比重的相应降低并不意味着农业生产将被削弱，恰恰相反，发达国家通过与农业相关产业群的发展，使农业生产克服其脆弱性和不稳定性，从而由相关产业群整体的发达而使国民经济有了更稳固、更强大的基础。这就告诉我们，随着现代化进程的推进，我们不仅不能削弱对农业的关注，而且要把视野拓宽到整个与农业相关的产业群的发展上。只有这个产业群发达了，农业生产爆发了效率革命，传统的、弱质的农业才能过渡到现代化大农业。

三 农业关联产业群的基本特征

第一，农业关联产业群涵盖面相当宽广，而且，就其中的任何一个行业来说，又有着无穷无尽的服务系列。仅以农业机具的生产和供应为例，大至拖拉机、收割机、种植机、脱粒机、除草机、载重汽车等，小至谷物的去皮、分级、清选、吸风、碾磨等器具，还有产后收购运输的辅助设备如谷物、棉花的打包机等。而所有这些机具从开发、研制、生产供应、推广到售后的示范操作、安装、维修、功能改进、补充备用零件及线材等，是一个完整的、连续的服务系列，环环相扣，有如一条链带，一环折损则整个链条就断裂。就产业群整体而言，围绕着农业生产的产前、产中、产后，也是行行相关，业业互补，又是一个庞大的网络体系。

与单一的传统农业生产部门相比，产业群是在高度社会分工和专业化基础上的一体化农业；是以市场为导向、市场机制充分发挥作用的商品性农业；是以专业化、社会化的公司为"龙头"或纽带的产业化农业；是以农业教育与科技为先导的资本与技术密集型的现代大农业。

第二，科技教育、市场信息、资金信贷服务是发展农业关联产业群的先导。多年来我国农业科技工作取得了较大成就，但与发达国家的现代农业相比，差距还很大。一是缺少重大成果突破；二是科技成果的转化率低，只有35％左右，而推广率只有20％，发达国家科技进步在农业增长中的贡献份额已达70％—80％。发达国家的经济发展史表明，从传统农业向现代农业过渡必须经历一场效率革命，而科技进步正是效率革命之先导。美国农业生产率在世界上处于领先地位，是因为它具有先进的农业科学和先进的农业生产技术。它经历两次技术革命，不仅实现了全盘机械化，使一系列过去认为无法实现机械化的作业都实现了机械化，禽畜饲养实现了自动化、工厂化，大大地提高了劳动生产率；而且实现了化学和科学施肥，大幅度提高了土地生产率；还进行了农业生物技术革命，从玉米杂交、奶牛人工授精到基因重组、胚胎移植、植物繁育等，使主要作物通过改变基因产生抗病虫害能力，可以在盐碱地和恶劣气候条件下生长。据资料，运用基因工程培育的"超级水稻"比普通水稻增产50％。科学家们还预言用生命科学培育农作物正在酝酿新的"绿色革命"。信息技术的发展还带来农场管理革命，种植业的防治病虫、畜牧业的畜种选育、饲料配方、畜龄结构、农场主分析农场财务或市场供求、选择经营策略等，都可以通过电脑求助于科学的程序。美国这一揽子技术革命使它的农业成为资本和知识密集程度很高的现代化产业部门。美国农业科技进步又是以广泛受到重视的多层次的农业教育为其培养足够数量的农业教育师资、农业科研人才和广大的农业技术推广队伍为基础的。美国的农业教育—科研—推广体系是为农业服务的社会化体系的重要组成部分。

目前，我国是世界上农业科研投资最低的国家之一。世界平均农业科研投资占农业总产值的比例一般为1％，一些发达国家超过5％，发展中国家为0.5％左右，而我国仅为0.17％—0.27％。我国要实现向现代农业过渡，除了要加大投入外，就是要理顺体制。我们要针对国内农业教育与科技体制和运行机制中存在的问题，借鉴国际经验，把农业教育、科研、推广联成网络，使农业科技成果迅速产业化，不仅要加强农业科学研究和技术开发，更要加强与扩大推广队伍，提高科技成果的转化率与推广率。发展农业关联产业群可以推动科技成果产业化。

第三，农业关联产业群的主体是由三大部分组成：（1）向农业提供产前物资供应服务的机械、肥料、种子、饲料、农药、农膜、电力及其他农用资料工业；（2）为农业生产产中服务的技术示范与推广、植保、卫生防疫、种苗与繁殖等产中服务行业；（3）产后的收购、运输、加工、销售等工业、商业与服务业。

目前，我国农用工业产需缺口很大，总量不足与结构失衡并存，生产成本高，品种供需矛盾大，产品质量低下。1994 年国家技术监督局对 17 个省的 13 家生产企业、64 家销售单位进行检查，结果农药合格率仅为 64.8% 。更重要的是产前服务的农用工业部门没有与从事农业生产的农户结成利益共同体，相反却往往是不平等的交易双方，有的不是"为农"，反而"坑农"，不能使农民得益反而受害。产中服务也没有公司化和社会化，农业生产过程的诸多环节基本上是靠农户自己的单薄力量去完成，与社会化服务公司的效率难以比拟。产后服务的各业同样没有普遍与农业生产融为一体，不能及时向农户提供市场需求信息，没有起连接农户与市场的纽带作用。

从美国农业关联产业兴起和发展的过程看，（1）通过工业向农业部门的广泛扩散可以大大提高农业技术装备水平。1950—1977 年，美国人均生产性固定资产在工业部门提高 4.6 倍，而在农业部门则提高 13 倍。（2）农业生产过程普遍采用工业方式，可以在人造的环境里打破季节的差别，全年均匀地向市场供应新鲜农副产品，而冷冻与温控等高新技术也可使易腐农产品得以大批量在市场上流通，这就从供给方面突破了农产品交换的数量与规模的局限；同时，各种类型食品加工业的兴起又创造了新的市场需求。（3）农产品收购、运输业的兴起与发展，促进了地区专业化的发展，如：棉花带、玉米带、小麦带、畜牧带、乳酪带的形成和发展。地区专业化，促进了地区之间大规模的农产品交换，使美国农业完全置于商业性的基础之上。

美国的人口集中在 6 个工业发达州，小麦主产区连一个菜园、一只家禽、一头奶牛都不保留，玉米和生猪集中在富饶的草原地带，水果蔬菜生产大都集中在加州和南部的"田间工厂"里，草莓原产在弗吉利亚，后集中在北加州的萨克利门图。在地区专业化的基础上进一步实现农场专业化，比如佛罗里达专门生产加工用的柑橘，而加州则生产鲜用柑橘。在农场专业化基础上还实现工艺专业化，如大田作物生产从育种、整地、播种、田间管理到收割、运输、贮存、加工、销售；饲养业的菜牛繁殖、饲养、育肥、人工授精、育雏、配制饲料、治病防病、保养牧草等工艺都实行专业化。这就要求有众多的产中服务公司。1987 年，美国直接为农业生产过程服务的公司有 7.6 万家，形成了一个庞大的系统，它们与农场主订立长期合同，按合同规定上门服务，农业生产过程完全社会化。

第四，在专业化的基础上发展一体化。在向专业化深入的同时，不可避免地提出了一体化的要求。专业化的过程除了要求有高速公路和冷藏车等设备，以保证农产品能迅速调运到外，还必须建立有效的销售网络，沟通产地与消费地区的联系，解决农产品的一系列销售服务，才能使农产品从生产到流通到消费的过程得以顺利实现。1984 年，美国农业产后服务部门的就业人数达 1630 万人，是产中、产前部门总和的近 3.5 倍。

当关联产业深深地渗入农业，与农业建立稳定的结合关系后，就必然使农业与相关的产业部门通过经济上、组织上的结合和稳定的业务联系，形成一体化经营形式和经营系统。这种农、工、商各行业，或供、产、运、销售各环节联成一气的大农业就是一体化农业。

在发达国家，一些现代企业往往把大量的生产过程和大量的分配过程结合于一个单一的公司之内。它们往往直接建立自己的全国性和世界性的采购组织和销售网络，有稳定的原料来源和运输系统，不断地向产前和产后部门扩展。其中许多农工贸联合公司拥有自己的原料生产基地，甚至拥有自己的船队、铁路车皮或其他运输设备，拥有自己的销售网络和广泛的分支机构。这种农工商各行业或供产运销各部门联成一气的一体化农业是传统农业向现代农业过渡的必然趋势。

四　我国农业关联产业群的雏形

在我国农村经济实践中已经出现了一些不同类型的一体化经营的农村产业实体，它们正在拉动传统农业从弱质中崛起。这些产业实体正是农业关联产业群的雏形。

山东是我国的农业大省。目前，在省内不少地方涌现出产供销、种养加、贸工农、经科教一体化的新型产业实体。各具特色的"龙型"企业如雨后春笋，使山东农村经济出现了群龙共舞、百业兴旺的发展局面。这些产业实体的基本做法是：以市场为导向，以效益为中心，以龙头企业为依托，以农户家庭经营为基础，以社会化服务为纽带，实行生产、加工、储运。

销售一体化经营，使农、工、贸结成风险共担、利益均沾、互惠互利、共同发展的经济利益共同体。这些经济利益共同体，加快了农村产业结构的调整，使农村的一、二、三产业有机地联系在一起，通过农产品的多次转化增值大大提高农业和农村经济的比较利益，并有力地促进农业科技进步成果的产业化，而且在更大范围内实现了生产要素的优化配置。

以潍坊市为例，新型一体化产业实体大致有以下五种类型。

1. 市场牵动型。充分运用市场的导向作用，集中扩大主导产品的生产规模，加快发展与其相配套的加工、运销业，进而形成一体化经营格局。寿光市的蔬菜生产，1983 年就达到 15 万亩，总产 5 亿公斤。为了扩大这一优势产品的市场占有率，他们从建立、完善市场体系入手，逐步形成了以专业批发市场为龙头，国有与合作商业为主导，乡村服务公司为骨干，联合体、个体齐参与的流通格局，带动了蔬菜生产、加工、储藏、运销业的发展。目前，寿光蔬菜批发市场已成为全国最大的蔬菜市场之一，常年上市的蔬菜品种 90 多个，日均成交蔬菜 300 万公斤，辐射 30 个省、市、区。在市场带动下，当地蔬菜种植面积扩大到 40 万亩，并且由过去以大路品种为主发展到以高档精细菜为主，不仅占领了全国几十个大中城市市场，而且拓展了日本、东南亚和欧洲市场，年经济收入达10亿元以上。

2. 龙头企业带动型。以经济实力较强的贮藏、运输、加工、销售企业为龙头，实行系列化生产经营，带动相关的生产企业和农户发展重点产品，形成产加销一条龙。诸城市外贸公司成立的山东尽美食品有限公司，为了牢固占领日本肉食鸡市场，投巨资引进了具有世界先进水平的活鸡宰杀、脱毛、肢解、分割、包装、冷冻系列化加工设备，并建立了鸡雏孵化基地和饲料加工厂，采取签订合同、登门服务的办法，首先将鸡雏、饲料和防疫药品赊销给农户，然后及时进行技术指导，定期回收成鸡，农户交货时一次结清，并制定最低价格标准保护鸡农利益。他们通过这种体制，带动起2500多个养鸡户。1994年该公司出口冷冻分割鸡1.09万吨，创汇2500万美元，鸡农户均增收5400元。

3. 产业拉动型。在相对集中的区域内，紧紧围绕一两种主导产品，产、加、运、销一齐上，将产品优势扩展为产业优势，以产业优势带动相关行业共同发展。寒亭区坚持因地制宜、扬长避短的方针，走"一乡一业、一村一品"的经济发展路子。每个乡镇立足当地传统工艺和资源优势，集中开发一两种具有地方特色的主导产品，围绕主导产品形成产、加、销一体的产业群体。现在，全区已发展起纺织、工艺品、制鬃、电热毯、皮革加工、草柳编织、年画风筝、建筑材料、制盐等16个主导产业。

4. 科技推动型。应用现代先进技术，大搞名、优、特、新产品的开发和传统产品更新换代，依靠科技进步推动生产、加工、销售配套发展，开拓新的生产领域。临朐县果品公司，在中国科学院植物研究所的支持下，应用生物组织培养技术，成功繁育出优质脱毒果林苗木，形成了年产400万株的生产能力。并投资200多万美元，建起了中国北方果品实验应用站，进行果品保鲜、冷藏、加工等方面的技术开发。通过技术扩散，建立起优质果品生产基地4万多亩，发展了大型果品精深加工企业10多家，初步形成了以科技为先导的贸工农一体化生产经营格局。

5. 群体联动型。以技术先进、产品优良，具有较强市场竞争力的骨干企业或经营组织为核心，联合不同层次的同类企业组成企业集团，带动农民进行规模生产。潍坊市供销社肉鸡集团公司，以种鸡场、孵化场、饲料厂、出口基地公司、冷藏加工厂和物资供应站等 10 多个生产经营部门为核心层，以 500 多个规模较大的肉鸡饲养基地户为紧密层，以 1500 多个肉鸡饲养专业户为半紧密层，与全国 40 多个大中城市建立了稳定的供销关系，产品出口到日本和欧盟等国家，形成了从种鸡生产、雏鸡孵化、肉鸡饲养到饲料、药品供应、技术服务、屠宰加工、冷藏运输和国际、国内销售各环节紧密联系的专业化、系列化、规模化经济联合体。1994 年，这个集团公司实现销售收入 7388 万元，实现利税 526 万元，农民养鸡获利 1200 多万元。

潍坊市实行贸工农一体化，已经显示出多方面的效果，能较好地解决当前农村改革和发展中遇到的一些深层次矛盾，促进了当地农村经济的全面发展。

另一个更加发达的产业实体，就是所谓的"大江"模式。上海市郊松江县的大江（集团）股份有限公司，初创时，首期注册资本仅 600 万美元，当时折合人民币 1710 万元。经过 10 年艰苦创业和开拓发展，依靠自身积累和多次增资，财力逐渐壮大，而今注册资本已达 49435 万元人民币，净资产超过 10 亿元，成为全国最大 300 家股份制企业之一，是当今国内规模最大的现代化农牧企业集团。该集团瞄准、跟踪世界一流水准，不仅从多国择优引进先进技术、设备和优良品种，而且结合本国和本地的实际，加以消化、创新。10年来，他们建成集饲料生产—种鸡繁育—肉鸡饲养—屠宰加工—内外销售于一体的连贯作业体系，联合乡村力量，建成 21 个现代化大型养鸡场、7 座饲料厂，并围绕主业发展了一批关联企业。现在"大江"已成为国内闻名的饲料生产基地、良种繁育基地、副食品生产基地和出口创汇基地。形成的年生产能力有：各种饲料 120 万吨，父母代种鸡 350 万套，商品代苗鸡 1 亿羽，肉鸡 5000 万羽，鸡肉产品 9 万多吨，其中 3.5 万吨出口。1994 年全年销售总额达到 20.35亿元，税前利润达到 2.1 亿元，出口创汇达到 6224 万美元，分别为

1987 年的 26 倍、17 倍和 10 倍。1995 年上半年因饲料涨价被畜牧业称为"灾难年"，而"大江"仍获税前利润 1 亿元，下半年还要继续创利 1 亿元。

"大江"是我国实现农牧业现代化的一项实验工程，它闯出了一条发展农村经济的新路，即"大江模式"。"大江模式"就是以"大江"直属企业为核心，不断组建和发展了一批多种经济成分、多种经营方式的关联企业，形成了组合式的企业集团。迄今，"大江"已拥有 80 个直属企业和关联企业，分布在上海、江苏、浙江、安徽、山东、吉林等省、市。

"大江"模式的经验很丰富，结合本文主题，我们可以看到以下四点。

1. 科技为先导。为了跟上世界科技进步，"大江"坚持"引进来"和"派出去"，不断保持科技进步优势和不断提高管理水平。如优良种鸡，每年都要引进数万套，使"大江鸡"始终保持其优良种性；每年都要派出部分科技人员到国外去考察或培训，以了解和掌握世界科技进步的新动态。因而，"大江"生产出高品质的饲料、苗鸡和鸡肉产品，在国内、国外两个市场上畅销不衰，保持信誉。

2. 实行集约化规模化生产。农牧业是利润微而风险大的传统行业，但被"大江"公司办成了红红火火的朝阳产业。"大江"拥有当今国内最大的鸡群，每天有 30 多万羽苗鸡出壳，有 15 万—16 万羽肉鸡上市。由于规模大，效益就可观。所以，"大江"经验也可以概括为"科技进步＋规模集约经营"。

3. 外引内联，积极兴办关联企业。"大江"开门办公司，在国际市场占有一席之地。公司领导思想明确，"外引"先进技术不单是为了办好"大江"，还应带动周围和有关地区的经济发展，以发挥"外引"的更大效应。"内联"的初期形式是"公司＋农户"，让周围农户"用大江料，养大江鸡"。随后就在省、市内外的饲料原料产地试办联营企业，建立原料供应基地，同时重点支持乡村集体经济组织发展养鸡业，于是由"公司＋农户"发展为"公司＋基地＋集体经济组织＋联营场（厂）"。组建了 21 个大型现代化养鸡场和两个大型自动化饲料厂、两个食品加工厂，并与军队农场、地方国有企业、集体经济组织以及外国投资者寻找共同发展经济的最佳结合点，积极兴办关联企业，为"大江"的饲料生产、畜禽饲养、食品加工三大系列服务。现有68家关联企业，1994年全线告捷，个个盈利。"大江"集团"核心层"发挥着龙头作用，一大批关联企业围绕"核心层"运转，发挥着骨干作用，大有继续发展的势头。

4. 一业为主、多种经营。"大江"的主业富有成效后，继续向第二、第三产业进军。除"养鸡一条龙"、饲料生产和肉类加工外，还积极筹划发展"养猪一条龙""水产一条龙"和第二产业的生物制药业以及饲料机械制造业，拓展快餐业。第三产业的首期目标是100家连锁店。由一点向多点发展，由郊区向市区挺进。1994年，"大江"主营业收入和税后利润，分别比上年增加69.3%和35%，出口创汇额比上年增加62.78%，"大江"鸡肉成为上海市出口创汇5000万美元以上的"龙头商品"。可见，发展农牧业的关联产业大有作为。

"大江"模式已闯出了一条向现代农业过渡的通途。我认为，山东的潍坊和上海的"大江"都展示着中国农业的光辉未来。

五　对策建议

国际经验和国内实践证明，发展农业关联产业群是农业现代化的必然趋势和必经之途。也是我国当前稳定农业生产、增加农民收入、吸纳农村剩余劳动力、繁荣农村经济的"一石数鸟"之上策。

第一，要提高对发展农业关联产业群意义的认识，要大力宣传潍坊市、"大江"集团以及类似的新生事物，为农业关联产业群鸣锣开道。

第二，要有明确的政策导向，把内外投资者和大型工商企业引向发展与农业相关的产前、产中、产后各业的产业群。要多种经济成分一起上，其中国有企业要转换机制。

第三，政府要大办农业教育与农业科研，并建立符合我国国情的农业科技成果推广体系，充分发挥科技先导作用，大大提高农业科技成果的推广率和转化率。继续办好农民技术培训和"绿色证书"班，要多出版适合农民阅读的科普读物。

第四，政府要制定相关的法规，使关联产业和市场信息等各种产业实体和中介组织真正"为农""兴农"，共同发展，而不允许"坑农""骗农"。

第五，要加强和提高农业政策调研队伍，保证宏观调控决策的科学、及时和有效。据资料，美国有 10 万农业调查人员，在首都就有 1 万人。他们调研工作很细，手段现代化，宏观决策有效。相比之下我们的差距还很大，宏观调控不够科学、及时、有效，需要继续加强和改进。

新闻媒体要鼓励企业家们，像大江公司的领导那样有战略眼光和雄心壮志，向农业关联产业群进军。

（原载于《中国农村经济》1996 年第 1 期）

粮食政策要注意反波动

（1996 年 1 月）

  前不久，我去几个省市的农村做了些调查，观察到问题之一是：我们亟须科学地研究和制定粮食反波动政策。

  毫无疑问，从战略上，中国必须立足于自己生产粮食解决十多亿人口的吃饭问题。尽管随着经济市场化与国际化的发展，中国农业也将较深地参与国际分工。但是，依靠国际市场来解决粮食问题，对于一个有 13 亿人口的大国来说，无疑将冒巨大政治风险。世界各国都把粮食生产与贸易作为政治问题来考虑。所以，为保证粮食供应总量的安全程度，只能在不过分依赖国际市场的前提下，同时也面向国际市场，而满足国内需求的粮食供应总量将是中国农业种植业长期的艰巨任务。

  粮食是社会效益大、自身比较利益低的高风险、基础性的弱质产业。缓解粮食总供求的矛盾当然有许多工作要做，但科学地制定配套的粮食反波动政策应是当务之急。

  现在，有的干部认为，粮食问题的主要矛盾是波动大，而且政府近几年的干预不是反波动，恰恰是某种程度地推波助澜。近些年粮食两次波动使农民损失不小，严重挫伤农民种粮积极性，村干部工作难度极大。交售粮食不是多了，就是少了，而究竟多了还是少了，往往由当地的粮食部门说了算，1992 年交售粮食时多 100 斤也要村干部再背回去。1993 年说粮食"多了"，农民又发愁"卖粮难"，政府还放开市场任凭粮价跌落，使农民利益受损。1994 年粮食供应又紧张起来，有的乡出动警车，后面跟着拖拉机，有的地方是

"五套班子一起上，后面跟着公检法"，去农村挨家挨户清仓扫库，强制收购，收购的稻谷湿度很大。目前实行的粮食省长负责制，在实际执行中又分解为市长负责制、县长负责制等，结果是一级级政府都围绕粮食部门转，具有政府职能的粮食局未能发挥应有的作用，有的地方农民反映当地粮食部门打着"稳定社会"的旗号倒卖国家提供的低价粮，自己赚大钱。可以说，我们至今尚未形成全国统一的粮市和有效的调控机制。有的省市规定要以县为单位完成交售任务后才能进入县级粮食交易所。我们接触的农村干部较普遍地认为，现行的粮食收购体制和保证方法都不利于粮食生产的稳定和发展。政府是"大买主"，数量和价格都具有强制性，而政府的政策又有一定的摇摆性，不具稳定性和连贯性。本来，在粮食供应总量偏紧时，农民观望惜售，政府应当宽松粮市环境，发布缓解人为短缺的信息，以对生产者和消费者两利；而实际的做法却是雪上加霜，更强化定购数量的指令性，加强对价格的控制力度，其结果是人为地加剧短缺。反过来，当粮食供应总量相对宽松时，政府本该按保护价多收购些储备，可恰恰相反，政府却强调市场调节的作用，再加上市场体系不完善，流通环节多而成本高，渠道不畅，地区之间又有利益保护，市场分割，难以跨区域流通，造成农户怕粮价再跌的心理，赶紧卖粮，加剧短期内粮市大量过剩的假象。因此，在中国现实的国情条件下，政府究竟如何干预粮市，如何从宏观上保证粮食供求总量的平衡，是需要认真研究的。农村干部提出，城市居民用原粮的数量并不多，价格高一点也能承受，实际上已有不少市民嫌粮店粮食质量差，宁可向个体户买高价粮。而农民自己会解决吃饭问题。因此，政府粮食定购任务只应当保证军队、储备粮、贫困地区、特困户即可，而不应当保证全体城市居民都吃平价口粮。同时，为此按强制价收购粮食是使种粮收入本来就不高的粮农对城市居民不应有的一种利益让渡。

影响种粮积极性的另一个重要原因是"粮食收购实行计划体制，而农业生产资料销售却实行市场体制"。据宁波市农业局提供的市郊4个县的早稻田成本核算资料表明，在24个核算户中，有11户每亩含税成本超过收入,利润为负数,主要原因是农用生产资料价格大幅上扬。早稻的国家定价是 44 元/100 斤,地方加价 16 元,即 60 元/100 斤,而市场售价是 85 元/100 斤,农民按市价出售则收支可平,按国家定价售则亏本。他们说,如扣除镇、村二级每年对农业的补贴,粮食成本还要高。原来实行过"三挂钩",即每交售 100 斤粮,可按原价配售柴油、化肥、农膜,现在取消"三挂钩",付给每 100 斤粮食 3.74 元价外价补贴。实际上,农资市场上尿素从 540 元/吨涨到 2200 元/吨,上涨 4 倍;柴油从 540 元/吨涨到 2300 元/吨,涨幅也是 4 倍多;农膜从 6400 元/吨涨到 12800 元/吨,翻一番。在农资市价如此猛涨的情况下,3.74 元的价外价补贴却未变,这实际上就是让粮农单独承受通胀之害,很不合理。村镇干部说,他们把大量乡镇企业的利润通过粮食补贴的中间环节补给城市了。

这些说明,新时期工农、城乡关系的核心问题是增加农民收入问题。只有农民的收入增加了,才能增加农业投入的积极性。而影响农民增加收入的因素之一是工农产品交易的条件对农民也不利,农民在市场上与其他市场主体交易时处于不利地位,这需要我们从战略的高度来制定和实施既保障粮食供给又确保粮农增收的粮食政策。

(原载于《改革》1996 年第 2 期)

中国的养老保障体制改革

——应邀在欧美同学会的一次讲座上发言

（1998 年 12 月）

一

目前正在进行的社会保障体制改革的项目包括养老保险、失业保险和医疗保险。这里重点谈谈养老保险问题。

养老保险是跨时间的收入分配，是人们把自己在工作时期的收入妥善地安排在自己的青壮年时期、下一代成年前时期以及自己和配偶老年时期合理地支用。养老金计划从家庭走向社会化、制度化和组织化的安排是从英国的济贫法、友谊社开始，随后德国俾斯麦建立了国家养老金制度，以瑞典为代表的北欧国家在第二次世界大战后提出"普享性、法制化、强制性"三原则，此后在欧洲普遍建立起受益覆盖全民的国家养老金制度。美国 1935 年颁布《社会保障法》，该法避免实行欧洲的福利主义政策，体现了缴费与不缴费的结合。

从社会来说，建立一个公平合理的全民养老保险制度是为了向老年人提供合理的、稳定的生活保障。各国养老金制度虽各有特点，但从资金筹集和支付方式看，基本上是两种模式，即：

第一，现收现付制。它包括欧洲的福利型，美国与日本的传统型以及苏联、东欧国家的工会自治管理型。这种模式是在代际搞横向平衡，是先代人与后代人之间的博弈，如果后代人由此遭到损失就威胁到人类的持续生存。

第二，基金预筹积累制。即先代人为了减少后代人的负担，由自己从参加工作时起承担积累养老金的责任，这是本代人自己一生的纵向平衡。这种模式以新加坡和智利为代表，它们在预筹积累基金方面是共同的，但是基金管理的方法不同。新加坡是由中央政府公积金局统一管理，智利是由私人基金公司管理。

当前世界各国养老金制度发展的趋势是由现收现付制向基金预筹积累制方向改革。欧洲改革的呼声很高，但难度很大。美国对1935年法案虽已有过15次改革，但还需要大改。据1997年1月5日CNN新闻报道，美国的社会保障体制如不继续大改，则2010年要出现赤字，2029年时则要走向破产。

二

中国的社会保障体制在改革前是一种不完全的现收现付制。首先，它不具有"普享性"。它是按人群分设的，不同人群享有的社会保障程度是不一样的。人群基本分四类，即军人、干部、工人、农民。农民基本靠土地保障，没有从家庭走向社会化的安排。军队系统的保障是独立的。干部和国有部门的工人则是就业—福利—保障一体化。这就是说，没有在国有部门就业的人员和广大农民是没有被涵盖在社会保险体系之内的，因此，覆盖面太小。

其次，由于国有部门就业人员与非国有部门的广大社会居民（包括农民）在保障程度上的悬殊，农民想通过"农转非农"，工人想通过"子女顶替"，有权势的人要利用裙带关系，总而言之，大家都想"挤进国家门"，成为"国家人"，由此造成国有部门冗员充斥，效率低下。因为"进了国家门，就是国家人"，即一旦在国有部门就业，其职业就是"铁饭碗"，不存在再"失业"的问题。而且，由于就业—福利—保障是一体化的，就业者就有权利和有可能分到福利住房，并享受免费医疗，以及托儿所、食堂等各种福利设施的补贴，虽然福利水平远不及欧洲福利国家，但在低水平上也几乎是"从摇篮到坟墓"，即生老病死都由国家（或具体化为所就业的单位）包下来了，这也是所谓"机关办社会""企业办社会"的由来。

最后，国家财政与企业成本不堪重负。在过去的体制下，干部的退休金是由国家财政支付的，工人的劳保待遇在 1951—1956 年根据《中华人民共和国劳动保险条例》及相关的政策法规，一部分由企业直接支付，一部分由全国总工会统筹。1966—1976 年"文化大革命"期间，社会统筹被取消，社会保险变成了企业保险。无论是在机关或是在企业，个人不必缴费即受益。权利与义务的不对称，造成受益者自我保障观念淡薄，完全依赖政府和企业。随着我国社会人口老龄高峰的到来，不仅会导致养老金支付危机，而且这种代际转移负担的筹资模式还将影响经济持续发展与未来社会稳定。

由于自 1966 年后对工人的社会保险变成了企业保险，造成新老企业之间、不同行业之间退休金负担畸轻畸重；在不同企业就业的工人，退休待遇又畸高畸低。

另外，原体制管理分散，政出多门，互不衔接。机关干部的离退休由人事部主管，企业职工的劳动保险原由总工会现由劳动部主管，农村以及城镇居民中（非企业职工和机关干部）的贫困人口由民政部实行社会救济，复员转业及残废军人等由民政部实行优抚安置。这样，看上去分工明确，但由于政出多门，往往造成同等条件的人员享受待遇不平衡，人为地引起一些社会矛盾。

三

1995 年 3 月，国务院颁发《关于深化企业职工养老保险制度改革的通知》，确定的改革目标是：到 2000 年，基本建立起适用城镇各类企业职工和个体劳动者、资金来源多渠道、保障方式多层次、社会统筹与个人账户相结合、权利与义务相对应、管理服务社会化的养老保险体系。体系包括：国家的基本养老保险、企业补充养老保险和个人储蓄性养老保险三层次的结构。规划在 2005—2010 年期间建立起国际上通行规范的三层次养老保险结构，即：

第一层次是政府举办的基本养老保险，由政府以征税或缴费方式，由政府或公共机构统筹经办，强制执行，覆盖全社会，属社会保险范畴，构成最低养老金保障的社会安全网，替代率为社会平均工资的25%；

第二层次是企业的义务性补充养老保险，采用个人账户储存积累筹资模式。政府鼓励、企业自行决策建立，以至通过立法强制实施，可列入商业保险范畴，基金营运管理进入市场化，由雇主和雇员双方代表组织基金会理事会，通过招投标委托商业性保险、基金管理公司、信托、投资金融机构营运管理基金，这一层次的替代率约在50%—60%；

第三层次是个人储蓄性养老保险，由商业保险公司举办，由个人自愿投保，政府给以税收优惠，鼓励人们把钱存进养老金储蓄账户。

第一、第二层次养老金之和主要保障退休者的日常生活，第三层次是适当提高年老后的生活质量。

当前在实施中的实际情况是，1995年3月国务院6号文件，下达社会统筹与个人账户相结合的两个参考方案由地方选择试点。方案一侧重个人账户，方案二侧重社会统筹。到1995年年底，有7个省实施方案一，5个省实施方案二，其余十多个省搞了力度适中的方案三。截至1996年6月底，全国已有61.7万户企业、8738万职工和2241万离退休人员纳入了地方退休费用社会统筹的基本养老保险，分别占城镇企业职工的76.9%和离退休人员的94.7%。此外，还有铁道部、邮电部、水利部、中国建筑工程总公司、中国电力企业联合会、交通部、煤炭部、民航总局、中国人民银行、石油天然气总公司、有色金属工业公司等11个部门的直属企业1400万职工纳入基本养老保险退休费用行业统筹。由此，在覆盖面、缴费率、待遇计发、管理制度和统筹基金的安排方面就各有差异；影响了劳动力的合理流动，增加了向全国统筹过渡的困难。1996年8月北戴河会议决定要统一，又做了历时11个月的调研，于1997年7月发文，出了目前的混合方案，在大的方面统一了认识，认为此方案比较符合国情。但目前统筹的程度基本上是在地区（市）以下，有些地方出现假统筹，即占全企业工资总额 20% 的保险费不是全部上缴，而是扣除本单位退休费的余数上缴，缴不起保险费的亏损企业也付不出本单位的退休费。于是，尽管目前全国有养老金积累约 600 亿元（分散在各地方政府，中央政府不可能统一开支），却同时有约 100 万在亏损企业退休的工人拿不到退休金。补充保险尚无细则，地方与企业也是各显神通。

1998 年新的劳动社会保障部建立后，加强了统一管理，于同年 7 月份发出通知，一是要求做到省级统筹；二是取消 11 个部委的行业统筹，一律由地方统筹；三是基本养老保险部分的资金缺口由财政部拨款 180 亿解决。

为建立全国统一的、规范的社会保障体系，难点甚多。现仅列出若干紧迫的待研究的问题，供有关方面参考。

1. 制度的总体框架设置问题

依据"普享性、法制化、强制性"的原则，社会基本保险应按覆盖社会全体成员来统一设置。目前的现实是按公务员、企业、军人、农村四大块分别设置的。要不要统一，何时能统一，如何统一等一系列的复杂问题摆在我们面前。

首先要解决的是农村与城市之间的统一问题。一种意见认为应建立全社会统一的"城乡合一体制"，另一种意见认为只能建立"城乡有别"的管理体制，因为城市过去有"现收现付"模式，现在正向"预筹积累"模式过渡，隐形债务重。而农村没有"老人老办法"问题，预筹积累刚起步，如把农村预筹的资金统筹过去补漏洞，无异于剥夺农民，是不合适的。从实际情况看，中国农村的养老过去是依靠家庭，孤寡残疾老人即所谓"五保户"则由集体资助或互助互济。中国有 9 亿农民，占总人口的 80%，其养老问题应当引起重视，但如立即实行与城市同等的缴费率与受益水平是不现实的。从 1991 年起，在山东烟台市牟平县试点，1992 年年底逐步铺开，1995 年国务院 51 号文件做出加强管理与稳步发展的专项具体规定，有 26 个省市还据此发布了地方政府法规。到 1997 年年底，在全国 30 个省（区、市），有近 2000 个县开展了这项工作，入保者 8200 万人，资金积累总额 140 亿元，领取者 40 万人。目前做法有以下六个特点。

（1）个人缴费为主，集体补贴为辅，国家给以政策扶持；

（2）建立个人账户，个人缴费和集体补助均记在个人账户上，属个人所有；

（3）凡农村户口，制度统一；

（4）采取预筹积累模式，即基金预筹，储备积累，滚动增值；

（5）费率多档次，根据经济能力，从每人每月 2 元至 10 元不等；

（6）缴费方式灵活，可逐年缴、一次性缴；也可阶段性缴，即丰年多缴，歉年少缴，灾年不缴。

从上述缴费方式、缴费率与受益水平看，农村与城市差别很大，且人口众多，短期内难与城市合一。

在城市，机关与企业又有差别。公务员养老保险制度是单独设计还是和企业一样？国内有三种意见：一是主张不区别，理由是人员流动有时非本人选择；二是主张有独立的养老体系体现公务员特点，如财政保证，工资稳定，无盈亏，不能搞第二职业；第三种意见是基本养老保险应一样，补充保险体现公务员特点。究竟设计怎样的制度框架比较合理？我个人倾向于第三种意见。

同是企业，还有属地原则与行业原则。据说在某些行业曾发生"省长与部长大战"，曾有 9 个省长与 11 个部长各自给中央写报告，意见不统一。

同是农村，差别也很大。西北地区温饱还成问题，而沿海与江浙却需要治理"富裕综合征"，尤其是深圳等地农民富了以后胡乱花钱、追求享受，影响社会精神文明。

2. 资金缺口问题

凡从原实行现收现付社会统筹制转到个人账户基金积累制的国家，都存在着"过渡成本"（即隐形债务）的筹资问题，即面临"双重负担"的困难，既要为在职职工个人账户积累基金缴纳保险费，又要维持对已退休人员和即将退休人员支付养老金。全国有 1.5 亿城镇职工，个人都要补历史的空账，越接近退休的人欠的越多，此项隐形债务，数字估计不一。据世界银行测算约 5 万亿元，我国劳动部测算约为 2 万—3 万亿元。如何使空账变实账？钱从哪里来？智利的经验是发放"政府认可债券"，也有人建议从现有国有资产和土地收益中划出一块作为筹资渠道，意见不一，问题悬而未决。目前，财政部已决定拨款 180 亿元解决部分问题。

3. 待遇水平与待遇条件问题

目前实际的社会基本养老保险费替代率，全国平均为85%，且居高不下。方案中的基本保险退休金与工资的替代率是50%—60%，目标水平究竟定在多少比较合理？缴纳率过高，企业感到负担沉重，形成高缴纳率与低收缴率之恶性循环。除养老保险费率占工资总额20%以外，基本医疗保险又占工资总额17%，如再加住房公积金，则将是2—3 倍于工资总额。这样分部门规划与操作，费率失控，管理成本也高。所以首先需要总体规划目标费率。

其次，如何从现状过渡到目标水平？现状是退休后生活费依靠单一的社会基本养老保险，替代率偏高（企业约80%，机关约90%），地区间严重不平衡。

再次，总水平确定后，各类人员的差距如何更合理？是与在职时工资差距同步还是缩小？有人说，在职时有责任大小及简单劳动与复杂劳动之区分，退休了就没有这种区分了，基本养老保险享用水平应一样，补充保险可与在职时贡献挂钩。

此外，享受退休待遇的条件，如退休年龄，男女是一样还是有别？提前或推迟退休的利弊如何？提前退休造成劳动熟练程度整体下降。近日，国务院已发出通知停止办理提前退休。

4. 管理问题

管理机构的立法与执法及监督如何分立？新建的劳动与社会保障部是行政管理机构，对不同的人群与不同的保险种类是统一管理还是分治（如医疗保险涉及医院改革）？横向与纵向如何协调？经办单位是行政性还是事业性的？

基金运营市场化，如何保证安全与高效？农民人数多，全面铺开后，基金数量将增长很快，如何管理和运作好这笔基金，也是急待研究与解决的问题。现在，已经发现有些地方和企业挪用社会保障基金作其他用途，甚至挥霍，故应尽速立法，从严惩办。

此外，受国际金融风波影响，国内也存有潜在金融风险因素，资本市场又欠发达、欠规范。为此，预筹的基金运营与管理，乃是最紧迫的待研究和待解决的问题。

（原载《欧美同学会会刊》，1998 年冬）

中国养老保险制度的现状、矛盾分析与对策研究

——北京大学经济研究中心客座研究项目课题研究报告

（1999 年 6 月）

一　调查研究的背景

众所周知，统一的社会保障体制是市场经济体制的重要的不可或缺的组成部分，而养老保险又是整个社会保障体制的主要内容之一。自 20 世纪 80 年代以来，随着市场取向改革进程的发展，中国的养老保险体制改革大体上经历了三个阶段。

第一阶段是将退休费用从企业统筹改为社会统筹。这里所谓的社会统筹即地方统筹，而且根据当时的历史条件，统筹的层次不高，基本上是在县级范围内。这项改革从 1983 年 10 月开始。在试点经验的基础上，国务院于 1991 年颁发了《关于企业职工养老保险制度改革的决定》（国发〔1991〕33 号文件），指导和推动了这项改革的迅速发展。到 1995 年年底，原来的国有企业全部实现了县级或县级以上范围的统筹，还有 2219 个县市对集体企业职工的养老保险实行了统筹，有 764 个县市对外商投资企业的职工实行了统筹。全国共有 8738.2 万职工和 2241.2 万退休人员参加退休费用社会统筹。这一阶段的改革效果主要是缓解了企业之间退休费用负担畸重畸轻的矛盾，有利于企业平等地参与市场竞争。而且根据国发〔1991〕33 号文件确定的"以支定收，略有结余留有部分积累"的资金筹集原则，滚

存结余了 429.8 亿元基本养老保险基金[①]。

第二阶段是选择符合中国国情的改革目标模式。综观世界各国养老金的筹集与支付方式虽各有特点，但基本上是两种模式，即现收现付式（Pay as you go，简写为 P-A-Y-G）与预筹积累式（Funded system）。现收现付制就是"从现今的职员收费来支付现在老年人的养老金"[②]。这实际上是收入分配在代际的横向平衡，即向劳动年龄的在职职工收缴而支付给已退出劳动领域的老年人，这是代际互济、社会互助、注重公平的模式。但这是先代人与后代人之间的博弈。今后 35 年间，世界上超过 60 岁的人口将从 9% 增加到 16%[③]，而由于寿命延长和生育率下降，到 2030 年中国的老年人将占世界老年人口的 1/4[④]，到那时，为支付老年人的退休费用，则要加重劳动人口的负担，威胁后代人类的生存。因此，世界上已经出现对现收现付制进行改革的呼声和趋势，连"富甲天下"的美国也惊呼其社会保障体制如不大改，则 2010 年要出现赤字，2029 年要破产[⑤]。预筹积累模式又有完全预筹积累式（Fully-Funded System）与部分预筹积累式（Parteally-Funded System）之别。预筹积累式的特征是本代人对自己的收入进行跨时间的分配，即"为自己省钱，把年轻工作时期的消费转移一部分到消费超过收入的年老时期使用"[⑥]，这实际上是本代人自己一生收入与分配的纵向平衡。这是更强调个人自我保障的模式，也可以被看作是一种强制储蓄型，新加坡等国家预筹公积金的模式，曾受到中国的关注。中国在这一阶段广泛地考察和借鉴了外国的经验[⑦]，对模式的选择展开了广泛的争论，并通过多种方案

①　韩良城、焦凯平主编：《企业养老保险制度的统一与实施》，中国人事出版社 1997 年版，第 13—15 页。

②　E. 詹姆斯（世界银行）：《养老保险的新模式以及如何在中国运用》，《中国社会保障国际研讨会》论文，1998 年 6 月。

③　同上。

④　同上。

⑤　美国 CNN 新闻报道，1997 年 1 月 5 日。

⑥　E. 詹姆斯（世界银行）：《养老保险的新模式以及如何在中国运用》，《中国社会保障国际研讨会》论文，1998 年 6 月。

⑦　宋晓梧、张中俊：《养老保险制度改革》，改革出版社 1997 年版，第 109 页。

的试验与总结经验，终于取得了基本的共识，并在中共十四届三中全会明确选择了符合中国国情的社会统筹与个人账户相结合的部分预筹积累模式①。这是把社会互济与自我保障两方面的优势结合起来，把公平和效率结合起来的混合型模式。社会保障领域的国际权威专家认为中国在这方面具有首创性②。中国在选择改革目标模式时，还接受了世界银行专家倡导的"三根支柱"③ 和外国保险机构推荐的国际通行的基本养老保险、补充养老保险和职工个人储蓄性养老保险三层次相结合结构的养老保险体系④，在 1995 年 3 月 1 日国务院发布的《关于深化企业职工养老保险制度改革的通知》（国发〔1995〕6 号）文件中明确提出了"资金来源多渠道""保险方式多层次"的原则⑤。这里讨论的主要是第一层次即国家通过法制强制实施的基本养老保险问题。

第三个阶段是结束管理体制多头分散的局面，并实施省级范围统筹。管理体制多头分散有历史原因。因为20世纪50年代初的社会保障是按人群分设从而分别由不同部门管理的，机关干部由人事部管理，企业工人由劳动部管理，城镇贫困救济、军属优抚及农村扶贫由民政部主管。这种多头、分散而又交叉管理的局面，不仅长期以来政出多门、人为地造成一些矛盾和不平衡⑥，而且也是社会保障体制改革以来意见难以统一、形成"四方会谈"或"五龙治水"局面的重要根源，甚至在执行既定的统一政策时也会因多头的管理部

① 中共中央十四届三中全会通过的《中共中央关于建立社会主义市场经济体制若干问题的决定》第五部分，1993 年 11 月 14 日。

② Henry J. Aaron, The Chinese Social lnsurance Refirn：Personal Security & Economic Growth,《中国社会保障国际研讨会》论文，1998 年 6 月。

③ World Bank, *Old Age Security：Pension Reform in China*（Washington, D. C.：The World Bank, 1997）。

④ 宋晓梧、张中俊：《澳大利亚康联保险集团公司关于中国养老保险体系的建议》，《养老保险制度改革》，改革出版社 1997 年版，第 109 页。

⑤ 《关于深化企业职工养老保险制度改革的通知》，1995 年 3 月 1 日，国发〔1995〕6 号文件。

⑥ 江春泽：《中国社会保障制度改革的难点》，《中国社会保障国际研讨会》论文，1998 年 6 月；《中国企业报》选载，1998 年 7 月 7 日，第 3 版。

门的利益差别而出现裂痕①。所谓"四方会谈"或"五龙治水"是指社会保障改革分别由劳动部、人事部、国家经济体制改革委员会、民政部以及卫生部（关于医疗改革）等从各自不同的角度设计方案，意见不一。在改企业统筹为社会统筹的过程中，又出现过新的多头分散管理，除地方统筹有县市级、地市级、省级等不同层次外，还有 11 个部门的系统统筹即"条条统筹"，所以，有人说岂止是"五龙治水"，实际是"五块十一条"②。针对这一问题，1998 年第二季度国务院机构改革时，按照"精简、统一、效能的原则"重新组建了新的劳动和社会保障部来统一主管③，而且根据政事分开的原则，政府的劳动与社会保障部主要是管理相关的政策、法规与行政监督，具体经办社会保障基金与相关事务的机构是国家社会保险局及其在各地的直属机构。这样，就从组织机构上结束了长期多头分散管理的局面。新的劳动与社会保障部以及国家社会保险局组建后，加快了改革进程，加大了工作力度。特别是实施了两项重大的政策措施：一是将基本养老保险的社会统筹范围由县级提高到省级层次，二是将 11 个部门实行的行业统筹改为参加所在地区的省级统筹。本文就是跟踪省级统筹实施的状况所进行的调查研究报告。

二 省级统筹的由来与实施概况

1998 年，国务院《关于实行企业职工基本养老保险省级统筹和行业统筹移交地方管理有关问题的通知》（国发〔1998〕28 号）规定：1998 年年底前全国的基本养老保险基金都要实行省级统筹。作出这一决策的依据是基于以下的认识：统筹范围的大小与抗风险能力的大小成正比。

在此之前，有关部门和地方对统筹范围大小之利弊未能取得共

---

① 香港中文大学李南雄（Peter Nan-Shong Lee），"Policy Implementation in Reform China, The Case of Retirement Insurance"，Occasional Paper No. 67，Oct. 1997。

② 冯兰瑞：《社会保障管理体制必须统一》，《中国改革》1994 年第 10 期。

③ 《中华人民共和国年鉴》，1998 年，第 61—62 页。

识，有的认为省级统筹很必要；有的认为省级只要建立一定的调剂
金即可；有的认为省级统筹条件不成熟；有的认为地市级统筹比省
级统筹更切合实际。由于认识不一致，1995 年国务院就将改革的重
点放在了地市，当时提出的几个供选择的养老保险改革方案是由地
市级选择和试行的。但是，北京、天津、上海三个直辖市是从省
（市）级统筹起步的，即着手改企业统筹为社会统筹时就是在全市范
围内严格按照统一的制度和统一的收缴与支付标准来统一筹集、管
理和使用基本养老保险金的。除京、津、沪三市外，吉林、河北、
山西、江西、湖南、福建、四川、陕西、宁夏、青海等也声称是实
行省级统筹的，但实施的办法不如上述三市那样规范。

其中，福建省的养老基金在省内统一调剂的力度大一些，但是，
省与地市是结算关系，在地市内收支平衡后再上缴一定比例的调剂
金给省，省内经调剂后资金也够支付。四川、陕西、宁夏、江西等
省区是由省级以各地市基金为基数收缴一定比例的调剂金，收缴比
例小，调剂的力度也小。河北、吉林等省只覆盖国有企业，甚至还
仅限于过去的固定工，而且在这些省，省内各地市缴费率也不一致，
所以，这些省的实施办法还不能被认为是真正的省级统筹。除上述
这 13 个省区市外，其余的省在国务院 28 号文件颁布前，其基本养老
保险的统筹范围均在地市级或县市级，省里只管方案与政策。

表 5-10　　　　　上述 13 个实行省级统筹地区建立统筹的时间

地区	北京	天津	上海	河北	吉林	山西
时间	1986	1987	1986	1992	1992	1991
地区	青海	宁夏	陕西	四川	江西	湖南	福建
时间	1994	1992	1992	1992	1990	1994	1989

资料来源：韩良城、焦凯平主编：《企业养老保险制度的统一与实施》，中国人事出版
社 1997 年版，第 82 页。

从表 5-10 可以看出，运行时间长的已达 10 余年，如京、沪、
津、闽。起步晚的也逾 5 年，如青海、湖南。它们的实践表明，省

级统筹发挥了积极作用，取得了较好效果。具体说：一是增强了抵御风险能力。福建统筹后，5 年内就使全省 4000 多户企业减轻了 4 亿元负担而免受了破产、倒闭之威胁[1]。二是保证了退休人员的基本生活，维护了社会稳定，如北京市每年要给矿务局拨付 3000 万元，给一轻局、二轻局拨付 4000 万—5000 万元，这些行业的老职工过去创造的价值相当于建好几个工厂，现在产品老化，企业支付退休金有困难，如果不是在全市范围内统筹，则会发生很不安定的问题。[2]四川省通过省级调剂解决了阿坝、甘孜等少数民族地区和森林工业特困区企业 2.1 万名退休工人的生活保障。青海建立统筹几年来向海西、海北、黄南、果洛、玉树等边远地区拨付调剂金达 2504 万元[3]。

此外，在促进劳动力合理流动与配置、推动深化改革、加强规范化管理及对基金管理使用的监控等方面的作用也很明显[4]。

那么，在全国实施省级统筹前，养老保险方面突出的矛盾表现何在？主要表现在由于统筹范围小，抗风险能力出现两个不平衡：一是省际不平衡。截至 1998 年 5 月末，全国养老金约积累 700 亿元，但其中 200 亿元是北京、广东、江苏、山东、浙江、上海的积累，即这 6 个省市的积累占全国积累的 1/3。[5] 二是省内各地区、县市经济发展不平衡。有些省内，部分地市积累 10 多亿元，但另一些地市却大量拖欠。截至 1998 年 5 月末，全国拖欠养老金 87 亿元，而且，直接被挪用的养老金达 55.6 亿元。[6]

针对以上矛盾，国务院 1997 年 7 月 16 日发布的 26 号文件就曾

---

[1] 韩良城、焦凯平主编：《企业养老保险制度的统一与实施》，中国人事出版社 1997 年 8 月版，第 82 页。

[2] 1998 年 9 月 28 日向北京市劳动和社会保障局访谈。

[3] 韩良城、焦凯平主编：《企业养老保险制度的统一与实施》，中国人事出版社 1997 年 8 月版，第 82 页。

[4] 1999 年 1 月 6 日向上海市劳动和社会保障局访谈；1998 年 9 月 28 日向北京市劳动和社会保障局访谈。

[5] 1998 年 10 月 13 日向国家社会保险局访谈。

[6] 同上。

提出要加快建立基本养老保险基金的省级统筹，为最终实现全国统筹创造条件[①]。此后，又经过各有关部门和地方的争论，基本取得共识，即在更大范围内分散基金风险，调剂基金余缺，在更高层次上进行统筹管理，可以更好地保证养老基金的完整与安全，发挥社会保障的功能。在这样的共识的前提下，1998年国务院28号文件作出了在全国实施省级统筹的决策，首先解决上述两个不平衡中的第二个不平衡即省内的不平衡。28号文件规定在实施中允许有个操作过程，即1998年年底前首先要求各省普遍建立省级调剂金，到2000年前逐步完善；要求在省级范围内覆盖率达98%以上；要求今后不再发生新的拖欠，28号文件发布前已经拖欠的要在1998年内补发30%，到1999年将全部拖欠补发完[②]。

与此同时，28号文件还决定将原来已在11个部门实行的行业统筹转归所在地区的省级统筹。20世纪80年代在养老保险改革试点阶段，曾在铁道、邮电、电力、水利、中建公司5个部门试行"行业统筹"。1993年国务院49号文件又批准在交通、煤炭、中国人民银行（含专业银行和人民保险公司）、民航总局、石油天然气总公司、有色金属工业总公司6个部门实行"行业统筹"。参加行业统筹的在职职工约1400万人（占国有企业职工总数的20%），其中，离退休人员360万人（占国有企业离退休人员总数的20%）。当时，实行"行业统筹"的依据是：行业的特点是跨地区管理生产和经营，当地方统筹基本上还在县级层次的情况下，如不搞行业统筹，等于把一个行业的职工养老保险切割成数十块甚至数百块，不利于生产经营管理和财务核算；而从行业的特点出发完善统筹管理，有利于为实现全国统筹提供经验。另外，从实行行业统筹之日起，又同时存在着激烈的争论。据资料，曾先后有9个省、自治区向国务院送过专题报告，认为"行业统筹"造成了养老保险制度的"条块分割"，导

---

① 《国务院关于建立统一的企业职工养老保险制度的决定》（国发〔1997〕26号文件）。

② 《国务院关于实行企业职工基本养老保险省级统筹和行业统筹移交地方管理有关问题的通知》（国发〔1998〕28号文件）。

致同一地区同类人员养老保险形成不合理的待遇差别，强烈主张取消行业统筹[①]。

对待这一争论，国务院认为，基本养老保险全国统筹是发展方向，行业统筹应该向这个方向推进。但是，当地方统筹层次太低时，改行业统筹为地方统筹的条件还不具备。1997 年国务院 26 号文件已明确提出："待全国基本实现省级统筹后，原经国务院批准由有关部门和单位组织统筹的企业，参加所在地区的社会统筹。"[②]

由此，当决定全国实行省级统筹的 28 号文件发布时，行业统筹移交地方管理也就顺理成章了。特别是政府机构改革后，原来负责行业统筹的部门，有的调整或合并，已难以承担行业统筹任务，移交地方管理势在必行。

三 省级统筹实施中的若干突出问题

应当说，自 1998 年 6 月以后，新建的劳动和社会保障部在工作中迈的步子是比较大、比较猛的，完成了 11 个行业养老保险移交地方管理，大部分省区市（截至 1999 年上半年已有 22 个省区市）[③] 已实行了省级统筹或建立了省级调剂金制度，成绩是显著的，实施过程中暴露出的矛盾也不少。笔者从 1998 年 9 月到 1999 年 1 月先后走访了国家有关部门以及在北京、上海、深圳、广东、广西、辽宁等省区市与近 30 位干部、专家学者进行了访谈，基于这些调查所了解的情况，认为最突出的问题是保证按时足额发放与资金缺口的矛盾。而产生这一矛盾和解决这一矛盾的过程中，又反映了各方面利益的差别。

自 1998 年 6 月以来，各级劳动和社会保障部的一项工作重点是

[①] 韩良城、焦凯平主编：《企业养老保险制度的统一与实施》，中国人事出版社 1997 年版，第 94 页。

[②] 《国务院关于建立统一的企业职工养老保险制度的决定》（国发〔1997〕26 号文件）。

[③] 《劳动保障》编辑部：《重要数据和任务目标摘要》，《劳动保障》1999 年第 2 期。

确保离退休人员基本养老金按时足额发放，不准再发生新的拖欠。建立省级统筹的目的也是为了通过在省内的适度调剂解决地市之间基金节余不平衡问题，确保省范围内养老金的按时足额发放。

自 1998 年 6 月以后，大量拖欠企业离退休人员养老金的势头得到遏制，按时足额发放比例逐月上升。据劳动和社会保障部统计，9 月份以后发放率都在 99% 以上，基本未发生新的拖欠，而且全年还补发历年拖欠的养老金 30 亿元。上海、北京、福建、广西、浙江、宁夏、江西 7 个省区市已全部补清了过去拖欠的养老金。在移交地方管理的 11 个行业中，民航、交通、邮电、水利、石油、金融 6 个行业没有拖欠养老金，铁道、电力已全部补清了过去拖欠的养老金。移交地方后，有 25 个省区市做到了按时足额发放，只有 6 个省区市还存在拖欠行业离退休人员养老金的情况①。

但是，稳定可靠的足额基金来源才是持续保证按时足额发放的物质基础和前提条件。调查显示，这方面的形势还是不容乐观的。离退休人数的增长和养老金需求数额的增长是刚性的，而基金的来源却有弹性，因此，如何解决保证按时足额发放与资金缺口的矛盾是基本养老保险制度良性运行的最突出的问题。

据统计与预测：1998 年年末，全国离休、退休、退职人员 3550 万人，比上年年末增加 200 万人；离休、退休、退职费预计达到 2000 亿元，增加 210 亿元，增长 12%；人均离退休金 5800 元，增长 6%。1998 年年底全国参加基本养老保险费用统筹的企业职工和离退休人员达 1.14 亿人，比 1997 年增加 200 多万人，全年全国基本养老保险基金实际支出大于收入，收不抵支约达 70 亿元以上，年底基金滚存结余比上一年结存进一步减少。②

1999 年养老保险基金收支形势仍十分严峻。预计 1999 年全国参加基本养老保险的职工和离退休人员将达 1.31 亿人，其中在职职工

①　吴邦国：《在国有企业下岗职工基本生活保障和再就业工作会议上的工作报告》，《劳动保障》1999 年第 3 期。

②　劳动和社会保障部规划财务司统计处：《1998—1999 年劳动保障形势分析预测》，《劳动保障》1999 年第 1 期。

为1亿人，离退休人员3100万人。养老保险基金支出将进一步增加，如无恰当筹资措施，年底基金滚存结余则会进一步减少。[①]

由于养老保险基金这样的收支形势，当省级统筹的决策开始实施时，各方面利益的矛盾和摩擦就表现出来了。

四　省内地区间的矛盾

首先，省内地区间经济不平衡进一步显现。以广东省为例，在实行省级统筹前，广东省的养老金结存是全国最高的。但70%—80%的积累是集中在20%—30%的县市，大部分县市是持平或有赤字。由于广东省养老保险改革起步时是以县为核算单位从简操作的，而省内各县的经济水平和负担水平差别很大。在全省148个核算单位中，80%的单位有赤字，其中极端困难的县区从3个增加到5个，这些县区完全靠省级调剂金过活。省级调剂金从1983年建立以来，积累率是征缴额的20%，靠着这20%的积累支撑了贫困县区，但近5年基本上把过去10多年的结余用光了。广东省的基金已经告急。湛江的吴川市300多个商业单位有80%停业，全部停工停产的工业企业有19个，它们都欠缴社会保险费。企业的经济效益不佳，社会保障的需求却不断上升。20世纪80年代初，广东省离退休人员只有80万—90万人，现在已达170万人，2000年将突破200万人。20世纪80年代初，养老金缴费率是10%，现在缴费率已达18%，预计2030年需将缴费率提高到36%才能保证支付。广东省一些老工业区退休率高，如广州市退休率在30%以上，而其他地区退休率一般为16%—17%。梅县是农业地区，退休率低，但不能由山区来支援广州这样的大城市。深圳市是后发达地区，不仅退休率低（目前只有2.4万人退休），而且退休率因职工流动性大而可恒定。但深圳是完全预筹积累模式，基金积累不能调出市。所以，广东推行省级统筹

---

① 劳动和社会保障部规划财务司统计处：《1998—1999年劳动保障形势分析预测》，《劳动保障》1999年第1期。

有很大困难。[①] 又如，辽宁省是老工业基地，老企业多、老职工多、亏损企业多。在 44 个县中有 35 个县原来只搞县级统筹，其"账户"只是一种记账办法，实际没有钱，搞省级统筹难免"抽肥补瘦"，有赤字的县（朝阳、铁岭、阜兴）就赞成，有结余的地区（大连、鞍山）就不赞成，没有积极性。辽宁省社保局的干部提出探讨性的意见：可否在该省"以市级统筹为主，以省级统筹为辅"作为过渡。[②] 对待省内地区间的不平衡问题，中央政府的政策已经很明确：不能"一平二调"，更不能"鞭打快牛"；超出调剂金范围的资金调剂要有偿使用；收缴好的县市，按规定足额上缴调剂金后，结余的基金由地市管理和调剂使用；在确保按时足额发放的工作中要充分发挥省级和地市级两个积极性。[③]

五 条块矛盾的新表现

11 个行业都已按国务院 28 号文件规定，于 1998 年 8 月底前移交给了地方管理，从 9 月份起，各省基本做到按时足额支付。如不计煤炭行业，只有吉林、内蒙古、贵州三省（区）欠付；如计煤炭行业则吉林、内蒙古、贵州、陕西、安徽与黑龙江 6 个省（区）有欠付。本来，将行业统筹转交地方管理，既是为将来实现全国统筹创造条件，也是为当前增强地方资金的实力。据财政部结算，行业总的结余有 128 亿元。[④] 但是，执行之初，似乎没有达到这个目的，反而增加了地方的负担。如辽宁省为了不欠付行业的养老金，多方筹措，由地方支援 4000 万元；宁夏也由地方支援 500 万元；山西支援 200 万元。[⑤]

---

① 1998 年 12 月 6 日向广东省体改委、广东省社保局访谈。

② 1998 年 12 月 16 日向辽宁省社会保险局访谈。

③ 劳动和社会保障部规划财务司统计处：《1998—1999 年劳动保障形势分析预测》，《劳动保障》1999 年第 1 期。

④ 1998 年 10 月 13 日向国家社会保险局访谈。

⑤ 同上。

造成这种状况的原因，一方面是由于行业统筹中本来就存在一些问题在交接过程中暴露了出来。比如煤炭行业，实际支付人均养老金6000元，而统筹又限4300元，超出4300元的部分是由企业自付的。而且统筹限每年退休人数增长2%，2%以上的人数也由企业自管。煤炭行业的统筹分为部、省局、矿务局（企业）三级，矿务局这一级号称结余27.9亿元，除了3亿多元存在部里外，其余24亿元主要存在矿务局，其实是有账无实，因为会计上是与生产资金混在一起，没有分账，而煤炭行业生产资金缺口大，钱基本上都用了，所以，这笔养老金节余是"看得见拿不着"。[①]

但是，更主要的是行业在移交前搞了些不规范的操作，即利用专制塞了"私货"。比如，突击花钱，扩大统筹项目，提高支付标准，调低缴费率（如有色金属行业原平均费率33%，1998年调为20%）[②]行业统筹存在中央主管部门的结余基金为68.8亿元，上缴中央财政专户的只有34亿元；存在地方的结余基金为77.8亿元，仅移交6亿元。[③] 尤为突出的"私货"是大量办理提前退休，把负担转给地方。

据30个省市报送的数据，1998年1—8月份行业移交地方前，新增退休人员79.6万人，其中违规提前退休的达43.8万人，占55%。例如，某单位2827名离退休人员中，39—48岁年龄组1436人，占50.8%；29—38岁年龄组587人，占20.8%；28岁以下年龄组还有38人，占1.3%，其中最年轻的"退休"者只有24岁，简直到了荒唐的地步。[④]

据报道，突击办理提前退休的途径大体有：一是通过出具因病丧失劳动能力的假证明和假出生时间。如对某单位的抽查中发现，55名"丧失劳动能力"的退休人员中，符合国家规定标准的只有5名，仅占9.1%；在33名退休人员中有32名由同一派出所出具了出生年龄提前的证明，最多的相差17岁。二是降低从事特殊工种职工

---

① 1998年10月13日向国家社会保险局访谈。

② 同上。

③ 《劳动保障》编辑部：《重要数据和任务目标摘要》，《劳动保障》1999年第2期。

④ 吴风：《提前退休透视》，《劳动保障》1999年第1期。

可提前退休的条件。按规定，从事有毒、有害等特殊工种需满 8—10 年才可提前退休，而某部属企业先把职工调到有毒、有害岗位工作仅 20 天就按特殊工种办理了提前退休。三是扩大企业改革中规定的提前退休的适用范围，有的单位把 5 年内有压锭任务的纺织企业提前退休的人数指标压到 1 年内完成。① 对此，劳动和社会保障部发现后已紧急通知，明令禁止。② 并进行了认真清理，凡到 1999 年年底达不到退休年龄的人，已办的退休手续一律无效，由企业收回统筹安排。③ 已经提前退休的人员中，除了某些职工受社会传言影响，怕晚退休个人待遇会吃亏而自愿提前退的外，主要是部门和企业受各自利益的驱动，容忍弄虚作假，诱迫甚至公开动员职工提前退休。这样做，对养老保险基金的直接后果是，一方面使这些职工的缴费年限大大缩短，减少了养老保险基金的收入；另一方面，又使这批职工领取养老金的年龄大大提前，增大了养老保险的支出，使本来就脆弱的基金雪上加霜。少数困难省对原行业统筹企业搞所谓"封闭运行"，④ 由企业去自求平衡，致使对这部分职工没有做到确保足额发放。这些都是养老保险领域中条块矛盾的新表现。

无论是行业搞突击提前退休、提高待遇增加地方负担的做法，还是地方对原行业统筹企业搞"封闭运行"的做法，都是中央明令禁止的。中央还在采取政策措施进一步协调条块矛盾，凡已经确认的原行业统筹基金没有移交到位的在 1999 年 4 月底前都要移交到位；原行业统筹的缴费率在进行协调调整，缴费率一般在 13%—20%。⑤ 原则上不降低原行业统筹的待遇，高出地方的部分要核定。属于统筹项目的由地方养老基金支付，统筹项目以外的由企业自付，不增加地方的负担。

---

① 吴风：《提前退休透视》，《劳动保障》1999 年第 1 期，第 15 页。
② 劳社发明电〔1998〕5 号《关于不得违反国家规定办理企业职工提前退休的紧急通知》。
③ 同上。
④ 《劳动保障》编辑部：《重要数据和任务目标摘要》，《劳动保障》1999 年第 2 期。
⑤ 同上。

对于这个矛盾，笔者认为还可以用基本保险与补充保险相结合的原则与方法来解决。

我们这里探讨的是养老保险三个层次结构中的第一层次，即由国家立法在全国统一强制实施的基本养老保险。它的宗旨在于维护社会公平，保障老年职工退休后能维持贫困线以上的基本生活。确立这一认识，上面所述的条块矛盾、省内地区不平衡等问题本来是可以部分解决的。比如，广西壮族自治区的地方标准是每人每月 300 元，而按转归地方的行业标准则需付每人每月 700 元[①]，地方负担大大加重。那么，行业的退休人员可否也照地方标准领取 300 元/人每月作为基本养老保险，而高出 300 元以上的部分由行业根据经济实力和个人退休前的贡献确定待遇水平和发放方式作为补充保险，以体现效率原则呢？同样，上海市也反映，行业的待遇水平比上海地区的待遇水平高 30%，有的甚至高 1 倍。[②] 辽宁省退休人员的平均待遇水平是 338 元/人每月，而转归地方的民航退休职工人均待遇是每月 1680 元，高的达每月 2200 元。[③] 对于这些问题，都可以按地方标准作为基本养老保险而以行业高出地方的部分作为补充保险，把这两个层次结合起来，这样就既不加重地方负担，又不降低行业退休人员的待遇水平，体现出"保障方式多层次"的原则而行业只要自转归地方管理之日起，按地方统一缴费率缴纳基本养老保险费即可，以往的行业结余基金仍可留在行业作为补充保险之用，这样，行业也就不会弄虚作假，搞那么多违规违纪的操作了。政府还应给以政策和税收优惠，鼓励人们把剩余的钱存入"养老金储蓄账户"或自愿投入商业保险公司，这就是第三层次的个人储蓄性养老保险，以适当提高年老后的生活质量。

六 资金管理安全性与效益性的矛盾

如何既安全又高效地管理和运营养老基金，无论是对于保证养

---

① 1998 年 12 月 3 日与广西壮族自治区计委召集的有关人员座谈。
② 1999 年 1 月 6 日向上海市社会保险局访谈。
③ 1998 年 12 月 6 日与辽宁省劳动保险局有关人员座谈。

老金满足支付需求，还是对于提高经济效益、促进国家经济发展来说，都是亟待研究的重要课题。目前，在资本市场尚未发育成熟、管理素质不高的情况下，安全可靠与运营增值有些矛盾。鉴于实际工作中的一些问题，国务院目前的规定首先是保证基金不流失、不被挤占挪用，暂时还谈不上运营与增值。但是，如不能高效运营增值，基金也难以保值，不能满足不断增长的养老保险需求。

安全管理的第一个漏洞是欠缴。有些企业故意隐瞒工资总额，少交统筹基金，或转移银行账户，拖欠不交。据资料，参加养老保险统筹的企业，有30%的工资总额未计在应缴的基数内[①]，截至1998年上半年，企业累积欠缴的养老保险金达348亿元。欠缴100万元以上的有4900多家企业，最多的欠缴1亿元。欠缴相当集中的是钢铁企业，除上海宝钢外，太钢、马钢、首钢、攀钢等几乎都欠。邯钢欠缴3700多万元，它还从养老金中借支（经省政府决定）1亿元，加上利息共欠9000万元。[②]

由于欠缴而导致收缴率下降。1992年全国收缴率为96.3%，1993年降为93.3%，1994年降为92.4%，[③] 1998年前三季度收缴率80%，全年平均收缴率为89%。[④] 收缴率下降的原因，一是国有企业亏损加剧，企业停产放假，无力支付养老保险基金。沈阳市铁西区一条街都放假，如鼓风机厂、重型机械厂等产品没市场，只好停产放假。[⑤] 二是效益好的企业认为入保吃亏，有意拖欠不缴，等于变相退出统筹，银行也不能规范履行代办扣缴的职能。1999年，劳动和社会保障部将力争收缴率稳定在90%以上。[⑥]

资金安全管理的第二个漏洞是被挤占挪用。前面已指出，全国

---

① 全宝：《养老保险制度改革的问题与对策》，《劳动经济与人力资源管理》1995年第11期。

② 1998年10月13日向国家社会保险局访谈。

③ 1998年12月3日与广西壮族自治区计委召集的有关人员座谈。

④ 《劳动保障》编辑部：《重要数据和任务目标摘要》，《劳动保障》1999年第2期。

⑤ 1998年12月16日向辽宁省计委、体改委访谈。

⑥ 《劳动保障》编辑部：《重要数据和任务目标摘要》，《劳动保障》1999年第2期。

直接被动用、挪用的基金共有 55.6 亿元。[①] 其用途如：用于基本建
设投资借款，金融拆借贷款，流动资金借款，自办实体借款，困难
企业职工春节生活补助，等等。被挤占挪用的基金中，地方政府决
定的占 40%，劳动部门决定的占 3%，社会保险机构决定的占
30%。[②] 除直接挤占挪用外，还有其他违规违纪现象，如多提管理
费、未专款专户储存、给贷款作抵押担保等。劳动和社会保障部成
立后，对 1986 年至 1998 年 3 月 31 日（二季度以后是本届政府）的
挪用情况作了彻底清查，大部分已被纠正、收回。[③]

　　还有个漏洞是入保不全，覆盖率不足。未入保的一般是效益好
的企业。现在扩大覆盖率的重点是外商企业、集体企业、私营企业、
个体企业。以广东省为例，目前有在职职工 2200 万人（其中，本省
1200 万人，外来工 1000 万人），全省离退休人员 170 万人；以 500
万名入保者支撑 170 万名离退休者，如扩大到 2200 万人支撑 170 万
名离退休者，基金收支情况就大不一样了。同样，广州市 225 万名
职工中只有 90 万人入保，离退休人员 36 万人，如果扩大到 225 万人
来支撑 36 万人，日子也好过多了。但是，1997 年 7 月 1 日广州市出
台私营、个体企业入保条例后，只第一个月有 3000 多人入保，此后
再无人加入了。原因是费率太高，广州市国有企业的缴费率过去就
是 31%，而个体户如自己养自己则 15%—16% 的费率就够了，[④] 所
以，如何以适当的缴费率来扩大覆盖面，是值得研究的问题。

　　养老保险基金是企业和职工共同缴纳的资金，是养老保险受益
者的"活命钱"。在安全可靠管理尚存漏洞、资本市场尚待发育规
范的情况下，国务院规定收支两条线管理；社保经办机构除留足两
个月的发放数额外，其余留财政部专户储存或买国债。这是把"不
流失"作为当务之急来考虑的，也是正确的。但是，这样做就"压

---

　　① 1998 年 10 月 13 日向国家社会保险局访谈。

　　② 1998 年 12 月 3 日与广西壮族自治区计委召集的有关人员座谈。

　　③ 1998 年 12 月 3 日与广西壮族自治区计委召集的有关人员座谈；1998 年 10 月 13 日
向国家社会保险局访谈。

　　④ 1998 年 12 月 7 日与广东省体改委有关人员座谈。

死了运营",① 基金不能增值，就不能从根本上保证持久地按时足额发放。

七 解决资金增值问题，需要研究

第一，这笔基金无论是存入银行、财政专户还是认购国库券或特种债券，国家需要给予政策使其享受保值待遇。

第二，可参照公益型、福利型企业的政策，允许基金以机构投资者的身份投资于某些风险小、效益明显、回报率高的实体或产业，使之享受减免有关税收的优惠待遇。由谁来经办？办什么？如何办？均需借鉴国内外成功经验来仔细探讨。比如一些地方的无风险中长期直接投资：修建公路、桥梁、隧道、高速铁路等都是可以考虑的开源途径。

第三，强化对基金的征缴、支出、结余、保值增值等方面的社会监督、审计监督、司法监督、舆论监督，以保证基金效益的安全与统一。

八 新体制中"空账"与"实账"的矛盾

现在，我们再回到中国已经选定的养老保险体制模式的内在矛盾如何解决的问题。

新体制模式的一个基本特征是"社会统筹与个人账户相结合"。按照国发〔1997〕26 号文件规定："基本养老金由基础养老金和个人账户养老金组成。"② 其中，"基础养老金"体现"社会互济"原则，而"个人账户"是以直观的方式体现自我保障原则，并且反映个人在职时工资水平高低与劳动贡献大小的差异，退休时的"基础

---

① 1998 年 12 月 7 日与广东省体改委有关人员座谈。
② 《国务院关于建立统一的企业职工养老保险制度的决定》（国发〔1997〕26 号文件）。

养老金月标准"为当地"上年度职工月平均工资的20%","个人账户养老金月标准为本人账户储存额除以120"（按10年120个月计）。个人账户是"按本人缴费工资11%的数额"建立的，"个人缴费全部记入个人账户，其余部分从企业缴费中划入"。[①]

退休职工的基本养老保险金包括：

1. 基础养老金（职工平均工资的20%）。

2. 11%个人账户养老金（$a + b = 11$）包括：个人缴费 a%，企业划入 b%。

26号文件还规定，"本决定实施前已经离退休的人员，仍按国家原来的规定发给养老金"，[②] 而对于本决定实施以后参加工作的"新人"来说，计发操作以及资金来源是比较简单明了的，因为他们的账户是"实账"。但对于在实现"统账结合"之前参加工作，之后退休的人员来说（对这部分人引入了"中人"的概念），情况就复杂多了。暂且不去讨论计发操作的具体问题，这里只着重探讨他们在实施本决定前已工作多年，其账户是没有资金来源的"空账"，如何把空账、实账化起来。对此目前是有很多议论的。

目前，养老保险金支付中的资金缺口主要是反映了新体制中"双重负担"的矛盾，即需要用实施不久的预筹积累去支付"老人"的"现付"和"中人"的"空账"。而对老人"现付"的需求和对"中人"空账之"实化"，实际上是国家对这部分职工的"隐形债务"，因此，"双重负担"的矛盾呼唤着国家在"资金来源多渠道"中把责任明文规范下来。

本来，提出"资金来源多渠道"的改革原则是针对着过去职工缺乏个人自我保障的意识，完全依赖国家和工作单位的状况而引入了个人缴费的机制，要求体现国家、企业、个人三方面合理负担的原则。但是，在实现统账结合之后，企业和个人的缴费率都明明白

[①] 《国务院关于建立统一的企业职工养老保险制度的决定》（国发〔1997〕26号文件）。

[②] 同上。

白地体现在账户中，而国家的责任却不明确了。据理解，目前，国家的责任体现在"税前提取，财政兜底"。对此，地方干部和有的专家学者有些不同的看法。关于"税前提取"，有人认为养老保险本来就是职工"必要劳动"的一部分；不应该在税后由企业负担。[①] 至于"财政兜底"，也就是财政担当"最后出台"的角色。从实践看，这样做，一是国家东救西补，钱也不会少花；二是对被援救者也许还是"杯水车薪"，不能解渴；三是反正国家最后要"出台"，容易造成地方虚报隐瞒等情况；四是如果各省的基金结余都用完了，国家最后也无力"出台"了。辽宁省计委的干部说：总理和部长来辽宁视察时说中央拨给全国各省 80 亿元，其中 60 亿元解决再就业，20 亿援助养老金。其中给辽宁的有 2 亿元。但是，辽宁的省财政是"吃饭财政"，县财政是"亏损财政"，养老、再就业、最低生活保障等三项总共需要 106 亿元，而省财政只能提供 80 亿元，资金缺口是 26 亿元，中央给 2 亿元，岂不仍是杯水车薪？[②] 倒不如国家把责任明文规范，国家把应担的责任担起来，在国家应承担的责任以外，由地方、企业、个人共同分担。这样可能更好些。

至于国家应承担的责任有哪些？是可以探讨的。目前议论到的有：

第一，对一些确实无力缴纳养老保险费、长期欠缴而且将无限期拖欠的国有企业，国家应作为"雇主"替它们缴，否则，这些企业的负担就转嫁到其他企业，不合理。[③] 如沈阳黎明飞机制造厂的工人说："我们武装了新中国的空军，但我们现在缴不起养老金而吃不上饭，国家怎能不管我们？"还有子弹厂等军工企业，生产线不能拆，但产品没有市场，这样的困难能由企业和个人负责吗？[④] 如果历史的债务清不起，至少从现在起由国家代缴。

第二，对于按老办法对"老人"的现付应由国家财政预算列支。

---

① 1998 年 12 月 7 日与广东省体改委有关人员座谈。
② 1998 年 12 月 6 日与辽宁省劳动保险局有关人员座谈。
③ 1998 年 12 月 7 日与广东省体改委有关人员座谈。
④ 1998 年 12 月 6 日与辽宁省劳动保险局有关人员座谈。

对于"中人"视同缴费的"空账",国家应按养老金缴费比率代他们参与缴费。这是新旧体制转轨时期国家不得不支付的转轨成本。1949年,国有资产总量只有200亿元,1993年已增长到34950亿元,增长了173倍。[①] 在改革开放前的很长时期里,一直实行低工资,3人饭5人吃,艰苦建设。企业统一实行的社会保障未纳入工资和职工生活费支出,从1952年到1978年,职工实际平均工资每年只递增0.38%;到1978年,全部职工的货币工资年均才615元,1978年,居民人均储蓄存款只有21.88元,而积累率却由1952年的21.4%增长到1978年的36.5%,其中,有的年份高达43.8%,工资总额占国民收入的比重仅为18.9%。[②] 所以,国有资产是过去长期实行低工资、低消费和高积累政策条件下形成的,其中,主要是老职工过去劳动贡献的积累。他们在养老金账户中的"空账"应当得到补偿。

如果确实无力缴纳的老国有企业的欠缴、改革前已退休的老职工养老金的"现付"以及改革前参加工作而目前尚未退休的"中人"的空账,这三部分责任全部由国家明文规范地承担起来,在国家财政预算中列支,或在中央与地方财政预算中按比例明文分担,再加上养老保险领域各项工作的加强(扩大覆盖面、提高收缴率、安全可靠地管理、有效地运营与监督,等等),我们认为,养老保险期的保证按时足额发放与资金缺口的矛盾以及在远期的应付老龄化高峰期的困扰,都将在很大程度上得到缓解。而且,从国家的宏观经济来看,这也会有利于刺激消费、扩大市场需求、开拓新的经济增长点,有利于整个经济的发展进入良性循环。

(本文系北京大学中国经济研究中心客座研究项目课题报告,原载于新加坡国立大学东亚研究所《东亚论文》1999年第20期)

[①] 翁天真、贺天中:《论深化养老保险制度的改革》,《劳动经济与人力资源管理》1995年第8期。

[②] 同上。

跋：努力做好中国特色
社会主义这篇文章

读者朋友们：选入这个集子的 5 个篇目 40 来篇文章，是从我发表过的数百篇文章与著述中选出与比较经济体制学和转轨经济学相关的文章，按写作时间先后与内容逻辑顺序编辑而成的。

从这个集子里，你可以看到：在国家民族经历了"文革"灾难之后，我是怎样殚心竭虑地投入思考、探求国家民族未来发展方向和前途的。

从这个集子里，你也可以看到：正是由于改革开放的工作需要，我才在人到中年的时候，还孜孜不倦地扩展外语的语种，从原来学过的俄语扩展到塞尔维亚语，又进一步扩展到在世界范围应用更广的英语，以便去西方国家访学、同西方学术界交流，在学习过程中并出版了英译著。

从这个集子里，你还可以看到，正是由于有了改革开放的大环境，为了实地感知现代市场经济的方方面面，我的足迹才能踏遍美国的东中西部（在大多数情况下，交通工具竟然是廉价的"灰狗车"——一种附有厕所、日夜不停行驶的公共大巴士）；还凭 250 美元买了一张"欧罗派斯"（在规定的时限内，可以在欧洲各国日夜通行，不必再付费用），用一个月的时间，涉猎了欧洲东西南北的 14 个典型国家。白天访谈事前预约好的本领域著名学者，晚上在行驶的火车上睡觉。当时恰逢苏联切尔诺贝利核泄漏事故，封封家书担心我的健康，建议我不要去欧洲；在美国的朋友们也劝阻。但我感到，好不容易办好了十多个国家的签证，又买到了"欧罗派斯"，这个难得的机会（我的英译著作者请我去荷兰交流，英国教授请我去英国讲学），我不想放弃，我毅然决定背着自带的饮水和干粮，行万里路，去最老牌的资本主义国家看看社会的实际情况，辛苦是辛苦，但收获丰硕。

从这个集子里，你又可以看到，正是为了坚定地走改革开放的道路，我和我当时指导的研究生一起，从 1983 年起，对西方学术界 1968 年在伯克利开会以来兴起的这个经济学的分支——抛弃了"主义"方法、用现代方法开拓的比较经济体制学的轮廓有了基本的了解。在博览群书和借助了现代方法的基础上，我们合作发表了三篇文章，由浅渐深地介绍了西方这个经济学分支的来龙去脉、主要奠基人及各学派代表人物的不同观点。这不仅有利于厘清我们自己的思路，也有利于国内同行们研究这一新学科参考。

比较经济学抛弃了"主义"方法，创新了一套中性的术语，这大大有利于我们对不同经济体制进行比较研究。比如，不论哪个国家的基本社会制度如何，它的经济体制一般包含：信息机制、决策机制、动力机制。而且，经济体制的运行及其效果要受到环境因素的制约。我就是吸收了这些理论与方法，来探索了如何建设为中国经济体制改革服务的比较经济体制学，包括改革目标模式的选择、改革的方法与速度、评价改革成败的标准，等等。以上，讲的是本文集第一篇的内容。

从这个集子里，你可以看到一些对外国经济体制或某个事件调研的案例，这是当时为中央决策服务的，可以说是在当时的条件下起过"智库"的作用。有些调研案例，如南斯拉夫的社会主义自治制度，南共领导人爱德华·卡德尔的主要著作简介，波兰 20 世纪 80 年代的大罢工的经济背景，南斯拉夫、罗马尼亚、匈牙利扩大企业自主权的比较等，在当时国家还没有向西方世界开放之前，南斯拉夫、东欧国家以及苏联的情况及正反面经验教训，是中央决策所需之参考信息。现在，虽然已经时过境迁，但留下作为历史资料，以备查考，也供不了解这段历史的人了解当时的有关情况，还是有必要的。这是第二篇的部分内容。这一篇里，也包括瑞典模式的考察、美欧考察散记。这当然都是当时的情况和作者在那个阶段为解决那个时段主要矛盾的认识。随着时光的流逝，实践在不断地发展变化，当然需要继续不断地研究新问题，产生新的认识。这只能寄希望于后来者了。

第三篇是关于中国改革目标模式及其相关问题的讨论。我的工作主要是把计划与市场问题还原为资源配置方式的优化问题，把"资源配置方式"这个经济学术语引入了中国政界和主流理论界讨论计划与市场问题时的思维中，从而砸掉了"市场经济等于资本主义"的政治枷锁，为确立社会主义市场经济的改革目标扫除了政治障碍。这是我半个多世纪经济学生涯中，运用学术研究成果，为推开我国的市场化改革发挥了一点积极的作用。我感到很宽慰。我的思考、我的求索、我的耕耘、我的苦读、我的行万里路，终于落实到了"为人民服务""为中国的改革开放和国家富强服务"的初心。

在第四篇，你可以看到我对转轨经济学的论述和对少数转轨国家实际案例的调研。这里，特别向读者推荐的是，我 1996 年亲赴俄罗斯实地观察转轨的情景，并与各派不同观点的政府权威人士及经济学家座谈，听取他们对俄经济转轨状况的分析与评论。回国后写了考察材料，并据此综合写了一篇评论《俄罗斯与中国经济转轨比较》的文章（刊载在《管理世界》双月刊 1996 年第 6 期，并被作为优秀文章收入《中国改革文库》）。从中读者可以看到，在普京就任总统之前，俄罗斯通过激进的方法向完全自由化的市场经济转轨的阵痛是深重的，老百姓都遭了殃。经济学家们感叹：如果说，苏联搞反市场经济是乌托邦，叶利钦时代的盖达尔政府搞的几百天激进地妄图一跃而入"完全自由化"的市场经济，更是乌托邦！他们形容当时国家的经济状况是"处于休克状态而无治疗"，他们自己承认，不仅是政治解体了，经济也完全解体了，国民经济完全崩溃。实践证明，在转轨期间，改革目标模式的选择与改革的方法、速度等符合本国国情是头等重要的，保证改革有稳定的社会政治环境也很重要。中国人民很幸运，在改革总设计师邓小平的掌控下，经济转轨基本平稳顺利。与俄罗斯经济大幅下滑形成鲜明对比的是，中国在转轨期间，经济保持了年年高速增长。连戈尔巴乔夫也不得不承认，为什么苏联的改革没有成功？他的答复是："因为苏联没有邓小平！"（参见［美］熊玠：《习近平时代》：戈尔巴乔夫参加里根葬礼时在里根墓前答记者问）

在转轨之初，讨论改革的目标模式时，俄罗斯除了有选择激进的完全自由化模式的主张外，也有学者主张转向"瑞典模式"。我国也曾有一些学者有此主张。但我不赞同，我认为，瑞典模式既不能照搬到俄罗斯，也不能照搬到中国。因为瑞典模式有它自己产生的特殊环境或说"特色国情"。

瑞典模式是"瑞典特色"产生的。"中国特色"与之差异很大。

首先，它只有900万人口（中国的人口是它的13倍多）。它早在17世纪就进入了工业化国家的行列，农业产值在国民生产总值中的比重只占2%，农业人口在就业人口中的比重只有4%（1986年）。人口的文化技术素质较高，没有文盲。中国还处于工业化、城镇化的进程中，农业产值与农业人口比重很大，人口的文化技术素质相差甚远。

其次，瑞典最明显的"特色"是素以和平中立著称，自1814年以来从未卷入过任何战争。这个因素对经济的影响是：它不仅免去了军事耗费和战争的破坏与浩劫，而且由于交战国对瑞典产品的大量需求，使其在没有激烈竞争的情况下就获得了高额利润，并享有一种实际上的垄断，形成了尽可能高的利润率，为其国内进一步工业化和实行福利计划奠定了雄厚的资金基础。

再次，瑞典早期工业化的历史给它留下了宝贵的技术遗产和出口竞争优势，瑞典有一半的工业品是出口的，其外贸总额占国内生产总值50%左右。从17世纪以来，瑞典就立法严格保护森林、水利、矿产等自然资源，目前的国有企业大部分是1932年社会民主党执政以前就由国家经营的，这为政府对私营部门干预提供了传统的先例。

最后，近200年未卷入过任何战争对瑞典政治的影响是：资产阶级革命后的长期和平环境，使其有可能建立比较完备的民主与法制，并形成议会 5 个政党的党派格局，社会民主工人党是全国最大的政党，其余的党派人数都很少，占人口的比重很小，这就使得社会民主工人党执政时间最长。再加国内的种族与宗教的同一，居民 90% 是日耳曼族的瑞典人，国教为基督新教，形成了妥协与合作的文化传统，人们惯于接受社会改良的办法来解决社会问题与政治问题，反对公开的冲突。阶级力量的平衡和妥协合作的文化传统，使得执政的社会民主工人党能够执行社会改良的政策措施。中国近代史上战乱不停，不具备上述环境因素。

以上是瑞典模式产生的特殊环境因素。正因为它有这些"特色"环境因素，所以，瑞典模式是中国、俄罗斯以及向市场经济转轨的其他原中央计划经济国家难以照搬照套的。

我通过对比较经济研究文集的编撰，得出的总结论是：我们应全力做好新时代中国特色社会主义这篇大文章。

苏联搞了半个多世纪排斥市场经济的社会主义，结果是一场乌托邦，是社会主义发展史上走过的一段弯路。这样的历史弯路不应重复。与市场经济兼容，是中国特色社会主义的真谛。这是邓小平对社会主义运动所作的划时代的一大贡献。20 世纪世界历史上的一件大事就是：在 20 世纪末有近 30 个国家的 16.5 亿人口从中央计划经济体制向现代市场经济体制转换。与其他多数国家不同的是，中国在告别计划经济、向市场经济过渡的时候，仍然高举着社会主义的旗帜，而且一年比一年繁荣、富裕、兴旺、发达。中国人民经历了站起来、富起来，正在走向强起来。

40 年前，在邓小平的设计和指引下，中国在改革伊始，就注意到从本国的国情出发，致力于建设有中国特色的社会主义。中国改革没有照搬哪个学派的理论，更没有从外国寻求方案或现成模式，而是坚持"解放思想、实事求是"的思想路线，根据中国的实际国情一步步地摸索。与此同时，中国的理论界开展了百家争鸣，并引进了西方经济学的各种流派的学术观点，也邀请了一批又一批外国政要和专家来中国参加各种形式、各类专题的研讨会，与许多国际组织保持着密切的友好往来和工作关系，派出了一批又一批的干部、专家走出国门去考察，派遣了数十万留学生和访问学者出国学习、研究。中国认真学习、借鉴一切有利于建立、健全、完善市场经济体制的理论和经验，今后还将继续认真地吸收人类一切共同的文明成果。但任何时候，解决中国实际问题的决策都要从中国的国情出发。

我们的任务就是：努力做好新时代中国特色社会主义这篇文章，为实现中华民族伟大复兴的中国梦而奋斗。

江春泽

2019 年夏于北京